이것이  컴퓨터 과학이다

with CS 기술 면접

이것이 취업을 위한 컴퓨터 과학이다 with CS 기술 면접

취업과 이직을 결정하는 필수 CS 지식 + 기술 면접 가이드

초판 1쇄 발행 2024년 8월 13일

지은이 강민철 / **펴낸이** 전태호
펴낸곳 한빛미디어(주) / **주소** 서울시 서대문구 연희로2길 62 한빛미디어(주) IT출판1부
전화 02-325-5544 / **팩스** 02-336-7124
등록 1999년 6월 24일 제25100-2017-000058호 / **ISBN** 979-11-6921-254-0 93000

총괄 배윤미 / **책임편집** 이미향 / **기획·편집** 박새미
디자인 최연희 / **일러스트** 표지 안희원 내지 이진숙 / **전산편집** 김현미
영업 김형진, 장경환, 조유미 / **마케팅** 박상용, 한종진, 이행은, 김선아, 고광일, 성화정, 김한솔 / **제작** 박성우, 김정우

이 책에 대한 의견이나 오탈자 및 잘못된 내용은 출판사 홈페이지나 아래 이메일로 알려주십시오.
파본은 구매처에서 교환하실 수 있습니다. 책값은 뒤표지에 표시되어 있습니다.

한빛미디어 홈페이지 www.hanbit.co.kr / 이메일 ask@hanbit.co.kr
동영상 강의 youtube.com/user/HanbitMedia93
독자 Q&A https://github.com/kangtegong/cs/issues
자료실 https://www.hanbit.co.kr/src/11254

지금 하지 않으면 할 수 없는 일이 있습니다.
책으로 펴내고 싶은 아이디어나 원고를 메일(writer@hanbit.co.kr)로 보내주세요.
한빛미디어(주)는 여러분의 소중한 경험과 지식을 기다리고 있습니다.

이것이 ~~취업을 위한~~ 컴퓨터 과학이다

with CS 기술 면접

기술 면접과 실무에 필요한
컴퓨터 과학 핵심 개념,
한 권으로 끝내자!

취업과 이직을 결정하는 필수 CS 지식+기술 면접 가이드

강민철 지음

HB 한빛미디어
Hanbit Media, Inc.

컴퓨터 과학, 단순 암기 과목일 뿐이다?

AI의 코드 생산성이 이미 인간을 능가하는 시대가 도래했습니다. 프로그래밍 언어의 문법과 프레임워크/라이브러리의 기초 사용법만 알아도 취업이 가능했던 개발자 채용 붐도 지나가고 있음을 느낍니다. 그렇다면 이제 다음 스텝으로 넘어가, 개발자로서 살아남기 위해 필요한 역량은 무엇일까요?

필자는 개발자에게 필요한 핵심 역량이 곧 '근거를 설명하는 능력'이라고 확신합니다. 특정 코드 혹은 프로그램이 어떻게 작동하며, 왜 특정 성능을 내는지에 대한 '근거'를 제시하고 '설명'하는 능력이야말로 AI 도구에 종속되지 않는 진짜 역량이라고 믿습니다. 그리고 코드와 프로그램의 근거를 설명하는 능력은 상당 부분 컴퓨터 과학에서 찾을 수 있습니다. 이는 필자가 이 책을 집필한 의도와 직결됩니다. 컴퓨터 과학에 대한 이해를 통해 코드와 프로그램의 작동 원리를 설명할 수 있는 능력을 기르는 것, 이것이 바로 이 책의 목표입니다.

컴퓨터 과학은 대단히 깊고 방대하며, 흥미로운 학문입니다. 개발자가 반드시 알아야 할 배경지식임에도 불구하고, 학습의 범위와 로드맵이 명확하지 않은 경우가 많아 기술 면접에만 필요한 단순 암기 과목쯤으로 오해받거나 아예 학습을 생략하는 경우도 많습니다. 이 책에서는 독자들의 이러한 오해와 간과를 보완하기 위해 많은 노력을 기울였습니다. 컴퓨터 과학이라는 방대한 주제를 한눈에 파악할 수 있도록 개발자라면 반드시 알아야 하는 '공통 지식'과 개별 직군 및 기업에 따라 달라질 수 있는 '개별 지식'으로 나누고, 핵심적인 공통 지식에는 개념 지도를 제시했습니다.

공통 지식 (책에서 다루는 내용)	개별 지식
1. 컴퓨터 구조	6. 프로그래밍 언어
2. 운영체제	7. 프레임워크/라이브러리
3. 자료구조	8. 개발도구
4. 네트워크	9. 이력서 및 직무 전문성
5. 데이터베이스	

컴퓨터 과학의 핵심 과목(공통 지식)을 실무와 연관시키기 위해 가급적 코드를 근거로 설명했고, 컴퓨터 과학 용어집(CS Note)을 제공해 독자들이 원리를 이해하는 데 집중할 수 있도록 구성했습니다.

본문에서 설명하는 모든 소스 코드와 참고 자료는 필자의 깃허브에서 확인할 수 있습니다. 책과 관련된 모든 질문과 제안은 다음 깃허브에 남겨 주세요.

- **CS Note(개발자를 위한 컴퓨터 과학 용어집):** https://csnote.net
- **독자 Q&A:** https://github.com/kangtegong/cs/issues

필자가 집필한 또 다른 책인 『혼자 공부하는 컴퓨터 구조 + 운영체제』, 『혼자 공부하는 네트워크』와의 차이점도 있습니다. 각 과목의 서술 방향과 주요 골자는 같지만, 비전공자를 위한 〈혼자 공부하는〉 시리즈에서는 전공 서적에서 강조하는 내용들을 가급적 모두 설명하며 비교적 자세하게 다룹니다. 모든 독자들이 프로그래밍 언어에 대한 선행 지식 없이도 편히 읽을 수 있도록 집필했기 때문에 실제 프로그래밍 적용 사례는 이 책에 비해 다소 적습니다.

『이것이 취업을 위한 컴퓨터 과학이다 with CS 기술 면접』은 컴퓨터 과학이라는 방대한 주제를 함축한 만큼, 〈혼자 공부하는〉 시리즈에 비해 특정 과목이나 기술을 깊이 있게 다루지는 않습니다. 컴퓨터 과학의 큰 그림을 그리며 컴퓨터 과학 각 과목 간의 유기성을 강조한 책에 가깝습니다. 대신, 취업과 이직, 기술 면접과의 밀접한 연관성을 설명하기 위해 실제 프로그래밍에 적용되는 컴퓨터 과학의 코드 기반 사례를 최대한 수록하기 위해 노력했습니다. 따라서 이 책을 이해하려면 프로그래밍 언어에 대한 기초 학습이 선행되어야 합니다(책에 복잡한 문법이 등장하지는 않습니다). 모쪼록 이 책을 통해 보다 나은 실무 능력과 역량을 갖춘 개발자가 되고자 노력하는 모든 독자들이 컴퓨터 과학 전반에 대한 이해를 넓히고, 한 단계 성장하길 바랍니다.

오랜 기간 큰 주제에 대한 집필을 이어 가며 어려움도 많았지만, 돌이켜 생각해 보니 이 책을 집필한 모든 순간이 제가 가장 빛날 수 있었던 순간이었던 것 같습니다. 끝으로, 한빛미디어 박새미 편집자 님, 배윤미 부장님, 이미향 팀장님께 진심을 담은 존경과 감사를 전합니다. 또한 이 책을 먼저 읽고 추천해 주신 Reo Lee 님, 권기현 님, 설민욱 님, 김건호 님, 박조은 님, 신재현 님께 깊은 감사의 말씀을 드립니다. 더불어, 사랑하는 아내와 가장 지혜로운 아버지, 가장 따뜻하신 어머니, 가장 믿음직스러운 형에게도 감사의 마음을 전합니다.

강민철

CS 기술 면접에 대비한다면, 기초부터 탄탄하게!

컴퓨터 구조부터 운영체제, 자료구조, 네트워크, 데이터베이스까지 **CS 기술 면접에서 단골로 등장하는 질문들과 지식들을 훑어보면서 학습할 수 있도록 정리된 책입니다.** 빠르게 변화하는 최신 IT 트렌드와 기술을 공부하는 것도 중요하지만, 탄탄한 기초 지식을 쌓는 것은 더욱 중요합니다. CS 초심자와 기술 면접을 준비하는 분들을 위한 친절한 안내서라고 생각합니다. **Reo Lee** 구글

암기가 아닌 이해로 대비하는 IT 기술 면접

자신의 코드가 어떤 과정을 거쳐서 실행되는지 명확하게 설명할 수 있는 지원자가 기술 면접에서 당황할 이유가 있을까요? IT 업계 현직자로서 '뛰어난 개발자는 프로그램을 일단 작동하도록 만들 뿐만 아니라, 개발 이후에도 문제를 진단하고 해결할 줄 알아야 한다'는 저자의 관점에 매우 공감합니다. 여러분이 만나게 될 면접관들 또한 그럴 것입니다. 이 책은 프로그램의 실행 원리에 대한 정확한 이해를 기반으로 **'뛰어난 개발자'가 될 수 있도록 도와줍니다. 그것도 매우 친절하고 쉬운 설명으로요!** 현재 개발자가 되기 위해 노력하고 있는 제 동생에게도 이 책을 추천했습니다. **권기현** 네이버

성공적인 커리어 플랜을 위한 지침서

이 책은 컴퓨터 과학을 통해 커리어를 발전시키고자 하는 이들에게 큰 도움이 되는 지침서입니다. 목차를 보면 알 수 있듯이, 컴퓨터 공학과 전공 커리큘럼에서 다루는 중요 내용들을 간추려 설명하고, 비전공자들까지도 쉽게 이해할 수 있도록 구성되어 있습니다. 이 책에서 다루는 내용이야말로 개발자라면 꼭 알아야 하는 내용이라고 생각합니다. **개발에 입문하는 분들에게는 취업에 한 걸음 더 가까워질 수 있도록 도움을 주고, 현업 개발자들에게는 업무에서 익숙하게 사용하던 CS 지식을 다시 한번 되짚어 볼 수 있는 좋은 책입니다.** **설민욱** 카카오

개발자라면 반드시 알아야 할 것들

제가 신입 개발자 취업을 준비할 때, 소위 '네카라쿠배'로 대표되는 IT 기업들은 모두 1시간 혹은 그 이상의 시간을 할애하는 CS 기술 면접을 시행했습니다. 모든 개발자에게 컴퓨터는 무엇으로 구성되며 어떻게 작동하는지, 어떻게 변화하는지 이해하는 것이 매우 중요하기 때문입니다. **CS는 더 빠르고 복잡하게 변화하는 IT의 흐름을 관통하는 핵심 개념입니다.** 따라서 CS를 담백하지만 상세하게 풀어낸 이 책을 통해 더 멀리 내다볼 줄 아는 개발자로 성장할 수 있을 것입니다.

김건호 토스증권

문제 해결을 위한 단단한 뿌리를 만들어 주는 책

최근 생성형 AI와 추상화된 개발도구를 보면 '앞으로 나는 무언가를 개발할 수 있을까'라는 불안감이 들기도 합니다. 마치 계산기 사용을 반대했던 수많은 수학 교사들의 입장이 된 것 같습니다. 하지만 여전히 우리는 계산기 없이도 수학을 배우고 사고력을 기릅니다. 이 책은 개발에 필요한 CS 지식 전반을 다루고 있습니다. 이것이 바로 계산기 없이 문제 해결의 실마리를 찾는 방법입니다. 도통 어디에 쓰이는지 연결되지 않던 **CS 지식을 명료하고 적절한 예시로 설명합니다.** 이제 막 커리어를 시작하는 분들은 물론, 현직자도 개발자로서 단단한 뿌리를 내릴 수 있도록 도와주는 책이 될 것입니다.

박조은 오늘코드 운영자

취업과 이직을 준비하는 분이라면 꼭!

고급 프로그래밍 언어들이 개발되면서 컴퓨터 과학을 잘 모르더라도 개발자가 될 수 있는 시대가 되었습니다. 하지만 새로운 기술들을 접할 때면 결국 컴퓨터 과학을 얼마나 알고 있는지가 배움의 속도와 이해의 폭을 결정한다는 사실을 깨닫게 되는데요. 이 책은 핵심 CS와 개별 CS를 구분해 꼭 필요한 개념을 선별해 다룹니다. **챕터마다 실제로 어떤 질문들이 기술 면접에 출제되는지, 어떤 방식으로 풀어서 설명해야 하는지 예습**해 볼 수 있습니다. 취업과 이직을 준비하는 분이라면 이 책을 꼭 읽어 보시길 추천드립니다.

신재현 무신사

컴퓨터 과학 지도 그리기
관련 주제가 무엇인지, 어떤 원리로 실행되는지, 주제의 흐름을 파악해 학습의 방향을 설계합니다.

〈1〉 컴퓨터 구조의 큰 그림

이번 절에서는 컴퓨터가 이해하는 정보, 그리고 그 정보를 이용해 프로그램을 실행하는 하드웨어인 컴퓨터의 핵심 부품에 대해 살펴보겠습니다. 컴퓨터가 이해할 수 있는 0과 1로 이뤄진 데이터가 명령어에 의해 어떻게 실행되는지, 컴퓨터를 구성하는 핵심 부품의 역할과 작동 방법에 대해 알아보며, 지도를 그리듯 컴퓨터 구조의 큰 그림을 그려 봅시다.

여기서 잠깐 & NOTE
'여기서 잠깐'을 통해 보충 설명, 참고 사항, 관련 용어 등으로 학습을 보완하고, 'NOTE'를 통해 혼동하기 쉬운 내용이나 알아 두어야 할 사항 등을 정리합니다.

여기서 잠깐

슈퍼스칼라

오늘날 대부분의 CPU는 여러 개의 파이프라인을 이용합니다. 이처럼 **CPU 내부에 여러 명령어 파이프라인을 포함하는 구조를 슈퍼스칼라(superscalar)**라고 합니다. 명령어 파이프라인을 하나만 두는 것이 마치 공장의 생산 라인을 하나만 둔 것과 같다면, 슈퍼스칼라는 공장의 생산 라인을 여러 개 두는 것과 같습니다. 슈퍼스칼라 구조로 명령어 처리가 가능한 CPU는 **슈퍼스칼라 프로세서**, 혹은 **슈퍼스칼라 CPU**라고 부릅니다.

> **NOTE** 작업 완료 여부를 계속해서 확인하는 것은 인터럽트와 대비되는 '폴링'이라는 기법입니다. 입출력 작업에서 폴링(polling)이란 입출력장치의 상태가 어떤지, 처리할 데이터가 있는지 주기적으로 확인하는 것을 말합니다.

CS Note
개발자를 위한 컴퓨터 과학 용어집을 통해 1,000개 이상의 컴퓨터 과학 관련 용어를 한눈에 파악합니다.

※ https://csnote.net에서 확인할 수 있습니다.

| 홈　　과목　　참조 필터 | 용어 검색... |

운영체제

운영체제 시작하기

운영체제를 알아야 하는 이유

시스템 자원	프로그램 실행에 마땅히 필요한 요소
운영체제operation system	실행할 프로그램에 필요한 자원을 할당하고, 프로그램이 올바르게 실행되도록 돕는 특별한 프로그램
커널 영역kernel space	운영체제의 핵심 부분으로, 하드웨어와 소프트웨어 간의 인터페이스 역할을 담당하는 영역
사용자 영역user space	커널 영역을 제외한 나머지 영역, 사용자가 이용하는 응용프로그램이 적재되는 영역
응용 프로그램application software	사용자가 특정 목적을 위해 사용하는 일반적인 프로그램을 의미

추가학습 NOTE

전원 버튼을 누르고 부팅이 되기까지

우리가 흔히 사용하는 **부팅(booting, 시스템 부팅)**이라는 단어는 커널을 메모리에 적재하여 컴퓨터를 시작하는 과정을 의미합니다. 그렇다면 부팅은 어떤 과정으로 진행될까요? 전원이 꺼져 있을 때, 휘발성 메모리인 RAM에는 운영체제를 포함한 어떠한 정보도 저장되어 있지 않습니다. 그래서 처음 컴퓨터의 전원 버튼을 누르면(이를 '전원이 인가된다'고 합니다) 휘발성 메모리인 RAM이 아니라 **비휘발성 메모리인 ROM과 같은** 메모리에서 정보를 읽어 들이게 됩니다. CPU는 컴퓨터에 전원이 들어오면 미리 정해진 특정 주소를 읽어 들이는데, 이 주소에는 다음과 같은 **바이오스(BIOS, Basic Input/Output System)**라는 프로그램이 있습니다.

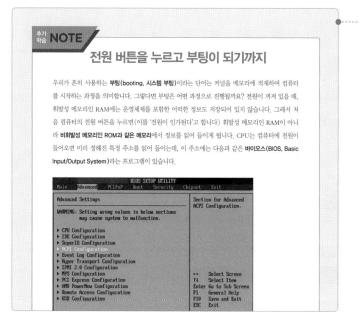

기술면접 TIP

취업 멘토가 알려 주는 기술 면접 질문 15

난이도 ★☆☆   [참고] 본문 페이지 40쪽

Q1. RAM과 하드 디스크의 차이를 설명해 보세요.

A1. RAM이 CPU가 실행할 프로그램을 저장하는 부품이라면, 하드 디스크는 전원이 꺼져도 보관할 대상을 저장하는 부품입니다. 휘발성 저장장치인 RAM은 전원이 꺼지면 저장된 내용을 잃지만, 하드 디스크는 비휘발성 저장장치이기 때문에 전원이 꺼져도 저장된 내용을 잃지 않는다는 차이가 있습니다.

난이도 ★★☆   [참고] 본문 페이지 84쪽

Q2. 병렬성과 동시성, 두 개념의 차이를 예시와 함께 설명해 보세요.

A2. 병렬성은 작업을 실제로 같은 시각에 동시 처리하는 성질을 의미하고, 동시성은 작업을 동시에 처리하는 것처럼 보이는 성질을 의미합니다. 멀티코어 CPU의 여러 코어가 같은 시각에 명령어를 동시에 처리하는 것이 병렬성의 예시이고, 1코어 1스레드 CPU가 여러 작업을 빠르게 번갈아 가며 처리하는 것이 동시성의 예시입니다.

동영상 강의

 https://www.youtube.com/user/HanbitMedia93

한빛미디어 유튜브 채널에서 『이것이 취업을 위한 컴퓨터 과학이다 with CS 기술 면접』의 저자 직강 동영상을 만나 보세요! 검색창에 '이것이 취업을 위한 컴퓨터 과학이다'를 검색하면 쉽고 빠르게 동영상 강의를 찾을 수 있습니다.

자료실

 https://www.hanbit.co.kr/src/11254

책에서 진행하는 모든 예제의 소스 코드와 학습에 참고할 만한 내용을 자료실에서 확인할 수 있습니다. 코드를 통해 관련 개념을 적용하며 흐름을 이해하는 것은 학습한 내용을 확인하는 데에 큰 도움이 됩니다.

독자 Q&A

[↗] https://github.com/kangtegong/cs/issues

깃허브에서 이 책을 학습하는 데 필요한 소스 코드와 Q&A를 제공합니다. 저자와 함께 하는 책 밖의 또 다른 공간에서 다른 독자의 고민과 궁금증도 확인해 보세요!

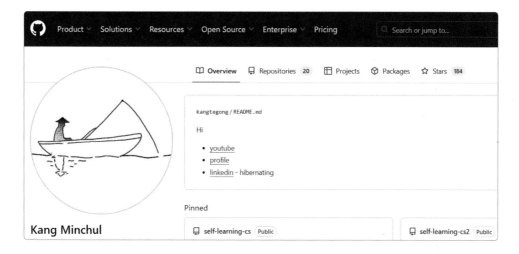

CS Note: 개발자를 위한 컴퓨터 과학 용어집

[↗] https://csnote.net

책에 등장하는 1,000개 이상의 컴퓨터 과학 주요 용어들을 한눈에 확인할 수 있습니다.

목차

CHAPTER 01 기술 면접과 실무를 위한 컴퓨터 과학

CHAPTER 02 컴퓨터 구조

CHAPTER 03 운영체제

CHAPTER 04 자료구조

CHAPTER 05 네트워크

CHAPTER 06 데이터베이스

목차

기술 면접과 실무를
위한 컴퓨터 과학

뛰어난 개발자가 되기 위해서 반드시 컴퓨터 과학을 전공할 필요는 없지만, 컴퓨터 과학에 대한 지식은 반드시 갖추어야 합니다. 왜일까요? 프로그래밍 언어나 프레임워크, 라이브러리에 대한 사용 방법만 알고 있어도 간단한 프로그램 정도는 만들 수 있을 텐데요. 이제부터 왜 컴퓨터 과학을 알아야 하는지, 그 이유를 알아보겠습니다.

 # 원리를 모르는 개발자는
뛰어난 개발자가 아니다

프로그램 개발은 작동하는 프로그램을 만드는 작업을 말합니다. 그렇다면 **프로그램이 작동하기만 하면 프로그램의 실행 원리를 이해하지 않아도 개발의 목적을 이룬 것일까요?** '일단 작동하게 만드는 것'도 중요하지만, 그것이 궁극적인 목표는 아닙니다. 프로그램 개발의 목적은 '일단 작동하게 만드는 것'을 넘어 '**제대로 작동하게 만드는 것**'이기 때문입니다.

일단 작동만 하는 코드 vs 제대로 작동하는 코드

프로그램의 실행 원리에 대한 이해를 생략한 채 '일단 작동만 하도록 만드는 것'과 프로그램의 실행 원리를 이해하며 '제대로 작동하게 만드는 것', 둘 중 더 쉬운 것은 무엇일까요? 언뜻 보기에는 '일단 작동만 하도록 만드는 것'이 더 쉬운 것처럼 보일 수 있습니다. 하지만 개발된 프로그램을 사용하는 사람들이 생기고 프로그램의 유지보수까지 고려해야 할 시기가 되면 '일단 작동만 하도록 만든 프로그램'이 사실은 **겉보기에만 작동하는 것처럼 보였을 뿐**이었다는 사실을 깨닫게 됩니다. 언제든 개발자가 간과했던 지점이 발견될 수 있고, 때론 사용자들이 개발자의 의도와는 전혀 다른 방향으로 프로그램을 사용할 수 있기 때문입니다.

'일단 작동만 하도록 만드는 것'이 어떻게 개발을 더 어렵게 만드는지와 관련해, 필자가 자주 접했던 사례를 통해 알아보겠습니다. 프로그래밍 언어의 기초 문법이나 프레임워크, 라이브러리의 기초 사용법만을 학습한 개발자 지망생의 경우를 가정해 보겠습니다.

이 지망생은 '일단 작동만 하는 프로그램 만들기'를 목적으로 프로그래밍 강의나 책에서 제시하는 소스 코드를 무작정 따라 하면서 어느 정도 작동하는 웹사이트를 만들었습니다. 특정 기능을 추가하고 싶을 때는 무작위로 검색한 블로그의 소스 코드를 복사해 붙여넣기하며 프로그램을 개발했죠.

프로그램의 실행 원리를 이해한 것은 아니었지만 웹사이트를 완성했다는 뿌듯한 마음으로 사용자에게 웹사이트를 선보였습니다. 그러나 누구나 한 번에 완벽한 프로그램을 개발하기란 어렵듯, 예상했던 것보다 많은 버그를 만나게 됩니다. 문제의 원인이 무엇인지 특정하기조차 어려운 버그도 있었고 참고했던 강의나 책, 블로그에서는 접하지 못했던 버그도 있었습니다. 프로그램의 사용자가 예상하지 못한 추가 기능을 요구할 때도 있었고요.

502 Bad Gateway

nginx/1.13.3

일단 작동만 하는 프로그램을 만드는 것이 목표였던 이 지망생은 이런 상황에 당황할 수밖에 없었습니다. **본인이 작성한 코드가 어떤 과정을 거쳐서 실행되는지 개발한 자신조차 설명할 수 없었기 때문입니다.**

이때 대부분은 구글링으로 문제를 해결하려고 합니다. 문제는 프로그래밍 언어의 기초 문법이나 사용법 정도만 알고 있는 경우라면 해결 방법을 찾더라도 그 방법을 이해하지 못하는 경우가 많다는 것입니다. 프로그래밍 언어의 기초 문법이나 프레임워크/라이브러리의 기초 사용법은 단순한 프로그램을 개발하기에는 충분한 지식이지만, 그를 확장/유지보수하거나 실행의 전 과정을 이해하는 데에는 충분하지 않은 경우가 많기 때문입니다. 여기서 발생하는 지식수준의 불일치로 인해 많은 개발자 지망생들이(비전공자인 개발자 지망생의 경우에는 특히) 어려움을 겪습니다. 내가 작성한 코드의 실행 과정을 나조차 설명할 수 없는 경우에는 더 큰 어려움으로 다가오게 될 것입니다. 이럴 때 많은 경우, **예제 소스 코드를 찾아 일단 복사해 붙여 넣는 방식**으로 문제를 해결하게 되는데요.

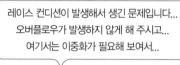

답변자

개발자 지망생

안타깝게도 이런 식으로 두 번, 세 번 복사와 붙여넣기가 반복된 소스 코드는 또 다른 문제를 낳게 됩니다. 마치 구멍 난 옷감을 기우듯 급하게 붙여 넣은 소스 코드는 시간이 갈수록 점점 복잡해지고 미궁 속으로 빠지게 되죠. 갈수록 디버깅 시간이 길어지다가 뒤늦게 프로그램의 실행 원리를 파악히고 싶어도 이미시부러 손을 내어 알시 모트는 시성에 이르게 됩니다.

이렇게 만들어진 코드는 **스파게티 코드**spaghetti code라고도 부릅니다. 마치 스파게티 면처럼 복잡하게 뒤엉킨 코드를 비유한 표현입니다.

문제를 해결하기 위해 ChatGPT와 같은 생성형 AI를 사용할 때도 마찬가지입니다. 각종 생성형 AI 서비스 기업들이 약관을 통해 강조하듯, 생성형 AI가 언제나 일관되고 정확한 진단을 하는 것은 아니기 때문입니다.

생성형 AI에게 답변받은 소스 코드가 정확한 해결 방법이 아닐 경우, 이는 머지않아 프로그램에 또 다른 문제를 초래하게 됩니다. 이처럼 작성한 코드가 어떤 과정을 거쳐 실행되는지 설명할 수 없는 상태로 개발을 지속하는 것은 결국 프로그램 개발을 점점 더 어렵게 만드는 방법입니다.

Gemini가 코딩을 도울 수 있나요?　　　　　　　　　　　　　　　　　　　　　　　　∧

네, Gemini는 코딩을 지원하거나 코딩과 관련된 주제를 지원할 수 있지만, 코드나 코딩에 대한 설명을 활용하는 것은 사용자의 책임입니다. 따라서 사용하기 전에 모든 코드에 오류, 버그, 취약점이 있는지 신중하게 테스트 및 검토해야 합니다. 코드에는 오픈소스 라이선스가 적용될 수 있으며 Gemini가 관련 정보를 제공합니다. Gemini가 출처를 언급하는 경우와 방법에 대해 자세히 알아보세요.

---

⑤ OpenAI

Accuracy. Artificial intelligence and machine learning are rapidly evolving fields of study. We are constantly working to improve our Services to make them more accurate, reliable, safe, and beneficial. Given the probabilistic nature of machine learning, use of our Services may, in some situations, result in Output that does not accurately reflect real people, places, or facts.

When you use our Services you understand and agree:

- Output may not always be accurate. You should not rely on Output from our Services as a sole source of truth or factual information, or as a substitute for professional advice.
- You must evaluate Output for accuracy and appropriateness for your use case, including using human review as appropriate, before using or sharing Output from the Services.
- You must not use any Output relating to a person for any purpose that could have a legal or material impact on that person, such as making credit, educational, employment, housing, insurance, legal, medical, or other important decisions about them.
- Our Services may provide incomplete, incorrect, or offensive Output that does not represent OpenAI's views. If Output references any third party products or services, it doesn't mean the third party endorses or is affiliated with OpenAI.

이해할 수 없는 코드는 책임질 수 없다

생성형 AI의 답변을 온전히 이해할 수 없다면 해당 답변에 대한 전적인 의존을 지양해야 합니다. 개발자는 본인이 작성한 코드에 책임을 져야 하기 때문입니다. 잘못된 코드로 인해 프로그램에 큰 문제가 발생하거나 사용자가 불편을 겪는다면, 그것은 코드를 작성한 개발자의 책임입니다. 부정확한 답변을 내놓을 수 있는 생성형 AI의 답변을 이해하고 판단할 수 있는 선에서 활용하는 것이 좋습니다.

뛰어난 개발자는 '일단 작동만 하는 프로그램'이 아니라 '제대로 작동하는 프로그램'을 만듭니다. **이들은 자신이 작성한 코드가 어떤 과정을 거쳐 실행되는지 명확하고 자세하게 설명할 수 있습니다.** 자신이 개발하고 실행하는 프로그램의 원리를 이해하고 있기 때문에 문제를 맞닥뜨리더라도 어디가 문제인지, 어떻게 해결해야 하는지 빠르게 판단할 수 있습니다. 정보의 질을 판단하는 능력이 있기 때문에 구글링이나 생성형 AI를 통해 습득한 해결 방법도 더 넓은 범위로 이해할 수 있을 것입니다. 붙여 넣을 예제 코드가 없더라도 스스로 디버깅해 문제를 해결할 가능성이 높겠죠.

개발자는 프로그램을 만들기만 하는 직업이 아닙니다. 여러 명의 개발자들이 협업하여 만든 프로그램을 유지보수하고, 문제를 진단해 해결하는 직업이기도 합니다. 따라서 뛰어난 개발자일수록 문제를 정의하고 해결할 수 있어야 합니다. 문제를 정의하고 해결하는 역량은 **프로그램의 실행을 제대로 이해하는 것, 어떠한 과정을 거쳐 프로그램이 실행되는지를 설명하는 것**부터 시작됩니다.

프로그램의 원리를 이해하기 위한 컴퓨터 과학

프로그램의 실행 원리를 자세히 설명하기 위해서는 **컴퓨터 과학**Computer Science을 이해해야 합니다. 흔히 컴퓨터 과학은 앞글자를 따서 CS라고도 줄여 부릅니다. 사과가 떨어지는 현상을 물리학으로 이해하듯, 프로그램의 작동은 컴퓨터 과학으로 이해할 수 있습니다.

단순히 프로그래밍 언어의 기초 문법이나 프레임워크/라이브러리의 사용법, 메서드의 종류를 암기하는 것만으로는 뛰어난 개발자가 되는 데에 한계가 있습니다. 즉, **단순 프로그래밍 언어의 기초 문법, 프레임워크/라이브러리의 사용법을 넘어 프로그램의 작동 원리를 이해하고 설명하기 위해서는 컴퓨터 과학(CS)에 대한 학습이 필요**합니다. 이것이 많은 기업에서 기술 면접 등을 통해 입사지원자의 컴퓨터 과학적 지식을 검증하는 이유입니다. 그렇다면 이제 개발자가 알아야 할 컴퓨터 과학적 지식이 무엇인지, 어떻게 학습해야 하는지 알아봅시다.

◆ **2** ◆ 컴퓨터 과학 지도 그리기: 기술 면접에 대비하고 싶다면

기술 면접에서는 여러분의 컴퓨터 과학적 지식을 묻는 경우가 많습니다. 이번 절에서는 기술 면접의 준비 방법과 더불어 컴퓨터 과학을 통해 무엇을 배울 수 있는지 큰 그림을 그려 보겠습니다. 이번 절에서 그리는 컴퓨터 과학의 구조는 책 전체에 걸쳐 학습할 내용을 포함하는 일종의 지도입니다. 차근 차근 따라서 읽어 보세요.

컴퓨터 과학은 키워드 암기 과목이 아니다

기술 면접 이야기부터 해봅시다. 가장 먼저 강조하고 싶은 점은 **컴퓨터 과학이 단순 키워드 암기 과목이 아니라는 점**입니다. 컴퓨터 과학적 지식의 학습 목적은 '이해와 적용'에 가깝지, 단순히 키워드를 암기하는 것과는 거리가 있습니다. 마찬가지로 기술 면접의 목적 또한 지원자의 암기력을 테스트하기 위함이 아니라, 실무를 위한 개발의 재료를 얼마나 갖고 있는지를 확인하기 위함입니다.

예를 들어 보겠습니다. 가령 기술 면접에 대비해 다음과 같은 컴퓨터 과학 관련 키워드를 그대로 달달 외워 갔다고 가정해 봅시다.

키워드	설명
프로세스	컴퓨터에서 실행되고 있는 컴퓨터 프로그램
HTTP	HTML을 비롯해 정보를 주고받을 수 있는 프로토콜
CPU	명령어를 인출하고 실행할 수 있는 컴퓨터 부품
...	...

혹은 다음과 같은 예상 질문과 답변을 그대로 외워 갔다고도 생각해 보죠.

예상 질문	답변
트리 자료구조란 무엇인가요?	그래프의 일종으로, 한 노드에서 시작해 다른 정점들을 순회하여 자기 자신에게 돌아오는 순환이 없는 연결 그래프입니다.
TCP와 IP의 차이는 무엇인가요?	TCP 프로토콜은 신뢰성과 무결성을 보장하는 전송 계층 프로토콜이고, IP 프로토콜은 패킷을 목적지로 전송하기 위한 네트워크 계층 프로토콜입니다.
프로세스와 스레드의 차이는 무엇인가요?	프로세스는 운영체제에게 자원을 할당받는 작업의 단위이고, 스레드는 프로세스를 이루는 실행 흐름의 단위를 말합니다.
...	...

그러나 막상 기술 면접에서는 다음과 같이 출제될 수 있습니다. 실제로 기술 면접에서 출제됐던 문항을 변형한 질문입니다.

Q. 웹 브라우저에 'https://minchul.net'을 입력하고 웹 페이지가 구현되기까지의 과정을 설명해 보세요.

혹은 다음과 같이 키워드를 변형해 출제될 수도 있습니다. 얼마든지 새로운 형태로 질문할 수 있죠.

Q. 트리의 모든 노드를 순회하는 방법을 설명해 보세요.

Q. 이 기능을 멀티스레드로 구현한 것과 멀티프로세스로 구현하는 것에는 어떤 차이가 있나요?

출제 키워드나 예상 답변을 그대로 암기했다면 이런 변형 질문들에 제대로 답변하기 어려울 것입니다. 한 번 답변했더라도 꼬리 질문이 이어진다면 모든 경우의 수를 대비하기가 어렵겠죠.

실무에서 발생하는 문제를 해결할 때도 마찬가지입니다. 운용하던 서버가 갑자기 작동하지 않거나 특정 지점에서 성능이 저하됐을 때, 잘 연결되던 네트워크가 끊어졌을 때는 어떻게 문제를 해결할 수 있을까요? 사용자로부터 받아들인 수많은 정보를 저장하고 다뤄야 할 때, 어떤 형태로 저장해야 최적의 성능을 낼 수 있을까요? 문제를 명확하게 정의해 해결에 필요한 컴퓨터 과학적 지식들을 떠올리고 활용할 수 있다면 차근차근 해결해 나갈 수 있습니다.

'컴퓨터 과학은 단순 암기 과목이 아니며, 프로그램의 실행 원리를 이해하는 것이 곧 실무의 문제 해결에도 도움을 줄 수 있다'는 말을 잘 곱씹어 보면 **'개발 실무를 위한 컴퓨터 과학'과 '기술 면접을 위한 컴퓨터 과학'이 다르지 않다는 것을 알 수 있습니다.** 개발에 필요한 컴퓨터 과학이 따로 있고, 기술 면접 대비를 위한 컴퓨터 과학이 따로 있는 것이 아니라는 의미입니다.

책에서 다루는 내용: 대다수 직군에서 강조되는 지식

이 책은 '**기술 면접에 자주 출제되는 컴퓨터 과학적 지식의 대부분이 개발자가 꼭 알아야 하는 컴퓨터 과학적 지식**'이라는 판단을 전제로 집필되었습니다. 다수의 국내외 개발자 채용 과정에서 출제되는 기술 면접 문항들을 카테고리별로 살펴보면 주로 어떤 분야에서 기술 면접을 시행하는지, 대부분의 기술 면접에서 강조하는 컴퓨터 과학적 지식이 무엇인지를 엿볼 수 있습니다.

크게 9가지로 분류된 카테고리들을 하나씩 살펴보겠습니다. 유의할 점은 **❶~❺**번까지는 비교적 대다수 직군에서 공통적으로 출제되지만, **❻~❾**번까지는 개별 직군 및 기업이 사용하고 있는 기술 스택, 지원자의 경력이나 지원한 기업의 성격에 따라 질문의 내용이 달라질 수 있다는 점입니다. 학습의 이해를 돕기 위해 **❶** 컴퓨터 구조 ~ **❺** 데이터베이스까지는 **공통 지식**, **❻** 프로그래밍 언어 ~ **❾** 이력서 및 직무 전문성까지는 **개별 지식**이라고 칭하겠습니다.

먼저 이 책에서 강조할 공통 지식이 무엇인지 살펴본 다음, 개별 지식에 대해서도 간단하게 안내하겠습니다. 모르는 용어가 나오더라도 책을 읽고 나면 모두 알 수 있는 내용이니 앞으로 배울 내용에 눈도장만 찍는다는 마음으로 읽어 보길 바랍니다.

컴퓨터 구조

2장 '컴퓨터 구조'에서 학습할 내용 중 하나는 **컴퓨터가 이해하는 정보**, 또 다른 하나는 **컴퓨터의 핵심 부품**입니다. 컴퓨터가 이해하는 정보는 크게 **데이터**와 **명령어**로 구성됩니다. 따라서 개발자가 만들고 실행하는 프로그램 역시 데이터와 명령어로 이루어져 있습니다. 또한 세상에 있는 다양한 종류의 컴퓨터들은 종류를 막론하고 핵심 부품인 **CPU, 메모리, 보조기억장치, 입출력장치**로 구성되어 있습니다. 따라서 우리는 컴퓨터 구조를 이해하기 위해 가장 먼저 데이터와 명령어에 대해 알아보고, 컴퓨터의 핵심 부품의 역할과 작동 방법에 대해 각각 학습할 예정입니다. 메모리와 함께 알아 두면 좋은 캐시 메모리에 대해서도 알아보겠습니다.

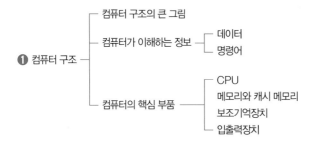

운영체제

2장 '컴퓨터 구조'에서 컴퓨터를 작동시키는 핵심 부품인 하드웨어에 대해 학습했다면, 3장 '운영체제'에서는 딱딱한 하드웨어에 생명을 불어넣는 프로그램인 운영체제에 대해 학습합니다. 윈도우, 맥 OS, 리눅스, 안드로이드, iOS와 같은 프로그램이 바로 운영체제인데요. 운영체제는 컴퓨터를 작동시키는 가장 중요한 프로그램이라고 해도 과언이 아닙니다. 개발자가 만들고 실행하는 모든 프로그램들은 직간접적으로 운영체제의 도움을 받으며 실행되죠.

운영체제는 방대한 프로그램이지만, 책에서 학습할 운영체제의 핵심 내용은 정해져 있습니다. 바로 **커널**입니다. 따라서 우리는 가장 먼저 커널이란 무엇인지부터 학습하고, 실행하는 프로그램이 운영체제(커널)에게 어떤 도움을 어떻게 받으면서 실행되는지, 관련하여 **시스템 콜**이 무엇인지에 대해 학습할 예정입니다. 또 개발에 있어 매우 중요한 개념인 **프로세스**와 **스레드**란 무엇인지 이해해 보고, 운영체제가 이들을 어떻게 관리하는지, 운영체제의 CPU 관리 방법인 **CPU 스케줄링**과 메모리 관리 방법인 **가상 메모리**, 파일/디렉터리 관리 방법인 **파일 시스템**에 대해 차례로 살펴보겠습니다.

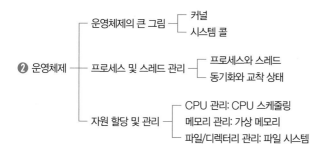

자료구조

4장에서 학습할 '자료구조'는 말 그대로 자료를 효율적으로 관리하는 구조적 방법을 의미합니다. 즉, 자료구조를 학습한다는 것은 여러 데이터를 효율적으로 관리하는 방법을 익히는 것과 같습니다. 자료구조에서는 우선 **시간 복잡도**와 **공간 복잡도**의 개념을 통해 코드의 성능을 평가하는 방법에 대해 학습하고, **배열**과 **연결 리스트**, **스택**과 **큐**, **해시 테이블**, **트리**와 **그래프** 등 대표적인 자료구조들을 하나씩 살펴보겠습니다.

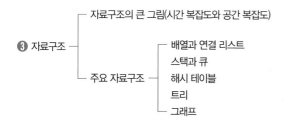

참고로, 자료구조와 함께 학습하면 좋은 과목으로 **알고리즘**이 있습니다. 알고리즘은 프로그램의 목적을 이루기 위해 효율적으로 연산하는 절차를 다루는 학문으로, 자료구조와 프로그래밍 언어에 대한 이해가 선행되어야 하는 분야이기도 합니다. 알고리즘에 대한 이야기는 자료구조 내용에 일부 포함되어 있기는 하지만, 기술 면접보다는 코딩 테스트에서 주로 평가되므로 이 책에서는 자세히 다루지 않겠습니다.

네트워크

많은 컴퓨터들은 서로 연결되어 통신을 주고받습니다. 개발자가 만들고 실행하는 대부분의 프로그램 또한 네트워크를 통해 인터넷 세상과 연결됩니다. 그래서 기술 면접에서는 네트워크에 대한 관련 지식을 묻는 경우가 많습니다. 추후 자세히 다루겠으나, 컴퓨터 간의 통신을 가능하게 만드는 네트워크는 대표적으로 다음과 같은 **계층적인 구조(OSI 7계층, TCP/IP 4계층)**를 이루고 있습니다.

5장에서는 이러한 **네트워크 계층 구조**가 무엇인지 이해하며 네트워크의 큰 그림을 그려 보고, 두 컴퓨터가 통신을 주고받는 규칙인 **프로토콜**의 개념을 알아볼 텐데요. IP, TCP, UDP, HTTP를 비롯한 계층별 주요 프로토콜과 알아 두면 좋은 네트워크 장비에 대해 살펴보겠습니다. 추가로, 프록시의 개념과 안정적으로 트래픽을 다루는 방법도 알아봅니다.

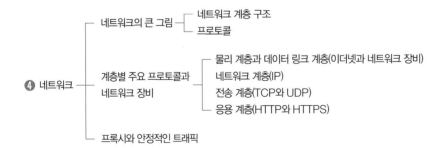

데이터베이스

데이터베이스는 프로그래밍 언어와 프레임워크, 라이브러리를 막론하고 웹/앱 개발에 있어 거의 대부분 활용됩니다. 따라서 웹/앱 개발 관련 직군을 희망한다면 데이터베이스에 대해 명확하게 알아두는 것이 좋습니다.

6장 '데이터베이스'에서는 가장 먼저 데이터베이스와 그를 관리하는 DBMS가 무엇인지 알아보고, 데이터베이스에 무엇을 어떻게 저장할 것인지와 관련해 **엔티티**와 **스키마**가 무엇인지 학습할 예정입니다. 또한 데이터베이스에 대한 작업 단위인 **트랜잭션**의 개념과 트랜잭션이 지켜야 하는 **ACID** 원칙에 대해 알아보겠습니다.

더불어, 오늘날 자주 사용되는 데이터베이스 유형인 **관계형 데이터베이스**와 이를 다루기 위한 언어인 SQL, 그리고 데이터베이스에 대한 효율적인 질의 방법(효율적 쿼리)과 설계 방법도 정리합니다.

이 외에도 최근 부상하는 데이터베이스 유형인 **NoSQL** 데이터베이스의 개념과 특징, 대표적인 NoSQL 데이터베이스의 일종인 MongoDB와 Redis의 사용법에 대해서도 정리해 보겠습니다.

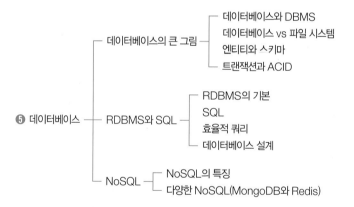

다음은 지금까지 살펴본 공통 CS 지식에 대한 지도를 정리한 그림입니다. 앞으로 학습하게 될 CS 지도를 살펴보면서 학습의 방향을 설계해 보길 바랍니다.

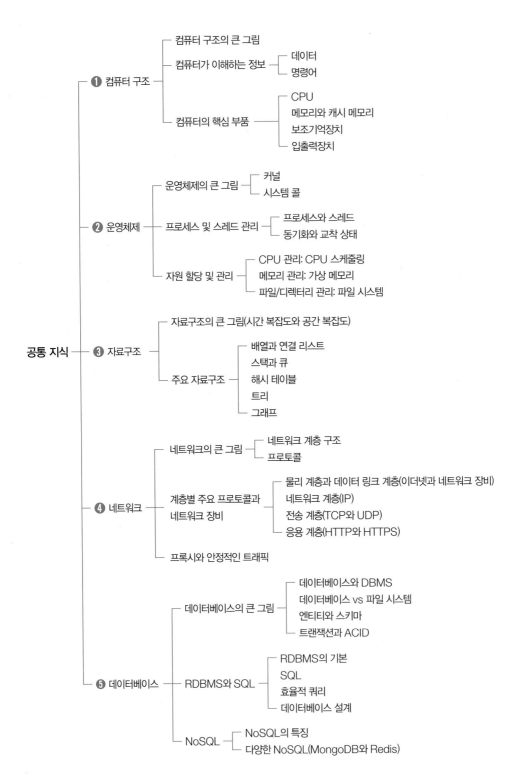

공통 지식

❶ 컴퓨터 구조
- 컴퓨터 구조의 큰 그림
- 컴퓨터가 이해하는 정보
  - 데이터
  - 명령어
- 컴퓨터의 핵심 부품
  - CPU
  - 메모리와 캐시 메모리
  - 보조기억장치
  - 입출력장치

❷ 운영체제
- 운영체제의 큰 그림
  - 커널
  - 시스템 콜
- 프로세스 및 스레드 관리
  - 프로세스와 스레드
  - 동기화와 교착 상태
- 자원 할당 및 관리
  - CPU 관리: CPU 스케줄링
  - 메모리 관리: 가상 메모리
  - 파일/디렉터리 관리: 파일 시스템

❸ 자료구조
- 자료구조의 큰 그림(시간 복잡도와 공간 복잡도)
- 주요 자료구조
  - 배열과 연결 리스트
  - 스택과 큐
  - 해시 테이블
  - 트리
  - 그래프

❹ 네트워크
- 네트워크의 큰 그림
  - 네트워크 계층 구조
  - 프로토콜
- 계층별 주요 프로토콜과 네트워크 장비
  - 물리 계층과 데이터 링크 계층(이더넷과 네트워크 장비)
  - 네트워크 계층(IP)
  - 전송 계층(TCP와 UDP)
  - 응용 계층(HTTP와 HTTPS)
- 프록시와 안정적인 트래픽

❺ 데이터베이스
- 데이터베이스의 큰 그림
  - 데이터베이스와 DBMS
  - 데이터베이스 vs 파일 시스템
  - 엔티티와 스키마
  - 트랜잭션과 ACID
- RDBMS와 SQL
  - RDBMS의 기본
  - SQL
  - 효율적 쿼리
  - 데이터베이스 설계
- NoSQL
  - NoSQL의 특징
  - 다양한 NoSQL(MongoDB와 Redis)

책에서 다루지 않는 내용: 직군에 따라 중요성이 달라지는 지식

개발 직군에는 백엔드 개발자, 프런트엔드 개발자, 머신러닝 개발자, 임베디드 개발자, 게임 개발자 등 다양한 개발 직군들이 있습니다. 당연하게도 **직군에 따라 사용하는 프로그래밍 언어와 프레임워크/라이브러리의 중요성은 다를 수 있습니다.** 그렇기 때문에 개별 CS 지식 항목은 **개발 직군에 따라 다른 경우가 많습니다.** 예를 들어 자바, 스프링 백엔드 기반의 개발 직군 면접에서는 다음과 같이 자바의 객체지향 언어로써의 특징이나 JVM, 스프링 프레임워크에 대한 내용이 자주 출제됩니다.

- JVM의 역할이 무엇인가요?
- 스프링에서 Bean이란 무엇인가요?
- DI에 대해 설명해 주세요.
- DTO와 VO의 차이점은 무엇인가요?

하지만 자바스크립트, 리액트 기반 프런트엔드 개발자에게는 절대로 이런 내용의 질문을 하지 않습니다. 대신 다음과 같은 질문을 히겠죠.

- DOM과 Virtual DOM의 차이는 무엇인가요?
- state와 props의 차이에 대해 설명해 보세요.
- Promise와 Callback의 차이는 무엇인가요?

개별 CS 지식 카테고리인 '개발도구'의 경우도 마찬가지입니다. 물론 Git처럼 직군을 막론하고 대중적으로 사용하는 개발도구도 있기는 하지만, 특정 IDE나 Jenkins, gcc, Make 등 특정 개발 직군에서 주로 사용되는 개발도구들도 있습니다. 따라서 자신이 희망하는 개발 직군에서 주로 활용하는 개발도구에는 어떤 것이 있는지 알아 두는 것이 좋습니다.

'이력서 및 직무 전문성'과 관련해서는 이력서에 작성된 프로젝트 경험에 대한 질문을 하기도 하고, 문제를 해결했던 경험에 대해 질문할 수도 있습니다. 또한 지원하는 기업의 사업적 성격에 따라 관련 분야의 배경지식을 물어볼 수도 있습니다.

이 책이 지원 분야와 이력에 따라 달라질 수 있는 모든 유형의 기술 면접 질문에 대비해 주는 것은 아닙니다. 지원하는 직군과 주로 사용하는 기술 스택, 지원자의 이력과 학습 수준에 따라 얼마든지 다른 질문이 나올 수 있기 때문입니다. 하지만 기술 면접을 비롯해 개발 실무에서도 반드시 필요한 공통 CS 지식의 범주, 그 원리와 활용을 제대로 정리하고자 한다면 이 책을 통해 많은 도움을 받을 수 있을 것입니다. 자, 그럼 시작해 보겠습니다.

CS Note: 개발자를 위한 컴퓨터 과학 용어집

컴퓨터 과학 학습의 본질은 용어 암기가 아니지만, 컴퓨터 과학이라는 방대한 주제를 다루는 책의 특성상 어쩔 수 없이 많은 용어가 소개될 예정입니다. 컴퓨터 과학 학습에 익숙하지 않은 독자들이 관련 용어를 암기하는 데 치우치지 않도록 다음 링크에 책에서 등장하는 컴퓨터 과학 주요 용어들을 미리 정리해 두었습니다.

- https://csnote.net

현재 책을 집필하는 시점을 기준으로 약 1,000개 이상의 용어가 정리되어 있고, 필요하다면 지속적으로 새로운 용어를 추가할 예정입니다. 국내 유/무료 컴퓨터 과학 용어 정리 자료 중 가장 많은 용어가 수록된 학습자료 중 하나일 것입니다. 과목마다 용어 필터링과 검색, 해당 용어가 등장하는 페이지 참조도 가능합니다. 이 책을 선택한 독자들이 컴퓨터 과학에 대한 용어 정리가 필요할 때는 이 학습자료를 이용하고, 책을 읽을 때는 컴퓨터 과학의 개념을 이해하는 것에만 집중하길 바랍니다.

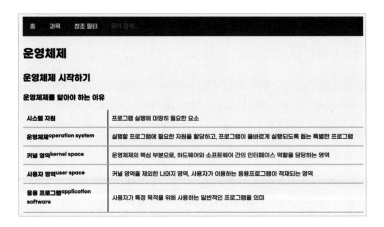

컴퓨터 구조

본격적으로 컴퓨터 구조를 학습해 보겠습니다. 컴퓨터 구조는 컴퓨터 과학의 가장 **근원적**인 학문이라고 할 수 있습니다. 여기서 **근원적이라는 말은 하드웨어에 가장 가깝다는 말과도 같습니다.** 이 책에서 학습할 모든 컴퓨터 과학 개념의 기저에는 그 개념을 실행하는 하드웨어 부품이 있습니다. 따라서 컴퓨터 구조에 대한 이해는 컴퓨터 과학을 이해하기 위한 시작점이 됩니다.

 # 컴퓨터 구조의 큰 그림

이번 절에서는 컴퓨터가 이해하는 정보, 그리고 그 정보를 이용해 프로그램을 실행하는 하드웨어인 컴퓨터의 핵심 부품에 대해 살펴보겠습니다. 컴퓨터가 이해할 수 있는 0과 1로 이뤄진 데이터가 명령어에 의해 어떻게 실행되는지, 컴퓨터를 구성하는 핵심 부품의 역할과 작동 방법에 대해 알아보며, 지도를 그리듯 컴퓨터 구조의 큰 그림을 그려 봅시다.

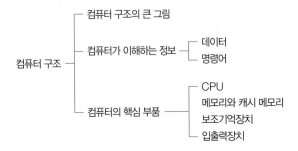

컴퓨터가 이해하는 정보

프로그램을 개발하기 위해서는 프로그래밍 언어로 소스 코드를 작성해야 합니다. 그런데 정작 **컴퓨터는 자바, C++, 파이썬과 같은 프로그래밍 언어를 직접 이해하지 못합니다.** 컴퓨터가 이해할 수 있는 정보는 따로 있습니다. 바로 **데이터**와 **명령어**입니다. 여러분이 작성한 소스 코드는 내부적으로 컴퓨터가 이해할 수 있는 데이터와 명령어의 형태로 변환된 뒤에 실행됩니다. 일반적으로 사용되는 명령어의 생김새는 대략 다음과 같습니다. 우리가 일상에서 사용하는 명령어와 유사하죠? 컴퓨터의 명령어 역시 **수행할 동작**과 **수행할 대상**으로 이루어져 있습니다.

```
더하라. 1과 2를
출력하라. "hello world"를
USB 메모리에 저장하라. cat.jpg를
```

데이터는 숫자, 문자, 이미지, 동영상과 같은 **정적인 정보**를 의미합니다. 컴퓨터와 주고받는 정보나 컴퓨터에 저장된 정보 자체를 데이터라고 통칭하기도 합니다. 가령 앞에서 예로 든 명령어에서 '1'과 '2'라는 숫자나 "hello world"라는 문자열, 'cat.jpg'라는 파일명은 모두 데이터입니다. 잘 살펴보면 데이터는 있는 그대로의 정보를 말하고, 명령어는 이 데이터를 활용하는 정보라는 사실을 눈치챌 수 있습니다. 즉, 데이터는 명령어에 **종속적인 정보**이며, **명령의 대상**이자, **명령어의 재료**라고 할 수 있습니다.

컴퓨터는 기본적으로 0과 1만을 이해할 수 있으므로 데이터와 명령어 또한 0과 1로 이루어져 있습니다. 즉, 컴퓨터는 0과 1만으로 다양한 숫자(정수, 실수)와 문자 데이터를 표현하며, 이 데이터를 활용해 명령어를 실행합니다. 이 명령어를 실행하는 주체가 바로 컴퓨터의 핵심 부품 중 하나인 CPU입니다. 명령어를 이해하고 실행하는 주체가 CPU라는 말은 **CPU의 종류에 따라 실행 가능한 세부적인 명령어의 종류와 처리의 양상이 달라질 수 있음**을 의미합니다. 하지만 큰 틀에서 보면 CPU의 종류와 무관하게 공통적으로 활용되는 명령어는 어느 정도 정해져 있습니다. 따라서 이번 장에서는 대표적인 명령어의 종류에는 어떤 것들이 있는지, CPU가 이러한 명령어를 처리하는 순서인 **명령어 사이클**이 무엇인지 학습할 예정입니다.

컴퓨터의 핵심 부품

세상에는 다양한 종류의 컴퓨터가 있습니다. 노트북, 데스크톱, 서버 컴퓨터, 스마트폰 모두 컴퓨터의 일종이라고 볼 수 있습니다. 하지만 컴퓨터를 작동시키는 컴퓨터의 핵심 부품은 크게 다르지 않습니다. 바로 CPU(중앙처리장치), 메모리(주기억장치), 캐시 메모리, 보조기억장치, 입출력장치입니다.

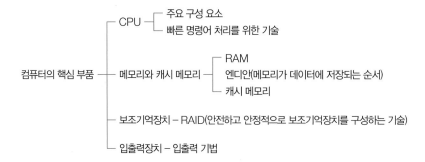

컴퓨터의 핵심 부품
- CPU
  - 주요 구성 요소
  - 빠른 명령어 처리를 위한 기술
- 메모리와 캐시 메모리
  - RAM
  - 엔디안(메모리가 데이터에 저장되는 순서)
  - 캐시 메모리
- 보조기억장치 – RAID(안전하고 안정적으로 보조기억장치를 구성하는 기술)
- 입출력장치 – 입출력 기법

CPU

컴퓨터가 이해하는 정보에는 크게 데이터와 명령어가 있다고 했습니다. 이러한 정보를 **읽어 들이고, 해석하고, 실행하는 부품**이 바로 **CPU**Central Processing Unit입니다. 사람으 로 비유하면 두뇌에 해당하는 부품이라고 볼 수 있습니다. CPU는 대단히 정교한 부품이지만, 다행히도 개발자가 이 정교한 CPU의 내부 회로까지 모두 알아야 하는 일은 드뭅니다. 따라서 CPU의 주요 구성 요소와 빠른 명령어 처리를 위한 기술, 이 2가지에 집중해 학습하는 것이 좋습니다. CPU의 내부에는 다음과 같이 산술논리연산장치(이하 ALU)와 제어장치를 포함한 여러 레지스터들이 있습니다. 하나씩 좀 더 알아볼까요?

CPU

```
┌──────────────────────┐
│  ┌──────┐  ┌──────┐  │
│  │ ALU  │  │레지스터│  │
│  └──────┘  ├──────┤  │
│            │레지스터│  │
│  ┌──────┐  ├──────┤  │
│  │제어장치│  │레지스터│  │
│  └──────┘  └──────┘  │
│              ⋮        │
└──────────────────────┘
```

- **산술논리연산장치(ALU, Arithmetic and Logic Unit)**: 사칙 연산, 논리 연산과 같은 **연산을 수행할 회로로 구성되어 있는 일종의 계산기**입니다. CPU가 처리할 명령어를 실질적으로 연산하는 요소라고 보면 됩니다.

- **제어장치(CU, Control Unit)**: 명령어를 해석해 제어 신호라는 전기 신호를 내보내는 장치입니다. **제어 신호(control signal)**란 부품을 작동시키기 위한 신호를 말합니다. CPU가 메모리를 향해 제어 신호를 보내면 메모리를 작동시킬 수 있고, 입출력장치를 향해 제어 신호를 보내면 입출력장치를 작동시킬 수 있습니다.

- **레지스터(register)**: CPU 내부의 작은 임시 저장장치로, 데이터와 명령어를 처리하는 과정의 중간값을 저장합니다. CPU 내에는 여러 개의 레지스터가 존재하며, **각기 다른 이름과 역할**을 가지고 있습니다.

이 중 가장 중요한 구성 요소는 바로 레지스터입니다. CPU가 처리하는 명령어는 반드시 레지스터에 저장되기 때문에 레지스터 값만 잘 관찰해도 프로그램이 어떻게 실행되는지 가장 낮은 단계에서 파악할 수 있습니다.

메모리와 캐시 메모리

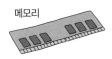

메모리

두 번째 핵심 부품은 메인 메모리(주기억장치)입니다. 메인 메모리는 흔히 메모리라고 줄여서 부르는데요. 메모리를 설명하기 전에 필요한 전제가 한 가지 있습니다. **메인 메모리**main memory 역할을 하는 하드웨어에는 RAM과 ROM이 있고, 일반적으로 '(메인)메모리'라는 용어는 **RAM**을 지칭하는 경우가 많다는 점입니다. 따라서 책에서는 '메모리'가 RAM을 지칭한다고 전제하겠습니다.

CPU가 읽어 들이고, 해석하고, 실행하는 모든 정보는 어딘가에 저장되어 있어야 하며, 이 정보를 저장하는 장치가 바로 메모리입니다. 즉, 메모리는 현재 **실행 중인 프로그램을 구성하는 데이터와 명령어를 저장하는 부품**입니다. 여기서 중요한 것은 '실행 중인' 프로그램을 저장한다는 것입니다. 프로그램이 실행되려면 그 프로그램을 이루는 데이터와 명령어가 메모리에 저장되어 있어야 합니다.

메모리(RAM)와 관련해 기억해야 할 중요한 배경지시 중 하나는 **주소**라는 개념이고, 다른 하나는 **휘발성**이라는 개념입니다. CPU가 메모리에 접근할 때 컴퓨터가 빠르게 작동하기 위해서는 메모리 속 데이터와 명령어가 중구난방으로 저장되어 있지 않아야 합니다. 정돈되어 있어야 하죠. 그래서 사용되는 개념이 바로 **주소**address입니다. 실생활에서 원하는 목적지를 찾기 위해 주소가 필요하듯, 컴퓨터에서도 CPU가 원하는 정보로 접근하기 위해서는 주소가 필요합니다. 다음은 1번지와 2번지에는 명령어, 3번지와 4번지에는 데이터가 저장되어 있고, 5번지와 6번지에는 아무것도 저장되어 있지 않은 상태의 메모리를 표현한 그림입니다.

메모리

명령어	더하라, 1과 2를	1번지
	저장하라, 레지스터 R0에 10을	2번지
데이터	20	3번지
	10	4번지
		5번지
		6번지

휘발성volatile은 전원이 공급되지 않을 때 저장하고 있는 정보가 지워지는 특성을 의미합니다. 메모리 (RAM)는 휘발성 저장장치로, 메모리에 저장된 정보는 컴퓨터의 전원이 꺼지면 모두 삭제됩니다. 이는 메모리를 이해하기 위한 중요한 특성이므로 기억해 두는 것이 좋습니다.

추가로, 메모리를 학습할 때 반드시 함께 알아 두어야 할 저장장치가 있습니다. 바로 캐시 메모리입니다. CPU와 메모리 사이에는 반드시 하나 이상의 캐시 메모리가 있습니다. **캐시 메모리**cache memory는 CPU가 조금이라도 더 빨리 메모리에 저장된 값에 접근하기 위해 사용하는 저장장치입니다. 빠른 메모리 접근을 보조하는 저장장치인 셈입니다. 캐시 메모리는 CPU 안에 위치하기도 하고, CPU 밖에 위치하기도 하며, 여러 종류가 있습니다.

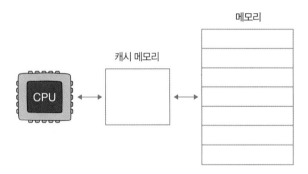

보조기억장치

앞서 메모리는 휘발성 저장장치라고 했습니다. 그래서 컴퓨터의 전원이 꺼지면 저장된 정보를 모두 잃습니다. 이를 보조하기 위해 **보조기억장치**secondary storage를 사용하는데요. 즉, 보조기억장치는 전원이 꺼져도 저장된 정보가 사라지지 않는 **비휘발성**non-volatile 저장장치입니다. CD-ROM이나 DVD, 하드 디스크 드라이브, 플래시 메모리(SSD, USB 메모리), 플로피 디스크와 같은 저장장치가 보조기억장치의 일종입니다. 오늘날 컴퓨터에 자주 사용되는 보조기억장치는 하드 디스크 드라이브와 플래시 메모리 기반 SSD입니다.

메모리가 현재 **실행 중인** 프로그램을 저장한다면, 보조기억장치는 **보관할** 프로그램을 저장한다고 할 수 있습니다. 유의할 점은 CPU가 보조기억장치에 저장된 프로그램을 곧장 가져와 실행할 수 없다는 점입니다. 어떠한 프로그램을 실행하려면 보조기억장치에서 보관하고 있는 프로그램을 메모리로 복사해야 합니다. 이번 장에서는 이러한 보조기억장치에 대한 설명과 더불어, 안전하고 안정적으로 보조기억장치를 구성하는 기술인 **RAID**가 무엇인지도 알아볼 예정입니다.

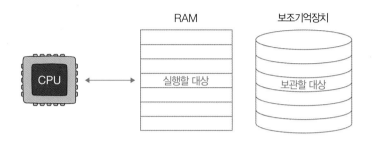

입출력장치

입출력장치|input/output device는 컴퓨터 외부에 연결되어 컴퓨터 내부와 정보를 교환하는 장치를 말합니다. 말 그대로 컴퓨터에 어떠한 입력을 할 때 사용하는 장치가 입력장치, 컴퓨터의 정보를 받기 위해 사용하는 장치가 출력장치입니다. 이를 테면 마우스, 키보드, 마이크 등은 입력장치이고 스피커, 모니터, 프린터 등은 출력장치인 것입니다.

참고로, 보조기억장치와 입출력장치는 완전히 배타적인 개념이 아닙니다. 보조기억장치는 결국 메모리를 보조하는 임무를 수행하는 특별한 입출력장치로 볼 수 있습니다. 보조기억장치가 컴퓨터 내부와 정보를 주고받는 방식이 입출력장치와 크게 다르지 않기 때문에, 보조기억장치와 입출력장치를 **주변장치**|peripheral device라고 통칭하기도 합니다. 이번 장에서 우리는 보조기억장치를 비롯한 입출력장치가 어떻게 컴퓨터 내부와 정보를 주고받는지 알아보겠습니다.

메인 보드와 버스

앞에서 살펴본 컴퓨터의 핵심 부품들은 공중에 떠 있지 않습니다. 이 부품들을 고정하고 연결하는 기판에 연결되어 있죠. 이 기판을 **메인 보드**main board 혹은 **마더 보드**mother board라고 부르는데요. 메인 보드에는 컴퓨터의 핵심 부품을 비롯한 여러 부품들을 연결할 수 있는 슬롯과 연결 단자들이 있습니다.

메인 보드

메인 보드에 연결된 부품들은 각자의 역할을 적절히 수행하기 위해 서로 정보를 주고받습니다. 이때 각 컴퓨터 부품들이 정보를 주고받는 통로를 **버스**bus라고 합니다. 버스의 종류는 다양하지만, 앞서 설명한 핵심 부품들을 연결하는 **시스템 버스**system bus가 가장 중요하다고 할 수 있습니다. 사람으로 비유하면 몸을 지탱하는 척추와 같다고 할 수 있죠.

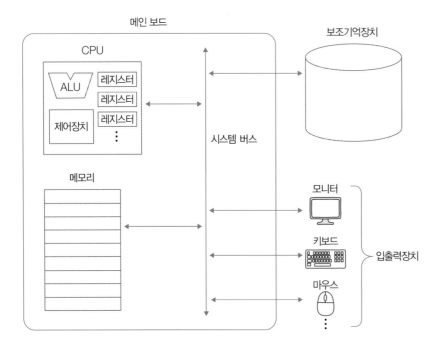

저장장치의 계층 구조

지금까지 언급된 저장장치들을 꼽아 봅시다. 레지스터, 메모리, 캐시 메모리, 보조기억장치입니다. 이 저장장치들은 일반적으로 다음과 같은 명제를 따릅니다.

❶ CPU와 가까운 저장장치는 빠르고, 멀리 있는 저장장치는 느리다.

❷ 속도가 빠른 저장장치는 용량이 작고, 가격이 비싸다.

각각의 저장장치들을 CPU와 가까운 순으로 나열하면 '레지스터 → 캐시 메모리 → 메모리 → 보조기억장치'입니다. 이 저장장치들은 CPU와의 거리, 용량과 성능을 기준으로 다음과 같이 계층적 구조를 가지며, 이를 '저장장치 계층 구조'라고 표현합니다.

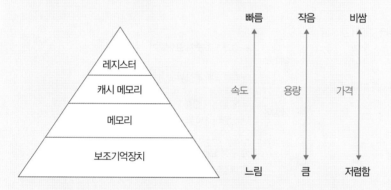

참고로, 저장장치 계층 구조에는 얼마든지 새로운 저장장치가 추가될 수 있으므로 암기할 필요는 없습니다. 일례로, 97쪽에서 캐시 메모리에 대해 학습할 때 캐시 메모리의 세부 종류인 L1, L2, L3 캐시 메모리를 포함하면 조금 더 세부적인 계층 구조를 표현할 수 있습니다.

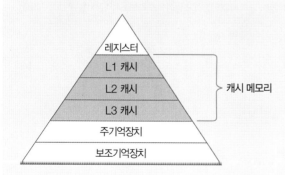

중요한 것은 각각 상위 계층과 하위 계층에 있는 저장장치에는 어떤 특징이 있는지를 이해하는 것입니다. 하위 계층에 속한 저장장치는 속도가 느리지만, 저장할 수 있는 용량이 크고 저렴하다는 특징이 있습니다. 반면, 상위 계층에 속한 저장장치는 속도는 빠르지만, 저장할 수 있는 용량이 작고 비쌉니다. 이처럼 각각의 장단점이 다르기 때문에 계층별 저장장치를 모두 함께 사용하는 것이 일반적입니다.

컴퓨터 구조 지도 그리기

이렇게 우리는 이번 장에서 학습할 컴퓨터 구조의 내용을 대략적으로 살펴봤습니다. 한눈에 정리된 다음의 컴퓨터 구조 지도를 보면서 미리 학습의 흐름을 정리해 보기 바랍니다.

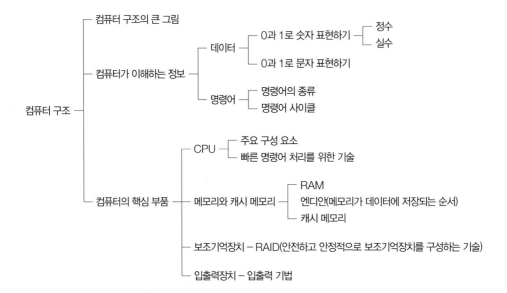

컴퓨터가 이해하는 정보

이번 절에서는 0과 1만을 이해하는 컴퓨터가 어떻게 문자와 숫자를 인식하는지, 그리고 그렇게 표현된 정적인 데이터가 명령어에 의해 어떻게 실행되는지 학습해 보겠습니다.

CPU는 기본적으로 0과 1만을 이해할 수 있습니다. 여기서 0과 1을 나타내는 가장 작은 정보의 단위를 **비트**^{bit}라고 합니다. 1비트는 0 또는 1, 2개(2^1)의 정보를 표현할 수 있고, 2비트는 4개(2^2)의 정보, 3비트는 8개(2^3)의 정보를 표현할 수 있습니다. 즉, **N비트는 2^N개의 정보**를 표현할 수 있음을 알 수 있습니다.

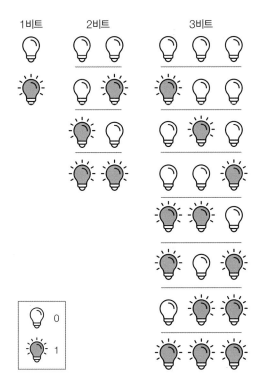

하지만 비트는 너무 작은 단위입니다. 여러분이 실행하는 프로그램은 수십만, 수백만 비트로 이루어져 있죠. 그래서 프로그램의 크기를 말할 때는 비트보다 큰 단위인 바이트(byte), 킬로바이트(kB), 메가바이트(MB), 기가바이트(GB), 테라바이트(TB) 등을 사용합니다. 테라바이트보다 더 큰 단위도 있지만, 범용적으로 사용되는 정보 단위는 최대 테라바이트까지인 경우가 많습니다.

구분	비트
1 byte	8 비트
1 kB	1,000 바이트
1 MB	1,000 킬로바이트
1 GB	1,000 메가바이트
1 TB	1,000 기가바이트

바이트^byte는 여덟 비트를 묶은 단위를 말하므로 하나의 바이트로 표현할 수 있는 정보는 $2^8=256$개입니다. 킬로바이트, 메가바이트, 기가바이트, 테라바이트 단위는 모두 이전 단위 1,000개를 묶은 단위를 말합니다.

NOTE 이전 단위 1,024개를 묶은 단위는 kiB, MiB, GiB, TiB로 표현합니다.

비트, 바이트, 킬로바이트, 메가바이트, 기가바이트, 테라바이트는 모두 프로그램의 크기를 나타낼 때 사용하는 정보 단위입니다. 프로그램의 관점에서 본 정보 단위죠. CPU 관점에서의 정보 단위로는 워드가 있습니다. **워드**^word란 CPU가 한 번에 처리할 수 있는 데이터의 크기를 의미합니다. 프로그램의 크기가 2GB라고 해서 CPU도 한 번에 2GB를 읽어 들여 처리하는 것이 아닙니다. CPU는 프로그램을 워드 단위로 읽어 들이고 처리합니다. 만약 CPU가 한 번에 16비트를 처리할 수 있다면 1워드는 16비트가 되고, 한 번에 32비트를 처리할 수 있다면 32비트가 되는 것이죠. 워드의 크기는 CPU마다 다르지만, 현대 컴퓨터 대부분의 워드 크기는 32비트, 혹은 64비트입니다.

데이터 – 0과 1로 숫자 표현하기

0과 1만을 이해할 수 있는 CPU는 컴퓨터 내부에서 **2진법**^binary을 사용해 2 이상, 0 이하의 수를 이해합니다. 우리가 일상적으로 사용하는 **10진법**^decimal이 **숫자 9를 넘어가는 시점에 자리올림**해 0부터 9까지 10개의 숫자만으로 모든 수를 표현하듯, 컴퓨터가 사용하는 2진법 또한 **숫자 1을 넘어가는 시점에 자리올림**해 0과 1, 2개의 숫자만으로 모든 수를 표현합니다. 2진수로 표현된 수는 숫자 뒤에 아래첨자로 (2)를 붙이거나 2진수 앞에 0b를 붙입니다.

10진수	2진수
1	1
2	1 0

자리올림

| 3 | 1 1 |
| 4 | 1 0 0 |

자리올림

| 5 | 1 0 1 |
| 6 | 1 1 0 |

자리올림

여기서 잠깐

16진법

2진법에는 단점이 있습니다. 표현하는 **숫자의 길이가 너무 길어진다**는 점입니다. 가령 10진수 '128'을 2진수로 표현하면 '10000000$_{(2)}$' 여덟 자리의 숫자가 필요합니다. 그래서 컴퓨터가 이해하는 정보를 표현할 때는 2진수와 더불어 16진수도 함께 사용합니다. 16진수를 나타내는 **16진법(hexadecimal)**은 **숫자 15를 넘어가는 시점에 자리올림**을 하는 숫자 표현 방식입니다. 16진법 체계에서는 10진수 10, 11, 12, 13, 14, 15를 각각 A, B, C, D, E, F로 표기합니다.

10진수	0	1	2	3	4	5	6	7	8	9	10	11	12	13	14	15	16	17	…
16진수	0	1	2	3	4	5	6	7	8	9	A	B	C	D	E	F	10	11	…

자리올림

16진수로 표현된 수는 뒤에 아래첨자로 (16)을 붙이거나 16진수 앞에 0x를 붙입니다. 16진수도 2진수 못지않게 많이 활용되고 하는데요. 소스 코드에 16진수를 직접 쓰기도 하고, 5장 '네트워크'에서 학습할 MAC 주소나 IPv6 주소를 표현할 때도 16진수를 사용합니다.

MAC 주소	IPv6 주소
A1:C2:E3:A5:C6:E7	**2001:0a1b:1234:0000:0000:abcd:1234:ff02**

이번에는 컴퓨터 내부에서 2진수로 **소수를 나타내는 방법**을 알아봅시다. 컴퓨터의 소수 표현을 학습할 때 가장 중요한 핵심은 표현하고자 하는 소수와 실제로 저장된 소수 간에 오차가 존재할 수 있다는 점입니다. 이는 매우 단순한 소스 코드 실행을 통해 확인할 수 있는데요. 다음과 같이 매우 단순한 파이썬 소스 코드를 예로 들어 보겠습니다. 변수 a에는 0.1, 변수 b에는 0.2, 변수 c에는 0.3을 저

장하고, a와 b의 합이 c와 같을 때는 "Equal"을, 같지 않을 때는 "Not Equal"을 출력하는 코드입니다. 구체적인 문법은 중요하지 않습니다. 코드의 대략적인 의미만 파악해 보길 바랍니다.

arch/floating.py

```python
a = 0.1
b = 0.2
c = 0.3

if a + b == c:
    print("Equal")
else:
    print("Not Equal")
```

제시된 소스 코드의 결과를 당연히 'Equal'일 것이라고 생각할 수 있지만, 놀랍게도 결과는 'Not Equal'입니다. 이러한 오차는 비단 파이썬에서만 발생하는 것이 아닙니다. C/C++, 자바, 자바스크립트 등 많은 프로그래밍 언어에서 'Not Equal'이 결과로 출력됩니다. 이러한 오차의 존재, 그 발생 원인을 알지 못한다면 코딩 테스트나 정밀도 높은 개발 업무에 제대로 대처할 수 없습니다.

이러한 오차가 발생하는 이유는 무엇일까요? 컴퓨터 내부에서는 소수점을 나타내기 위해 대표적으로 **부동 소수점**floating point 표현 방식을 이용하는데, 이 방식의 정밀도에 한계가 있기 때문입니다. 부동 소수점은 소수점이 고정되어 있지 않은 소수 표현 방식으로, 필요에 따라 소수점의 위치가 이동할 수 있고 유동적(floating)이라는 의미에서 부동 소수점이라는 이름이 붙었습니다.

예를 들어 10진수 123.123이라는 수를 $m \times 10^n$의 꼴로 나타내면 1.23123×10^2으로 표현할 수도 있고, 1231.23×10^{-1}으로 표현할 수도 있습니다. 여기서 제곱으로 표현된 2와 −1을 **지수**exponent, 기울임체로 표기한 1.23123과 1231.23을 **가수**significand라고 합니다. 이로써 소수점의 위치를 고정하지 않고도 같은 소수를 다양하게 표현할 수 있다는 사실을 알 수 있겠죠.

2진수 체계에서는 소수를 이와 유사하게 $m \times 2^n$의 꼴로 나타냅니다. 가령 107.6640625라는 10진수 소수가 있다고 가정해 봅시다. 계산기 등을 통해 알 수 있듯, 이를 2진수로 나타내면 1101011.1010101입니다. 이 2진수 소수는 $1.1010111010101 \times 2^6$으로 표현할 수도 있고, $110101110.10101 \times 2^{-2}$으로 표현할 수도 있습니다. 이 경우에 지수는 각각 6, −2이고, 가수는 1.1010111010101, 110101110.10101입니다. 2의 지수가 양수일 때는 **2**소수점을 왼쪽으로 이동한 횟수, 2의 지수가 음수일 때는 **2**소수점을 오른쪽으로 이동한 횟수라고 생각해도 됩니다.

오늘날 대부분의 컴퓨터는 2진수의 지수와 가수를 다음과 같은 형식으로 저장합니다. 이와 같은 부동소수점 저장 방식을 **IEEE 754**라고 합니다.

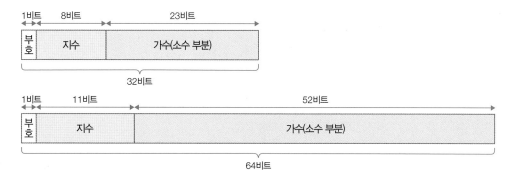

부호(sign) 비트가 0이면 양수를 의미하고, 1이면 음수를 의미합니다.

그림과 같은 형태로 소수가 저장된다고 할 때, 가수의 정수부에는 1로 통일된 **정규화한 수**normalized number가 저장됩니다. 즉, 가수는 1.○○○…의 형태를 띄고 있습니다. 앞서 예로 들었던 2진수 1101011.1010101의 경우 110101110.10101×2^{-2}이 아닌 **1**.1010111010101×2^{6}으로 저장되는 셈입니다. 가수가 1.○○○…의 형태니까요.

그럼 $2^{지수}$×1.○○○… 형태의 소수를 저장할 때는 **지수**에 해당하는 값과 ○○○… 에 해당하는 **소수 부분**fraction만을 저장하면 되겠죠? 어차피 $2^{지수}$의 2와 1.○○○…의 1은 통일되어 있는 값이니까요. 따라서 컴퓨터가 가수를 저장할 때는 (가수인 1.○○○에서 1을 제외한)○○○에 해당하는 소수 부분만 저장하게 됩니다. 가령 1.1010111010101×2^{6}의 가수를 저장할 때는 1010111010101이 저장되는 것입니다.

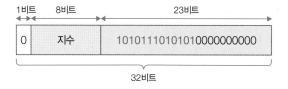

컴퓨터가 지수를 저장할 때는 **바이어스**bias 값이 더해져서 저장되며, 이때 바이어스 값은 $2^{k-1}-1$ (k는 지수의 비트 수)입니다. 지수를 표현하기 위해 8비트가 사용되었다면 바이어스 값은 $2^{7}-1$인 127이고, 11비트가 사용되었다면 바이어스 값은 $2^{10}-1$인 1,023입니다. 즉, 1.1010111010101×2^{6}이 32비트로 저장될 때는 127+6인 133(2진수 10000101)으로 저장되는 셈입니다.

결과적으로 1101011.1010101(10진수 107.6640625)이라는 수는 다음과 같이 저장됩니다.

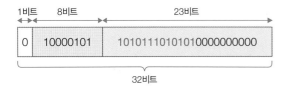

실제로도 그런지 확인해 볼까요? 다음은 10진수 107.6640625가 저장된 모습을 16진수로 출력하는 파이썬 코드입니다. 역시 코드에 사용된 파이썬 문법은 중요하지 않습니다. 소수가 어떻게 저장되어 있는지 확인하는 데 집중해 살펴보겠습니다.

arch/dec_to_bin.py

```
import struct

print(struct.pack('>f', 107.6640625).hex())
```

실행 결과

```
42d75400
```

NOTE struct.pack()은 인자로 주어진 실수 107.6640625를 부동 소수점으로 변환하는 코드이고, hex()는 해당 결과를 16진수로 표현하는 코드입니다.

실행 결과인 42d75400을 2진수로 표현하면 01000010110101110101010000000000으로, 앞서 그림에서 확인했던 값과 같은 값이 출력되었습니다.

여기서 유의할 점은 **10진수 소수를 2진수로 표현할 때, 10진수 소수와 2진수 소수의 표현이 딱 맞아떨어지지 않을 수 있다**는 점입니다. 예를 들어 1/3이라는 분수를 $m \times 3^n$의 꼴로 나타내고 싶다면 간단하게 1×3^{-1}으로 표현하면 됩니다. 하지만 이 분수를 10진수로 표현하기 위해 $m \times 10^n$의 꼴로 나타내기는 어렵습니다. 1/3이라는 분수를 10진수로 표현하려면 0.33333…처럼 무한히 많은 소수점이 필요하기 때문입니다. $m \times 3^n$으로 표현 가능한 수 중에서 $m \times 10^n$로 딱 맞아떨어지지 않는 수가 있을 수 있다는 뜻입니다.

마찬가지로 10진수 0.1은 $m \times 10^n$의 꼴로 간단하게 나타낼 수 있지만, 같은 수를 $1.m \times 2^n$의 꼴로 표현하려면 무한하게 많은 소수점이 필요합니다. 다시 말해, $m \times 10^n$으로 표현 가능한 수 중에도 $m \times 2^n$으로 딱 맞아떨어지지 않는 수가 있을 수 있다는 의미입니다. 컴퓨터의 저장공간은 한정적이기 때문에 무한히 많은 소수점을 저장할 수는 없죠. 그래서 딱 맞아떨어지지 않는 소수를 표현할 때는 일부 소수점을 생략하여 저장합니다. 그래서 앞에서와 같은 오차가 발생하는 것입니다.

데이터 – 0과 1로 문자 표현하기

컴퓨터가 이해할 수 있는 문자들의 집합은 **문자 집합**character set이라고 합니다. 그리고 문자 집합에 속한 문자를 컴퓨터가 이해하는 0과 1로 이루어진 문자 코드로 변환하는 과정을 **문자 인코딩**character encoding이라고 합니다. 동일한 문자 집합이라 하더라도 다양한 문자 인코딩 방법이 있을 수 있습니다. 반대로, 0과 1로 표현된 문자를 사람이 이해하는 문자로 변환하는 과정은 **문자 디코딩**character decoding이라고 합니다.

다음과 같이 웹사이트를 이용하다가 볼 수 있는 글자 깨짐 현상은 웹사이트가 특정 인코딩 방법을 지원하지 않거나, 인코딩된 문자를 디코딩하는 방법을 알지 못하는 경우에 흔히 발생하는 문제입니다.

컴퓨터가 0과 1로 문자를 표현하는 방법을 학습하는 것은 다양한 문자 집합과 인코딩 방식을 학습하는 것과 같습니다. 가장 기본적인 문자 집합에는 **아스키**ASCII, American Standard Code for Information Interchange가 있습니다. 아스키는 초창기 컴퓨터에서 사용하던 문자 집합 중 하나로, 영어의 알파벳과 아라비아 숫자, 일부 특수 문자를 포함합니다.

하나의 아스키 문자를 표현하기 위해서는 8비트(1바이트)를 사용합니다. 8비트 중 1비트는 **패리티 비트**parity bit라고 불리는데, 이는 오류 검출을 위해 사용되는 비트이기 때문에 실질적으로 문자 표현을 위해 사용되는 비트는 7비트입니다. 7비트로 표현할 수 있는 정보의 가짓수는 2^7개이므로 총 128개의 문자를 표현할 수 있습니다.

다음의 **아스키 코드표**를 보면 알 수 있듯, 아스키 문자들은 0부터 127까지의 숫자 중 하나의 고유한 수에 대응됩니다. 아스키 문자에 대응된 고유한 수를 **아스키 코드**라고 합니다. 우리는 아스키 코드를 2진수로 표현함으로써 아스키 문자를 0과 1로 대응시킬 수 있습니다. 이것이 아스키 코드의 인코딩 방식입니다. 예를 들어 'A'는 10진수 65(2진수 $1000001_{(2)}$)로 인코딩되고, 'a'는 10진수 97(2진수 $1100001_{(2)}$)로 인코딩됩니다.

10진수	16진수	문자	10진수	16진수	문자	10진수	16진수	문자	10진수	16진수	문자
0	0	Null	32	20	Space	64	40	@	96	60	`
1	1	Start of Header	33	21	!	65	41	A	97	61	a
2	2	Start of Text	34	22	"	66	42	B	98	62	b
3	3	End of Text	35	23	#	67	43	C	99	63	c
4	4	End of Transmission	36	24	$	68	44	D	100	64	d
5	5	Enquiry	37	25	%	69	45	E	101	65	e
6	6	Acknowledge	38	26	&	70	46	F	102	66	f
7	7	Bell	39	27	'	71	47	G	103	67	g
8	8	Backspace	40	28	(	72	48	H	104	68	h
9	9	Horizontal Tab	41	29	)	73	49	I	105	69	i
10	A	Line Feed	42	2A	*	74	4A	J	106	6A	j
11	B	Vertical Tab	43	2B	+	75	4B	K	107	6B	k
12	C	Form Feed	44	2C	,	76	4C	L	108	6C	l
13	D	Carriage Return	45	2D	−	77	4D	M	109	6D	m
14	E	Shift Out	46	2E	.	78	4E	N	110	6E	n
15	F	Shift In	47	2F	/	79	4F	O	111	6F	o
16	10	Data Link Escape	48	30	0	80	50	P	112	70	p
17	11	Device Control 1	49	31	1	81	51	Q	113	71	q
18	12	Device Control 2	50	32	2	82	52	R	114	72	r
19	13	Device Control 3	51	33	3	83	53	S	115	73	s
20	14	Device Control 4	52	34	4	84	54	T	116	74	t
21	15	Negative Acknowledge	53	35	5	85	55	U	117	75	u
22	16	Synchronous Idle	54	36	6	86	56	V	118	76	v
23	17	End of Trans. Block	55	37	7	87	57	W	119	77	w

24	18	Cancel	56	38	8	88	58	X	120	78	x
25	19	End of Medium	57	39	9	89	59	Y	121	79	y
26	1A	Substitute	58	3A	:	90	5A	Z	122	7A	z
27	1B	Escape	59	3B	;	91	5B	[	123	7B	{
28	1C	File Separator	60	3C	〈	92	5C	₩	124	7C	|
29	1D	Group Separator	61	3D	=	93	5D	]	125	7D	}
30	1E	Record Separator	62	3E	〉	94	5E	^	126	7E	~
31	1F	Unit Separator	63	3F	?	95	5F	_	127	7F	Del

NOTE 문자 인코딩에서 '글자에 부여된 고유한 값'을 **코드 포인트(code point)**라고 합니다. 가령 아스키 문자 'A'의 코드 포인트는 65입니다.

다만 아스키 코드는 한글을 표기할 수 없습니다. 그래서 등장한 한글 인코딩 방식 중 하나가 **EUC-KR**입니다. EUC-KR은 KS X 1001, KS X 1003이라는 문자 집합 기반의 인코딩 방식으로, 아스키 문자를 표현할 때는 1바이트, 하나의 한글 글자를 표현할 때는 **2바이트** 크기의 코드를 부여합니다. 2바이트(16비트)는 네 자리 16진수로 표현할 수 있으므로 EUC-KR로 인코딩된 한글 글자 하나는 네 자리 16진수로 나타낼 수 있습니다.

다음은 EUC-KR로 인코딩된 글자 '한글'의 일부입니다. '한'의 경우 0xc7d0 행의 두 번째 열, 즉 0x**c7d1**로 인코딩되고, '글'의 경우 0xb1d0 행의 열두 번째 열, 즉 0x**b1db**로 인코딩됩니다.

0x	0	1	2	3	4	5	6	7	8	9	a	b	c	d	e	f
c7a0		퐈	퐝	퐤	퐨	표	푠	플	퓹	푯	푸	푹	푼	푾	풀	품
c7b0	품	픂	풋	풍	풔	풩	퓌	퓐	퓔	퓜	풋	퓨	퓬	퓰	품	풋
c7c0	풍	프	픈	플	픔	픕	픗	피	픽	핀	필	핌	핍	핏	핑	하
c7d0	학	**한**	할	핥	함	합	핫	항	해	핵	핸	햄	햅	햇	했	
c7e0	행	햐	향	허	헉	헌	헐	헒	험	헙	헛	헝	헤	헥	헨	헬
c7f0	헴	헵	헷	헹	혀	혁	현	혈	혐	협	혓	혔	형	혜	혠	

0x	0	1	2	3	4	5	6	7	8	9	a	b	c	d	e	f
b1a0		괌	괍	괏	광	괘	괜	괠	괩	괬	괭	괴	괵	괸	괼	굄
b1b0	굅	굇	굉	교	곤	골	곱	곳	구	국	군	굳	굴	굵	굶	굻
b1c0	굼	굽	굿	궁	궂	궈	궉	권	궐	궜	궝	궤	궷	귀	귁	귄
b1d0	귈	귐	귑	귓	규	균	귤	그	극	근	귿	**글**	긁	금	급	긋
b1e0	긍	긔	기	긱	긴	긷	길	긺	김	깁	깃	깅	깆	깊	까	깍
b1f0	깎	깐	깔	깖	깜	깝	깟	깠	깡	깥	깨	깩	깬	깰	깸	

소스 코드로 직접 확인해 볼까요? 다음은 '한'과 '글'을 EUC-KR로 인코딩한 값을 각각 변수 a, b에 저장하고 출력하는 파이썬 코드입니다. 실행 결과를 보면 16진수 c7d1과 b1db가 출력되는 것을 확인할 수 있습니다.

arch/euckr.py

```python
a = '한'.encode('euc-kr')
b = '글'.encode('euc-kr')
print(a.hex())
print(b.hex())
```

실행 결과

```
c7d1
b1db
```

EUC-KR 인코딩 방식을 사용하면 총 2,350개 정도의 한글 단어를 표현할 수 있습니다. 아스키 코드에 비해 표현할 수 있는 문자가 많아졌지만, **아직도 모든 한글 조합을 표현할 수 있을 정도로 많은 양은 아닙니다.** 문자 집합에 정의되지 않은 '뷀', '똠'과 같은 글자는 EUC-KR로 표현할 수 없습니다.

그래서 등장한 것이 **유니코드**unicode 문자 집합입니다. 유니코드는 한글을 포함해 EUC-KR에 비해 훨씬 많은 언어, 특수문자, 화살표, 이모티콘까지 코드로 표현할 수 있는 **통일된 문자 집합**입니다. 유니코드가 없었다면 각각의 언어마다 다른 문자 집합과 인코딩 방식을 이해해야 했겠지만, 유니코드가 대부분의 언어를 지원하기 때문에 국가별로 다른 문자 집합과 인코딩 방식을 준비할 필요가 없어졌죠. 이런 점에서 유니코드는 현대 가장 많이 사용되는 표준 문자 집합이며, 문자 인코딩에 있어 매우 중요한 역할을 맡고 있습니다.

아스키 코드나 EUC-KR처럼 유니코드 문자 집합에 속한 문자에는 고유한 값이 부여되어 있습니다. 예를 들어 유니코드 문자 집합 상에서 '한', '글'이라는 글자에 부여된 값은 각각 0x**D55C**, 0x**AE00**입니다.

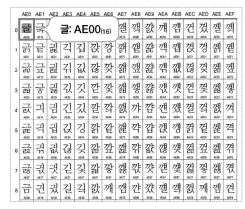

물론 간단한 소스 코드를 통해서도 유니코드 코드 포인트를 얻을 수 있습니다. 다음은 '한'과 '글'의 16진수 형태의 코드 포인트를 출력하는 파이썬 코드입니다.

arch/unicode_codepoint.py

```python
a = hex(ord('한'))
b = hex(ord('글'))
print(a)
print(b)
```

실행 결과

```
0xd55c
0xae00
```

> **NOTE** 간혹 유니코드 문자에 부여된 값 앞에 U+D55C, U+AE00처럼 U+라는 문자열을 붙이기도 하는데, 이는 **16진수 유니코드**를 표현할 때 사용하는 표기입니다.

이 코드도 마찬가지로 파이썬 문법은 중요하지 않습니다. 다른 프로그래밍 언어로도 얼마든지 구현할 수 있습니다. 다음은 자바 코드 예시입니다. 중요한 것은 프로그래밍 언어를 통해 코드 포인트를 얻어낼 수 있다는 것입니다.

arch/UnicodeCodepoint,java

```java
public class UnicodeCodepoint {
    public static void main(String[] args) {
```

```
        int cp1 = "한".codePointAt(0);
        System.out.println("한: " + Integer.toHexString(cp1).toUpperCase());

        int cp2 = "글".codePointAt(0);
        System.out.println("글: " + Integer.toHexString(cp2).toUpperCase());
    }
}
```

아스키 코드나 EUC-KR은 글자에 부여된 값을 그대로 인코딩 값으로 삼았지만, 유니코드는 조금 다릅니다. 글자에 부여된 값 자체를 인코딩된 값으로 삼지 않고, 이 값을 다양한 방법으로 인코딩합니다. 이러한 인코딩 방법에는 **UTF-8, UTF-16, UTF-32** 등이 있습니다. 요컨대, 유니코드가 문자의 집합이라면 UTF-8, UTF-16, UTF-32는 **유니코드 문자에 부여된 값을 인코딩하는 방식**을 말합니다.

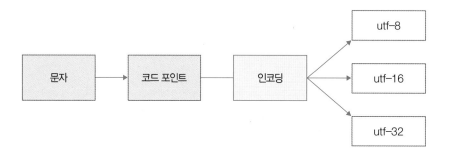

UTF-8, UTF-16, UTF-32는 **가변 길이 인코딩** 방식입니다. 인코딩된 결과의 길이가 일정하지 않을 수 있다는 의미입니다. 같은 문자에 대해서도 어떻게 다른 인코딩 결과가 도출되는지 파이썬 코드를 통해 확인해 보겠습니다.

arch/unicode_encoding.py

```
a8 = '한'.encode('utf-8')
b8 = '글'.encode('utf-8')
print('utf-8 한:', a8.hex())
print('utf-8 글:', b8.hex())

a16 = '한'.encode('utf-16')
b16 = '글'.encode('utf-16')
print('utf-16 한:', a16.hex())
print('utf-16 글:', b16.hex())
```

```python
a32 = '한'.encode('utf-32')
b32 = '글'.encode('utf-32')
print('utf-32 한:', a32.hex())
print('utf-32 글:', b32.hex())
```

```
utf-8 한: ed959c
utf-8 글: eab880
utf-16 한: fffe5cd5
utf-16 글: fffe00ae
utf-32 한: fffe00005cd50000
utf-32 글: fffe000000ae0000
```

마지막으로 base64 인코딩에 대해 알아보겠습니다. base64는 비단 문자뿐만 아니라, 이진 데이터까지 변환할 수 있는 인코딩 방식입니다. 사실 문자보다는 이진 데이터를 인코딩하는 데에 더 많이 사용되죠. base64 인코딩은 이미지 등 단순 문자 이외의 데이터까지 모두 아스키 문자 형태로 표현할 수 있습니다. 사진 파일 등을 전송할 때 이메일 원문을 확인해 보면 다음과 같이 base64로 인코딩되어 있는 것을 확인할 수 있습니다.

```
MIME-Version: 1.0
Date: Tue, 26 Mar 2024 16:51:34 +0900
Message-ID: <CA+uqrQDXYtRJHeZDqe6nD=frYbzu2zCL5SB2CyYJKy_7xU1KAQ@mail.gmail.com>
Subject:
From: Kang Minchul <tegongkang@gmail.com>
To: Kang Minchul <tegongkang@gmail.com>
Content-Type: multipart/related; boundary="00000000000024038d06148b8fef"

--00000000000024038d06148b8fef
Content-Type: multipart/alternative; boundary="00000000000024038c06148b8fee"

--00000000000024038c06148b8fee
Content-Type: text/plain; charset="UTF-8"
Content-Transfer-Encoding: base64

W2ltYWdlOiDhhInhhbPhhI/hhbPhhIXhhbXhhqvhhInhhaPhhrogMjAyNC0wMy0yNiDhhIvhhhanh
hJLhha4gNC41MS4zMC5wbmddDQo=
--00000000000024038c06148b8fee
Content-Type: text/html; charset="UTF-8"
Content-Transfer-Encoding: base64

PGRpdiBkaXI9Imx0ciI+PGltZzBycmM9ImNp0ImNpZDppaV9sdTgydnY4NTAiIGFsdD0i4YSJ4YWz4YSP
4YWz4YSF4YW14Yar4YSJ4YWj4Ya6IDIwMjQtMDMtMjY4YSL4YWp4YSS4YWuIDQuNTEuMzAucG5n
IiB3aWR0aD0iNTQyIiBoZWlnaHQ9IjE3NyI+PGJyPjwvZGl2Pg0K
--00000000000024038c06148b8fee--
--00000000000024038d06148b8fef
Content-Type: image/png; name="스크린샷 2024-03-26 오후 4.51.30.png"
Content-Disposition: attachment; filename="스크린샷 2024-03-26 오후 4.51.30.png"
Content-Transfer-Encoding: base64
X-Attachment-Id: ii_lu82vv850
Content-ID: <ii_lu82vv850>
```

base64는 사실 64진법을 의미합니다. 그래서 하나의 base64 인코딩 값을 표현하기 위해 64개의 문자가 사용되는 것입니다. 2진수 하나를 표현하기 위해 2^1의 지수인 1비트가 필요하고 16진수 하나를 표현하기 위해 2^4의 지수인 4비트가 필요하듯, 64진수 하나를 표현하기 위해서는 2^6의 지수인 6비트가 필요합니다. 따라서 변환할 데이터를 6비트씩 나누어 다음 표에 있는 하나의 문자로 변환하게 됩니다. 기본적으로 4개씩(24비트씩) 한 번에 변환되죠.

인덱스	이진수	문자	인덱스	이진수	문자	인덱스	이진수	문자	인덱스	이진수	문자
0	000000	A	16	010000	Q	32	100000	g	48	110000	w
1	000001	B	17	010001	R	33	100001	h	49	110001	x
2	000010	C	18	010010	S	34	100010	i	50	110010	y
3	000011	D	19	010011	T	35	100011	j	51	110011	z
4	000100	E	20	010100	U	36	100100	k	52	110100	0
5	000101	F	21	010101	V	37	100101	l	53	110101	1
6	000110	G	22	010110	W	38	100110	m	54	110110	2
7	000111	H	23	010111	X	39	100111	n	55	110111	3
8	001000	I	24	011000	Y	40	101000	o	56	111000	4
9	001001	J	25	011001	Z	41	101001	p	57	111001	5
10	001010	K	26	011010	a	42	101010	q	58	111010	6
11	001011	L	27	011011	b	43	101011	r	59	111011	7
12	001100	M	28	011100	c	44	101100	s	60	111100	8
13	001101	N	29	011101	d	45	101101	t	61	111101	9
14	001110	O	30	011110	e	46	101110	u	62	111110	+
15	001111	P	31	011111	f	47	101111	v	63	111111	/

예를 들어 'abc'라는 문자열이 있다고 가정해 봅시다. 앞서 학습했듯이 'a, b, c'는 각각 8비트의 아스키 코드 97, 98, 99로 인코딩될 수 있습니다. 각각의 아스키 코드는 8비트 크기의 2진수인 01100001, 01100010, 01100011로 표현할 수 있습니다. 즉, 문자열 'abc'는 총 24비트의 코드로 인코딩됩니다. 이를 base64 대응표에 따라 6비트씩 끊어서 변환하면 다음과 같이 'YWJj'가 됩니다.

문자	a								b								c							
아스키	0	1	1	0	0	0	0	1	0	1	1	0	0	0	1	0	0	1	1	0	0	0	1	1
Base64	Y						W						J						j					

문자열 'abc'는 6비트씩 나누어 총 24비트인 4개의 문자로('YWJj') 인코딩이 가능했습니다. 하지만, 반드시 6비트씩 나누어 떨어지지 않는 경우도 있습니다. 가령 문자열 'ab'의 경우 총 16비트이므로 4개의 6비트로 나누어 떨어지지 않죠. 이 경우에는 나누어 떨어지지 않는 자리가 다음과 같이 0으로 채워지는 **패딩**padding이 되고, 이는 '='로 인코딩됩니다. 다음 예시를 보세요. 'ab'는 총 16비트로 표현되기 때문에 4개의 6비트로 변환되기에는 비트 수가 부족합니다. 따라서 부족한 비트는 0으로 간주되어 '='로 인코딩됩니다.

문자	a								b															
아스키	0	1	1	0	0	0	0	1	0	1	1	0	0	0	1	0	0	0	0	0	0	0	0	0
Base64	Y						W						I						=					

명령어

앞서 명령어는 **수행할 동작**과 **수행할 대상**으로 이루어져 있다고 했습니다. 여기서 수행할 대상은 다음과 같이 수행할 동작에 사용될 **데이터 자체**가 될 수도 있고, 동작에 사용될 **데이터가 저장된 위치**가 될 수도 있습니다.

수행할 동작	수행할 대상	
더해라	100과	120을
빼라	메모리 32번지 안의 값과	메모리 33번지 안의 값을
저장해라	10을	메모리 128번지에

이때 '명령어가 수행할 동작'은 **연산 코드**opcode라고 하고, '동작에 사용될 데이터' 혹은 '(메모리나 레지스터의 주소와 같이)동작에 사용될 데이터가 저장된 위치'는 **오퍼랜드**operand라고 합니다. 즉, 하나의 명령어는 연산 코드와 0개 이상의 오퍼랜드로 구성되어 있으며, 명령어에서 연산 코드가 담기는 영역은 연산 코드 필드, 오퍼랜드가 담기는 영역은 오퍼랜드 필드라고 합니다.

연산 코드	오퍼랜드

NOTE 연산 코드는 연산자, 오퍼랜드는 피연산자라고도 부릅니다.

오퍼랜드와 관련해서는 기억해야 할 점이 있습니다. 오퍼랜드 필드에는 숫자나 문자와 같이 연산 코드에 사용될 데이터가 직접 명시되기보다는 많은 경우 **연산 코드에 사용될 데이터가 저장된 위치**, 즉 메모리 주소나 레지스터의 이름이 명시된다는 점입니다. 그래서 오퍼랜드 필드를 **주소 필드**address field라고 부르기도 합니다. 그리고 만약 명령어에 사용된 오퍼랜드에 메모리 주소가 명시되었다면 이 명령어를 실행하기 위한 메모리 접근이 더 필요할 수 있습니다.

예를 들어 CPU가 메모리에 접근해 '더해라, 100번지 값에, 10을'이라는 명령어를 가지고 왔다(인출했다)고 해봅시다. CPU가 메모리로부터 인출한 명령어는 곧바로 실행될 수 없습니다. 이 명령어를 실행하려면 오퍼랜드 필드에 명시된 메모리 주소를 통해 한 번 더 메모리에 접근해야 합니다.

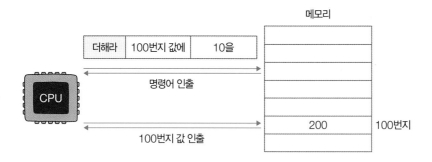

연산 코드는 매우 다양합니다. CPU에 따라 연산 코드의 구체적인 생김새가 다릅니다. 하지만 대부분의 CPU가 공통적으로 이해하는 대표적인 연산 코드의 유형에는 **데이터 전송, 산술/논리 연산, 제어 흐름 변경, 입출력 제어**가 있습니다.

유형	연산 코드	설명
데이터 전송	MOVE	데이터를 옮겨라
	STORE	메모리에 저장해라
	LOAD(FETCH)	데이터를 메모리에서 CPU로 가져와라
	PUSH	데이터를 스택에 저장해라
	POP	스택의 최상단 데이터를 가져와라

	ADD/SUBTRACT/ MULTIPLY/DIVIDE	덧셈/뺄셈/곱셈/나눗셈을 수행해라
산술/논리 연산	INCREMENT DECREMENT	오퍼랜드에 1을 더해라 오퍼랜드에서 1을 빼라
	AND/OR/NOT	AND/OR/NOT 연산을 수행해라
	COMPARE	두 개의 숫자, 혹은 TRUE/FALSE 값을 비교해라
제어 흐름 변경	JUMP	특정 주소로 실행 순서를 옮겨라
	CONDITIONAL JUMP	조건에 부합할 경우 특정 주소로 실행 순서를 옮겨라
	HALT	프로그램의 실행을 멈춰라
	CALL	되돌아올 주소를 저장한 채 특정 주소로 실행 순서를 옮겨라
	RETURN	CALL을 호출할 때 저장했던 주소로 돌아가라
입출력 제어	READ(INPUT)	특정 입출력장치로부터 데이터를 읽어라
	WRITE(OUTPUT)	특정 입출력장치로 데이터를 써라
	START IO	입출력장치를 시작해라
	TEST IO	입출력장치의 현재 상태를 확인해라

여기서 잠깐

스택

PUSH, POP 명령어는 스택에 대한 연산입니다. 여기서 스택(stack)이란 한 쪽 끝이 막혀 있는 통과 같은 형태로 데이터를 관리하는 자료구조를 말합니다. 관련하여 4장에서 다루겠지만, 컴퓨터 구조와 운영체제에서 자주 언급되는 개념이므로 미리 알아 두는 것이 좋습니다. 스택은 한 쪽 끝이 막혀 있기 때문에 데이터를 저장할 때는 막혀 있지 않은 쪽으로 차곡차곡 저장하고, 저장한 자료를 빼낼 때는 마지막으로 저장한 데이터부터 빼내서 관리합니다. '나중에 저장한 데이터를 가장 먼저 빼내는 데이터 관리 방식(후입선출)'이라는 점에서 LIFO(Last In First Out) 자료구조라고도 부릅니다. 예를 들어 스택 안에 '1-2-3-4-5'의 순으로 데이터를 저장(PUSH)하면 데이터를 빼낼 때는 '5-4-3-2-1'의 순으로 빼낼(POP) 수 있습니다.

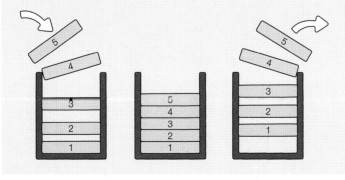

기계어와 어셈블리어

CPU는 0과 1로 표현된 데이터와 명령어를 이해할 수 있다고 했죠. 이때 CPU가 이해할 수 있도록 0과 1로 표현된 정보를 있는 그대로 표현한 언어를 **기계어**machine code라고 합니다. 다음 검은 배경의 그림이 바로 0과 1로 표현된 온갖 데이터와 명령어의 모습입니다.

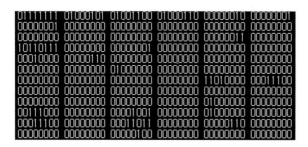

하지만 기계어만 봐서는 이것이 어떤 프로그램인지, 어떻게 동작하는지 쉽사리 짐작하기가 어렵습니다. 그래서 등장한 언어가 **어셈블리어**assembly language입니다. 어셈블리어는 0과 1로 표현된 기계어를 읽기 편한 형태로 단순 번역한 언어입니다. 어셈블리어를 보면 CPU가 이해할 수 있는 명령어의 종류와 동작을 파악할 수 있습니다.

기계어	어셈블리어
0101 0101 ⟶	push rbp
0101 1101 ⟶	pop rbp
1100 0011 ⟶	ret

여러분이 어떤 프로그래밍 언어로 어떤 프로그램을 만들든 컴퓨터 내부에서는 0과 1로 이뤄진 기계어로 변환하여 프로그램을 실행합니다. 유의할 점은 구체적인 연산 코드의 종류나 레지스터의 이름, 명령어의 생김새가 CPU마다 다를 수 있다는 점입니다. 코드를 통해 확인해 보겠습니다. 다음은 **어떤 수의 제곱을 반환하는 함수**를 나타내는 C 언어 소스 코드입니다.

```c
int square(int num) {
    return num * num;
}
```

이 소스 코드 또한 컴퓨터 내부에서 기계어(명령어)로 변환되어 실행되며, 이 기계어를 표현한 어셈블리어는 다음과 같습니다. 소스 코드의 한 줄 한 줄이 CPU가 읽어 들이고, 해석하고, 실행하는 명령어인 셈입니다. 앞쪽에 있는 초록색 글씨가 연산 코드, 남은 검은색 글씨가 오퍼랜드입니다.

CISC 기반 CPU의 어셈블리어

```
push rbp
mov rbp, rsp
mov DWORD PTR [rbp-4], edi
mov eax, DWORD PTR [rbp-4]
imul eax, eax
pop rbp
ret
```

명령어의 종류와 생김새는 CPU마다 다를 수 있다고 했습니다. 앞에서 제시했던 '어떤 수의 제곱을 반환하는 함수'를 나타내는 소스 코드는 다른 CPU에서 다음과 같이 다른 형태의 어셈블리어로 표현될 수 있습니다. 어셈블리어는 기계어를 그대로 번역한 언어이기 때문에 명령어의 종류와 생김새가 다르면 기계어도 달라지고, 이를 번역한 어셈블리어도 달라지게 됩니다.

RISC 기반 CPU의 어셈블리어

```
push {r7}
sub sp, sp, #12
add r7, sp, #0
str r0, [r7, #4]
ldr r3, [r7, #4]
mul r3, r3, r3
mov r0, r3
adds r7, r7, #12
mov sp, r7
ldr r7, [sp], #4
bx lr
```

어셈블리어의 문법을 익히는 것은 관심이 있는 개발 직군에 따라 필요 여부가 달라질 수 있습니다. 하지만 같은 프로그램일지라도 CPU마다 이해하는 명령어가 다르면 실행이 불가할 수 있다는 점은 기억해 두어야 합니다. 일례로, 인텔 CPU를 사용하는 컴퓨터에서 만들어진 실행 파일을 애플 CPU를 사용하는 컴퓨터에 그대로 옮겨서 실행할 수 없듯, 여러 플랫폼에서 실행되는 프로그램을 개발할 때는 특정 CPU에만 의존적인 코드로 만들지 않아야 합니다.

명령어 사이클

메모리 안에는 프로그램이 저장되어 있고, 이 프로그램은 여러 명령어로 구성되어 있습니다. 그리고 CPU는 이 메모리에서 명령어를 인출하고 실행하기를 반복하며 전체 프로그램을 실행해 나갑니다. 이때 CPU가 명령어를 처리하는 과정에는 정형화된 흐름이 있습니다. 즉, CPU가 명령어를 처리하는 과정에서 프로그램 속 각각의 명령어들은 일정한 주기를 반복하며 실행되는데, 바로 이 주기를 **명령어 사이클**instruction cycle이라고 합니다.

메모리에 저장된 명령어 하나를 실행하고 싶을 때 가장 먼저 해야 할 일은 무엇일까요? 그 명령어를 메모리에서 CPU로 가지고 와야(인출해야) 합니다. 이는 명령어 사이클의 첫 번째 과정으로, 메모리에 있는 명령어를 CPU로 가지고 오는 단계를 **인출 사이클**fetch cycle이라고 합니다. CPU로 명령어를 인출했다면 이제는 그 명령어를 실행해야 합니다. 명령어 사이클의 두 번째 과정인 CPU로 가져온 명령어를 실행하는 단계는 **실행 사이클**execution cycle이라고 합니다. CPU는 메모리 속 명령어를 가져와 실행하고, 가져와 실행하기를 반복하며 프로그램을 실행하기 때문에 인출 사이클과 실행 사이클은 반복되게 됩니다.

하지만 모든 명령어가 이렇게 간단하게 실행되지는 않습니다. 명령어를 인출했더라도 곧바로 실행할 수 없는 경우도 있습니다. 다음과 같이 오퍼랜드 필드에 메모리 주소가 명시된 경우를 생각해 보세요. 이 경우에는 CPU가 명령어를 인출했더라도 한 번 더 메모리에 접근해야 합니다.

빼라	메모리 32번지 안의 값과	메모리 33번지 안의 값을

이렇게 명령어를 실행하기 위해 한 번 더 메모리에 접근하는 단계는 **간접 사이클**indirect cycle이라고 합니다. 어떤 명령어는 인출과 실행 사이클만으로 실행되고, 어떤 명령어는 인출, 간접, 실행 사이클을 모두 거쳐 실행됩니다.

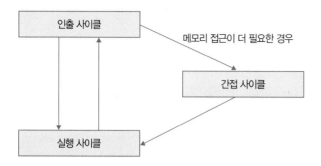

마지막으로 너무나 중요한 사이클이 하나 더 남아 있습니다. 바로 인터럽트를 처리하는 **인터럽트 사이클**입니다. 인터럽트 사이클을 이해하려면 CPU 레지스터에 대한 이해가 선행되어야 하므로 다음 절에서 학습을 이어가 보겠습니다.

CPU

컴퓨터에서 가장 중요한 부품 중 하나를 꼽으라고 하면 단연 CPU를 꼽는 사람들이 많을 것입니다. 그만큼 CPU는 중요한 부품이지만, 중요하다고 해서 CPU의 내부 회로나 작동 방식 하나 하나를 모두 알아야 하는 것은 아닙니다. 이번 절에서는 개발자가 알아야 할 배경지식에 초점을 맞춰 CPU에 대해 알아보겠습니다.

레지스터

레지스터는 CPU 안에 있는 작은 임시 저장장치입니다. CPU 안에는 다양한 레지스터들이 있고, 각기 다른 **이름과 역할**이 있습니다. 프로그램을 이루는 데이터와 명령어가 프로그램의 실행 전후로 레지스터에 저장되기 때문에 레지스터에 저장된 값만 잘 관찰해도 비교적 낮은 수준의 프로그램이 어떻게 작동하는지를 파악할 수 있습니다.

레지스터는 다음과 같은 WinDbg(윈도우 운영체제), gdb(리눅스, 맥OS 운영체제) 등의 디버깅 도구를 이용해 관찰할 수 있습니다.

CPU를 구성하는 레지스터들의 세세한 종류와 이름은 조금씩 다르지만, 앞으로 설명할 레지스터들은 **대부분의 CPU가 공통적으로 포함하고 있는 대표적인 주요 레지스터**입니다. 모두 저마다의 역할이 있어 각자의 역할에 걸맞은 내용들을 저장합니다. 그럼 **각각의 레지스터가 CPU 내부에서 어떤 역할을 수행하는지**에 유의하며 살펴봅시다.

❶ 프로그램 카운터

프로그램 카운터^{PC, Program Counter}는 **메모리에서 다음으로 읽어 들일 명령어의 주소**를 저장합니다. 프로그램 카운터를 **명령어 포인터**^{IP, Instruction Pointer}라고 부르는 CPU도 있습니다. 일반적으로 프로그램 카운터는 1씩 증가하는데, 이는 곧 다음으로 읽어 들일 메모리 주소가 1씩 증가하는 것과 같습니다. 메모리에 저장된 프로그램이 순차적으로 실행될 수 있는 것은 근본적으로 프로그램 카운터 값이 1씩 증가하며 실행되기 때문입니다.

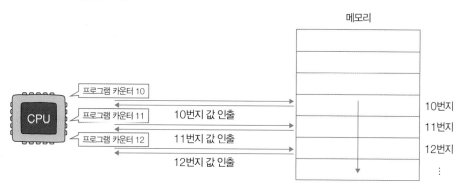

다만, 프로그램 카운터가 언제나 증가만 하는 것은 아닙니다. 프로그래밍 언어의 조건문이나 리턴문을 생각해 보세요. 조건이 참이 되거나 리턴문을 실행하는 경우 프로그램이 순차적으로 실행되지 않습니다. 이렇게 프로그램의 실행 흐름이 순차적이지 않을 때는 프로그램 카운터 값이 임의의 위치로 변경됩니다.

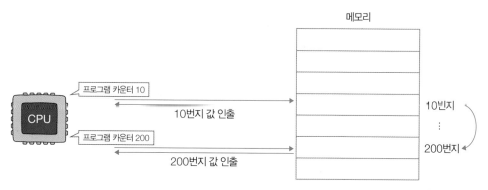

❷ 명령어 레지스터

명령어 레지스터IR, Instruction Register는 **해석할 명령어**, 즉 메모리에서 방금 읽어 들인 명령어를 저장하는 레지스터입니다. CPU 내의 제어장치는 명령어 레지스터 속 명령어를 해석한 뒤 ALU(산술논리연산장치)로 하여금 연산하도록 시키거나 다른 부품으로 제어 신호를 보내 해당 부품을 작동시킵니다.

❸ 범용 레지스터

범용 레지스터general purpose register는 이름 그대로 다양하고 일반적인 상황에서 자유롭게 사용할 수 있는 레지스터입니다. 데이터와 명령어, 주소 모두를 저장할 수 있습니다. 일반적으로 CPU 안에는 여러 개의 범용 레지스터들이 있습니다.

❹ 플래그 레지스터

플래그 레지스터flag register는 연산의 결과 혹은 CPU 상태에 대한 부가 정보인 **플래그**flag 값을 저장하는 레지스터입니다. 플래그는 CPU가 명령어를 처리하는 과정에서 반드시 참조해야 할 상태 정보를 의미하는 비트입니다. 대표적인 플래그의 종류는 다음과 같습니다. 플래그 레지스터는 다음과 같은 플래그(비트)들로 구성되어 있는 셈입니다.

종류	설명	사용 예시
부호 플래그	연산 결과의 부호	부호 플래그가 1일 경우의 연산 결과는 음수, 0일 경우의 연산 결과는 양수를 의미한다.
제로 플래그	연산 결과가 0인지의 여부	제로 플래그가 1일 경우의 연산 결과는 0, 0일 경우의 연산 결과는 0이 아님을 의미한다.
캐리 플래그	연산 결과에 올림수나 빌림수가 발생했는지의 여부	캐리 플래그가 1일 경우에는 연산 결과에 올림수나 빌림수가 발생했음을 의미하고, 0일 경우에는 발생하지 않았음을 의미한다.
오버플로우 플래그	오버플로우가 발생했는지의 여부	오버플로우 플래그가 1일 경우에는 오버플로우가 발생했음을 의미하고, 0일 경우에는 발생하지 않았음을 의미한다.
인터럽트 플래그	인터럽트가 가능한지의 여부	인터럽트 플래그가 1일 경우에는 인터럽트가 가능함을 의미하고, 0일 경우에는 인터럽트가 불가능함을 의미한다.
슈퍼바이저 플래그	커널 모드로 실행 중인지, 사용자 모드로 실행 중인지의 여부	슈퍼바이저 플래그가 1일 경우에는 커널 모드로 실행 중임을 의미하고, 0일 경우에는 사용자 모드로 실행 중임을 의미한다.

NOTE 슈퍼바이저 플래그에 대한 설명 중 커널 모드와 사용자 모드에 대한 내용은 3장 '운영체제'에서 설명하겠습니다.

예를 들어 다음과 같은 플래그 레지스터에서 CPU가 연산을 수행한 직후에 부호 플래그가 1이 되었다면 이는 연산의 결과가 음수임을 나타냅니다. 또한 CPU가 연산을 수행한 직후에 다음과 같이 제로 플래그가 1이라면 연산의 결과가 0임을 나타냅니다.

부호 플래그	제로 플래그	캐리 플래그	오버플로우 플래그	인터럽트 플래그	슈퍼바이저 플래그
0	1	0	0	0	0

❺ 스택 포인터

메모리에는 실행 중인 프로그램들이 적재되어 있으며, 실행 중인 각 프로그램들은 스택과 같은 형태로 사용 가능한 주소 공간을 하나 이상 가지고 있습니다. 암묵적으로 스택처럼 사용하자고 약속된 이 메모리 영역을 스택 영역이라고 합니다. **스택 포인터**stack pointer란 메모리 내 스택 영역의 최상단 스택 데이터 위치를 가리키는 특별한 레지스터를 말합니다.

예를 들어, 다음 그림의 CPU에 있는 스택 포인터는 '스택 데이터 3'이 저장된 공간을 가리키고 있습니다. 만약 이 스택에서 데이터를 꺼낸다면 가장 꼭대기에 있는 '스택 데이터 3'을 꺼내고, 스택 포인터는 '스택 데이터 2'가 저장된 주소를 가리키게 되겠죠. 스택 포인터는 마지막으로 스택에 저장된 데이터의 위치를 가리키는 레지스터이자, 스택이 채워진 정도를 나타내는 레지스터인 셈입니다.

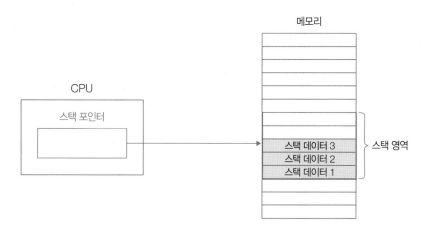

NOTE 스택에 대한 내용은 이 쪽 [여기서 잠깐]에서 다시 한번 확인해 보세요. 스택 영역도 3상 '운영체제'에서 다시 설명할 예정이므로 지금은 용어만 가볍게 기억해 두기 바랍니다.

인터럽트

명령어 사이클을 학습하면서 CPU의 레지스터를 알아야만 이해할 수 있는 인터럽트 사이클에 대해 언급했습니다. 인터럽트라는 용어는 프로그래밍 언어로 개발해 본 사람이라면 한 번쯤 접해 본 적이 있을 것입니다. 인터럽트는 다양한 상황에서 발생할 수 있는데요. 임의로 발생시킬 수도 있고, 잘못된 프로그램으로 인해 발생하기도 하며, 효율적인 입출력을 위해 사용되기도 합니다. 인터럽트는 컴퓨터 구조는 물론, 다음 장에서 학습할 운영체제를 이해하는 데에도 아주 중요한 개념이므로 집중해서 파악해 두기를 바랍니다.

```
Python 3.9.0 (tags/v3.9.0:9cf6752, Oct  5 2020, 15:34:40) [MSC v.1927 64 bit (AMD64)] on win32
Type "help", "copyright", "credits" or "license" for more information.
>>>
KeyboardInterrupt
```

인터럽트interrupt는 '방해하다, 중단시키다'라는 의미입니다. CPU가 수행 중인 작업은 방해를 받아 잠시 중단될 수 있는데, 이렇게 **CPU의 작업을 방해하는 신호**를 **인터럽트**interrupt라고 합니다. 인터럽트의 종류를 살펴보면 인터럽트가 발생하는 상황을 엿볼 수 있습니다.

인터럽트는 크게 **동기 인터럽트와 비동기 인터럽트**로 나뉩니다. **동기 인터럽트**synchronous interrupts는 CPU에 의해 발생하는 인터럽트입니다. 가령 CPU가 프로그래밍 오류와 같은 **예외적인 상황**(예상치 못한 상황)을 마주쳤을 때 발생하는 인터럽트죠. 이런 점에서 동기 인터럽트는 **예외**exception라고도 부릅니다.

비동기 인터럽트asynchronous interrupts는 주로 **입출력장치에 의해 발생**하는 인터럽트입니다. 이는 세탁기의 세탁 완료 알림, 전자레인지의 조리 완료 알림과 같은 **알림**의 역할을 하며, 다음과 같이 활용됩니다.

- CPU가 프린터와 같은 입출력장치에게 입출력 작업을 부탁하고, 작업을 끝낸 입출력장치가 CPU에게 **완료 알림(인터럽트)**을 보낸다.
- 키보드, 마우스와 같은 입출력장치가 어떤 입력을 받아들였을 때, 이를 처리하기 위해 CPU에게 **입력 알림(인터럽트)**을 보낸다.

일반적으로 비동기 인터럽트를 인터럽트라고 지칭하기도 하지만, 책에서는 용어의 혼동을 방지하기 위해 **하드웨어 인터럽트**라는 용어를 사용하겠습니다.

하드웨어 인터럽트

하드웨어 인터럽트는 알림과 같은 인터럽트라고 했습니다. CPU는 **효율적으로 명령어를 처리하기 위해** 하드웨어 인터럽트를 사용합니다. 명령어를 효율적으로 처리하는 것과 하드웨어 인터럽트는 어떤 상관이 있을까요?

가령 CPU가 프린터에 프린트를 명령했다고 가정해 봅시다. 일반적으로 입출력장치의 속도는 CPU에 비해 현저히 느립니다. 그래서 CPU는 입출력 작업의 결과를 바로 받아 볼 수 없죠. 만약 하드웨어 인터럽트를 사용하지 않는다면 CPU는 프린터가 언제 프린트를 끝낼지 모르기 때문에 주기적으로 프린터의 완료 여부를 확인해야 합니다. 이것은 마치 알림이 없는 전자레인지 앞에서 언제 조리가 끝날지 무작정 기다리는 상황과 같습니다.

> **NOTE** 작업 완료 여부를 계속해서 확인하는 것은 인터럽트와 대비되는 '폴링'이라는 기법입니다. 입출력 작업에서 **폴링(polling)**이란 입출력장치의 상태가 어떤지, 처리할 데이터가 있는지 **주기적으로 확인하는 것을 말합니다.**

하지만 하드웨어 인터럽트를 사용하면 CPU는 작업이 끝나기를 마냥 기다릴 필요 없이 프린트가 진행되는 동안 온전히 다른 작업을 처리할 수 있게 됩니다. 이렇듯 하드웨어 인터럽트는 입출력 완료 여부를 확인하기 위한 CPU 사이클 낭비를 최소화하고, CPU가 다른 일을 수행할 수 있는 시간을 벌어 줌으로써 효율적으로 명령어를 처리할 수 있도록 돕습니다. 그럼 CPU가 하드웨어 인터럽트를 어떻게 처리하는지 구체적으로 알아봅시다.

여러 종류의 인터럽트가 있기는 하지만, CPU가 인터럽트를 처리하는 방식은 인터럽트의 종류를 막론하고 대동소이합니다. 일반적으로 **CPU가 하드웨어 인터럽트를 처리하는 순서**는 다음과 같습니다. 강조하여 표기한 용어가 여러분들이 이번 절에서 기억해야 할 키워드입니다.

❶ 입출력장치는 CPU에게 **인터럽트 요청 신호**를 보냅니다.
❷ CPU는 실행 사이클이 끝나고 명령어를 인출하기 전에 항상 인터럽트 여부를 확인합니다.
❸ CPU는 인터럽트 요청을 확인하고, **인터럽트 플래그**를 통해 현재 인터럽트를 받아들일 수 있는지 여부를 확인합니다.
❹ 인터럽트를 받아들일 수 있다면 CPU가 지금까지의 작업을 백업합니다.
❺ CPU는 **인터럽트 벡터**를 참조하여 **인터럽트 서비스 루틴**을 실행합니다.
❻ 인터럽트 서비스 루틴 실행이 끝나면 ❹에서 백업해 둔 작업을 복구하여 실행을 재개합니다.

인터럽트와 관련해 여러분들이 알아야 할 용어는 인터럽트 요청 신호, 인터럽트 플래그, 인터럽트 벡터, 인터럽트 서비스 루틴입니다. 그럼 하나씩 알아봅시다. 인터럽트는 CPU의 정상적인 실행 흐름을 끊는 것이기 때문에 인터럽트하기 전에 CPU에게 인터럽트의 가능 여부를 확인해야 합니다. 이를 위한 신호를 **인터럽트 요청**interrupt request **신호**라고 합니다.

입출력장치

이때 CPU가 인터럽트 요청을 수용하기 위해서는 플래그 레지스터의 **인터럽트 플래그**interrupt flag가 활성화되어 있어야 합니다. 인터럽트 플래그는 하드웨어 인터럽트를 받아들일지, 무시할지를 결정하는 플래그입니다. 만약 인터럽트 플래그가 불가능으로 설정되어 있다면 CPU는 인터럽트 요청이 오더라도 해당 요청을 무시합니다.

다만, 모든 하드웨어 인터럽트를 인터럽트 플래그로 막을 수 있는 것은 아닙니다. 인터럽트 플래그가 불가능으로 설정되어 있더라도 무시할 수 없는 인터럽트 요청도 있습니다. 무시할 수 없는 하드웨어 인터럽트는 가장 우선순위가 높은, 다시 말해 가장 먼저 처리해야 하는 인터럽트를 말합니다. 정전이나 하드웨어 고장으로 인한 인터럽트가 이에 해당합니다. 즉, 하드웨어 인터럽트에는 인터럽트 플래그로 **막을 수 있는 인터럽트**maskable interrupt와 **막을 수 없는 인터럽트**non maskable interrupt가 있습니다.

NOTE 막을 수 없는 인터럽트는 NMI(Non Maskable Interrupt)라고도 부릅니다.

CPU가 인터럽트 요청을 받아들이기로 했다면 CPU는 인터럽트 서비스 루틴이라는 프로그램을 실행합니다. **인터럽트 서비스 루틴**ISR, Interrupt Service Routine은 인터럽트를 처리하기 위한 프로그램으로, **인터럽트 핸들러**interrupt handler라고도 부릅니다. 인터럽트 서비스 루틴은 **어떤 인터럽트가 발생했을 때 해당 인**

터럽트를 어떻게 처리하고 작동해야 할지에 대한 **정보**로 이루어진 프로그램입니다. 요컨대 CPU가 인터럽트를 처리한다는 말은 **인터럽트 서비스 루틴을 실행하고, 본래 수행하던 작업으로 다시 되돌아온다**는 말과 같습니다.

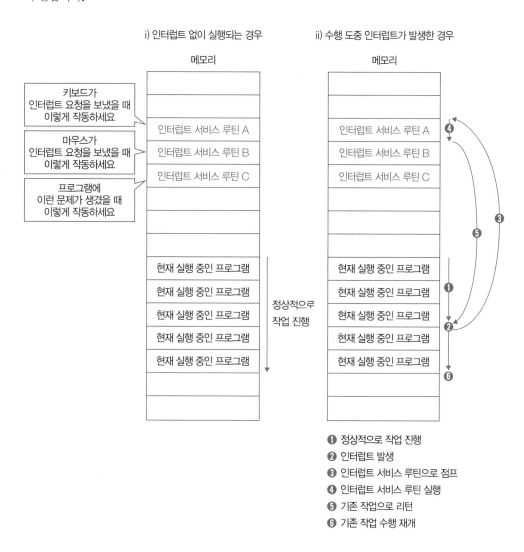

i) 인터럽트 없이 실행되는 경우 ii) 수행 도중 인터럽트가 발생한 경우

메모리

키보드가
인터럽트 요청을 보냈을 때
이렇게 작동하세요

마우스가
인터럽트 요청을 보냈을 때
이렇게 작동하세요

프로그램에
이런 문제가 생겼을 때
이렇게 작동하세요

인터럽트 서비스 루틴 A
인터럽트 서비스 루틴 B
인터럽트 서비스 루틴 C

현재 실행 중인 프로그램
현재 실행 중인 프로그램
현재 실행 중인 프로그램
현재 실행 중인 프로그램
현재 실행 중인 프로그램

정상적으로
작업 진행

❶ 정상적으로 작업 진행
❷ 인터럽트 발생
❸ 인터럽트 서비스 루틴으로 점프
❹ 인터럽트 서비스 루틴 실행
❺ 기존 작업으로 리턴
❻ 기존 작업 수행 재개

여기까지 보면 인터럽트 서비스 루틴의 과정이 일반적인 함수의 실행 과정과 똑같죠? 실제로 인터럽트 서비스 루틴를 실행하는 것은 본질적으로 함수를 실행하는 것과 다르지 않습니다. 실행의 조건이 충족되면 실행되는 함수와 같죠.

입출력장치마다 인터럽트를 처리하기 위한 동작이 다르므로 입출력장치마다 각기 다른 인터럽트 서비스 루틴을 가지고 있습니다. 즉, 메모리에는 여러 개의 인터럽트 서비스 루틴들이 저장되어 있고, 이들 하나 하나가 **'인터럽트가 발생하면 어떻게 행동해야 할지'를 알려 주는 프로그램**이라고 보면 됩니다.

그렇다면 CPU가 각기 다른 인터럽트 서비스 루틴들을 구분할 수 있어야겠죠? CPU는 수많은 인터럽트 서비스 루틴들을 구분하기 위해 인터럽트 벡터를 이용합니다. **인터럽트 벡터**interrupt vector는 인터럽트 서비스 루틴을 식별하기 위한 정보입니다. CPU는 하드웨어 인터럽트 요청을 보낸 대상으로부터 버스를 통해 인터럽트 벡터를 전달받습니다. 인터럽트 벡터가 인터럽트 서비스 루틴의 시작 주소를 포함하고 있기 때문에 CPU는 인터럽트 벡터를 통해 처음부터 특정 인터럽트 서비스 루틴을 실행할 수 있습니다. 가령 다음 그림에 있는 인터럽트 서비스 루틴 B가 프린터의 인터럽트 서비스 루틴이라고 가정해 봅시다.

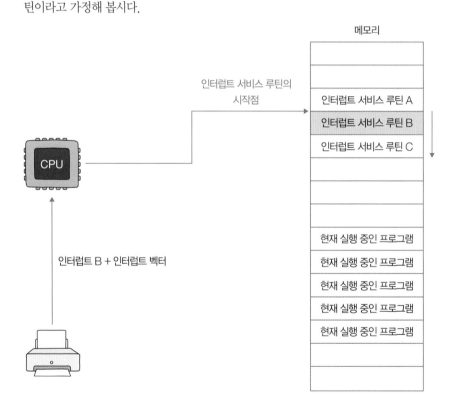

CPU가 작업을 수행하는 도중에 프린터 인터럽트가 발생한 경우, CPU는 전달받은 인터럽트 벡터를 참조하여 프린터 인터럽트 서비스 루틴의 시작 주소(인터럽트 서비스 루틴 B의 시작 주소)를 알아내고, 이 시작 주소부터 실행하면서 프린터의 인터럽트 서비스 루틴을 실행합니다.

정리하자면, CPU가 인터럽트를 처리하는 것은 **인터럽트 서비스 루틴을 실행하고, 본래 수행하던 작업으로 다시 되돌아온다**는 말과 같습니다. 그리고 CPU가 인터럽트 서비스 루틴을 실행하려면 **인터럽트 서비스 루틴의 시작 주소**를 알아야 하며, 이는 **인터럽트 벡터**를 통해 알 수 있습니다.

여느 프로그램과 마찬가지로 인터럽트 서비스 루틴 또한 데이터와 명령어로 이루어져 있기 때문에 인터럽트 서비스 루틴도 프로그램 카운터를 비롯한 레지스터들을 사용하면서 실행됩니다. 이때 인터럽트 요청을 받기 직전까지 CPU가 수행하고 있었던 일은 인터럽트 서비스 루틴이 끝나면 되돌아와서 마저 수행되어야 하므로 지금까지의 작업들을 어딘가에 **백업**해 둬야 합니다. 따라서 CPU는 인터럽트 서비스 루틴을 실행하기 전에 프로그램 카운터 값 등 **현재 프로그램을 재개하기 위해 필요한 모든 내용**을 메모리 내 **스택**에 백업합니다.

그리고 나서 인터럽트 서비스 루틴의 시작 주소가 위치한 곳으로 프로그램 카운터 값을 갱신하고, 인터럽트 서비스 루틴을 실행합니다. 인터럽트 서비스 루틴을 모두 실행하면, 다시 말해 인터럽트를 처리하고 나면 스택에 저장해 둔 프로그램 카운터 등을 다시 불러온 뒤 이전까지 수행하던 작업을 재개합니다.

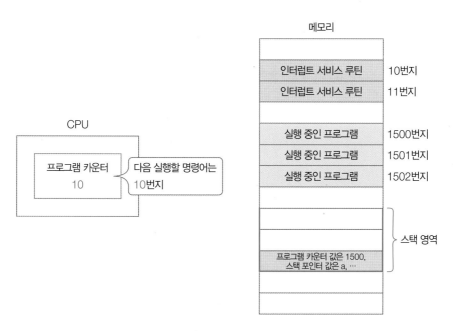

지금까지 CPU가 인터럽트를 처리하는 과정을 알아봤는데요. **인터럽트를 처리하는 인터럽트 사이클**까지 추가한 명령어 사이클의 모습은 다음과 같습니다. 결국 CPU는 이와 같은 과정을 반복하며 프로그램을 실행해 나간다고 할 수 있습니다.

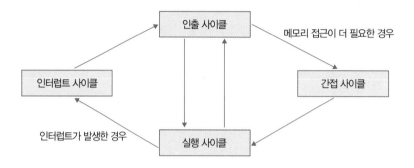

예외

예외(동기 인터럽트)의 종류에는 폴트, 트랩, 중단, 소프트웨어 인터럽트 등이 있습니다. CPU는 예외가 발생하면 하던 일을 중단하고 해당 예외를 처리합니다. 그리고 예외를 처리하고 나면 다시 본래 하던 작업으로 되돌아와 실행을 재개합니다. CPU가 본래 하던 작업으로 되돌아왔을 때 **예외가 발생한 명령어**부터 실행하느냐, **예외가 발생한 명령어의 다음 명령어**부터 실행하느냐에 따라 폴트와 트랩으로 나눌 수 있습니다.

폴트^{fault}는 예외를 처리한 직후에 **예외가 발생한 명령어부터** 실행을 재개하는 예외입니다. 가령 CPU가 명령어를 실행하려고 할 때, 명령어 실행을 위해 꼭 필요한 데이터가 메모리가 아닌 보조기억장치에 저장되어 있다고 가정해 봅시다. 프로그램이 실행되기 위해서는 데이터가 반드시 메모리에 저장되어 있어야 하므로 CPU는 폴트를 발생시키고, 보조기억장치로부터 필요한 데이터를 메모리로 가져와 저장하게 됩니다. CPU는 필요한 데이터를 보조기억장치로부터 메모리로 가지고 왔으므로 다시 실행을 재개해 **폴트가 발생한 그 명령어부터** 실행해 나갈 것입니다(이를 페이지 폴트라고 하며, 자세한 내용은 3장에서 학습하겠습니다). 이처럼 예외가 발생한 명령어부터 실행해 나가는 예외를 폴트라고 합니다.

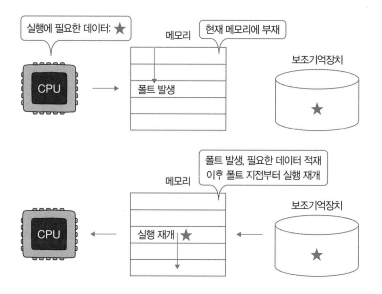

트랩^{trap}은 예외를 처리한 직후에 **예외가 발생한 명령어의 다음 명령어부터** 실행을 재개하는 예외입니다. 대표적인 사례로 디버깅의 브레이크 포인트를 꼽을 수 있습니다. 디버깅을 할 때는 브레이크 포인트를 지정하여 특정 코드가 실행되는 순간에 프로그램을 멈추게 할 수 있습니다. 프로그램을 중단시키고 디버깅이 끝나면(트랩을 처리하고 나면) **트랩이 발생한 그 다음 명령어**부터 실행해 나갑니다. 이처럼 예외가 발생한 명령어의 다음 명령어부터 실행을 재개하는 예외를 트랩이라고 합니다.

```
namespace ConsoleApplication3
{
    class Program
    {
        static void Main(string[] args)
        {
            int testInt = 1;

            for (int i = 0; i < 10; i++)
            {
                testInt += i;
            }

        }
    }
}
```

중단abort은 CPU가 실행 중인 **프로그램을 강제로 중단**시킬 수밖에 없는 심각한 오류를 발견했을 때 발생하는 예외입니다. 그 밖에 **소프트웨어 인터럽트**software interrupt는 시스템 콜이 발생했을 때 발생하는 예외로, 시스템 콜은 3장에서 학습할 개념이므로 이런 개념이 있다는 정도만 확인하고 넘겨도 무방합니다.

CPU 성능 향상을 위한 설계

오늘날 우리가 사용하는 CPU에는 생각했던 것보다 훨씬 더 복잡하고 중요한 개념들이 담겨 있습니다. 수많은 과학자와 엔지니어들이 조금이라도 더 빠른 CPU를 만들기 위해 새로운 CPU 설계 및 명령어 처리 기법들을 고안해냈기 때문이죠. 이번에는 클럭과 코어, 스레드 등 CPU의 성능 향상과 관련된 주요 개념 및 설계 기법, 그리고 이와 관련해 동시성과 병렬성의 정의 및 차이점에 대해 알아보겠습니다.

CPU 클럭 속도

CPU를 구매하려고 하면 판매 페이지마다 빠지지 않고 등장하는 키워드가 있습니다. 바로 클럭입니다. **클럭**clock이란 **컴퓨터의 부품을 일사불란하게 움직일 수 있게 하는 시간의 단위**입니다. 클럭의 '똑-딱-똑-딱' 주기에 맞춰 이 레지스터에서 다른 레지스터로 데이터가 이동하거나 ALU에서 연산이 수행되고, 메모리에 저장된 명령어를 읽어 들이는 것입니다.

클럭 속도는 헤르츠(Hz) 단위로 측정되는데, 이는 클럭이 1초에 몇 번 반복되는지를 나타냅니다. 가령 클럭이 '똑-딱-'하고 1초에 100번 반복되는 CPU가 있다면, 이 CPU의 클럭 속도는 100Hz인

셈입니다. 최근에는 CPU의 클럭 속도가 매우 빨라져서 더 빠른 등급인 기가헤르츠(GHz) 단위로
측정하는 것이 일반적입니다.

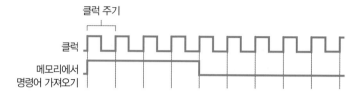

NOTE 1GHz는 1000000000(10^9)Hz입니다.

클럭 속도가 높아지면 CPU는 명령어 사이클을 더 빠르게 반복하고, 다른 부품들도 그에 발맞춰 더
빠르게 작동할 것이라고 기대할 수 있습니다. 실제로 클럭 속도가 높은 CPU는 일반적으로 성능이
좋습니다. 이런 점에서 **클럭 속도는 CPU의 속도 단위로 간주되기도 합니다.** 하지만 클럭 속도를 필요 이
상으로 높이면 컴퓨터의 **발열**이 심해질 수 있기 때문에 클럭 속도를 높이는 것만으로 CPU의 성능을
높이는 데에는 한계가 있습니다.

멀티코어와 멀티스레드

클럭 속도를 높이는 방법 외에도 코어 수나 스레드 수를 늘리는 방법으로 CPU의 성능을 높일 수 있
습니다. **코어**core란 CPU 내에서 명령어를 읽어 들이고, 해석하고, 실행하는 부품을 의미합니다. 앞
서 우리는 '명령어를 읽어 들이고, 해석하고, 실행하는 부품'을 CPU라고 배웠습니다. 이는 많은 전
공 서적에서 다루는 전통적인 관점에 따른 정의입니다. 전공 서적들의 전통적 관점에서 '명령어를
읽어 들이고, 해석하고, 실행하는 부품'은 원칙적으로 CPU 하나만 존재할 수 있었기 때문입니다.
하지만 오늘날 기술적 발전을 거듭한 CPU 안에는 '명령어를 읽어 들이고, 해석하고, 실행하는 부품'
들 여러 개가 얼마든지 존재할 수 있게 되었고, 이에 코어라는 이름을 붙인 것입니다.

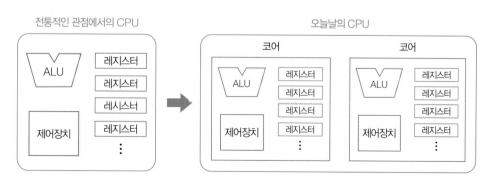

어떤 CPU를 설명하는 글에 코어가 8개라고 명시되어 있다면 CPU 내부에서 명령어를 읽어 들이고, 해석하고, 실행하는 부품이 8개라는 이야기입니다. 이렇게 여러 개의 코어를 포함하고 있는 CPU는 **멀티코어 CPU**, 혹은 **멀티코어 프로세서**라고 부릅니다. CPU 안에 몇 개의 코어가 포함되어 있는지에 따라 다음과 같이 멀티코어 CPU의 명칭이 바뀌게 됩니다.

코어 개수	명칭
1	싱글코어(single-core)
2	듀얼코어(dual-core)
3	트리플코어(triple-core)
4	쿼드코어(quad-core)
6	헥사코어(hexa-core)
8	옥타코어(octa-core)
10	데카코어(deca-core)
12	도데카코어(dodeca-core)

> 멀티코어

이번에는 **스레드**에 대해 알아봅시다. **스레드**thread의 사전적 의미는 '실행 흐름의 단위'입니다. 하지만 이것을 활자 그대로 이해한다면 혼란스러울 수 있습니다. '스레드'는 프로그래밍 언어와 CPU, 운영체제에도 등장하는 범용성 높은 용어인 탓에 각각의 용례 또한 조금씩 다르기 때문입니다. 혼란을 방지하기 위해 CPU에서 사용하는 **하드웨어적인 스레드(이하 하드웨어 스레드)**와 프로그래밍 언어 및 운영체제에서 사용하는 **소프트웨어적인 스레드(이하 스레드)**로 나누어 기억하길 바랍니다.

하드웨어 스레드란 **하나의 코어가 동시에 처리하는 명령어의 단위**를 의미합니다. 같은 의미로 '하나의 코어로 여러 명령어를 동시에 처리하는 CPU'를 **멀티스레드**multithread **프로세서**, 혹은 **멀티스레드 CPU**라고 합니다. 예를 들어 명령어를 읽어 들이고, 해석하고, 실행하는 부품 하나가 한 번에 하나의 명령어를 처리한다면 이는 **1코어 1스레드 CPU**이고, 명령어를 읽어 들이고, 해석하고, 실행하는 부품 2개가 한 번에 4개의 명령어를 처리한다면 이는 **2코어 4스레드 CPU**인 것입니다.

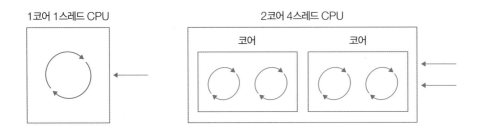

1코어 1스레드 CPU

2코어 4스레드 CPU
코어   코어

하드웨어 스레드는 메모리 속 프로그램의 입장에서 봤을 때 '한 번에 하나의 명령어를 처리하는 1개의 CPU'와 다를 바 없습니다. 마찬가지로 2코어 4스레드 CPU를 메모리 속 프로그램의 입장에서 보면 '한 번에 하나의 명령어를 처리하는 4개의 CPU'가 있는 것처럼 보일 것입니다. 그래서 하드웨어 스레드를 **논리 프로세서**logical processor라고 부르기도 합니다.

한편, **소프트웨어 스레드**란 **하나의 프로그램에서 독립적으로 실행되는 단위**를 의미합니다. 다음 장에서 학습할 운영체제에 등장하는 스레드가 바로 이 소프트웨어 스레드인데요. '어떤 프로그램이 여러 (소프트웨어적)스레드를 통해 실행될 수 있다'는 말은 '메모리에 적재된 해당 프로그램을 구성하는 여러 부분이 동시에 실행될 수 있다'는 말과 같습니다. 유의할 점은 하드웨어 스레드가 하나인 CPU로도 이러한 프로그램을 충분히 실행할 수 있다는 점입니다.

직접 확인해 보겠습니다. 다음은 1코어 1스레드 CPU를 탑재한 컴퓨터 환경(터미널)을 나타냅니다. 모든 내용을 깊이 이해할 필요는 없으므로 박스로 표기된 부분만 살펴보겠습니다. CPU 코어 수(cpu cores)와 코어별 스레드 수(Thread(s) per core)가 각각 1개인 것을 볼 수 있습니다.

```
$ cat /proc/cpuinfo
processor       : 0
vendor_id       : GenuineIntel
cpu family      : 6
model           : 158
model name      : Intel(R) Core(TM) i5-8500 CPU @ 3.00GHz
stepping : 10
microcode       : 0xffffffff
cpu MHz  : 3000.000
cache size      : 9216 KB
physical id     : 0
siblings : 1
core id         : 0
cpu cores       : 1
...


$ lscpu
Architecture:        x86_64
CPU op-mode(s):      32-bit, 64-bit
Byte Order:          Little Endian
CPU(s):              1
On-line CPU(s) list: 0
Thread(s) per core:  1
...
```

제시된 터미널 결과는 리눅스(우분투) 운영체제를 사용하는 컴퓨터에서 얻었습니다. 이처럼 리눅스 운영체제에서는 명령어를 통해 컴퓨터의 상태를 알 수 있습니다.

1코어 1스레드 CPU에서 다음과 같은 소스 코드를 실행했다고 가정해 봅시다. 코드의 문법은 중요하지 않습니다. 코드 기반의 소프트웨어 스레드는 3장에서 다시 다룰 예정이므로 지금은 의미만 이해해도 충분합니다. 해당 코드는 3개의 소프트웨어 스레드를 만든 뒤, 'task1, task2, task3'라는 함수를 각 스레드로 실행하는 파이썬 코드입니다. 코드를 실행하면 스레드 'thread1, thread2, thread3'가 생성되어 각자 'task1, task2, task3'를 동시에 실행할 것입니다.

arch/thread.py

```python
import threading
import time

def task1():
    for _ in range(5):
        print("Task 1 is running")
        time.sleep(1)

def task2():
    for _ in range(5):
        print("Task 2 is running")
        time.sleep(1)

def task3():
    for _ in range(5):
        print("Task 3 is running")
        time.sleep(1)


thread1 = threading.Thread(target=task1)
thread2 = threading.Thread(target=task2)
thread3 = threading.Thread(target=task3)


thread1.start()
thread2.start()
thread3.start()

thread1.join()
thread2.join()
```

```
thread3.join()

print("All tasks are done.")
```

코드의 실행 결과는 어떻게 될까요? 1코어 1스레드 CPU를 사용 중이므로 실행이 불가능할까요? 그렇지 않습니다. 코드는 다음과 같이 정상적으로 잘 작동합니다.

실행 결과

```
Task 1 is running
Task 2 is running
Task 3 is running
Task 1 is running
Task 2 is running
Task 3 is running
Task 1 is running
Task 2 is running
Task 3 is running
Task 1 is running
Task 2 is running
Task 3 is running
Task 1 is running
Task 2 is running
Task 3 is running
All tasks are done.
```

앞서 설명했던 스레드의 사전적 정의만을 암기했다면 '1코어 1스레드 CPU가 여러 스레드로 만들어진 프로그램을 실행할 수 있다'는 말을 납득하기 어려울 것입니다. 따라서 하드웨어적인 스레드와 소프트웨어적인 스레드의 의미를 구분하여 기억해 두는 것이 좋습니다.

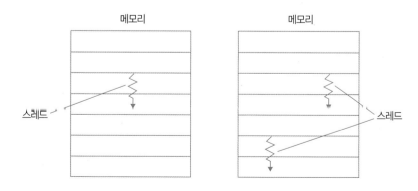

지금까지 알아본 CPU 클럭 속도와 멀티코어, 멀티스레드는 윈도우 운영체제의 [작업 관리자] 창의 [성능] 탭에서 CPU의 '속도, 코어, 논리 프로세서' 항목으로 확인할 수 있습니다.

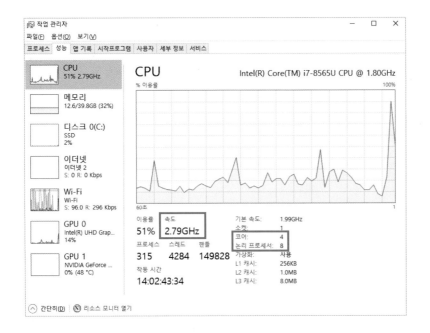

하드웨어 스레드와 소프트웨어 스레드의 차이는 동시성과 병렬성이라는 키워드의 차이를 통해 좀 더 명확히 이해할 수 있습니다. 동시성과 병렬성은 모두 '여러 작업이 동시에 처리되는 양상'을 표현하는 단어지만, 세부적인 의미는 다릅니다.

병렬성parallelism은 작업을 물리적으로 동시에 처리하는 성질입니다. 하드웨어 스레드가 4개인 CPU가 4개의 명령어를 동시에 실행하는 경우를 생각해 보세요. 같은 시점에 여러 작업을 동시에 처리할 수 있을 것입니다. 이것이 바로 병렬성의 예입니다.

반면, **동시성**concurrency은 동시에 작업을 처리하는 것처럼 보이는 성질을 의미합니다. 이 CPU가 빠르게 작업을 번갈아 가며 처리할 경우, 사용자의 눈에는 마치 여러 작업이 동시에 처리되는 것처럼 보일 수 있지만, 물리적으로 같은 시점에 여러 작업이 동시에 처리되고 있는 것은 아닙니다. 이것이 동시성의 예시입니다.

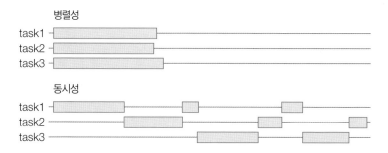

즉, 하드웨어 스레드는 '병렬성'을 구현하기 위한 물리적인 실행 단위에 가깝고, 소프트웨어 스레드는 '동시성'을 구현하기 위한 논리적인 실행 단위에 가깝습니다. 소프트웨어 스레드에 대해서는 다음 장에서 조금 더 자세히 알아보도록 하겠습니다.

파이프라이닝을 통한 명령어 병렬 처리

명령어 병렬 처리 기법ILP, Instruction-Level Parallelism은 여러 명령어를 동시에 처리하여 CPU를 한시도 쉬지 않고 작동시킴으로써 CPU의 성능을 높이는 기법을 말합니다. 현대 CPU의 명령어 처리에서 절대 빠질 수 없는 핵심 기술이라고 할 수 있습니다. 다양한 종류가 있지만, 꼭 기억해야 할 명령어 병렬 처리 기법은 **명령어 파이프라이닝**입니다.

명령어 파이프라이닝을 이해하려면 우선 하나의 명령어가 처리되는 과정을 비슷한 시간 간격으로 나누어 보아야 합니다. 일반적으로 다음과 같은 간격으로 나눌 수 있습니다.

❶ 명령어 인출(Instruction Fetch)
❷ 명령어 해석(Instruction Decode)
❸ 명령어 실행(Execute Instruction)
❹ 결과 저장(Write Back)

여기서 중요한 점은 같은 단계가 겹치지만 않는다면 CPU가 **각각의 단계를 동시에 실행할 수 있다**는 점입니다. CPU는 하나의 명령어가 **인출**되는 동안 다른 명령어를 **실행**할 수 있고, 하나의 명령어가 실행되는 동안 연산의 결과를 **저장**할 수 있습니다. 이를 그림으로 표현하면 다음과 같습니다. t_1에서는 명령어 1과 2를 동시에 처리할 수 있고, t_2에서는 명령어 1, 2, 3을 동시에 처리할 수 있습니다. 이처럼 공장의 생산 라인과 같이 명령어들을 **명령어 파이프라인**instruction pipeline에 넣고 동시에 처리하는 기법을 **명령어 파이프라이닝**instruction pipelining이라고 합니다.

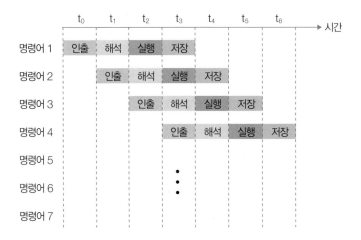

슈퍼스칼라

오늘날 대부분의 CPU는 여러 개의 파이프라인을 이용합니다. 이처럼 **CPU 내부에 여러 명령어 파이프라인을 포함하는 구조를 슈퍼스칼라(superscalar)**라고 합니다. 명령어 파이프라인을 하나만 두는 것이 마치 공장의 생산 라인을 하나만 둔 것과 같다면, 슈퍼스칼라는 공장의 생산 라인을 여러 개 두는 것과 같습니다. 슈퍼스칼라 구조로 명령어 처리가 가능한 CPU는 **슈퍼스칼라 프로세서**, 혹은 **슈퍼스칼라 CPU**라고 부릅니다.

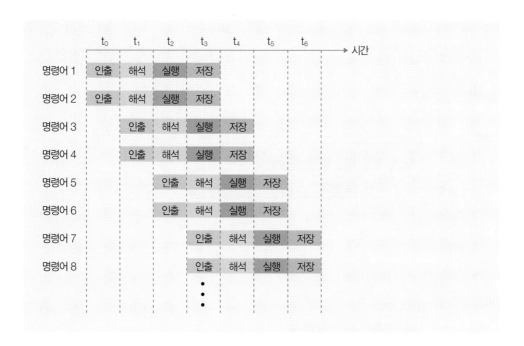

이때 CPU가 이해하고 실행하는 명령어 집합 중 명령어 파이프라이닝을 비롯한 명령어 병렬 처리에 유리한 명령어 집합이 있고, 불리한 명령어 집합이 있다는 점에 유의해야 합니다. 앞서 명령어의 종류와 생김새가 CPU마다 다를 수 있다고 강조한 바 있는데요. 파이프라이닝 성능의 차이를 보이는 대표적인 명령어 집합 유형으로 **CISC**와 **RISC**를 꼽을 수 있습니다. 대표적인 CISC 기반 CPU로는 인텔의 x86 혹은 x86-64 CPU가 있고, RISC 기반 CPU로는 애플의 M1 CPU가 있습니다. 63쪽에서 들었던 어셈블리어 예시를 통해 CISC 명령어와 RISC 명령어의 생김새를 살펴볼 수 있습니다.

CISCComplex Instruction Set Computer는 이름 그대로 다채로운 기능을 지원하는 복잡한 명령어들로 구성된 명령어 집합입니다. 그렇기 때문에 적은 수의 명령어로도 프로그램을 실행할 수 있습니다. 반대로, **RISC**Reduced Instruction Set Computer는 CISC에 비해 활용 가능한 명령어의 종류가 적습니다. CISC와는 달리 짧고 규격화된 명령어, 되도록이면 1클럭 내외로 실행되는 명령어를 지향합니다. 같은 프로그램이라 하더라도 RISC에는 CISC보다 많은 명령어가 필요하죠.

여기까지 살펴보면 언뜻 RISC보다 CISC가 더 우월한 명령어 집합이라고 생각할 수 있지만, CISC는 활용하는 명령어가 워낙 복잡하고 다양한 기능을 제공하는 탓에 명령어의 크기 및 실행되기까지의 시간이 일정하지 않고, 하나의 명령어 실행에 여러 클럭 주기가 필요합니다. 그래서 CISC는

RISC에 비해 명령어의 수행 시간이 길고 들쑥날쑥하기 때문에 파이프라이닝에 비효율적일 수 있습니다. 규격화되지 않은 명령어가 파이프라이닝을 어렵게 만든 셈입니다. 반면, RISC는 CISC에 비해 크기가 규격화되어 있고, 하나의 명령어가 1클럭 내외로 실행되기 때문에 파이프라이닝에 최적화되어 있습니다.

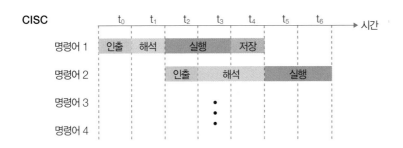

마지막으로 파이프라이닝이 CPU 성능 향상에 실패하는 경우도 알아봅시다. 파이프라이닝이 실패하여 성능 향상이 이루어지지 않는 상황은 **파이프라인 위험**pipeline hazard이라고 부르며, **데이터 위험**과 **제어 위험, 구조적 위험**으로 구분할 수 있습니다. **데이터 위험**data hazard은 명령어 간의 **데이터 의존성**에 의해 발생합니다. 어떤 명령어들은 동시에 처리할 수 없고, 이전 명령어를 끝까지 실행해야만 비로소 실행할 수 있습니다. 예를 들어 다음의 두 명령어 중 명령어 2는 명령어 1에 의존적입니다. 명령어 1의 저장까지 끝낸 뒤에야 비로소 명령어 2를 인출할 수 있기 때문입니다. 이렇게 의존성이 있는 두 명령어를 무작정 겹쳐서 실행하면 파이프라인이 제대로 작동하지 않을 수 있으며, 이를 데이터 위험이라고 합니다.

> **명령어 1:** R1 ← R2 + R3 // R2 레지스터 값과 R3 레지스터 값의 합을 R1 레지스터에 저장
> **명령어 2:** R4 ← R1 + R5 // R1 레지스터 값과 R5 레지스터 값의 합을 R4 레지스터에 저장

NOTE 이해를 돕기 위해 편의상 레지스터의 이름을 R1, R2, R3, R4, R5, '왼쪽 레지스터에 오른쪽 레지스터 내용을 저장하라'는 명령을 ← 기호로 표기했습니다.

제어 위험control hazard은 **프로그램 카운터의 갑작스러운 변화**에 의해 발생합니다. 프로그램 카운터는 기본적으로 1씩 증가하며, '현재 실행 중인 명령어의 다음 주소'로 갱신됩니다. 하지만 JUMP, CONDITIONAL JUMP, 인터럽트 등으로 인해 프로그램 실행의 흐름이 바뀌어 명령어가 실행되면서 프로그램 카운터 값에 갑작스러운 변화가 생기면 미리 인출하거나 해석 중인 명령어들은 아무 쓸모가 없어지게 됩니다. 이를 제어 위험이라고 합니다.

구조적 위험structural hazard은 명령어들을 겹쳐 실행하는 과정에서 **서로 다른 명령어가 동시에 ALU, 레지스터 등 같은 CPU 부품을 사용**하려고 할 때 발생합니다. 구조적 위험은 **자원 위험**resource hazard이라고도 부릅니다.

《4》 메모리

실행 중인 프로그램은 메모리에 저장되며, CPU는 메모리에 저장된 정보를 읽고, 쓰고, 실행합니다. 이번에는 메모리의 하드웨어적 특징과 종류, 더불어 메모리의 2가지 주소 체계와 바이트 저장 순서에 대해 알아보겠습니다.

RAM

앞서 설명했던 내용을 되짚어 봅시다. 메인 메모리 역할을 하는 하드웨어에는 RAM과 ROM이 있지만, (메인)메모리는 보통 RAM을 지칭하는 경우가 많다고 했습니다. RAM은 전원을 끄면 저장하고 있던 데이터와 명령어가 날아가는 **휘발성 저장장치**volatile memory이며, CPU가 실행할 대상을 저장하는 부품이라고도 했죠. 이는 전원이 꺼져도 저장된 내용이 유지되는 **비휘발성 저장장치**non-volatile memory이자, 보관할 대상을 저장하는 보조기억장치와는 대조적인 특징입니다.

CPU는 보조기억장치에 저장된 프로그램을 곧장 가져와 실행할 수 없기 때문에 어떠한 프로그램을 실행하고자 한다면 프로그램을 보관하고 있는 보조기억장치에서 메모리로 복사해 와야 합니다. 짐작할 수 있듯, 그래서 RAM의 용량은 컴퓨터에 큰 영향을 끼칩니다. RAM의 용량이 작으면 보조기억장치로부터 실행할 프로그램을 가지고 오는 일이 잦아져 실행 시간이 길어지지만, RAM의 용량이 충분히 크면 보조기억장치로부터 많은 데이터를 가져와 미리 RAM에 저장할 수 있기 때문에 많은 프로그램을 동시에 실행하는 데 유리합니다.

NOTE 하지만 RAM의 용량이 필요 이상으로 커진다고 해서 반드시 컴퓨터의 성능이 그에 비례하여 향상되는 것은 아닙니다.

우선 메모리로 사용되는 하드웨어인 RAM의 이름이 왜 RAM인지부터 이해해야 합니다. RAM은 임의 접근 메모리Random Access Memory의 약자로, 여기서 **임의 접근**random access이란 저장된 요소에 순차적으로 접근할 필요 없이 임의의 위치에 곧장 접근 가능한 방식을 의미합니다. 그래서 **직접 접근**direct access이라고도 부르는데요. 가령 100번지에 있는 데이터에 접근하고자 할 때 1번지, 2번지, 3번지, …

100번지의 순으로 접근할 필요 없이 곧장 100번지로 접근하는 것이 가능하다는 것이죠. 그렇기 때문에 1번지에 접근하든 1000번지에 접근하든 데이터에 접근하는 시간이 동일하다는 특징이 있습니다.

임의 접근과 반대되는 개념으로는 순차 접근이 있습니다. **순차 접근**sequential access은 이름 그대로 특정 위치에 저장된 요소에 접근하기 위해 처음부터 순차적으로 접근하는 방식입니다. 당연히 이 경우에는 어떤 위치에 접근하느냐에 따라 데이터에 접근하는 시간이 달라질 수 있습니다.

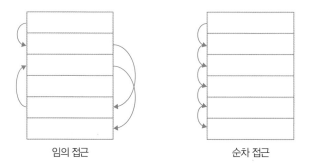

임의 접근   순차 접근

RAM의 종류에는 크게 DRAM, SRAM, SDRAM, DDR SDRAM 등이 있습니다. 하나씩 가볍게 알아보고 넘어가겠습니다.

❶ DRAM

DRAMDynamic RAM의 Dynamic(동적인)은 말 그대로 저장된 데이터가 동적으로 변하는(사라지는) 특성을 의미합니다. 즉, DRAM은 **시간이 지나면 저장된 데이터가 점차 사라지는 RAM**입니다. 그렇기 때문에 DRAM은 데이터의 소멸을 막기 위해 일정 주기로 데이터를 재활성화(다시 저장)해야 합니다. 이러한 단점에도 불구하고 DRAM을 메모리로 사용하는 것이 일반적인데요. 비교적 DRAM의 소비 전력이 낮고, 저렴하며, 집적도가 높아 메모리를 대용량으로 설계하기에 용이하기 때문입니다.

❷ SRAM

SRAMStatic RAM의 Static(정적인)은 DRAM과는 달리, 저장된 데이터가 변하지 않는 RAM을 의미합니다. 즉, **시간이 지나도 저장된 데이터가 사라지지 않는 RAM**입니다. 참고로, 저장된 데이터가 사라지지 않는다고 해서 SRAM이 비휘발성 저장장치라는 것은 아닙니다. SRAM도 전원이 공급되지 않으면 저장된 내용이 소실되는 것은 마찬가지입니다.

일반적으로 SRAM은 DRAM과 비교해 속도는 빠르지만, 소비 전력이 크고 가격도 비싼데다 집적도도 낮기 때문에 대용량으로 만들 필요는 없지만 속도가 빨라야 하는 저장장치, 가령 **캐시 메모리** 등에서 사용됩니다.

NOTE 캐시 메모리에 대해서는 97쪽에서 자세히 살펴보겠습니다.

❸ SDRAM

SDRAM^{Synchronous Dynamic RAM}은 **클럭 신호와 동기화**된, 보다 발전된 형태의 **DRAM**을 말합니다(SRAM과 DRAM의 합성어가 아니라는 점에 주의하기 바랍니다). 클럭 신호와 동기화되었다는 것은 클럭 타이밍에 맞춰 CPU와 정보를 주고받을 수 있다는 것을 의미합니다. 다시 말해, SDRAM은 클럭에 맞춰 작동하며 CPU와 정보를 주고받을 수 있는 DRAM을 말합니다.

❹ DDR SDRAM

DDR SDRAM^{Double Data Rate SDRAM}은 **대역폭을 넓혀 속도를 빠르게 만든 SDRAM**을 말합니다. **대역폭**^{data rate}이란 '데이터를 주고받을 길의 너비'를 말하는데요. SDRAM이 한 클럭당 한 번씩 CPU와 데이터를 주고받을 수 있다면, DDR SDRAM은 두 배의 대역폭으로 한 클럭당 두 번씩 CPU와 데이터를 주고받을 수 있습니다. 말하자면 DDR SDRAM은 **너비가 두 배인 자동차 도로**와 같습니다. 따라서 DDR SDRAM은 한 클럭당 하나씩 데이터를 주고받을 수 있는 SDRAM보다 전송 속도가 두 배 가량 빠릅니다.

NOTE 한 클럭당 하나씩 데이터를 주고받을 수 있는 SDRAM은 SDR SDRAM(Single Data Rate SDRAM)이라고 부르기도 합니다.

DDR2 SDRAM은 DDR SDRAM보다 대역폭이 두 배 넓은 SDRAM을 말합니다. 따라서 DDR2 SDRAM은 SDR SDRAM보다 너비가 네 배인 자동차 도로와 같습니다. 같은 맥락으로 **DDR3 SDRAM**은 대역폭이 DDR2 SDRAM보다 두 배 넓고, SDR SDRAM보다 여덟 배 넓은 SDRAM입니다. 최근에 우리가 흔히 볼 수 있는 메모리는 **DDR4 SDRAM**으로, SDR SDRAM보다 열여섯 배 넓은 대역폭을 가진 SDRAM을 말합니다.

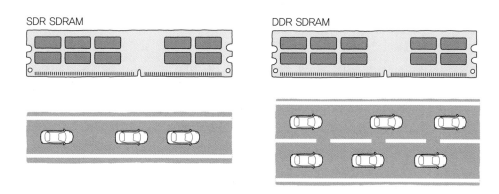

메모리에 바이트를 밀어 넣는 순서 – 빅 엔디안과 리틀 엔디안

현대의 메모리는 대부분 데이터를 **바이트** 단위로 저장하고 관리합니다. 하지만 메모리는 데이터를 CPU로부터 바이트 단위로 받아들이지 않고, 일반적으로 4바이트(32비트), 혹은 8바이트(64비트) 인 워드 단위로 받아들입니다. 그렇게 여러 바이트로 구성된 데이터를 받아들여 여러 주소에 걸쳐 저장하게 됩니다. 다시 말해, 한 주소에 1바이트씩을 저장하는 메모리는 4바이트의 데이터를 4개의 주소에 저장하고, 8바이트의 데이터를 8개의 주소에 저장합니다.

예를 들어 볼까요? 16진수인 1A2B3C4D는 1A, 2B, 3C, 4D로 나누어 4개의 주소에 저장되고, 16진수 1A2B3C4D5A6B7C8D는 1A, 2B, 3C, 4D, 5A, 6B, 7C, 8D로 나누어 8개의 주소에 저장되어야 합니다.

> **NOTE** 16진수 하나를 저장하는 데에는 4비트가 필요합니다(2^4=16). 따라서 16진수 2개를 저장하는 데에는 8비트 인 1바이트가 필요합니다.

이때 어떤 문화권에서는 글을 읽을 때 왼쪽에서 오른쪽의 순서로 읽고, 어떤 문화권에서는 오른쪽에서 왼쪽의 순서로 읽듯, 메모리에 바이트를 저장하는 방식은 연속해서 저장해야 하는 바이트를 어떤 순서로 저장하는지에 따라 빅 엔디안과 리틀 엔디안으로 나눌 수 있습니다.

빅 엔디안big endian은 **낮은 번지의 주소에 상위 바이트부터 저장하는 방식**을 말합니다. 여기서 상위 바이트는 가장 큰 값이라고 생각해도 무방합니다. 10진수 123에서 가장 큰 수는 당연히 100을 나

타내는 1일 것입니다. 마찬가지로 16진수 1A2B3C4D에서 가장 큰 수, 최상위 바이트(최상위 8비트)는 1A입니다. 예를 들어 다음 레지스터 안에 있는 1A2B3C4D라는 값을 메모리 a+2번지부터 빅 엔디안 방식으로 저장하면 낮은 주소 번지부터 1A, 2B, 3C, 4D의 순으로 저장됩니다.

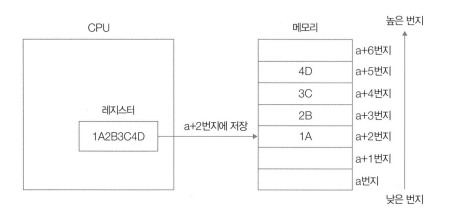

반면, **리틀 엔디안**little endian은 **낮은 번지의 주소에 하위 바이트부터 저장하는 방식**을 말합니다. 하위 바이트는 상위 바이트와 반대로, 가장 작은 값을 의미합니다. 10진수 123에서 가장 작은 값이 3이듯, 16진수인 1A2B3C4D의 최하위 바이트는 4D입니다. 16진수 1A2B3C4D라는 값을 메모리 a+2번지부터 리틀 엔디안 방식으로 저장하면 다음과 같이 낮은 주소의 번지부터 4D, 3C, 2B, 1A의 순으로 저장됩니다.

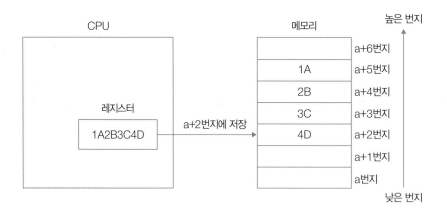

리틀 엔디안과 빅 엔디안 사이에는 각각 분명하게 구분되는 장단점이 있습니다. 빅 엔디안은 우리가 일상적으로 숫자 체계를 읽고 쓰는 순서와 동일하기 때문에 메모리 값을 직접 읽거나, 특히 디버깅할 때 편리합니다. 주소에 1A, 2D, 3C, 4D의 순서대로 저장된 값 그대로 16진수 1A2D3C4D로 읽으면 그만이니까요.

반면, 리틀 엔디안은 메모리 값을 직접 읽고 쓰기는 불편하지만 수치 계산이 편리하다는 장점이 있습니다. 예를 들어 우리가 123 + 456이라는 덧셈을 수행할 때, 가장 작은 값인 일의 자릿수 3과 6부터 계산해 나가듯 가장 작은 값부터 저장되어 있는 데이터의 시작점에서 수치를 계산해 나가거나 자리올림할 수 있습니다.

NOTE 컴퓨터 환경에 따라 빅 엔디안과 리틀 엔디안 중 하나로 결정되어 있는 경우도 있고, 빅 엔디언과 리틀 엔디언 중 하나를 선택할 수 있도록 설계되어 있는 경우도 있습니다. 이는 바이 엔디안(bi-endian)이라고 합니다.

여러분의 컴퓨터 환경이 빅 엔디안 또는 리틀 엔디안 중 어떤 방식을 활용하는 환경인지는 간단한 파이썬 코드를 통해 알 수 있습니다. 다음 코드를 실행해 'big'이 출력되면 빅 엔디안, 'little'이 출력되면 리틀 엔디안 환경입니다.

arch/endianness.py

```
import sys
print(sys.byteorder)
```

50쪽에서 10진수 소수인 107.6640625는 16진수 42d75400으로 표현되며, 다음과 같은 파이썬 코드로 표현할 수 있다고도 설명했습니다. 사실 이 코드는 **빅 엔디안(>) 방식으로 표기된 107.6640625 라는 소수(f)를 16진수(hex)로 표현하라**는 코드였습니다. 따라서 실행 결과도 '42d75400'이었죠.

arch/dec_to_bin.py

```
import struct

print(struct.pack('>f', 107.6640625).hex())
```

실행 결과

```
42d75400
```

반면, **리틀 엔디안(<) 방식으로 표기된 107.6640625라는 소수(f)를 16진수(hex)로 표현하라**는 파이썬 코드는 다음과 같습니다. 빅 엔디안으로 표현하면 '42d75400'인 10진수 107.6640625를 리틀 엔디안으로 표현한 실행 결과는 다음과 같습니다.

arch/dec_to_bin2.py

```
import struct

print(struct.pack('<f', 107.6640625).hex())
```

실행 결과

```
0054d742
```

즉, 리틀 엔디안 방식으로 저장된 10진수 소수 107.6640625는 메모리 내에 '0054d742'로 저장되는 것을 볼 수 있습니다. 다음은 107.6640625를 리틀 엔디안 방식으로 저장된 변수를 디버깅한 모습입니다. 실제 메모리에서 107.6640625를 저장한 데이터 '0054d742'를 확인할 수 있습니다.

캐시 메모리

CPU는 프로그램 실행 과정에서 빈번히 메모리에 접근해야만 합니다. 하지만 CPU가 메모리에 접근하는 속도는 CPU가 레지스터에 접근하는 속도보다 느리기 때문에 CPU의 연산 속도가 아무리 빨라도 메모리에 접근하는 속도가 느리면 CPU의 빠른 연산 속도는 아무 효용이 없습니다. 그래서 등장한 저장장치가 바로 캐시 메모리입니다.

캐시 메모리cache memory는 CPU의 연산 속도와 메모리 접근 속도의 차이를 줄이기 위해 탄생한 저장장치로, CPU와 메모리 사이에 위치한 **SRAM 기반의 저장장치**입니다. CPU가 매번 메모리에 왔다 갔다하는 시간이 오래 걸리므로 메모리에서 CPU가 사용할 일부 데이터를 미리 캐시 메모리로 가져와 활용하자는 것이죠.

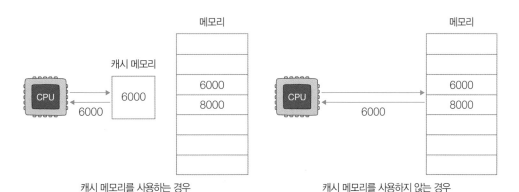

캐시 메모리를 사용하는 경우   캐시 메모리를 사용하지 않는 경우

컴퓨터 내부에는 여러 종류의 캐시 메모리가 있습니다. 이 중 코어와 가장 가까운 캐시 메모리를 **L1 캐시**Level 1 cache, 그 다음으로 가까운 캐시 메모리를 **L2 캐시**Level 2 cache, 그 다음으로 가까운 캐시 메모

리를 **L3 캐시**^{Level 3 cache}라고 부릅니다. 일반적으로 L1 캐시와 L2 캐시는 코어 내부에, L3 캐시는 코어 외부에 위치해 있습니다.

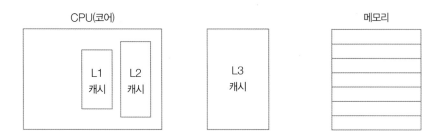

캐시 메모리의 크기는 L1 < L2 < L3의 순으로 크고, 속도는 L3 < L2 < L1의 순으로 빠릅니다. CPU가 메모리 내에 데이터가 필요하다고 판단하면 우선 L1 캐시 메모리에 해당 데이터가 있는지 알아보고, 없다면 L2, L3 캐시 메모리 순으로 데이터를 검색합니다. 윈도우를 사용하는 경우 [작업 관리자] 창의 [성능] 탭에서 L1, L2, L3 캐시 메모리의 크기를 확인할 수 있습니다. 캐시 메모리의 크기 또한 CPU 성능에 영향을 미치므로 CPU 규격을 판단할 때 함께 확인하면 좋습니다.

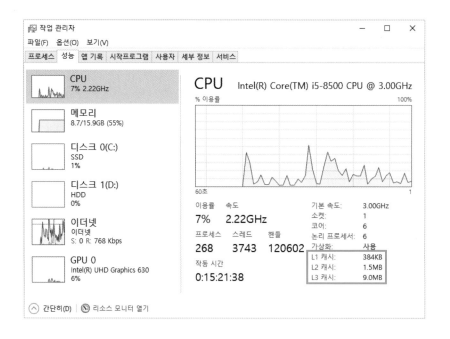

멀티코어 프로세서의 경우 일반적으로 L1 캐시 메모리와 L2 캐시 메모리는 코어마다 고유한 캐시 메모리로 할당되고, L3 캐시는 여러 코어가 공유하는 형태로 구현됩니다.

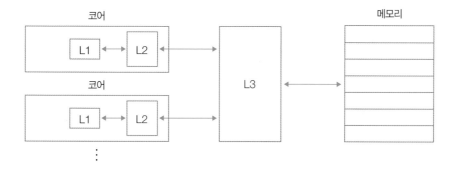

또한 코어와 가장 가까운 L1 캐시 메모리는 명령어만을 저장하는 L1 캐시인 **L1I 캐시**와 데이터만을 저장하는 L1 캐시인 **L1D 캐시**로 구분하기도 하며, 이러한 유형의 캐시 메모리를 **분리형 캐시**^{split cache}라고 합니다.

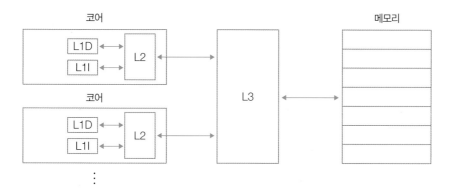

캐시 히트와 캐시 미스

캐시 메모리는 메모리보다 용량이 작기 때문에 메모리에 있는 모든 내용을 캐시 메모리에 가져와 저장할 수는 없습니다. 메모리가 보조저장장치의 일부를 복사하여 저장하는 것처럼 캐시 메모리도 메모리의 일부를 복사하여 저장합니다. 그렇다면 캐시 메모리에는 무엇을 저장해야 할까요? 보조저장장치가 (전원이 꺼져도)'보관할 것'을 저장하고, 메모리가 '실행 중인 것'을 저장한다면 캐시 메모리는 **CPU가 사용할 법한 것**을 저장합니다.

이렇게 캐시 메모리가 예측하여 저장한 데이터가 CPU에 의해 실제로 사용되는 경우를 **캐시 히트**^{cache hit}라고 하며, 반대로 자주 사용될 것으로 예측하여 캐시 메모리에 저장했지만 틀린 예측으로 인해 CPU가 메모리로부터 필요한 데이터를 직접 가져와야 하는 경우를 **캐시 미스**^{cache miss}라고 합니다. 만약 캐시 미스가 발생한다면 캐시 메모리의 이점을 활용할 수 없게 되고, 캐시 히트에 비해 CPU의 성능이 떨어지게 되겠죠.

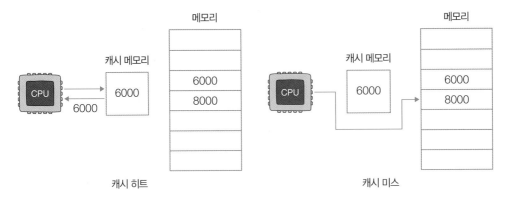

참고로, 캐시가 히트되는 비율을 **캐시 적중률**cache hit ratio이라고 하며, 다음과 같이 계산합니다. 범용적으로 사용되는 컴퓨터의 캐시 적중률은 대략 85~95% 이상입니다.

```
캐시 히트 횟수 / (캐시 히트 횟수 + 캐시 미스 횟수)
```

참조 지역성의 원리

캐시 메모리의 이점을 제대로 활용하려면 CPU가 사용할 법한 데이터를 제대로 예측해서 캐시 적중률을 높여야 합니다. 그렇다면 CPU가 사용할 법한 데이터는 어떻게 예측할 수 있을까요? 캐시 메모리는 **참조 지역성의 원리**locality of reference, principle of locality라는 특정한 원칙에 따라 메모리로부터 가져올 데이터를 결정합니다. 참조 지역성의 원리란 CPU가 메모리에 접근할 때 보이는 다음과 같은 주된 경향을 의미합니다.

- **시간 지역성:** CPU는 최근에 접근했던 메모리 공간에 다시 접근하려는 경향이 있다.
- **공간 지역성:** CPU는 접근한 메모리 공간의 근처에 접근하려는 경향이 있다.

시간 지역성을 가장 잘 보이는 사례는 프로그래밍 언어의 **변수**입니다. 일반적으로 변수에 저장된 값은 한 번만 사용되지 않고, 프로그램이 실행되는 동안 여러 번 사용됩니다. 즉, CPU는 최근에 접근했던 (변수가 저장된)메모리 공간에 여러 번 다시 접근할 수 있습니다. 이렇게 최근에 접근했던 메모리 공간에 다시 접근하려는 경향을 **시간 지역성**temporal locality이라고 합니다.

한편, 접근한 메모리 공간의 근처에 접근하려는 경향인 **공간 지역성**spatial locality을 단적으로 보여주는 사례는 **배열**입니다. 예를 들어 보겠습니다. 다음 두 코드는 공간 지역성을 고려한 파이썬 코드와 그렇지 못한 파이썬 코드입니다. 파이썬 코드의 문법을 모르더라도 주석을 통해 코드의 의미만 파악해 보세요.

arch/locality_good.py

```
matrix = [[0] * 20000 for _ in range(20000)]    # 2만 x 2만 크기의 2차원 배열 생성

for i in range(20000):                          # i를 0부터 19999까지 반복
    for j in range(20000):                      # j를 0부터 19999까지 반복
        matrix[i][j] = 1                        # matrix[i][j]를 1로 갱신
```

arch/locality_bad.py

```
matrix = [[0] * 20000 for _ in range(20000)]    # 2만 x 2만 크기의 2차원 배열 생성

for i in range(20000):                          # i를 0부터 19999까지 반복
    for j in range(20000):                      # j를 0부터 19999까지 반복
        matrix[j][i] = 1                        # matrix[j][i]를 1로 갱신
```

두 코드는 언뜻 비슷해 보이지만, 각 코드의 마지막 행만 다릅니다. 첫 번째 코드는 메모리에 순차적으로 접근하고, 두 번째 코드는 순차적으로 접근하지 않습니다. 메모리 내에 일렬로 저장될 때 2차원 배열은 다음 그림과 같이 행과 열의 순으로 저장됩니다. 이해를 돕기 위해 4×4 크기의 2차원 배열을 예시로 살펴보겠습니다.

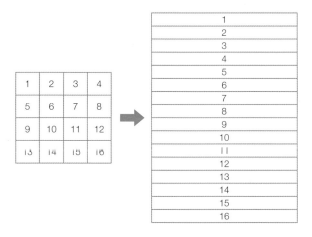

첫 번째 코드는 이중 반복문을 실행할 때 한 열의 모든 행을 순회하고, 그 다음 열의 모든 열을 순회하는 방식으로 2차원 배열에 접근하지만, 두 번째 코드는 한 행의 모든 열을 순회하고, 그 다음 행의 모든 열을 순회하는 방식으로 2차원 배열에 접근합니다.

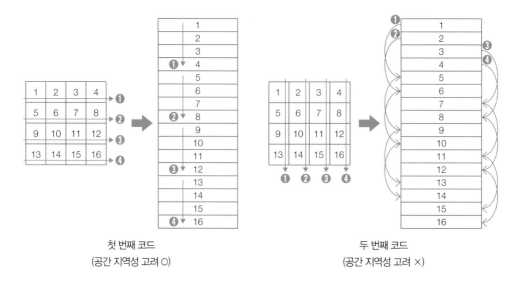

첫 번째 코드
(공간 지역성 고려 ○)

두 번째 코드
(공간 지역성 고려 ×)

첫 번째 코드와 두 번째 코드의 메모리 접근은 공간 지역성 측면에서 차이가 있어, 실제 실행 속도가 크게 차이가 납니다. 파이썬에서 코드를 작성해 실행 속도를 직접 확인해 보세요.

캐시 메모리의 쓰기 정책과 일관성

지금까지는 캐시 메모리가 메모리로부터 데이터를 읽어 들이는 상황을 위주로 설명했다면, 이번에는 캐시 메모리에 데이터를 쓰는 경우에 대해 알아봅시다. CPU가 캐시 메모리에 데이터를 쓸 때는 캐시 메모리에 새롭게 쓰여진 데이터와 메모리 상의 데이터가 일관성을 유지해야 합니다.

예를 들어 현재 메모리 1000번지에 200이라는 값이 저장되어 있고, 이 값이 캐시 메모리에도 저장되어 있다고 가정해 봅시다. CPU가 이 값에 접근하고자 할 때는 당연히 앞서 배웠던 것처럼 캐시 메모리를 통해 값을 얻어낼 것입니다. 이때 만약 CPU가 이 값을 200에서 300으로 바꾸고 싶다면 어떻게 해야 할까요?

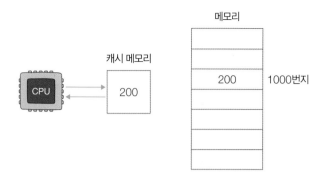

곧장 메모리 1000번지로 달려가 값을 300으로 바꾸는 것은 좋은 생각이 아닙니다. 현재 CPU는 1000번지 값을 얻기 위해 캐시 메모리를 참조하고 있기 때문에 메모리 1000번지 값을 무작정 300으로 바꾼다면 다음과 같은 명령어를 수행할 때 예상치 못한 결과가 나타날 수 있기 때문이죠.

❶ **명령어1:** 1000번지 값을 300으로 바꾸기 // 메모리 1000번지의 값: 300, 캐시 메모리 내의 값: 200
❷ **명령어2:** 1000번지 값 출력하기 // 캐시 메모리를 읽어 들일 경우 여전히 200을 출력

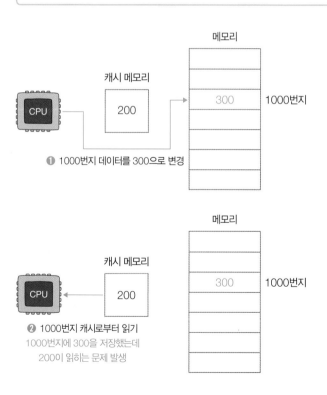

이를 방지하기 위한 방법에는 크게 2가지가 있습니다. 서로 각기 다른 장단점을 갖고 있는데요. 하나는 캐시 메모리와 메모리에 동시에 쓰는 방법이 있을 수 있습니다. 이를 **즉시 쓰기**write-through라고 합니다. 즉시 쓰기는 메모리를 항상 최신 상태로 유지하여 캐시 메모리와 메모리 간의 일관성이 깨지는 상황을 방지할 수 있지만, 데이터를 쓸 때마다 메모리를 참조해야 하므로 버스의 사용 시간과 쓰기 시간이 늘어난다는 단점이 있습니다. 메모리 접근을 최소화하기 위해 캐시 메모리를 만들었는데, 데이터를 쓸 때마다 메모리와 캐시 메모리에 동시에 접근해야 한다면 캐시 메모리를 둔 효율이 떨어질 것입니다.

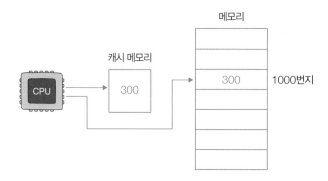

또 다른 방법으로는 캐시 메모리에만 값을 써 두었다가 추후 수정된 데이터를 한 번에 메모리에 반영하는 방법이 있습니다. 이를 **지연 쓰기**write-back라고 합니다. 메모리 접근 횟수를 줄일 수 있어 즉시 쓰기 방식에 비해 속도는 더 빠르지만, 메모리와 캐시 메모리 간의 일관성이 깨질 수 있다는 위험을 감수해야 합니다.

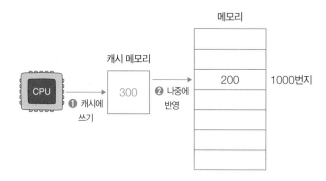

캐시 메모리와 메모리 간의 불일치만 해결해야 하는 것이 아닙니다. 때로는 다른 코어가 사용하는 캐시 메모리와의 불일치도 발생할 수 있습니다. 자칫 각기 다른 코어가 서로 다른 데이터를 대상으로 작업할 수 있기 때문입니다.

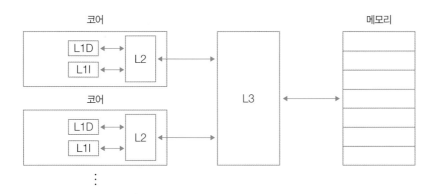

NOTE 이러한 문제를 해결하기 위해 '캐시 일관성 프로토콜'이라는 개념이 있지만, 지면상 책에서 다루지는 않겠습니다.

강조하고 싶은 것은 이것입니다. 캐시 메모리를 사용한다는 것, 나아가 캐싱을 한다는 것은 데이터 접근에 있어 어느 정도의 빠른 성능은 보장할 수 있지만, 그와 동시에 데이터의 일관성을 유지하기 위한 책임이 따르는 방식이라는 것입니다.

'캐시'라는 용어는 5장 '네트워크'에서도 등장할 예정입니다. 5장에서 학습할 캐시의 개념도 지금의 캐시 메모리와 본질적으로 다르지 않습니다. **자주 사용할 법한 대상을 가까이 위치시킴으로써 성능 향상을 꾀한다**는 점에서 같죠. 이 경우도 마찬가지입니다. 캐싱을 할 때는 언제나 캐시된 데이터와 원본 데이터 간의 불일치와 데이터의 일관성을 고려해야 합니다. 네트워크의 캐시에서 어떻게 캐시된 데이터와 원본 데이터의 불일치를 다뤄 일관성을 고려하는지에 대해서는 5장 '네트워크'에서 알아보겠습니다.

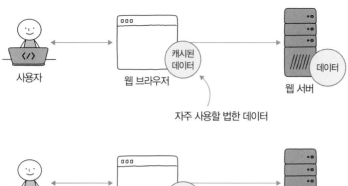

자주 사용할 법한 데이터

불일치 발생

〈5〉 보조기억장치와 입출력장치

보조기억장치는 메모리의 휘발성을 보완하는 동시에, 메모리보다 큰 저장 공간을 제공합니다. 이번 절에서는 보조기억장치에 저장된 정보를 안정적이고 안전하게 관리하는 방법인 RAID가 무엇인지부터 알아보고, 보조기억장치를 포함한 다양한 입출력장치가 입출력을 수행하는 방법도 함께 학습하겠습니다.

RAID

오늘날 대중적으로 활용되고 있는 보조기억장치는 크게 2가지입니다. 하나는 **하드 디스크 드라이브 (이하 하드 디스크)**HDD, Hard Disk Drive이고, 또 하나는 **플래시 메모리 기반 저장장치**입니다. 다음 그림에서 하드 디스크의 생김새부터 확인해 보죠. 하드 디스크는 자기적인 방식으로 데이터를 읽고 쓰는 보조기억장치입니다. 하드 디스크에 있는 동그란 원판은 플래터라고 하며, 원판 위에 있는 뾰족한 리더기인 헤드를 통해 플래터에 저장된 데이터에 접근할 수 있습니다.

스핀들

헤드

플래터

또한 **플래시 메모리**flash memory는 전기적인 방식으로 데이터를 읽고 쓰는 반도체 기반의 저장장치입니다. 우리가 흔히 사용하는 USB 메모리나 SD 카드, SSD가 모두 플래시 메모리 기반 저장장치라고 할 수 있으며, 이 중 보조기억장치로 주로 사용되는 플래시 메모리는 **SSD**Solid-State Drive입니다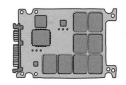

오늘날 노트북이나 데스크탑 안을 열어 보면 그림과 같은 플래시 메모리를 볼 수 있습니다.

보조기억장치의 본분은 크게 2가지입니다. 하나는 전원이 꺼져도 데이터를 안전하게 보관하는 것이고, 또 하나는 CPU가 필요로 하는 정보를 조금이라도 빠른 성능으로 메모리에게 전달하는 것입니다. 즉, 보조기억장치의 데이터를 안전하고 빠르게 다룰 수 있는 방법이 중요한 것입니다.

이를 위해 사용할 수 있는 기술이 바로 RAID입니다. **RAID** Redundant Array of Independent Disks는 **데이터의 안전성** 혹은 **성능**을 확보하기 위해 여러 개의 독립적인 보조기억장치를 마치 **하나의 보조기억장치처럼 사용**하는 기술을 의미합니다. 앞서 설명한 하드 디스크나 SSD로 RAID를 구성할 수 있습니다.

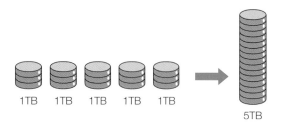

RAID를 구성하는 방법에는 여러 가지가 있으며, **RAID 레벨**이라고 표현합니다. RAID0, RAID1, RAID2, RAID3, RAID4, RAID5, RAID6이 대표적이며, 그로부터 RAID10, RAID50 등이 파생되었습니다. 그럼 가장 많이 사용되고 있는 **RAID0, RAID1, RAID4, RAID5, RAID6**에 대해 알아보겠습니다.

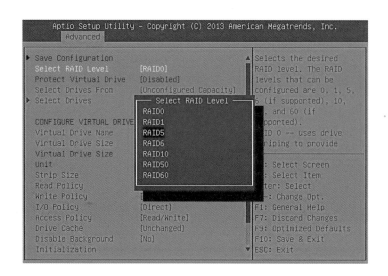

RAID0

RAID0은 데이터를 여러 보조기억장치에 **단순하게 나누어 저장하는 구성 방식**입니다. 다음 그림을 보면 데이터가 각각의 하드 디스크에 번갈아 가며 저장되어 있죠? 저장되는 데이터가 하드 디스크의 개수만큼 나뉘어 저장되어 있습니다. 마치 줄무늬처럼 분산되어 저장된 데이터를 **스트라입**stripe이라고 하고, 이렇게 분산하여 저장하는 동작을 **스트라이핑**striping이라고 합니다.

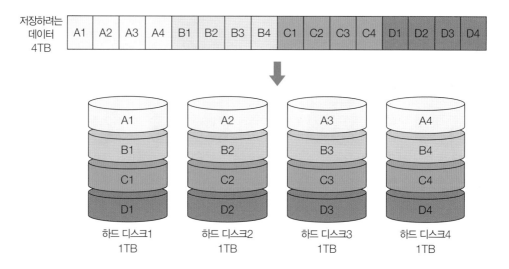

RAID0의 장점은 빠른 입출력 속도입니다. 하나의 대용량 저장장치를 이용했다면 여러 번에 걸쳐서 읽고 써야 했을 데이터를 한 번에, 동시에 읽고 쓸 수 있기 때문이죠. 가령 그림과 같이 저장된 상태에서 데이터 A1, A2, A3, A4를 동시에 읽어 들이면 하드 디스크1~4에서 동시에, 한 번에 읽어 들일 수 있습니다. 그렇기 때문에 4TB인 저장장치 1개를 읽고 쓰는 속도보다 RAID0으로 구성된 1TB인 저장장치 4개의 속도가 이론상 4배 가량 빠릅니다.

그러나 RAID0에는 단점이 있습니다. **저장된 정보가 안전하지 않다는 것**입니다. 만약 그림의 하드 디스크1에 문제가 생긴다면 하드 디스크2, 3, 4에 저장된 데이터는 불완전한 데이터가 됩니다.

RAID1

RAID1은 **완선한 복사몬블 반늘어 저장하는 구성 방식**입니다. 그래서 **미러링**mirroring이라고도 부릅니다. RAID1은 **복구가 간단하고 안전성이 높다**는 장점이 있습니다. 다음 그림은 4개의 하드 디스크를

RAID1으로 구성한 모습입니다. 다만 RAID1에 어떤 데이터를 쓸 때는 원본과 복사본 두 곳에 써야 하기 때문에 RAID0보다 쓰기 속도가 느려집니다. RAID1은 복사본이 저장된 크기만큼 **사용 가능한 용량이 적어진다**는 단점도 있습니다.

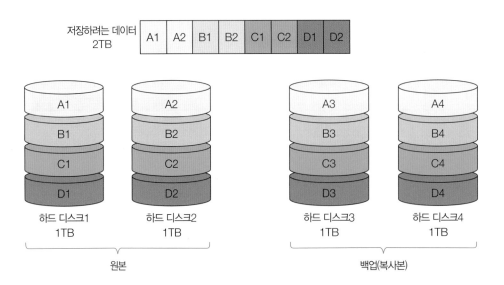

RAID4

RAID4는 **패리티 정보를 저장하는 디스크를 따로 두는 구성 방식**입니다. 여기서 **패리티**parity란 오류를 검출할 수 있는 정보를 말합니다. RAID4를 통해 오류 검출용 장치를 따로 두면 RAID1에 비해 적은 하드 디스크로도 안전하게 데이터를 보관할 수 있습니다.

다만 RAID4에도 단점이 있습니다. 패리티를 저장하는 장치에 병목 현상이 발생한다는 것입니다. 다음 그림을 살펴보면, 어떤 새로운 데이터가 저장될 때마다 패리티를 저장하는 디스크에도 데이터를 쓰게 되므로 하드 디스크4에도 쓰기 작업을 해야 합니다. 굉장히 바빠진 하드 디스크4가 병목 지점이 될 수 있다는 것이죠.

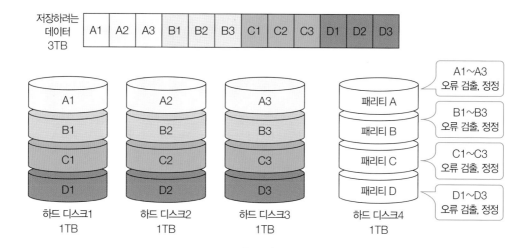

RAID5

RAID5는 **패리티를 분산하여 저장하는 구성 방식**입니다. 다음과 같이 패리티를 분산 저장하면 RAID4의 단점인 병목 현상을 보완할 수 있습니다.

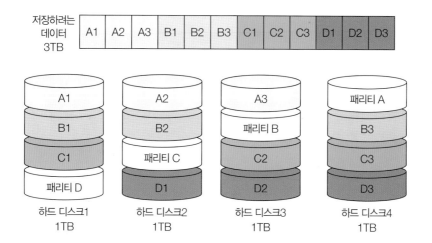

RAID6

RAID6의 구성은 기본적으로 RAID5와 같지만, 다음과 같이 **서로 다른 2개의 패리티를 두는 구성 방식입니다. 오류를 검출하고 복구할 수 있는 수단이 2개가** 생긴 셈입니다. 따라서 RAID6은 RAID4나 RAID5에 비해 안전성이 높습니다. 다만, 새로운 정보를 저장할 때마다 함께 저장할 패리티가 2개이므로 RAID5에 비해 쓰기 속도는 일반적으로 느립니다.

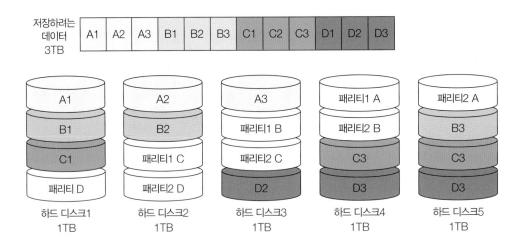

이처럼 RAID 레벨마다 각기 다른 장단점이 있기 때문에 어떤 상황에서 무엇을 최우선으로 원하는 지에 따라 최적의 RAID 레벨은 달라질 수 있습니다. 따라서 각 RAID 레벨의 대략적인 구성과 특징을 알고 있는 것이 중요합니다.

여기서 잠깐

Nested RAID

앞서 언급한 RAID 레벨 외에도 다양한 RAID 구성 방법이 있습니다. 대표적으로 학습한 RAID 레벨을 혼합한 방식도 있죠. RAID0과 RAID1을 혼합한 RAID10도 있고, RAID0과 RAID5를 혼합한 RAID50도 있습니다. 이렇게 여러 RAID 레벨을 혼합한 방식을 **Nested RAID**라고 합니다.

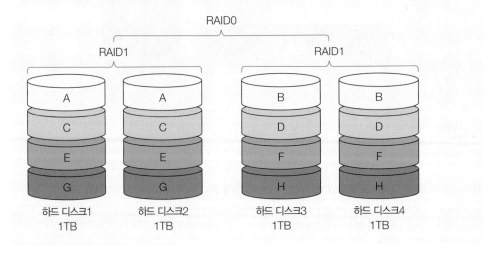

입출력 기법

앞서 보조기억장치와 입출력장치는 완전히 배타적인 개념이 아니며, 보조기억장치는 결국 메모리를 보조하는 임무를 수행하는 특별한 입출력장치로 볼 수 있다고 설명했는데요. 이번에는 보조기억장치를 포함해 다양한 입출력장치들이 컴퓨터 내부와 정보를 주고받는 방식인 입출력 기법에 대해 알아보겠습니다.

장치 컨트롤러와 장치 드라이버

다양한 외부 장치가 컴퓨터 내부와 어떻게 연결되고 소통하는지를 알기 위해서는 우선 **장치 컨트롤러** device controller와 **장치 드라이버** device driver라는 개념을 알아야 합니다. 세상에는 키보드, 마우스, 모니터, 스피커, 프린터, 하드 디스크 등 다양한 입출력장치들이 있습니다. 그러나 같은 입출력장치라 하더라도 제조사마다 규격과 작동 방식이 상이할 수 있어, CPU 입장에서 모든 입출력장치의 작동 방식을 아는 것은 어려운 일입니다. 따라서 입출력장치는 CPU와 직접 연결되어 정보를 주고받지 않고, 장치 컨트롤러라는 하드웨어를 통해 연결됩니다. 모든 입출력장치는 각자의 장치 컨트롤러를 통해 컴퓨터 내부와 연결되어 정보를 주고받습니다.

즉, 장치 컨트롤러는 CPU와 입출력장치 사이의 통신을 중개하는 중개자 역할의 하드웨어인 셈입니다. CPU가 직접 하드 디스크를 회전시키거나 마이크의 입력 값을 해석하고, 프린터를 작동시키는 것이 아니라, 장치 컨트롤러의 중개를 통해 입출력장치가 작동하는 것입니다. 집에 사용하지 않는 입출력장치가 있다면 분해해 내부를 살펴보세요. 다음과 같은 장치 컨트롤러를 볼 수 있을 겁니다.

NOTE 참고로, 장치 컨트롤러에는 RAM과 같은 저장장치가 있는 경우가 많습니다. CPU와 정보를 주고받는 과정에서 기억해야 하는 많은 중간 값들이 장치 컨트롤러의 저장장치에 저장됩니다. 이 저장장치 역시 휘발성인 경우가 많아, 입출력 작업 도중에 연결을 해제하거나 연결된 장치를 안전 제거하지 않으면 입출력 데이터에 문제가 발생할 수 있습니다.

CPU가 실행하는 것은 결국 프로그램입니다. 그리고 CPU는 장치 컨트롤러와 상호작용하며 입출력장치를 작동시킵니다. 이는 CPU가 장치 컨트롤러와 상호작용함으로써 입출력장치를 작동시키는 것 또한 CPU가 실행하는 프로그램을 통해 이루어진다는 말과 같습니다. 바로 이 프로그램이 장치 드라이버입니다. 일반적으로는 장치 컨트롤러마다 이를 작동시키는 **장치 드라이버**device driver라는 프로그램이 있는데요. 장치 드라이버란 **장치 컨트롤러의 동작을 알고, 장치 컨트롤러가 컴퓨터 내부와 정보를 주고받을 수 있도록 하는 프로그램**입니다. 컴퓨터가 장치 드라이버를 인식하지 못한다면 장치 컨트롤러와 정보를 주고받는 방법을 알 수 없으므로 입출력장치를 실행하지 못할 것입니다.

대중적인 장치 드라이버의 경우에는 기본적으로 윈도우, 맥OS와 같은 운영체제에 포함되어 있는 경우가 많습니다. 이 경우 별도의 설치 없이 입출력장치를 사용할 수 있습니다. 하지만 모든 입출력장치에 대한 드라이버가 제공되는 것은 아닙니다. 대형 프린터와 같이 전형적이지 않은 입출력장치를 구매했을 때 별도의 장치 드라이버를 설치해야 하는 것은 운영체제가 기본적으로 제공하는 드라이버가 아니기 때문입니다.

그럼 이제 CPU와 장치 컨트롤러가 정보를 주고받는 작업, 다시 말해 입출력 작업을 수행하는 방법을 알아봅시다. 여기에는 크게 3가지 방법이 있습니다. 프로그램 입출력, 인터럽트 기반 입출력, DMA 입출력입니다.

프로그램 입출력

프로그램 입출력 Programmed I/O은 **프로그램 속 명령어로 입출력 작업을 수행하는 방법**입니다. CPU는 "프린터 컨트롤러의 상태를 확인하라", "하드 디스크 컨트롤러에 10을 써라"와 같은 **입출력 명령어**를 실행함으로써 장치 컨트롤러와 상호작용할 수 있고, 이를 통해 입출력 작업을 수행합니다.

> **여기서 잠깐**
>
> **프로그램 입출력의 두 종류**
>
> 프로그램 입출력 방식은 입출력 명령어의 오퍼랜드, 즉 입출력장치의 주소를 식별하는 방식에 따라 고립형 입출력(isolated I/O)과 메모리 맵 입출력(memory mapped I/O)으로 나뉩니다.
>
> 고립형 입출력은 입출력장치에 접근하는 주소와 메모리에 접근하는 주소를 별도의 주소 공간으로 간주하는 방식이고, 메모리 맵 입출력은 입출력장치에 접근하는 주소 공간과 메모리에 접근하는 주소 공간을 구분하지 않고, 메모리에 부여된 주소 공간 일부를 입출력장치를 식별하기 위한 주소 공간으로 사용하는 방식입니다. 따라서 고립형 입출력에서는 입출력장치만을 위한 주소 공간에 접근하려면 별도의 입출력 명령어가 필요하고, 메모리 맵 입출력에서는 입출력 전용 명령어가 별도로 필요하지 않습니다. 메모리에 접근하는 명령어로 입출력이 가능하기 때문입니다.

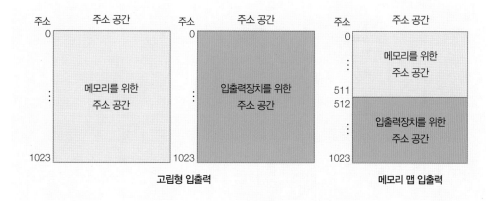

고립형 입출력　　　　　　　　　　　　　　　　　메모리 맵 입출력

인터럽트 기반 입출력: 다중 인터럽트

인터럽트 기반 입출력 Interrupt-Driven I/O은 71쪽 3절에서 이미 다룬 바 있습니다. 하드웨어 인터럽트를 학습했었죠. 여기에서는 조금 더 일반적인 상황인 **다중 인터럽트 처리**에 대해 알아보겠습니다. 가령 키보드, 마우스, 모니터, 스피커 등의 입출력장치를 동시에 사용하는 상황을 생각해 보세요. 이 경우 CPU는 동시 다발적으로 발생하는 키보드, 마우스, 모니터, 스피커 인터럽트를 모두 처리해야 합니다. 이렇게 **인터럽트가 여러 입출력장치로부터 동시다발적으로 발생하는 경우**에는 어떻게 인터럽트를 처리해야 할까요?

CPU가 플래그 레지스터 속 인터럽트 비트를 비활성화한 채 인터럽트를 처리할 경우, 다른 하드웨어 인터럽트를 받아들이지 않기 때문에 CPU는 기본적으로 다음과 같이 인터럽트가 발생한 ①~⑧의 순서대로 인터럽트 서비스 루틴을 순차적으로 실행하게 됩니다.

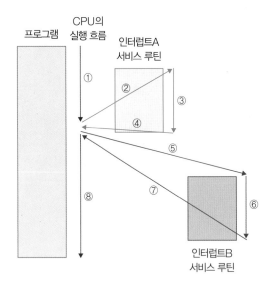

하지만 모든 인터럽트가 그림과 같이 처리되지는 않습니다. 인터럽트 중에서도 **우선순위가 더 높은 인터럽트**가 우선적으로 처리되는 경우가 일반적입니다. 예를 들어 현재 CPU가 인터럽트A를 처리하는 도중에 또 다른 인터럽트B가 들어왔다고 가정해 봅시다.

만약 지금 처리 중인 인터럽트A보다 인터럽트B의 **우선순위가 낮다면**, CPU는 A를 모두 처리한 뒤에 B를 처리합니다. 하지만 인터럽트A보다 B의 **우선순위가 높다면**, CPU는 인터럽트A의 실행을 잠시 멈추고 B를 처리한 뒤에 다시 A를 처리하게 됩니다.

CPU는 플래그 레지스터 속 인터럽트 비트가 활성화되어 있는 경우, 혹은 인터럽트 비트를 비활성화해도 무시할 수 없는 인터럽트인 **NMI**Non-Maskable Interrupt가 발생한 경우, 이렇게 우선순위가 높은 인터럽트부터 먼저 처리하게 됩니다.

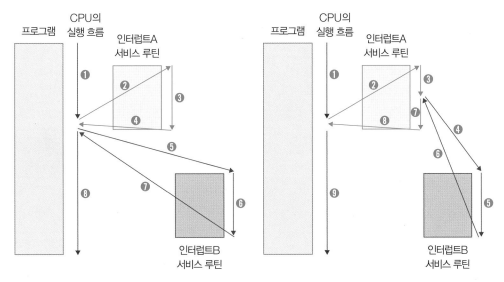

인터럽트A의 우선순위가 B보다 높은 경우   인터럽트A의 우선순위가 B보다 낮은 경우

흔히 다중 인터럽트를 처리하기 위해서는 **프로그래머블 인터럽트 컨트롤러(이하 PIC)**Programmable Interrupt Controller라는 하드웨어가 사용됩니다. **PIC**는 여러 장치 컨트롤러에 연결되어 있어 장치 컨트롤러에서 보낸 하드웨어 인터럽트 요청들의 우선순위를 판별한 뒤, CPU에게 지금 처리해야 할 하드웨어 인터럽트가 무엇인지를 알려 주는 장치입니다.

PIC에는 다음 그림과 같이 여러 핀들이 있는데, 각각의 핀에는 CPU에게 하드웨어 인터럽트 요청을 보낼 수 있도록 약속된 하드웨어가 연결되어 있습니다. 가령 첫 번째 핀은 타이머 인터럽트를 받아들이는 핀이고, 두 번째 핀은 키보드 인터럽트를 받아들이는 핀, … 이런 식으로 말이죠.

NOTE 참고로, PIC가 무시할 수 없는 인터럽트인 NMI까지 우선순위를 판별하지는 않습니다.

일반적으로 PIC는 많은 하드웨어 인터럽트를 관리하기 위해 다음과 같이 2개 이상의 계층으로 구성됩니다.

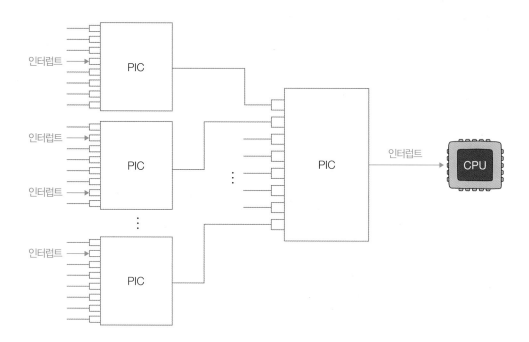

PIC와 연결되어 하드웨어 인터럽트를 보낼 수 있는 장치들을 운영체제에서 조회가 가능한 경우도 있습니다. 윈도우의 경우 [장치 관리자]의 [인터럽트 요청(IRQ)]에서 확인할 수 있습니다.

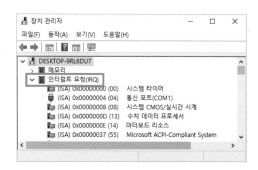

DMA 입출력

프로그램 기반의 입출력과 인터럽트 기반의 입출력에 공통점이 있다면 **CPU가 입출력장치와 메모리 간의 데이터 이동을 주도해야 하며, 이동하는 데이터들도 반드시 CPU를 거친다**는 점입니다. 예를 들어 입출력장치의 데이터를 메모리에 저장하는 경우, CPU는 ❶ 장치 컨트롤러로부터 데이터를 하나씩 읽어 레지스터에 적재하고, ❷ 적재한 데이터를 하나씩 메모리에 저장해야 합니다. 메모리 속 데이터를 입출력장치에 내보내는 경우도 마찬가지입니다. CPU는 메모리로부터 데이터를 하나씩 읽어 레지스터에 적재하고, 적재한 데이터를 하나씩 입출력장치에 내보내야 합니다.

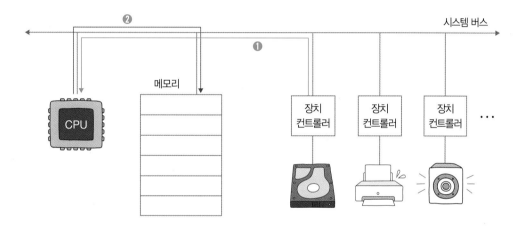

이처럼 입출력장치와 메모리 사이에 전송되는 모든 데이터가 반드시 CPU를 거쳐야 한다면 CPU의 부담이 커질 것입니다. 그래서 CPU를 거치지 않고도 입출력장치와 메모리가 상호작용할 수 있는 입출력 방식인 **DMA**Direct Memory Access가 등장했습니다. DMA는 이름 그대로 **직접 메모리에 접근할 수 있는 입출력 기능**을 말합니다. DMA 입출력을 위해서는 시스템 버스에 연결된 **DMA 컨트롤러**라는 하드웨어가 필요한데요. DMA 컨트롤러가 포함될 경우 DMA 입출력은 대략 다음과 같은 구조로 구성됩니다. DMA 컨트롤러는 시스템 버스에 연결되고, 입출력장치들의 장치 컨트롤러들은 **입출력 버스**input/output bus라는 입출력장치 컨트롤러의 전용 버스와 연결됩니다.

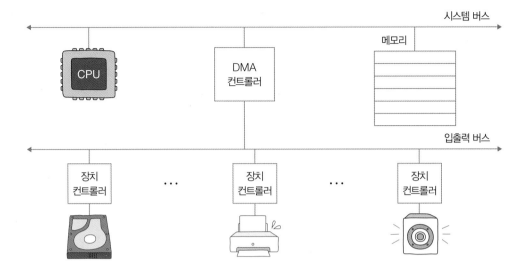

이때 일반적인 DMA 입출력은 다음과 같은 과정으로 이루어집니다.

❶ CPU가 DMA 컨트롤러에게 입출력장치의 주소, 수행할 연산, 연산할 메모리 주소 등의 정보와 함께 **입출력 작업을 명령**합니다.

❷ DMA 컨트롤러가 CPU 대신 장치 컨트롤러와 상호작용하며 **입출력 작업을 수행**합니다. 이때 DMA 컨트롤러는 필요한 경우 메모리에 직접 접근하여 정보를 읽거나 씁니다. 입출력장치와 메모리 사이에 주고받을 데이터가 CPU를 거치지 않습니다.

❸ DMA 컨트롤러는 입출력 작업이 끝나면 **CPU에게 인터럽트**를 걸어 작업이 끝났음을 알립니다.

CPU 입장에서는 DMA 컨트롤러에게 입출력 작업 명령을 내리고, 인터럽트만 받으면 되기 때문에 입출력 부담을 크게 줄일 수 있습니다.

여기서 잠깐

사이클 스틸링

버스는 공용 자원입니다. 두 장치가 동시에 하나의 버스를 이용할 수 없다는 의미입니다. 시스템 버스도 마찬가지입니다. DMA 컨트롤러는 시스템 버스를 통해 메모리에 직접 접근이 가능하지만, **시스템 버스는 동시 사용이 불가능**합니다. 그렇기 때문에 CPU가 시스템 버스를 사용할 때는 DMA 컨트롤러가 시스템 버스를 사용할 수 없고, DMA 컨트롤러가 시스템 버스를 사용할 때는 CPU가 시스템 버스를 사용할 수 없습니다.

따라서 DMA 컨트롤러는 CPU가 시스템 버스를 사용하지 않을 때마다 조금씩 사용하거나, CPU가 시스템 버스 사용을 양보하게 됩니다. CPU 입장에서는 마치 버스에 접근하는 사이클을 도둑 맞는 기분이 들 것입니다. 이런 의미로 DMA의 시스템 버스 사용을 **사이클 스틸링(cycle stealing)**이라고 부릅니다.

대표적인 입출력 버스로는 **PCIe**^{Peripheral Component Interconnect express}가 있습니다. PCIe 버스는 PCI라는 입출력 버스의 발전된 형태로, 오늘날의 메인 보드에서 가장 대중적으로 볼 수 있는 입출력 버스 중 하나입니다. SSD, GPU, 또 5장에서 학습할 네트워크 인터페이스 카드 등 다양한 입출력장치를 연결할 수 있습니다. PCIe 버스와 연결되는 슬롯과 인터페이스는 다음과 같이 생겼습니다. 한 번쯤 본 적이 있죠?

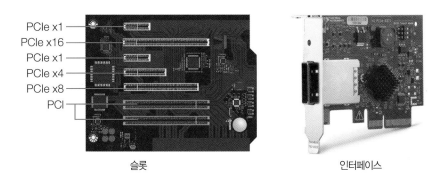

슬롯　　　　　　　　　　　　　　　　　인터페이스

PCIe와 연결된 장치의 성능과 관련해 알아야 하는 내용은 크게 2가지입니다. 첫 번째는 PCIe 버전에 따라 최대 속도가 달라질 수 있다는 것이고, 두 번째는 PCIe 버스가 여러 레인을 이용해 정보를 주고받을 수 있다는 것입니다.

첫 번째, PCIe 버스는 지속적으로 발전하고 있으므로 버전이 존재합니다. 흔히 PCIe 버스의 버전은 PCIe 3.0, PCIe 4.0, PCIe 5.0과 같이 PCIe 뒤에 버전을 나타내는 숫자를 덧붙이며, 버전에 따라 지원되는 최대 속도가 다릅니다. 다음은 PCIe 버스의 버전에 따른 최대 속도를 대략적으로 나타낸 표입니다. PCIe 버스를 통해 연결되는 컴퓨터 부품 설명서에 지원되는 PCIe의 버전이 명시되는 이유가 이 최대 속도 때문입니다.

버전	레인당 최대 속도
PCIe 1.0	250MB/s
PCIe 2.0	500MB/s
PCIe 3.0	985MB/s
PCIe 4.0	1,969MB/s
PCIe 5.0	3.94GB/s
PCIe 6.0	7.56GB/s
PCIe 7.0	15.13GB/s

두 번째, PCIe 버스에서 **레인**lane이란 PCIe 버스를 통해 정보를 송수신하는 단위를 말합니다. 통신을 주고받는 선로의 수와 같은 개념이므로 레인의 수가 2개, 4개, 8개가 되면 한 번에 통신을 주고받을 수 있는 양도 2배, 4배, 8배가 됩니다. 레인은 '×레인 수'와 같이 표기하므로 가령 PCIe 4.0 ×4는 4개의 레인을 활용하는 PCIe 4.0을 의미합니다. 표에서 명시한 최대 속도는 한 레인당 최대 통신 속도를 의미하므로 PCIe 4.0 ×4는 이론상 1,969MB/s×4만큼의 속도를 낼 수 있다는 뜻입니다.

GPU의 용도와 처리 방식

전공 서적에서 자주 언급되는 것은 아니지만, 최근 부상하고 있는 컴퓨터 핵심 부품이 있습니다. 바로 GPU입니다. 오늘날 데스크탑이나 노트북뿐만 아니라 스마트폰에도 포함되어 있는 부품이죠. **GPU(Graphic Processing Unit)**는 그래픽 처리 장치로, 이름처럼 화면에 그림을 그리는 등 대량의 그래픽 연산을 위해 탄생한 장치입니다.

하지만 GPU가 그래픽 연산에서만 사용되는 것은 아닙니다. 최근 GPU의 연산 가능 범위는 CPU의 연산 범위까지 확대되어 딥러닝 연산, 가상화폐 채굴 등 다양한 분야에 대한 연산이 가능해졌습니다. 이러한 범용적인 목적의 GPU 사용 기술은 **GPGPU(General-Purpose computing on Graphics Processing Units)**라고 하며, 그래픽 관련 개발자가 아니더라도 GPU를 알아 두어야 하는 이유가 되었습니다.

GPU의 가장 큰 특징을 꼽자면 단연 코어의 개수라고 할 수 있습니다. GPU 개별 코어의 성능은 CPU의 코어보다 떨어지지만, 수백 개에서 많게는 수천 개의 코어가 포함되어 있습니다. 이는 곧 병렬 처리에 용이하다는 장점으로 이어집니다. 여기서 말하는 **병렬 처리(parallel processing)**란 다음 그림과 같이 여러 개로 쪼개진 문제를 나눈 뒤, 각 코어에서 처리하는 연산 방식입니다. 쉽게 말해 ❶ 어떠한 크고 복잡한 문제를 ❷ 쉽고 간단한 여러 문제로 쪼갠 뒤, ❸ 쉽고 간단한 문제를 처리할 수 있는 수단을 동시에 동원하여 빠르게 문제를 해결하는 방식을 말합니다. 또한 GPU는 자체적으로 캐시 메모리를 갖추고 있고, 많게는 수십 기가바이트에 이르는 메모리도 가지고 있습니다.

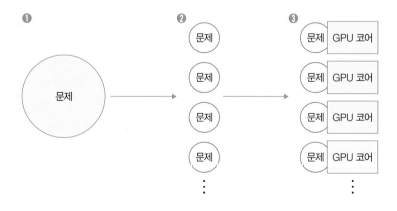

그렇다면 GPU는 CPU를 완전히 대체할 수 있을까요? 그건 아닙니다. 앞서 GPU 개별 코어는 CPU 코어에 비해 성능이 좋지 못하다고 언급했죠. GPU 개별 코어는 CPU에 비해 느릴 뿐만 아니라 크기도 작고, CPU처럼 복잡한 기능을 제공하지도 않습니다. 그렇기 때문에 GPU 단독으로 운영체제를 실행하거나 코어 내에서 복잡한 명령어 병렬 처리를 수행하는 등의 다양한 작업을 할 수는 없습니다. 또 CPU가 메모리 접근을 가급적 최소화하는 것을 목표로 하는 것과는 다르게 GPU는 메모리의 대역폭을 넓혀 최대한 많은 코어가 많은 작업을 받아 처리하는 것을 목표로 하죠.

요컨대 GPU는 주로 산술 연산과 같이 단순한 연산을 빠르게, 병렬적으로 수행하기 위한 장치이고, CPU는 범용적인 연산을 수행하기 위한 장치이므로 그 용도가 다르다는 것입니다. GPU가 CPU의 산술 연산을 보조한다는 점에서 GPU를 **보조프로세서(coprocessor)**라고 부르기도 합니다.

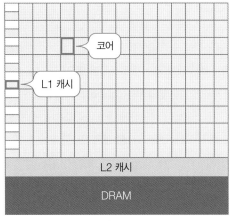

GPU

GPU가 작업을 처리하는 방식을 간략하게 톺아봅시다. 참고로, GPU는 프린터, 키보드와 같은 입출력장치와 달리 직접 소스 코드를 통해 수행할 작업을 지정하는 경우가 많습니다. 이를 위해 오늘날 주로 사용되는 것이 엔비디아(Nvidia)가 개발한 CUDA라는 프로그래밍 모델입니다. CUDA를 이용하면 일반적인 프로그래밍 언어를 통해 GPU가 수행할 작업을 쉽게 작성할 수 있습니다.

CUDA는 크게 CPU가 실행할 코드인 호스트 코드(host code)와 GPU가 실행할 코드인 디바이스 코드(device code)로 구성되어 있습니다. 다음은 간단한 CUDA 프로그램의 코드인데요. CPU가 호스트 코드(main 함수)를 실행하다가 디바이스 코드(cuda_hello 함수)를 맞닥뜨리면 GPU가 실행할 디바이스 코드가 GPU 메모리로 복사되고, GPU는 복사된 디바이스 코드를 실행해 CPU에 실행 결과를 알리게 됩니다.

CUDA

```c
#include <stdio.h>

__global__ void cuda_hello(){
    printf("Hello World from GPU!\n");
}
```
GPU가 실행할 코드
(디바이스 코드)

```c
int main() {
    cuda_hello<<<1,1>>>();
    cudaDeviceSynchronize();
    return 0;
}
```
GPU로 하여금 디바이스 코드를
실행하도록 하는 코드

취업 멘토가 알려 주는 기술 면접 질문 15

난이도 ★☆☆ [참고] 본문 페이지 40쪽

Q1. **RAM과 하드 디스크의 차이를 설명해 보세요.**

A1. RAM이 CPU가 실행할 프로그램을 저장하는 부품이라면, 하드 디스크는 전원이 꺼져도 보관
할 대상을 저장하는 부품입니다. 휘발성 저장장치인 RAM은 전원이 꺼지면 저장된 내용을 잃
지만, 하드 디스크는 비휘발성 저장장치이기 때문에 전원이 꺼져도 저장된 내용을 잃지 않는다
는 차이가 있습니다.

난이도 ★★☆ [참고] 본문 페이지 84쪽

Q2. **병렬성과 동시성, 두 개념의 차이를 예시와 함께 설명해 보세요.**

A2. 병렬성은 작업을 실제로 같은 시각에 동시 처리하는 성질을 의미하고, 동시성은 작업을 동시에
처리하는 것처럼 보이는 성질을 의미합니다. 멀티코어 CPU의 여러 코어가 같은 시각에 명령
어를 동시에 처리하는 것이 병렬성의 예시이고, 1코어 1스레드 CPU가 여러 작업을 빠르게 번
갈아 가며 처리하는 것이 동시성의 예시입니다.

난이도 ★☆☆ [참고] 본문 페이지 70쪽

Q3. **CPU가 자발적으로 발생시키는 인터럽트와 CPU가 받아들이는 인터럽트의 차이가 무엇인
지 설명해 보세요.**

A3. CPU가 자발적으로 발생시키는 인터럽트는 동기적인 인터럽트로, CPU가 프로그래밍 오류와
같은 예외적으로 예상치 못한 상황을 마주쳤을 때 주로 발생하는 인터럽트입니다. 반면, CPU
가 받아들이는 인터럽트는 비동기적인 인터럽트로, 주로 입출력장치로부터 받아들이는 하드웨
어 인터럽트를 말합니다.

난이도 ★★★ [참고] 본문 페이지 49쪽

Q4. 다음 소스 코드의 결과는 모두 '0.30000000000000004'입니다. 그 이유를 설명해 보세요.

파이썬

```
print(0.1 + 0.2)
```

자바

```
System.out.println(0.1 + 0.2);
```

자바스크립트

```
console.log(0.1 + 0.2);
```

A4. 컴퓨터는 내부적으로 부동 소수점 방식을 통해 소수를 표현합니다. 부동 소수점 방식은 2진수로 소수를 표현하는 방식으로, 가수×$2^{지수}$의 형태를 띕니다. 소스 코드에 제시된 '0.1'과 '0.2'는 10진수 소수로, 가수×$10^{지수}$의 형태로 표현할 수 있지만, 이를 부동 소수점 방식의 2진수로 표현하면 무한 소수가 됩니다. 무한 소수에 무한 소수를 더한 결과를 10진수 소수로 표현하다 보니 오차가 발생한 것입니다.

난이도 ★★☆   [참고] 본문 페이지 101쪽

Q5. 다음 소스 코드에는 성능상의 문제가 있습니다. 어떤 문제인지 설명해 보세요.

```java
public class Main {
    public static void main(String[] args) {
        int[][] matrix = new int[20000][20000];

        for (int i = 0; i < 20000; i++) {
            for (int j = 0; j < 20000; j++) {
                matrix[j][i] = 1;
            }
        }
    }
}
```

A5. 주어진 소스 코드 중 배열에 접근하는 matrix[j][i] = 1; 부분은 캐시 친화적이지 않기 때문에 성능 상의 문제가 될 수 있습니다. 배열이 저장된 위치에 순차적으로 접근하지 않기 때문에 성능 저하를 가져오게 됩니다. 이차원 배열이 메모리에 저장된 순서에 따라 접근하도록 코드를 수정하면 프로그램의 속도를 개선할 수 있습니다.

난이도 ★☆☆   [참고] 본문 페이지 113쪽

Q6. 장치 드라이버는 왜 설치해야 하나요?

A6. CPU가 장치 컨트롤러를 작동시키기 위한 정보를 알아야 하기 때문입니다. CPU는 장치 드라이버가 설치되어 있지 않으면 해당 입출력장치를 어떻게 작동시켜야 할지, 즉 장치 컨트롤러와 어떻게 정보를 주고받아야 하는지 알 수가 없습니다.

난이도 ★☆☆　　　　　　　　　　　　　　　　　　　　　　　　[참고] 본문 페이지 85쪽

Q7. 파이프라이닝이란 무엇이며, 어떻게 CPU의 성능을 향상시키는지 설명해 보세요.

A7. 파이프라이닝이란 명령어 병렬 처리 기법 중 하나로, 하나의 명령어를 처리하는 과정을 비슷한 시간 간격으로 쪼갠 뒤, 쪼개진 각각의 단계에서 동시에 실행 가능한 단계를 겹쳐서 실행해 CPU의 처리 성능을 높입니다.

난이도 ★☆☆　　　　　　　　　　　　　　　　　　　　　　　　[참고] 본문 페이지 123쪽

Q8. GPU와 CPU를 비교하여 설명해 보세요.

A8. GPU는 주로 산술 연산과 같이 단순 연산을 병렬적으로 수행하기 위한 장치이고, CPU는 범용적인 연산을 수행하기 위한 장치입니다. GPU는 병렬 처리를 위한 코어가 수백에서 수천 개까지 포함되어 있지만, CPU처럼 코어마다 복잡한 연산을 지원하지는 않습니다.

난이도 ★★☆　　　　　　　　　　　　　　　　　　　　　　　　[참고] 본문 페이지 57쪽

Q9. base64 인코딩이란 무엇이며, 어디에서 base64 인코딩을 사용하는지 설명해 보세요.

A9. base64 인코딩은 문자뿐만 아니라 아스키 코드로 표현할 수 없는 이미지 등의 이진 데이터까지 아스키 형태의 문자로 표현하기 위해 사용하는 인코딩 방식입니다. 주로 이메일에서 첨부파일을 전송하거나 웹에서 이미지 및 파일 데이터를 텍스트 형식으로 포함할 때 사용합니다.

난이도 ★☆☆ [참고] 본문 페이지 87쪽

Q10. 동일한 소스 코드라 하더라도 애플 M1 컴퓨터에서 컴파일해 만든 실행 파일을 인텔 x86 컴퓨터로 옮겨 실행할 수 없는 이유를 설명해 보세요.

A10. 동일한 소스 코드라도 각기 다른 명령어로 변환될 수 있기 때문입니다. 실행 파일은 각각의 컴퓨터가 이해할 수 있는 명령어의 모음이기 때문에 CPU마다 이해하는 명령어의 집합이 다릅니다. 따라서 실행할 수 있는 실행 파일도 달라집니다. 이런 이유로 애플 M1 컴퓨터에서 컴파일해 만든 실행 파일을 인텔 x86 컴퓨터로 옮겨서 실행하면 실행이 되지 않는 것입니다.

난이도 ★☆☆ [참고] 본문 페이지 80쪽

Q11. 하드웨어적 스레드와 소프트웨어적 스레드의 차이에 대해 설명해 보세요.

A11. 하드웨어 스레드는 하나의 코어가 동시에 처리하는 명령어의 단위를 의미합니다. 논리 프로세서라고도 부릅니다. 소프트웨어 스레드란 하나의 프로그램에서 독립적으로 실행되는 단위를 의미합니다. 따라서 1코어 1스레드 CPU에서도 여러 소프트웨어 스레드를 빠르게 번갈아 가며 실행할 수 있습니다.

난이도 ★★☆ [참고] 본문 페이지 51쪽

Q12. 코딩을 하다가 한글이 깨지면 어떻게 대처해야 할까요?

A12. 한글이 깨지는 경우는 컴퓨터가 이해할 수 있는 문자의 모음, 문자 집합을 인식하지 못했거나 문자 집합을 코드로 표현하는 인코딩 방법을 인식하지 못한 경우입니다. 따라서 다른 문자 집합을 지원하는 다양한 인코딩 방법을 시도해 봐야 합니다.

난이도 ★★☆   [참고] 본문 페이지 121쪽

Q13. **PCIe란 무엇이며, PCIe가 연결 부품의 성능과 어떤 연관이 있는지 설명해 보세요.**

A13. PCIe란 대표적인 입출력 버스의 일종으로, 버전에 따라 지원되는 최대 속도(대역폭)이 다르므로 연결되는 부품의 성능에 영향을 끼칠 수 있습니다. PCIe 3.0의 최대 지원 속도는 PCIe 6.0의 최대 지원 속도에 비해 느리기 때문에 같은 부품이라 하더라도 PCIe 3.0에 연결할 경우 입출력 버스의 최대 지원 속도가 더 느릴 수 있습니다.

난이도 ★☆☆   [참고] 본문 페이지 99쪽

Q14. **캐시 미스란 무엇이며, 캐시 미스가 프로그램의 성능에 어떤 영향을 끼치는지 설명해 보세요.**

A14. 캐시 미스란 캐시에 있을 것이라고 기대했던 데이터가 캐시에 존재하지 않는 상황을 의미합니다. 캐시 미스가 발생하면 캐시를 활용할 수 없고, 메모리와 같이 실제로 데이터가 위치하고 있는 먼 곳까지 접근해야 합니다. 따라서 프로그램의 성능에 악영향을 끼치게 됩니다.

난이도 ★☆☆   [참고] 본문 페이지 54쪽

Q15. **유니코드란 무엇인지 설명해 보세요.**

A15. 여러 국가의 언어나 이모티콘 등을 표현할 수 있는 통일된 문자 집합을 말합니다. 유니코드마다 부여되어 있는 고유한 수, 코드 포인트를 어떻게 코드로 표현하는지에 따라 'utf-8. utf-16, utf-32' 등 다양한 인코딩 방법으로 구분할 수 있습니다.

운영체제

운영체제는 프로그램들 간의 올바른 실행을 돕고, 앞서 컴퓨터 구조에서 학습했던 다양한 하드웨어 자원을 프로그램에 배분하는 프로그램입니다. 사실상 하드웨어를 작동시키는 프로그램으로, 컴퓨터 전체에서 가장 중요한 프로그램이라고 보아도 과언이 아닙니다. 따라서 우리가 실행하고 개발할 프로그램의 근간을 관찰하기 위해서는 운영체제에 대한 이해가 필수적입니다.

 운영체제의 큰 그림

운영체제는 특별한 프로그램입니다. 대표적으로 우리가 흔히 알고 있는 윈도우와 맥OS, 리눅스는 데스크탑의 운영체제이고, 안드로이드와 iOS는 스마트폰의 운영체제입니다. 방대한 프로그램인 만큼, 운영체제에는 매우 많은 종류와 다양한 기능이 있습니다. 다만, 스마트폰의 경우에도 종류는 매우 다양하지만 전화 통화나 문자 메시지, 인터넷 접속과 같은 핵심 서비스는 종류를 막론하고 비슷한 것처럼, 운영체제 또한 종류에 관계 없이 운영체제가 제공하는 **핵심적인 기능**은 비슷합니다.

이러한 운영체제의 핵심 기능을 담당하는 부분을 **커널**kernel이라고 합니다. 커널은 마치 자동자의 엔진이나 사람의 심장과도 같은 핵심부라고 할 수 있습니다. 특별한 언급이 없다면 이번 장에서 설명하는 '운영체제'라는 용어는 '커널'을 지칭한다고 이해하면 됩니다.

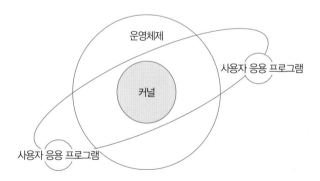

운영체제에는 크게 2가지의 핵심 기능이 있습니다. 하나는 자원 할당 및 관리이고, 또 하나는 프로세스 및 스레드 관리입니다. 먼저 2가지 핵심 기능을 정리하고, 프로그램들이 운영체제의 기능을 제공받는 방법을 살펴보면서 운영체제의 큰 그림을 그려 보겠습니다.

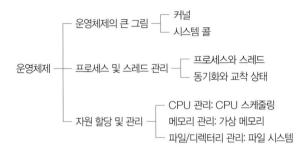

운영체제의 역할

운영체제의 핵심 기능인 '자원 할당 및 관리'에 대해 알아보기 위해서는 우선 자원이 무엇인지부터 이해해야 합니다. **자원**resource (혹은 **시스템 자원**system resource)이란 프로그램 실행에 마땅히 필요한 요소를 의미합니다. 실행에 필요한 '데이터'를 자원(소프트웨어)이라고 하기도 하고, 실행에 필요한 '부품'을 자원(하드웨어)이라고 하기도 하죠. 앞서 2장에서 학습한 컴퓨터의 핵심 부품을 대표적인 자원으로 꼽을 수 있습니다.

운영체제는 사용자가 실행하는 응용 프로그램을 대신하여 CPU, 메모리, 보조기억장치 등의 컴퓨터 부품에 접근하고, 각각의 부품들이 효율적으로 사용되도록 관리합니다. 또 응용 프로그램이 컴퓨터 부품들을 효율적으로 할당받아 문제 없이 실행할 수 있도록 응용 프로그램에게 자원을 할당합니다. 이번 장에서는 운영체제가 컴퓨터 구조에서 학습한 CPU, 메모리, 보조기억장치를 어떻게 관리하는지 위주로 학습해 보겠습니다.

CPU 관리: CPU 스케줄링

메모리에는 실행 중인 프로그램이 다수 적재될 수 있지만, CPU가 이들 모두를 동시에 실행할 수 있는 것은 아닙니다. CPU는 한정된 자원이기 때문에 CPU를 할당받아 사용하기 위해 때로는 다른 프로그램의 CPU 사용이 끝날 때까지 기다려야 합니다. 그래서 운영체제는 실행 중인 모든 프로그램들이 공정하고 합리적으로 CPU를 할당받도록 CPU의 할당 순서와 사용 시간을 결정합니다. 이것이 바로 4절에서 학습할 CPU 스케줄링입니다.

```
                      ┌─ 기본 개념 - 우선순위, 스케줄링 큐, 선점형과 비선점형
CPU 관리: CPU 스케줄링 ─┤  CPU 스케줄링 알고리즘
                      └─ 리눅스 CPU 스케줄링
```

메모리 관리: 가상 메모리

또한 운영체제는 새롭게 실행하는 프로그램을 메모리에 적재하고, 종료된 프로그램을 메모리에서 삭제합니다. 동시에 낭비되는 메모리 용량이 없도록 효율적으로 관리해야 하죠. 오늘날 존재하는 많은 운영체제들은 이를 위해 가상 메모리 기술을 활용합니다. 5절에서 학습할 '가상 메모리'는 운영체제의 메모리 관리 기법 중 하나로, 실제 물리적인 메모리 크기보다 더 큰 메모리를 이용할 수 있도록 하는 기술입니다.

```
                    ┌─ 물리 주소와 논리 주소
메모리 관리: 가상 메모리 ─┤  메모리 할당
                    └─ 페이징과 페이지 교체 알고리즘
```

파일/디렉터리 관리: 파일 시스템

메모리보다 더 큰 용량을 갖고 있는 보조기억장치는 더욱 일목요연하게 관리할 필요가 있습니다. 보조기억장치에 아무렇게나 정보를 저장한다면 마치 어질러진 서랍에서 원하는 물건을 찾듯 원하는 정보에 접근하기 위해 오랜 시간이 소요되기 때문입니다. 운영체제는 보조기억장치를 효율적으로 관리하기 위해 파일 시스템을 활용합니다. 파일 시스템은 보조기억장치 내의 정보를 파일 및 폴더 (디렉터리) 단위로 접근·관리할 수 있도록 만드는 운영체제 내부 프로그램입니다. 파일 시스템에 대해서는 6절에서 자세히 알아보겠습니다.

```
                        ┌─ 파일과 디렉터리
파일/디렉터리 관리: 파일 시스템 ─┤
                        └─ 파일 시스템
```

여기서 잠깐

운영체제의 입출력장치 및 캐시 메모리 관리

앞서 우리는 컴퓨터의 핵심 부품인 CPU, 메모리, 보조기억장치 외에 입출력장치와 캐시 메모리도 다뤘습니다. 이들 또한 운영체제에 의해 관리되는 자원입니다. 운영체제는 일부 입출력장치의 장치 드라이버, 하드웨어 인터럽트 서비스 루틴을 제공하거나 캐시 메모리의 일관성을 유지하는 등의 기능을 제공합니다.

프로세스 및 스레드 관리

지금까지 우리가 단순히 '실행 중인 프로그램'이라고 지칭했던 대상은 **프로세스**process라고 합니다. 그리고 **스레드**thread는 이 프로세스를 이루는 실행의 단위입니다. 메모리에는 여러 프로세스가 적재될 수 있는데, 운영체제는 이 프로세스에 필요한 자원을 할당하고, 스레드는 프로세스가 할당받은 자원을 이용해 프로세스의 작업을 수행합니다. 프로세스를 이루는 스레드가 둘 이상인 경우에는 동일한 작업을 동시에 실행할 수도 있습니다.

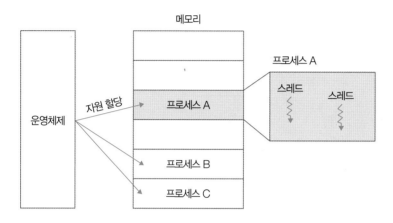

NOTE 같은 프로그램이라도 여러 번 실행하면 별도의 프로세스가 될 수 있습니다.

운영체제는 이렇게 동시다발적으로 실행되는 프로세스와 스레드가 올바르게 처리되도록 실행의 순서를 제어하고, 프로세스와 스레드가 요구하는 자원을 적절하게 배분할 수 있어야 합니다. 이와 관련하여 운영체제가 프로세스와 스레드를 어떻게 다루는지, 프로세스와 스레드를 동시에 실행하는 환경에서는 어떤 문제를 고려해야 하는지 2절과 3절에서 차례로 학습해 보겠습니다.

```
프로세스 및 스레드 관리 ┬ 프로세스와 스레드
                        └ 동기화와 교착 상태
```

운영체제 지도 그리기

이렇게 우리는 이번 장에서 학습할 운영체제의 내용을 대략적으로 살펴봤습니다. 운영체제의 역할 (핵심 기능)을 바탕으로 한눈에 정리된 운영체제 지도를 보면서 학습의 흐름을 정리해 보기 바랍니다.

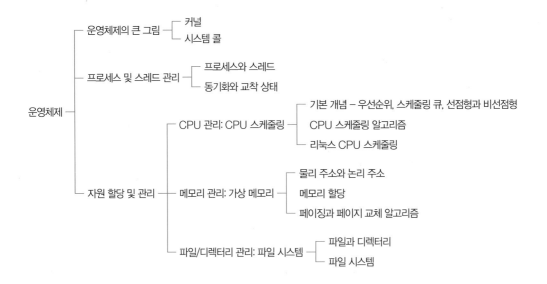

시스템 콜과 이중 모드

운영체제도 일종의 프로그램이기 때문에 프로그램이 실행되기 위해서는 반드시 메모리에 적재되어야 합니다. 다만, 사용자 프로그램과는 달리 운영체제는 매우 특별한 프로그램이므로 메모리 내의 **커널 영역**kernel space이라는 공간에 따로 적재되어 실행됩니다. 다음과 같이 운영체제가 적재되는 커널 영역 외에 사용자 응용 프로그램이 적재되는 공간은 **사용자 영역**user space이라고 합니다. 우리가 주목할 점은 '운영체제의 기능을 제공받기 위해서는 커널 영역에 적재된 운영체제 코드를 실행해야 한다'는 점입니다.

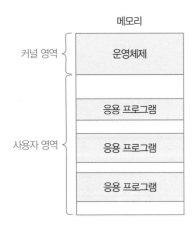

일반적으로 웹 브라우저나 게임과 같은 (사용자)응용 프로그램은 운영체제와 달리 CPU, 메모리와 같은 자원에 직접 접근하거나 조작할 수 없습니다. 특정 자원에 접근하거나 조작하는 운영체제 코드를 실행해야 하죠. 즉, 운영체제가 자신의 코드를 실행한 응용 프로그램의 자원 접근 및 조작을 대행하는 셈입니다.

그렇다면 응용 프로그램은 어떻게 운영체제의 코드를 실행할 수 있을까요? 응용 프로그램은 **시스템 콜**system call을 호출하여 운영체제 코드를 실행할 수 있습니다. 시스템 콜은 운영체제의 서비스를 제공받기 위한 수단(인터페이스)으로, 호출 가능한 함수의 형태를 가집니다. 응용 프로그램이 운영체제로부터 어떤 기능을 제공받고자 한다면 다음과 같이 그 기능에 해당하는 시스템 콜을 호출하면 됩니다.

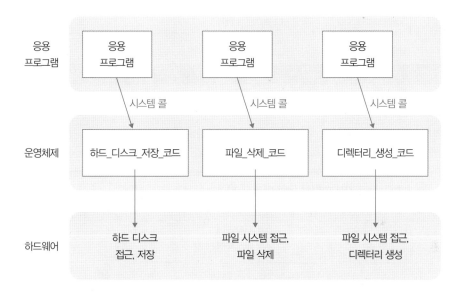

운영체제에 따라 제공하는 시스템 콜의 종류와 개수는 다양합니다. 다음은 유닉스 계열의 운영체제에서 사용하는 대표적인 시스템 콜의 종류입니다. 암기할 필요는 없지만, 응용 프로그램들은 내부적으로 다음과 같은 형태의 시스템 콜을 호출하여 운영체제의 기능을 제공받는다는 점을 기억합시다.

구분	시스템 콜	설명
프로세스 관리	fork( )	새 자식 프로세스 생성
	execve( )	프로세스 실행(메모리 공간을 새로운 프로그램의 내용으로 덮어씌움)
	exit( )	프로세스 종료
	waitpid( )	자식 프로세스가 종료할 때까지 대기

	open( )	파일 열기
파일 관리	close( )	파일 닫기
	read( )	파일 읽기
	write( )	파일 쓰기
	stat( )	파일 정보 획득
디렉터리 관리	chdir( )	작업 디렉터리 변경
	mkdir( )	디렉터리 생성
	rmdir( )	비어 있는 디렉터리 삭제
파일 시스템 관리	mount( )	파일 시스템 마운트
	umount( )	파일 시스템 마운트 해제

여기서 잠깐

프로세스의 계층 구조

제시된 표의 fork( ) 시스템 콜을 통해 알 수 있듯 프로세스는 시스템 콜을 통해 또 다른 프로세스를 생성하고, 그렇게 생성된 프로세스는 또 다른 프로세스를 생성할 수 있습니다. 많은 운영체제에서 프로세스들은 이렇게 계층적으로 관리됩니다. 이때 새 프로세스를 생성한 프로세스를 **부모 프로세스**(parent process), 부모 프로세스에 의해 생성된 프로세스를 **자식 프로세스**(child process)라고 합니다.

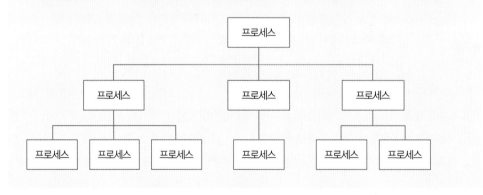

컴퓨터 내부에서 시스템 콜이 호출되면 다음과 같은 작업이 수행됩니다. 여기서 핵심은 소프트웨어 인터럽트와 커널 모드, 사용자 모드인데요.

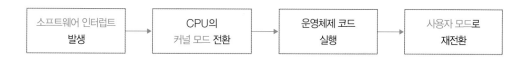

운영체제에는 인터럽트를 발생시키는 특정 명령어가 있습니다. 자원에 접근하는 입출력 명령어가 대표적이며, 이러한 명령어에 의해 발생하는 인터럽트를 **소프트웨어 인터럽트**software interrupt라고 합니다.

시스템 콜이 바로 이 소프트웨어 인터럽트의 일종입니다. 따라서 ❶ 사용자 영역을 실행하는 과정에서 시스템 콜이 호출되면 여느 인터럽트와 마찬가지로 CPU는 현재 수행 중인 작업을 백업하고, ❷ 커널 영역 내의 인터럽트를 처리하기 위한 코드(시스템 콜을 구성하는 코드)를 실행한 뒤, ❸ 다시 사용자 영역의 코드 실행을 재개합니다.

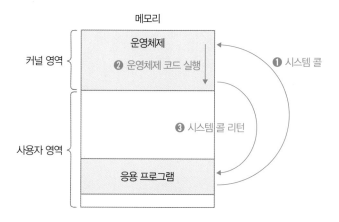

또 CPU는 명령어를 실행하는 과정에서 사영자 영역을 실행할 때의 모드와 커널 영역을 실행할 때의 모드를 구분하여 실행합니다. 이때 사용자 영역에 적재된 코드를 실행할 때의 실행 모드를 **사용자 모드**user mode라 하고, 커널 영역에 적재된 코드를 실행할 때의 실행 모드를 **커널 모드**kernel mode라 합니다. 그리고 이렇게 2개의 모드로 구분하여 실행하는 것을 **이중 모드**dual mode라고 하죠.

NOTE CPU가 사용자 모드로 실행 중인지, 커널 모드로 실행 중인지는 플래그 레지스터 속 슈퍼바이저 플래그를 보면 알 수 있습니다. 플래그 레지스터의 슈퍼바이저 플래그는 68쪽 '플래그의 종류'를 나타낸 표에서 참고할 수 있습니다.

사용자 모드는 운영체제 서비스를 제공받을 수 없는 실행 모드로, 커널 영역의 코드를 실행할 수 없는 모드입니다. 사용자 모드로 실행 중인 CPU는 입출력 명령어와 같이 자원에 접근하는 명령어를 만나도 이를 실행하지 않습니다. 덕분에 사용자 모드로 실행되는 명령어는 실수로라도 자원에 접근할 수 없습니다. 반면, **커널 모드는 운영체제 서비스를 제공받을 수 있는 실행 모드**로, 커널 영역의 코드를 실행할 수 있는 모드입니다. CPU가 커널 모드로 명령어를 실행하면 자원에 접근하는 명령어를 비롯한 모든 명령어를 실행할 수 있습니다. 운영체제는 이 커널 모드로 실행되기 때문에 자원에 접근할 수 있는 것입니다.

응용 프로그램은 실행 과정에서 시스템 콜을 매우 빈번하게 호출합니다. 단적인 예로, 다음과 같이 화면에 "hello world"라는 문자열을 출력하는 단순한 프로그램조차 실행 과정에서 무려 600회가 넘는 시스템 콜을 호출합니다.

```
$ strace -c python3 test.py
hello world!
% time     seconds  usecs/call     calls    errors syscall
------ ----------- ----------- --------- --------- ----------------
 20.19    0.000213           2       103        24 stat
 18.39    0.000194          13        14           getdents64
 10.14    0.000107           0       111        72 openat
  9.19    0.000097           1        54           read
  5.97    0.000063           1        63           fstat
  5.50    0.000058           1        52         3 lseek
  5.21    0.000055           0        68           rt_sigaction
  5.12    0.000054           1        42           close
  4.27    0.000045           0        48           mmap
  2.65    0.000028           1        28        22 ioctl
...
  0.00    0.000000           0         1           execve
  0.00    0.000000           0         2         1 arch_prctl
------ ----------- ----------- --------- --------- ----------------
100.00    0.001055                   645       125 total
```

소스 코드로 작성된 프로그램뿐만 아니라 ls와 같은 명령어 또한 프로그램이기 때문에 마찬가지로 실행 과정에서 수많은 시스템 콜을 호출합니다. 이처럼 프로그램은 시스템 콜을 통해 사용자 모드와 커널 모드를 빈번히 오가며 운영체제의 소스 코드를 실행합니다.

```
$ strace -c ls
myfile1  myfile2
% time     seconds  usecs/call     calls    errors syscall
------ ----------- ----------- --------- --------- ----------------
100.00    0.000003           0        11           close
  0.00    0.000000           0         7           read
  0.00    0.000000           0         1           write
  0.00    0.000000           0         8         7 stat
...
  0.00    0.000000           0         1           set_tid_address
  0.00    0.000000           0        61        52 openat
  0.00    0.000000           0         1           set_robust_list
  0.00    0.000000           0         1           prlimit64
------ ----------- ----------- --------- --------- ----------------
100.00    0.000003                   162        64 total
```

NOTE 제시된 결과는 strace라는 도구를 사용해 출력했습니다. strace는 리눅스 운영체제에서 시스템 콜을 추적 관찰하는 도구입니다.

〈2〉 프로세스와 스레드

메모리에는 컴퓨터가 실행되는 순간부터 다양한 프로세스들이 적재되어 실행됩니다. 프로세스의 유형으로는 사용자가 보는 공간에서 사용자와 상호작용하며 실행되는 **포그라운드 프로세스**foreground process도 있고, 사용자가 보지 못하는 곳에서 실행되는 **백그라운드 프로세스**background process도 있습니다. 백그라운드 프로세스 중에서도 사용자와 별다른 상호작용 없이 주어진 작업만 수행하는 특별한 백그라운드 프로세스인 **데몬**daemon도 있습니다. 윈도우 운영체제에서는 데몬을 **서비스**service라고 부르죠.

하지만 프로세스의 유형을 막론하고 하나의 프로세스를 구성하는 메모리 내의 정보는 크게 다르지 않습니다. 다음과 같이 커널 영역에는 프로세스 제어 블록(PCB)이라는 정보가 저장되고, 사용자 영역에는 실행 중인 프로세스가 코드 영역, 데이터 영역, 힙 영역, 스택 영역으로 나뉘어 저장됩니다.

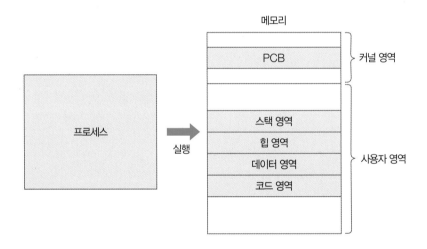

그럼 프로세스의 정보가 저장되는 메모리 영역 중 사용자 영역에 배치되는 **코드 영역, 데이터 영역, 힙 영역, 스택 영역**에 대해 간단하게 알아보겠습니다.

❶ 코드 영역

코드 영역code segment은 실행 가능한 명령어가 저장되는 공간으로, **텍스트 영역**text segment이라고도 부릅니다. CPU가 읽고 실행할 명령어가 담겨 있기 때문에 쓰기가 금지되어 있는 읽기 전용(read-only) 공간입니다.

❷ 데이터 영역

데이터 영역data segment은 프로그램이 실행되는 동안 유지할 데이터가 저장되는 공간입니다. 데이터 영역에 저장되는 데이터는 **정적 변수**나 **전역 변수**가 대표적입니다.

> **여기서 잠깐**
>
> **BSS 영역**
>
> 일반적으로 프로세스의 메모리 영역은 크게 코드 영역, 데이터 영역, 힙 영역, 스택 영역으로 구분하지만, 실제로는 **BSS**라는 영역도 추가로 구분하는 경우가 있습니다. BSS 영역은 데이터 영역과 유사하지만 초기화 여부가 다른데요. 프로그램을 사용하는 동안 유지할 데이터 중 초깃값이 있는 정적 변수나 전역 변수와 같이 **초깃값이 있는 데이터**는 데이터 영역에 저장되고, **초깃값이 없는 데이터**는 BSS 영역에 저장됩니다.

코드 영역과 데이터 영역은 프로그램 실행 도중 크기가 변하지 않기 때문에 **정적 할당 영역**이라고 부릅니다. 반면, 크기가 변할 수 있는 힙 영역과 스택 영역은 **동적 할당 영역**이라고 부릅니다.

❸ 힙 영역

힙 영역heap segment은 프로그램을 만드는 사용자(개발자)가 직접 할당 가능한 저장 공간입니다. 프로그램 실행 도중 비교적 자유롭게 할당하여 사용 가능한 메모리 공간이라 볼 수 있습니다. 다만, 힙 영역에 메모리 공간을 할당했다면 언젠가는 해당 공간을 반환해야 합니다. 메모리 공간을 반환하지 않으면 할당한 공간이 계속 메모리 내에 남아 메모리를 낭비하는 **메모리 누수**memory leak 문제를 초래할 수 있습니다. 때로는 이러한 문제를 해결하기 위해 프로그래밍 언어에서 자체적으로 사용되지 않는 힙 메모리를 해제하는 **가비지 컬렉션**garbage collection 기능을 제공하기도 합니다.

❹ 스택 영역

스택 영역stack segment은 데이터 영역에 담기는 값과는 달리 일시적으로 사용할 값들이 저장되는 공간입니다. 함수의 실행이 끝나면 사라지는 **매개변수, 지역 변수, 함수 복귀 주소** 등이 스택 영역에 저장되는 대표적인 데이터들입니다.

스택 영역에는 스택 트레이스 형태의 함수 호출 정보가 저장될 수 있다는 점을 기억해야 하는데요. **스택 트레이스**stack trace란 특정 시점에 스택 영역에 저장된 함수 호출 정보를 말합니다. 다음은 자바와 파이썬의 스택 트레이스 예시입니다. 스택 트레이스로는 문제의 발생 지점을 추적할 수 있어, 디버깅에 매우 유용하게 사용됩니다.

자바

```
Exception in thread "main" java.lang.NullPointerException
        at com.example.myproject.Test.getThis(Test.java:16)
        at com.example.myproject.Test2.getThat(Test2.java:25)
        at com.example.myproject.Bootstrap.main(Bootstrap.java:14)
    ⋮
```

파이썬

```
> python traceback_sample.py
Traceback (most recent call last):
  File "c:\projects\t\traceback_sample.py", line 12, in main
    b()
  File "c:\projects\t\traceback_sample.py", line 7, in b
    a()
  File "c:\projects\t\traceback_sample.py", line 4, in a
    return 1/0
ZeroDivisionError: division by zero
```

PCB와 문맥 교환

운영체제가 메모리에 적재된 다수의 프로세스를 관리하려면 프로세스를 식별할 수 있는 커널 영역 내의 정보가 필요합니다. 이 정보가 바로 **프로세스 제어 블록(이하 PCB)**Process Control Block입니다. PCB는 프로세스와 관련한 다양한 정보를 내포하는 구조체의 일종으로, 새로운 프로세스가 메모리에 적재(프로세스 생성)됐을 때 커널 영역에 만들어지고, 프로세스의 실행이 끝나면 폐기됩니다.

NOTE 구조체(struct)란 서로 다른 자료형으로 이루어진 데이터를 하나로 묶어 활용할 수 있도록 하는 복합 자료형의 일종입니다. 많은 프로그래밍 언어에서 이러한 구조체를 지원하고 있습니다.

PCB에 담기는 정보는 운영체제마다 차이가 있지만, 대표적으로 프로세스 식별 번호인 **프로세스 ID(이하 PID)**와 프로세스가 **실행 과정에서 사용한 레지스터 값**, 프로세스가 현재 어떤 상태인지를 나타내는

프로세스 상태, 프로세스가 언제, 어떤 순서로 CPU를 할당받을지 나타내는 **CPU 스케줄링(우선순위) 정보**, 프로세스의 메모리상 적재 위치를 알 수 있는 **메모리 관련 정보**, 프로세스가 사용한 **파일 및 입출력장치 관련 정보**가 명시됩니다.

실제 PCB의 일부를 관찰해 봅시다. 다음은 리눅스 운영체제의 PCB인 task_struct라는 구조체입니다. 실제 소스 코드는 굉장히 길고 포함되어 있는 정보도 많지만, 대략 다음과 같이 앞서 언급했던 주요 정보들이 task_struct 안에 포함되어 있습니다.

```
struct task_struct {
            ⋮
    pid_t pid                    // PID
            ⋮
    Int prio;                    // 스케줄링(우선 순위) 관련 정보
            ⋮
    unsigned int_state;          // 프로세스 상태 관련 정보
            ⋮
    struct mm_struct * mm;       // 메모리 관련 정보
            ⋮
    void * stack;                // 스택 관련 정보
            ⋮
    struct files_struct * files; // 파일 관련 정보
            ⋮
}
```

이때 여러 PCB들은 커널 내에 **프로세스 테이블**process table의 형태로 관리되는 경우가 많습니다. 프로세스 테이블은 실행 중인 PCB의 모음을 의미합니다. 새롭게 실행되는 프로세스가 있다면 해당 프로세스의 PCB를 프로세스 테이블에 추가하고, 필요한 자원을 할당합니다. 반대로, 종료되는 프로세스가 있다면 사용 중이던 자원을 해제하고 PCB도 프로세스 테이블에서 삭제됩니다.

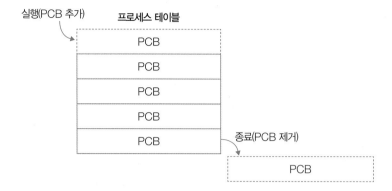

실행(PCB 추가)　　프로세스 테이블

종료(PCB 제거)

NOTE 프로세스가 비정상 종료되어 사용한 자원이 회수되었음에도 프로세스 테이블에 종료된 프로세스의 PCB가 남아 있는 경우가 있습니다. 이러한 비정상 종료 상태를 **좀비 프로세스(zombie process)**라고 합니다.

여기서 잠깐

오픈 소스 소프트웨어 운영체제, 리눅스

운영체제도 프로그램이기 때문에 운영체제를 구성하는 소스 코드가 있기 마련입니다. 소스 코드가 공개된 소프트웨어는 말 그대로 **오픈 소스 소프트웨어(open source software)**라고 부르는데, **리눅스(linux)**는 그 중에서도 많은 개발자들이 사용하는 오픈 소스 소프트웨어 운영체제 중 하나입니다. 안드로이드 등 다양한 운영체제에 영향을 끼쳤고, 오늘날 많은 서버 컴퓨터 환경에서 활용합니다. 소스 코드가 공개되어 있어 운영체제 내부를 학습하기 좋으므로 관심이 있는 독자들은 다음 링크를 참고하기 바랍니다.

- https://kernel.org/

일반적으로 메모리에 적재된 프로세스들은 한정된 시간 동안 번갈아 가며 실행됩니다. 이때 **프로세스가 실행된다**는 말은 **운영체제에 의해 CPU의 자원을 할당받았다는 말과 같습니다.** CPU가 프로세스를 구성하는 명령어와 데이터를 인출하여 실행하고, 운영체제가 CPU 자원을 할당하기 때문입니다. 즉, '다양한 프로세스들이 한정된 시간 동안 번갈아 가며 실행된다'는 말은 '다양한 프로세스들이 한정된 시간 동안 운영체제로부터 CPU의 자원을 번갈아 가며 할당받아서 이용한다'는 말과 같습니다.

프로세스의 CPU 사용 시간은 타이머 인터럽트에 의해 제한됩니다. **타이머 인터럽트**timer interrupt란 시간이 끝났음을 알리는 인터럽트로, **타임아웃 인터럽트**timeout interrupt라고도 부릅니다. 프로세스는 자신의 차례가 되면 정해진 시간만큼 CPU를 이용하고, 타이머 인터럽트가 발생하면 자신의 차례를 양보하고 다음 차례가 올 때까지 기다립니다. 예를 들어, 다음과 같이 프로세스 A가 운영체제로부터 CPU

를 할당받아 실행되다가, 타이머 인터럽트가 발생하여 프로세스 B로 CPU 사용을 양보한다고 가정해 봅시다.

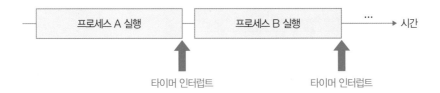

이때 프로세스 A는 프로그램 카운터를 비롯한 각종 레지스터 값과 메모리 정보, 실행을 위해 열었던 파일, 사용한 입출력장치 등 지금까지의 중간 정보를 **백업**해야 합니다. 그래야 다음에 다시 프로세스 A를 실행할 차례가 되었을 때 이전까지 실행했던 내용을 이어서 재개할 수 있을 테니까요. 여기서 백업 대상이 되는 중간 정보, 즉 프로세스의 수행을 재개하기 위해 기억해야 할 정보를 **문맥**context이라고 합니다. 프로세스의 문맥은 해당 프로세스의 PCB에 명시됩니다. 프로세스가 CPU를 사용할 수 있는 시간이 다 되거나 인터럽트가 발생하면 **운영체제는 해당 프로세스의 PCB에 문맥을 백업**합니다. 그리고 뒤이어 **실행할 프로세스의 문맥을 복구**합니다. 이렇게 실행되는 프로세스가 자연스럽게 바뀌는 것입니다.

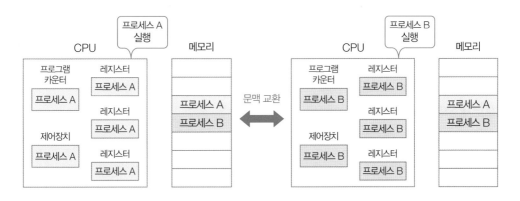

이처럼 기존 프로세스의 문맥을 PCB에 백업하고, PCB에서 문맥을 복구하여 새로운 프로세스를 실행하는 것을 **문맥 교환**context switching이라고 합니다. 문맥 교환은 여러 프로세스가 끊임없이 빠르게 번갈아 가며 실행되는 원리인 셈입니다.

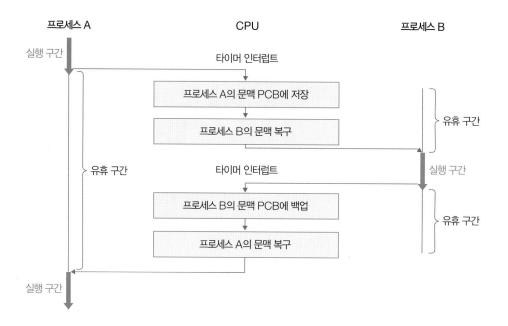

프로세스 간 문맥 교환이 자주 발생하는 것은 좋은 것일까요? 언뜻 보면 프로세스를 자주 번갈아 가며 수행할수록 많은 프로세스를 동시에 실행할 수 있어 좋을 것이라고 생각할 수도 있지만, 사실은 그렇지 않습니다. 프로세스 간에 너무 잦은 문맥 교환이 발생하면 캐시 미스가 발생할 가능성이 높아져 메모리로부터 실행할 프로세스의 내용을 가져오는 작업이 빈번해지고, 이는 큰 오버헤드로 이어질 수 있기 때문입니다.

프로세스의 상태

하나의 프로세스는 여러 상태를 거치며 실행됩니다. 운영체제는 PCB를 통해 프로세스의 상태를 인식하고 관리하죠. 운영체제마다 프로세스의 상태를 표현하는 방식은 조금씩 차이가 있지만, 대표적인 상태로는 생성, 준비, 실행, 대기, 종료 등이 있습니다. 그리고 각 상태는 다음과 같은 다이어그램으로 표현할 수 있습니다.

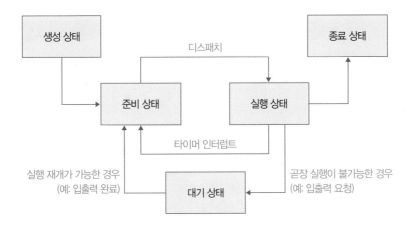

- **생성 상태(new)**

  프로세스를 생성 중인 상태로, 메모리에 적재되어 PCB를 할당받은 상태입니다. 생성 상태를 거쳐 실행할 준비가 완료된 프로세스는 준비 상태가 되어 CPU의 할당을 기다립니다.

- **준비 상태(ready)**

  당장이라도 CPU를 할당받아 실행할 수 있지만, 아직 자신의 차례가 아니기 때문에 기다리고 있는 상태를 말합니다. 준비 상태인 프로세스가 CPU를 할당받으면 실행 상태가 되며, 준비 상태인 프로세스가 실행 상태로 전환되는 것을 **디스패치(dispatch)**라고 합니다.

- **실행 상태(running)**

  실행 상태는 CPU를 할당받아 실행 중인 상태로, 일정 시간 동안만 CPU를 사용할 수 있습니다. 타이머 인터럽트가 발생하여 프로세스가 할당된 시간을 모두 사용하면 다시 준비 상태가 되고, 실행 도중 입출력장치를 사용하여 입출력장치의 작업이 끝날 때까지 기다려야 하면 대기 상태가 됩니다.

- **대기 상태(blocked)**

  프로세스가 입출력 작업을 요청하거나 바로 확보할 수 없는 자원을 요청하는 등 곧장 실행이 불가능한 조건에 놓이는 경우 대기 상태가 됩니다. 대기 상태로 전환되는 상황은 다양하지만, 입출력 작업을 요청하는 경우가 대표적입니다. 대기 상태였던 해당 프로세스는 입출력 작업이 완료되는 등 실행 가능한 상태가 되면 다시 준비 상태가 되어 CPU 할당을 기다립니다.

- **종료 상태(terminated)**

  종료 상태는 프로세스가 종료된 상태를 말합니다. 프로세스가 종료되면 운영체제는 PCB와 프로세스가 사용한 메모리를 정리합니다.

블로킹 입출력과 논블로킹 입출력

프로세스가 실행 도중 입출력 작업을 수행해야 하는 상황을 생각해 봅시다. 일반적으로 프로세스는 이 상황에서 대기 상태로 접어들고, 입출력 작업이 완료되면 준비 상태가 되어 실행을 재개합니다. 이러한 유형의 입출력 방식을 **블로킹 입출력**(blocking I/O)이라고 합니다. 하지만 입출력 작업을 수행할 모든 프로세스가 반드시 대기 상태에 접어들 필요는 없습니다. 때로는 입출력장치에게 입출력 작업을 맡긴 뒤, 곧바로 이어질 명령어를 실행할 수도 있습니다. 이러한 유형의 입출력을 **논블로킹 입출력**(non-blocking I/O)이라고 합니다.

가령 한 프로세스가 네트워크를 통해 메시지를 보내는 시스템 콜을 호출했다고 가정해 보겠습니다. 메시지가 올바르게 보내졌는지 확인할 때까지(송신 작업이 완료되었음을 확인하기 전까지) 대기 상태로 접어드는 경우는 블로킹 입출력이고, 실행 결과를 기다리지 않고 곧바로 다음 명령을 수행하는 경우는 논블로킹 입출력입니다. 다음 그림으로 이해해 봅시다.

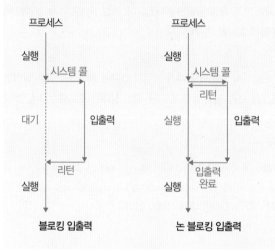

멀티프로세스와 멀티스레드

만약 한 프로세스를 구성하는 코드를 동시에 실행하려면 어떻게 해야 할까요? 첫 번째 방법은 같은 프로그램을 각기 다른 여러 프로세스로 생성하여 실행하는 방법입니다. 예를 들어 'hi.txt'라는 파일의 값을 읽어 들인 뒤, 그 값을 화면에 출력하는 프로그램을 떠올려 보겠습니다. 이 프로그램을 각기 다른 3개의 프로세스로 만들어 3번 메모리에 적재하면 'hi.txt' 파일은 3번 읽히고, 3번 화면에 출력됩니다.

이를 잘 보여주는 사례가 바로 웹 브라우저의 탭입니다. 웹 브라우저마다 조금씩 구현의 차이는 있지만, 웹 브라우저는 일반적으로 하나의 탭마다 하나의 프로세스로 동작합니다. 윈도우 운영체제를 사용하고 있다면 [작업 관리자]를 열어 둔 상태에서 크롬 브라우저를 열어 보세요. 다음과 같이 [작업 관리자] – [프로세스] 탭에서 하나 이상의 프로세스가 실행되고 있는 것을 볼 수 있습니다.

각기 다른 작업을 수행하는 여러 탭을 열어 볼까요? 탭이 하나 추가될 때마다 프로세스도 하나씩 추가되는 것을 볼 수 있습니다. 이렇게 동시에 여러 프로세스가 실행되는 것을 **멀티프로세스**multi-process라고 합니다.

여기서 중요한 점은 각기 다른 프로세스들이 기본적으로 자원을 공유하지 않고, 독립적으로 실행된다는 점입니다. 같은 작업을 수행하고 있지만 각각의 PID(프로세스 ID) 값이 다르고, 프로세스별로 파일과 입출력장치 등의 자원이 독립적으로 할당되어 다른 프로세스에 영향을 거의 끼치지 않습니다. 그래서 한 프로세스의 실행 과정에서 문제가 발생하더라도 다른 프로세스에 직접적인 영향을 끼치지 않는 경우가 많습니다. 각각의 프로세스가 남남처럼 실행되니까요.

메모리

프로세스 A

프로세스 B

프로세스 C

한 프로세스를 구성하는 코드를 동시에 실행하는 방법에는 여러 스레드를 이용하는 방법도 있습니다. 이때 프로세스를 동시에 실행하는 여러 스레드를 **멀티스레드**multi-thread라고 합니다. 하나의 스레드는 스레드를 식별할 수 있는 고유 정보인 스레드 ID와 프로그램 카운터, 레지스터 값, 스택 등으로 구성됩니다. 스레드마다 각각의 프로그램 카운터 값과 스택을 가지고 있기 때문에 스레드마다 다음에 실행할 주소를 가질 수 있고, 연산 과정의 임시 저장 값을 가질 수 있습니다.

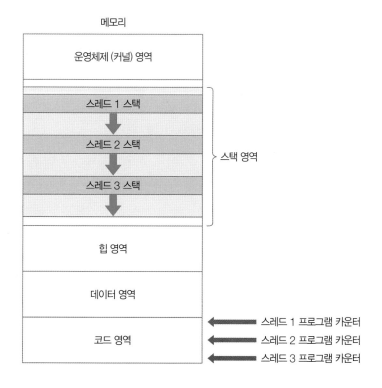

메모리

운영체제 (커널) 영역

스레드 1 스택

스레드 2 스택

스레드 3 스택

스택 영역

힙 영역

데이터 영역

코드 영역

← 스레드 1 프로그램 카운터
← 스레드 2 프로그램 카운터
← 스레드 3 프로그램 카운터

멀티프로세스와 멀티스레드의 가장 큰 차이점은 **자원의 공유 여부**에 있습니다. 서로 다른 프로세스들은 기본적으로 자원을 공유하지 않기 때문에 독립적으로 실행되는 반면, 같은 프로세스를 실행하는 여러 스레드들은 프로세스의 자원을 공유합니다. 스레드들은 동일한 주소 공간의 코드, 데이터, 힙 영역을 공유하고, 열린 파일과 같은 프로세스의 자원을 공유하기 때문에 쉽게 협력하고 통신할 수 있습니다. 다만, 멀티프로세스 환경에서는 한 프로세스에 문제가 생겨도 다른 프로세스에는 지장이 없거나 적지만, 멀티스레드 환경에서는 한 스레드에 생긴 문제가 프로세스 전체의 문제가 될 수 있습니다.

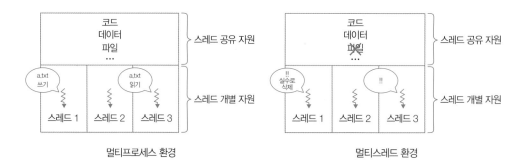

멀티프로세스 환경   멀티스레드 환경

C/C++, 자바, 파이썬, Go 등 많은 프로그래밍 언어에서 스레드 생성과 관리를 지원합니다. 관심있는 프로그래밍 언어에서 스레드를 구현해 보면 스레드를 이해하기 좋습니다. 다음과 같은 프로그램을 작성해 지금까지 정리한 내용들을 소스 코드로 확인해 보겠습니다.

- 함수 foo, bar, baz를 실행하는 3개의 스레드 생성
- foo, bar, baz 함수는 현재 프로세스의 PID와 스레드 ID를 출력하는 코드로 구성

os/multiprocessing.py

```python
import threading
import os

def foo():
    pid = os.getpid()                                # 현재 프로세스의 pid를 반환
    tid = threading.get_native_id()                  # 현재 스레드의 id를 반환
    print(f"foo: PID={pid}, Thread ID={tid}")        # pid와 tid 값을 출력

def bar():
    pid = os.getpid()
```

```
        tid = threading.get_native_id()
        print(f"bar: PID={pid}, Thread ID={tid}")

    def baz():
        pid = os.getpid()
        tid = threading.get_native_id()
        print(f"baz: PID={pid}, Thread ID={tid}")

    if __name__ == "__main__":
        thread1 = threading.Thread(target=foo)      # 첫 번째 스레드 생성, 실행할 함수는 foo
        thread2 = threading.Thread(target=bar)      # 두 번째 스레드 생성, 실행할 함수는 bar
        thread3 = threading.Thread(target=baz)      # 세 번째 스레드 생성, 실행할 함수는 baz

        thread1.start()      # 첫 번째 스레드 실행
        thread2.start()      # 두 번째 스레드 실행
        thread3.start()      # 세 번째 스레드 실행
```

소스 코드의 결과를 예측해 볼까요? 3개의 스레드가 실행하는 각기 다른 함수를 통해 출력되는 PID 값은 같을 것입니다. 스레드들이 같은 프로세스를 공유하기 때문입니다. 하지만 스레드 ID는 다를 것입니다. 스레드 ID는 스레드마다 갖게 되는 별개의 값이기 때문입니다. 다음 실행 결과로 확인해 보세요. 여러분이 도출한 PID, 스레드 ID 값과는 다를 수 있지만, PID 값은 같고 스레드 ID 값은 다르다는 실행 결과는 동일할 것입니다.

실행 결과

```
foo: PID=5113, TID=2149548
bar: PID=5113, TID=2149549
baz: PID=5113, TID=2149550
```

이 프로그램이 워드 프로세서 프로그램이었다면 어땠을까요? 사용자로부터 입력받는 기능은 foo 함수, 사용자가 입력한 값을 화면에 출력하는 기능은 bar 함수, 사용자가 입력한 값의 맞춤법을 검사하는 기능을 baz 함수라고 가정해 보세요. 스레드를 제대로 이해하고 능숙하게 다룰 수 있다면 이처럼 여러 작업을 동시에 수행하는 소스 코드를 작성할 수 있을 것입니다.

스레드 조인

프로그래밍 언어로 스레드를 생성할 때는 join이라는 문구를 어렵지 않게 볼 수 있습니다. join은 스레드를 생성한 주체가 '생성/실행된 스레드가 종료될 때까지 대기'해야 함을 의미합니다. 예를 들어 'main' 스레드가 'a' 스레드를 생성할 때 join을 호출했다면 'main' 스레드는 생성한 'a' 스레드가 종료될 때까지 실행되지 않고 대기해야 합니다. 또 가령 앞선 예제 코드 속 조건문에 다음과 같은 마지막 세 줄이 추가될 경우, 이는 각 스레드의 실행이 종료될 때까지 기다리라는 의미가 됩니다.

스레드 조인

```
thread1.join()
thread2.join()
thread3.join()
```

- **C++ 공식 문서**

std::**thread::join**

```
void join();
```

Join thread

The function returns when the thread execution has completed.

- **파이썬 공식 문서**

join(*timeout=None*)

스레드가 종료할 때까지 기다립니다. join() 메서드가 호출된 스레드가 정상적으로 혹은 처리되지 않은 예외를 통해 종료하거나 선택적 시간제한 초과가 발생할 때까지 호출하는 스레드를 블록 합니다.

프로세스 간 통신

프로세스는 기본적으로 자원을 공유하지 않지만, 프로세스 간에도 자원을 공유하고 데이터를 주고 받을 수 있는 방법이 있습니다. 이를 **프로세스 간 통신(이하 IPC)**IPC, Inter-Process Communication이라고 부르는데요. 프로세스 간 통신이 이루어지는 방식에는 크게 2가지 유형, 각각 공유 메모리와 메시지 전달이 있습니다. **공유 메모리**는 말 그대로 데이터를 주고받는 프로세스가 공통적으로 사용할 메모리 영역을 두는 방식이고, **메시지 전달**은 프로세스 간에 주고받을 데이터를 메시지의 형태로 주고받는 방식을 말합니다. 이어서 설명하는 내용들은 여러 프로그래밍 언어에서 지원되는 기능들을 정리한 것이므로 각자 관심 있는 프로그래밍 언어에서 해당 기능을 지원하는지, 지원한다면 어떻게 활용할 수 있는지를 고려하여 학습하기 바랍니다.

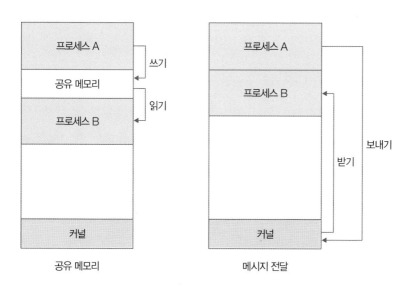

공유 메모리 메시지 전달

공유 메모리

공유 메모리shared memory는 프로세스 간에 공유하는 메모리 영역을 토대로 데이터를 주고받는 통신 방식입니다. 앞서 설명했듯 프로세스는 기본적으로 자원을 공유하지 않으므로 특정 프로세스가 다른 프로세스의 메모리 공간을 임의로 수정할 수 없습니다. 하지만 공유 메모리라는 특별한 메모리 공간을 할당하면 프로세스가 해당 메모리 공간을 공유하여 읽고 쓸 수 있게 됩니다. 예를 들어 프로세스 A는 공유 메모리 공간에 데이터를 쓰고, 프로세스 B는 해당 메모리 공간을 읽는다고 가정해 보겠습니다.

프로세스 A의 입장에서는 자신에게 할당된(공유된) 메모리 공간에 데이터를 썼을 뿐이고, 프로세스 B의 입장에서는 자신에게 할당된(공유된) 메모리 공간의 데이터를 읽었을 뿐이지만, 결과적으로는 프로세스 A가 프로세스 B에게 데이터를 공유한 것과 같은 셈입니다.

메모리

공유 메모리 기반 IPC는 프로세스가 공유하는 메모리 영역을 확보하는 시스템 콜을 기반으로 수행될 수도 있고, 간단하게 프로세스가 공유하는 변수나 파일을 활용할 수도 있습니다. 가령 프로세스 A는 'hi.txt'라는 파일을 수정하는 프로세스이고, 프로세스 B는 'hi.txt'라는 파일을 읽는 프로세스라고 가정해 보겠습니다. 그러면 두 프로세스는 'hi.txt'라는 파일을 매개로 프로세스 간에 통신을 주고받은 셈입니다.

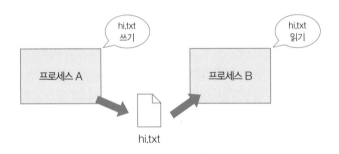

공유 메모리 기반 IPC의 가장 중요한 특징은 통신을 주고받는 각 프로세스가 **마치 자신의 메모리 영역을 읽고 쓰는 것처럼** 통신한다는 점입니다. 또한 프로세스가 데이터를 주고받는 과정에 커널의 개입이 거의 없다는 점도 중요한 특징입니다. 다시 말해, 프로세스가 주고받는 데이터는 커널 영역을 거치지 않는 경우가 많습니다. 또 공유 메모리 기반 IPC는 각 프로세스가 각자의 메모리 영역(사용자 영역)을 읽고 쓰는 것뿐이므로 뒤에서 설명할 메시지 전달 방식보다 통신 속도가 빠릅니다. 대신, 각각의 프로세스가 서로의 공유 메모리 영역을 동시에 읽고 쓸 경우, 데이터의 일관성이 훼손될 수 있습니다. 이를 레이스 컨디션이라고 하는데요. 레이스 컨디션 문제가 발생하는 상황과 그 해결(동기화)에 대한 내용은 3절 '동기화와 교착 상태'에서 다루겠습니다.

메시지 전달

메시지 전달은 프로세스 간에 주고받을 데이터가 커널을 거쳐 송수신되는 통신 방식입니다. 각각의 프로세스가 자신의 메모리 영역(사용자 영역)을 읽고 쓰는 것으로 통신이 가능한 공유 메모리 기반 IPC와 달리, 메시지 전달 기반 IPC는 메시지를 보내는 수단과 받는 수단이 명확하게 구분되어 있습니다. 일례로, 메시지를 보내는 시스템 콜인 send()라는 시스템 콜과 메시지를 받는 시스템 콜인 recv()라는 시스템 콜이 정해져 있고, 각 프로세스는 두 시스템 콜을 호출하며 메시지를 송수신할 수 있습니다. 데이터를 주고받는 프로세스의 입장에서 메시지 전달 기반 IPC는 공유 메모리 기반 IPC보다 커널의 도움을 적극적으로 받을 수 있으므로 레이스 컨디션, 동기화 등의 문제를 고려하는 일이 상대적으로 적습니다. 다만, 주고받는 데이터가 커널을 통해 송수신되므로 공유 메모리 기반 IPC보다 통신 속도는 느립니다.

메시지 전달 기반 IPC를 위한 대표적인 수단으로는 파이프, 시그널, 소켓, 원격 프로시저 호출(RPC) 등이 있습니다. 먼저 **파이프**pipe란 단방향 프로세스 간의 통신 도구를 말합니다. 다음 그림과 같이 프로세스 A가 파이프의 한 쪽 방향에서 데이터를 쓰면 프로세스 B는 파이프 반대쪽으로 그 데이터를 읽을 수 있습니다. 파이프를 물길처럼 데이터가 흐를 수 있는 공간이라고 생각하면 쉽습니다. 파이프에 삽입된 데이터의 관점에서 보면 먼저 파이프에 삽입된 데이터가 먼저 읽히게 되는 것이죠. 단방향으로만 읽고 쓸 수 있는 파이프로 양방향 통신을 수행할 경우, 읽기용 파이프와 쓰기용 파이프 2개를 이용해 양방향으로 통신하는 경우가 많습니다.

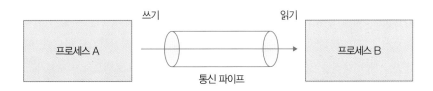

여기서 잠깐

익명 파이프 vs 지명 파이프

앞서 설명한 단방향 통신 수단인 전통적인 파이프는 **익명 파이프**(unnamed pipe)라고도 부릅니다. 익명 파이프는 양방향 통신을 지원하지 않고, 부모 프로세스와 자식 프로세스 간에만 통신이 가능하다는 한계가 있습니다.

익명 파이프를 확장한 파이프도 있습니다. FIFO, 혹은 **지명 파이프**(named pipe)라고 합니다. 영문 그대로 '네임드 파이프'라고 부르는 경우가 더 많습니다. 지명 파이프는 양방향 통신을 지원하며, 부모 프로세스와 자식 프로세스 간에만 통신이 가능한 것이 아니라, 임의의 프로세스 간에도 사용할 수 있습니다.

또한 **시그널**signal은 프로세스에게 특정 **이벤트**event가 발생했음을 알리는 비동기적인 신호입니다. 사실 시그널 자체는 IPC만을 위해 존재하는 개념이 아니므로 '시그널을 적절히 활용해 IPC를 수행할 수 있다'는 정도로 이해하길 바랍니다.

시그널의 종류는 다양합니다. 다시 말해, 시그널을 발생시키는 이벤트의 종류는 다양합니다. 대부분은 인터럽트와 관련한 이벤트지만, 사용자가 직접 정의할 수 있는 시그널도 있습니다. 다음은 리눅스 운영체제의 대표적인 시그널 예시입니다.

시그널	설명	기본 동작
SIGCHLD	자식 프로세스 종료	무시
SIGILL	허용하지 않은 명령어 실행	코어 덤프 생성 후 종료
SIGINT	키보드 인터럽트(Ctrl + C)	종료
SIGKILL	프로세스 종료(핸들러 재정의 불가능)	종료
SIGSEGV	잘못된 메모리 접근	코어 덤프 생성 후 종료
SIGTERM	프로세스 종료(핸들러 재정의 가능)	종료
SIGUSR1	사용자 정의 시그널	종료
SIGUSR2		

프로세스는 시그널이 발생하면 여느 인터럽트 처리 과정과 유사하게 하던 일을 잠시 중단하고, 시그널 처리를 위한 **시그널 핸들러**signal handler를 실행한 뒤 실행을 재개합니다. 이때 프로세스는 직접 특정 시그널을 발생시킬 수 있고, 직접 일부 시그널 핸들러를 (재)정의할 수 있습니다. 다음과 같이 프로그래밍 언어에서 특정 시그널이 발생했을 때의 동작을 미리 정의하는 수단을 제공하기도 합니다. 이렇게 시그널이 발생했을 때의 동작을 정의하여 프로세스에게 해당 시그널을 보냄으로써 프로세스 간 통신을 수행할 수 있습니다.

signal — 비동기 이벤트에 대한 처리기 설정

Source code: Lib/signal.py

이 모듈은 파이썬에서 시그널 처리기를 사용하는 메커니즘을 제공합니다.

일반 규칙

signal.signal() 함수는 시그널이 수신될 때 실행될 사용자 정의 처리기를 정의하도록 합니다.

시그널을 이용하는 방법은 앞선 IPC 기법들과 다르게 직접적으로 메시지를 주고받지는 않지만, 비동기적으로 원하는 동작을 수행할 수 있는 좋은 수단입니다.

여기서 잠깐

시그널의 기본 동작과 코어 덤프

시그널마다 수행할 기본 동작이 정해져 있습니다. 대부분은 프로세스를 종료하거나 무시하거나 코어 덤프를 생성합니다. 여기서 **코어 덤프(core dump)** 란 주로 비정상적으로 종료하는 경우에 생성되는 파일로, 다음과 같이 프로그램이 특정 시점에 작업하던 메모리 상태가 기록되어 있습니다. 실무 개발 과정에서 디버깅 용도로 자주 보게 될 파일이므로 기억해 두기 바랍니다.

os/coredumped.py

```python
import ctypes

def bug():
    ctypes.string_at(0)

bug()
```

코어 덤프 파일 생성

```
$ python3 coredumped.py
Segmentation fault (core dumped)
```

코어 덤프 파일 확인

```
$ coredumpctl info
        PID: 7990 (python3)
        UID: 1000 (minchul)
        GID: 1000 (minchul)
     Signal: 11 (SEGV)
  Timestamp: Mon 2024-02-26 15:40:36 KST (1min 1s ago)
  Command Line: python3 coredumped.py
```

```
     Executable: /usr/bin/python3.8
  Control Group: /user.slice/user-1000.slice/session-33.scope
           Unit: session-33.scope
          Slice: user-1000.slice
        Session: 33
      Owner UID: 1000 (minchul)
        Boot ID: abcdeabcde1234512345abcde12345ab
     Machine ID: abcde12345abcde12345abcde12345ab
       Hostname: homeserver
        Storage: /var/lib/systemd/coredump/core.python3.1000.abcdeabc…
                 2345000000000000.123
        Message: Process 7990 (python3) of user 1000 dumped core.

                 Stack trace of thread 7990:
                 #0  0x00007f220dcb3f45 n/a (_ctypes.cpython-38-x86_64-linux-gnu.so +
                     0x9f45)
                 #1  0x00007f220e8efff5 n/a (libffi.so.7 + 0x6ff5)
                 #2  0x00007f220e8ef40a n/a (libffi.so.7 + 0x640a)
                 …
                 #15 0x0000000000673abb n/a (python3.8 + 0x273abb)
                 #16 0x0000000000673b61 n/a (python3.8 + 0x273b61)
                 #17 0x00000000006747e7 PyRun_SimpleFileExFlags (python3.8 +
                     0x2747e7)
                 #18 0x00000000006b4072 Py_RunMain (python3.8 + 0x2b4072)
                 #19 0x00000000006b43fd Py_BytesMain (python3.8 + 0x2b43fd)
                 #20 0x00007f220e717083 __libc_start_main (libc.so.6 + 0x24083)
                 #21 0x00000000005da67e _start (python3.8 + 0x1da67e)
```

이 외에도 원격 프로시저 호출(RPC)이나 네트워크 소켓을 통해 IPC를 수행할 수도 있습니다. RPC는 원격 코드를 실행하는 IPC 기술입니다. 한 프로세스 내의 특정 코드 실행이 로컬 프로시저 호출이라면, 다른 프로세스의 원격 코드 실행이 원격 프로시저 호출인 셈입니다. RPC를 통해 프로그래밍 언어나 플랫폼과 무관하게 성능 저하를 최소화하고, 메시지 송수신이 가능하기 때문에 대규모 트래픽 처리 환경, 특히 서버 간 통신 환경에서 사용되는 경우가 많습니다.

NOTE RPC 관련 기능은 RPC 프레임워크로 구현할 수 있습니다. 오늘날 가장 대중적으로 사용되는 RPC 프레임워크는 구글의 gRPC입니다. 관심이 있는 독자는 검색을 통해 확인해 보세요.

네트워크 소켓은 네트워크와 관련한 배경지식이 필요하므로 5장 '네트워크'에서 학습을 이어 가겠습니다.

⟨3⟩ 동기화와 교착 상태

프로세스 간 통신이 이루어지는 상황을 한번 생각해 봅시다. 다음 그림과 같이 프로세스 A가 공유 메모리 공간에 데이터를 쓰고, 프로세스 B가 해당 메모리 공간을 읽는 상황을 가정해 보세요. 이 경우, 두 프로세스는 공유 메모리 공간이라는 자원을 공유하고 있는 셈입니다. 같은 프로세스의 자원을 공유하는 스레드 간 통신이 이루어지는 상황도 가정해 보겠습니다. 동일한 프로세스의 스레드 A와 B가 있고, 각각의 프로세스가 할당받은 파일을 수정하는 경우, 두 스레드는 파일 자원을 공유하고 있는 셈입니다.

프로세스 간 통신

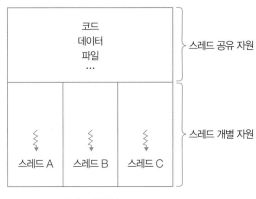

스레드 간 통신

이렇게 프로세스 혹은 스레드가 공유하는 자원은 말 그대로 **공유 자원**shared resource이라고 합니다. 공유 자원은 메모리나 파일이 될 수도 있고, 전역 변수나 입출력장치가 될 수도 있습니다. 이때 공유 자원을 두고 동시다발적으로 실행되는 다수의 프로세스 혹은 스레드가 마구잡이로 실행된다면 어떨까요? 다수의 프로세스 혹은 스레드가 동시에 공유 자원에 접근할 경우 실행에 문제가 발생할 수 있습니다. 공유 자원에 접근하는 코드 중 동시에 실행했을 때 문제가 발생할 수 있는 코드는 **임계 구역**critical section이라고 합니다. 즉, 동시에 실행되는 프로세스나 스레드가 동시에 임계 구역에 진입하여 실행되면 문제가 발생할 수 있습니다.

예를 들어 보겠습니다. 다음과 같은 그림에서 프로세스 A가 실행된 뒤 프로세스 B가 실행되는 것은 문제가 되지 않습니다. 하지만 반대로 프로세스 B가 실행된 뒤에 프로세스 A가 실행되는 것은 문제가 될 수 있습니다. 아직 쓰이지 않은 메모리를 읽으려 했기 때문입니다. 즉, 프로세스 A의 '공유 메모리 공간에 데이터를 쓰는 코드'와 프로세스 B의 '공유 메모리 공간을 읽는 코드'는 임계 구역이 됩니다.

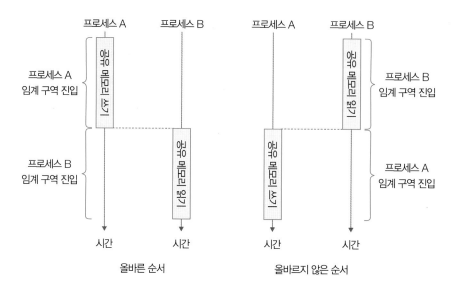

동시에 파일을 수정하는 스레드도 생각해 보죠. 각 스레드들이 파일을 수정하는 과정은 ❶ 파일을 읽어 들이고 ❷ 원하는 내용을 작성한 뒤, ❸ 작성한 내용을 저장하는 과정과 같습니다. 초기 파일에 저장된 값이 'first'라고 가정하고, 스레드 A는 'thread A'를 파일에 추가하는 작업, 스레드 B는 'thread B'를 파일에 추가하는 작업을 수행한다고 가정해 보겠습니다. 다음과 같이 스레드 A와 B가 동시에 수행될 경우, 스레드 A의 작업 내역은 반영되지 않을 수 있습니다.

혹은 실행 도중에 다음과 같이 문맥 교환이 발생하는 경우에도 스레드 A의 작업은 반영되지 않을 수 있습니다. 따라서 각 스레드가 파일을 수정하는 코드는 임계 구역이 됩니다.

작업 순서 →	스레드 A 파일 읽기	스레드 A 파일 쓰기	스레드 B 파일 읽기	스레드 B 파일 쓰기	스레드 A 파일 저장	스레드 B 파일 저장	→
파일 내용 →	first	first	first	first	first	first thread A	first thread B	→

이처럼 동시다발적으로 실행되는 프로세스 혹은 스레드를 다룰 때는 언제나 임계 구역을 동시에 실행하지 않도록 유의해야 합니다. 앞선 예시처럼 프로세스 혹은 스레드가 동시에 임계 구역의 코드를 실행하여 문제가 발생하는 상황을 **레이스 컨디션**race condition이라고 합니다. 레이스 컨디션이 발생하면 자원의 일관성이 손상될 수 있기 때문에 2개 이상의 프로세스 혹은 스레드가 임계 영역에 진입하고자 한다면 둘 중 하나는 작업이 끝날 때까지 대기해야 합니다.

레이스 컨디션은 소스 코드 상에서 발생 가능한 문제 상황이므로 소스 코드로 직접 구현해 보겠습니다. 다음은 2개의 스레드를 만들어 한 스레드는 0으로 초기화된 공유 변수를 10000번 동안 1씩 증가시키는 작업을 실행하고, 다른 스레드는 공유 변수를 10000번 동안 1씩 감소시키는 작업을 실행하는 C/C++ 코드입니다. 이하 예제에서 사용된 프로그래밍 언어를 모르더라도 괜찮습니다. 코드에 사용된 구체적인 문법보다는 코드 실행의 흐름과 문제의 원인을 파악하는 것이 더 중요합니다. 주석을 읽으면서 대략적인 코드의 실행 흐름을 이해해 보세요.

os/race.c

```c
#include <stdio.h>
#include <pthread.h>

int shared_data = 0;    // 공유 데이터

void* increment(void* arg) {
    int i;
    for (i = 0; i < 100000; i++) {
        shared_data++;    // 공유 데이터 증가
    }
    roturn NULL;
}

void* decrement(void* arg) {
```

```
    int i;
    for (i = 0; i < 100000; i++) {
        shared_data--;    // 공유 데이터 감소
    }
    return NULL;
}


int main() {
    pthread_t thread1, thread2;

    pthread_create(&thread1, NULL, increment, NULL);
    pthread_create(&thread2, NULL, decrement, NULL);

    pthread_join(thread1, NULL);
    pthread_join(thread2, NULL);

    printf("Final value of shared_data: %d\n", shared_data);

    return 0;
}
```

다음은 자바로 레이스 컨디션을 구현한 코드입니다. C/C++ 코드와 같은 동작입니다.

os/Race.java

```
public class Race {
    static int sharedData = 0;    // 공유 데이터

    public static void main(String[] args) {
        Thread thread1 = new Thread(new Increment());
        Thread thread2 = new Thread(new Decrement());

        thread1.start();    // 첫 번째 스레드 시작
        thread2.start();    // 두 번째 스레드 시작

        try {
            thread1.join();    // 첫 번째 스레드 종료 대기
            thread2.join();    // 두 번째 스레드 종료 대기
        } catch (InterruptedException e) {
            e.printStackTrace();
        }
```

```
        // 최종 공유 데이터 값 출력
        System.out.println("Final value of sharedData: " + sharedData);
    }

    static class Increment implements Runnable {
        public void run() {
            for (int i = 0; i < 100000; i++) {
                sharedData++;    // 공유 데이터 증가
            }
        }
    }

    static class Decrement implements Runnable {
        public void run() {
            for (int i = 0; i < 100000; i++) {
                sharedData--;    // 공유 데이터 감소
            }
        }
    }
}
```

두 코드 모두 0이 출력될 것을 기대할 수 있지만, 실제로는 다음과 같이 일정하지 않은 결과가 도출되는 것을 확인할 수 있습니다. 레이스 컨디션이 발생한 것이죠.

실행 결과

```
$ java Race
Final value of sharedData: -3394
$ java Race
Final value of sharedData: -3457
$ java Race
Final value of sharedData: 1848
```

레이스 컨디션을 방지하면서 임계 구역을 관리하기 위해서는 프로세스와 스레드가 동기화되어야 합니다. 프로세스 혹은 스레드의 **동기화**synchronization란 다음의 2가지 조건을 준수하며 실행하는 것을 의미합니다.

- **실행 순서 제어:** 프로세스 및 스레드를 올바른 순서로 실행하기
- **상호 배제:** 동시에 접근해서는 안 되는 자원에 하나의 프로세스 및 스레드만 접근하기

다시 말해, 동기화에는 실행 순서 제어를 위한 동기화가 있고, 상호 배제를 위한 동기화가 있습니다. 가령 앞서 166쪽 예시에서 발생했던 레이스 컨디션의 문제는 프로세스들이 공유 자원을 두고 올바른 순서로 실행되지 않았던 것이 원인입니다. 바로 '실행 순서 제어를 위한 동기화'가 필요한 경우입니다. 또 167쪽 예시에서 동시에 공유 자원에 동시에 접근해 발생했던 레이스 컨디션의 문제는 '상호 배제를 위한 동기화'가 필요한 경우에 해당합니다.

동기화 기법

그럼 실행 순서 제어와 상호 배제를 보장하기 위한 동기화 기법에는 어떤 것들이 있는지 하나씩 알아보겠습니다. 이제부터 설명할 동기화 기법은 많은 프로그래밍 언어에서 제공하고 있는 기능이라는 점에 유의하며 학습을 이어 가기 바랍니다.

뮤텍스 락

뮤텍스 락mutex lock은 동시에 접근해서는 안 되는 자원에 동시 접근이 불가능하도록 상호 배제를 보장하는 동기화 도구를 말합니다. 사실, 뮤텍스 락의 뮤텍스MUTual EXclusion를 직역하면 '상호 배제'라는 의미입니다. 즉, 뮤텍스 락은 '상호 배제를 위한 락(lock, 자물쇠)'이라는 뜻이죠. 뮤텍스 락의 원리는 다음과 같이 단순합니다.

임계 구역에 접근하고자 한다면 반드시 락(lock)을 획득(acquire)해야 하고,
임계 구역에서의 작업이 끝났다면 락을 해제(release)해야 한다.

전형적인 뮤텍스 락은 프로세스 및 스레드가 공유하는 변수(lock)와 2개의 함수(acquire, release)로 구현됩니다. 프로세스 및 스레드가 공유하는 변수가 뮤텍스 락의 '락' 역할을 수행합니다. acquire()은 락을 획득하기 위한 함수로, 특정 락에 대해 한 번만 호출이 가능한 함수이며, release()는 획득한 락을 해제하기 위한 함수입니다. 임계 구역에 진입하려면 프로세스 및 스레드가 공유하는 락을 획득하는 과정이 선행되어야 하므로, 이를 위해 lock.acquire()을 호출합니다. 이후 다른 프로세스 및 스레드가 lock.acquire()을 호출하더라도 락을 획득할 수는 없습니다. 락이 해제될 때까지 기다려야 하죠. 임계 구역의 작업이 끝나면 락을 해제하기 위해 lock.release()를 호출하며, 만약 임계 구역 앞에서 대기하는 프로세스 혹은 스레드가 있었다면 그때서야 비로소 락을 획득하고(lock.acquire() 호출에 성공하고) 임계 구역에 진입하게 됩니다.

```
lock.acquire()
// 임계 구역
lock.release()
```

NOTE '락을 획득한다, 반환한다'라는 표현이 익숙하지 않다면 lock.acquire( )은 lock이라는 자물쇠를 잠그는 함수이고, lock.release( )는 lock이라는 자물쇠를 해제하는 함수라고 기억하면 도움될 것입니다.

예를 들어 봅시다. 공유 자원은 1개이고, P1, P2가 공유 자원에 접근하려는 프로세스라고 할 때 P1, P2의 순서로 임계 구역에 접근한다고 가정해 보겠습니다. 뮤텍스 락을 사용하면 다음과 같은 순서로 프로세스가 실행되게 됩니다.

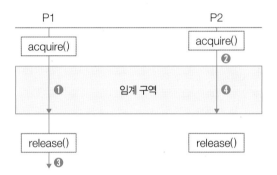

❶ 프로세스 P1 acquire() 호출, 임계 구역 진입
❷ 프로세스 P2 acquire() 호출,
  lock을 획득하지 못해 임계 구역 접근 불가
❸ 프로세스 P1 임계 구역 작업 종료, release() 호출
❹ 프로세스 P2 임계 구역 진입

파이썬, C/C++ 등의 프로그래밍 언어에서는 뮤텍스 락을 지원하고 있으므로 사용자가 직접 acquire(), release() 함수를 구현할 필요는 없습니다. 뮤텍스 락이라는 표현을 사용하지는 않지만 자바도 락을 지원합니다.

다음은 앞서 C/C++과 자바로 살펴봤던 레이스 컨디션 문제를 해결하는 코드입니다. 굵은 글씨로 표기한 부분이 추가되었습니다. 이 부분을 삭제하면 레이스 컨디션이 발생하게 되죠. 마찬가지로 코드의 문법보다 중요한 것은 코드의 의미입니다. 핵심은 임계 구역 진입 전후로 뮤텍스 락을 획득하고, 해제한다는 것입니다. 주석을 따라 읽어 보세요.

os/mutex.c

```
#include <stdio.h>
#include <pthread.h>
```

```c
int shared_data = 0;       // 공유 데이터
pthread_mutex_t mutex;     // 뮤텍스 선언

void* increment(void* arg) {
    int i;
    for (i = 0; i < 100000; i++) {
        pthread_mutex_lock(&mutex);      // 뮤텍스 락 획득
        shared_data++;                   // 공유 데이터 증가
        pthread_mutex_unlock(&mutex);    // 뮤텍스 락 해제
    }
    return NULL;
}

void* decrement(void* arg) {
    int i;
    for (i = 0; i < 100000; i++) {
        pthread_mutex_lock(&mutex);      // 뮤텍스 락 획득
        shared_data--; // 공유 데이터 감소
        pthread_mutex_unlock(&mutex);    // 뮤텍스 락 헤제
    }
    return NULL;
}

int main() {
    pthread_t thread1, thread2;

    pthread_mutex_init(&mutex, NULL);    // 뮤텍스 초기화

    pthread_create(&thread1, NULL, increment, NULL);
    pthread_create(&thread2, NULL, decrement, NULL);

    pthread_join(thread1, NULL);
    pthread_join(thread2, NULL);

    printf("Final value of shared_data: %d\n", shared_data);

    pthread_mutex_destroy(&mutex);       // 뮤텍스 해제

    return 0;
}
```

```
import java.util.concurrent.locks.Lock;
import java.util.concurrent.locks.ReentrantLock;

public class Mutex {
    static int sharedData = 0;                    // 공유 데이터
    static Lock lock = new ReentrantLock();    // 락 선언

    public static void main(String[] args) {
        Thread thread1 = new Thread(new Increment());
        Thread thread2 = new Thread(new Decrement());

        thread1.start();    // 첫 번째 스레드 시작
        thread2.start();    // 두 번째 스레드 시작

        try {
            thread1.join();    // 첫 번째 스레드 종료 대기
            thread2.join();    // 두 번째 스레드 종료 대기
        } catch (InterruptedException e) {
            e.printStackTrace();
        }

        // 최종 공유 데이터 값 출력
        System.out.println("Final value of sharedData: " + sharedData);
    }

    static class Increment implements Runnable {
        public void run() {
            for (int i = 0; i < 100000; i++) {
                lock.lock();          // 락 획득
                try {
                    sharedData++;    // 공유 데이터 증가
                } finally {
                    lock.unlock();    // 락 해제
                }
            }
        }
    }

    static class Decrement implements Runnable {
        public void run() {
```

```
        for (int i = 0; i < 100000; i++) {
            lock.lock();          // 락 획득
            try {
                sharedData--;     // 공유 데이터 감소
            } finally {
                lock.unlock();    // 락 해제
            }
        }
    }
}
```

세마포

뮤텍스 락은 하나의 공유 자원을 고려하는 동기화 도구입니다. 하지만 공유 자원이 늘 하나만 있는 것은 아니죠. 한 번에 하나의 프로세스 및 스레드만 공유 자원을 이용할 수 있는 상황도 있지만, 한 번에 3개, 4개의 프로세스 및 스레드까지 특정 자원을 이용할 수 있는 상황도 있기 때문입니다. 전자의 상황에는 뮤텍스 락을 이용할 수 있고, 후자의 상황에는 세마포를 이용할 수 있습니다. **세마포**semaphore는 뮤텍스 락과 비슷하지만, 조금 더 일반화된 방식의 동기화 도구입니다. 세마포를 이용하면 공유 자원이 여러 개 있는 상황에서도 동기화가 가능합니다.

세마포는 철도 신호기에서 유래한 단어입니다. 기차는 신호기가 내려가 있을 때를 멈추라는 신호로 간주해 잠시 멈추고, 반대로 신호기가 올라가 있을 때를 가도 좋다는 신호로 간주해 다시 움직입니다. 세마포는 이처럼 '멈춤' 신호와 '가도 좋다'는 신호로 임계 구역을 관리합니다. 즉, 프로세스 및 스레드가 임계 구역 앞에서 멈추라는 신호를 받으면 잠시 기다리고, 가도 좋다는 신호를 받으면 그제서야 임계 구역에 들어가게 됩니다.

세마포는 뮤텍스 락과 비슷하게 다음과 같은 하나의 변수와 2개의 함수로 구성됩니다.

- **변수 S:** 사용 가능한 공유 자원의 개수를 나타내는 변수
- **wait() 함수:** 임계 구역 진입 전 호출하는 함수
- **signal() 함수:** 임계 구역 진입 후 호출하는 함수

이때 '사용 가능한 공유 자원의 개수'는 '임계구역에 진입할 수 있는 프로세스의 개수'와 같습니다. 공유 자원의 개수가 S개일 경우, 임계 구역에 진입하여 동시에 실행 가능한 프로세스 혹은 스레드도 S개입니다. 그리고 뮤텍스 락을 이용할 때 임계 구역 진입 전후로 acquire()과 release() 함수를 호출했듯, 세마포도 임계 구역 진입 전후로 wait()와 signal() 함수를 호출하여 사용합니다. 세마포의 핵심은 wait()와 signal() 함수입니다. wait() 함수가 내부적으로 어떻게 구현되는지부터 대략적으로 파악해 보겠습니다.

```
wait()
// 임계 구역
signal()
```

wait()는 함수 호출 시 가장 먼저 ❶ '사용 가능한 공유 자원의 개수'를 나타내는 변수 S를 1 감소시키고, ❷ 변수 S의 값이 0보다 작은지 여부를 확인합니다. S를 1 감소시켰을 때 S가 0 이상이라는 것은 사용 가능한 공유 자원의 개수가 남아 있었음을 의미합니다. 이 경우, wait()를 호출한 프로세스 및 스레드는 임계 구역에 진입합니다. 반대로, S를 1 감소시켰을 때 S가 0 미만이라는 것은 사용 가능한 공유 자원의 개수가 남아 있지 않았음을 의미합니다. 따라서 변수 S의 값이 0보다 작으면 ❸ wait()를 호출한 프로세스 및 스레드는 대기 상태로 전환되어 임계 구역에 진입할 수 없게 됩니다.

```
wait() {
        S--;                    /* ❶ */
        if ( S < 0 ) {          /* ❷ */
                sleep();        /* ❸ */
        }
}
```

signal() 함수는 임계 구역에서의 작업이 끝난 프로세스 및 스레드가 호출합니다. signal()의 대략적인 구현 원리는 다음과 같습니다. signal()은 함수 호출 시 가장 먼저 ❶ '사용 가능한 공유 자원의 개수'를 나타내는 변수 S를 1 증가시키고, ❷ 변수 S의 값이 0 이하인지를 확인합니다. S를 1 증가시켰을 때 S가 0보다 크다는 것은 사용 가능한 공유 자원의 개수가 1개 이상 남아 있음을 의미하며, 반대로 S를 1 증가시켰을 때 0 이하라는 것은 임계 구역에 진입하기 위해 대기하는 프로세스가 존재함을 의미합니다. 이 경우, ❸ 대기 상태로 접어든 프로세스 중 하나를 준비 상태로 전환합니다.

```
signal() {
        S++                     /* ❶ */
        if ( S <= 0 ) {         /* ❷ */
                wakeup(p)       /* ❸ */
        }
}
```

아직 임계 구역 전후로 wait()와 signal()을 호출하는 것이 어떻게 동기화를 가능하게 하는지 와 닿지 않을 수 있습니다. 이번에는 예시와 함께 알아보겠습니다. 공유 자원이 2개, 접근하려는 프로세스가 3개(P1, P2, P3)이고, P1, P2, P3의 순서로 임계 구역에 접근한다고 가정해 봅시다. 공유 자원이 2개이므로 S는 2이고, 다음과 같은 순서로 실행될 것입니다.

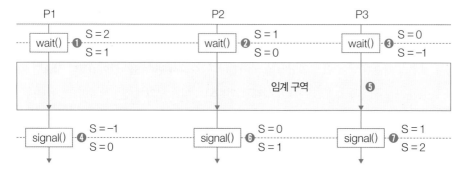

❶ 프로세스 P1 wait() 호출, S를 1 감소시키면 S = 1이므로 임계 구역 진입
❷ 프로세스 P2 wait() 호출, S를 1 감소시키면 S = 0이므로 임계 구역 진입
❸ 프로세스 P3 wait() 호출, S를 1 감소시키면 S = −1이므로 대기 상태로 전환
❹ 프로세스 P1 임계 구역 작업 종료, signal() 호출, S를 1 증가시키면 S = 0이므로 대기 상태였던 P3을 준비 상태로 전환
❺ 깨어난 프로세스 P3 임계 구역 진입
❻ 프로세스 P2 임계 구역 작업 종료, signal() 호출, S를 1 증가시키면 S = 1
❼ 프로세스 P3 임계 구역 작업 종료, signal() 호출, S를 1 증가시키면 S = 2

세마포도 역시 뮤텍스 락처럼 여러 프로그래밍 언어에서 지원하고 있는데요. 다음 예제 코드를 살펴보면 세마포의 사용 방식도 뮤텍스 락과 유사하다는 것을 확인할 수 있습니다.

os/Sem.java

```java
import java.util.concurrent.Semaphore;

public class Sem {
    static int sharedData = 0; // 공유 데이터
    // 세마포 생성, 공유 자원 1개
    static Semaphore semaphore = new Semaphore(1);

    public static void main(String[] args) {
        Thread thread1 = new Thread(new Increment());
        Thread thread2 = new Thread(new Decrement());

        thread1.start();    // 첫 번째 스레드 시작
        thread2.start();    // 두 번째 스레드 시작

        try {
            thread1.join();    // 첫 번째 스레드 종료 대기
            thread2.join();    // 두 번째 스레드 종료 대기
        } catch (InterruptedException e) {
            e.printStackTrace();
        }

        System.out.println("Final value of sharedData: " + sharedData);
    }

    static class Increment implements Runnable {
        public void run() {
            for (int i = 0; i < 100000; i++) {
                try {
                    semaphore.acquire();    // 세마포 획득
                    sharedData++;           // 공유 데이터 증가
                } catch (InterruptedException e) {
                    e.printStackTrace();
                } finally {
                    semaphore.release();    // 세마포 해제
                }
            }
        }
    }
```

```java
static class Decrement implements Runnable {
    public void run() {
        for (int i = 0; i < 100000; i++) {
            try {
                semaphore.acquire();     // 세마포 획득
                sharedData--;            // 공유 데이터 감소
            } catch (InterruptedException e) {
                e.printStackTrace();
            } finally {
                semaphore.release();     // 세마포 해제
            }
        }
    }
}
```

os/sem.cpp

```cpp
#include <iostream>
#include <thread>
#include <semaphore.h>

int sharedData = 0;     // 공유 데이터
sem_t semaphore;        // 세마포어 선언

void increment() {
    for (int i = 0; i < 100000; i++) {
        sem_wait(&semaphore);     // 세마포어 획득
        sharedData++;             // 공유 데이터 증가
        sem_post(&semaphore);     // 세마포어 해제
    }
}

void decrement() {
    for (int i = 0; i < 100000; i++) {
        sem_wait(&semaphore);     // 세마포어 획득
        sharedData--;             // 공유 데이터 감소
        sem_post(&semaphore);     // 세마포어 해제
    }
}

int main() {
    sem_init(&semaphore, 0, 1);     // 세마포어 초기화, 공유 자원 1개
```

```
        std::thread thread1(increment);
        std::thread thread2(decrement);

        thread1.join();
        thread2.join();

        std::cout << "Final value of sharedData: " << sharedData << std::endl;

        // 세마포어 제거
        sem_destroy(&semaphore);

        return 0;
}
```

여기서 잠깐

이진 세마포와 카운팅 세마포

세마포는 크게 2가지 종류로 구분할 수 있습니다. 하나는 **이진 세마포(binary semaphore)**이고, 또 하나는 **카운팅 세마포(counting semaphore)**입니다. 지금까지 다룬 세마포는 카운팅 세마포로, 공유 자원이 여러 개 존재하는 경우에 사용할 수 있는 세마포입니다. 이진 세마포는 S가 0과 1의 값을 가지는 세마포입니다. S가 0 과 1만을 가질 수 있기 때문에 사실상 뮤텍스 락과 유사하게 동작합니다. 따라서 '세마포'라는 용어는 일반적으로 카운팅 세마포를 의미하는 경우가 많습니다.

조건 변수와 모니터

다음으로 알아볼 동기화 기법은 모니터입니다. 모니터를 이해하려면 우선 조건 변수를 이해해야 합니다. **조건 변수**condition variable란 실행 순서 제어를 위한 동기화 도구로, 특정 조건 하에 프로세스를 실행/일시 중단함으로써 프로세스나 스레드의 실행 순서를 제어할 수 있습니다. 조건 변수에 대해 wait()와 signal() 함수를 호출할 수 있는데, **wait() 함수**는 호출한 프로세스 및 스레드의 상태를 대기 상태로 전환하는 함수이고, **signal() 함수**는 wait()로 일시 중지된 프로세스 및 스레드의 실행을 재개하는 함수입니다.

- 아직 특정 프로세스가 실행될 조건이 되지 않았을 때는 wait()를 통해 실행을 중단한다.
- 특정 프로세스가 실행될 조건이 충족되었을 때는 signal()을 통해 실행을 재개한다.

예를 들어 cv라는 조건 변수가 있고, 프로세스 P1의 실행 도중에 조건 변수 cv에 대해 wait( ) 함수를 호출했다고 가정해 보겠습니다. 해당 프로세스는 다른 스레드가 cv.signal( )을 호출하기 전까지 대기 상태로 접어들게 됩니다.

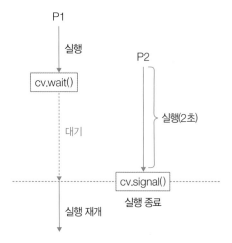

조건 변수를 코드로 확인해 봅시다. 다음 예제 코드는 스레드 t1이 먼저 실행되다가 조건 변수에 의해 중단되고, 이후에 실행된 스레드 t2가 2초간의 실행을 먼저 끝낸 뒤, 스레드 t1이 마저 작업을 끝내는 상황을 구현한 것입니다.

os/cv.cpp

```
#include <iostream>
#include <pthread.h>
#include <unistd.h>

// 뮤텍스와 조건 변수 선언
pthread_mutex_t mutex;
pthread_cond_t cond;
bool ready = false;

void* thread_job1(void* arg) {
    std::cout << "P1: 먼저 시작" << std::endl;

    pthread_mutex_lock(&mutex);
    std::cout << "P1: 2초  대기" << std::endl;
    while (!ready) {
        pthread_cond_wait(&cond, &mutex);    // 조건 변수 wait
```

```
        }
        pthread_mutex_unlock(&mutex);

        std::cout << "P1: 다시 시작" << std::endl;
        std::cout << "P1: 종료" << std::endl;
        return NULL;
}

void* thread_job2(void* arg) {
        std::cout << "P2: 2초 실행 시작" << std::endl;
        sleep(2);       // 2초 대기

        std::cout << "P2: 실행 완료" << std::endl;
        pthread_mutex_lock(&mutex);
        ready = true;
        pthread_cond_signal(&cond);      // 조건 변수 signal
        pthread_mutex_unlock(&mutex);

        return NULL;
}

int main() {
        pthread_t t1, t2;

        // 뮤텍스와 조건 변수 초기화
        pthread_mutex_init(&mutex, NULL);
        pthread_cond_init(&cond, NULL);

        // 스레드 생성
        pthread_create(&t1, NULL, thread_job1, NULL);
        pthread_create(&t2, NULL, thread_job2, NULL);

        // 스레드 종료 대기
        pthread_join(t1, NULL);
        pthread_join(t2, NULL);

        // 뮤텍스와 조건 변수 해제
        pthread_mutex_destroy(&mutex);
        pthread_cond_destroy(&cond);

        return 0;
}
```

```java
import java.util.concurrent.locks.Condition;
import java.util.concurrent.locks.Lock;
import java.util.concurrent.locks.ReentrantLock;

public class CV {

    private static final Lock lock = new ReentrantLock();
    private static final Condition cond = lock.newCondition();
    private static boolean ready = false;

    public static void main(String[] args) throws InterruptedException {
        Thread t1 = new Thread(new ThreadJob1());
        Thread t2 = new Thread(new ThreadJob2());

        t1.start();
        t2.start();

        t1.join();
        t2.join();
    }

    static class ThreadJob1 implements Runnable {
        @Override
        public void run() {
            System.out.println("P1: 먼저 시작");

            lock.lock();
            try {
                System.out.println("P1: 2초 대기");
                while (!ready) {
                    cond.await();     // 조건 변수 wait
                }
            } catch (InterruptedException e) {
                e.printStackTrace();
            } finally {
                lock.unlock();
            }

            System.out.println("P1: 다시 시작");
            System.out.println("P1: 종료");
```

```
        }
    }

    static class ThreadJob2 implements Runnable {
        @Override
        public void run() {
            System.out.println("P2: 2초 실행 시작");
            try {
                Thread.sleep(2000);      // 2초 대기
            } catch (InterruptedException e) {
                e.printStackTrace();
            }

            System.out.println("P2: 실행 완료");
            lock.lock();
            try {
                ready = true;
                cond.signal();      // 조건 변수 signal
            } finally {
                lock.unlock();
            }
        }
    }
}
```

이 두 개의 소스 코드를 실행한 결과는 다음과 같습니다.

```
P1: 먼저 시작
P1: 2초 대기
P2: 2초 실행 시작
P2: 실행 완료
P1: 다시 시작
P1: 종료
```

모니터monitor는 공유 자원과 그 공유 자원을 다루는 함수(인터페이스)로 구성된 동기화 도구로, 상호 배제를 위한 동기화뿐만 아니라 실행 순서 제어를 위한 동기화까지 가능합니다. 우선 모니터가 어떻게 상호 배제를 위한 동기화를 이루는지부터 알아보겠습니다. 모니터의 작동 원리는 단순합니다. 프로세스 및 스레드는 공유 자원에 접근하기 위해 반드시 정해진 공유 자원 연산(인터페이스)을 통해

모니터 내로 진입해야 하고, 모니터 안에 진입하여 실행되는 프로세스 및 스레드는 항상 하나여야 합니다. 이미 모니터 내로 진입하여 실행 중인 프로세스 및 스레드가 있다면 큐에서 대기해야 하죠.

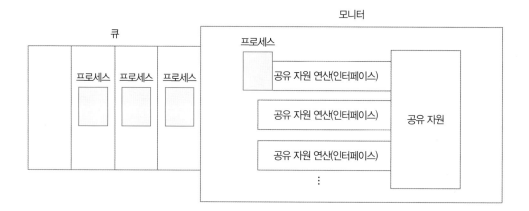

여기서 잠깐

큐

큐(queue)란 먼저 삽입된 데이터를 먼저 활용할 수 있는 선입선출(FIFO, First-In-First-Out) 구조의 데이터를 의미합니다. 큐에 대해서는 4장 '자료구조'에서 자세히 다루겠지만, 지금은 일종의 '줄'이라고 생각해도 무방합니다. 줄 끝(back)에 서는 것을 '큐(마지막)에 삽입한다', 줄 앞(front)에서 빠져나가는 것을 '큐에서 빼낸다(제거한다)'고 이해해 봅시다.

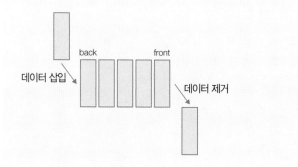

이때 앞서 설명했던 조건 변수를 함께 활용하면 실행 순서 제어를 위한 동기화도 구현할 수 있습니다. 예를 들어 동시에 실행되는 프로세스 A, B 중 반드시 A가 먼저 실행되고, 다음으로 B가 실행되어야 한다는 조건을 가정해 보겠습니다.

프로세스 B는 모니터 내에서 실행되기에 앞서 프로세스 A의 실행이 끝났는지를 검사합니다. 프로세스 B가 모니터 내에서 실행되어도 괜찮은지를 검사하는 것이죠. 프로세스 B가 프로세스 A보다 나중에 모니터 내로 진입했을 경우, '프로세스 A가 먼저 실행되고, 프로세스 B가 실행되어야 한다'는 조건이 충족된 셈이므로 프로세스 B는 모니터 내로 진입하여 실행됩니다.

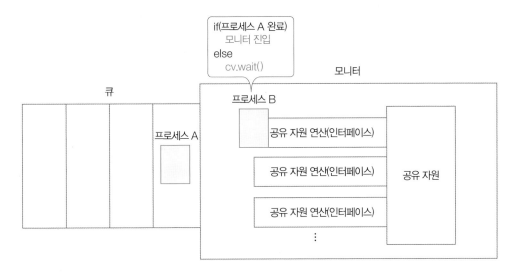

만약 프로세스 B가 프로세스 A보다 먼저 모니터 내로 진입했을 경우, 이는 '프로세스 A가 먼저 실행되고 B가 실행되어야 한다'는 조건에 어긋난 경우입니다. 따라서 이 경우에는 다음 그림과 같이 특정 조건 변수(cv)에 대해 cv.wait()를 호출하여 프로세스 B를 대기 상태로 접어들게 할 수 있습니다.

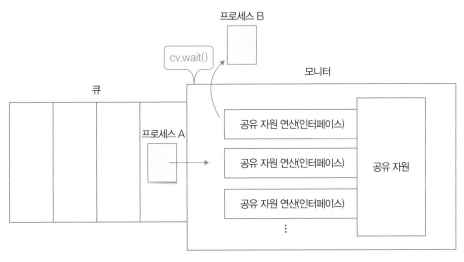

프로세스 B가 조건 변수 cv에 대한 wait()를 호출하여 대기 상태로 접어들었다면 프로세스 B가 대기하고 있는 사이 프로세스 A가 모니터 내로 진입하여 실행될 수 있고, 실행 이후 cv.signal()을 호출하여 대기 상태에 있던 프로세스 B를 모니터 안으로 재진입시킬 수 있습니다. 결국 반드시 프로세스 A, 그 다음 프로세스 B의 순으로 실행되므로 실행 순서 제어를 위한 동기화가 이루어집니다.

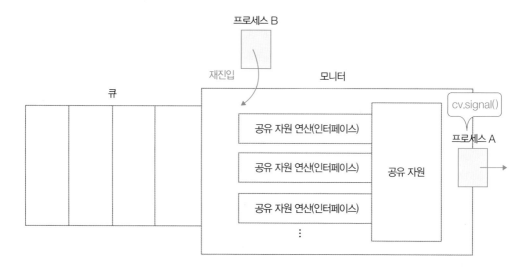

다음에 제시된 자바의 synchronized 키워드는 모니터를 사용하는 대표적 예시입니다. 이처럼 synchronized 키워드를 사용한 메서드는 하나의 프로세스 및 스레드만 실행할 수 있습니다.

```java
public synchronized void example(int value){
    this.count += value;
}
```

스레드 안전

각종 프로그래밍 언어(C++, 자바, 파이썬 등)의 공식 문서를 읽다 보면 다음과 같이 스레드 안전이라는 용어를 자주 접하게 될 것입니다. **스레드 안전**thread safety이란 멀티스레드 환경에서 어떤 변수나 함수, 객체에 동시 접근이 이루어져도 실행에 문제가 없는 상태를 의미합니다. 레이스 컨디션이 발생했다면 이는 스레드 안전하지 않은 상황인 것이죠. 반대로 어떤 함수가 스레드 안전하다면, 이는 여러 스레드에 의해 호출되어도 레이스 컨디션이 발생하지 않는 것을 의미합니다.

C++

srand

Defined in header <stdlib.h>
```
void srand( unsigned seed );
```

Seeds the pseudo-random number generator used by rand() with the value seed.

If rand() is used before any calls to srand(), rand() behaves as if it was seeded with srand(1).

Each time rand() is seeded with the same seed, it must produce the same sequence of values.

srand() is not guaranteed to be thread-safe.

자바

member of the Java Collections Framework. Unlike the new collection implementations, Vector is synchronized. If a thread-safe implementation is not needed, it is recommended to use ArrayList in place of Vector.

Since:

파이썬

In CPython, the **global interpreter lock**, or **GIL**, is a mutex that protects access to Python objects, preventing multiple threads from executing Python bytecodes at once. The GIL prevents race conditions and ensures thread safety. A nice explanation of ⊕ how the Python GIL helps in these areas can be found here. In short, this mutex is necessary mainly because CPython's memory management is not thread-safe.

다음과 같은 자바 예제 코드를 살펴봅시다. 자바에서 **Vector**라는 클래스의 **add** 메서드는 스레드 안전성이 보장되어 있습니다. add 메서드를 구현한 코드 내부를 살펴보면 모니터 기반의 동기화를 제공하는 **synchronized** 키워드로 구현되어 있는 것을 볼 수 있습니다. 따라서 여러 스레드가 동시에 실행되어도 안전합니다.

```
public synchronized boolean add(E e) {
    modCount++;
    ensureCapacityHelper(elementCount + 1);
    elementData[elementCount++] = e;
    return true;
}
```

반면, 자바에서 **ArrayList**라는 클래스의 **add** 메서드는 스레드 안전성이 보장되지 않습니다. 코드 내부에 synchronized 메서드가 없죠. 따라서 다음 메서드를 여러 스레드로 동시 실행하면 레이스 컨디션이 발생할 수 있습니다.

```
public boolean add(E e) {
    ensureCapacityInternal(size + 1);
    elementData[size++] = e;
    return true;
}
```

실제로 그런지 직접 확인해 봅시다. 다음은 2개의 스레드로 각각 Vector, ArrayList의 add()를 여러 번 마구 호출한 자바 예제입니다.

os/ThreadSafe.java

```java
import java.util.*;

public class ThreadSafe {
    public static void main(String[] args) throws InterruptedException {
        // ArrayList와 Vector 생성
        List<Integer> arrayList = new ArrayList<>();
        List<Integer> vector = new Vector<>();

        // ArrayList와 Vector에 요소를 추가하는 스레드 생성
        Thread arrayListThread1 = new Thread(() -> addElements(arrayList, 0, 5000));
        Thread arrayListThread2 = new Thread(() -> addElements(arrayList, 5000, 10000));

        Thread vectorThread1 = new Thread(() -> addElements(vector, 0, 5000));
        Thread vectorThread2 = new Thread(() -> addElements(vector, 5000, 10000));

        arrayListThread1.start();
        arrayListThread2.start();
        vectorThread1.start();
        vectorThread2.start();

        arrayListThread1.join();
        arrayListThread2.join();
        vectorThread1.join();
        vectorThread2.join();

        System.out.println("ArrayList size: " + arrayList.size());
        System.out.println("Vector size: " + vector.size());
    }
```

```
        private static void addElements(List<Integer> list, int start, int end) {
            for (int i = start; i < end; i++) {
                list.add(i);
            }
        }
    }
```

실행 결과

```
 ArrayList size : 5012
 Vector size : 10000
```

실행 결과에서 "ArrayList size"는 동기화되지 않아 레이스 컨디션이 발생하는 반면, "Vector size"는 동기화되어 실행할 때마다 결과가 일정하게 유지되는 것을 확인할 수 있습니다.

교착 상태

프로세스를 실행하기 위해서는 자원이 필요합니다. 하지만 2개 이상의 프로세스가 각자 가지고 있는 자원을 무작정 기다린다면 더 이상 어떤 프로세스도 진행할 수 없는 교착 상태가 발생할 수 있습니다. **교착 상태**deadlock란 일어나지 않을 사건을 기다리며 프로세스의 진행이 멈춰 버리는 현상을 말합니다.

가령 프로세스 A는 자원 X를 점유한 채 프로세스 B가 점유하고 있는 자원 Y의 사용이 끝나기를 기다리고, 프로세스 B는 자원 Y를 점유한 채 프로세스 A가 점유한 자원 X의 사용이 끝나기를 기다린다고 가정해 보겠습니다. 결국 두 프로세스는 서로가 가진 자원을 기다리다가 프로세스를 실행하지 못할 수 있습니다. 교착 상태가 발생할 수 있는 것이죠.

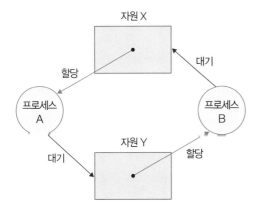

교착 상태의 발생 조건

교착 상태가 발생하는 상황에는 4가지 필요 조건이 있습니다. 바로 상호 배제, 점유와 대기, 비선점, 원형 대기입니다. 이 중 하나라도 만족하지 않는다면 교착 상태는 발생하지 않고, 4개의 조건이 모두 만족할 때 교착 상태가 발생할 **가능성이 생긴다**고 보면 됩니다. 좀 더 자세히 알아보겠습니다.

❶ 상호 배제

교착 상태가 발생하는 근본적인 원인은 한 번에 하나의 프로세스만 해당 자원을 이용 가능했기 때문입니다. 즉, 한 프로세스가 사용하는 자원을 다른 프로세스가 사용할 수 없는 **상호 배제**의 상황에서 교착 상태가 발생할 수 있습니다.

❷ 점유와 대기

한 프로세스가 어떤 자원을 할당받은 상태(점유)에서 다른 자원 할당받기를 기다린다면(대기) 교착 상태가 발생할 수 있습니다. 즉, **점유와 대기**hold and wait의 상황인 것입니다.

❸ 비선점

비선점 또한 교착 상태 발생의 근본적 문제라고 할 수 있습니다. 자원이 비선점되었다는 말은 해당 자원을 이용하는 프로세스의 작업이 끝나야만 비로소 자원을 이용할 수 있다는 것을 의미합니다. 즉, 어떤 프로세스도 다른 프로세스의 자원을 강제로 빼앗지 못하는 경우 교착 상태가 발생할 수 있습니다.

❹ 원형 대기

마지막 조건은 프로세스와 프로세스가 요청한 자원이 원의 형태를 이루는 경우입니다. 다음처럼 각각의 프로세스가 서로 점유한 자원을 할당받기 위해 원의 형태로 대기할 경우 교착 상태가 발생할 수 있습니다.

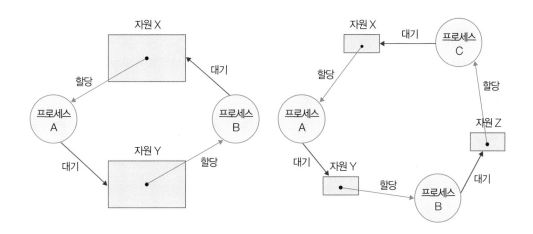

교착 상태의 해결 방법

운영체제는 애초에 교착 상태의 발생 조건에 부합하지 않도록 자원을 분배하는 방식으로 교착 상태를 **예방**할 수 있고, 교착 상태가 발생하지 않을 정도로 조금씩 자원을 할당하다가 교착 상태의 위험이 있을 때 자원을 할당하지 않는 방식으로 교착 상태를 **회피**할 수도 있습니다. 또 자원을 제약 없이 할당하다가 교착 상태를 **검출한 후 회복**할 수도 있죠. 이번에는 이러한 교착 상태의 해결 방법에 대해 살펴보겠습니다.

❶ 교착 상태 예방

교착 상태를 예방하는 방법은 앞서 설명한 **교착 상태를 발생시키는 4가지 필요 조건 중 하나를 충족하지 못하게 하는 방법**입니다. 프로세스에 자원을 할당할 때 상호 배제, 점유와 대기, 비선점, 원형 대기 중 하나라도 만족하지 않으면 교착 상태가 발생하지 않기 때문입니다. 가령 한 프로세스에 필요한 자원들을 몰아 주고, 그 다음에 다른 프로세스에 필요한 자원을 몰아 주면 점유와 대기 조건을 만족하지 않으므로 교착 상태가 발생하지 않습니다. 또한 할당 가능한 모든 자원에 번호를 매기고 오름차순으로 할당하는 경우, 원형 대기 조건을 만족하지 않으므로 교착 상태가 발생하지 않습니다.

앞에서 표현했던 교착 상태의 모습을 다시 살펴보세요. 자원 X에 '0', 자원 Y에 '1', 자원 Z에 '2'라는 번호를 매기고 프로세스들로 하여금 반드시 오름차순으로 자원을 할당받도록 제한하면 원형 대기 조건을 만족하지 않습니다.

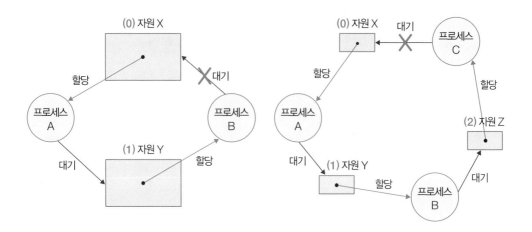

❷ 교착 상태 회피

교착 상태 회피는 교착 상태가 발생하지 않을 정도로만 조심하면서 자원을 할당하는 방법입니다. 교착 상태 회피는 기본적으로 교착 상태를 **한정된 자원의 무분별한 할당으로 인해 발생하는 문제**로 간주합니다. 프로세스에 할당할 수 있는 자원이 충분한 상황에서 프로세스들이 한두 개의 적은 자원만을 요구한다면 교착 상태는 발생하지 않겠지만, 자원이 한정된 상황에서 모든 프로세스들이 한 번에 많은 자원을 요구한다면 교착 상태가 발생할 위험이 증가하게 됩니다.

NOTE 교착 상태 회피를 위한 알고리즘으로 은행원 알고리즘(banker's algorithm)라는 알고리즘이 있습니다. 관심이 있는 독자는 검색을 통해 확인해 보세요.

❷ 교착 상태 검출 후 회복

교착 상태 예방과 회피가 교착 상태 발생을 막기 위한 사전 조치였다면, 교착 상태 검출 후 회복은 교착 상태의 발생을 인정하고 처리하는 사후 조치에 해당합니다. 이 경우, 운영체제는 프로세스가 자원을 요구할 때마다 그때 그때 자원을 할당하고 주기적으로 교착 상태의 발생 여부를 검사합니다. 그러다 교착 상태가 검출되면 프로세스를 **자원 선점을 통해 회복**시키거나, 교착 상태에 놓인 프로세스를 **강제 종료함으로써 회복**시킬 수 있습니다. 자원 선점을 통한 회복이란 교착 상태가 해결될 때까지 다른 프로세스로부터 강제로 자원을 빼앗아 한 프로세스에 몰아서 할당하는 것을 의미합니다.

⟨4⟩ CPU 스케줄링

운영체제는 다양한 프로세스와 스레드에 'CPU의 사용을 배분'함으로써 CPU 자원을 관리한다고 설명했습니다. 여기서 운영체제의 CPU 배분 방법이 바로 **CPU 스케줄링**CPU scheduling입니다. **CPU 스케줄링 알고리즘**은 이러한 CPU 스케줄링의 절차를 말하며, 이 CPU 스케줄링 알고리즘을 결정하고 수행하는 운영체제의 일부분을 **CPU 스케줄러**CPU scheduler라고 하죠. 먼저 '스케줄링'과 관련한 사전 지식부터 하나씩 정리해 보겠습니다.

> **여기서 잠깐**
>
> **실행의 문맥이 있다면 모두 스케줄링의 대상**
>
> 프로세스뿐만 아니라 스레드도 CPU 스케줄링의 대상입니다. 실행의 문맥을 가지고 있는 모든 것을 스케줄링할 수 있기 때문입니다. 다만, 책에서는 매번 '프로세스와 스레드'를 모두 언급하지 않고, 실행의 문맥이 있다는 일반적인 의미로 '프로세스를 스케줄링한다'고 표현하겠습니다.

우선순위

모든 프로세스는 CPU의 자원을 필요로 하기 때문에 운영체제는 공정하고 합리적인 방법으로 CPU의 자원을 프로세스에 할당해야 합니다. CPU의 자원을 공정하게 배분하는 방법이란 단순히 돌아가면서 CPU를 프로세스들에 할당하는 것이 아닙니다. CPU의 자원을 할당받을 프로세스의 우선순위가 다르기 때문입니다. 운영체제는 프로세스별 **우선순위**priority를 판단하여 PCB에 명시하고, 우선순위가 높은 프로세스에는 CPU의 자원을 더 빨리, 더 많이 할당합니다. 사용자가 일부 프로세스의 우선순위를 직접 높일 수도 있습니다. 운영체제마다 프로세스의 우선순위를 직접 확인할 수 있는 방법을 제공하는데, 유닉스, 리눅스, 맥OS 등의 유닉스 체계의 운영체제에서는 ps 명령어를 통해 다음과 같이 프로세스의 우선순위를 확인할 수 있습니다.

```
$ ps -l
F S   UID    PID   PPID  C PRI  NI ADDR SZ WCHAN  TTY          TIME CMD
0 S  1000   4412   4409  0  80   0 -  3210 do_wai pts/0    00:00:00 bash
0 R  1000   5149   4412  0  80   0 -  3495 -      pts/0    00:00:00 ps
```

윈도우에서는 Process Explorer라는 소프트웨어의 'Priority' 항목을 통해 확인할 수 있는데요. 앞서 정리했던 스레드 수(Threads), 문맥 교환의 발생 횟수(Context Switehes)도 확인할 수 있습니다.

그렇다면 운영체제는 어떤 프로세스에 높고 낮은 우선순위를 할당할까요? 다양한 할당 기준이 있지만, 가장 대표적인 고려 요소는 CPU 활용률입니다. 운영체제는 가급적 CPU 활용률을 높게 유지할 수 있도록 우선순위를 할당합니다. **CPU 활용률**CPU utilization이란 전체 CPU의 가동 시간 중 작업을 처리하는 시간의 비율을 의미합니다. 운영체제는 높은 CPU 활용률을 유지하기 위해 기본적으로 입출력 작업이 많은 프로세스의 우선순위를 높게 유지합니다.

대부분의 프로세스들은 CPU와 입출력장치를 모두 사용해 실행과 대기 상태를 오가며 실행됩니다. 이때 프로세스가 CPU를 이용하는 작업을 **CPU 버스트**CPU burst라고 하고, 입출력장치를 기다리는 작업을 **입출력 버스트**I/O burst라고 합니다. 그런데 프로세스마다 입출력장치를 이용하는 시간과 CPU를 이용하는 시간의 양에는 차이가 있습니다. 비디오 재생이나 디스크 백업 작업을 담당하는 프로세스처럼 입출력 작업이 많은 프로세스도 있고, 복잡한 수학 연산이나 그래픽 처리 작업을 담당하는 프로세스처럼 CPU 작업이 많은 프로세스도 있습니다. 전자를 **입출력 집중 프로세스**I/O bound process라고 하고, 후자를 **CPU 집중 프로세스**CPU bound process라고 합니다.

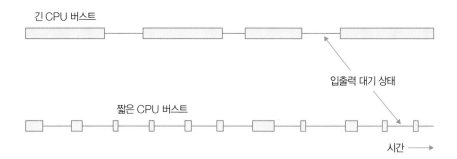

입출력 집중 프로세스는 실행 상태보다 입출력을 위한 대기 상태에 더 많이 머무르지만, CPU 집중 프로세스는 대기 상태보다 실행 상태에 더 많이 머무릅니다. 각자 주로 머무르는 상태가 다르기 때문에 모든 프로세스가 동일한 시간의 빈도로 CPU를 사용하는 것은 합리적이지 않습니다. 입출력 집중 프로세스와 CPU 집중 프로세스가 동시에 CPU의 자원을 요구했다면 **입출력 집중 프로세스를 가능한 빨리 실행시켜 끊임없이 입출력장치를 작동시킨 다음, CPU 집중 프로세스에 집중적으로 CPU를 할당하는 것이 더 합리적**일 것입니다. 입출력장치가 입출력 작업을 완료하기 전까지 입출력 집중 프로세스는 어차피 대기 상태가 될 것이므로 얼른 입출력 집중 프로세스를 먼저 처리해 버리면 그 이후에 다른 프로세스를 실행시켜 CPU 활용률을 높일 수 있습니다. 그래서 입출력 집중 프로세스는 일반적으로 CPU 집중 프로세스보다 우선순위가 높은 것입니다. 이렇듯 모든 프로세스가 CPU를 차례대로 돌아가며 사용하는 것보다 상황에 맞게 CPU를 배분하는 것이 더 효율적이므로 운영체제는 프로세스마다 우선순위를 부여해 CPU를 할당합니다.

스케줄링 큐

운영체제는 프로세스들에게 '자원을 이용하고 싶다면 줄을 서서 기다릴 것'을 요구합니다. 이는 비단 CPU 자원에 국한된 이야기가 아니며, CPU를 이용하고 싶거나 메모리에 적재되고 싶은 프로세스, 대기 상태로 특정 입출력장치를 이용하고 싶은 프로세스 모두에 해당합니다. 그리고 이 줄은 **스케줄링 큐**scheduling queue를 통해 구현됩니다. 다음과 같이 CPU를 이용하고 싶은 프로세스의 PCB와 메모리로 적재되고 싶은 프로세스의 PCB, 특정 입출력장치를 이용하고 싶은 프로세스의 PCB를 큐에 삽입하여 줄 세우는 것입니다.

CPU를 쓰고 싶은 프로세스

하드 디스크를 쓰고 싶은 프로세스

프린터를 쓰고 싶은 프로세스

⋮

NOTE 자료구조 관점에서의 큐는 본래 선입선출 구조를 따르지만, 스케줄링에 사용되는 큐가 반드시 선입선출일 필요는 없습니다.

운영체제가 관리하는 줄인 큐에는 다양한 종류가 있지만, 대표적으로 **준비 큐**와 **대기 큐**가 있습니다. **준비 큐**ready queue는 CPU를 이용하고 싶은 프로세스의 PCB가 서는 줄을 의미하고, **대기 큐**waiting queue는 대기 상태에 접어든 프로세스의 PCB가 서는 줄을 의미합니다. 주로 입출력 작업을 수행 중일 경우, 대기 큐에서 대기 상태로 입출력 완료 인터럽트를 기다리게 됩니다. 준비 상태인 프로세스의 PCB는 준비 큐의 마지막에 삽입되어 CPU를 사용할 차례를 기다립니다. 운영체제는 큐에 삽입된 순서대로 실행하되, 우선순위가 높은 프로세스부터 먼저 실행합니다. 실행되는 프로세스가 할당받은 시간을 모두 소모할 경우(타이머 인터럽트를 받을 경우) 준비 큐로 다시 이동하고, 실행 도중 입출력 작업을 수행하는 등 대기 상태로 접어들어야 할 경우 대기 큐로 이동하게 됩니다.

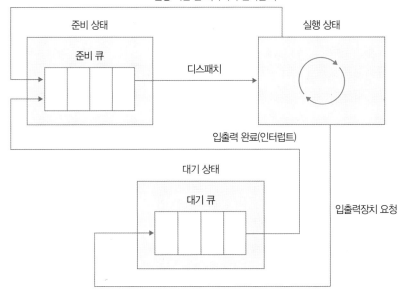

실행 시간 완료(타이머 인터럽트)

준비 상태

준비 큐

디스패치

실행 상태

입출력 완료(인터럽트)

대기 상태

대기 큐

입출력장치 요청

같은 입출력장치를 요구한 프로세스들은 같은 대기 큐에서 기다립니다. 입출력이 완료되어 완료 인터럽트가 발생하면 운영체제는 대기 큐에서 작업이 완료된 PCB를 찾고, 이 PCB를 준비 상태로 변경한 뒤 큐에서 제거됩니다. 당연히 해당 PCB는 준비 큐로 이동합니다. 운영체제는 이렇게 동시다발적으로 자원을 요구하는 여러 프로세스들을 효율적으로 관리할 수 있습니다.

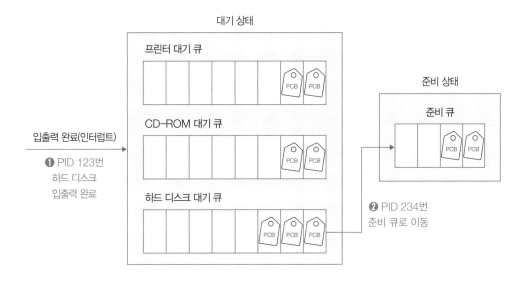

대기 상태

프린터 대기 큐

CD-ROM 대기 큐

하드 디스크 대기 큐

입출력 완료(인터럽트)

❶ PID 123번
하드 디스크
입출력 완료

준비 상태

준비 큐

❷ PID 234번
준비 큐로 이동

선점형 스케줄링과 비선점형 스케줄링

스케줄링은 기본적으로 프로세스의 실행이 끝나면 이루어집니다. 하지만 프로세스가 종료되지 않았음에도 실행 도중 스케줄링이 수행되는 대표적인 두 시점이 있습니다. 하나는 ❶ 실행 상태에서 입출력 작업을 위해 대기 상태로 전환될 때이고, 또 하나는 ❷ 실행 상태에서 타이머 인터럽트가 발생해 준비 상태로 변경될 때입니다.

실행 도중 스케줄링이 이루어지는 경우 ── ❶ 실행 상태 → 대기 상태(입출력 작업)
                                            ❷ 실행 상태 → 준비 상태(타이머 인터럽트)

이때 ❶과 ❷ 모든 상황에서 수행되는 스케줄링 유형을 선점형 스케줄링이라고 하고, ❶ 상황에서만 수행되는 스케줄링 유형을 비선점형 스케줄링이라고 합니다. '선점'이란 '남보다 앞서서 차지함'을 의미하므로 **선점형 스케줄링**preemptive scheduling은 현재 어떤 프로세스가 CPU를 할당받아 사용하고 있더라도 **운영체제가 프로세스로부터 CPU 자원을 강제로 빼앗아 다른 프로세스에 할당할 수 있는 스케줄링**을 말합니다. 따라서 지금까지 설명했던 타이머 인터럽트 기반 스케줄링은 모두 선점형 스케줄링의 일종이라고 볼 수 있습니다. 프로세스마다 정해진 시간만큼만 CPU를 이용하고, 정해진 시간을 모두 소비하면 운영체제가 해당 프로세스로부터 CPU 자원을 빼앗아 다음 프로세스에게 할당하는 방식이기 때문입니다.

반면, **비선점형 스케줄링**non-preemptive scheduling은 어떤 프로세스가 CPU를 사용하고 있을 때 그 프로세스가 종료되거나 스스로 대기 상태에 접어들기 전까지는 다른 프로세스가 끼어들 수 없는 스케줄링 방식을 말합니다. 만약 비선점형 스케줄링으로 실행되는 프로세스가 있다면 다른 프로세스들은 그 프로세스의 CPU 사용이 모두 끝날 때까지 기다려야 합니다.

선점형 스케줄링과 비선점형 스케줄링은 각기 다른 장단점을 가지고 있습니다. 선점형 스케줄링은 언제든 더 급한 프로세스가 끼어들어 CPU를 사용할 수 있으므로 한 프로세스의 CPU 독점을 막고 여러 프로세스에 골고루 CPU 자원을 배분할 수 있다는 장점이 있지만, 문맥 교환 과정에서 오버헤드가 발생할 수 있습니다. 그에 반해 비선점형 스케줄링은 선점형 스케줄링보다 문맥 교환의 횟수가 적기 때문에 상대적으로 오버헤드의 발생은 적지만, 어떤 프로세스가 CPU를 사용 중이라면 당장 CPU를 사용해야 하는 프로세스라도 무작정 기다리는 수밖에 없다는 단점이 있습니다.

CPU 스케줄링 알고리즘

운영체제가 프로세스에 CPU를 배분하는 방법은 CPU 스케줄링 알고리즘이라고 합니다. CPU 스케줄링 알고리즘의 종류는 매우 다양한데요. 우선 많은 전공 서적에서 대표적으로 소개하는 7가지 CPU 스케줄링 알고리즘에 대해 알아보고, 실제 운영체제(리눅스)의 CPU 스케줄링을 간략하게 살펴보겠습니다. 책에서는 대표적인 스케줄링 알고리즘을 '전통적 스케줄링 알고리즘'이라고 명명했습니다. 각각의 스케줄링 알고리즘들의 작동 방식과 장단점을 이해하는 데 집중하며 읽어 보길 바랍니다.

❶ 선입 선처리 스케줄링

선입 선처리FCFS, First Come First Served **스케줄링**은 단순히 준비 큐에 삽입된 순서대로 먼저 CPU를 요청한 프로세스부터 CPU를 할당하는 스케줄링 방식입니다. 때때로 프로세스들이 기다리는 시간이 매우 길어질 수 있다는 부작용이 있으며, 다음과 같이 먼저 삽입된 프로세스의 오랜 실행 시간으로 인해 나중에 삽입된 프로세스의 실행이 지연되는 문제를 **호위 효과**convoy effect라고 합니다.

❷ 최단 작업 우선 스케줄링

최단 작업 우선SJF, Shortest Job First **스케줄링**은 준비 큐에 삽입된 프로세스 중 CPU를 이용하는 시간의 길이가 가장 짧은 프로세스부터 먼저 실행하는 스케줄링 방식입니다. 최단 작업 우선 스케줄링은 기본적으로 비선점형 스케줄링 알고리즘으로 분류되지만, 뒤에서 언급할 '최소 잔여 시간 우선 스케줄링'처럼 선점형으로 구현될 수도 있습니다.

❸ 라운드 로빈 스케줄링

라운드 로빈round robin **스케줄링**은 선입 선처리 스케줄링에 타임 슬라이스라는 개념이 더해진 스케줄링 방식으로, **타임 슬라이스**time slice란 프로세스가 CPU를 사용하도록 정해진 시간을 의미합니다. 즉, 라운드 로빈 스케줄링은 큐에 삽입된 프로세스들이 삽입된 순서대로 CPU를 이용하되, 정해진 타임 슬라이스만큼만 CPU를 이용하는 선점형 스케줄링입니다. 프로세스가 정해진 시간을 모두 사용하고도 완료되지 않으면 문맥 교환이 발생해 다시 큐의 맨 뒤에 삽입됩니다.

❹ 최소 잔여 시간 우선 스케줄링

최소 잔여 시간 우선SRT, Shortest Remaining Time **스케줄링**은 최단 작업 우선 스케줄링과 라운드 로빈 스케줄링을 합친 스케줄링 방식입니다. 프로세스로 하여금 정해진 타임 슬라이스만큼 CPU를 이용하되, 남아 있는 작업시간이 가장 적은 프로세스를 다음으로 CPU를 이용할 프로세스로 선택합니다.

❺ 우선순위 스케줄링

우선순위priority **스케줄링**은 프로세스에 우선순위를 부여하고, 가장 높은 우선순위를 가진 프로세스부터 실행하는 스케줄링 방식입니다. 이렇게 프로세스의 우선순위를 바탕으로 스케줄링하는 방식은 단순해 보이지만, 사실 아주 근본적인 문제를 내포하고 있습니다. 우선순위가 높은 프로세스를 먼저 처리하는 방식이기 때문에 우선순위가 낮은 프로세스는 (준비 큐에 먼저 삽입되었더라도)우선순위가 높은 프로세스로 인해 계속해서 실행이 연기될 수 있습니다. 이를 **아사**starvation 현상이라고 하는데요. 이를 방지하기 위한 기법으로는 **에이징**aging이 있습니다. 에이징은 오랫동안 대기한 프로세스의 우선순위를 점차 높이는 방식입니다. 에이징을 적용하면 우선순위가 낮아서 마냥 기다리기만 하는 프로세스가 없어지게 됩니다. 지금은 우선순위가 낮더라도 언젠가는 우선순위가 높아질 테니까요.

❻ 다단계 큐 스케줄링

다단계 큐multilevel queue **스케줄링**은 우선순위 스케줄링의 발전된 형태로, 우선순위별로 여러 개의 준비 큐를 사용하는 스케줄링 방식입니다. 우선순위가 가장 높은 큐에 있는 프로세스를 먼저 처리하고, 우선순위가 가장 높은 큐가 비어 있게 되면, 그 다음으로 우선순위가 높은 큐에 있는 프로세스를 처리합니다. 다음 그림에서 우선순위가 가장 높은 우선순위0에 삽입된 프로세스, 그리고 그 다음 우선순위로 우선순위1에 삽입된 프로세스, 그 다음 우선순위2에 삽입된 프로세스 순으로 CPU를 할당받아 실행하게 되는 것입니다.

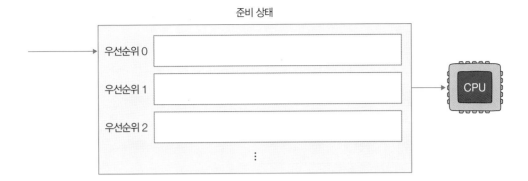

준비 상태

우선순위 0

우선순위 1

우선순위 2

CPU

다단계 큐 스케줄링에서는 프로세스들이 큐 사이를 이동할 수 없기 때문에 우선순위가 낮은 프로세스의 작업이 계속해서 연기될 수 있다는 단점이 있습니다. 즉, 앞서 언급한 아사 현상이 발생할 수 있습니다. 이를 보완하는 스케줄링 알고리즘이 바로 다단계 피드백 큐 스케줄링입니다.

❼ 다단계 피드백 큐 스케줄링

다단계 피드백 큐multilevel feedback queue **스케줄링**은 다단계 큐 스케줄링과 비슷하게 동작하지만, **프로세스들이 큐 사이를 이동할 수 있다는 점**에서 차이가 있습니다. 다단계 피드백 큐 스케줄링에 새롭게 진입하는 프로세스는 먼저 우선순위가 가장 높은 우선순위 큐에 삽입되고, 타임 슬라이스 동안 실행됩니다. 만약 해당 큐에서 프로세스의 실행이 끝나지 않으면 다음 우선순위 큐에 삽입되어 실행됩니다. 또 해당 큐에서 실행이 끝나지 않은 프로세스는 그 다음 우선순위 큐에 삽입되어 실행됩니다. 결국 오래 CPU를 사용해야 하는 프로세스의 우선순위가 점차 낮아지게 됩니다. 자연스럽게 비교적 CPU를 오래 사용해야 하는 'CPU 집중 프로세스'들의 우선순위는 낮아지고, 비교적 CPU를 적게 사용해야 하는 '입출력 집중 프로세스'들은 우선순위가 높은 큐에서 실행이 끝나게 됩니다. 또한 아사 현상을 예방하기 위해 낮은 우선순위 큐에서 오래 기다리고 있는 프로세스들을 높은 우선순위 큐로 이동시키는 에이징 기법을 적용할 수도 있습니다. 따라서 비교적 CPU를 오래 사용하지 못한 프로세스의 우선순위는 자연스럽게 높아집니다.

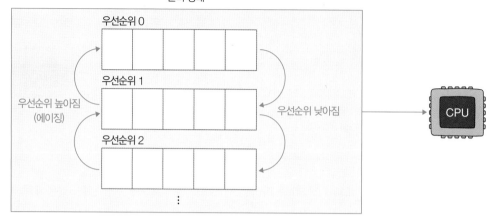

이상으로 전통적 스케줄링 알고리즘에 대해 알아봤습니다. 여기까지 정리하고 나면 '운영체제 내에 서는 단일한 CPU 스케줄링 알고리즘이 사용된다, 타임 슬라이스는 고정된 값으로 모든 프로세스에 동일하게 할당된다'고 생각할 수도 있지만, 꼭 그렇지는 않습니다. 실제 운영체제에서는 프로세스의 가중치에 따라 타임 슬라이스를 달리 할당받을 수도 있습니다. 이와 관련해 실제 리눅스 운영체제의 CPU 스케줄링은 어떻게 이루어지는지 간략히 알아봅시다.

리눅스 CPU 스케줄링

리눅스에서는 상황에 따라 다양한 스케줄링 알고리즘이 사용될 수 있습니다. 이는 리눅스 운영체제 의 **스케줄링 정책**scheduling policy을 보면 알 수 있습니다. 스케줄링 정책은 새로운 프로세스를 언제 어떻 게 선택하여 실행할지를 결정하기 위한 규칙의 집합으로, 리눅스에서는 크게 다음과 같은 5가지 스 케줄링 정책을 사용하고 있습니다.

스케줄링 정책	적용 상황
SCHED_FIFO	실시간성 프로세스에 적용되는 정책
SCHED_RR	(매우 높은 우선순위를 할당함)
SCHED_NORMAL	일반적인 프로세스에 적용되는 정책
SCHED_BATCH	일반적인 프로세스만큼 자주 선점하지 않는 배치 작업에 적용되는 정책
SCHED_IDLE	우선순위가 매우 낮은 프로세스에 적용되는 정책 (매우 낮은 우선순위를 할당함)

이들 중 일반적으로 가장 자주 언급되는 정책인 **FIFO, RR, NORMAL** 위주로 살펴보겠습니다. SCHED_FIFO First-In-First-Out와 SCHED_RR Round Robin은 **RT**Real-Time 스케줄러에 의해 이뤄지는 스케줄링입니다. 이름 그대로 실시간성이 강조된 프로세스(실시간 프로세스)에 적용되는 스케줄링 정책입니다. FIFO(선입선출), 라운드 로빈(선점형 스케줄링)은 앞서 학습한 스케줄링 방식이죠?

SCHED_NORMAL은 일반적인 프로세스에 적용되는 스케줄링 정책으로, SCHED_NORMAL 정책하에서는 CFS라는 CPU 스케줄러에 의해 스케줄링이 이뤄집니다. 여기서 **CFS**Completely Fair Scheduler란 이름처럼 프로세스에 대해 '완전히 공평한 CPU 시간 배분'을 지향하는 CPU 스케줄러를 말합니다.

리눅스에서는 프로세스마다 **가상 실행 시간(이하 vruntime)**virtual runtime이라는 정보를 유지하는데, CFS는 이 vruntime이 가장 작은 프로세스부터 스케줄링합니다. vruntime은 프로세스가 '실제로 실행된 시간(runtime)'이 아닌, 프로세스의 '가중치(weight)'를 고려한 가상의 실행 시간입니다. 여기서 가중치란 프로세스의 우선순위와 연관된 값으로, 프로세스의 우선순위가 높아질수록 가중치도 높아집니다. 다음은 vruntime을 연산하는 대략적인 수식입니다. 프로세스의 가중치가 높아질수록 vruntime이 천천히 증가한다는 것을 알 수 있죠? 따라서 프로세스의 가중치가 높을수록 먼저 스케줄링될 확률이 높습니다. 수식을 암기할 필요는 없습니다. 가중치에 따라 스케줄링의 확률이 어떻게 변할지만 짐작해 보세요.

$$\text{vruntime} = \text{CPU를 할당받아 실행된 시간} * \frac{\text{평균 가중치 (상수)}}{\text{프로세스의 가중치}}$$

NOTE 프로세스의 가중치와 vruntime 값을 도출하는 상세 과정은 지면상 다루지 않습니다.

CFS로 스케줄링되는 프로세스들의 타임 슬라이스는 다음 수식과 같이 프로세스의 가중치에 따라 결정됩니다. 역시 수식을 암기할 필요는 없습니다. 프로세스의 우선순위가 높아질수록 가중치도 높아진다고 설명했죠. 수식을 살펴보면 알 수 있듯, 프로세스의 가중치가 높아지면 타임 슬라이스도 크게 할당받을 수 있습니다.

$$\text{타임 슬라이스} = \left(\frac{\text{프로세스의 가중치}}{\text{CFS 큐에서 대기하는 프로세스들의 전체 가중치}} \right) * \text{CFS 큐에서 대기하는 프로세스들의 타임 슬라이스 전체 합}$$

vruntime과 가중치는 리눅스 운영체제에서 '/proc/⟨PID⟩/sched'라는 파일을 출력하는 명령어를 통해 확인할 수 있습니다. 가령 다음 명령어의 결과는 PID가 '34913'인 프로세스의 vruntime, 가중치 등을 나타냅니다.

```
$ cat /proc/34193/sched
bash(34193, #threads: 1)
-------------------------------------------
se.exec_start : 1895846397.856628
se.vruntime : 4599515.302565
se.sum_exec_runtime : 73.672331
  ⋮
se.load.weight : 1048576
se.runnable_weight : 1048576
se.avg.load_sum : 599
  ⋮
policy : 0
prio : 120
  ⋮
```

여기서 잠깐

vruntime 최솟값 빠르게 골라내기

커널(CFS 스케줄러)은 수많은 프로세스 중 vruntime이 가장 작은 프로세스를 빠르게 선별할 수 있어야 합니다. 이를 위해 **RB 트리**라는 자료구조를 활용하는데요. RB 트리는 여러 값 중 최솟값과 최댓값을 빠르고 효율적으로 찾아낼 수 있는 자료구조의 일종입니다. 이와 관련해 보다 자세한 내용은 4장 '자료구조'에서 학습할 예정이므로 기억해 두기 바랍니다.

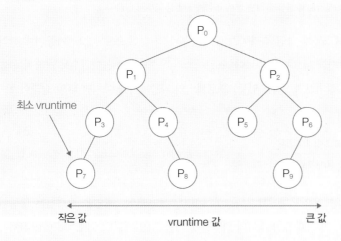

⟨5⟩ 가상 메모리

이번에는 운영체제의 메모리 관리 기법인 가상 메모리에 관해 알아볼 차례입니다. 여기까지 읽은 독자라면 'CPU와 프로세스들이 메모리 몇 번지에 무엇이 저장되어 있는지 모두 알고 있을 것'이라고 생각할 수 있습니다. 하지만 실제로 그렇지는 않습니다. CPU와 프로세스가 메모리 몇 번지에 무엇이 저장되어 있는지까지 다 일일이 알고 있지는 않습니다. 이를 알기 위해서는 CPU 내부의 저장공간(레지스터)이 메모리만큼 커야 할 텐데, 실제로는 그보다 훨씬 작은 용량을 갖고 있기 때문입니다. 게다가 새로운 프로세스는 새롭게 메모리에 적재되고, 사용되지 않는 프로세스는 메모리에서 삭제됩니다. 메모리 정보는 시시때때로 변경될 수 있다는 의미입니다. 메모리에 적재된 모든 프로세스와 CPU가 이렇게 실시간으로 바뀌는 정보를 모두 기억하고 있기는 어렵습니다. 그렇다면 CPU는 어떻게 메모리에 적재된 프로세스의 주소를 인식하고 관리할까요? 이와 관련해 논리 주소와 가상 메모리, 페이징의 개념에 대해 알아보겠습니다.

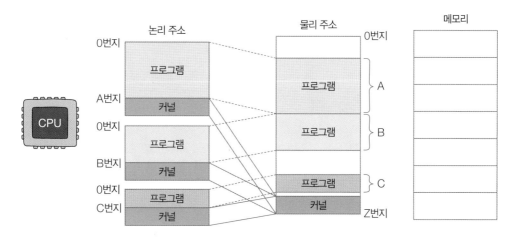

물리 주소와 논리 주소

CPU와 프로세스는 메모리의 하드웨어 상 실제 주소인 **물리 주소**physical address가 아니라 다른 주소 체계를 이용합니다. 바로 논리 주소입니다. **논리 주소**logical address는 프로세스마다 부여되는 0번지부터 시작하는 주소 체계를 말합니다. 가령 현재 메모리 상에 웹 브라우저, 메모장, 게임 프로세스가 적재되어 있다면 이 모든 프로세스에는 0번지부터 시작하는 각자의 논리 주소를 가지고 있는 셈입니다.

CPU와 프로세스가 사용하는 주소 체계는 물리 주소가 아니라 논리 주소이기 때문에 중복되는 물리 주소의 번지 수는 존재하지 않지만, 중복되는 논리 주소의 번지 수는 얼마든지 존재할 수 있습니다. 하지만 논리 주소라 할지라도 실제로 정보가 저장되어 있는 하드웨어 상의 메모리와 상호작용하기 위해서는 반드시 논리 주소와 물리 주소간의 변환이 이루어져야 합니다. CPU는 논리 주소로 이야기하는데, 메모리가 물리 주소로 이야기한다면 서로 원활하게 통신하기 어려울 테니까요. 그래서 존재하는 하드웨어가 바로 **메모리 관리 장치(이하 MMU)**^{Memory Management Unit}입니다. MMU는 CPU와 메모리 사이에 위치하며, CPU가 이해하는 논리 주소를 메모리가 이해하는 물리 주소로 변환하는 역할을 합니다.

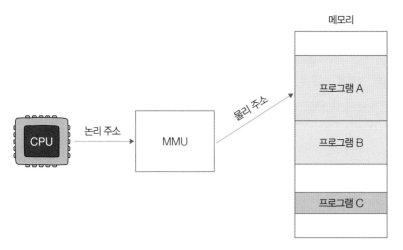

MMU를 기준으로 물리 주소와 논리 주소가 변환된다는 사실을 바탕으로 프로세스가 이러한 주소 체계를 통해 어떻게 메모리에 할당되는지 알아보겠습니다.

스와핑과 연속 메모리 할당

가장 기본적인 메모리 할당 방식인 스와핑과 연속 메모리 할당부터 알아보겠습니다. 스와핑이란 무엇이며 어떤 이점이 있는지, 그리고 연속 메모리 할당에는 어떠한 부작용이 있는지를 중점적으로 읽어 보길 바랍니다.

스와핑

메모리에 적재된 프로세스들 중에는 현재 실행되고 있지 않은 프로세스도 있을 수 있습니다. 입출력 작업을 요구하며 대기 상태가 되었거나 오랫동안 사용되지 않은 프로세스가 이러한 프로세스에 해당됩니다. 이러한 프로세스들을 임시로 **스왑 영역**swap space라는 보조기억장치의 일부인 영역으로 쫓아내고, 프로세스를 쫓아낸 자리에 생긴 메모리 상의 빈 공간에 다른 프로세스를 적재하여 실행하는 메모리 관리 방식을 **스와핑**swapping이라고 합니다. 다음은 맥OS와 리눅스 운영체제에서 확인할 수 있는 스왑 영역의 크기입니다.

맥OS

리눅스

현재 실행되지 않는 프로세스가 메모리에서 스왑 영역으로 옮겨지는 것을 **스왑 아웃**swap-out, 반대로 스왑 영역에 있는 프로세스가 다시 메모리로 옮겨오는 것을 **스왑 인**swap-in이라고 하는데요. 스왑 아웃되었던 프로세스가 다시 스왑 인될 때는 스왑 아웃되기 전의 물리 주소와는 다른 주소에 적재될 수 있습니다.

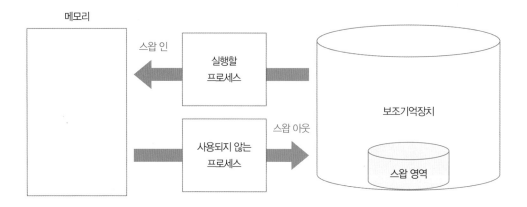

이처럼 운영체제는 스와핑이라는 기본적인 메모리 관리 기법을 통해 프로세스들을 메모리 내 빈 공간에 적재합니다. 그런데 만약 메모리 내 빈 공간이 여러 개라면 어디에 프로세스를 배치해야 할까요? 관련하여 비어 있는 메모리 공간에 프로세스를 할당하는 방법에 대해 알아보겠습니다.

연속 메모리 할당과 외부 단편화

지금까지는 메모리 내에 프로세스들이 **연속적으로 배치되는 상황**을 가정했습니다. 다음 그림과 같이 프로세스 A는 A의 크기만큼 메모리 주소를 할당받아 배치되고, 프로세스 B는 프로세스 A 이후에 B의 크기만큼 연속적으로 메모리 주소를 할당받아 배치되는 식으로 말이죠. 이렇게 프로세스에 연속적인 메모리 공간을 할당하는 방식을 **연속 메모리 할당**이라고 합니다.

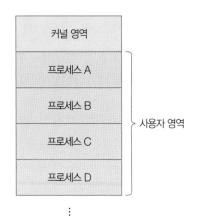

언뜻 보기에는 당연하고 보편적인 방식이라고 느껴질 수 있지만, 사실 연속 메모리 할당은 메모리를 효율적으로 사용하는 방법은 아닙니다. 외부 단편화라는 문제를 내포하기 때문입니다. 다음 그림과 같은 상황을 가정해 보겠습니다. 현재 이 메모리에 새로운 프로세스가 적재될 수 있는 빈 공간은 총 50MB입니다. 하지만 남아 있는 빈 공간의 총합이 50MB라 하더라도 크기가 50MB인 프로세스를 적재하는 것은 불가능합니다. 메모리에 남아 있는 공간이 각각 30MB와 20MB이기 때문입니다.

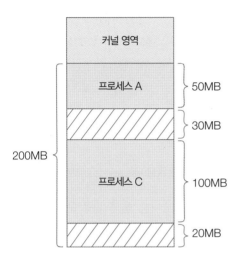

이처럼 프로세스들이 메모리에 연속적으로 할당되는 환경에서는 프로세스의 실행과 종료를 반복하며 메모리 사이 사이에 빈 공간이 생깁니다. 프로세스 바깥에 생기는 빈 공간들은 분명 빈 공간이 맞지만 그보다 큰 프로세스를 적재하기 어려운 상황을 초래하고, 이는 메모리 낭비로 이어집니다. 이러한 현상을 **외부 단편화**external fragmentation라고 합니다.

페이징을 통한 가상 메모리 관리

스와핑과 연속 메모리 할당은 2가지 문제를 내포합니다. 하나는 적재와 삭제를 반복하며 프로세스들 사이에 발생하는 외부 단편화이고, 또 하나는 물리 메모리보다 큰 프로세스를 실행할 수 없다는 문제입니다. 프로세스를 반드시 연속적으로 메모리에 할당해야 한다면 메모리보다 큰 프로그램은 적재할 수 없습니다. 4GB 메모리 컴퓨터로는 4GB 이상의 프로그램을 실행할 수 없는 것처럼 말이죠.

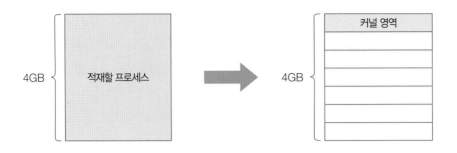

이러한 문제를 해결하는 운영체제의 메모리 관리 기술이 바로 가상 메모리입니다. **가상 메모리**^{virtual} memory란 실행하고자 하는 프로그램의 일부만 메모리에 적재해, 실제 메모리보다 더 큰 프로세스를 실행할 수 있도록 만드는 메모리 관리 기법입니다. 보조기억장치의 일부를 메모리처럼 사용하거나 프로세스의 일부만 메모리에 적재함으로써 메모리를 실제 크기보다 더 크게 보이게 하는 기술이라고 할 수 있습니다.

NOTE 가상 메모리 기법으로 생성된 논리 주소 공간은 **가상 주소 공간(virtual address space)**이라고도 부릅니다.

대표적인 가상 메모리 관리 기법에는 페이징과 세그멘테이션이 있습니다. 둘 중 많은 운영체제에서 더 범용적으로 사용되는 기법인 페이징에 대해 알아보겠습니다. 페이징이 외부 단편화를 어떻게 해결하는지, 어떻게 메모리보다 큰 프로그램을 실행하는지에 집중해 읽어 보길 바랍니다.

페이징

페이징^{paging}은 프로세스의 논리 주소 공간을 **페이지**^{page}라는 일정한 단위로 나누고, 물리 주소 공간을 페이지와 동일한 크기의 **프레임**^{frame}이라는 일정한 단위로 나눈 뒤 **페이지를 프레임에 할당하는 가상 메모리 관리 기법**입니다. 이때, 프로세스를 구성하는 페이지는 물리 메모리 내에 불연속적으로 배치될 수 있다는 점에 유의해야 합니다.

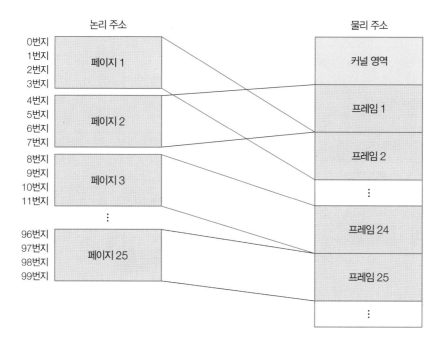

이와 같이 메모리를 할당하면 외부 단편화가 발생하지 않습니다. 페이지라는 일정한 크기로 잘린 프로세스들을 메모리에 불연속적으로 할당할 수 있다면, 연속 메모리 할당처럼 프로세스 바깥에 빈 공간이 생길 수 없기 때문입니다.

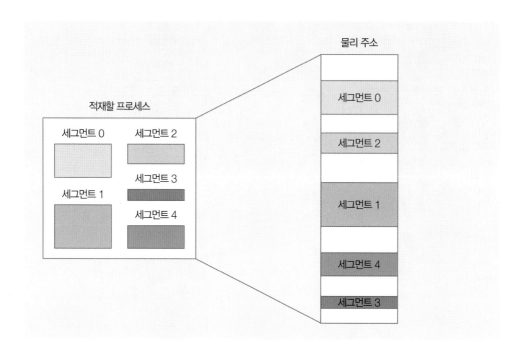

페이징 기법에서도 스와핑이 사용될 수 있습니다. 페이징을 사용하는 시스템에서는 프로세스 전체가 스왑 아웃/스왑 인되는 것이 아니라 페이지 단위로 스왑 아웃/스왑 인됩니다. 페이징 시스템에서의 스왑 아웃은 **페이지 아웃**page out, 스왑 인은 **페이지 인**page in이라고 부릅니다.

가령 같은 프로세스를 이루는 페이지 중 일부는 페이지 인되고, 일부는 페이지 아웃되었다고 가정해 봅시다. 즉, 프로세스의 일부는 메모리에 적재되고, 일부는 보조기억장치에 적재되었다는 것을 의미 합니다. 이를 달리 말하면 프로세스를 실행하기 위해 전체 프로세스가 메모리에 적재될 필요는 없다 는 점을 시사합니다. CPU 입장에서 바라본 논리 메모리의 크기가 실제 메모리보다 클 수 있다는 것 이죠. 페이징을 통해 물리 메모리보다 큰 크기의 프로세스 실행도 가능해진 것입니다.

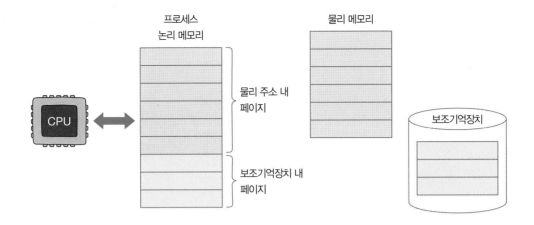

앞서 프로세스를 구성하는 페이지는 물리 메모리 내에 불연속적으로 배치될 수 있다고 설명했습니다. 그런데 여기에는 문제가 있습니다. 물리 메모리 내에 페이지가 불연속적으로 배치되어 있다면, CPU 입장에서는 다음으로 실행할 페이지의 위치를 찾기가 어렵습니다. CPU가 프로세스를 이루는 어떤 페이지가 어떤 프레임에 적재되어 있는지를 모두 알고 있기는 어렵기 때문입니다.

페이지 테이블

이러한 문제를 해결하기 위해 프로세스의 페이지와 실제로 적재된 프레임을 짝지어주는 정보인 **페이지 테이블**page table을 활용합니다. 페이지 테이블에는 페이지 번호와 실제로 적재된 프레임 번호가 대응되어 있습니다. 덕분에 CPU는 페이지 테이블의 페이지 번호만 보고도 적재된 프레임을 찾을 수 있습니다. 프로세스마다 각자의 페이지 테이블 정보를 갖고 있으므로, CPU가 서로 다른 프로세스를 실행할 때는 각 프로세스의 페이지 테이블을 참조하여 메모리에 접근합니다.

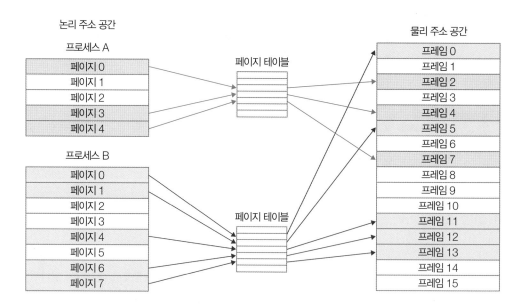

페이지 테이블은 기본적으로 페이지 번호와 그에 대응되는 프레임 번호로 구성되어 있지만, 실은 그 이외에도 다른 중요한 정보들이 포함되어 있습니다. 페이지 테이블을 구성하고 있는 각각의 행들을 **테이블 엔트리**[PTE, Page Table Entry]라고 하는데요. 운영체제마다 차이는 있지만, 페이지 테이블 엔트리에 포함되는 대표적인 정보로는 페이지 번호와 프레임 번호, 유효 비트, 보호 비트, 참조 비트, 수정 비트를 꼽을 수 있습니다.

페이지 테이블

페이지 번호	프레임 번호	유효 비트	보호 비트			참조 비트	수정 비트
			r	w	x		

페이지 테이블 엔트리 ➡ (첫째 행)
페이지 테이블 엔트리 ➡ (둘째 행)
페이지 테이블 엔트리 ➡ (셋째 행)

유효 비트[valid bit]는 해당 페이지에 접근이 가능한지 여부를 알려 주는 매우 중요한 정보입니다. 앞서 프로세스의 일부는 메모리, 일부는 보조기억장치에 저장할 수 있다고 설명했는데요. 유효 비트는 현재 페이지가 메모리, 아니면 보조기억장치에 적재되어 있는지 알려 주는 비트입니다. 유효 비트는 페이지가 메모리에 적재되어 있다면 1, 페이지가 메모리에 적재되어 있지 않다면 0이 됩니다. CPU는 보조기억장치에 저장된 페이지에 곧장 접근할 수 없으므로 보조기억장치에 저장된 페이지에 접근하려면 보조기억장치 속 페이지를 메모리로 적재한 뒤에 접근해야 합니다. 만일 CPU가 메모리에 적재되지 않은 페이지, 즉 유효 비트가 0인 페이지에 접근하려고 하면 **페이지 폴트**page fault라는 예외 (Exception)가 발생합니다. 윈도우의 경우, 다음과 같이 [리소스 모니터] – [메모리] 탭에서 현재 처리하고 있는 페이지 폴트를 확인할 수 있습니다.

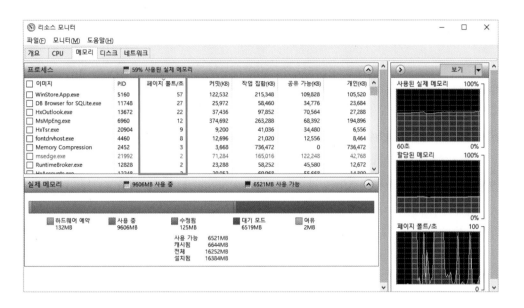

CPU의 페이지 폴트 처리 과정은 다음과 같습니다.

❶ 기존 작업 내역을 백업합니다.

❷ 페이지 폴트 처리 루틴을 실행합니다. 페이지 폴트 처리 루틴은 원하는 페이지를 메모리로 가져와 유효 비트를 1로 변경해 주는 작업입니다.

❸ 페이지 폴트 처리 루틴 실행 후, 메모리에 적재된 페이지를 실행합니다.

페이지 테이블 엔트리의 나머지 정보도 하나씩 알아보겠습니다. **보호 비트**protection bit는 페이지 보호 기능을 위해 존재하는 비트입니다. 읽기(Read)를 나타내는 r, 쓰기(Write)를 나타내는 w, 실행 (eXecute)을 나타내는 x의 조합으로 페이지에 접근할 권한을 제한함으로써 페이지를 보호할 수 있습니다. 가령 보호 비트가 100으로 설정된 페이지는 r이 1, w와 x가 0이므로 읽기만 가능하고, 보호 비트가 111로 설정된 페이지는 읽기, 쓰기, 실행이 모두 가능합니다.

참조 비트reference bit는 CPU가 해당 페이지에 접근한 적이 있는지의 여부를 나타내는 비트입니다. 페이지에 적재한 이후에 CPU가 읽거나 쓴 페이지는 참조 비트가 1로 설정되고, 적재한 이후에 한 번도 읽거나 쓴 적이 없는 페이지는 0으로 유지됩니다.

수정 비트modified bit는 해당 페이지에 데이터를 쓴 적이 있는지의 여부를 알려 주는 비트로, **더티 비트**dirty bit 라고도 부릅니다. 수정 비트가 1이면 변경된 적이 있는 페이지이고, 0이면 변경된 적이 없는 페이지 (한 번도 접근한 적 없거나 읽기만 했던 페이지)임을 나타냅니다. 수정 비트가 1일 경우, 즉 한 번이 라도 페이지에 쓰기 작업을 한 경우에는 페이지를 메모리에서 삭제해야 할 때 페이지의 수정 내역을 보조기억장치에도 반영해 두어야 하므로 보조기억장치에 대한 쓰기 작업이 필요합니다. 반대로 수 정 비트가 0일 경우에는 보조기억장치에 반영할 수정 내역이 없으므로 페이지를 메모리에서 삭제해 야 할 때 단순히 보조기억장치에 대한 별도의 쓰기 작업 없이 페이지를 메모리에서 삭제하기만 해도 됩니다.

페이징은 외부 단편화 문제를 해결할 수는 있지만, 내부 단편화라는 또 다른 문제를 야기할 수 있습 니다. 페이징은 프로세스의 논리 주소 공간을 페이지라는 일정한 크기의 단위로 나누는 방식이지만, 모든 프로세스가 페이지 크기에 딱 맞게 잘리는 것이 아닙니다. 다시 말해, 모든 프로세스의 크기가 페이지의 배수가 아니라는 것입니다. 가령 페이지 크기는 10KB인데 프로세스의 크기가 107KB인 경우, 마지막 페이지는 3KB만큼이 남습니다. 이렇게 페이지 하나의 크기보다 작은 크기로 발생하 게 되는 메모리 낭비를 **내부 단편화**Internal Fragmentation라고 합니다.

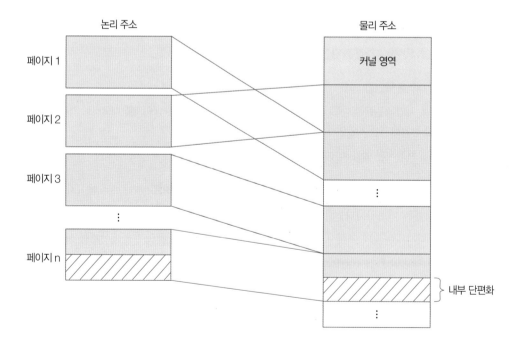

각 프로세스의 페이지 테이블은 메모리에 적재될 수 있습니다. 따라서 어떤 프로세스를 실행하려면 이 프로세스의 페이지 테이블이 메모리에 적재된 위치를 알아야 합니다. 특정 프로세스의 페이지 테이블이 적재된 메모리 상의 위치를 가리키는 특별한 레지스터가 있습니다. 바로 **페이지 테이블 베이스 레지스터(이하 PTBR)**Page Table Base Regiser입니다. PTBR은 프로세스마다 가지는 정보이므로 각 PCB에 기록되며, 다른 프로세스로의 문맥 교환이 발생할 때 변경됩니다.

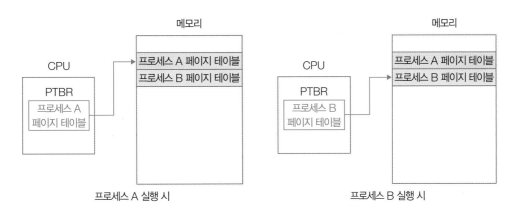

프로세스 A 실행 시   프로세스 B 실행 시

앞서 페이지 테이블이 메모리에 '적재될 수 있다'고 표현한 이유가 있습니다. 모든 프로세스의 페이지 테이블을 메모리에 두는 것은 ❶ 메모리 접근 횟수가 많아지고, ❷ 메모리 용량을 많이 차지하기 때문에 비효율적입니다. 따라서 운영체제는 모든 페이지 테이블을 메모리에 적재하는 것을 가급적 지양합니다. ❶과 ❷, 각각의 문제 상황과 해결 방법에 대해 좀 더 알아보겠습니다.

❶ 메모리 접근 횟수

모든 프로세스의 페이지 테이블이 메모리에 적재되어 있을 경우, CPU는 페이지 테이블에 접근하기 위해 한 번, 실제 프레임에 접근하기 위해 한 번, 이렇게 총 두 번 메모리에 접근해야 합니다. 따라서 메모리에 접근하는 시간이 두 배로 늘어날 수 있습니다. 이를 해결하기 위해 **TLB**Translation Look-aside Buffer 라는 페이지 테이블의 캐시 메모리가 사용됩니다. TLB는 페이지 테이블의 캐시이므로 참조 지역성의 원리에 근거해 자주 사용할 법한 페이지 위주로 페이지 테이블의 일부 내용을 저장합니다.

NOTE 참조 지역성의 원리는 100쪽 2장 '컴퓨터 구조'에서 다뤘습니다.

CPU가 접근하려는 논리 주소의 페이지 번호가 TLB에 있을 경우, TLB는 CPU에게 해당 페이지 번호가 적재된 프레임 번호를 알려줍니다. 이를 **TLB 히트**TLB hit라고 합니다. 이 경우에는 한 번만 메모리에 접근하면 되죠. 하지만 페이지 번호가 TLB에 없는 경우에는 어쩔 수 없이 페이지가 적재된 프레임을 알기 위해 메모리 내의 페이지 테이블에 접근하는 수밖에 없습니다. 이를 **TLB 미스**TLB miss라고 합니다. TLB 미스의 경우에는 추가적인 메모리 접근이 필요합니다. 즉, 메모리 접근 횟수를 낮추려면 TLB 히트율을 높여야 합니다.

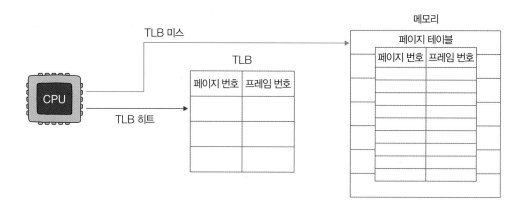

❷ 메모리 용량

페이지 테이블의 크기는 생각보다 작지 않습니다. 프로세스의 크기가 커지면 자연히 페이지 테이블의 크기도 커지기 때문에 프로세스를 이루는 모든 페이지 테이블 엔트리들을 메모리에 두는 것은 큰 메모리 낭비입니다. 그래서 등장한 방법 중 하나가 계층적 페이징입니다. **계층적 페이징**hierarchical paging은 **페이지 테이블을 페이징**하는 방식으로, 여러 단계의 페이지를 둔다는 점에서 **다단계 페이지 테이블** multilevel page table 기법이라고도 부릅니다. 가령 한 프로세스의 페이지 테이블이 다음과 같다고 가정해봅시다. 계층적 페이징 기법을 사용하지 않으면 이 페이지 테이블 전체가 메모리에 적재되어 있어야 합니다.

페이지 테이블

계층적 페이징은 다음 그림처럼 프로세스의 페이지 테이블을 여러 개의 페이지로 자르고, CPU와 가까이 위치한 바깥 쪽에 페이지 테이블(Outer 페이지 테이블)을 하나 더 두어 잘린 페이지 테이블의 페이지들을 가리키게 합니다. 이렇게 페이지 테이블을 계층적으로 구성하면 모든 페이지 테이블을 항상 메모리에 유지할 필요가 없어집니다. CPU와 가장 가까이 위치한 페이지 테이블(Outer 페이지 테이블)만 메모리에 유지하면 잘린 페이지 테이블의 일부가 보조기억장치에 있더라도 Outer 페이지 테이블을 통해 언제든 접근할 수 있기 때문입니다.

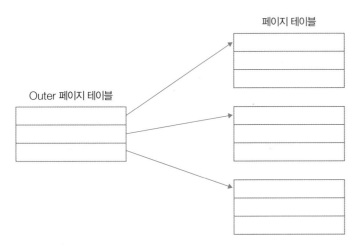

NOTE 그림에서는 페이지 테이블이 2개의 계층으로 구성(2단계 페이징)되어 있지만, 페이지 테이블의 계층은 3개, 4개, 그 이상으로도 구성될 수 있습니다.

페이징 주소 체계

하나의 페이지 내에는 여러 주소가 포함되어 있기 때문에 페이징 시스템의 논리 주소는 기본적으로 〈페이지 번호, 변위〉와 같은 형태로 이루어져 있습니다. **페이지 번호**page number는 몇 번째 페이지 번호에 접근할지를 나타냅니다. 페이지 테이블을 참조하면 물리 메모리 내의 어떤 프레임에 접근할지를 알 수 있습니다. 또한 **변위**offset는 접근하려는 주소가 페이지(프레임) 시작 번지로부터 얼마큼 떨어져 있는지를 나타내는 정보입니다. 요컨대 〈페이지 번호, 변위〉로 이루어진 논리 주소는 페이지 테이블을 통해 물리 주소 〈프레임 번호, 변위〉로 변환되는 셈입니다.

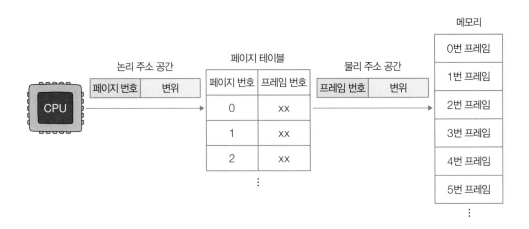

예를 들어 현재 CPU와 페이지 테이블, 메모리 상태가 다음 그림과 같다고 해봅시다. 하나의 페이지 및 프레임이 4개의 주소로 구성되어 있는 상황을 가정했습니다. 만약 CPU가 5번 페이지, 변위 2라는 논리 주소 〈5, 2〉에 접근한다면 실제로 CPU가 접근하게 될 물리 주소는 어디일까요? 그림의 페이지 테이블에서 현재 5번 페이지는 1번 프레임에 있습니다. 따라서 CPU는 1번 프레임, 변위 2에 접근하게 됩니다. 1번 프레임은 물리 주소 공간의 8번지부터 시작하므로 결국 CPU는 10번지에 접근하게 되는 것입니다.

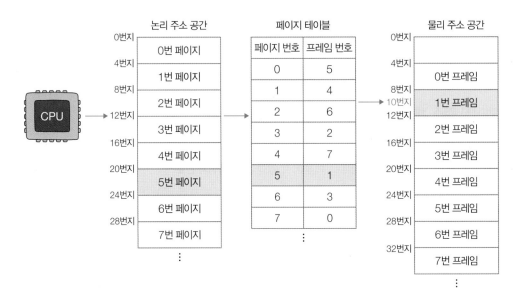

페이지 교체 알고리즘

앞서 프로세스를 이루는 모든 페이지가 메모리에 적재되지는 않아도 된다고 언급했습니다. 이처럼 메모리에 프로세스를 적재할 때 처음부터 모든 페이지를 적재하지 않고, 메모리에 필요한(요구되는) 페이지만을 적재하는 기법을 **요구 페이징**demand paging이라고 합니다. 요구 페이징의 기본적인 양상은 다음과 같습니다.

❶ CPU가 특정 페이지에 접근하는 명령어를 실행한다.

❷ 해당 페이지가 현재 메모리에 있을 경우(유효 비트가 1일 경우) CPU는 페이지가 적재된 프레임에 접근한다.

❸ 해당 페이지가 현재 메모리에 없을 경우(유효 비트가 0일 경우) 페이지 폴트가 발생한다.

❹ 페이지 폴트가 발생하면 페이지 폴트 처리 루틴을 통해 해당 페이지를 메모리로 적재하고, 유효 비트를 1로 설정한다.

❺ 다시 ❶의 과정을 수행한다.

참고로, 아무런 페이지도 메모리에 적재하지 않은 채 무작정 프로세스를 실행할 수도 있습니다. 이를 **순수 요구 페이징**pure demand paging이라고 하는데요. 순수 요구 페이징의 경우 프로세스의 첫 명령어를 실행하는 순간부터 페이지 폴트가 발생하게 되고, 실행에 필요한 페이지가 어느 정도 적재된 이후부터는 페이지 폴트의 발생 빈도가 떨어집니다.

이때 요구 페이징을 통해 페이지들을 메모리에 점차 적재하다 보면 언젠가는 메모리가 가득 찰 것입니다. 메모리에 페이지가 가득 찬 상황에서 추가적으로 페이지를 적재해야 한다면 메모리에 적재된 일부 페이지를 스왑 아웃해야 합니다. 이때 메모리에 적재된 페이지 중 보조기억장치로 내보낼 페이지를 선택하는 방법을 **페이지 교체 알고리즘**page replacement algorithm이라고 합니다. 페이지 교체 알고리즘은 컴퓨터 전체 성능과 직결됩니다. 어떤 페이지 교체 알고리즘이 사용되느냐에 따라 페이지 폴트의 발생 빈도가 달라질 수 있기 때문입니다. 좋은 페이지 교체 알고리즘은 메모리에서 사용되지 않을 페이지를 적절하게 보조기억장치로 내보내기 때문에 페이지 폴트의 발생 빈도가 적지만, 나쁜 페이지 교체 알고리즘은 머지않아 사용될 페이지를 보조기억장치로 내보내 페이지 폴트를 자주 발생시킬 수 있습니다. 빈번한 페이지 폴트의 발생은 보조기억장치로부터 필요한 페이지를 가져와야 하는 시간만큼 성능 저하를 가져옵니다. 이런 점에서 페이지 교체 알고리즘의 성능을 페이지 폴트의 발생 빈도로 가늠하기도 합니다.

NOTE 지나친 페이지 교체로 인한 성능 저하와 관련해 **스래싱(thrashing)**이라는 용어가 있습니다. 스래싱은 프로세스가 실제로 실행되는 시간보다 페이징에 더 많은 시간을 소요하여 성능이 저하되는 문제를 말합니다.

페이지 교체 알고리즘에는 다양한 종류가 있지만, 여기에서는 대표적인 페이지 교체 알고리즘 3개만 간단히 알아보겠습니다. 이름만으로도 알고리즘의 작동 방식을 예측하기 어렵지 않을 것입니다.

첫 번째, **FIFO 페이지 교체 알고리즘**First-In First-Out Page Replacement Algorithm은 이름 그대로 메모리에 가장 먼저 적재된 페이지부터 스왑 아웃하는 페이지 교체 알고리즘입니다. 아이디어와 구현은 간단하지만, 초기에 적재되어 줄곧 참조되고 있는 페이지를 스왑 아웃할 우려가 있습니다. 이 경우 머지않아 페이지 폴트가 발생하겠죠.

두 번째, **최적 페이지 교체 알고리즘**Optimal Page Replacement Algorithm은 앞으로의 사용 빈도가 가장 낮은 페이지를 교체하는 알고리즘입니다. 메모리에 적재된 페이지들 중 앞으로 가장 적게 사용할 페이지를 스왑 아웃해 가장 낮은 페이지 폴트율을 보장하는 알고리즘입니다. 이름 그대로 최적의 알고리즘이라고 할 수 있지만, '앞으로 가장 적게 사용할 페이지'를 미리 예측하기가 어렵기 때문에 실제 구현이 어려운 알고리즘입니다.

최적 페이지 교체 알고리즘이 가장 적게 '사용할' 페이지를 스왑 아웃하는 알고리즘이라면 세 번째, **LRU 페이지 교체 알고리즘**Least Recently Used Page Replacement Algorithm은 가장 적게 '사용한' 페이지를 교체하는 알고리즘입니다. 보편적으로 사용되는 페이지 교체 알고리즘의 원형이며, 이를 기반으로 만들어진 다양한 파생 알고리즘이 있습니다.

여기서 잠깐

페이지 폴트의 종류

페이지 폴트에도 여러 종류가 있습니다. 크게 메이저 페이지 폴트와 마이너 페이지 폴트로 구분하곤 하는데요, 이 둘은 보조기억장치와의 입출력 작업이 필요한 페이지 폴트냐 아니냐로 구분합니다.

메이저 페이지 폴트(major page fault)는 보조기억장치에서 CPU가 원하는 페이지를 읽어 들이기 위해 입출력 작업이 필요한 페이지 폴트입니다. 지금까지 설명한 페이지 폴트의 유형으로, CPU가 접근하려는 페이지가 물리 메모리에 없을 때 발생하는 페이지 폴트로 볼 수 있습니다.

마이너 페이지 폴트(minor page fault)는 보조기억장치와의 입출력이 필요하지 않은 페이지 폴트입니다. CPU가 요청한 페이지가 물리 메모리에는 존재하지만, 페이지 테이블 상에는 반영되지 않은 경우에 발생할 수 있습니다. 일반적으로 메이저 페이지 폴트에 비해 성능 상의 악영향이 적은 페이지 폴트입니다.

⟨6⟩ 파일 시스템

마지막으로 운영체제가 어떻게 보조기억장치를 효과적으로 관리하는지 알아보겠습니다. **파일 시스템**file system이란 보조기억장치의 정보를 파일 및 디렉터리(폴더)의 형태로 저장하고 관리할 수 있도록 하는 운영체제 내부 프로그램입니다. 파일 시스템 덕분에 보조기억장치에 있는 수많은 정보의 덩어리를 파일과 디렉터리의 형태로 저장하고 관리할 수 있습니다. 한 운영체제 내에서도 여러 파일 시스템을 사용할 수 있고, 파일 시스템이 달라지면 보조기억장치의 정보를 다루는 방법도 달라지게 됩니다.

파일과 디렉터리

파일 시스템을 이해하려면 먼저 파일과 디렉터리가 무엇으로 이루어져 있는지, 파일과 디렉터리가 보조기억장치에 어떻게 저장될 수 있는지 이해해야 합니다.

파일

파일file은 크게 파일의 이름, 파일을 실행하기 위한 정보, 파일과 관련한 부가 정보로 구성되어 있습니다. 여기서 파일과 관련한 부가 정보를 **속성**attribute 또는 **메타데이터**metadata라고 부르죠. 다음과 같은 정보가 바로 파일 속성입니다. 파일의 형식, 위치, 크기 등 파일과 관련한 다양한 정보가 포함되어 있는 것을 볼 수 있습니다. 이러한 파일을 다루는 모든 작업이 운영체제에 의해 이루어집니다. 따라서 응용 프로그램은 임의로 파일을 할당받아 조작하고 저장할 수 없고, 파일을 다루는 시스템 콜을 이용해야 합니다.

```
$ stat ./sample
  File: ./sample
  Size: 16696         Blocks: 40        IO Block: 4096    regular file
Device: 10302h/66306d   Inode: 1837330   Links: 1
Access: (0775/-rwxrwxr-x) Uid: ( 1000/ minchul)  Gid: ( 1000/ minchul)
Access: 2024-03-17 23:15:52.400896517 +0900
Modify: 2024-03-17 23:15:30.916896007 +0900
Change: 2024-03-17 23:15:30.916896007 +0900
 Birth: -
```

NOTE 아이노드(Inode)에 대한 내용은 233쪽 '아이노드 기반 파일 시스템'에서 좀 더 알아보겠습니다.

가령 프로세스가 시스템 콜을 통해 읽고 쓸 수 있는 10개의 파일을 할당받았다면 프로세스는 할당을 받아 사용 중인 파일을 구분할 수 있어야 합니다. 이를 위해 프로세스는 **파일 디스크립터**file descriptor라는 정보를 사용합니다(윈도우에서는 **파일 핸들**file handle이라고 부릅니다). 파일 디스크립터는 저수준에서 파일을 식별하는 정보로, 0 이상의 정수 형태를 띄고 있습니다. 운영체제는 프로세스가 새로 파일을 열거나 생성할 때 해당 파일에 대한 파일 디스크립터를 프로세스에 할당합니다.

파일 디스크립터는 프로그래밍 언어의 종류를 막론하고 파일을 다룰 때마다 자주 언급되곤 합니다. 특히 저수준의 파일 식별 및 입출력에 자주 사용되는데요. 일례로 파일을 여는 데 사용되는 시스템 콜인 open()은 연 파일의 파일 디스크립터를 반환하고, 파일 입출력을 위한 시스템 콜인 write()와 파일을 닫는 시스템 콜인 close()는 파일 디스크립터를 인자로 받습니다. 다음은 open()과 write(), close() 파일 디스크립터를 이용해 'example.txt', 'example2.txt', 'example3.txt'라는 파일에 "Hello World!"를 입력하는 코드 예시입니다. 코드를 실행하는 위치에서 'example.txt', 'example2.txt', 'example3.txt'라는 파일이 존재한다고 가정합니다.

os/fd.c

```c
#include <stdio.h>
#include <fcntl.h>
#include <unistd.h>

int main() {
        char text[] = "Hello, world!";

        // 파일을 열고 파일 디스크립터를 반환받음
        int file_descriptor1 = open("example.txt",O_WRONLY);
        printf("파일 디스크립터: %d\n",file_descriptor1);
        int file_descriptor2 = open("example2.txt",O_WRONLY);
        printf("파일 디스크립터: %d\n",file_descriptor2);
        int file_descriptor3 = open("example3.txt",O_WRONLY);
        printf("파일 디스크립터: %d\n",file_descriptor3);

        // 파일에 문자열 쓰기
        write(file_descriptor1, text, sizeof(text) - 1);
        write(file_descriptor2, text, sizeof(text) - 1);
        write(file_descriptor3, text, sizeof(text) - 1);

        // 파일 디스크립터를 통해 파일을 닫음
        close(file_descriptor1);
```

```
        close(file_descriptor2);
        close(file_descriptor3);
        return 0;
}
```

```
3
4
5
```

여기서 잠깐

파일 디스크립터는 파일만 식별하지는 않는다

참고로, 파일 디스크립터는 리눅스를 포함한 여러 운영체제에서 파일만을 식별하지 않습니다. 파일뿐만 아니라 입출력장치, IPC의 수단인 파이프, 소켓 또한 (일종의 파일로 간주하여)파일 디스크립터로 식별합니다. 앞선 예시에서 소스 코드를 실행한 결과가 '3, 4, 5'로 나오죠? 이는 파일에 접근하기 위해 '3, 4, 5'라는 파일 디스크립터가 할당된 것이라 볼 수 있습니다. '0'부터 할당되지 않고 '3'부터 할당된 이유는 파일 디스크립터 '0, 1, 2'가 이미 표준 입력, 표준 출력, 표준 에러를 나타내기 위해 할당되었기 때문입니다.

파일 디스크립터	할당
0	표준 입력(일반적으로 키보드 입력)
1	표준 출력(일반적으로 모니터)
2	표준 에러

디렉터리

운영체제는 여러 파일들을 일목요연하게 관리하기 위해 **디렉터리**directory를 이용합니다. 윈도우 운영체제에서는 디렉터리를 **폴더**folder라고 부르죠. 오늘날의 디렉터리는 다음과 같은 계층적 구조를 띄고 있습니다. 4장 '자료구조'에서 다루겠지만, 다음과 같은 계층적 형태의 자료구조는 '트리'라고 합니다. 즉, 오늘날의 디렉터리는 여러 계층을 가진 **트리 구조 디렉터리**tree-structured directory로 관리된다고 할 수 있습니다.

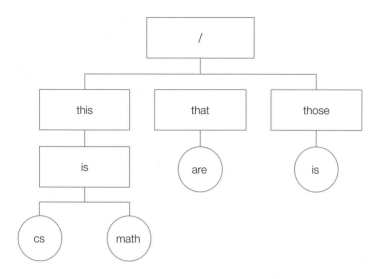

트리 구조 디렉터리에는 최상위 디렉터리와 그 최상위 디렉터리가 포함하고 있는 서브 디렉터리(하위 디렉터리)가 있을 수 있습니다. 서브 디렉터리도 또 다른 서브 디렉터리를 포함할 수 있죠. **루트 디렉터리**root directory라고 불리는 최상위 디렉터리는 흔히 슬래시(/)로 표현하며, 슬래시(/)는 디렉터리를 구분하는 구분자로도 사용됩니다. 즉, 제시된 그림 속 '루트 디렉터리에 포함된(/) this 디렉터리에 포함된(/this) is 디렉터리에 포함된(/this/is) cs라는 파일(/this/is/cs)'은 '/this/is/cs'로 표현할 수 있습니다. 이렇게 디렉터리 정보를 활용해 파일 위치를 특정하는 정보를 **경로**path라고 하죠.

NOTE 윈도우 운영체제에서는 최상위 디렉터리를 흔히 'C:₩'로 표현하고, 백슬래시(키보드의 ₩)를 디렉터리 구분자로 사용합니다.

여기까지 읽고 나면 파일과 디렉터리가 별개의 것이라고 생각할 수도 있습니다. 하지만 놀랍게도 많은 운영체제에서는 디렉터리를 조금 특별한 '파일'로 간주합니다. 정확히는 '디렉터리에 속한 요소의 관련 정보가 포함된 파일'로 간주하죠. 디렉터리에 속한 요소의 관련 정보는 테이블(표)의 형태로 표현되며, 테이블 형태로 표현된 정보의 행 하나 하나를 **디렉터리 엔트리**directory entry라고 합니다. 디렉터리 엔트리에는 '파일의 이름'과 '파일이 저장된 위치를 유추할 수 있는 정보'가 반드시 포함되어 있습니다. 디렉터리 엔트리를 통해 보조기억장치에 저장되어 있는 위치를 알 수 있기 때문에 디렉터리에 속한 파일의 위치를 읽어 실행할 수도 있고, 디렉터리에 속한 다른 디렉터리의 위치를 찾아 이동할 수도 있는 것입니다. 예를 들어 다음과 같은 계층 구조의 디렉터리와 파일이 있다고 가정해 보겠습니다.

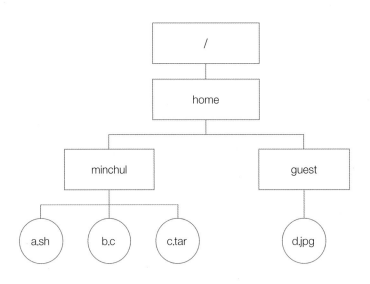

이와 같은 디렉터리와 파일 구조에서 'home' 디렉터리와 'minchul' 디렉터리는 대략 다음과 같은 정보로 구성될 수 있습니다. 'home' 디렉터리에는 파일 이름과 파일이 저장된 위치를 유추할 수 있는 정보가 포함되어 있고, 그 하위에 포함된 'minchul' 디렉터리에도 마찬가지로 파일의 이름과 위치 정보가 포함되어 있음을 알 수 있습니다.

home 디렉터리 테이블

파일 이름	위치를 유추할 수 있는 정보
..	상위 디렉터리가 저장된 곳을 유추할 수 있는 정보
.	현재 디렉터리가 저장된 곳을 유추할 수 있는 정보
minchul	minchul 디렉터리가 저장된 곳을 유추할 수 있는 정보
guest	guest 디렉터리가 저장된 곳을 유추할 수 있는 정보

minchul 디렉터리 테이블

파일 이름	위치를 유추할 수 있는 정보
..	상위 디렉터리가 저장된 곳을 유추할 수 있는 정보
.	현재 디렉터리가 저장된 곳을 유추할 수 있는 정보
a.sh	a.sh가 저장된 곳을 유추할 수 있는 정보
b.c	b.c가 저장된 곳을 유추할 수 있는 정보
c.tar	c.tar가 저장된 곳을 유추할 수 있는 정보

NOTE 흔히 디렉터리 엔트리 '..'은 상위 디렉터리, '.'은 현재 디렉터리가 저장된 위치 정보를 가리킵니다.

참고로, 일부 파일 시스템은 디렉터리 엔트리에 파일 이름과 저장된 위치를 유추할 수 있는 정보뿐만 아니라 다음과 같은 파일의 속성을 함께 명시하기도 합니다.

디렉터리 테이블

파일 이름	위치를 유추할 수 있는 정보	생성 시간	수정된 시간	크기	...

실제 운영체제의 디렉터리 엔트리를 한번 살펴볼까요? 리눅스 운영체제의 디렉터리 엔트리 관련 소스 코드를 살펴보면 다음과 같은 정보로 구성되어 있다는 것을 알 수 있습니다. 여기서 '파일의 아이노드 번호'로 설명된 부분이 '파일이 저장된 위치를 유추할 수 있는 정보'에 해당합니다. 아이노드가 무엇인지는 233쪽에서 알아보겠습니다.

```
struct dirent {
    ino_t d_ino;                    // 파일의 아이노드 번호
    off_t d_off;                    // 현재 디렉터리 엔트리의 오프셋: 엔트리 탐색 시 사용
    unsigned short d_reclen;        // 현재 디렉터리 엔트리의 길이
    unsigned char d_type;           // 파일 형식
    char d_name[256];               // 파일 이름
};
```

파일 할당

파일과 디렉터리가 무엇인지를 살펴봤으니 이번에는 파일과 디렉터리가 어떻게 보조기억장치 안에 저장되는지 알아보겠습니다. 가장 먼저 우리는 운영체제가 파일과 디렉터리를 읽고 쓰는 단위를 알아야 합니다. 운영체제는 파일과 디렉터리를 **블록**block이라는 단위로 읽고 씁니다. 즉, 하나의 파일이 보조기억장치에 저장될 때는 하나 이상의 블록을 할당받아 저장됩니다. 블록 하나는 보통 4096바이트 정도입니다. 가령 다음과 같이 보조기억장치 내에 여러 블록이 있다고 가정해 봅시다. 블록 안에 적힌 번호는 블록 주소입니다. 파일 시스템에 따라 파일 및 디렉터리를 어떤 번호의 블록에 어떻게 할당하는지가 달라질 수 있습니다.

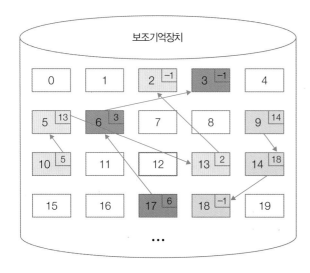

어떤 파일 시스템은 각 블록의 일부에 다음 블록의 주소를 저장하여 각각의 블록이 다음 블록을 가리키는 형태로 할당할 수 있습니다. 이를 **연결 할당**linked allocation이라고 합니다. 이 경우 디렉터리 엔트리에는 어떤 정보가 명시될까요? 일반적으로 디렉터리 엔트리에는 파일 이름과 더불어, 파일을 이루는 첫 번째 블록 주소와 파일을 이루는 블록 단위의 길이가 명시됩니다. 그러면 다음 그림처럼 디렉터리 엔트리만 보아도 어떤 파일이 어디에 저장되어 있는지를 알 수 있죠('블록이 없다'는 표현을 '−1'로 표시했습니다).

디렉터리

파일 이름	첫 번째 블록 주소	길이
a	10	4
b	9	3
c	17	3

어떤 파일 시스템에서는 파일을 이루는 모든 블록의 주소를 **색인 블록**index block이라는 특별한 블록에 모아 관리하는 방식으로 할당할 수 있습니다. 이를 **색인 할당**indexed allocation이라고 합니다. 색인 할당을 사용하는 파일 시스템에서는 디렉터리 엔트리에 파일 이름과 함께 색인 블록 주소가 명시됩니다. 다음과 같이 색인 블록만 알면 접근하고자 하는 파일 데이터에 접근할 수 있기 때문입니다.

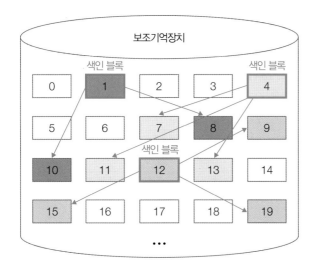

파일 시스템

파일 시스템의 종류는 다양합니다. 운영체제마다 각기 다른 파일 시스템을 지원하며, 같은 운영체제라도 다른 파일 시스템을 사용하거나 하나의 컴퓨터에서 여러 파일 시스템을 사용할 수 있습니다.

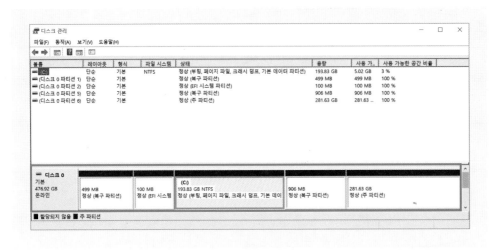

다양한 파일 시스템 중 어떤 파일 시스템을 사용할지는 보조기억장치를 포매팅할 때 결정할 수 있습니다. **포매팅**formatting이란 **파일 시스템을 설정**하여 어떤 방식으로 파일을 저장하고 관리할 것인지를 결정하고, **새로운 데이터를 쓸 준비를 하는 작업**을 의미합니다. 다음은 각각 USB 메모리의 포매팅과 데스크탑에 리눅스 운영체제(Red Hat Enterprise Linux 7.1)를 설치하는 과정에서 SSD를 포매팅하는 화면입니다. 모두 파일 시스템을 선택하는 공간이 있죠? 리눅스 설치 화면에는 2장 107쪽에서 학습했던 RAID 설정 항목도 보입니다.

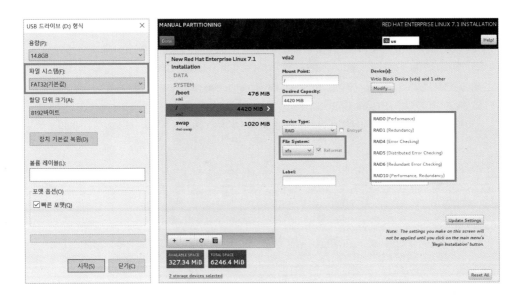

운영체제별로 지원하는 파일 시스템의 종류는 책에서 모두 나열하기 어려울 만큼 다양하며, 파일 시스템마다 제공되는 기능과 특성, 성능, 지원하는 최대 파일 크기 등이 다를 수 있습니다. 관심이 있는 독자는 이 절을 모두 읽은 뒤 각 파일 시스템의 특성을 찾아 공부해 보는 것도 도움이 될 것입니다.

- **윈도우:** NT 파일 시스템(NTFS), Resilient File System(ReFS) 등
- **리눅스:** EXT, EXT2, EXT3, EXT4, XFS, ZFS 등
- **맥OS:** APFS(Apple File System) 등

이 중 개발자가 자주 접하게 될 많은 파일 시스템(EXT, EXT2, EXT3, EXT4, XFS, ZFS 등)에서는 **아이노드**라는 색인 블록을 기반으로 파일을 할당합니다. 아이노드에는 파일이 저장된 위치와 속성 등 사실상 (파일의 이름을 제외한)파일의 모든 것이 담겨 있습니다. 따라서 개발 과정에서 파일과 디렉터리, 파일 시스템을 다룰 때는 아이노드라는 용어를 자주 접하게 될 것입니다. 좀 더 알아보겠습니다.

아이노드 기반 파일 시스템

아이노드^(i-node, index-node) **기반 파일 시스템**에서는 파일마다 각각의 아이노드를 가지고 있으며, 아이노드에는 각각의 번호가 부여되어 있습니다. 아이노드 기반 파일 시스템을 활용하는 맥OS나 리눅스 운영체제의 경우에는 이를 ls 커맨드의 i 옵션을 통해 확인해 볼 수 있는데요. 다음 명령어 결과의 앞부분에 있는 숫자가 바로 아이노드 번호입니다. 혹은 224쪽의 명령어 결과와 같은 파일 속성에서도 아이노드 번호를 볼 수 있죠.

```
$ ls -li
total 252
22558957 drwxrwxr-x  2 minchul minchul  4096 11월 21  2022  bcc
22563646 drwxrwxr-x 17 minchul minchul  4096 10월  5  2022  buildroot
22547742 -rw-rw-r--  1 minchul minchul   196 11월 11  2022  fibonacci.c
22558950 drwxrwxr-x  2 minchul minchul  4096 11월 21  2022  ftrace
22564548 -rwxrwxr-x  1 minchul minchul 16112 11월 29  2022  syscall_trace
22819377 drwxr-xr-x  2 minchul minchul  4096  2월 14 00:08  uftrace/
```

실제 아이노드 기반 파일 시스템의 구성을 살펴봅시다. 다음은 대표적인 아이노드 기반 파일 시스템인 EXT4 파일 시스템입니다. EXT4라는 파일 시스템으로 포매팅된 파티션은 다음과 같이 구성된다고 이해하면 됩니다. 대략적인 구성을 이해하는 데에만 초점을 맞춰 보세요.

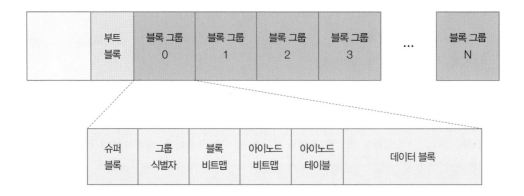

EXT4는 여러 블록의 그룹으로 이루어져 있는데요(첫 번째 부트 블록 영역의 경우 실질적인 파일 데이터가 저장되는 영역은 아니고, 부팅과 파티션 관리를 위한 특별한 정보가 모여 있는 영역입니다). 각 블록 그룹은 대략 슈퍼 블록, 그룹 식별자, 블록 비트맵, 아이노드 비트맵, 아이노드 테이블, 데이터 블록으로 구성됩니다.

이름	설명
슈퍼 블록	아이노드의 개수, 총 블록 개수, 블록 크기 등 전체적인 파일 시스템의 정보를 저장
그룹 식별자	블록 그룹에 대한 메타데이터를 저장
블록 비트맵	현재 블록 그룹 내에서 데이터가 어떻게 할당되었는지를 저장
아이노드 비트맵	현재 블록 그룹 내에서 아이노드가 어떻게 할당되었는지를 저장
아이노드 테이블	각 파일의 아이노드 정보를 저장
데이터 블록	각 파일의 데이터를 저장

보다시피 아이노드는 파티션 내 특정 영역에 모여 있습니다. 이는 아이노드 기반의 다른 파일 시스템에서도 마찬가지입니다. 따라서 아이노드 기반 파일 시스템에서는 데이터 영역에 공간이 남아 있더라도 아이노드 영역이 가득 차 더 이상의 아이노드를 할당할 수 없다면 운영체제는 새로운 파일을 생성할 수 없습니다.

하드 링크와 심볼릭 링크

아이노드를 학습했다면 이제 아이노드를 기반으로 만들 수 있는 하드 링크 파일과 심볼릭 링크 파일도 이해할 수 있습니다. 가령 다음과 같이 디렉터리 A에 속한 파일 A가 있다고 가정해 보겠습니다. 디렉터리 엔트리에 파일 이름(A)과 아이노드 번호가 명시되어 있다면 해당 아이노드에 접근할 수 있고, 아이노드를 통해 파일 데이터에 접근할 수 있습니다.

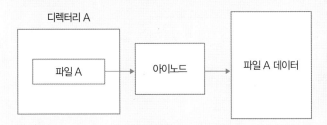

이러한 아이노드를 조금만 응용하면 동일한 파일 속성과 데이터 블록을 공유하는 다른 이름의 파일을 만들 수도 있고, 원도우의 바로가기 파일처럼 파일을 가리키는 파일을 만들 수도 있습니다. 이때 전자를 하드 링크 파일, 후자를 심볼릭 링크 파일이라고 하며, 이들은 각각 하드 링크와 심볼릭 링크라는 과정을 통해 생성된 파일을 말합니다. **하드 링크(hard link)** 파일은 원본 파일과 같은 아이노드를 공유하는 파일을 의미하고, **심볼릭 링크(symbolic link)** 파일은 원본 파일을 가리키는 파일을 의미합니다. 그림으로 이해해 보세요.

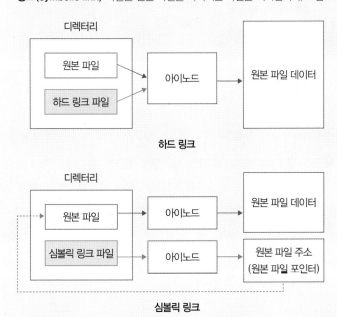

하드 링크는 같은 아이노드 번호를 갖는 파일을 생성하는 작업이므로 하드 링크 파일과 원본 파일은 같은 파일 데이터를 공유하며, 하드 링크 파일을 변경하면 원본 파일도 변경됩니다. 또한 하드 링크 파일이 남아있다면 원본 파일이 삭제되거나 이동되더라도 파일 데이터에 접근할 수 있습니다. 반면, 심볼릭 링크 파일은 같은 파일 데이터를 공유하지 않고 원본 파일의 위치만을 저장하기 때문에 하드 링크 파일과는 달리 원본 파일이 삭제되거나 이동되는 경우에는 사용이 불가능합니다. 따라서 하드 링크 파일은 동일한 파일을 여러 이름으로 참조하고 싶을 때, 심볼릭 링크 파일은 복잡한 경로에 있는 파일을 바로가기 파일의 형태로 간단하게 참고하고 싶을 때 유용하게 사용할 수 있습니다.

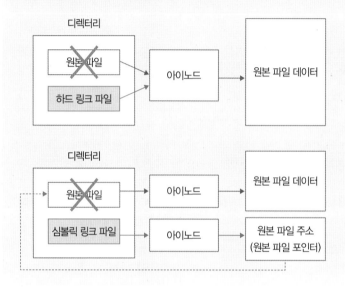

마운트

USB 메모리 저장장치를 예로 들어 생각해 보겠습니다. USB 메모리를 데스크탑 컴퓨터에 연결하면 데스크톱 컴퓨터의 파일 시스템을 통해 USB 메모리의 파일 시스템에 접근할 수 있죠. 이것이 가능한 이유는 USB 메모리의 파일 시스템이 데스크톱 컴퓨터의 파일 시스템에 마운트되었기 때문입니다. 즉, **마운트**mount란 어떤 저장장치의 파일 시스템에서 다른 저장장치의 파일 시스템으로 접근할 수 있도록 파일 시스템을 편입시키는 작업을 의미합니다. 다음과 같은 디렉터리 구조를 가진 데스크톱 컴퓨터의 저장 공간과 USB 메모리가 있다고 생각해 봅시다.

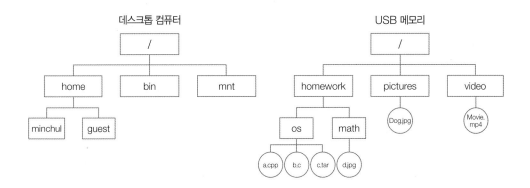

USB 메모리의 파일 시스템을 컴퓨터의 '/mnt' 경로로 마운트하면 USB 메모리의 파일 시스템은 다음 그림처럼 '/mnt' 경로를 통해 연결됩니다. 이로써 데스크톱 컴퓨터의 '/mnt/homework/os/a.cpp' 경로를 통해 'a.cpp' 파일에 접근할 수 있고, '/mnt/pictures/Dog.jpg' 경로를 통해 'Dog.jpg' 파일에도 접근할 수 있습니다.

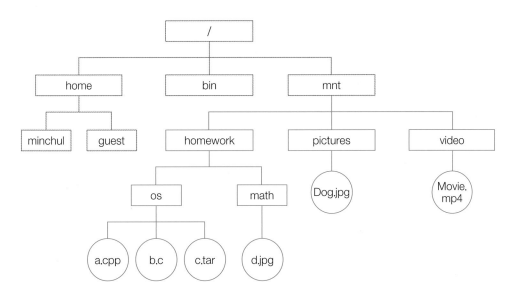

일부 운영체제(맥OS)의 경우 다음과 같은 설정 메뉴를 통해 간단히 마운트하거나 마운트 해제(추출)할 수 있습니다.

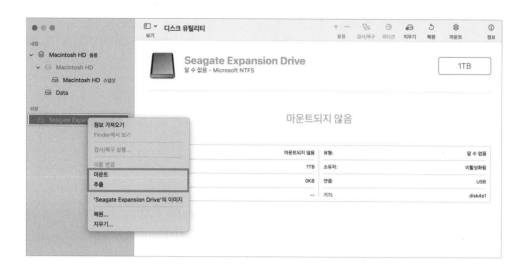

혹은 명령어를 기반으로 마운트하기도 합니다. 유닉스나 리눅스와 같은 운영체제를 사용하다 보면 다음과 같은 마운트 관련 명령어를 자주 접하게 될 것입니다. 이는 '/dev/sda 장치에 있는 EXT4 파일 시스템을(-t ext4) 읽기 전용으로(-o ro) /mnt/test 디렉토리에 마운트(mount)하라'라는 의미의 명령어입니다.

```
# mount -t ext4 -o ro /dev/sda /mnt/test
```

전원 버튼을 누르고 부팅이 되기까지

우리가 흔히 사용하는 **부팅(booting, 시스템 부팅)**이라는 단어는 커널을 메모리에 적재하여 컴퓨터를 시작하는 과정을 의미합니다. 그렇다면 부팅은 어떤 과정으로 진행될까요? 전원이 꺼져 있을 때, 휘발성 메모리인 RAM에는 운영체제를 포함한 어떠한 정보도 저장되어 있지 않습니다. 그래서 처음 컴퓨터의 전원 버튼을 누르면(이를 '전원이 인가된다'고 합니다) 휘발성 메모리인 RAM이 아니라 **비휘발성 메모리인 ROM과 같은 메모리**에서 정보를 읽어 들이게 됩니다. CPU는 컴퓨터에 전원이 들어오면 미리 정해진 특정 주소를 읽어 들이는데, 이 주소에는 다음과 같은 **바이오스(BIOS, Basic Input/Output System)**라는 프로그램이 있습니다.

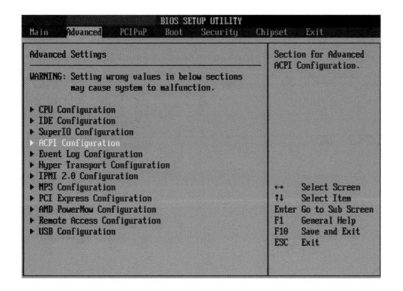

바이오스는 하드웨어를 검색한 뒤 문제가 있는지 여부를 검사합니다. 이 과정을 POST(PowerOn Self Test)라고 하는데요. 하드웨어에 이상이 없으면 바이오스는 보조기억장치의 **마스터 부트 레코드(이하 MBR, Master Boot Record)**라는 영역으로부터 부팅에 필요한 특별한 정보를 읽어 오게 됩니다. 일반적으로 보조기억장치의 첫 부분(하드 디스크의 경우 첫 번째 섹터)에 위치해 있는 MBR에는 **부트스트랩(bootstrap)**이라는 특별한 프로그램이 있습니다. 보통 부트 로더라고도 부르는데요. 이 **부트 로더(boot loader)**가 바로 커널의 위치를 찾아 메모리에 적재하는 프로그램입니다.

참고로, 바이오스는 최근 대용량 환경에서도 부팅이 가능하고, 빠르고 안전한 부팅 기능 및 그래픽 인터페이스를 지원하는 **UEFI**(Unified Extensible Firmware Interface, **통합 확장 펌웨어 인터페이스**)로 대체되는 추세입니다.

가상 머신과 컨테이너

일반적인 사용자 환경에서는 컴퓨터 하드웨어 상에 단일 운영체제를 설치하여 사용하는 경우가 많지만, 클라우드 환경이나 개발 애플리케이션을 배포하는 환경에서는 가상 머신과 컨테이너를 많이 활용합니다. **가상 머신(virtual machine)**은 말 그대로 소프트웨어적으로 만들어 낸 가상의 컴퓨터입니다. 그리고 이 가상 머신을 만들고 실행하기 위해 사용하는 소프트웨어를 **하이퍼바이저(hypervisor)**라고 합니다. 우리는 하이퍼바이저를 통해 기존 운영체제(호스트 OS)와 독립된 환경을 구축할 수 있고, 현재의 환경 상에서 또 다른 운영체제(게스트 OS) 및 애플리케이션을 작동시킬 수 있습니다. 다음은 윈도우 운영체제의 대표적인 하이퍼바이저 중 하나인 VirtualBox를 활용해 리눅스 운영체제가 설치된 가상 머신을 생성하는 화면입니다.

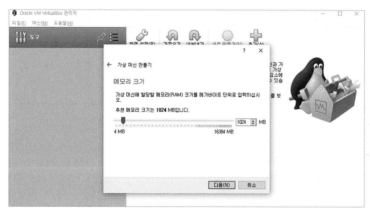

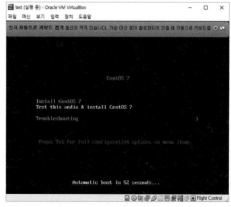

하이퍼바이저는 하드웨어 수준의 자원 격리 및 가상화를 제공한다는 점에서 중요합니다. 앞서 제시된 화면에서 알 수 있듯, 하이퍼바이저가 생성하고 관리하는 가상 머신(들)은 서로가 마치 각기 다른 컴퓨터처럼 작동합니다. 가상 머신마다 각자의 운영체제가 작동하고, 각각의 운영체제는 하이퍼바이저의 도움을 받아 공동의 하드웨어 자원을 할당받죠. 이러한 하드웨어 수준의 가상화는 근원적인 자원 격리가 가능하므로 높은 격리성을 제공하지만, 단점도 있습니다. 별도의 운영체제를 유지하는 가상 머신들이 공동의 하드웨어 자원을 할당받아 작동하는 구조이기 때문에 큰 오버헤드로 인해 속도가 다소 느리거나 용량을 많이 차지한다는 점입니다.

그래서 최근에는 또 다른 가상화 및 자원 격리 기술인 **컨테이너(container)**가 각광받고 있습니다. 대표적인 컨테이너로 도커(docker), LXC 등이 있습니다. 가상 머신이 하드웨어 수준의 가상화 및 자원 격리를 제공한다면 컨테이너는 운영체제 수준의 가상화 및 자원 격리에 해당합니다.

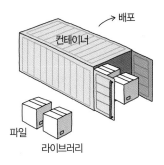

각기 독립적인 운영체제(커널)을 유지하는 가상 머신과 달리, 컨테이너는 기본적으로 동일한 커널을 공유합니다. 하이퍼바이저는 가상 머신에서 어떤 프로세스를 실행할지에 구애받지 않고 가상 머신마다 하드웨어를 격리합니다. 반면, 컨테이너는 주어진 특정 프로세스를 실행하는 데 필요한 자원만을 격리합니다. 즉, 컨테이너는 특정 애플리케이션 실행에 필요한 라이브러리를 비롯한 코드, 파일 등이 모두 담겨 있는 통, 혹은 특정 애플리케이션 실행에 필요한 것들의 묶음이라고 생각하면 쉽습니다.

이런 점에서 컨테이너는 가상 머신에 비해 더 경량화되어 있고, 플랫폼에 구애받지 않는 실행에 유리합니다. 그래서 최근 애플리케이션을 개발하고 배포할 때 적극적으로 활용되고 있는데요. 일례로, 구글에서는 매주 40억 개 이상의 컨테이너를 실행한다고 하죠. 다시 말하면 '특정 애플리케이션과 그를 실행하기 위한 것들이 담긴 통(컨테이너)'이 매주 40억 개 이상 만들어지고, 실행된다는 것입니다.

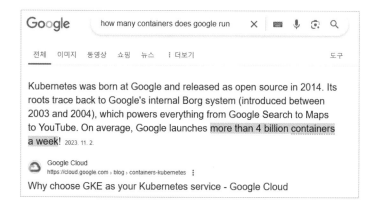

이렇게 많은 컨테이너가 배포되어 실행된다면 이들을 효율적으로 관리하기 위한 수단도 필요할 것입니다. 다양한 컨테이너를 관리하는 것은 **컨테이너 오케스트레이션(container orchestration)**이라고 합니다. 대표적인 컨테이너 오케스트레이션 도구로는 쿠버네티스(kubernetes) 등이 있습니다. 쿠버네티스를 이용하면 여러 컨테이너를 자동으로 배포하거나 환경에 맞게 동적으로 컨테이너의 수를 가감할 수 있고, 컨테이너 간 네트워크를 구성할 수 있습니다.

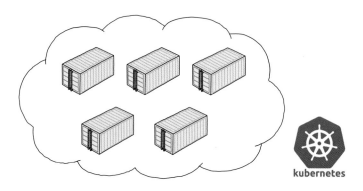

취업 멘토가 알려 주는 기술 면접 질문 25

난이도 ★☆☆　　　　　　　　　　　　　　　　　　　**[참고]** 본문 페이지 167쪽

Q1. 다음 코드에는 문제가 있습니다. 어떤 문제가 있는지 설명해 보세요.

```c
#include <stdio.h>
#include <pthread.h>

int shared_data = 0;   // 공유 데이터

void* increment(void* arg) {
    int i;
    for (i = 0; i < 100000; i++) {
        shared_data++;   // 공유 데이터 증가
    }
    return NULL;
}

void* decrement(void* arg) {
    int i;
    for (i = 0; i < 100000; i++) {
        shared_data--;   // 공유 데이터 증가
    }
    return NULL;
}


int main() {
    pthread_t thread1, thread2;

    pthread_create(&thread1, NULL, increment, NULL);
    pthread_create(&thread2, NULL, decrement, NULL);
```

```
        pthread_join(thread1, NULL);
        pthread_join(thread2, NULL);

        printf("Final value of shared_data: %d\n", shared_data);

        return 0;
    }
```

A1. 공유 데이터인 'shared_data'가 두 스레드에서 동시에 수정되는 과정에서 발생할 수 있는 레이스 컨디션 문제가 있습니다. 'shared_data++'와 'shared_data--'라는 임계 구역에서의 연산이 하나씩만 수행되지 않기 때문에 데이터의 일관성이 보장되지 않을 수 있습니다.

난이도 ★★★   [참고] 본문 페이지 170쪽

Q2. Q1에서 제시한 코드의 문제를 해결해 보세요.

A2. 문제를 해결하려면 mutex 등을 활용해 공유 자원에 대한 접근을 동기화해야 합니다. 다음과 같은 코드를 추가하면 임계 구역을 보호할 수 있습니다.

```
#include <stdio.h>
#include <pthread.h>

int shared_data = 0;        // 공유 데이터
pthread_mutex_t mutex;      // 뮤텍스 선언

void* increment(void* arg) {
    int i;
    for (i = 0; i < 100000; i++) {
        pthread_mutex_lock(&mutex);      // 뮤텍스 락 획득
        shared_data++;                   // 공유 데이터 증가
        pthread_mutex_unlock(&mutex);    // 뮤텍스 언락
    }
```

```
        return NULL;
    }

    void* decrement(void* arg) {
        int i;
        for (i = 0; i < 100000; i++) {
            pthread_mutex_lock(&mutex);        // 뮤텍스 락 획득
            shared_data--;                     // 공유 데이터 감소
            pthread_mutex_unlock(&mutex);      // 뮤텍스 언락
        }
        return NULL;
    }

    int main() {
        pthread_t thread1, thread2;

        pthread_mutex_init(&mutex, NULL);     // 뮤텍스 초기화

        pthread_create(&thread1, NULL, increment, NULL);
        pthread_create(&thread2, NULL, decrement, NULL);

        pthread_join(thread1, NULL);
        pthread_join(thread2, NULL);

        printf("Final value of shared_data: %d\n", shared_data);

        pthread_mutex_destroy(&mutex);        // 뮤텍스 해제

        return 0;
    }
```

난이도 ★★☆   [참고] 본문 페이지 160쪽

Q3. 공유 메모리 기반 IPC가 소켓 통신보다 빠른 이유를 설명해 보세요.

A3. 공유 메모리는 동일한 메모리 공간에 직접 접근하여 데이터를 주고받고, 마치 자신의 메모리 공간을 읽고 쓰는 것처럼 IPC가 이루어지기 때문에 빠릅니다. 이에 반해 소켓 통신은 주고받는 데이터가 커널을 통하므로 추가적인 오버헤드가 발생할 수 있어, 공유 메모리 기반 IPC보다 다소 느릴 수 있습니다.

난이도 ★★☆   [참고] 본문 페이지 239쪽

Q4. 운영체제가 메모리에 적재되기까지의 과정을 설명해 보세요(부팅의 과정을 설명해 보세요).

A4. 컴퓨터 전원이 켜지면 CPU는 ROM에 저장된 BIOS를 실행합니다. BIOS는 하드웨어를 검사하는 POST 수행 후, 하드 디스크의 MBR을 읽어 부트 로더를 로드합니다. 부트 로더가 커널의 위치를 찾아 RAM에 적재함으로써 커널이 메모리에 로드됩니다.

난이도 ★☆☆   [참고] 본문 페이지 134, 141쪽

Q5. 운영체제의 커널이 무엇이며, 커널이 왜 존재하는지에 대해 설명해 보세요.

A5. 커널은 운영체제의 핵심 부분으로, 컴퓨터 하드웨어와 응용 프로그램 간의 중재자 역할을 합니다. 커널은 프로세스와 스레드가 올바르게 실행되도록 돕고, 이들이 CPU, 메모리, 보조기억장치 등의 하드웨어를 공정하게 할당받아 실행되도록 합니다. 또 커널은 이중 모드를 운영해 사용자 응용 프로그램이 안전하고 효율적으로 시스템 자원을 사용할 수 있도록 합니다.

난이도 ★☆☆　　　　　　　　　　　　　　　　　　　　　　　　[참고] 본문 페이지 186쪽

Q6. 스레드 안전하지 않은 메서드를 동기화하지 않으면 어떤 문제가 생길 수 있나요?

A6. 여러 스레드가 동시에 실행될 경우 레이스 컨디션이 발생하여 데이터의 일관성이 깨질 수 있습니다. 따라서 추가적인 동기화 도구를 적용하거나, 스레드 안전한 메서드를 사용해야 합니다.

난이도 ★★★　　　　　　　　　　　　　　　　　　　　　　　　[참고] 본문 페이지 202쪽

Q7. 리눅스 운영체제에서 일반적인 사용자 프로세스가 어떻게 CPU를 할당받아 실행되는지 설명해 보세요.

A7. 리눅스에서 일반적인 사용자 프로세스는 CFS 스케줄러에 의해 스케줄링됩니다. CFS 스케줄러는 각 프로세스에 CPU의 시간을 공평하게 배분하는 것을 목표로 합니다. 기본적으로 각 프로세스의 가상 실행 시간인 vruntime을 유지하며, vruntime이 가장 작은 프로세스부터 스케줄링합니다. 프로세스의 vruntime은 실제 실행 시간에 프로세스의 우선순위에 따른 가중치를 고려하여 계산되며, 우선순위가 높을수록 vruntime의 증가가 느려지기 때문에 우선순위가 높은 프로세스는 더 자주 CPU를 할당받게 됩니다.

난이도 ★☆☆　　　　　　　　　　　　　　　　　　　　　　　　[참고] 본문 페이지 150쪽

Q8. 지나치게 문맥 교환이 반복되면 어떤 문제가 발생할 수 있나요?

A8. 빈번한 문맥 교환은 실제 작업보다 문맥 저장과 복구에 CPU 시간을 사용하게 되므로 효율성을 떨어뜨립니다. 또한 캐시 메모리의 데이터를 반복적으로 무효화하게 되므로 캐시 미스율이 증가하고, 캐시 미스와 문맥 교환 오버헤드로 인한 전체 시스템의 처리 속도가 저하될 수 있습니다.

난이도 ★★☆ [참고] 본문 페이지 209쪽

Q9. 4GB보다 큰 크기의 프로그램을 4GB인 물리 메모리로 실행할 수 있을까요? 실행할 수 있다면 어떻게 가능할까요?

A9. 가상 메모리 기술을 통해 가능합니다. 운영체제는 프로세스가 필요한 메모리 공간을 가상 주소로 할당하고, 실제 물리 메모리에는 필요한 부분만 적재합니다. 필요하지 않은 부분은 디스크의 스왑 영역에 저장하고, 필요할 때 다시 물리 메모리에 적재할 수 있습니다. 이러한 기술을 가상 메모리 기술이라고 하며, 이를 통해 물리 메모리보다 큰 프로세스를 실행할 수 있습니다.

난이도 ★★☆ [참고] 본문 페이지 215쪽

Q10. 페이지 폴트를 처리하는 과정을 설명해 보세요.

A10. CPU의 페이지 폴트 처리 과정은 ❶ CPU가 기존의 작업 내역을 백업하고, ❷ 페이지 폴트 처리 루틴을 실행합니다. 페이지 처리 루틴은 메모리로 원하는 페이지를 가져와 유효 비트를 1로 변경해 주는 작업을 말합니다. ❸ 이렇게 페이지 폴트를 처리하면 CPU가 해당 페이지에 접근할 수 있게 됩니다.

난이도 ★☆☆ [참고] 본문 페이지 225쪽

Q11. 파일 디스크립터는 무엇을 식별하는 정보인가요?

A11. 파일 디스크립터는 운영체제에서 파일을 식별하기 위한 저수준 정보입니다. 리눅스를 비롯한 여러 운영체제에서는 입출력장치, IPC(파이프, 소켓) 등도 일종의 파일로 간주해 파일 디스크립터로 식별하고 다룰 수 있습니다. 또한 파일 디스크립터는 파일뿐만 아니라 표준 입력(0), 표준 출력(1), 표준 에러(2)와 같은 입출력 스트림도 식별할 수 있습니다.

난이도 ★★☆　　　　　　　　　　　　　　　　　　　　　　　　[참고] 본문 페이지 233쪽

Q12. **EXT4 파일 시스템에서 디렉터리 내 파일의 데이터를 찾는 과정을 설명해 보세요.**

A12. 파일이 속한 디렉터리에서 파일 이름에 해당하는 디렉터리 엔트리를 찾고, 해당 파일의 아이노드 번호를 얻습니다. 이렇게 얻은 아이노드 번호를 이용하여 아이노드 테이블에서 해당 아이노드를 찾습니다. 아이노드는 파일의 속성과 데이터가 저장된 위치를 포함하고 있으므로 아이노드를 통해 실제 파일 데이터가 저장된 위치에 접근할 수 있습니다.

난이도 ★★☆　　　　　　　　　　　　　　　　　　　　　　　　[참고] 본문 페이지 233쪽

Q13. **아이노드란 무엇이며, 아이노드에는 어떤 정보를 저장하는지 설명해 보세요.**

A13. 아이노드는 파일이 저장된 위치와 속성을 비롯해, 사실상 (파일의 이름을 제외한)파일의 모든 것이 담겨 있는 색인 블록입니다.

난이도 ★★☆　　　　　　　　　　　　　　　　　　　　　　　　[참고] 본문 페이지 231쪽

Q14. **공장 초기화된 보조기억장치가 있다고 가정해 보세요. 이때 파일 시스템을 만들고, 텍스트 파일을 저장하기까지의 과정을 설명해 보세요.**

A14. 파티션을 생성하고 포매팅하여 파일 시스템을 만듭니다. 파일 시스템을 마운트한 뒤, 파일 탐색기나 터미널을 통해 텍스트 파일을 생성하고 저장하면 됩니다.

난이도 ★☆☆ [참고] 본문 페이지 145쪽

Q15. **메모리 누수는 무엇이며, 어떻게 해결할 수 있는지 설명해 보세요.**

A15. 메모리 누수는 프로그램이 할당받은 메모리를 해제하지 않아 메모리가 지속적으로 점유되는 현상을 말합니다. 메모리 누수 문제를 해결하기 위해서는 메모리를 사용한 후 명시적으로 해제하거나 프로그래밍 언어의 가비지 컬렉션을 활용해 정리해야 합니다.

난이도 ★★☆ [참고] 본문 페이지 158쪽

Q16. **스레드를 생성하고 실행할 때 사용하는 join에 대해 설명해 보세요.**

A16. join은 생성된 스레드의 실행이 완료될 때까지 기다리게 하는 메서드를 말합니다. 생성된 스레드의 실행이 종료되기도 전에 해당 스레드를 생성한 스레드가 종료되거나 다음 작업을 수행하는 것을 방지할 수 있습니다.

난이도 ★★☆ [참고] 본문 페이지 156쪽

Q17. **동일한 코드를 여러 프로세스로 동시에 실행하는 것과 여러 스레드로 프로세스를 실행하는 것에는 어떤 차이가 있나요?**

A17. 차이점은 자원 공유 여부에 있습니다. 동일한 코드를 여러 프로세스에서 동시에 실행하는 경우, 기본적으로 각 프로세스는 독립적으로 실행되며 메모리, 파일 등의 자원을 공유하지 않습니다. 반면, 여러 스레드로 프로세스를 실행하는 경우, 동일한 프로세스 내에서 실행되며 자원을 공유합니다. 따라서 스레드 간에는 통신과 협력이 쉽지만, 한 스레드의 문제가 전체 프로세스에 영향을 줄 수 있습니다. 반면, 프로세스는 스레드와 달리 서로 독립적이기 때문에 한 프로세스의 문제가 다른 프로세스에 미치는 영향이 적습니다.

난이도 ★★☆   [참고] 본문 페이지 225쪽

Q18. 응용 프로그램이 새로운 파일을 만들고, "hello"라는 문자열을 입력한 뒤에 저장했습니다. 이 과정에서 컴퓨터 내부(커널)에서는 어떤 일이 발생하는지 설명해 보세요.

A18. 먼저, 응용 프로그램이 open() 시스템 콜을 통해 운영체제에 파일을 생성하도록 요청합니다. 이때 CPU가 사용자 모드에서 커널 모드로 전환되어 운영체제가 커널 공간에서 파일 생성 코드를 실행하고, 파일 시스템에 접근해 새로운 파일을 생성합니다. 파일이 생성되면 응용 프로그램은 write() 시스템 콜을 사용하여 생성한 파일에 "hello" 문자열을 씁니다. 이 과정에서도 CPU는 커널 모드로 전환되어 실행됩니다. 문자열이 성공적으로 쓰이면 close() 시스템 콜을 호출하여 파일을 닫습니다. 작업이 완료되면 사용자 모드로 전환됩니다.

난이도 ★★★   [참고] 본문 페이지 189쪽

Q19. 교착 상태가 무엇인지, 왜 발생하는지 설명해 보세요.

A19. 교착 상태는 2개 이상의 프로세스가 서로 상대방의 자원을 기다리며 무한정 대기하는 상황을 말합니다. 이는 네 가지 조건이 충족될 때 발생할 수 있습니다. 첫째, 자원이 상호 배제되어 한 번에 하나의 프로세스만 사용할 수 있는 경우, 둘째, 이미 자원을 점유한 프로세스가 다른 자원을 기다리는 경우, 셋째, 자원이 비선점되어 다른 프로세스가 강제로 자원을 빼앗지 못하는 경우, 넷째, 프로세스들이 원형으로 자원을 대기하는 경우입니다. 이러한 조건들이 동시에 충족될 때 교착 상태가 발생할 수 있습니다.

난이도 ★☆☆ [참고] 본문 페이지 152쪽

Q20. 블로킹 입출력과 논블로킹 입출력의 차이점에 대해 설명해 보세요.

A20. 블로킹 입출력과 논블로킹 입출력의 차이는 프로세스가 입출력 작업을 수행할 때 대기하는 지 여부에 있습니다. 블로킹 입출력에서 프로세스가 입출력 작업을 시작하면 해당 작업이 완료될 때까지 대기하는 반면, 논블로킹 입출력에서는 프로세스가 입출력 작업을 시작한 후, 작업이 완료되기를 기다리지 않고 곧바로 다음 명령을 수행합니다.

난이도 ★★☆ [참고] 본문 페이지 206쪽

Q21. 디버깅할 때 주로 볼 수 있는 주소는 실제 물리 메모리의 주소일까요?

A21. 디버깅할 때 주로 볼 수 있는 주소는 실제 메모리의 물리 주소가 아니라 논리 주소(가상 메모리 주소)입니다. 프로세스를 실행하는 CPU나 메모리에 적재된 프로세스 입장에서 메모리 내에 물리 주소를 모두 알기는 어렵기 때문에 프로세스마다 부여되는 논리 주소(가상 주소)를 활용합니다. 따라서 디버깅할 때의 메모리 주소는 프로세스의 가상 주소 공간 내에서의 주소에 해당합니다. 이 가상 주소(논리 주소)는 CPU와 메모리 사이에 위치하는 MMU에 의해 물리 주소로 변환됩니다.

난이도 ★★☆ [참고] 본문 페이지 207, 221쪽

Q22. 메모리가 부족하면 어떤 현상이 발생할 수 있는지 설명해 보세요.

A22. 메모리가 부족하면 운영체제는 부족한 메모리를 보완하기 위해 디스크에 메모리 페이지를 저장하고, 필요할 때 다시 불러오는 과정인 스와핑을 사용하게 됩니다. 이 작업이 과도하게 이루어질 경우 스래싱이라는 현상을 초래하며, 시스템이 지속적으로 디스크 I/O에만 몰두하게 되어 실질적인 작업 처리가 거의 이루어지지 않게 됩니다.

난이도 ★★☆   [참고] 본문 페이지 163쪽

Q23. 소스 코드를 실행했더니 'Segmentation fault(core dumped)'라는 메시지와 함께 코드가 작동하지 않습니다. 어떻게 해야 할까요?

A23. 생성된 코어 덤프 파일에 비정상 종료 당시의 메모리 상태나 비정상 종료 원인을 유추할 정보가 명시되어 있을 것입니다. 이 코어 덤프 파일을 분석하여 문제의 원인을 파악해야 합니다. 가령 코어 덤프 파일에 스택 트레이스가 포함되어 있을 경우, 문제가 발생한 순간의 함수 호출 관계로 문제 발생 지점을 진단할 수 있습니다.

난이도 ★★☆   [참고] 본문 페이지 217쪽

Q24. 프로세스의 페이지 테이블이 모두 메모리에 적재될 경우에 발생할 수 있는 문제점과 해결 방안을 설명해 보세요.

A24. 크게 두 가지 문제 상황이 발생할 수 있습니다. 먼저, 메모리 접근 횟수가 많아져 성능이 저하됩니다. 페이지 테이블 접근과 실제 데이터 접근으로 인해 메모리 접근이 두 배로 늘어나기 때문입니다. 또 페이지 테이블이 차지하는 메모리 용량이 커져 비효율적입니다. 이는 TLB를 사용해 페이지 테이블의 일부를 캐싱하거나, 계층적 페이징 기법을 사용해 페이지 테이블을 나누어 관리함으로써 메모리 접근 횟수와 메모리 사용량을 줄일 수 있습니다.

난이도 ★★☆   [참고] 본문 페이지 241쪽

Q25. 가상 머신과 컨테이너의 차이점에 대해 설명해 보세요.

A25. 가상 머신은 하이퍼바이저를 통해 물리 하드웨어 위에서 여러 운영체제를 독립적으로 실행합니다. 각 가상 머신은 전체 운영체제와 가상 하드웨어를 포함하기 때문에 상대적으로 무겁습니다. 반면, 컨테이너는 기본적으로 커널을 공유하고 실행하고자 하는 특정 애플리케이션만을 위한 격리성을 제공하기 때문에 상대적으로 가볍고 빠릅니다.

자료구조

자료구조는 데이터를 효율적으로 저장하고 관리하는 방법을 학습하는 과목입니다. 이번 장에서는 배열, 연결 리스트, 스택, 큐, 해시 테이블, 트리, 그래프 등의 다양한 자료구조들을 학습해 보고, 0과 1밖에 이해하지 못하는 컴퓨터가 이러한 자료구조들을 어떻게 저장하고 관리하는지 정리해 보겠습니다.

〈1〉 자료구조의 큰 그림

자료구조data structure는 이름 그대로 어떠한 구조로 데이터를 다룰지에 대해 학습하는 과목입니다. 이번에도 가장 먼저 자료구조에 대한 큰 그림을 그려 볼 텐데요. 7가지 핵심적인 자료구조에 대한 학습을 시작하기 전에 자료구조란 무엇인지, 그와 연관된 과목인 알고리즘이란 무엇인지, 자료구조와 알고리즘을 판단하는 척도인 시간 복잡도와 공간 복잡도가 무엇인지 확인해 보겠습니다.

자료구조와 알고리즘

사실 우리는 앞서 2장과 3장에서 컴퓨터 구조와 운영체제에 대해 학습하며 자료구조를 직간접적으로 다루었습니다. 예를 들어 메모리 내에 존재하는 스택 영역의 '스택'과 스케줄링 큐의 '큐'도 자료구조의 일종이었죠.

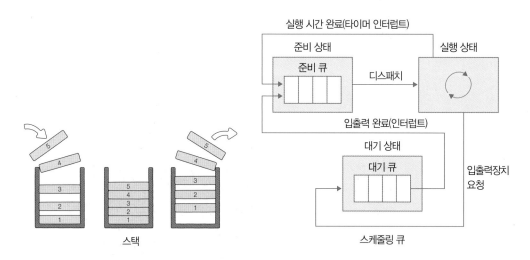

자료구조와 더불어 함께 학습하면 좋은 과목이 있습니다. 바로 알고리즘입니다. **알고리즘**algorithm은 어떠한 목적을 이루기 위해 필요한 일련의 연산 절차를 의미합니다. 자료구조가 데이터를 효율적으로 저장하고 관리하기 위한 방법을 다룬다면, 알고리즘은 어떤 목적을 이루기 위한 효율적인 연산 방법을 다룬다고 볼 수 있습니다. 이번 장의 주된 관심사는 알고리즘보다는 자료구조에 가깝기 때문에, 책에 알고리즘과 관련한 모든 내용을 수록하지는 않았지만 트리의 순회, 깊이 우선 탐색, 너비 우선 탐색, 최단 경로 알고리즘과 같이 중요한 알고리즘 개념들은 포함했습니다.

자료구조와 알고리즘은 전혀 다른 개념처럼 보이지만, 둘 사이에는 깊은 연관성이 있습니다. 어떤 자료구조가 사용되었느냐에 따라 사용 가능한 알고리즘이 달라질 수 있기 때문입니다. 일례로, 이번 장에서 알아볼 알고리즘의 일종인 너비 우선 탐색과 깊이 우선 탐색은 그래프, 스택 등의 자료구조를 알고 있어야만 온전히 이해할 수 있습니다.

시간 복잡도와 공간 복잡도

개발자는 프로그램을 만드는 과정에서 소스 코드를 통해 다양한 데이터를 다루고(자료구조), 그 데이터를 활용해 특정 목적을 이루기 위한 연산(알고리즘)을 구현합니다. 따라서 자료구조와 알고리즘을 고려하며 작성한 코드는 훨씬 더 품질 좋은 코드가 될 가능성이 높습니다. 실제로 같은 목적을 위한 코드라 하더라도 자료구조와 알고리즘을 고려했는지 여부에 따라 극명한 성능의 차이를 보일 수 있습니다.

그렇다면 자료구조와 알고리즘의 고려 여부에 따른 성능의 차이는 어떻게 판단할 수 있을까요? 바로 시간 복잡도와 공간 복잡도를 통해 알 수 있습니다. 시간 복잡도와 공간 복잡도는 소스 코드나 프로그램이 얼마나 효율적인지를 판단하는 척도입니다.

시간 복잡도time complexity란 **입력의 크기에 따른 프로그램 실행 시간의 관계**를 의미합니다. 프로그램의 실행 시간과 입력의 크기는 서로 밀접한 관계가 있습니다. 가령 '서로 다른 N개의 데이터가 있을 때, 앞에서부터 차례대로 하나씩 검사하여 특정 데이터를 찾는 프로그램'이 있다고 가정해 봅시다. 데이터가 하나(N=1)라면 프로그램의 실행 시간이 길지 않겠죠. 그러나 데이터가 100개(N=100)라면 일반적으로 조금 더 오랜 시간이 소요될 것입니다. 나아가 N이 10000이라면 실행 시간이 평균적으로 훨씬 더 오래 걸릴 것입니다.

N개

이때 실행 시간은 연산의 횟수에 비례한다고 간주합니다. N이 1일 때보다 100일때 일반적으로 더 많은 연산이 필요할 것이고, N이 100일 때보다 10000일 때 더 많은 연산이 필요할 테니까요. 따라서 시간 복잡도는 입력의 크기에 따른 프로그램 실행 시간이라고 할 수도 있고, 입력의 크기에 따른 **연산 횟수**라고 할 수도 있습니다.

그럼 이번에는 소스 코드로 시간 복잡도를 이해해 봅시다. 예를 들어 다음과 같은 코드에서 '1+1'이 '한 번의 연산'을 의미한다고 생각해 보겠습니다. 그럼 다음 코드에는 몇 번의 연산이 필요할까요? 너무 쉽습니다. 다섯 번의 연산이 필요하겠죠.

```
1+1
1+1
1+1
1+1
1+1
```

NOTE 연산 횟수를 줄일 수 있는 어떠한 외부 조건도 고려하지 않고, 오로지 예제 상의 연산 횟수만 생각해 보겠습니다.

코드를 반복문으로 일반화하여 표현해 보죠. 다음과 같은 코드에서 n은 입력으로 주어진 데이터라고 가정하겠습니다. 어떤 프로그래밍 언어인지는 중요하지 않습니다. 주석으로 남긴 의미만 파악해 보기 바랍니다. 다음 코드에는 몇 번의 연산이 필요할까요? n번의 연산이 필요할 것입니다.

```
for _ in range(n):        # 입력으로 주어진 값은 n; n회 반복하며
    1 + 1                 # 한 번씩 연산
```

같은 맥락에서 다음 코드에는 2n번의 연산이 필요합니다. 입력으로 주어진 n에 2를 곱한 만큼 반복하며 '1+1'을 연산하기 때문입니다.

```
for _ in range(2 * n):    # 입력으로 주어진 값은 n; 2n회 반복하며
    1 + 1                 # 한 번씩 연산
```

다음 코드에는 n²번의 연산이 필요합니다. 2개의 반복문이 겹쳐 있기 때문입니다. 다시 말해, 'n번씩 반복하며 한 번씩 연산하는 것'을 n번 반복하기 때문입니다(n × n). 마찬가지로 3개의 반복문이 겹쳐 있다면 n³번의 연산이 필요하겠죠.

```
for _ in range(n):          # 입력으로 주어진 값은 n; n회 반복하며
    for _ in range(n):      # 각각의 반복을 n회씩 반복하며
        1 + 1               # 한 번씩 연산
```

마지막으로 다음 코드에서는 몇 번의 연산이 필요할까요? 답은 (n² + 3n + 2)번입니다.

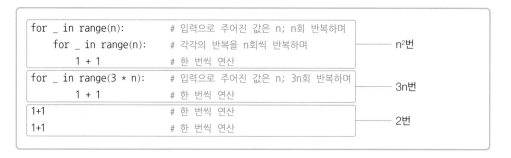

예제를 통해 반복문이 시간 복잡도에 많은 영향을 끼친다는 것을 눈치챌 수 있을 것입니다. 실제로도 프로그램의 시간 복잡도에 가장 많은 영향을 끼치는 문법은 반복문입니다.

지금까지의 예제에서는 n의 값이 결정되면 코드의 연산 횟수 및 실행 시간도 함께 결정되었습니다. 하지만 현실 속 대부분의 프로그램은 예제처럼 입력의 크기가 결정된다고 해서 연산 횟수와 실행 시간이 무조건적으로 결정되지는 않습니다. 실제로는 입력하는 n이 같다고 하더라도 프로그램의 연산 횟수와 실행 시간이 달라질 수 있죠.

앞에서 가정했던 '서로 다른 N개의 데이터에서 특정 데이터를 찾는 프로그램'을 다시 생각해 봅시다. N이 100이라면 '일반적으로', N이 10000이라면 '평균적으로' 더 오랜 실행 시간이 소요된다고 설명했습니다. '일반적으로', '평균적으로'라는 사족을 붙인 이유는 그렇지 않은 경우도 있기 때문입니다. N이 10000이더라도 '최선의 경우', 운 좋게 단번에 원하는 데이터를 찾아낼 수도 있고, N이 100이더라도 '최악의 경우', 데이터를 찾는 모든 연산을 끝내야만 원하는 데이터를 찾아낼 수도 있습니다.

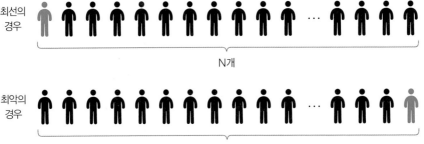

최선의 경우 N개

최악의 경우 N개

그러나 상황에 따라 동일한 입력에 대한 프로그램의 실행 시간이 들쭉날쭉해서는 곤란하겠죠. 제대로 된 성능 판단 척도로서의 기능을 할 수 없을 것입니다. 그래서 시간 복잡도를 표현할 때에는 대중적으로 **빅 오 표기법**^{big O notation}이 사용됩니다. 빅 오 표기법은 함수의 **점근적 상한**을 표기하는 방법입니다. 시간 복잡도를 표현하기 위해 빅 오 표기법을 사용한다면 '입력에 따른 실행 시간의 점근적 상한'을 의미하는 것입니다. 그렇다면 점근적 상한이란 무엇일까요?

입력하는 n이 점점 증가하여 무한대로 커진다고 생각해 보세요. n에 따라 일반적으로 실행 시간도 점점 증가할 것입니다. 이때 실행 시간이 증가하는 데에도 한계가 있습니다. 이 한계를 점근적 상한이라고 합니다. 입력의 크기 n에 대한 빅 오 표기법은 흔히 실행 시간의 O(상한(n)) 형태로 표현되며, 이는 쉽게 말해 입력하는 n이 점점 증가해 무한대로 커진다고 하더라도 **실행 시간이 대략 이 이상(상한)은 커지지 않을 것**이라는 의미입니다. 예를 들어, 시간 복잡도에서 빅 오 표기법으로 표현된 $O(n^2)$은 입력값 n이 증가하더라도 실행 시간의 증가율이 **n^2보다는 작다는 것**을 표현합니다.

참고로, 빅 오 표기법 이외에 **빅 세타 표기법**^{big θ notation}과 **빅 오메가 표기법**^{big Ω notation}도 있습니다. 시간 복잡도에서 빅 세타 표기법은 입력에 대한 '평균적인 실행 시간'을 의미하고, 빅 오메가 표기법은 '입력에 대한 실행 시간의 점근적 하한'을 의미합니다. 가령 빅 세타 표기법으로 표현된 $θ(n^2)$은 입력값 n이 증가하더라도 **실행 시간의 증가율은 n^2과 같다는 것**을 의미하며, 빅 오메가 표기법으로 표현된 $Ω(n^2)$은 입력값 n이 증가하더라도 **실행 시간의 증가율은 n^2보다 크다는 것**을 의미합니다. 다만, 코드의 성능을 판단하기 위한 시간 복잡도를 표현할 때는 빅 오 표기법이 가장 대중적으로 사용되고 있습니다.

말보다 수식이 편하다면

빅 오, 빅 세타, 빅 오메가 표기법의 정의를 수식으로 표현하면 오히려 단순합니다. 반드시 수식을 암기할 필요는 없지만, 때로는 수식을 통한 이해가 더 쉬울 때도 있습니다. 설명의 편의를 위해 이하 수식의 함수는 양의 값을 가진다고 가정합니다.

- **빅 오 표기법**

  모든 $x \geq x_0$ 에 대해 $f(x) \leq cg(x)$를 만족하는 양의 상수 c와 x_0가 존재할 경우,

  $$O(g(x)) = f(x)$$이다.

- **빅 세타 표기법**

  $f(x) = O(g(x))$와 $f(x) = \Omega(g(x))$가 모두 성립할 경우,

  $$\theta(g(x)) = f(x)$$이다.

- **빅 오메가 표기법**

  모든 $x \geq x_0$ 에 대해 $f(x) \geq cg(x)$를 만족하는 양의 상수 c와 x_0가 존재할 경우,

  $$\Omega(g(x)) = f(x)$$이다.

앞서 살펴본 '서로 다른 n개의 데이터에서 특정 데이터를 찾는 프로그램'에 적용해 보겠습니다. 프로그램에서 데이터를 한 번 찾아보는 것을 한 번 연산한 것으로 가정할 때 **n이 점점 커져서 무한대로 향하더라도 대략 n번 이상으로 연산하지는(n번 이상으로 찾아보지는) 않을 것**입니다. 즉, 이 프로그램의 시간 복잡도를 빅 오 표기법으로 표현하면 $O(n)$이 됩니다.

빅 오 표기와 관련해 유의해야 할 점이 있습니다. 점근적 상한을 표현할 때에는 최고차항의 차수만 고려한다는 점입니다. 즉, 입력값 n에 대한 실행 시간의 점근적 상한을 수식으로 표현할 때는 최고차항의 차수만 고려합니다. 앞서 설명한 코드 예제를 상기해 봅시다. 입력값 n에 대한 연산 횟수를 n에 대한 식으로 표현했었죠. 이때, n이 점점 증가하여 무한대로 커진다면 계수와 낮은 차수의 항이 끼치는 영향은 무시할 수 있게 됩니다. 따라서 빅 오 표기법으로 점근적 상한을 표기할 때는 입력값 n에 대한 연산 횟수에서 계수와 낮은 차수의 항을 제외시키고, 다음과 같이 최고차항의 차수만 고려하게 됩니다.

소스 코드	필요한 연산	점근적 상한	빅 오 표기법
for _ in range(n): 1 + 1	n	n	O(n)
for _ in range(2 * n): 1 + 1	2n	n	O(n)

for _ in range(n):
   for _ in range(n):
     1 + 1
	n^2	n^2	$O(n^2)$

for _ in range(n):
   for _ in range(n):
     1 + 1
for _ in range(3 * n):
   1 + 1
1+1
1+1
	$n^2 + 3n + 2$	n^2	$O(n^2)$

빅 오 표기법으로 표현되는 시간 복잡도 중에서도 자주 언급되는 표기들은 어느 정도 정해져 있습니다. 대표적인 시간 복잡도는 다음과 같은 그래프로 표현할 수 있습니다.

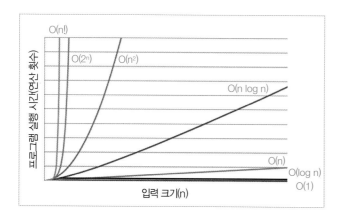

이 중 입력값 n이 충분히 클 때 가장 성능이 좋지 않은 시간 복잡도는 O(n!)입니다. 그렇다면 n이 충분히 클 때 O(n^2)의 복잡도를 갖는 알고리즘과 O(1)의 복잡도를 갖는 알고리즘 중 더 성능이 좋은 알고리즘은 무엇일까요? 당연히 후자입니다. O(1)은 입력값이 10개, 1억 개가 주어지든 상관없이 항상 알고리즘의 실행 시간이 일정하다(상수 시간이 소요된다)는 의미이고, O(n^2)은 n이 증가함에 따라 n의 제곱만큼 실행 시간이 증가한다는 것을 의미하니까요.

동일한 목적을 수행하는 알고리즘이라도 성능이 다를 수 있습니다. 일례로, 다음 표에 제시된 서로 다른 정렬 알고리즘들은 모두 정렬을 수행한다는 점은 동일하지만, 성능이 다를 수 있기 때문에 빅 오 표기법으로 표현된 시간 복잡도가 다릅니다.

정렬 알고리즘	시간 복잡도
삽입 정렬	$O(n^2)$
선택 정렬	$O(n^2)$
버블 정렬	$O(n^2)$
병합 정렬	$O(n \log n)$
퀵 정렬	$O(n \log n)$
힙 정렬	$O(n \log n)$

NOTE 정렬 알고리즘에 대해 더 알고 싶은 독자는 다음 링크를 참고하길 바랍니다.

• https://github.com/kangtegong/cs

이번 장에서 학습할 자료구조도 마찬가지입니다. 특정 자료구조를 구성하는 데이터에 대한 접근, 검색, 삽입, 삭제 연산의 시간 복잡도를 빅 오 표기법으로 나타낼 수 있습니다. 자료구조를 통한 다양한 연산이 가능하며, 각 연산에 대한 성능은 빅 오 표기법으로 표현 가능하다는 점에 유의하며 학습을 이어가 보겠습니다.

지금까지 알고리즘의 성능을 판단하기 위해 살펴본 시간 복잡도와 유사한 공간 복잡도라는 개념도 있는데요. **공간 복잡도**space complexity는 프로그램이 실행되었을 때 필요한 메모리 자원의 양을 의미합니다. 시간 복잡도가 입력에 따른 실행 시간의 척도라면, 공간 복잡도는 입력에 따른 메모리 사용량의 척도라 할 수 있습니다.

모든 프로그램은 실행을 위해 메모리에 적재되어야 합니다. 같은 동작을 하는 프로그램이라고 하더라도 실행 과정에 많은 메모리가 필요한 경우가 있고, 그렇지 않은 경우가 있습니다. 이때 메모리의 사용량에 따라 많은 메모리가 필요한 경우는 공간 복잡도가 크고, 그렇지 않은 경우는 공간 복잡도가 작다고 할 수 있습니다. 흔히 공간 복잡도는 시간 복잡도처럼 빅 오 표기법으로 표현됩니다. 공간 복잡도를 빅 오 표기법으로 표현하면 **입력에 따라 필요한 메모리 자원의 양에 대한 점근적 상한**을 표현하게 되겠죠. 다만, 오늘날 알고리즘의 성능 판단에 사용되는 척도는 주로 공간 복잡도보다는 시간 복잡도인 경우가 많기 때문에 특별한 언급이 없는 한, 빅 오 표기법으로 표현된 알고리즘의 성능은 모두 시간 복잡도를 표현한 것이라고 이해하기 바랍니다.

자료구조 지도 그리기

이렇게 우리는 이번 장에서 학습할 자료구조의 개념과 자료구조의 성능을 판단할 수 있는 시간 복잡도와 공간 복잡도를 살펴봤습니다. 이제부터 7가지 핵심적인 자료구조를 학습할 텐데요. 바로 배열과 연결 리스트, 스택, 큐, 해시 테이블, 트리, 그래프입니다.

다음과 같이 한눈에 정리된 지도를 보면서 학습의 흐름을 정리해 보기 바랍니다.

⟪2⟫ 배열과 연결 리스트

본격적으로 가장 기본적인 자료구조라 할 수 있는 배열과 연결 리스트에 대해 정리해 보겠습니다. 프로그래밍 언어를 경험해 본 독자라면 익숙한 자료구조일 것입니다. 다른 자료구조를 구현하는 재료로도 자주 활용되는 기초 자료구조이므로 꼼꼼히 정리하며 읽어 봅시다.

배열

배열array이란 일정한 메모리 공간을 차지하는 여러 요소들이 순차적으로 나열된 자료구조를 말합니다. 각 요소에는 0부터 시작하는 고유한 순서 번호인 **인덱스**index가 매겨집니다. 이 인덱스로 배열의 요소를 식별할 수 있는 셈입니다. 다음은 '기', '술', '면', '접', '화', '이', '팅'이라는 문자를 요소로 가지는 배열을 나타냅니다. 각 요소에 대응되는 인덱스(하단 숫자)에 유의하시기 바랍니다.

기	술	면	접	화	이	팅
0	1	2	3	4	5	6

우리는 이미 배열과 유사한 형태의 컴퓨터 부품을 접해 본 적이 있습니다. 바로 RAM입니다. RAM은 어떤 주소에 접근하든 접근 시간이 일정하다고 언급한 적이 있죠. 배열도 마찬가지입니다. 인덱스를 통해 요소에 접근하는 시간은 요소의 개수와 무관하게 일정합니다. 이를 빅 오 표기법으로 표현하면 $O(1)$이 됩니다. 즉, 인덱스를 바탕으로 배열의 특정 요소에 접근하는 시간은 $O(1)$로 일정하며, 마찬가지로 인덱스를 바탕으로 특정 요소를 수정하는 시간 또한 일정한 $O(1)$입니다.

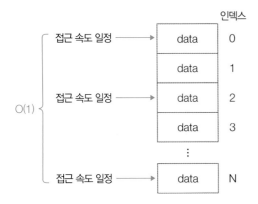

인덱스가 주어졌을 때 특정 요소에 접근하는 연산: O(1)

그럼 배열에서 '앞부터 차례대로 특정 요소가 있는지를 찾는 연산'은 시간 복잡도로 어떻게 표현할 수 있을까요? 우리는 이것을 이미 학습한 적이 있습니다. 앞에서 다뤘던 '서로 다른 N개의 데이터에서 특정 데이터를 찾는 프로그램' 예제를 생각해 보세요. 0번 인덱스, 1번 인덱스, 2번 인덱스, ..., 원하는 데이터를 찾을 때까지 하나씩 배열의 인덱스를 탐색해 나갈 것입니다. 요소가 N개라면 이러한 연산의 상한을 N으로 표현할 수 있겠죠. 따라서 이를 시간 복잡도로 표현하면 O(n)이 됩니다.

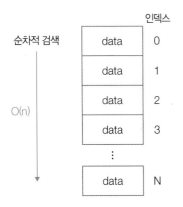

NOTE 이때 배열의 요소들은 정렬되어 있지 않다고 가정합니다.

특정 요소를 추가하거나 삭제하는 경우도 생각해 봅시다. 삽입 혹은 삭제 연산 후에 모든 요소들의 재정렬이 이루어진다고 가정했을 때 시간 복잡도는 대략 O(N)이 됩니다. 중간에 추가 혹은 삭제된 요소로 인해 이후의 요소들이 이동되어야 하기 때문입니다.

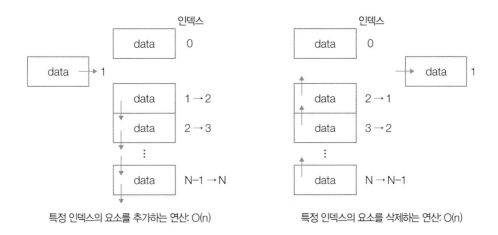

특정 인덱스의 요소를 추가하는 연산: O(n)   특정 인덱스의 요소를 삭제하는 연산: O(n)

배열은 (지금까지 예시에서 본 것처럼)기본적으로 한 쪽 방향으로 요소가 나열되는 일차원적인 구조를 띄고 있지만, 이를 이차원, 삼차원 배열로 확장할 수도 있습니다. 쉽게 '배열 속에 배열이 포함된 경우'를 이차원 배열, '배열 속에 배열 속에 배열이 포함된 경우'를 삼차원 배열이라고 생각하면 됩니다. 나아가 사차원 배열 이상으로도 확장이 가능합니다. 짐작할 수 있듯, 이차원 배열의 경우에는 2개의 인덱스로 요소를 식별하고, 삼차원 배열의 경우에는 3개의 인덱스로 요소를 식별할 수 있습니다. 메모리 상에 이차원 배열과 삼차원 배열은 다음과 같이 저장됩니다.

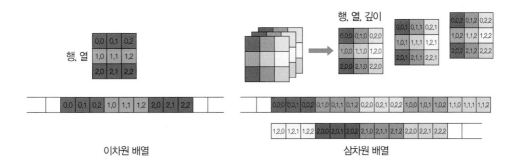

이차원 배열   삼차원 배열

배열은 가장 기본적인 자료구조인 만큼 활용도가 매우 높습니다. 관련 있는 데이터를 일렬로 나열하여 관리하고자 할 때는 물론, 다른 자료구조나 알고리즘을 구현하고자 할 때의 재료로도 많이 활용됩니다.

정적 배열과 동적 배열

많은 프로그래밍 언어에서 배열의 종류를 정적 배열과 동적 배열로 구분합니다. **정적 배열**(static array)이란 프로그램을 실행하기 전에 크기가 고정되어 있는 배열을 말합니다. 정적 배열의 크기는 원칙적으로 프로그램 실행 도중에 바꾸지 못합니다. 가령 5개의 원소를 할당하도록 정적 배열을 선언했다면 실행 도중에는 6개 이상의 원소를 할당할 수 없습니다.

반면, **동적 배열**(dynamic array)이란 실행 과정에서 크기가 변할 수 있는 배열을 말합니다. 포함된 요소의 개수가 동적으로 변할 수 있는 특성 덕분에 프로그램을 실행하기 전에 배열의 크기를 알기 어려운 경우, 유연하게 요소의 개수를 조정해야 하는 경우에 사용할 수 있습니다. 동적 배열을 **벡터**(vector)라는 이름으로 구현한 프로그래밍 언어도 있으니 참고하기 바랍니다.

연결 리스트

연결 리스트linked list는 노드의 모음으로 구성된 자료구조입니다. 연결 리스트에서 말하는 **노드**node란 그림과 같이 ❶ 저장하고자 하는 데이터(들)와 ❷ 다음 노드의 위치(메모리 상의 주소) 정보를 포함하는 연결 리스트의 구성 단위를 말합니다.

❶	❷
데이터	다음 노드

특정 노드에 접근할 수 있다면 다음 노드의 위치도 알 수 있기 때문에 자연스럽게 다음 노드의 데이터에도 접근할 수 있습니다. 다음 노드에 접근할 수 있다면 그 다음 노드의 데이터에도 접근할 수 있고, 또 그 다음 노드의 데이터에도 접근할 수 있겠죠. 이와 같이 연결 리스트는 기본적으로 모든 노드들이 한 쪽 방향으로 꼬리에 꼬리를 무는 형태로 구성되어 있다는 특징이 있습니다. 일반적으로 연결 리스트의 첫 번째 노드는 **헤드**head, 마지막 노드는 **꼬리**tail라고 부릅니다.

다음 그림을 보면 알 수 있듯, 연결 리스트를 구성하는 모든 노드는 반드시 메모리 내에 순차적으로 저장되어 있을 필요가 없습니다. 그렇기 때문에 **연속적으로 구성되어 있는 데이터를 불연속적으로 저장**할 때 유용하게 사용할 수 있습니다.

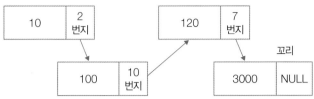

NOTE '더 이상의 노드가 없음'은 NULL로 표기했습니다.

배열의 경우 인덱스가 주어진다면 요소에 접근하는 시간이 일정했습니다. O(1)로 임의 접근이 가능하다고 설명했죠. 연결 리스트는 어떨까요? 찾고자 하는 데이터가 몇 번째 노드에 있는지 안다면 O(1)만에 접근할 수 있을까요? 그렇지 않습니다. 연결 리스트에서 특정 요소에 접근할 때는 앞에서부터 순차적으로 접근할 수밖에 없기 때문에 O(n)이 소요됩니다.

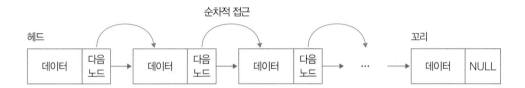

연결 리스트는 배열에 비해 추가 및 삭제 연산에서 강점이 있습니다. 연결 리스트는 중간에 요소를 추가하거나 삭제하는 연산에서 재정렬이 불필요하기 때문입니다. 다음과 같이 노드의 위치만 바꿔 저장하면 되죠. 즉, 새로운 노드를 삽입 혹은 삭제할 위치가 주어지면 노드의 위치를 막론하고 노드에 접근하는 시간이 동일하므로 O(1)이 소요된다고 볼 수 있습니다.

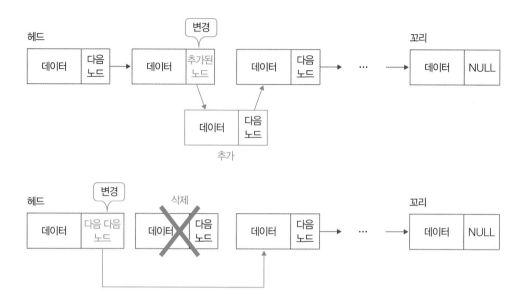

지금까지 학습한 연결 리스트에는 기본적으로 노드 내에 다음 노드의 위치 정보가 저장되어, 한 쪽 방향으로 꼬리에 꼬리를 무는 형태였습니다. 이와 같은 형태를 띄는 기본적인 연결 리스트를 **싱글 연결 리스트**singly linked list라고 합니다. 그런데 싱글 연결 리스트 사용에는 불편한 점이 있습니다. 특정 노드를 통해 '다음 노드'의 위치만 알 수 있고, '이전 노드'의 위치는 알기 어렵다는 점입니다. 이러한 이유로 싱글 연결 리스트를 이용한 탐색은 단방향으로만 가능합니다.

이중 연결 리스트doubly linked list는 이를 보완하기 위한 연결 리스트의 변형입니다. 이중 연결 리스트는 다음과 같이 노드 내에 다음 노드의 위치 정보뿐만 아니라 이전 노드의 위치 정보도 포함하고 있는 연결 리스트입니다. 자연스럽게 양방향 탐색도 가능하겠죠. 이중 연결 리스트를 이용하면 어느 정도는 싱글 연결 리스트의 탐색 성능을 완화할 수 있지만 부작용도 있습니다. 한 노드에 2개의 위치 정보(메모리 주소)를 저장해야 하므로 그만큼의 저장 공간이 더 필요하다는 것입니다.

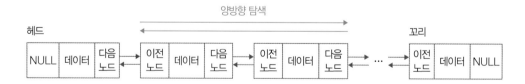

또 다른 연결 리스트의 변형으로 **환형 연결 리스트**circular linked list도 있습니다(원형 연결 리스트라고도 부릅니다). 환형 연결 리스트는 꼬리 노드(마지막)가 헤드 노드(첫 번째)를 가리켜 노드들이 원형으로 구성된 연결 리스트를 의미합니다.

물론, 이중 연결 리스트로도 환형 연결 리스트를 구현할 수 있습니다. 다음 그림과 같이 헤드 노드의 이전 노드가 꼬리 노드를 가리키고, 헤드 노드의 다음 노드가 헤드 노드를 가리키도록 만들면 되겠죠. 이러한 환형 연결 리스트는 모든 노드 데이터를 여러 차례 순회해야 할 때 유용하게 활용할 수 있습니다.

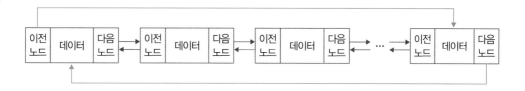

❰ 3 ❱ 스택과 큐

이번에 알아볼 자료구조는 스택과 큐입니다. 스택과 큐는 앞서 학습한 자료구조와 같이 범용적으로 활용되는 기본적인 자료구조이자, 이 또한 자료구조나 알고리즘을 구현하고자 할 때 재료로 자주 활용되는 자료구조입니다.

스택

스택stack은 한 쪽에서만 데이터의 삽입 및 삭제가 가능한 자료구조를 말합니다. 흔히 스택에 데이터를 저장하는 연산은 **푸시**push, 반대로 데이터를 빼내는 연산은 **팝**pop이라고 합니다. 이렇게 한 쪽에서만 데이터가 저장, 관리되면 나중에 삽입된(후입)Last In 데이터가 먼저 나오게(선출)First Out 되겠죠. 이런 점에서 스택을 **후입선출(LIFO)**Last In First Out 자료구조라고 이야기하기도 합니다. 특히 스택은 다음과 같은 상황에서 유용하게 사용됩니다.

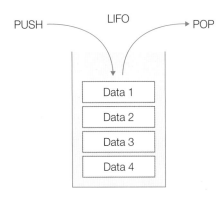

- 최근에 임시 저장한 데이터를 가장 먼저 활용해야 할 때
- 뒤로가기 기능을 만들고 싶을 때

첫 번째 상황, 즉 최근에 임시 저장한 데이터를 가장 먼저 활용해야 하는 대표적인 상황으로는 함수의 매개변수를 저장하기 위해 스택을 사용하는 경우를 꼽을 수 있습니다.

NOTE 3장 146쪽에서 스택 영역에는 함수의 실행이 끝나면 사라지는 매개변수, 지역 변수, 함수 복귀 주소 등과 같은 함수 호출 정보가 저장된다고 설명했던 내용을 상기해 보세요.

예를 들어 다음과 같이 정수형 매개변수 x와 x에 1을 더한 결과를 반환하는 함수 foo가 있다고 가정해 봅시다.

```
int foo(int x) {
    return x + 1;
}
```

다음과 같이 함수를 호출하면 foo 함수의 매개변수 x는 다음과 같이 1로 초기화되어 결과적으로 1+1을 반환하게 됩니다. 이때 함수가 실행되는 동안만 유효한 매개변수 x는 함수의 실행이 끝나면 1로 초기화되고 메모리에서 삭제됩니다.

```
foo(1);
```

이번에는 foo 함수 안에서 bar 함수를 호출했다고 가정해 보겠습니다. bar 함수는 정수형 매개변수 y에 2를 더한 값을 반환하는 함수입니다.

```
int bar(int y) {
    return y + 2;
}

int foo(int x) {
    bar(2);
    return x + 1;
}

foo(1);
```

이렇게 foo 함수를 호출하면 어떻게 될까요? 매개변수가 언제 초기화되고, 언제 메모리에서 삭제되는지 유의하며 살펴보겠습니다. foo 함수를 호출하면 ❶ 우선 매개변수 x가 1로 초기화되고, ❷ bar 함수가 호출되어 매개변수 y가 2로 초기화됩니다. ❸ bar 함수가 2+2를 반환한 뒤 매개변수 y가 메모리에서 삭제됩니다. 그리고 ❹ foo 함수가 1+1을 반환한 뒤 매개변수 x가 메모리에서 삭제될 것입니다.

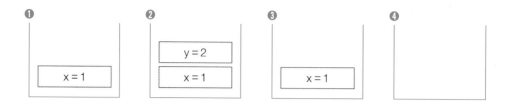

함수의 호출 과정을 살펴보면 기본적으로 **최근에 호출된 함수의 매개변수가 가장 먼저 활용되고, 가장 먼저 메모리에서 삭제**되는 것을 볼 수 있습니다. 이러한 형태로 매개변수를 저장할 때는 어떤 자료구조가 가장 적합할까요? 후입선출 자료구조인 스택이 가장 적합할 것입니다. 함수가 호출될 때마다 함수의 매개변수가 스택에 저장되고, 함수의 실행이 끝나면 스택에 저장된 매개변수를 삭제하면 되겠죠. 이것이 최근에 임시 저장한 데이터를 가장 먼저 활용해야 하는 상황이라고 볼 수 있습니다.

이번에는 뒤로가기 기능을 만들고 싶을 때 스택이 사용되는 경우를 살펴보겠습니다. 쉽게 생각해 웹 브라우저의 뒤로가기 버튼을 떠올려 볼 수 있겠죠. 우리가 웹사이트를 방문할 때마다 스택에 URL이 저장되고(푸시), 뒤로가기 버튼을 클릭할 때마다 저장된 URL을 빼내어(팝) 해당 URL로 이동하도록 만들었다면 뒤로가기 버튼을 누를 때마다 이전에 방문한 페이지로 이동할 수 있을 것입니다.

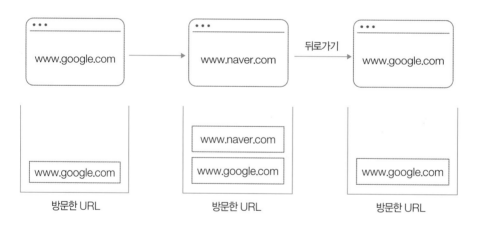

다음과 같이 생긴 미로에서 이동하는 경우를 생각해 볼 수도 있습니다. 1로 들어가 20으로 나가기 위해 1 → 6 → 7→ 8까지 앞으로 이동했다면 스택을 사용해 다시 한 칸 뒤로 이동할 수 있습니다.

다음 그림처럼 현재 위치를 한 칸씩 앞으로 이동할 때마다 이동하는 번호를 스택에 푸시하고, 되돌아갈 때마다 팝하면 8로 이동한 뒤 다시 7로 이동할 수 있습니다.

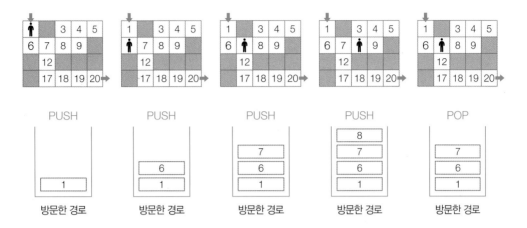

큐

스택이 한 쪽에서만 데이터를 삽입하고 삭제할 수 있는 자료구조라면 **큐**queue는 기본적으로 한 쪽으로 데이터를 삽입하고, 다른 한 쪽으로 데이터를 삭제할 수 있는 자료구조입니다. 이렇게 데이터가 저장, 관리되면 먼저 삽입된(선입)First In 데이터가 먼저 나오게(선출)First Out 됩니다. 이런 점에서 큐를 **선입선출(FIFO)**First In First Out 자료구조라고 이야기하기도 합니다. 흔히 큐의 한 쪽 끝에 데이터를 삽입하는 연산을 **인큐**enqueue라고 하고, 다른 한 쪽 끝으로 데이터를 빼내는(삭제하는) 연산을 **디큐**dequeue라고 합니다.

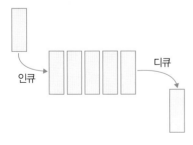

큐는 임시 저장된 데이터를 차례차례 내보내거나 꺼내 와야 하는 각종 **버퍼**buffer로도 활용됩니다. 쉽게 말해 '줄 세우기'에 자주 사용된다고 볼 수 있습니다. 큐 또한 배열이나 스택처럼 다른 자료구조나 알고리즘 구현에 재료로써 자주 활용됩니다.

큐는 여러 변형된 형태로도 사용됩니다. 원형 큐, 덱, 우선순위 큐 등이 대표적인데요. **원형 큐**circular queue는 데이터를 삽입하는 쪽과 삭제하는 쪽, 양쪽을 하나로 연결해 원형으로 사용하는 자료구조입니다.

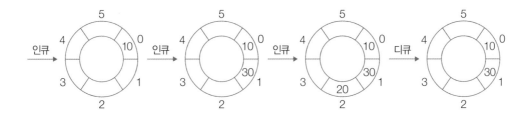

덱deque은 **양방향 큐**double-ended queue의 약자로, 양쪽으로 데이터를 삽입/삭제할 수 있는 큐를 말하며, **우선순위 큐**priority queue는 저장된 요소들이 선입선출로 처리되는 것이 아니라 정해진 우선순위가 높은 순으로 처리되는 큐를 말합니다. 요소가 저장되어 있는 순서와 무관하게 우선순위가 높은 순서대로 빠져나가는 큐라고 볼 수 있습니다. 우선순위 큐는 **힙**heap이라는 자료구조를 기반으로 구현되는데, 힙을 이해하려면 **트리**tree가 무엇인지를 먼저 이해해야 합니다. 트리와 힙에 관한 내용은 286쪽 5절에서 학습할 예정입니다.

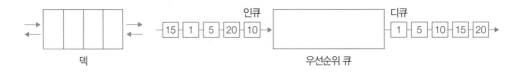

덱   우선순위 큐

《4》 해시 테이블

해시 테이블^{hash table}은 **키**^{key}와 **값**^{value}의 대응으로 이루어진 표(테이블)와 같은 형태의 자료구조를 말합니다. 키는 해시 테이블에 대한 입력, 값은 키를 통해 얻고자 하는 데이터라고 볼 수 있습니다. 이러한 대응 관계를 갖는 데이터는 일상에서 쉽게 찾아볼 수 있습니다. 대표적인 예시로 전화번호부가 있습니다. 이름을 키로, 그에 대응되는 전화번호를 값으로 삼을 수 있습니다. 책도 마찬가지입니다. 책마다 부여받은 ISBN이라는 고유한 도서번호를 키, 책 제목을 값으로 대응할 수 있죠.

ISBN(키)	책 제목(값)
9791162243091	혼자 공부하는 컴퓨터 구조 + 운영체제
9791162243664	혼자 공부하는 머신러닝 + 딥러닝
9791162245651	혼자 공부하는 파이썬

해시 테이블은 운영체제 내부에서도 자주 사용됩니다. 다음은 리눅스 커널 내부에 정의된 해시 테이블의 일부입니다. 과거에는 해시 테이블을 페이지 캐시, 아이노드 캐시 등으로 활용하기도 했죠. 5장과 6장에서 정리할 '네트워크'와 '데이터베이스'에서도 자주 사용됩니다. 이처럼 대응 관계가 필요한 상황이 다양한 만큼, 해시 테이블은 컴퓨터 과학 곳곳에 녹아 있으며 개발 실무에서도 반드시 접하거나 사용하게 될 개념입니다.

```
42  /**
43   * hash_init - initialize a hash table
44   * @hashtable: hashtable to be initialized
45   *
46   * Calculates the size of the hashtable from the given parameter, otherwise
47   * same as hash_init_size.
48   *
49   * This has to be a macro since HASH_BITS() will not work on pointers since
50   * it calculates the size during preprocessing.
51   */
52  #define hash_init(hashtable) __hash_init(hashtable, HASH_SIZE(hashtable))
53
54  /**
55   * hash_add - add an object to a hashtable
56   * @hashtable: hashtable to add to
57   * @node: the &struct hlist_node of the object to be added
58   * @key: the key of the object to be added
59   */
60  #define hash_add(hashtable, node, key)                                      \
61          hlist_add_head(node, &hashtable[hash_min(key, HASH_BITS(hashtable))])
62
```

해시 테이블의 구조를 먼저 살펴보겠습니다. 다음은 전형적인 해시 테이블의 구조와 동작을 나타낸 그림입니다. 키를 통해 얻고자 하는 데이터는 **버킷**bucket에 저장되어 있습니다. 버킷은 여러 개가 존재하며, 여러 버킷들은 배열을 형성합니다. 해시 함수는 키를 인자로 활용해 인덱스를 반환합니다. 이 인덱스가 곧 버킷 배열의 인덱스에 해당합니다. 키를 해시 함수에 통과시켜 원하는 버킷에 접근할 수 있는 것이죠.

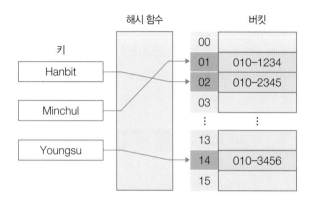

이러한 해시 테이블의 핵심은 해시 함수에 있습니다. 해시 함수에 대해 자세히 알아보겠습니다.

NOTE 해시 테이블에 저장된 데이터 수를 버킷의 수로 나눈 값을 로드 팩터(load factor)라고 합니다. 로드 팩터는 해시 테이블이 현재 얼마나 가득 차 있는지에 대한 지표로, 로드 팩터가 클수록 해시 테이블의 성능이 떨어집니다.

해시 함수

해시 함수hash function는 임의의 길이를 지닌 데이터를 고정된 길이의 데이터로 변환하는 단방향 함수를 말합니다. 단방향 함수이기 때문에 특정 입력 데이터를 고정된 길이의 해시 값으로 변환할 수는 있어도, 반대로 해시 값을 토대로 어떤 데이터가 입력되었는지를 도출하기는 어렵습니다.

해시 함수의 연산 방법은 **해시 알고리즘**hash algorithm이라고 합니다. 해시 알고리즘은 대표적으로 MD5, SHA-1, SHA-256, SHA-512, SHA3, HMAC 등이 있습니다. 같은 데이터라 하더라도 적용된 해시 알고리즘이 다르면 도출되는 해시 값의 길이나 값이 달라집니다. 처음부터 모든 해시 알고리즘의 자세한 원리를 학습할 필요는 없지만, 대표적인 해시 알고리즘은 개발 과정에서 종종 보게 될 용어이므로 눈도장 정도는 찍어 두는 것이 좋습니다.

예를 들어 보겠습니다. 다음은 'hanbit'이라는 문자열을 SHA-256 알고리즘으로 해시한 결과입니다.

```
3f5e2cf9fe54c5c8df8589d53f6f787f66b7cc556b1543d5cd002c29d8b12b28
```

다음은 같은 알고리즘으로 'hanbitmedia'라는 문자열을 해시한 결과입니다.

```
f6c3a369cb093a0d8975b74a94035a75266f5c2032712b471443bf17e469a5ef
```

참고로, 해시 값은 문자열이 한 글자만 달라져도 크게 달라질 수 있습니다. 'hanbitmedia'라는 문자열에 공백 하나를 추가해 'hanbit media'에 대한 해시 값을 구하면 다음과 같이 완전히 다른 결과를 확인할 수 있습니다.

```
7b860e4e58c1b4c86de890837b6a4653ba5a0a31ec6f4b66e1b6f438a26512ea
```

해시 함수는 이러한 특징으로 인해 무작위 값을 만들거나 단방향 암호를 만들 때, 데이터의 무결성을 검증하기 위해 사용되기도 합니다. 데이터를 전송하기 전에 송신하는 쪽에서 보낼 데이터에 대한 해시 값을 계산(❶)한 뒤, 이를 데이터와 함께 수신자에게 전달했다고 가정해 봅시다. 그리고 수신하는 쪽에서 받은 데이터에 대한 해시 값을 계산(❷)한 뒤, 계산된 해시 값을 전달받은 해시 값과 비교해 보겠습니다.

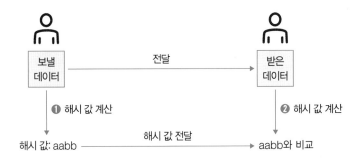

전송 당시의 해시 값(❶)과 수신된 데이터에 대한 해시 값(❷)을 비교했을 때, 두 값이 일치하면 바르게 전송되었다고 볼 수 있겠죠. 반면, 전송 과정에서 조금이라도 정보가 왜곡되거나 훼손되었다면 전혀 다른 해시 값이 도출되므로 잘못된 데이터가 전송되었음을 쉽게 파악할 수 있습니다.

해시 함수를 이용한 해시 값은 비밀번호를 저장할 때도 사용합니다. 가령 웹 서비스에 접속할 때를 생각해 봅시다. 우리는 아이디(혹은 이메일)와 더불어 비밀번호를 입력합니다. 그렇다고 해당 웹 서비스의 관리자가 우리의 비밀번호를 알 수 있는 것은 아닙니다. 비밀번호를 비롯한 개인정보가 웹 사이트에 저장될 때는 단방향 암호화(해시 함수 적용)를 통해 저장되도록 규제하고 있기 때문입니다. 이러한 비밀번호 암호화 용도로 사용되는 대표적인 해시 함수로는 bcrypt, PBKDF2, scrypt, argon2 등이 있습니다.

개인정보의 안전성 확보조치 기준

[시행 2023. 9. 22.] [개인정보보호위원회고시 제2023-6호, 2023. 9. 22., 일부개정]

☐ 제7조(개인정보의 암호화) ① 개인정보처리자는 비밀번호, 생체인식정보 등 인증정보를 저장 또는 정보통신망을 통하여 송·수신하는 경우에 이를 안전한 암호 알고리즘으로 암호화하여야 한다. <mark>다만, 비밀번호를 저장하는 경우에는 복호화되지 아니하도록 일방향 암호화하여 저장하여야 한다.</mark>
② 개인정보처리자는 다음 각 호의 해당하는 이용자의 개인정보에 대해서는 안전한 암호 알고리즘으로 암호화하여 저장하여야 한다.

흔히 웹 서비스를 개발하기 위해서는 웹 프레임워크를 사용하며, 대부분의 웹 프레임워크는 로그인 및 회원 정보 저장 기능을 제공합니다. 따라서 비밀번호를 비롯한 개인정보 저장에 활용할 해시 함수 또한 웹 프레임워크 단계에서 지원하는 경우가 많습니다. 특정 웹 프레임워크에 관심이 있는 독자라면 관련 키워드를 검색해 보완하기 바랍니다. 다음은 자바 기반의 스프링 프레임워크(스프링 시큐리티)와 파이썬 기반의 장고 프레임워크의 관련 기능입니다.

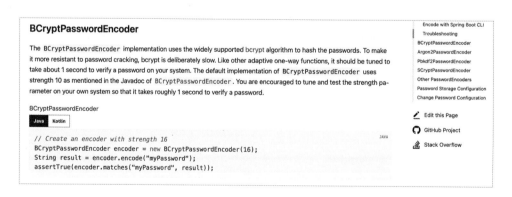

여기서 잠깐

모듈러 연산을 이용한 간단한 해시 함수

실무에서 자주 사용하는 대표적인 해시 함수들 외에도 해시 테이블에 사용할 수 있는 간단한 해시 함수도 있습니다. 이는 모듈러 연산의 형태로 만들 수 있는데, 모듈러 연산이란 나머지를 구하는 연산을 말합니다. 'A mod B'는 'A를 B로 나눈 나머지'를 의미하죠. 따라서 '10 mod 3'은 1이고, '20 mod 8'은 4입니다.

모듈러 연산을 이용하면 아주 간단한 해시 함수를 만들 수 있습니다. 키를 어떤 수(일반적으로 해시 테이블의 크기)로 나눈 나머지를 해시 값으로 사용하는 것입니다. 예를 들어 키가 k이고, 해시 테이블의 크기가 m일 때 해시 값 $h(k)$를 'k mod m'으로 삼는 것입니다. 예를 들어 키가 200이고 해시 테이블의 크기가 15라면 해시 값을 (200 mod 15) = 5로 삼을 수 있고, 키가 100이고 해시 테이블의 크기가 15라면 해시 값을 (100 mod 15) = 10으로 삼을 수 있습니다.

다만, 이렇게 간단하게 해시 함수를 구현하게 되면 뒤에서 설명할 해시 충돌의 문제가 발생할 여지가 높아지기 때문에 실제 해시 테이블에 사용되는 해시 함수가 이렇게 간단한 경우는 드뭅니다.

다시 해시 테이블 이야기로 돌아와 봅시다. 해시 테이블을 학습할 때 꼭 알아야 하는 것은 '해시 테이블을 사용하는 이유'입니다. 이유는 명백합니다. **빠른 검색 속도** 때문이죠. 일반적인 상황에서 해시 테이블을 활용한 검색, 삽입, 삭제 연산의 시간 복잡도는 $O(1)$입니다. 이는 입력과 무관하게 항상 일정한 속도를 보장한다는 의미입니다. 이례적일 정도로 뛰어난 성능이죠.

그렇다면 해시 테이블은 모든 자료구조의 성능을 능가하는 최고의 자료구조일까요? 다른 자료구조들은 사용할 필요가 없을까요? 물론 그렇지 않습니다. 해시 테이블도 단점이 있습니다. 해시 테이블은 속도가 빠른 만큼 상대적으로 많은 메모리 공간이 소모됩니다. 데이터가 매우 많을 경우 공간 복잡도가 시간 복잡도만큼 우수하지 않다는 의미입니다. 뿐만 아니라 해시 테이블을 이용할 때는 다음 그림과 같은 해시 충돌이라는 문제도 해결해야 합니다.

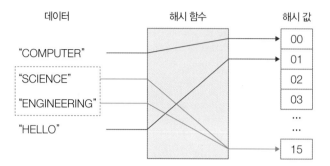

해시 충돌

해시 충돌hash collision이란 서로 다른 키에 대해 같은 해시 값이 대응되는 상황을 의미합니다. 이는 다른 이름에 같은 전화번호가 대응된 상황, 혹은 다른 ISBN에 같은 책이 대응된 상황과도 같습니다.

해시 충돌로 인해 어떤 문제가 발생할 수 있을까요? 대표적인 해시 함수 중 하나인 SHA-1 해시 충돌 사례를 통해 생각해 보겠습니다. 구글과 CWI 암스테르담 연구소는 SHA-1 해시 함수가 사용하는 알고리즘에 해시 충돌이 발생할 수 있음을 입증했는데요. 다음의 'shattered-1.pdf'와 'shattered-2.pdf'는 분명 다른 pdf 파일이지만, 두 파일 데이터에 대한 해시 값을 구해 보면 다음과 같이 SHA-1 알고리즘에서만 동일한 해시 값이 도출됩니다. 충돌이 발생한 것이죠.

파일명	해시 알고리즘	해시 값
shattered-1.pdf	MD5	ee4aa52b139d925f8d8884402b0a750c
	SHA-1	38762cf7f55934b34d179ae6a4c80cadccbb7f0a
	SHA-256	2bb787a73e37352f92383abe7e2902936d1059ad9f1ba 6daaa9c1e58ee6970d0
shattered-2.pdf	MD5	5bd9d8cabc46041579a311230539b8d1
	SHA-1	38762cf7f55934b34d179ae6a4c80cadccbb7f0a
	SHA-256	d4488775d29bdef7993367d541064dbdda50d383f89f0 aa13a6ff2e0894ba5ff

NOTE 제시된 예시 파일과 실습 가능한 소스 코드는 다음 링크에서 확인할 수 있습니다.

• https://github.com/kangtegong/cs

해시 값은 데이터 무결성 검증에도 사용된다고 했습니다. 매우 드문 사례일 수 있지만, 이와 같은 해시 충돌이 발생할 경우 'shattered-1.pdf'와 'shattered-2.pdf'의 같은 해시 값을 토대로 두 파일을 같은 데이터라고 판단할 수 있습니다. 나아가 전송 과정에서 데이터를 가로채서 바꾸는 보안 상의 위험도 발생할 수 있죠.

해시 테이블에서 이와 같은 해시 충돌이 발생하면 2개 이상의 키에 같은 데이터가 대응되는 상황이 발생합니다. 이를 해결하기 위한 방법으로는 체이닝과 개방 주소법이 대표적인데요. **체이닝**chaining이란 충돌이 발생한 데이터를 연결 리스트로 추가하는 방법입니다. 서로 다른 키가 같은 위치로 해시되어도 단순히 연결 리스트의 노드가 추가될 뿐이기 때문에, 다음과 같이 하나의 테이블 인덱스에 여러 데이터가 연결 리스트의 노드로써 존재할 수 있습니다.

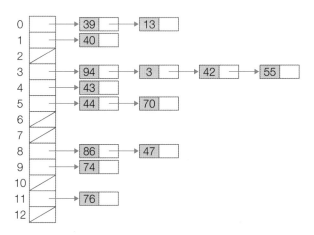

체이닝의 아이디어와 구현은 단순하지만, 충돌이 발생할 때마다 연결 리스트의 노드가 추가된다면 빠른 속도라는 해시 테이블의 장점을 살리지 못할 수도 있습니다. 극단적인 예시지만, n개의 데이터에 대해 모든 데이터가 충돌한다고 생각해 보세요. 그럼 결국 연결 리스트와 다를 바 없이 탐색의 성능이 O(n)으로 떨어지게 됩니다.

개방 주소법open addressing은 충돌이 발생했을 때, 충돌이 발생한 버킷의 인덱스가 아닌 다른 인덱스에 데이터를 저장하는 방법입니다. 쉽게 말해 '자리 없는 인덱스를 피해 다른 인덱스를 알아보자'는 해결 방식이라고 할 수 있습니다. 충돌이 발생했을 때 비어 있는 다른 버킷의 인덱스를 찾는 과정을 흔히 **조사**probe한다고 표현합니다. 개방 주소법은 이 조사 방법에 따라 세부적으로 나눌 수 있는데요. 그 중 하나가 **선형 조사법**linear probing입니다. 선형 조사법은 단순합니다. 충돌이 발생했을 때, 충돌이 발생한 인덱스의 다음 인덱스부터 순차적으로 가용한 인덱스를 찾아 나서는 방법입니다. 해시 함수를 f, 키를 key라고 할 때, 해시 값인 f(key)에서 충돌이 발생했다면 f(key) + 1, f(key) + 2, f(key) + 3, …의 순으로 가용한 인덱스를 찾는 방식입니다.

0	010–1234
1	
2	010–1234
3	010–1111
4	
5	
6	010–3456
7	010–4567
8	
9	

충돌 010–1111 → 2

0	010–1234
1	
2	010–1234
3	010–1111
4	
5	
6	010–3456
7	010–4567
8	010–2222
9	

충돌 010–2222 → 6

그러나 선형 조사법은 해시 충돌이 발생하는 인덱스 인근에 충돌이 발생한 여러 데이터가 몰려 저장될 수 있다는 문제점이 있습니다. 이러한 현상을 데이터의 **군집화**clustering라고 하며, 군집화 현상은 오랜 순차 탐색이 필요해 성능 악화로 이어질 수 있습니다.

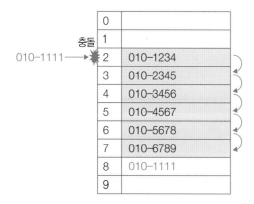

0	
1	
2	010–1234
3	010–2345
4	010–3456
5	010–4567
6	010–5678
7	010–6789
8	010–1111
9	

충돌 010–1111 → 2

여기서 잠깐

이차 조사법

선형 조사법의 문제를 완화하는 방법으로는 **이차 조사법**(quadratic probing)이 있습니다. 이차 조사법은 충돌이 발생했을 때, 충돌이 발생한 인덱스에서 제곱수만큼 떨어진 거리에 위치한 인덱스를 찾는 방법입니다. 즉, f(key) + 1², f(key) + 2², f(key) + 3², …의 순으로 가용한 버킷 인덱스를 찾습니다. 이차 조사법은 선형 조사법과 비교해 데이터 군집화 문제는 완화할 수 있지만, 제곱수의 규칙성으로 인해 데이터 군집화를 해결하는 근본적인 방법이라고 보기는 어렵습니다.

또 다른 해시 충돌의 해결 방법으로는 **이중 해싱**double hashing이 있습니다. 이중 해싱은 말 그대로 2개의 해시 함수를 사용하는 방법으로, 충돌이 발생했을 때 다른 해시 함수(이른바 보조 해시 함수)에 대한 해시 값만큼 떨어진 거리에 위치한 인덱스를 찾는 방법입니다. 즉, 충돌이 발생하면 $f(key) + g(key)$에서 인덱스를 찾고, 여기서도 충돌이 발생하면 $f(key) + 2g(key)$, $f(key) + 3g(key)$, …의 순으로 인덱스를 찾습니다. 이렇게 해시 함수를 통해 무작위로 인덱스가 생성될 수 있다면 선형 조사법의 군집화 문제를 상당 부분 피할 수 있게 됩니다.

여러 프로그래밍 언어에서 해시 테이블을 지원하고 있으므로 관심이 있는 프로그래밍 언어에서 어떻게 해시 테이블을 활용할 수 있는지, 나아가 프로그래밍 언어 내부에서 어떻게 해시 충돌을 다루는지 학습해 보길 바랍니다.

프로그래밍 언어	해시 테이블의 구현
C++	unordered_map
자바	HashTable, HashMap
파이썬	dictionary
자바스크립트	Map
Go	map

트리

이번에 학습할 자료구조는 트리입니다. 트리는 자료의 구현이 단순하고, 다양한 변형이 가능합니다. 다양한 상황에서 유용하게 활용되는 자료구조이기 때문에 기술 면접에서도 빈번하게 출제되고 있습니다.

트리tree는 주로 계층적인 구조를 표현하기 위한 자료구조입니다. 다음과 같이 데이터가 저장되어 있는 **노드**, 노드와 노드를 연결하는 **간선**edge(**링크**link라고도 부릅니다)으로 이루어져 있으며, 간선으로 연결된 노드는 상하 관계를 형성합니다.

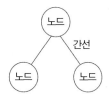

NOTE 트리는 계층적 구조를 표현하는 것 이외에도 탐색 등의 다양한 상황에서 범용적으로 사용됩니다.

이웃한 노드 간에 형성된 상하 관계에서 상위에 위치한 노드는 **부모 노드**parent node라고 하고, 하위에 위치한 노드는 **자식 노드**child node라고 합니다. 부모 자식 노드는 상대적인 개념이기 때문에 다음 그림의 노드 b는 노드 a의 자식 노드이자, 노드 d의 부모 노드이기도 합니다. 노드는 하나 이상의 자식 노드을 가질 수 있지만, (최상단에 위치한 노드가 아닌 이상)부모 노드는 하나만 있을 수 있습니다.

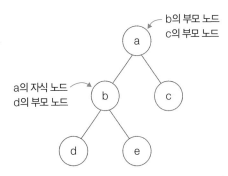

참고로, 같은 부모 노드를 공유하는 노드는 **형제 노드**sibling node라고 하고, 부모 노드와 그 부모 노드들은 **조상 노드**ancestor node, 자식 노드와 그 자식 노드들은 **자손 노드**descendant node라고 통칭합니다. 가족 관계도를 떠올리면 어렵지 않게 이해할 수 있을 것입니다. 앞서 제시한 그림의 노드 b와 c는 형제 노드이고, 노드 a는 노드 d의 조상 노드, 노드 e는 노드 a의 자손 노드라고 할 수 있습니다.

트리는 주로 계층적 자료구조를 표현하므로 최상단 노드와 최하단 노드가 있는데요. 부모 노드가 없는 최상단 노드인 **루트 노드**root node는 트리의 노드 중 유일하게 부모 노드가 없는 노드입니다. 뻗어 나가는 나무의 끝에 잎(leaf)이 달려 있듯, 뻗어 나가는 트리의 최하단 끝에는 **리프 노드**leaf node가 있습니다. 리프 노드는 더 이상의 자식 노드가 없는 최하단 노드를 말합니다.

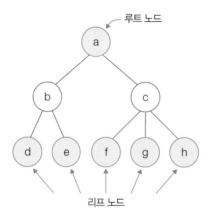

그 밖에도 트리를 이해하기 위해서는 차수, 레벨, 서브트리라는 용어를 알아야 합니다. **차수**degree란 각 노드가 가지는 자식 노드의 수를 말합니다. 다음 그림의 노드 b에는 2개의 자식 노드가 있으므로 차수가 2입니다. 마찬가지로 3개의 자식 노드가 있는 노드 c의 차수는 3이고, 리프 노드의 차수는 0이죠.

레벨level은 루트 노드에서 시작해 특정 노드에 이르기까지 거치게 되는 간선의 수를 의미합니다. 쉽게 말해, 특정 노드가 얼마나 깊은 곳에 있는지를 뜻하는 트리의 **깊이**depth와 같은 개념입니다. 다음 그림에서 노드 b는 레벨 1, 노드 f는 레벨 2, 노드 i는 레벨 3인 셈입니다. 여기서 가장 높은 레벨이 트리의 **높이**height가 됩니다.

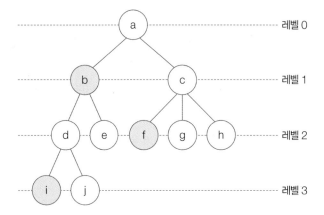

트리의 구조를 자세히 살펴봅시다. 트리 내에는 또 다른 트리가 포함되어 있을 수 있습니다. 예를 들어 다음 트리에는 트리 ❶, ❷가 포함되어 있습니다. 이렇듯 트리 안에 포함되어 있는 트리를 **서브트리**subtree라고 합니다. 서브트리도 트리이기 때문에 루트 노드를 가질 수 있습니다. 서브트리 ❶의 루트 노드는 노드 b이고, 서브트리 ❷의 루트 노드는 노드 d인 셈입니다.

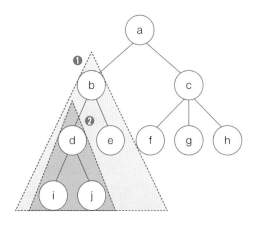

지금까지 트리와 관련해 등장한 용어들은 기본적이지만 꼭 기억해야 하는 주요 용어이므로 다음 표를 통해 정리하고 넘어 가겠습니다.

용어	설명
노드	트리 자료구조에서 데이터를 저장하는 구성 요소
간선	트리 자료구조에서 노드를 연결하는 구성 요소
부모 노드	어떤 노드의 상위에 연결된 노드
자식 노드	어떤 노드의 하위에 연결된 노드
루트 노드	트리의 최상위 노드, 부모 노드가 없는 노드
리프 노드	트리의 최하위 노드, 자식 노드가 없는 노드
차수	어떤 노드가 가지고 있는 자식 노드의 수
레벨	루트 노드에서 시작해 특정 노드에 이르기까지 거치게 되는 간선의 수
서브트리	트리에 포함되어 있는 부분 트리

이처럼 다양한 모양을 가진 트리 자료구조는 어떻게 구현되고, 어떻게 메모리 상에 저장될까요? 이는 생각보다 단순합니다. 구현의 방식은 다양할 수 있지만, 마치 연결 리스트처럼 하나의 노드를 '**데이터**를 저장할 공간'과 '**자식 노드의 위치 정보(메모리 상의 주소)**를 저장할 공간(들)'의 모음으로 간주함으로써 구현할 수 있습니다.

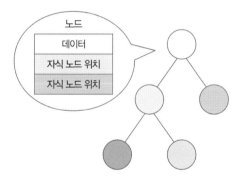

예를 들어 트리는 메모리 상에 다음 그림과 같이 구현할 수 있습니다. 메모리 상에 '없음'은 'NULL'로 표기했습니다. 단순화한 그림이지만, 아무리 복잡한 트리라 하더라도 다음과 같이 일렬로 저장할 수 있다는 점은 알 수 있을 것입니다.

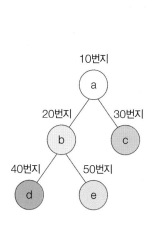

트리의 순회

트리의 모든 노드를 한 번씩 방문하는 것을 **트리의 순회**^{tree traversal}라고 부릅니다. **트리의 모든 노드를 한 번씩 방문하는 순회**는 다음과 같은 3가지 대표적인 방법이 있습니다. 트리의 순회 방법은 각종 기술 면접이나 코딩 테스트에서 자주 언급되는 중요 주제이므로 꼭 기억해 두길 바랍니다. 각각의 순회 방법에 대해 하나씩 알아보겠습니다.

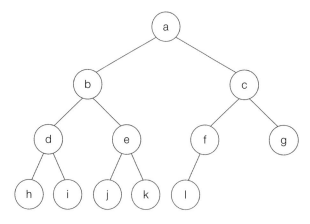

- **전위 순회:** a→b→d→h→i→e→j→k→c→f→l→g
- **중위 순회:** h→d→i→b→j→e→k→a→l→f→c→g
- **후위 순회:** h→i→d→j→k→e→b→l→f→g→c→a

전위 순회

전위 순회preorder traversal는 **루트 노드**부터 시작해 **왼쪽 서브트리를 전위 순회**하고, 이후 오른쪽 **서브트리를 전위 순회**하는 순회 방법입니다. '❶ 루트 노드 → ❷ 왼쪽 서브트리 전위 순회 → ❸ 오른쪽 서브트리 전위 순회'라는 순서에 유의하며 읽어 봅시다.

우선 루트 노드 **a를 방문**한 다음, 왼쪽 서브트리를 전위 순회하기 위해 왼쪽 서브트리의 루트 노드 **b를 방문**합니다. 그리고는 노드 b를 기준으로 왼쪽 서브트리를 전위 순회합니다.

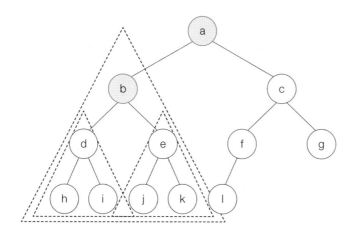

왼쪽 서브트리의 루트 노드 **d를 방문**한 다음, 노드 d 기준 왼쪽 서브트리를 전위 순회하기 위해 왼쪽 자식 노드 **h를 방문**합니다. 그리고는 노드 d 기준 오른쪽 서브트리를 전위 순회하기 위해 오른쪽 자식 노드 **i를 방문**합니다.

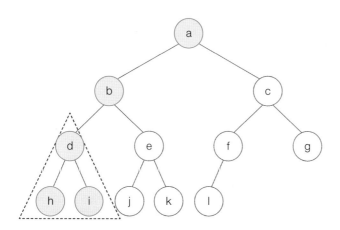

이제 루트 노드 b 기준 오른쪽 서브트리를 전위 순회할 차례입니다. 오른쪽 서브트리의 루트 노드 **e를 방문**한 다음, 노드 e의 왼쪽과 오른쪽 서브트리를 차례로 전위 순회하기 위해 노드 **j를 방문**하고, 노드 **k를 방문**합니다.

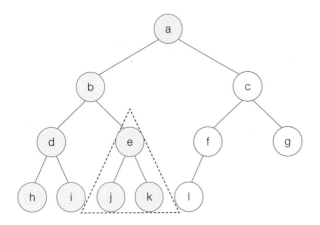

지금까지는 루트 노드 a 기준 왼쪽 서브트리(b, d, h, i, e, j, k)를 전위 순회했습니다. 이제 오른쪽 서브트리를 전위 순회할 차례입니다.

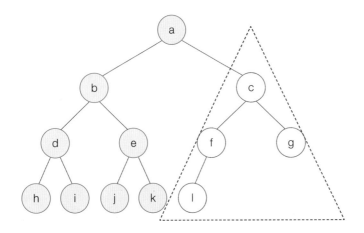

오른쪽 서브트리의 루트 노드 **c를 방문**한 다음, 노드 c 기준 왼쪽 서브트리를 전위 순회하기 위해 왼쪽 서브트리의 루트 노드 **f를 방문**합니다. 그리고는 왼쪽 자식 노드 **l을 방문**하고, 노드 c 기준 오른쪽 서브트리를 전위 순회하기 위해 노드 **g를 방문**합니다.

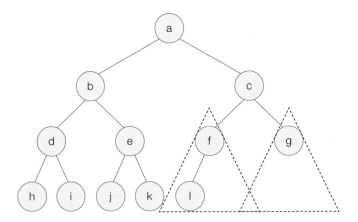

지금까지 방문한 노드를 순서대로 나열하면 전위 순회의 결과가 됩니다.

- a→b→d→h→i→e→j→k→c→f→l→g

이 과정은 언뜻 보면 굉장히 복잡하게 보일 수 있지만, 재귀 함수를 활용하면 단 몇 줄만으로 간단하게 구현할 수 있습니다. 다음은 전위 순회에 대한 **의사 코드**pseudo code입니다. 다음 의사 코드를 읽고 여러분이 관심 있는 프로그래밍 언어로 구현해 보길 바랍니다.

```
전위 순회(노드):
    if 노드가 존재하지 않으면:
        return
    노드 값 출력
    전위 순회(노드의 왼쪽 자식)
    전위 순회(노드의 오른쪽 자식)
```

중위 순회

중위 순회inorder traversal는 루트 노드 기준 **왼쪽 서브트리를 중위 순회**한 다음, **루트 노드**를 방문하고 **오른쪽 서브트리를 중위 순회**하는 순서로 노드에 접근하는 순회 방법입니다. 마찬가지로 '❶ 왼쪽 서브트리 중위 순회 → ❷ 루트 노드 → ❸ 오른쪽 서브트리 중위 순회'의 순서에 유의하며 정리해 보겠습니다.

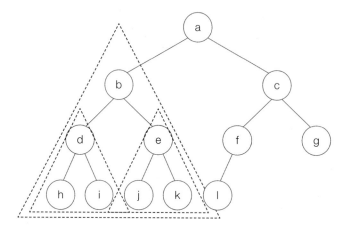

우선 왼쪽 서브트리의 루트 노드 b를 기준으로 왼쪽 서브트리를 중위 순회해야 합니다. 왼쪽 서브트리의 루트 노드 d를 기준으로 중위 순회해야 하므로 노드 **h를 방문**한 다음, 왼쪽 서브트리의 루트 노드 **d를 방문**합니다. 그리고는 노드 d 기준 오른쪽 서브트리를 중위 순회하기 위해 노드 **i를 방문**합니다.

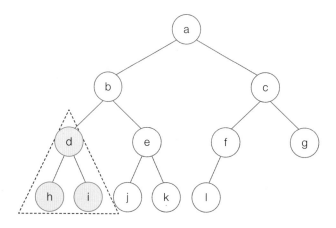

이제 왼쪽 서브트리의 루트 노드 **b를 방문**한 다음, 오른쪽 서브트리의 루트 노드 e 기준 왼쪽 서브트리를 중위 순회하기 위해 노드 **j를 방문**합니다. 이후 노드 **e를 방문**하고, 노드 e 기준 오른쪽 서브트리를 중위 순회하기 위해 노드 **k를 방문**합니다.

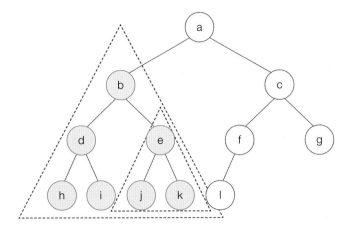

지금까지는 루트 노드 a를 기준으로 왼쪽 서브트리를 순회했습니다. 이제 루트 노드 **a를 방문**하고, 남아 있는 오른쪽 서브트리를 중위 순회해야 합니다.

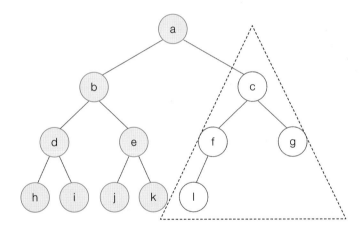

오른쪽 서브트리의 루트 노드 f를 기준으로 왼쪽 서브트리를 중위 순회하기 위해 노드 **l을 방문**하고, 노드 f를 방문합니다. 마지막으로 루트 노드 **c를 방문**하고, 노드 **g까지 방문**하면 모든 순회가 끝납니다.

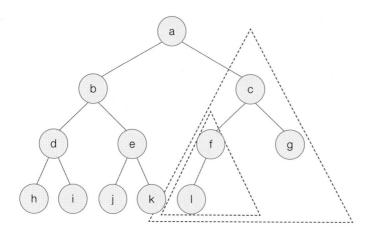

지금까지 방문한 노드를 순서대로 나열하면 중위 순회의 결과가 됩니다.

- h→d→i→b→j→e→k→a→l→f→c→g

중위 순회의 경우도 간단한 소스 코드로 구현할 수 있습니다. 앞서 구현한 전위 순회의 코드와 어떤 차이가 있는지에 유의하며 구현해 보길 바랍니다.

```
중위 순회(노드):
    if 노드가 존재하지 않으면:
        return
    중위 순회(노드의 왼쪽 자식)
    노드 값 출력
    중위 순회(노드의 오른쪽 자식)
```

후위 순회

마지막으로 후위 순회에 대해 알아보겠습니다. **후위 순회**postorder traversal는 루트 노드 기준 **왼쪽 서브트리를 후위 순회**하고, **오른쪽 서브트리까지 후위 순회**한 다음, **루트 노드**를 방문하는 순서로 노드에 접근하는 순회 방법입니다. '❶ 왼쪽 서브트리 후위 순회 → ❷ 오른쪽 서브트리 후위 순위 → ❸ 루트 노드'의 순서를 따라 정리해 보겠습니다.

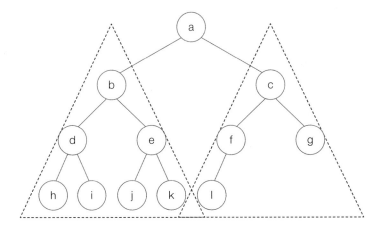

우선 왼쪽 서브트리의 루트 노드 b를 기준으로 왼쪽 서브트리를 후위 순회해야 합니다. 왼쪽 서브트리의 루트 노드 d를 기준으로 후위 순회해야 하므로 노드 **h를 방문**한 다음, 오른쪽 서브트리의 노드 **i를 방문**하고 서브트리의 루트 노드 **d를 방문**합니다.

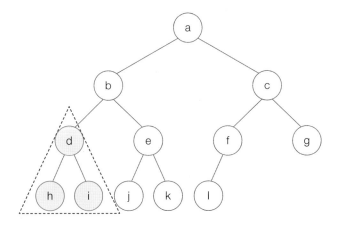

다음은 루트 노드 b 기준 오른쪽 서브트리를 후위 순회해야 합니다. 오른쪽 서브트리의 루트 노드 e를 기준으로 왼쪽 서브트리를 후위 순회하기 위해 노드 **j를 방문**합니다. 그리고 다시 오른쪽 서브트리를 순회하기 위해 노드 **k를 방문**하고, 서브트리의 루트 노드 **e를 방문**합니다.

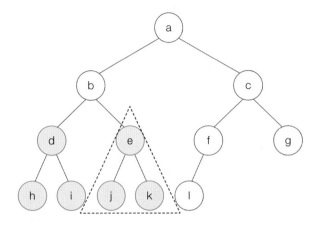

이제 왼쪽과 오른쪽 서브트리의 후위 순회가 끝났으므로 노드 **b를 방문**하면 됩니다. 지금까지는 루트 노드 a를 기준으로 왼쪽 서브트리를 후위 순회했으므로 이제 오른쪽 서브트리를 후위 순회할 차례입니다.

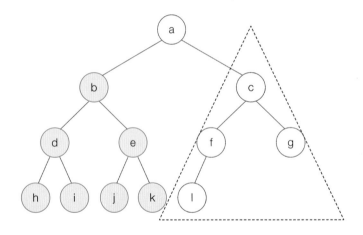

왼쪽 서브트리의 루트 노드 f를 기준으로 왼쪽 서브트리를 후위 순회하기 위해 노드 **l을 방문**하고, 노드 **f를 방문**합니다. 남아 있는 오른쪽 서브트리를 후위 순회하기 위해 노드 **g를 방문**하고, 노드 **c를 방문**한 다음, 마지막으로 루트 노드 **a까지 방문**하면 모든 순회가 끝납니다.

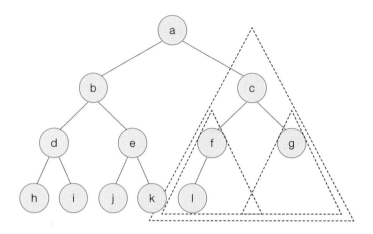

지금까지 방문한 노드를 순서대로 나열하면 후위 순회의 결과가 됩니다.

- h→i→d→j→k→e→b→l→f→g→c→a

후위 순회 역시 다음과 같은 간단한 소스 코드로 구현할 수 있습니다.

```
후위 순회(노드):
    if 노드가 존재하지 않으면:
        return
    후위 순회(노드의 왼쪽 자식)
    후위 순회(노드의 오른쪽 자식)
    노드 값 출력
```

정리하면 전위 순회와 중위 순회, 후위 순회는 각각 트리의 모든 노드를 한 번씩 방문하기 위한 순회 방법으로, 노드를 방문하는 방법과 순서가 다릅니다. 다음과 같은 각각의 순회 방법과 간단한 코드로 표현할 수 있다는 점까지 함께 기억해 두기 바랍니다.

- **전위 순회**: 루트 노드 → 왼쪽 서브트리 전위 순회 → 오른쪽 서브트리 전위 순회
- **중위 순회**: 왼쪽 서브트리 중위 순회 → 루트 노드 → 오른쪽 서브트리 중위 순회
- **후위 순회**: 왼쪽 서브트리 후위 순회 → 오른쪽 서브트리 후위 순회 → 루트 노드

레벨 순서 순회

참고로, 레벨의 순서대로 노드를 순회하는 방법도 있습니다. 다음과 같은 트리에서 가장 낮은 레벨에 있는 노드는 노드 a이고, 가장 높은 레벨에 있는 노드는 노드 h, i, j, k, l입니다. **레벨 순서 순회**(level-order traversal)란 다음과 같이 가장 낮은 레벨부터 차례로 노드를 순회하는 방법을 말합니다.

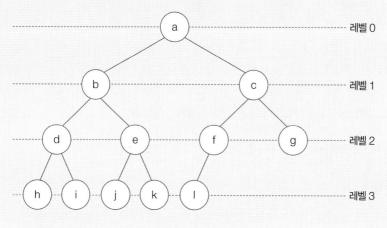

• **레벨 순서 순회**: a→b→c→d→e→f→g→h→i→j→k→l

트리의 종류

트리에는 다양한 종류가 있습니다. 종류에 따라 장단점을 비롯해 주로 사용되는 상황 또한 달라질 수 있는데요. 다양한 종류의 트리를 알아 두면 다양한 상황에서 적재적소에 트리를 사용할 수 있습니다.

이진 트리

이진 트리binary tree는 자식 노드의 개수가 2개 이하인 트리를 말합니다. 이진 트리는 일반적으로 '트리'라고 했을 때 가장 먼저 떠올릴 만한, 가장 대중적인 트리 중 하나입니다.

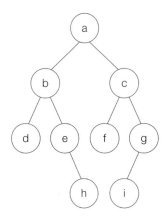

다음에 제시된 트리 또한 이진 트리입니다. 자식 노드의 개수가 2개 이하이기 때문입니다. 이처럼 모든 자식 노드가 한 쪽으로 치우친 이진 트리는 **편향된 이진 트리**skewed binary tree라고도 부릅니다.

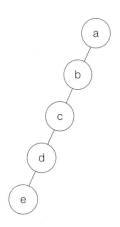

같은 이진 트리라 하더라도 형태에 따라 좀 더 세부적으로 종류를 나눌 수 있습니다. 다양한 이진 트리 중 정 이진 트리와 완전 이진 트리, 포화 이진 트리에 대해 알아보겠습니다. **정 이진 트리**full binary tree 는 자식 노드의 개수가 1개가 아닌 이진 트리를 말합니다. 다시 말해, 자식 노드의 개수가 0개 또는 2개인 이진 트리를 정 이진 트리라고 부릅니다.

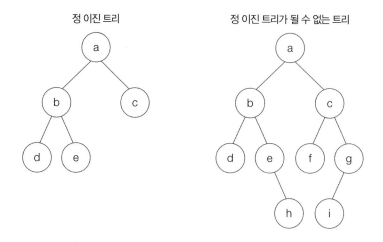

포화 이진 트리perfect binary tree는 리프 노드를 제외한 모든 노드들이 자식 노드를 2개씩 가지고 있고, 모든 리프 노드의 레벨이 동일한 이진 트리를 말합니다. 만약 다음과 같이 모든 리프 노드의 레벨이 같고, 리프 노드를 제외한 모든 노드의 자식 노드가 2개씩 채워져 있다면 포화 이진 트리로 봐도 됩니다.

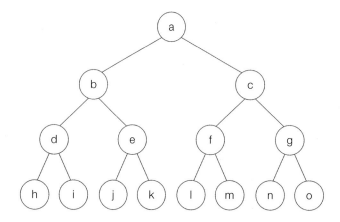

완전 이진 트리complete binary tree는 마지막 레벨을 제외한 모든 레벨이 2개의 자식 노드를 가지고 있으며, 마지막 레벨의 모든 노드들이 왼쪽부터 존재하는 이진 트리를 말합니다. 다음 그림의 왼쪽 트리는 완전 이진 트리지만, 오른쪽 트리는 마지막 레벨의 노드가 왼쪽부터 채워지지 않았기 때문에 완전 이진 트리가 될 수 없습니다.

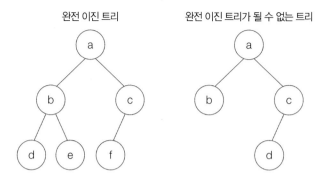

완전 이진 트리   완전 이진 트리가 될 수 없는 트리

탐색에 활용되는 트리: 이진 탐색 트리와 힙

탐색에 활용할 수 있는 특별한 이진 트리도 있습니다. 이진 탐색 트리와 힙이 대표적인데요. **이진 탐색 트리**BST, Binary Search Tree란 특정 노드의 왼쪽 서브트리에는 해당 노드보다 작은 값을 지닌 노드들이 있고, 오른쪽 서브트리에는 해당 노드보다 큰 값을 지닌 노드들이 있는 구조의 이진 트리를 의미합니다. 쉽게 말해, 특정 노드의 왼쪽에는 해당 노드보다 작은 값, 오른쪽에는 해당 노드보다 큰 값이 있는 트리가 이진 탐색 트리입니다.

이진 탐색 트리를 활용하면 $O(\log n)$으로 원하는 값을 탐색할 수 있다는 장점이 있습니다. 다음은 이진 탐색 트리의 예시입니다. 가령 다음 트리에서 15를 탐색하고자 할 경우, 8보다 작은 3, 1, 5, 4, 7을 저장한 왼쪽 서브트리의 노드는 굳이 볼 필요도 없겠죠.

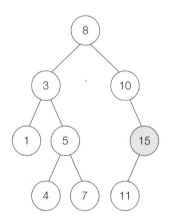

다만, 예외가 있습니다. 다음과 같이 트리의 모든 노드가 일렬로 구성되어 있는 편향된 이진 트리의 경우, 탐색 속도는 O(n)이 됩니다. 이진 탐색 트리를 이용하는 경우 중 최악의 상황이라고 볼 수 있습니다.

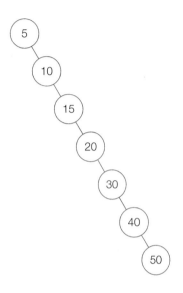

힙heap도 탐색에 특화된 또 다른 이진 트리의 일종입니다. 완전 이진 트리의 종류 중 하나인 힙은 주로 최댓값과 최솟값을 빠르게 찾기 위해 사용됩니다. 이진 탐색 트리와 유사하게 일반적으로 탐색에 O(log n)의 시간 복잡도가 소요되죠.

힙에는 크게 두 종류가 있습니다. 최대 힙과 최소 힙입니다. 최대 힙은 부모 노드가 자식 노드의 값보다 큰 값으로 이루어진 이진 트리, 최소 힙은 부모 노드가 자식 노드의 값보다 작은 값으로 이루어진 이진 트리를 말합니다.

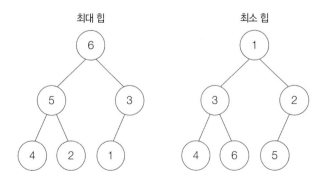

참고로, 노드 간 크기(크다/작다)의 비교는 숫자만 가능한 것이 아닙니다. 문자 간의 비교도 가능하고, 때로는 원하는 우선순위를 직접 지정할 수도 있습니다.

최대 힙을 구현하면 최상단 루트 노드는 언제나 우선순위가 가장 높은 값을 가지게 됩니다. 그리고 이는 앞에서 설명한 우선순위 큐의 원리입니다. 다시 말해, 우선순위 큐는 최대 힙으로 구현할 수 있습니다. 우선순위 큐에 데이터가 어떤 순서로 저장되었든 우선순위 큐에서 데이터를 빼낼 때는 우선순위가 높은 데이터 순으로 얻어낼 수 있겠죠.

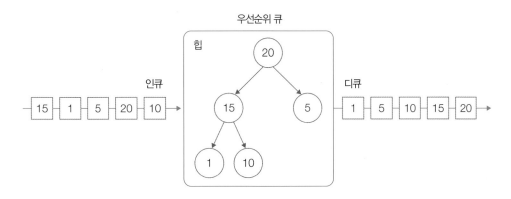

균형을 맞추는 트리: RB 트리

이진 탐색 트리에는 한 가지 문제가 있습니다. 삽입과 삭제 연산을 반복하는 과정에서 다음 그림과 같이 트리가 한 쪽으로만 자라나는 편향된 트리가 될 수 있다는 것입니다. 같은 노드의 집합으로 구성된 트리라 하더라도 연산의 순서에 따라 편향된 트리가 될 수 있습니다. 이 경우에는 편향 트리의 탐색 속도가 $O(n)$으로 연결 리스트와 다를 바 없게 되고, 사실상 트리 자료구조를 사용할 이유가 없어지게 됩니다.

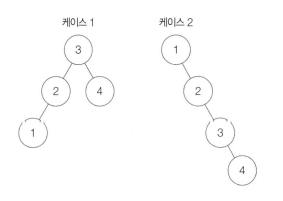

- **케이스 1**: 이진 탐색 트리에 삽입되는 순서
  3 → 2 → 4 → 1 (편향 발생 ×)
- **케이스 2**: 이진 탐색 트리에 삽입되는 순서
  1 → 2 → 3 → 4 (편향 발생 ○)

이진 탐색 트리의 탐색 성능을 언제나 균일하게 유지하려면 루트 노드 기준 왼쪽 서브트리와 오른쪽 서브트리의 높이 차이가 최소화되어야 합니다. 왼쪽 서브트리와 오른쪽 서브트리 높이의 균형을 맞추는 특별한 이진 탐색 트리가 있습니다. **자가 균형 이진 탐색 트리**self-balancing binary search tree라는 이름의 트리로, **AVL 트리**Adelson-Velsky and Landis Tree와 **RB 트리**Red Black Tree가 대표적입니다.

둘 중 조금 더 많이 사용되는 RB 트리를 알아보죠. RB 트리는 컴퓨터 과학 전반에 녹아 있는 근원적인 자료구조 중 하나입니다. 리눅스의 CPU 스케줄러인 CFS 스케줄러에도 RB 트리가 사용되며, 프로그래밍 언어 내부 구현에서도 RB 트리가 사용됩니다. 가령 다음과 같은 간단한 C++ 코드를 가정해 보겠습니다. 키-쌍 데이터를 저장하는 맵(map)을 사용하는 C++ 코드 예제입니다.

ds/rbmap.cpp

```cpp
#include <map>
#include <string>

int main() {
    // map 생성
    std::map<std::string, int> my_map;

    // 요소 추가
    my_map["apple"] = 5;
    my_map["banana"] = 3;
    my_map["orange"] = 7;

    return 0;
}
```

이 C++ 코드의 실행 과정을 추적해 보면 내부적으로 다음과 같은 RB 트리 관련 연산이 다수 호출된다는 것을 확인할 수 있습니다. C++ 해시 테이블(unordered_map)의 내부 구현에 RB 트리가 사용되었다는 것이죠.

```
$ uftrace replay
# DURATION    TID     FUNCTION
          [ 30954] | main() {
          [ 30954] |   std::map::map() {
```

```
        [ 30954] |   std::_Rb_tree::_Rb_tree () {
        [ 30954] |     std::_Rb_tree::_Rb_tree_impl::_Rb_tree_impl() {
        [ 30954] |       std::allocator::allocator() {
0.626 us [ 30954] |         __gnu_cxx::new_allocator::new_allocator();
2.214 us [ 30954] |       } /* std::allocator::allocator */
0.628 us [ 30954] |       std::_Rb_tree_key_compare::_Rb_tree_key_compare();
        [ 30954] |       std::_Rb_tree_header::_Rb_tree_header() {
0.627 us [ 30954] |         std::_Rb_tree_header::_M_reset();
1.982 us [ 30954] |       } /* std::_Rb_tree_header::_Rb_tree_header */
7.523 us [ 30954] |     } /* std::_Rb_tree::_Rb_tree_impl::_Rb_tree_impl */
8.833 us [ 30954] |   } /* std::_Rb_tree::_Rb_tree*/
10.134 us [ 30954] | } /* std::map::map */
```

NOTE uftrace라는 함수 추적 도구를 활용했습니다.

다음은 리눅스 커널 내에서 RB 트리 활용 예시를 확인할 수 있는 링크와 코드 구현에 관한 내용입니다. 커널 속 여기저기에서 RB 트리가 많이 활용되고 있음을 알 수 있죠.

- https://lwn.net/Articles/184495/

There are a number of red-black trees in use in the kernel. The anticipatory, deadline, and CFQ I/O schedulers all employ rbtrees to track requests; the packet CD/DVD driver does the same. The high-resolution timer code uses an rbtree to organize outstanding timer requests. The ext3 filesystem tracks directory entries in a red-black tree. Virtual memory areas (VMAs) are tracked with red-black trees, as are epoll file descriptors, cryptographic keys, and network packets in the "hierarchical token bucket" scheduler.

The process of using a red-black tree starts by including <linux/rbtree.h>. This is one of the trickier kernel data structures to use, however. When designing a general data structure for a language like C, the developer must always decide how to include arbitrary types within the structure, and how to make comparisons between them. The person who implemented Linux rbtrees (the copyright in the code is to Andrea Arcangeli) made these decisions:

RB 트리는 이름 그대로, 모든 노드를 빨간색(red) 혹은 검은색(black)으로 칠한 트리입니다. 편의상 '검은색이 칠해진 노드'를 블랙 노드, '빨간색이 칠해진 노드'를 레드 노드라고 지칭하겠습니다. **RB 트리는 노드에 색을 칠하는 규칙과 노드에 칠해진 색**을 기준으로 왼쪽 서브트리 높이와 오른쪽 서브트리 높이의 균형을 맞춥니다. 노드에 색상을 칠하는 규칙은 다음과 같이 RB 트리가 유지되는 조건과 같습니다.

❶ 루트 노드는 블랙 노드이다.
❷ 리프 노드는 블랙 노드이다.

❸ 레드 노드의 자식 노드는 블랙 노드이다.

❹ 루트 노드에서 임의의 리프 노드에 이르는 경로의 블랙 노드 수는 같다.

RB 트리의 리프 노드는 실질적인 데이터가 저장되어 있지 않은 노드라고 가정합니다. 흔히 **NIL**Null Leaf **노드**라고 부르죠. 각각의 규칙을 하나씩 알아보기 위해 다음 그림의 트리가 RB 트리가 유지되는 조건에 부합하는지 살펴보겠습니다. 그림의 트리는 루트 노드와 리프 노드가 블랙 노드이기 때문에 ❶과 ❷ 조건에 만족하며, 레드 노드의 자식 노드가 모두 블랙 노드이므로 ❸ 조건도 만족합니다. 또한 루트 노드에서 임의의 리프 노드에 이르는 경로에 있는 블랙 노드의 수가 모두 같습니다. ❹ 조건까지 만족하므로 이 트리는 RB 트리라고 볼 수 있습니다.

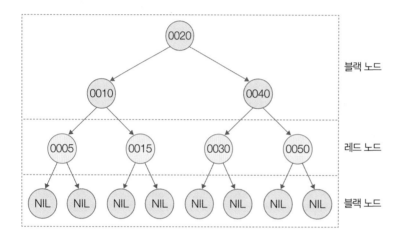

NOTE 이후에 설명할 그림들 모두 레드 노드를 녹색으로 표기한 점에 유의하며 살펴보세요.

RB 노드에 새 노드를 삽입할 때는 (루트 노드가 아닌 이상)삽입할 노드를 레드로 간주하고, 일반 이진 탐색 트리와 동일하게 삽입을 수행합니다. 단, 노드 삽입 이후에도 RB 트리가 유지되어야 하므로 4개의 RB 트리 조건에 부합해야 합니다. 만약 조건에 부합하지 않는다면 부합할 때까지 트리를 회전하거나 색상을 재지정하게 됩니다.

트리의 회전

트리의 회전이란 양쪽 서브트리 높이의 균형을 맞추기 위해 부모 노드와 자식 노드의 관계를 재지정하는 것을
말합니다. 회전은 왼쪽 혹은 오른쪽 방향으로 이루어질 수 있고, 회전 직후라 하더라도 이진 탐색 트리의 관계
는 유지되어야 합니다. 이해를 돕기 위해 다음 트리가 회전하는 경우를 살펴보겠습니다. 만약 트리가 노드 R을
기준으로 왼쪽 회전했다면 노드 N은 노드 R의 왼쪽 자식 노드가 되고, 노드 RL은 노드 N의 오른쪽 자식 노
드가 됩니다.

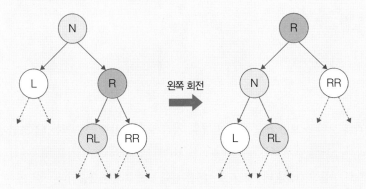

만약 트리가 노드 L을 기준으로 오른쪽 회전했다면 노드 N은 노드 L의 오른쪽 자식 노드가 되고, 노드 LR은
노드 N의 왼쪽 자식 노드가 됩니다.

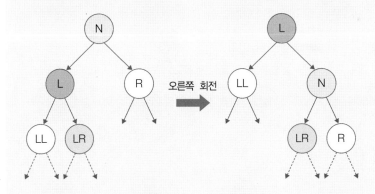

앞서 예로 들었던 RB 트리에 30이라는 노드가 삽입되었다고 가정해 봅시다. 삽입 노드를 레드 노드
로 간주하고 일반 이진 탐색 트리와 동일하게 삽입 연산을 수행한 결과는 다음과 같습니다.

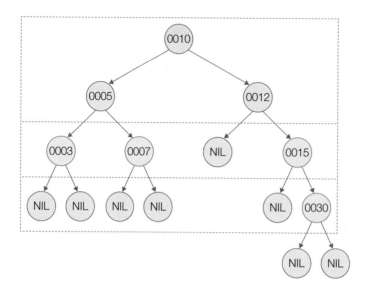

그런데 삽입 연산의 결과를 보면 '노드가 레드 노드일 경우, 자식 노드는 블랙 노드'라는 ❸ 조건에 부합하지 않습니다. 따라서 조건에 맞게 다음과 같이 트리를 왼쪽으로 회전하고, 색상을 재지정합니다. 12를 15의 자식 노드로 만들고, 12를 레드 노드로, 15를 블랙 노드로 변환했습니다.

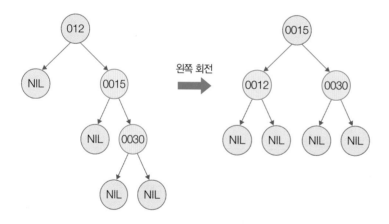

결과는 다음과 같습니다. 이때 트리가 4가지 조건에 모두 부합하므로 노드 30이 삽입된 RB 트리로 볼 수 있습니다.

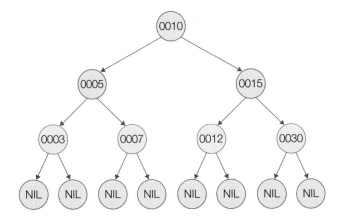

삭제 연산도 마찬가지입니다. 가령 앞선 예시의 RB 트리에서 5를 삭제한다고 가정해 보겠습니다. 이 경우에도 일반적인 이진 탐색 트리와 동일하게 삭제 연산을 수행한 뒤, RB 트리 유지 조건에 부합하도록 트리를 회전하거나 색상을 재지정하게 됩니다.

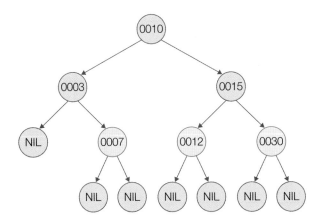

NOTE 언제 색을 재지정하고 트리를 회전할지를 결정하는 보다 상세한 알고리즘도 있지만, 책에서는 지면상 생략하겠습니다.

대용량 입출력을 위한 트리: B 트리

B 트리는 RB 트리와 마찬가지로 균형을 유지하는 트리 중 하나입니다. 차이가 있다면 B 트리는 **이진 탐색 트리**가 아닌 **다진 탐색 트리**의 한 종류라는 것입니다. 다진 탐색 트리는 한 노드가 다음과 같이 여러 자식 노드를 가질 수 있는 트리입니다.

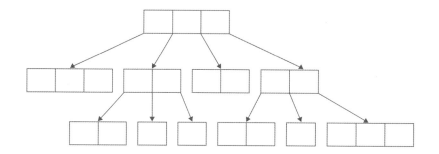

면접에서 B 트리를 소스 코드로 표현하라는 질문이 등장할 가능성은 앞서 학습한 트리들에 비해 상대적으로 적습니다. 다만, B 트리의 주된 사용처와 이유를 묻는 질문은 충분히 출제될 수 있습니다. 따라서 B 트리의 구성과 사례, 장점에 주안점을 두고 알아보겠습니다.

여러 자식 노드를 가질 수 있는 다진 탐색 트리인 B 트리에서 한 노드가 가질 수 있는 자식 노드의 수는 최소, 최대 개수가 정해져 있습니다. 한 노드가 가질 수 있는 **최대 자식 노드의 개수가 M개**인 B 트리는 **M차 B 트리**라고 부릅니다. M차 B 트리가 (루트 노드와 리프 노드를 제외하고)가질 수 있는 **최소 자식 노드의 개수는 ⌈M/2⌉개**입니다. 예를 들어 5차 B 트리의 한 노드는 최대 5개의 자식 노드를 가질 수 있고, (루트 노드와 리프 노드를 제외한)노드들은 최소 3개의 자식 노드를 가질 수 있습니다.

> **NOTE** '⌈ ⌉' 기호는 올림을 의미합니다.

또한 B 트리의 각 노드에는 **하나 이상의 키**[key] **값이 존재하고, 각 키들이 오름차순**으로 저장되어 있습니다. 가령 다음 트리의 루트 노드에는 2개의 키가 존재하며, key1은 key2보다 작은 값을 갖습니다.

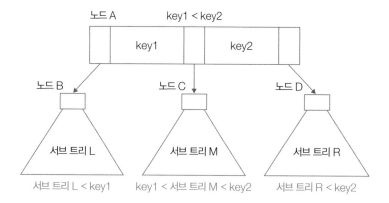

도식을 단순화하기 위해 그림에는 포함하지 않았지만, 각각의 노드는 B 트리로 다룰 실질적인 데이터(의 위치)도 포함할 수 있습니다. 키 값 자체를 B 트리로 다룰 데이터로 삼을 수도 있지만, 일반적으로 키는 데이터를 찾기 위한 인덱스로 활용되므로 '키를 알면 키에 대응되는 데이터도 알 수 있다'고 이해하면 됩니다.

앞서 학습한 이진 탐색 트리를 상기해 봅시다. 이진 탐색 트리는 왼쪽 자식 노드의 크기가 오른쪽 자식 노드의 크기보다 작았습니다. B 트리에서는 이와 유사하게 각 키 사이 사이에 자식 노드(혹은 서브트리)의 위치를 저장하고 있으며, 키가 자식 노드(혹은 서브트리)가 가질 수 있는 값의 범위를 나타내는 역할을 합니다. 키 사이 사이에 자식 노드가 존재하기 때문에 **키가 N개인 노드가 가질 수 있는 자식 노드의 수는 반드시 (N + 1)개**가 됩니다. 그림 속 노드 A의 키가 2개죠? 그래서 노드 A의 자식 노드는 노드 B, C, D, 3개가 되고, 노드 A의 자식 노드인 B, C, D가 갖는 값의 범위는 다음과 같습니다.

- 노드 B < key1
- key1 < 노드 C < key2
- 노드 D > key2

즉, 각 자식 노드의 값이 왼쪽 자식 노드(서브트리)부터 오른쪽 자식 노드(서브트리)까지 정렬되어 있는 셈입니다. 또한 **B 트리는 모든 리프 노드의 깊이가 같다**는 특징도 있습니다. 따라서 특정 노드에만 자식 노드가 존재하는 편향된 형태는 발생하지 않습니다.

B 트리는 파일 시스템, 데이터베이스와 같이 대량의 데이터를 기반으로 탐색, 접근, 저장을 수행할 때 활용됩니다. 파일 시스템, 데이터베이스와 같은 프로그램을 실행할 때는 입출력 연산 횟수를 최소화하는 것이 좋습니다. 앞에서 학습했듯 입출력 연산은 일반적으로 메모리 접근에 비해 수행 속도가 느리기 때문이죠. 운영체제는 블록 단위로 보조기억장치를 읽고 씁니다. 한 블록은 여러 데이터를 포괄하고 있으므로 한 노드에 하나의 데이터만 저장되는 이진 탐색 트리에 비해, 한 노드에 블록 단위의 여러 데이터를 저장할 수 있는 B 트리가 보조기억장치에 대한 입출력 연산을 줄일 수 있어 성능 면에서 이득입니다.

B 트리의 변형, B+ 트리

오늘날 B 트리는 실제 파일 시스템이나 데이터베이스에서 그대로 사용하기보다는 약간 변형된 형태의 B+ 트리를 사용하는 경우가 많습니다. B 트리와 B+ 트리의 큰 골격은 유사하지만, 가장 주요한 차이점 2가지가 있습니다.

❶ B+ 트리에서는 실질적인 데이터가 모두 최하위 리프 노드에 위치합니다.

리프 노드가 아닌 노드는 자식 노드(혹은 서브트리)의 범위를 분할할 용도로 사용되는 키, 그리고 자식 노드의 주소만을 저장합니다. 다음 B+ 트리에서 실질적 데이터가 저장되는 노드는 최하단에 색칠된 노드입니다.

❷ 실질적 데이터를 저장하는 최하위 리프 노드는 연결 리스트의 형태를 띠고 있습니다.

이 덕분에 다음 B+ 트리 그림에서 박스로 표시된 노드처럼 부모 노드와 다른 리프 노드들 간의 범위 연산이 용이합니다.

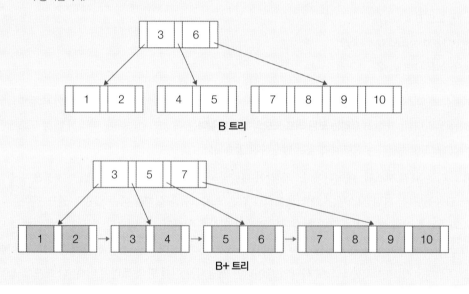

B 트리

B+ 트리

여기까지 트리의 개념과 순회, 다양한 트리의 종류에 대해 알아봤습니다. 이 밖에도 문자열을 효율적으로 탐색하고 저장하기 위한 **트라이**trie, 빠른 구간 연산을 위한 **세그먼트 트리**segment tree, **펜윅 트리** fenwick tree 등 트리의 종류는 매우 다양합니다. 책에서 모두 다루지는 않았지만 알아 두면 도움되는 내용이므로 궁금한 독자는 각각의 개념을 찾아보며 학습을 보완하기 바랍니다.

〈6〉 그래프

그래프는 연결 관계를 표현하는 자료구조입니다. 네트워크, 운영체제 등 다양한 분야에서 범용적으로 사용됩니다. 마지막으로 그래프의 종류, 그리고 그래프 자료구조로 수행할 수 있는 알고리즘에 대해 정리해 보겠습니다.

그래프의 종류와 구현

그래프graph란 정점vertex이라 불리는 데이터를 간선edge 혹은 링크link로 연결한 형태의 자료구조를 말합니다. 노드와 노드를 간선으로 연결했던 트리도 사실 그래프의 일종입니다. 특별한 그래프라 할 수 있죠. 트리는 사이클을 형성하지 않고 연결된 노드 간에 상하 관계를 갖는 반면, 그보다 일반적인 연결 관계를 표현하는 그래프는 사이클을 형성할 수 있고, 이웃한 정점끼리 상하 관계를 갖지도 않습니다.

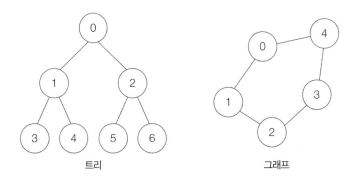

트리   그래프

> **NOTE** 특정 정점에서 출발해 다시 처음 출발했던 특정 정점으로 되돌아오는 경로가 존재하는 경우 '사이클(cycle)이 존재한다'고 표현합니다.

그래프는 기본적으로 데이터 간의 **연결 관계**를 표현하는 자료구조입니다. 생각해 보면 연결 관계를 갖는 데이터는 너무나 많습니다. 지하철 노선도의 역을 정점, 역과 역 사이를 연결하는 경로를 간선으로 보면 지하철 노선도 또한 연결 관계를 표현한 그래프라고 할 수 있습니다. 우리가 흔히 사용하는 다양한 통신 기기를 정점, 그들을 잇는 케이블이나 와이파이와 같은 유무선 연결 매체를 간선으로 보면 컴퓨터 네트워크도 일종의 연결 관계를 표현한 그래프라고 볼 수 있죠. 많은 것들을 그래프로 표현할 수 있습니다.

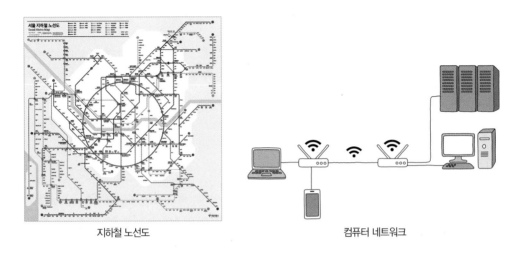

지하철 노선도   컴퓨터 네트워크

그래프는 연결 관계를 표현하기 때문에 간선이 중요한 역할을 맡습니다. 간선이 어떠한 형태로 정점을 연결하느냐에 따라 그래프의 종류가 달라질 수 있습니다. 여기에서 설명하는 그래프들은 모두 각종 면접에서 자주 언급되는 그래프 유형이므로 기억해 두는 것이 좋습니다.

- 연결/비연결 그래프
- 방향/무방향 그래프
- 가중치 그래프
- 서브그래프

가장 기본적인 그래프 유형으로 연결 그래프와 비연결 그래프가 있습니다. 연결 그래프와 비연결 그래프는 임의의 두 정점 사이를 잇는 경로가 있느냐 없느냐에 따라 나뉩니다. **연결 그래프**connected graph란 그래프 상에 있는 임의의 두 정점 사이의 경로가 존재하는 그래프를 의미합니다. 쉽게 말해, 2개의 아무 정점이나 골라 간선(들)으로 서로를 이을 수 있다면 연결 그래프입니다. 가령 다음 그림의 연결 그래프에서 아무 정점 2개를 고르면 두 정점 사이에 경로가 반드시 존재합니다. 반대로 **비연결 그래프**disconnected graph 그림의 어떤 정점 사이에는 경로가 존재하지 않을 수 있습니다.

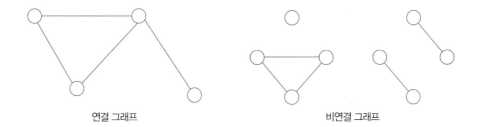

연결 그래프   비연결 그래프

간선에 방향이 있느냐 없느냐에 따라서도 그래프의 유형을 나눌 수 있습니다. 다음과 같이 간선에 방향이 있는 그래프를 **방향 그래프**directed graph, 방향이 없는 그래프를 **무방향 그래프**undirected graph라고 합니다.

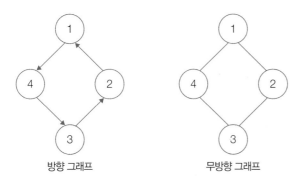

방향 그래프   무방향 그래프

또 간선에 가중치가 부여된 그래프는 **가중치 그래프**weighted graph라고 합니다. 간선에 부여된 값인 가중치는 **비용**cost이라고도 불리는데요. 예를 들어 지하철 역을 정점, 역과 역 사이를 연결하는 경로를 간선으로 보는 그래프에서는 **역과 역 사이의 거리**를 가중치로 부여할 수 있습니다. 유의할 점은 가중치도 얼마든지 음수가 될 수 있다는 점입니다. 간선에 부여할 수 있는 값이라면 양수든, 음수든 모두 가능합니다.

트리를 설명할 때 배웠던 서브트리와 유사하게 그래프에도 서브그래프라는 개념이 있습니다. **서브그래프**subgraph는 부분 그래프라고도 부르는데, 특정 그래프의 정점과 간선의 일부분으로 이루어진 그래프를 말합니다. 다음에 제시된 그래프 중 H_1, H_2, H_3은 그래프 G의 서브그래프입니다. 그래프 G의 정점과 간선의 일부분으로 구성된 그래프이기 때문입니다.

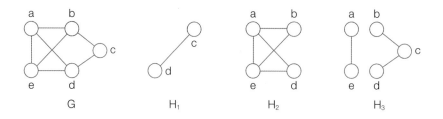

그럼 지금까지 설명한 그래프들은 어떻게 구현하고, 어떻게 메모리에 저장할 수 있을까요? 그래프는 트리와 달리 노드 간의 상하 관계가 없고, 같은 그래프라도 다른 모양을 띨 수 있는데 말이죠.

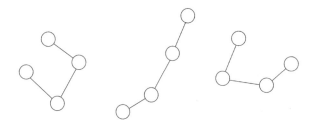

여기에는 크게 2가지 방법이 있습니다. 하나는 그래프를 인접 행렬로 표현하는 방법이고, 또 하나는 인접 리스트로 표현하는 방법입니다. 전자는 이차원 배열을 기반으로 그래프를 구현하고, 후자는 연결 리스트를 기반으로 구현합니다. 앞선 절에서 학습한 배열과 연결 리스트를 잘 학습했다면 이어지는 내용도 어렵지 않게 이해할 수 있을 것입니다.

인접 행렬 기반 그래프 표현

인접 행렬adjacency matrix **기반 그래프 표현**은 N×N 크기의 행렬로 그래프를 표현하는 방법입니다. 여기서 N은 정점의 개수를 말하며, N×N 행렬의 〈행, 열〉 값은 〈출발 정점, 도착 정점〉을 의미합니다. 일반적으로 두 정점이 단순히 연결되었을 때는 1, 연결되지 않았을 때는 0으로 표기합니다. 가령 1행 2열이 1인 경우에는 **첫 번째 정점에서 두 번째 정점 방향으로 그래프가 연결되었음**을 나타냅니다. 다음 그래프로 살펴봅시다.

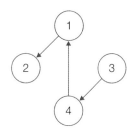

이 그래프는 정점의 개수가 4개이므로 4×4 크기의 이차원 배열로 나타낼 수 있습니다. 정점 1이 정점 2로 연결되어 있으므로 1행 2열을 1로 표기합니다. 또한 정점 3이 정점 4로 연결되어 있으므로 3행 4열을 1로, 정점 4가 정점 1로 연결되어 있으므로 4행 1열을 1로 표기합니다. 그 외에 연결되지 않은 부분은 0으로 표기하면 됩니다. 즉, 다음과 같은 이차원 배열로 그래프를 표현할 수 있습니다.

To From	1번	2번	3번	4번
1번	0	1	0	0
2번	0	0	0	0
3번	0	0	0	1
4번	1	0	0	0

무방향 그래프인 경우도 생각해 보겠습니다. 무방향 그래프의 정점은 양방향으로 연결되어 있다고 간주합니다. 정점 1이 정점 2로 연결된 동시에 정점 2도 정점 1로 연결되어 있다고 보는 것이죠.

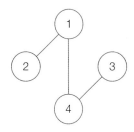

그래프의 연결 관계를 따져 볼까요? 정점 1은 정점 2로, 정점 2는 정점 1로 연결되어 있으므로 1행 2열과 2행 1열을 1로 표기합니다. 또 정점 3은 정점 4로, 정점 4는 정점 3으로 연결되어 있으므로 3행 4열과 4행 3열을 1로 표기합니다. 다른 정점도 같은 방법으로 따져 보면 다음과 같은 2차원 배열을 완성할 수 있습니다.

To From	1번	2번	3번	4번
1번	0	1	0	1
2번	1	0	0	0
3번	0	0	0	1
4번	1	0	1	0

여기서 무방향 그래프를 표현한 인접 행렬의 특징을 알 수 있습니다. 행렬의 대각선 요소를 기준으로 연결 관계가 대칭을 이룬다는 점입니다.

NOTE 생각해 보면 당연합니다. 그래프의 정점 N이 정점 M과 무방향 연결되어 있다면 행렬의 N행 M열과 M행 N열 모두에 연결되었음(1)을 표기해야 하기 때문입니다.

가중치 그래프도 인접 행렬로 나타내 보겠습니다. 지금까지는 '연결되었다' 또는 '연결되지 않았다'는 것만 중요했기 때문에 0과 1로만 인접 행렬을 표기했었죠. 하지만 간선에 가중치가 부여된다면 행렬에 '어느 정도로 연결되었는지'도 같이 표현되어야 합니다. 따라서 N×N 행렬의 〈행, 열〉 값은 〈출발 정점, 도착 정점〉을 연결하는 가중치로 표기합니다.

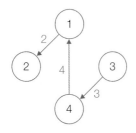

요컨대 정점 1은 2의 가중치로 정점 2 방향으로 연결되어 있으므로 1행 2열은 2로 표기하고, 정점 3은 3의 가중치로 정점 4의 방향으로 연결되어 있으므로 3행 4열은 3으로, 4행 1열은 4로 표기합니다. 따라서 다음과 같은 이차원 배열을 완성할 수 있습니다.

From \ To	1번	2번	3번	4번
1번	0	2	0	0
2번	0	0	0	0
3번	0	0	0	3
4번	4	0	0	0

인접 리스트 기반 그래프 표현

인접 리스트adjacency list **기반 그래프 표현**은 그래프의 특정 정점과 연결된 정점들을 연결 리스트로 표현하는 방법입니다. 각각의 정점마다 연결 리스트를 가지는데, 특정 정점에서 나가는 간선에 연결된 정점들을 연결 리스트의 노드로 삼는다는 의미입니다. 다음 그래프를 통해 살펴보겠습니다.

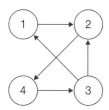

정점 1에서 나가는 간선이 정점 2를 향하고 있으므로 정점 1 연결 리스트의 노드로 정점 2를 추가합니다. 그리고 정점 2에서 나가는 간선이 정점 4를 향하고 있으므로 정점 2 연결 리스트의 노드로 정점 4를 추가합니다. 같은 방법으로 정점 3은 정점 1과 2를, 정점 4는 정점 3을 연결 리스트의 노드로 추가합니다. 결과적으로 다음과 같은 연결 리스트들이 만들어지게 됩니다.

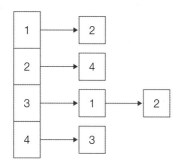

NOTE 인접 리스트 기반 그래프 표현으로 무방향 그래프를 표현하는 것은 인접 행렬을 이용한 그래프 표현과 유사합니다. 정점 간의 연결 관계를 표현할 때 양방향으로 연결한다고 생각하면 됩니다.

가중치 그래프 또한 인접 리스트로 표현할 수 있습니다. 하나의 노드를 표현하는 정보에 가중치 정보까지 포함하면 됩니다. 다음과 같이 간선에 연결된 노드 정보뿐만 아니라 간선에 할당된 가중치까지 함께 하나의 노드로 표현하는 것입니다.

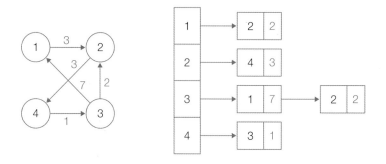

이렇게 다양한 그래프의 구현 방법을 이용하면 어떤 모양의 그래프가 주어지더라도 적절하게 저장하고 관리할 수 있습니다.

깊이 우선 탐색과 너비 우선 탐색

앞서 우리는 트리의 모든 노드를 한 번씩 방문하는 순회에 대해 정리했습니다. 이번에는 그래프의 모든 정점을 순회하는 탐색 방법에 대해 알아볼 차례입니다. 대표적인 그래프 순회 방법에는 깊이 우선 탐색과 너비 우선 탐색이 있습니다. 그래프의 탐색 방법 또한 트리의 순회만큼 각종 면접에서 자주 등장하는 주제이므로 꼭 기억해 두기 바랍니다.

> **NOTE** 깊이 우선 탐색과 너비 우선 탐색에 대해서는 가급적 소스 코드로 구현하는 방법까지 익혀 두는 것이 좋습니다.

깊이 우선 탐색

깊이 우선 탐색(DFS) Depth-First Search은 그래프에서 더 이상 방문 가능한 정점이 없을 때까지 최대한 깊이 탐색하기를 반복하는 탐색 방법입니다. 이는 말보다 예시를 통해 알아보는 것이 더 효과적이므로 다음과 같은 그래프를 예로 들어 보겠습니다. 결론부터 말하면, 만약 이 그래프의 모든 정점들을 깊이 우선 탐색으로 순회했을 때의 순서는 a → b → e → c → f → d가 될 것입니다. 참고로, 이 그래프는 사이클이 있기 때문에 트리는 아닙니다. 하지만 트리도 그래프의 일종이기 때문에 트리에 대한 깊이 우선 탐색과 너비 우선 탐색이 모두 가능합니다.

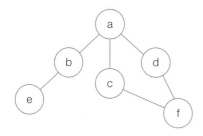

정점 a부터 탐색을 시작하며, 인접한 정점이 2개 이상일 경우에는 알파벳 순으로 탐색한다고 가정하겠습니다. 또 '아직 한 번도 방문하지 않은 정점'은 **미방문 정점**이라고 지칭하겠습니다.

깊이 우선 탐색 알고리즘을 구현할 때 유용하게 사용되는 자료구조에는 배열과 스택이 있습니다. 배열은 **특정 정점의 방문 여부를 확인**하기 위해 사용합니다. 다시 말해, 미방문 정점을 파악하기 위해 방문한 적이 있는 정점들을 배열로 관리하는 것입니다. 또한 스택은 방문 중 **뒤로가기가 필요**할 때 사용할 수 있습니다. 배열과 스택을 활용한 깊이 우선 탐색 과정을 살펴봅시다.

❶ 정점 a를 방문합니다. 정점 a와 연결된 미방문 정점은 b, c, d입니다.

❷ 정점 b를 방문합니다. 정점 b와 연결된 미방문 정점은 e입니다.

❸ 정점 e를 방문합니다. 정점 e와 연결된 미방문 정점은 없습니다.

❹ 정점 e에서 정점 b로 되돌아 갑니다. 정점 b와 연결된 미방문 정점은 없습니다.

❺ 정점 b에서 정점 a로 되돌아 갑니다. 정점 a와 연결된 미방문 정점은 c, d입니다.

❻ 정점 c를 방문합니다. 정점 c와 연결된 미방문 정점은 f입니다.

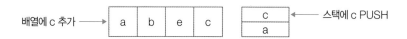

❼ 정점 f를 방문합니다. 정점 f와 연결된 미방문 정점은 d입니다.

❽ 정점 d를 방문합니다. 정점 d와 연결된 미방문 정점은 없습니다.

❾ 정점 d에서 정점 f로 되돌아 갑니다. 정점 f와 연결된 미방문 정점은 없습니다.

❿ 정점 f에서 정점 c로 되돌아 갑니다. 정점 c와 연결된 미방문 정점은 없습니다.

⓫ 정점 c에서 정점 a로 되돌아 갑니다. 정점 a와 연결된 미방문 정점은 없습니다.

⑫ 더 이상 방문하지 않은 미방문 정점이 없으므로 탐색이 종료됩니다.

| a | b | e | c | f | d | 스택 POP |

너비 우선 탐색

깊이 우선 탐색이 최대한 깊이 탐색하기를 반복하는 방법이라면, 너비 우선 탐색은 최대한 넓게 탐색하기를 반복하는 방법입니다. 즉, **너비 우선 탐색(BFS)**Breadth-First Search은 인접한 모든 정점들을 방문하고, 방문한 정점들과 연결된 모든 정점들을 방문하고, 또 방문한 정점들과 연결된 모든 정점들을 방문하기를 반복하는 탐색 방법이라고 할 수 있습니다. 다음과 같이 깊이 우선 탐색에서 살펴봤던 동일한 그래프를 통해 자세히 알아보겠습니다.

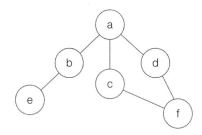

동일하게 정점 a부터 탐색을 시작하며, 인접한 정점이 2개 이상일 경우에는 알파벳 순으로 탐색한다고 가정하겠습니다. 만약 이 그래프의 모든 정점들을 너비 우선 탐색으로 순회한다면 a → b → c → d → e → f의 순서가 될 것입니다. 앞서 깊이 우선 탐색 알고리즘을 구현할 때 스택과 배열을 사용했다면 너비 우선 탐색 알고리즘의 경우에는 배열과 큐를 사용할 수 있습니다.

배열은 깊이 우선 탐색에서의 용례와 같이 특정 정점의 방문 여부를 확인하기 위해 사용하고, 큐는 연결된 정점들을 저장하기 위해 사용합니다. 다시 말해, 특정 정점과 인접한 모든 정점을 줄 세우듯 저장하고, 앞으로 어떤 정점에서 너비 우선 탐색을 할지 알기 위해 큐를 사용한다는 것입니다. 배열과 큐를 활용한 너비 우선 탐색 과정을 살펴봅시다.

❶ 정점 a를 방문합니다.

배열에 a 추가 ⟶ | a |

❷ 정점 a와 연결된 미방문 정점은 b, c, d입니다.

| a |

| b | c | d | ← 큐에서 a 디큐,
b, c, d 인큐

❸ 정점 b, c, d를 차례로 방문합니다.

배열에
b, c, d 추가 →

| a | b | c | d |

| b | c | d |

❹ 정점 b와 연결된 미방문 정점은 e입니다.

| a | b | c | d |

| c | d | e | ← 큐에서 b 디큐,
e 인큐

❺ 정점 e를 방문합니다.

배열에 e 추가 →

| a | b | c | d | e |

| c | d | e |

❻ 정점 c와 연결된 미방문 정점은 f입니다.

| a | b | c | d | e |

| d | e | f | ← 큐에서 c 디큐,
f 인큐

❼ 정점 f를 방문합니다.

배열에 f 추가 →

| a | b | c | d | e | f |

| d | e | f |

❽ 정점 d와 연결된 미방문 정점이 없습니다.

| a | b | c | d | e | f |

| e | f | ← 큐에서 d 디큐

❾ 정점 e와 연결된 미방문 정점이 없습니다.

| a | b | c | d | e | f |

| f | ← 큐에서 e 디큐

⑩ 정점 f와 연결된 미방문 정점이 없습니다.

a	b	c	d	e	f

큐에서 f 디큐

⑪ 더 이상 방문하지 않은 미방문 정점이 없으므로 탐색이 종료됩니다.

최단 경로 알고리즘

앞서 간선에 가중치가 부여된 그래프인 가중치 그래프에 대해 학습했습니다. **최단 경로 알고리즘**은 한 정점에서 목적지 정점까지 이르는 가중치의 합이 최소가 되는 경로를 결정하는 알고리즘을 말합니다. 최단 경로 알고리즘은 우리 일상 속에 뿌리 깊이 녹아 있는 알고리즘으로, 대표적으로 지도 서비스에서 원하는 목적지까지 이르는 최단 거리를 알려 주는 원리로도 사용됩니다.

컴퓨터 네트워크에서도 최단 경로 알고리즘이 사용됩니다. 여러분의 컴퓨터가 지구 반대편에 있는 친구의 컴퓨터와 통신하려면 중간에 여러 네트워크 장비들을 거치게 됩니다. 즉, 컴퓨터가 보낸 메시지는 중간에 있는 여러 네트워크 장비들을 통해 최종적으로 지구 반대편 컴퓨터에 도달하게 되는 것이죠. 이때 빠르게 메시지를 전송하려면 메시지가 가급적 최단 경로로 이동해야 할 것입니다. 이때 컴퓨터와 네트워크 장비를 정점, 통신 네트워크를 간선이라고 생각해 보세요.

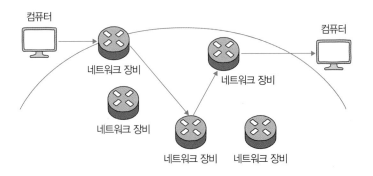

최단 경로 알고리즘의 종류는 다양합니다. 대표적인 알고리즘으로 **다익스트라 알고리즘**Dijkstra's algorithm을 살펴보겠습니다. 다익스트라 알고리즘은 간선의 가중치가 음이 아닌 수라는 가정 하에 사용 가능한 알고리즘으로, 특정 정점에서 다른 모든 정점까지의 최단 거리를 구해 주는 알고리즘입니다. 또 다익스트라 알고리즘은 작동 과정에서 '특정 정점에 이르는 거리를 저장한 데이터'가 함께 사용됩니다.

편의상 이를 배열로 구현한다고 가정하고, '최단 거리 테이블'이라고 명명하겠습니다. 전체적인 알고리즘의 작동 과정은 다음과 같습니다.

❶ 최단 거리 테이블 상에서 시작 정점을 제외한 정점들은 모두 충분히 큰 수로 초기화합니다.

❷ (시작)정점을 방문합니다.

❸ 방문한 정점과 인접한 정점들을 탐색합니다.

❹ 경로 상의 가중치 합과 최단 거리 테이블 상의 값을 비교합니다.

❺ 최단 거리 테이블을 갱신할 수 있다면 갱신합니다.

❻ 방문하지 않은 정점 중 최단 거리가 가장 작은 정점을 방문합니다.

❼ 더 이상 방문할 정점이 없을 때까지 ❸～❻의 과정을 반복하고 종료합니다.

다음과 같은 방향 그래프 상의 정점 1에서 나머지 모든 정점까지의 최단 거리를 구하는 과정을 예로 살펴보겠습니다. 즉, 다익스트라 알고리즘의 시작 정점을 정점 1로 삼고, 나머지 정점들의 최단 거리를 구합니다.

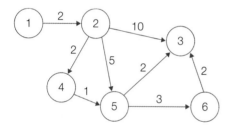

❶ **최단 거리 테이블 상에서 시작 정점을 제외한 정점들은 모두 충분히 큰 수로 초기화합니다.**

최단 거리 테이블 상에 시작 정점인 정점 1에서 정점 1까지의 거리는 0으로 표기하고, 나머지 정점들은 모두 충분히 큰 수로 표현합니다.

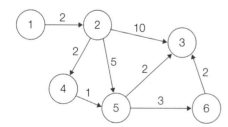

정점 1	0
정점 2	∞
정점 3	∞
정점 4	∞
정점 5	∞
정점 6	∞

❷ (시작)정점을 방문합니다.

시작 정점인 정점 1을 방문합니다.

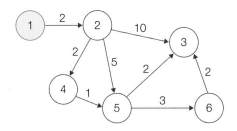

정점 1	0
정점 2	∞
정점 3	∞
정점 4	∞
정점 5	∞
정점 6	∞

❸ 방문한 정점과 인접한 정점들을 탐색합니다.

정점 1과 인접한 정점은 정점 2입니다.

❹ 경로 상의 가중치 합과 최단 거리 테이블 상의 값을 비교합니다.

정점 2에 이르는 가중치 합(경로 상의 가중치 합)과 최단 거리 테이블 상의 값을 비교해 보세요.
2와 ∞ 중 2가 더 작습니다.

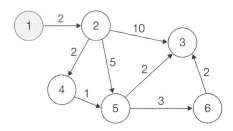

정점 1	0
정점 2	∞
정점 3	∞
정점 4	∞
정점 5	∞
정점 6	∞

❺ 최단 거리 테이블 상의 값을 더 작은 값으로 갱신합니다.

최단 거리 테이블 상의 값 ∞가 정점 2의 가중치 2로 변경됩니다.

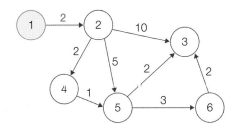

정점 1	0
정점 2	2
정점 3	∞
정점 4	∞
정점 5	∞
정점 6	∞

⑥ 방문하지 않은 정점 중 최단 거리가 가장 작은 정점을 방문합니다.

정점 2를 방문합니다.

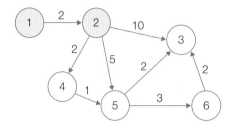

정점 1	0
정점 2	2
정점 3	∞
정점 4	∞
정점 5	∞
정점 6	∞

⑦ 더 이상 방문할 정점이 없을 때까지 ❸～❻의 과정을 반복하고 종료합니다.

아직 방문할 정점들이 있으므로 ❸으로 돌아가 방문한 정점과 인접한 정점들을 탐색합니다. 정점 2와 인접한 정점은 정점 3, 4, 5입니다.

----

❹ 다시 경로 상의 가중치 합과 최단 거리 테이블 상의 값을 비교합니다.

정점 3, 4, 5에 이르는 가중치 합과 최단 거리 테이블 상의 값을 비교합니다. 정점 3에 이르는 가중치의 합은 2＋10＝12이고, 정점 4에 이르는 가중치의 합은 2＋2＝4, 정점 5에 이르는 가중치의 합은 2＋5＝7입니다. 12와 ∞, 4와 ∞, 7과 ∞ 중 더 작은 값은 각각 12, 4, 7입니다.

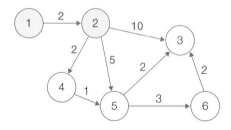

정점 1	0
정점 2	2
정점 3	∞
정점 4	∞
정점 5	∞
정점 6	∞

❺ 최단 거리 테이블 상의 값을 더 작은 값으로 갱신합니다.

따라서 다음과 같이 최단 거리 테이블의 값이 변경됩니다.

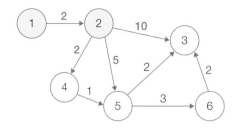

정점 1	0
정점 2	2
정점 3	12
정점 4	4
정점 5	7
정점 6	∞

❻ 방문하지 않은 정점 중 최단 거리가 가장 작은 정점을 방문합니다.

정점 4를 방문합니다.

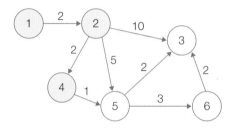

정점 1	0
정점 2	2
정점 3	12
정점 4	4
정점 5	7
정점 6	∞

❸ 방문한 정점과 인접한 정점들을 탐색합니다.

정점 4와 인접한 정점은 정점 5입니다.

❹ 경로 상의 가중치 합과 최단 거리 테이블 상의 값을 비교합니다.

정점 5에 이르는 가중치의 합과 최단 거리 테이블 상의 값을 비교합니다. 정점 5에 이르는 가중치의 합은 2+2+1=5입니다. 5와 7 중 작은 값은 5입니다.

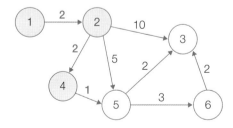

정점 1	0
정점 2	2
정점 3	12
정점 4	4
정점 5	7
정점 6	∞

❺ 최단 거리 테이블 상의 값을 더 작은 값으로 갱신합니다.

따라서 다음과 같이 최단 거리 테이블의 값이 갱신됩니다.

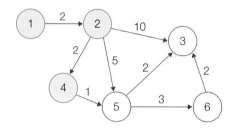

정점 1	0
정점 2	2
정점 3	12
정점 4	4
정점 5	5
정점 6	∞

❻ 방문하지 않은 정점 중 최단 거리가 가장 작은 정점을 방문합니다.

정점 5를 방문합니다.

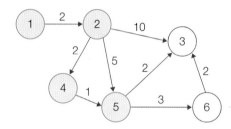

정점 1	0
정점 2	2
정점 3	12
정점 4	4
정점 5	5
정점 6	∞

---

❸ 방문한 정점과 인접한 정점들을 탐색합니다.

정점 5와 인접한 정점은 정점 3과 6입니다.

❹ 경로 상의 가중치 합과 최단 거리 테이블 상의 값을 비교합니다.

정점 3과 6에 이르는 가중치의 합과 최단 거리 테이블 상의 값을 비교합니다. 정점 3에 이르는 가중치의 합은 $2+2+1+2=7$이고, 정점 6에 이르는 가중치의 합은 $2+2+1+3=8$입니다. 7과 12, 8과 ∞ 중 더 작은 값은 7과 8입니다.

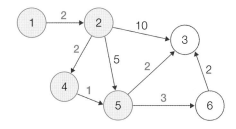

정점 1	0
정점 2	2
정점 3	12
정점 4	4
정점 5	5
정점 6	∞

❺ 최단 거리 테이블 상의 값을 더 작은 값으로 갱신합니다.

따라서 다음과 같이 최단 거리 테이블의 값이 변경됩니다.

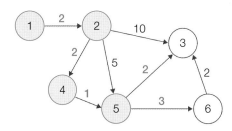

정점 1	0
정점 2	2
정점 3	7
정점 4	4
정점 5	5
정점 6	8

❻ 방문하지 않은 정점 중 최단 거리가 가장 작은 정점을 방문합니다.

정점 3을 방문합니다.

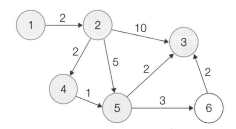

정점 1	0
정점 2	2
정점 3	7
정점 4	4
정점 5	5
정점 6	8

----

❸ 방문한 정점과 인접한 정점들을 탐색합니다.

정점 3에서 갈 수 있는 인접한 정점이 없습니다. 따라서 정점 5와 인접한 또 다른 정점을 확인합니다.

⑥ 방문하지 않은 정점 중 최단 거리가 가장 작은 정점을 방문합니다.

아직 방문하지 않은 정점 6을 방문합니다.

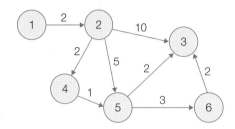

정점 1	0
정점 2	2
정점 3	7
정점 4	4
정점 5	5
정점 6	8

----

❸ 방문한 정점과 인접한 정점들을 탐색합니다.

정점 6과 인접한 정점은 정점 3입니다.

❹ 경로 상의 가중치 합과 최단 거리 테이블 상의 값을 비교합니다.

정점 3에 이르는 가중치의 합과 최단 거리 테이블 상의 값을 비교하면 정점 3에 이르는 가중치의 합은 $2+2+1+3+2=10$입니다. 10과 7 중 더 작은 값은 7입니다.

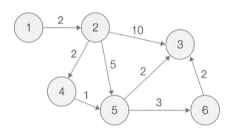

정점 1	0
정점 2	2
정점 3	7
정점 4	4
정점 5	5
정점 6	8

❺ 최단 거리 테이블 상의 값을 더 작은 값으로 갱신합니다.

따라서 최단 거리 테이블이 그대로 유지됩니다. 더 이상 방문할 정점이 없으므로 탐색을 종료합니다. 따라서 정점 1에서 각 정점에 이르는 최단 거리는 다음과 같습니다.

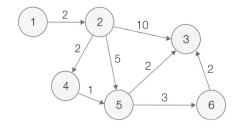

정점 1	0
정점 2	2
정점 3	7
정점 4	4
정점 5	5
정점 6	8

이처럼 다익스트라 알고리즘은 한 정점에서 나머지 정점까지의 최단 거리를 구할 수 있는 그래프 기반 알고리즘입니다.

 여기서 잠깐

에츠허르 다익스트라

책의 절반 정도를 왔으니 잠시 머리를 식혀 볼까요? 다익스트라 알고리즘을 고안한 인물은 에츠허르 다익스트라(Edsger Wybe Dijkstra)입니다. 오늘날 컴퓨터 과학에 지대한 영향을 끼친 인물입니다.

다익스트라는 인터뷰에서 다익스트라 알고리즘이 '종이와 펜 없이 구현한 20분짜리 발명품'이라고 말했습니다. 약혼녀와 함께 암스테르담에서 쇼핑을 하고 있었던 다익스트라는 제법 지친 상태로 카페에 앉아 힘을 덜 들이며 최단 경로로 이동할 방법을 고민했다고 합니다. 그 결과로 만들어진 알고리즘이 바로 방금 살펴본 다익스트라 알고리즘인 것이죠.

3장 '운영체제'에서 학습한 세마포를 기억할 것입니다. 세마포를 처음 고안한 인물도 바로 다익스트라입니다. 다익스트라는 이뿐만 아니라 구조적 프로그래밍, 병렬 알고리즘, 분산 알고리즘 등 다방면에서 뛰어난 연구적 발자취를 남겼고, 그 공로를 인정받아 튜링상을 수상했습니다.

취업 멘토가 알려 주는 기술 면접 질문 15

≫≫ 화이트보드 면접

기술 면접에 출제되는 자료구조 문제에 대비할 때는 화이트보드, 구글 독스와 같이 'IDE가 아닌 수단'을 활용해 코드를 설명하는 기술 면접(이하 화이트보드 면접)도 함께 대비하는 것이 좋습니다. 화이트보드 면접에서는 코딩 테스트와 마찬가지로 자료구조(및 알고리즘)에 대한 전반적 이해를 묻는 질문이 많지만, 질문의 목적과 평가 방식이 코딩 테스트와는 차이가 있습니다.

코딩 테스트에서는 주어진 문제 상황과 해결 조건에 대한 소스 코드를 묻는 경우가 많습니다. 자료구조(및 알고리즘)뿐만 아니라 프로그래밍 언어에 대한 활용 능력도 함께 평가하기 때문에 상대적으로 질문의 길이가 길고 복잡한 소스 코드를 작성하게 됩니다. 주어진 풀이 시간 안에만 테스트 케이스를 통과하면 코딩 테스트의 평가 목적을 달성한 것으로 간주하는 경우가 많습니다.

하지만 **화이트보드 면접**에서는 자료구조를 비롯해 특정 기능을 간단하게 구현하거나 주어진 소스 코드를 판단해야 하는 질문이 많습니다. 상대적으로 질문의 길이가 짧고 단순한 소스 코드를 작성하는 대신, 소스 코드를 말로 설명해 내는 구술 능력이 함께 필요한 경우가 많죠. IDE를 사용하지 않기 때문에 테스트 케이스나 프로그래밍 언어의 문법을 엄격하게 평가하지는 않지만 이러한 소스 코드를 왜 작성했는지, 제시된 소스 코드를 어떻게 평가하는지에 대해 면접관들이 납득할 수 있도록 설명하는 능력을 중요하게 평가받게 됩니다. 이렇듯 코딩 테스트와 화이트보드 면접의 질문은 그 목적과 평가 기준이 다릅니다. 그래서 지원자가 코딩 테스트에서 작성한 소스 코드를 기술 면접에서 설명하도록 질문하는 방식으로 두 유형을 동시에 평가하는 기업도 많습니다.

4장에서는 이러한 화이트보드 면접에 대비하기 위한 질문을 수록했으므로 이 점에 유의하여 관련 답변을 확인해 보기 바랍니다(Q1, Q4, Q5, Q6, Q7, Q15).

Q1. 다음 두 코드는 모두 정수형 리스트 'arr'을 인자로 전달받아 같은 작업을 수행하는 함수입니다. 두 코드 중 더 효율적이라고 판단하는 코드를 고르고, 그 이유를 설명해 보세요.

```python
def first(arr):
    n = len(arr)
    # 배열의 모든 요소를 순회합니다
    for i in range(n):
        # 현재 위치에서 인접한 요소들을 비교합니다
        for j in range(0, n-i-1):
            # 만약 앞의 요소가 뒤의 요소보다 크면 두 요소를 교환합니다
            if arr[j] > arr[j+1]:
                arr[j], arr[j+1] = arr[j+1], arr[j]
    return arr
```

```python
def second(arr):
    n = len(arr)
    # 배열의 모든 요소를 순회합니다
    for i in range(n):
        for j in range(i+1, n):
            for k in range(j+1, n):
                # 세 개의 요소를 비교해 필요하면 교환합니다
                if arr[i] > arr[j]:
                    arr[i], arr[j] = arr[j], arr[i]
                if arr[j] > arr[k]:
                    arr[j], arr[k] = arr[k], arr[j]
                if arr[i] > arr[j]:
                    arr[i], arr[j] = arr[j], arr[i]
    return arr
```

A1. 첫 번째 함수인 first의 시간 복잡도는 $O(n^2)$입니다. 그리고 두 번째 함수인 second의 시간 복잡도는 $O(n^3)$입니다. 최대 n번의 연산이 필요한 반복문 3개가 겹쳐 있기 때문입니다. 따라서 first의 코드가 더 효율적으로 실행됩니다.

난이도 ★☆☆　　　　　　　　　　　　　　　　　　　　　　　　　　[참고] 본문 페이지 260쪽

Q2. 시간 복잡도와 빅 오 표기법의 차이를 설명해 보세요.

A2. 시간 복잡도는 입력의 크기에 따른 프로그램의 실행 시간 관계를 나타냅니다. 실행 시간은 연산 횟수에 비례하므로 입력의 크기에 따른 프로그램의 연산 횟수로 간주되기도 합니다. 빅 오 표기법은 함수의 점근적 상한을 나타내는데, 시간 복잡도를 표현하기 위해 자주 사용됩니다. 시간 복잡도를 표현하기 위해 빅 오 표기법이 사용된다면 입력에 따른 실행 시간의 점근적 상한을 의미하는 것입니다.

난이도 ★★☆　　　　　　　　　　　　　　　　　　　　　　　　　　[참고] 본문 페이지 278쪽

Q3. 인코딩된 값과 해시 값의 차이를 설명해 보세요.

A3. 인코딩은 데이터를 다른 방식으로 표현하기 위해 변환하는 것입니다. 인코딩된 값은 디코딩을 거쳐 다시 변환될 수 있습니다. 예를 들어 base64와 아스키 인코딩은 모두 컴퓨터가 이해하는 코드의 형식으로 변환될 수 있고, 그렇게 변환된 코드는 사람이 이해할 수 있는 데이터의 형태로 다시 디코딩될 수 있습니다.

반면, 해시 값은 해시 함수를 사용하여 고정 길이인 임의의 값으로 데이터를 변환한 결과를 말합니다. 해시 함수는 인코딩과는 달리 단방향 함수이기 때문에 데이터를 다시 변환할 수 없습니다. 또한 해시 함수는 임의 길이의 데이터를 입력받아 고정된 길이의 해시 값을 출력하고, 입력값이 조금이라도 달라지면 해시 값도 완전히 다른 값으로 변경됩니다.

따라서 인코딩된 값은 주로 데이터를 다양하게 표현하기 위해 사용하고, 해시 값은 주로 데이터의 무결성을 검증하거나 데이터를 빠르게 검색하기 위해 사용합니다.

난이도 ★★☆   [참고] 본문 페이지 272쪽

Q4. 스택을 배열로 구현해 보세요(push와 pop 연산은 반드시 구현해야 합니다).

A4. 다음과 같은 파이썬 소스 코드를 작성해 제출합니다.

```python
class myStack:
        def __init__(self):
                self.items = []

        def push(self, item):
                self.items.append(item)

        def pop(self):
                if self.is_empty():
                return None
                item = self.items[-1]
                del self.items[-1]
                return item

        def is_empty(self):
                return len(self.items) == 0

s = myStack()
s.push('a')
s.push('b')
s.push('c')

print(s.pop())    # c
print(s.pop())    # b
print(s.pop())    # a
```

> **NOTE** 다른 프로그래밍 언어(C++, 자바, 자바스크립트)로 작성한 소스 코드는 다음 링크에서 참고할 수 있습니다.
>
> • https://github.com/kangtogong/oo

난이도 ★★☆　　　　　　　　　　　　　　　[참고] 본문 페이지 275쪽

Q5. **큐를 배열로 구현해 보세요(인큐와 디큐 연산은 반드시 구현해야 합니다).**

A5. 다음과 같은 파이썬 소스 코드를 작성해 제출합니다.

```python
class myQueue:
    def __init__(self):
        self.items = []

    def enqueue(self, item):
        self.items.append(item)

    def dequeue(self):
        if self.is_empty():
            return None
        item = self.items[0]
        del self.items[0]
        return item

    def is_empty(self):
        return len(self.items) == 0

q = myQueue()
q.enqueue('a')
q.enqueue('b')
q.enqueue('c')

print(q.dequeue()) # a
print(q.dequeue()) # b
print(q.dequeue()) # c
```

NOTE 다른 프로그래밍 언어(C++, 자바, 자바스크립트)로 작성한 소스 코드는 다음 링크에서 참고할 수 있습니다.

- https://github.com/kangtegong/cs

난이도 ★★☆   [참고] 본문 페이지 300쪽

Q6. 다음 그림의 자료구조가 무엇인지 설명하고, 간단한 코드로 구현해 보세요.

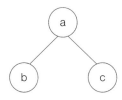

A6. 제시된 자료구조는 트리이며, 그 중에서도 이진 트리에 해당합니다. 이진 트리는 각각의 노드가 최대 2개의 자식을 가질 수 있는 트리의 일종입니다. 따라서 다음과 같이 값, 왼쪽 자식 노드, 오른쪽 자식 노드를 표현하는 트리 노드로 구현할 수 있습니다.

```python
class TreeNode:
    def __init__(self, value):
        self.value = value
        self.left = None
        self.right = None

# 루트 노드 생성
root = TreeNode("a")

# 왼쪽, 오른쪽 자식 노드 생성
root.left = TreeNode("b")
root.right = TreeNode("c")
```

NOTE 다른 프로그래밍 언어(C++, 자바, 자바스크립트)로 작성한 소스 코드는 다음 링크에서 참고할 수 있습니다.

- https://github.com/kangtegong/cs

난이도 ★★★　　　　　　　　　　　　　　　　　　[참고] 본문 페이지 293쪽

Q7. **Q6에서 구현한 자료구조의 모든 노드를 중위 순회하는 코드를 구현해 보세요. 어떤 순서로 방문하게 되나요?**

A7. 다음과 같이 6번 질문에서 작성한 코드 하단에 코드를 추가합니다. 중위 순회는 왼쪽 서브트리 → 루트 노드 → 오른쪽 서브트리의 순으로 모든 트리 노드를 방문하는 것을 의미합니다. 따라서 b → a → c 순으로 순회하게 됩니다.

```python
class TreeNode:
    def __init__(self, value):
        self.value = value
        self.left = None
        self.right = None

# 루트 노드 생성
root = TreeNode("a")

# 왼쪽, 오른쪽 자식 노드 생성
root.left = TreeNode("b")
root.right = TreeNode("c")

def inorder_traversal(node):
    if node:
        # 왼쪽 서브트리를 먼저 방문
        inorder_traversal(node.left)
        # 현재 노드 방문
        print(node.value)
        # 오른쪽 서브트리 방문
        inorder_traversal(node.right)

inorder_traversal(root)
```

NOTE 다른 프로그래밍 언어(C++, 자바, 자바스크립트)로 작성한 소스 코드는 다음 링크에서 참고할 수 있습니다.

- https://github.com/kangtegong/cs

난이도 ★★☆ [참고] 본문 페이지 282쪽

Q8. **해시 충돌이 무엇이며, 어떻게 해시 충돌을 해결할 수 있는지 설명해 보세요.**

A8. 해시 충돌이란 서로 다른 키에 대해 같은 해시 값이 대응되는 상황을 의미합니다. 해시 충돌은 체이닝과 개방 주소법 등으로 해결할 수 있습니다. 체이닝은 충돌이 발생한 데이터를 연결 리스트로 추가하는 충돌 해결 방식이고, 개방 주소법은 충돌이 발생한 공간이 아닌 다른 공간을 조사하여 데이터를 저장하는 충돌 해결 방식입니다.

난이도 ★☆☆ [참고] 본문 페이지 281쪽

Q9. **해시 테이블의 장점과 단점을 설명해 보세요.**

A9. 해시 테이블의 장점은 데이터 검색 성능이 빠르다는 것입니다. 해시 테이블에 대한 키가 주어졌다면 해시 테이블의 검색 성능은 $O(1)$로 매우 빠릅니다. 그러나 데이터가 저장될 공간을 미리 확보해 두어야 하므로 메모리 공간이 많이 소요된다는 점이 단점입니다.

난이도 ★★☆ [참고] 본문 페이지 268쪽

Q10. **배열 대신 연결 리스트를 사용하는 것이 프로그램의 성능에 유리한 경우가 있나요? 만약 그렇다면, 그 이유는 무엇인가요?**

A10. 배열과는 달리 연결 리스트를 구성하는 모든 노드는 반드시 메모리 내에 순차적으로 저장되어 있을 필요가 없습니다. 따라서 연속적으로 구성되어 있는 데이터를 불연속적으로 저장할 때 유용하게 사용할 수 있고, 배열에 비해 삽입 및 삭제 연산에서 높은 성능을 보입니다.

난이도 ★☆☆　　　　　　　　　　　　　　　　　　　　　[참고] 본문 페이지 276쪽

Q11. 우선순위 큐는 어떻게 구현할 수 있는지 설명해 보세요.

A11. 우선순위 큐는 힙 자료구조로 구현됩니다. 힙은 주로 최댓값과 최솟값을 빠르게 찾는 용도로 사용되는 완전 이진 트리의 일종입니다. 우선순위 큐는 FIFO가 아닌 우선순위가 높은 데이터 순으로 처리하기 때문에, 우선순위가 가장 높은 노드를 루트 노드로 삼는 힙으로 구현하기에 용이합니다.

난이도 ★☆☆　　　　　　　　　　　　　　　　　　　　[참고] 본문 페이지 322, 325쪽

Q12. 깊이 우선 탐색과 너비 우선 탐색의 차이를 설명해 보세요.

A12. 깊이 우선 탐색과 너비 우선 탐색은 그래프를 탐색하는 기본적인 방법입니다. 깊이 우선 탐색은 그래프에서 더 이상 방문 가능한 정점이 없을 때까지, 최대한 깊은 자식 노드까지 탐색하기를 반복하는 탐색 방법이고, 너비 우선 탐색은 인접한 모든 정점들을 방문하고, 방문한 정점들과 연결된 모든 정점들을 방문하기를 반복하는 탐색 방법입니다.

난이도 ★★☆　　　　　　　　　　　　　　　　　　　　　[참고] 본문 페이지 305쪽

Q13. RB 트리란 무엇이며, 왜 RB 트리를 사용하는지 설명해 보세요.

A13. RB 트리는 이진 탐색 트리의 편향의 방지하기 위해 사용하는 자가 균형 이진 트리의 일종입니다. 이진 탐색 트리는 연산의 순서에 따라 편향된 트리가 될 수 있는데, 편향이 발생할 경우 탐색 속도가 $O(n)$으로 저하될 수 있습니다. RB 트리는 이를 방지하기 위해 모든 노드를 빨간색, 혹은 검은색으로 간주하고, 노드에 색을 칠하는 규칙과 노드에 칠해진 색을 기준으로 왼쪽 서브트리와 오른쪽 서브트리의 높이 균형을 맞춥니다.

난이도 ★★☆   [참고] 본문 페이지 311쪽

Q14. B 트리란 무엇이며, 왜 B 트리를 사용하는지 설명해 보세요.

A14. B 트리는 여러 자식 노드를 가질 수 있는 다진 탐색 트리의 일종으로, 파일 시스템이나 데이터베이스와 같은 대용량 입출력 작업이 필요한 상황에서 주로 사용합니다.

난이도 ★★☆   [참고] 본문 페이지 318쪽

Q15. 다음 그림의 자료구조가 무엇인지, 어떻게 코드로 구현이 가능한지 설명해 보세요.

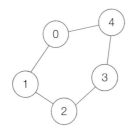

A15. 제시된 자료구조는 정점과 그 정점들을 연결하는 간선으로 이루어진 그래프 자료구조입니다. 이는 이차원 행렬(이차원 리스트)이나 연결 리스트를 기반으로 구현이 가능합니다.

> **NOTE** 프로그래밍 언어(C++, 자바, 자바스크립트)로 작성한 소스 코드는 다음 링크에서 참고할 수 있습니다.
>
> • https://github.com/kangtegong/cs

네트워크

네트워크란 여러 대의 장치가 그물처럼 연결되어 정보를 주고받는 통신망을 의미합니다. 일상에서 네트워크를 이용하지 않는 프로그램을 찾기 어려운 만큼, 네트워크는 프로그램을 만드는 개발자가 반드시 알아야 할 분야라고 할 수 있습니다.

〈1〉 네트워크의 큰 그림

본격적인 네트워크 학습을 시작하기 전에 알고 있어야 할 개념들이 다수 있습니다. 이번 절에서는 네트워크의 큰 그림을 그려 보며 네트워크를 이해하기 위한 배경지식을 학습해 보겠습니다.

네트워크의 기본 구조

네트워크는 노드와 간선으로 이루어진 자료구조라는 점에서 **그래프**의 형태를 띤다고 할 수 있습니다. 네트워크 기기가 노드이고, 네트워크 기기 간에 정보를 주고받는 유무선의 통신 매체가 간선인 셈입니다.

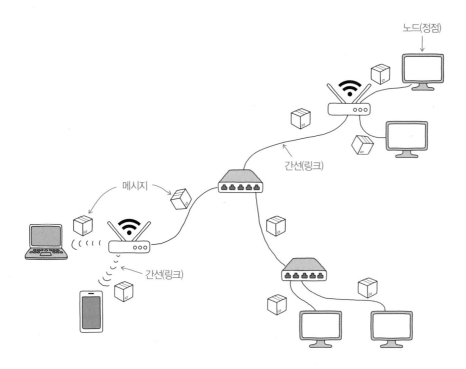

네트워크 상에서 노드와 노드 사이의 연결 구조는 **네트워크 토폴로지**network topology라고 부릅니다. 노드가 어떻게 연결되고 배치되느냐에 따라 다음 그림과 같은 망형, 트리형, 링형 등의 유형으로 나눌 수 있습니다.

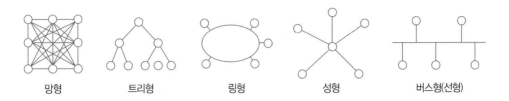

| 망형 | 트리형 | 링형 | 성형 | 버스형(선형) |

이때 네트워크의 가장자리에 위치하면서 네트워크를 통해 주고받는 정보를 최초로 송신하고 최종 수신하는 노드를 **호스트**host라고 부르는데요. 우리가 흔히 접하는 대부분의 네트워크 기기가 바로 호스트입니다. 예를 들어 노트북의 웹 브라우저를 통해 구글 홈페이지에 접속했다면 노트북과 구글의 서버 컴퓨터가 각각 호스트로서 정보를 주고받은 것입니다. 노트북과 구글의 서버 컴퓨터가 정보를 주고받는 과정은 크게 다음과 같습니다.

❶ 노트북이 구글의 서버 컴퓨터에게 웹 페이지를 가져다 달라는 요청을 보낸다.
❷ 구글의 서버 컴퓨터가 노트북에게 웹 페이지로 응답한다.

이 과정에서 노트북처럼 **요청**request을 보내는 호스트를 **클라이언트**client, 구글의 서버 컴퓨터처럼 **응답**response을 보내는 호스트를 **서버**server라고 합니다. 즉, 클라이언트와 서버는 주고받는 정보의 방향(요청과 응답)에 따라 부여된 역할입니다.

또한 네트워크를 그래프로 간주했을 때 중간에 위치한 노드, 즉 중간 노드는 가장자리에 위치한 호스트가 주고받는 정보들을 원하는 수신지까지 안정적으로 전송하는 역할을 합니다. 이러한 중간 노드로써의 역할을 수행하는 여러 네트워크 장비들이 있는데요. 스위치와 라우터, 공유기 등이 해당됩니다.

LAN과 WAN

네트워크는 그래프의 형태를 띄고 있다고 했지만, 그렇다고 해서 전 세계에 하나의 네트워크만 존재하는 것은 아닙니다. 여러 개의 네트워크로 나뉘어질 수 있기 때문입니다. 네트워크는 규모에 따라 LAN와 WAN으로 나뉩니다.

근거리 네트워크를 의미하는 **LAN**Local Area Network은 이름 그대로 가정이나 기업처럼 비교적 가까운 거리를 연결하는 한정된 공간에서의 네트워크를 말합니다. 집이나 사무실에 있는 공유기를 통해 모든 네트워크 기기가 통신하고 있다면 LAN이 공유기를 기준으로 구축되었다고 할 수 있습니다. 해당 공유기와 연결된 네트워크 기기들은 모두 같은 네트워크(LAN)에 속해 있다고 인식합니다. 하지만 모든 네트워크 기기들이 같은 네트워크(LAN)에서만 정보를 주고받는 것은 아닙니다. LAN 간의 통신도 빈번하죠.

원거리 네트워크를 의미하는 **WAN**Wide Area Network을 통해 LAN 간 통신이 이루어집니다. WAN이 인터넷을 가능하게 만드는 네트워크라고 할 수 있습니다. WAN은 일반적으로 **ISP**Internet Service Provider라는 인터넷 서비스 업체가 구축하고 관리합니다. 대표적인 국내 ISP 업체로는 KT, LG유플러스, SK브로드밴드가 있습니다.

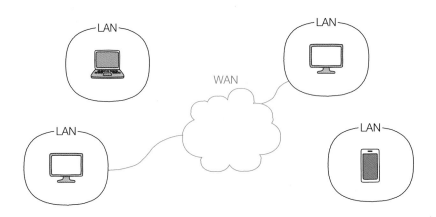

패킷 교환 네트워크

서로 다른 네트워크에 있는 두 호스트가 유무선의 통신 매체를 통해 100GB의 파일을 주고받는 경우를 가정해 보겠습니다. 이때 호스트는 유무선의 통신 매체를 통해 100GB의 파일을 한 번에 전송할 수 있을까요? 그렇지 않습니다. 네트워크를 통해 주고받는 데이터는 한 번에 송수신되지 않고,

여러 데이터로 쪼개져서 송수신됩니다. 이렇게 네트워크를 통해 송수신되는 데이터의 단위를 **패킷** packet이라고 합니다. 오늘날의 네트워크는 패킷 단위로 주고받는 정보를 쪼개서 송수신하고 수신지에서 재조립하며 패킷을 주고받는 '패킷 교환 네트워크'가 대부분입니다.

하나의 패킷은 **페이로드** payload와 **헤더** header로 구성되어 있으며, 때로는 **트레일러** trailer라는 정보가 포함되기도 합니다. 페이로드는 패킷에서 송수신하고자 하는 데이터이고, 헤더와 트레일러는 패킷에 추가되는 부가 정보입니다. 페이로드가 택배(패킷)를 통해 송수신하고자 하는 물품이라면, 헤더와 트레일러는 택배 앞뒤로 붙이는 송장(부가 정보)과 같습니다.

주소의 개념과 전송 방식

네트워크상의 두 호스트가 패킷을 주고받는 상황을 가정해 보겠습니다. 올바르게 정보를 주고받기 위해서는 서로를 특정할 수 있는 정보, 즉 주소가 필요합니다. **주소** address는 패킷의 헤더에 명시되는 정보로, 네트워크에서 사용되는 대표적인 주소로는 IP 주소와 MAC 주소가 있습니다.

주소를 바탕으로 다양한 수신지 유형을 지정해 패킷을 보낼 수 있는데요. 가령 수신지를 특정 호스트 하나로 지정할 수도 있고, 네트워크 내 모든 호스트로 지정할 수도 있습니다. 송신지와 수신지가 일대일로 메시지를 주고받는 전자의 전송 방식을 **유니캐스트** unicast라고 하고, 네트워크상의 모든 호스트에게 메시지를 전송하는 후자의 전송 방식을 **브로드캐스트** broadcast라고 합니다. 이때 브로드캐스트가 전송되는 범위를 **브로드캐스트 도메인** broadcast domain이라고 하며, 호스트가 같은 브로드캐스트 도메인에 속해 있는 경우에는 같은 LAN에 속해 있다고 간주합니다.

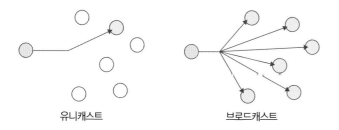

유니캐스트　　　　　　　브로드캐스트

이 밖에도 네트워크 내의 동일 그룹에 속한 호스트에게만 전송하는 **멀티캐스트**multicast, 네트워크 내의 동일 그룹에 속한 호스트 중 가장 가까운 호스트에게 전송하는 **애니캐스트**anycast 등 다양한 송수신 방식들이 있지만, 유니캐스트와 브로드캐스트가 가장 자주 언급되므로 기억해 두기 바랍니다.

두 호스트가 패킷을 주고받는 과정

네트워크 내의 호스트는 서로가 주고받을 내용(패킷)을 이해할 수 있어야 하고, 이를 올바르게 주고받을 수 있어야 합니다. 이번에는 호스트가 서로 주고받는 정보를 이해하기 위한 규칙인 프로토콜과 네트워크 참조 모델의 개념을 알아보고, 두 호스트가 패킷을 주고받는 과정 전반에 대해 이해해보겠습니다.

프로토콜

서로의 주소를 알고 있는 두 호스트가 패킷을 주고받는 상황을 생각해 보겠습니다. 패킷을 주고받는 두 호스트가 서로 다른 LAN에 속해 있어, 서로가 주고받는 패킷이 네트워크 장비를 거친다고 가정해 보죠. 당연하게도 두 호스트가 주고받는 패킷 속 내용은 서로가 이해할 수 있어야 합니다. 호스트뿐만 아니라 패킷이 거쳐 갈 네트워크 장비 역시 패킷의 내용을 이해할 수 있어야 하죠. 이를 위해 정한 규칙이 바로 프로토콜입니다.

프로토콜protocol은 네트워크에서 통신을 주고받는 노드 간의 합의된 규칙이나 방법을 말합니다. 패킷을 주고받는 호스트와 네트워크 장비들이 서로 주고받는 정보를 이해하려면 같은 프로토콜을 이해해야 하고, 같은 프로토콜로 통신해야 합니다. 이런 점에서 프로토콜은 흔히 네트워크의 언어와 같다고 표현합니다(다만, 일상 속 언어와 달리 네트워크에서는 여러 프로토콜을 함께 사용합니다). 네트워크 프로토콜의 종류는 매우 다양합니다. 하지만 개발자가 기본적으로 알아야 할 프로토콜의 종류는 다음과 같이 어느 정도 정해져 있으므로 이번 장에서는 주요 프로토콜을 중심으로 살펴보겠습니다.

IP	ARP	ICMP	TCP	UDP
DHCP	DNS	HTTP	SSL/TLS	HTTPS
...				

중요한 점은 프로토콜마다 **목적**과 **특징**이 다르다는 점입니다. 프로토콜은 아무런 이유 없이 만들어지고 사용되지 않습니다. 프로토콜이 존재하는 이유, 즉 목적이 있습니다. 마찬가지로, 유사한 목적을 지닌 프로토콜들이 존재할 경우 각 프로토콜을 구분 짓는 특징이 존재합니다.

예를 들어 IP는 네트워크 간의 **주소를 지정**한다는 목적을 지닌 프로토콜이고, ARP는 **IP 주소와 MAC 주소를 대응**시킨다는 목적을 지닌 프로토콜입니다. 또 HTTPS는 보안상 HTTP에 비해 **안전**하며, TCP는 UDP에 비해 **신뢰성**이 높다는 특징을 갖고 있습니다. 이처럼 프로토콜마다 목적과 특징이 다르므로 프로토콜을 학습할 때는 각 프로토콜의 목적과 특징에 집중해 살펴보는 것이 좋습니다.

마찬가지로, 각각의 목적과 특징이 다른 프로토콜로 구성된 '패킷의 내용' 또한 달라질 수 있습니다. 패킷은 패킷을 구성하는 프로토콜의 목적과 특징에 따라 다음과 같이 그에 걸맞는 패킷 헤더를 가집니다(그림에 대한 자세한 설명은 4절 '전송 계층 – TCP와 UDP'에서 확인해 보겠습니다). 따라서 각 프로토콜의 목적과 특징을 이해하기 위해서는 프로토콜의 패킷 헤더를 분석해 보는 것이 좋습니다. 이번 장에서 우리는 앞서 언급한 주요 프로토콜의 패킷 헤더도 분석해 볼 예정입니다.

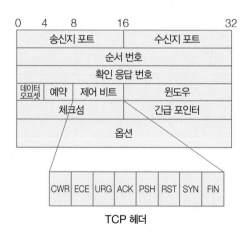

네트워크 참조 모델

호스트 간에 패킷을 주고받는 과정은 택배를 주고받는 과정과 비슷합니다. 택배를 주고받는 상황을 떠올려 볼까요? 택배를 주고받는 과정에는 정형화된 순서가 있습니다. 다음 그림처럼 계층적으로 표현할 수 있습니다. 택배를 보내는 과정은 곧 택배를 받는 과정의 반대라고 할 수 있죠. 네트워크의 경우도 이와 크게 다르지 않습니다.

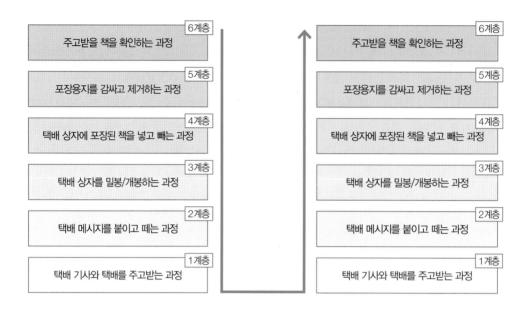

패킷을 주고받는 과정에도 정형화된 순서가 있고, 계층적으로 표현할 수 있다는 것입니다. 이렇게 통신이 이루어지는 단계를 계층적으로 표현한 것을 **네트워크 참조 모델**network reference model이라고 합니다. 패킷을 송신하는 쪽에서는 상위 계층에서 하위 계층으로 정보를 보내고, 패킷을 수신하는 쪽에서는 하위 계층에서 상위 계층으로 정보를 받아들이게 되는 것이죠.

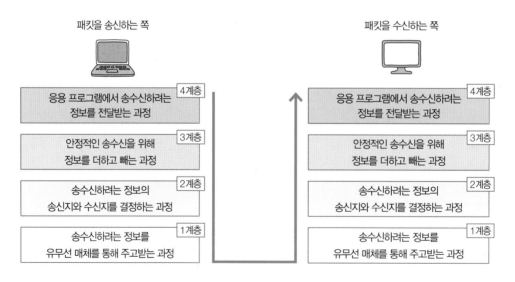

NOTE 제시된 그림은 패킷 송수신 과정을 간단하게 표현한 예시이므로 특별히 암기할 필요는 없습니다.

네트워크 참조 모델에서 각각의 계층이 하는 일은 명확하게 정해져 있습니다. 따라서 계층별 목적에 맞는 프로토콜과 장비를 구성하면 네트워크의 구성과 설계, 문제의 진단과 해결이 용이해집니다. 그럼 대표적인 네트워크 참조 모델인 OSI 모델과 TCP/IP 모델에 대해 알아봅시다.

OSI 모델

OSI 모델은 국제 표준화 기구ISO, International Organization for Standardization에서 만든 네트워크 참조 모델로, 통신 단계를 7개의 계층으로 나눠 OSI 7계층이라고 부릅니다. OSI 모델은 다음과 같이 물리 계층, 데이터 링크 계층, 네트워크 계층, 전송 계층, 세션 계층, 표현 계층, 응용 계층으로 구성되어 있습니다. 하나씩 좀 더 자세히 알아보겠습니다.

응용 계층
표현 계층
세션 계층
전송 계층
네트워크 계층
데이터 링크 계층
물리 계층

❶ 물리 계층

물리 계층physical layer은 가장 최하위 계층으로, 비트 신호를 주고받는 계층입니다. 컴퓨터는 0과 1만을 이해할 수 있기 때문에 네트워크를 통해 주고받는 정보 또한 0과 1로 이루어진 신호로 구성됩니다. 물리 계층은 이러한 신호를 유무선 통신 매체를 통해 운반하는 계층입니다.

❷ 데이터 링크 계층

데이터 링크 계층data link layer은 같은 LAN에 속한 호스트끼리 올바르게 정보를 주고받기 위한 계층입니다. 이를 위해 같은 네트워크에 속한 호스트를 식별할 수 있는 주소(MAC 주소)를 사용하고, 물리 계층을 통해 주고받는 정보에 오류가 없는지 확인하기도 합니다. 짐작할 수 있듯, 물리 계층과 데이터 링크 계층은 서로 밀접하게 연관된 계층이며, 하드웨어와 밀접하게 맞닿아 있는 계층입니다. 다음 절에서 물리 계층과 데이터 링크 계층의 개념과 기반 기술, 관련한 네트워크 장비에 대해 좀 더 자세히 정리해 보겠습니다.

❸ 네트워크 계층

네트워크 계층network layer은 네트워크 간 통신을 가능하게 하는 계층입니다. 데이터 링크 계층이 기본적으로 같은 LAN에 속한 호스트끼리 올바르게 정보를 주고받기 위해 필요한 계층이라면, 네트워크 계층은 LAN을 넘어 다른 네트워크와 통신을 주고받기 위해 필요한 계층입니다. 따라서 네트워크 간 통신 과정에서 호스트를 식별할 수 있는 주소(IP 주소)가 필요하죠. 네트워크 계층에서 대표적으로 사용되는 프로토콜이 바로 IP입니다.

❹ 전송 계층

네트워크를 통해 송수신되는 패킷은 전송 도중에 유실될 때도 있고, 순서가 뒤바뀔 때도 있습니다. **전송 계층**transport layer은 이러한 상황에 대비해 신뢰성 있는 전송을 가능하게 하는 계층입니다. 또한 **포트**port라는 정보를 통해 특정 응용 프로그램과의 연결 다리 역할을 수행하는 계층이기도 합니다. 전송 계층에 속한 대표적인 프로토콜에는 TCP와 UDP가 있습니다.

❺ 세션 계층

세션 계층session layer은 응용 프로그램 간의 연결 상태를 의미하는 **세션**session을 관리하기 위한 계층입니다. 즉, 응용 프로그램 간의 연결 상태를 유지하거나 새롭게 생성하고, 필요하다면 연결을 끊는 역할을 합니다.

❻ 표현 계층

표현 계층presentation layer은 마치 번역가와 같은 역할을 하는 계층으로, 인코딩과 압축, 암호화와 같은 작업을 수행합니다. 세션 계층과 표현 계층은 다른 계층과 달리, 두 계층을 명확하게 구분하지 않거나 응용 계층에 포함하여 간주하는 경우가 많습니다.

❼ 응용 계층

마지막으로 **응용 계층**application layer은 사용자와 가장 밀접하게 맞닿아 있어 여러 네트워크 서비스를 제공하는 계층으로, 중요한 프로토콜들이 다수 포함되어 있습니다. 응용 계층에 속한 대표적인 프로토콜에는 HTTP, HTTPS, DNS 등이 있습니다.

TCP/IP 모델

TCP/IP 4계층이라고도 불리는 **TCP/IP 모델**은 네트워크 액세스 계층과 인터넷 계층, 전송 계층, 응용 계층으로 구성되어 있습니다. OSI 모델은 주로 네트워크의 이론적 기술을 목적으로 사용하는 반면, TCP/IP 모델은 구현과 프로토콜에 중점을 둔 네트워크 참조 모델입니다.

응용 계층
전송 계층
인터넷 계층
네트워크 액세스 계층

OSI 모델과 TCP/IP 모델이 만들어진 목적이 다른 만큼, 두 모델에 대한 직접적이고 엄밀한 비교는 어려울 수 있습니다. 그러나 계층별로 수행하는 역할을 기준으로 OSI 모델과 TCP/IP 모델의 계층을 비교하면 어렵지 않게 이해할 수 있습니다.

TCP/IP 모델의 최하위 계층인 ❶ **네트워크 액세스 계층**network access layer은 **링크 계층**link layer 또는 **네트워크 인터페이스 계층**network interface layer이라고도 부르는데, 이는 OSI 모델의 데이터 링크 계층과 유사합니다 (TCP/IP 모델에는 OSI 모델에서의 물리 계층에 해당하는 개념이 없다고 보는 견해도 있습니다). 두 번째 계층인 ❷ **인터넷 계층**internet layer은 OSI 모델의 네트워크 계층과 유사하며, ❸ **전송 계층**transport layer은 OSI 모델의 전송 계층, ❹ **응용 계층**application layer은 OSI 모델의 세션 계층, 표현 계층, 응용 계층을 합친 것과 유사합니다.

책에서는 (다른 여러 전공 서적에서 서술하는 방식을 차용하여)TCP/IP 모델에 물리 계층을 추가한 확장된 모델로써 네트워크를 설명합니다. 유무선 통신 매체를 통해 신호를 주고받는 '물리 계층'부터 사용자 및 사용자 프로그램과 가장 가까이 맞닿아 있는 '응용 계층'까지 점차 계층을 올라가며 학습을 이어 갈 예정입니다.

응용 계층		
표현 계층	응용 계층	응용 계층
세션 계층		
전송 계층	전송 계층	전송 계층
네트워크 계층	인터넷 계층	네트워크 계층
데이터 링크 계층	네트워크 액세스 계층	데이터 링크 계층
물리 계층		물리 계층
OSI 모델	TCP/IP 모델	TCP/IP 모델 확장 (이 책의 관점)

캡슐화와 역캡슐화

프로토콜과 네트워크 참조 모델을 토대로 이뤄지는 패킷의 송수신 과정 중 송신 과정에서는 캡슐화가 이루어지고, 수신 과정에서는 역캡슐화가 이루어지는데요. 이 캡슐화와 역캡슐화를 이해하려면 앞서 학습한 **네트워크 계층 구조를 통한 송수신**과 **패킷의 구조**를 상기해 보아야 합니다.

- 패킷을 송신하는 쪽에서는 상위 계층에서 하위 계층으로 정보를 보내고, 패킷을 수신하는 쪽에서는 하위 계층에서 상위 계층으로 정보를 받아들인다.
- 네트워크 계층 구조를 이용하면 프로토콜을 계층별로 구성할 수 있다.
- 하나의 패킷은 헤더와 페이로드(때로는 트레일러까지)를 포함하며, 프로토콜의 목적과 특징에 따라 헤더의 내용은 달라질 수 있다.

즉, 각 계층에서는 어떤 정보를 송신할 때 상위 계층으로부터 내려받은 패킷을 페이로드로 삼아, 각계층에 포함된 프로토콜의 각기 다른 목적과 특징에 따라 헤더 혹은 트레일러를 덧붙인 다음 하위 계층으로 전달합니다. 상위 계층의 패킷이 하위 계층의 페이로드로 간주되는 것입니다. **캡슐화**encapsulation란 이렇게 송신 과정에서 헤더(및 트레일러)를 추가해 나가는 과정을 의미합니다. 반대로, **역캡슐화**decapsulation란 캡슐화 과정에서 붙인 헤더(및 트레일러)를 각 계층에서 확인한 뒤 제거하는 과정을 의미하죠.

이때 유의할 점은 각 계층에서 주고받는 패킷(메시지)을 지칭하는 이름이 다르다는 것입니다. 다음과 같이 OSI 모델을 기준으로 계층마다 패킷을 부르는 이름이 다릅니다. 언급된 용어가 많지만 모두 자주 사용되는 용어이므로 익혀 두는 것이 좋습니다.

계층	패킷의 이름	
그 이상의 계층	**데이터(data)** 또는 **메시지(message)**	
전송 계층	TCP 기반 패킷의 경우	**세그먼트(segment)**
	UDP 기반 패킷의 경우	**데이터그램(datagram)**
네트워크 계층	**패킷**(이하 IP 패킷) 또는 데이터그램	
데이터 링크 계층	**프레임(frame)**	
물리 계층	**심볼(symbol)** 또는 **비트(bit)**	

요컨대, 네트워크 계층 구조상 캡슐화와 역캡슐화 과정은 다음과 같이 표현할 수 있습니다.

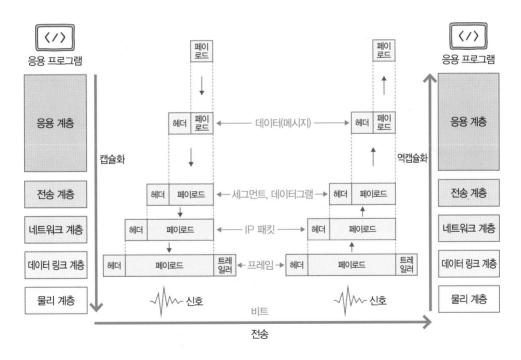

실제 캡슐화와 역캡슐화가 어떻게 이루어지는지 직접 살펴봅시다. 다음 그림은 실제 네트워크를 통해 주고받는 패킷을 나타냅니다. 오른쪽은 실제 데이터이고, 왼쪽은 같은 내용을 보기 좋게 표현한 것입니다.

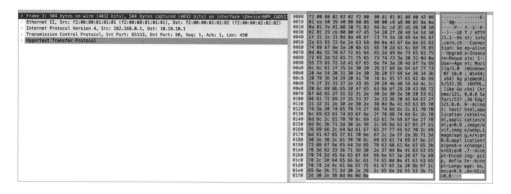

NOTE 와이어샤크(wireshark)라는 패킷 캡처 프로그램을 이용했습니다.

다음은 각각 차례대로 데이터 링크 계층과 네트워크 계층의 헤더를 나타내고 있습니다. 첫 번째 그림 오른쪽의 'f2 00 00'부터 '01 08 00'까지가 데이터 링크 계층의 헤더이고, 두 번째 그림 오른쪽의 '45 00 01'부터 '0a 0a 01'까지가 네트워크 계층의 헤더입니다. 네트워크 계층의 헤더가 데이터 링크 계층의 헤더 다음으로 덧붙여 있음을 알 수 있습니다.

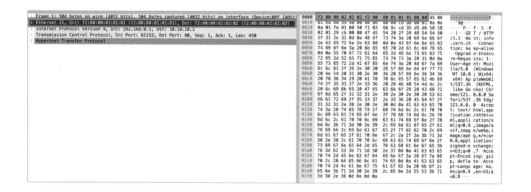

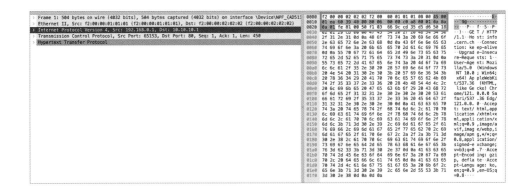

다음의 'fe 81 00'부터 'cb 00 00'까지는 전송 계층의 헤더로, 역시 네트워크 계층에서 덧붙인 헤더 다음으로 덧붙여 있음을 볼 수 있습니다.

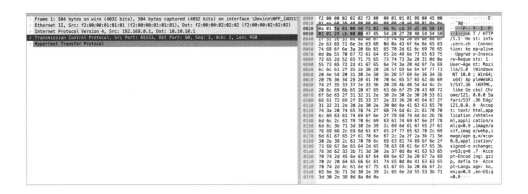

다음은 응용 계층에서 붙여진 데이터로, 실제 송수신하고자 하는 데이터는 이 부분에 포함되어 있습니다.

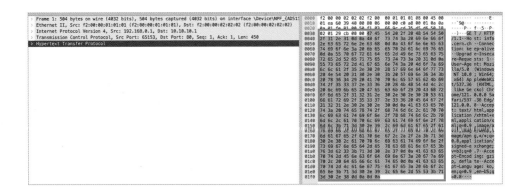

네트워크 지도 그리기

여기까지 학습한 배경지식을 바탕으로 이번 장에서 정리할 네트워크에 대한 지도를 그려 보겠습니다. 기본적으로는 통신의 과정을 계층적으로 표현한 네트워크 참조 모델을 최하위 계층부터 최상위 계층까지 정리할 예정입니다.

가장 먼저, 2절에서는 물리 계층과 데이터 링크 계층에 대해 알아볼 텐데요. 물리 계층과 데이터 링크 계층을 하나의 절에서 함께 학습하는 이유는 두 계층이 오늘날 네트워크 환경에서 공통된 기술을 기반으로 구현되기 때문입니다. 두 계층의 기반이 되는 공통된 기술인 **이더넷**은 2절에서 다룹니다.

물리 계층과 관련해서는 유무선 통신 매체에 대해 알아보고, 데이터 링크 계층과 관련해서는 주고받는 프레임의 형태를 학습하면서 많은 주요 네트워크 장비들을 접하게 될 텐데요. 대표적인 네트워크 장비로는 네트워크와의 연결 다리 역할을 하는 하드웨어인 NIC와 물리 계층의 대표적인 하드웨어인 허브, 데이터 링크 계층의 대표적인 하드웨어인 스위치가 있습니다.

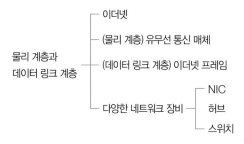

3절에서는 네트워크 계층을 다룹니다. 네트워크 계층에서 가장 중요한 프로토콜은 IP이므로 IP가 어떤 목적과 특징이 있는지, IP 기반 주소 체계인 IP 주소에 대해 자세히 정리해 보겠습니다. 또한 IP의 전송 특징을 보완하는 ICMP, ARP라는 프로토콜도 함께 학습할 예정입니다.

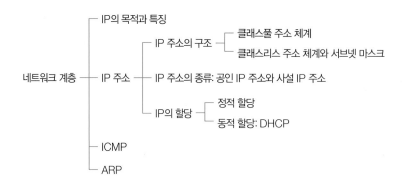

4절에서는 전송 계층에 대해 다룹니다. 전송 계층에서 가장 중요한 프로토콜은 TCP와 UDP이므로 TCP와 UDP가 어떤 목적과 전송 특징이 있는지 정리해 보겠습니다. 참고로, TCP와 UDP는 모두 중요한 개념이지만, TCP에 학습할 내용이 더 많습니다. TCP는 UDP가 제공하지 않는 연결 수립 기능, 오류 · 흐름 · 혼잡 제어 기능, 상태 관리 기능 등을 제공하기 때문입니다. 따라서 4절에서는 이러한 TCP의 주요 기능들을 추가적으로 학습합니다.

개발자 입장에서 가장 자주 접하게 될 계층은 응용 계층일 것이므로 5절과 6절, 두 절에 걸쳐 다룰 예정인데요. 응용 계층에는 다양한 프로토콜이 있지만, 가장 중요한 프로토콜은 단연 HTTP입니다. 다만, HTTP를 온전히 이해하기 위해 사전에 알고 있어야 하는 개념이 있습니다. 바로 DNS와 URI/URL입니다. 따라서 두 개념을 먼저 정리하고, HTTP의 목적과 특징에 대해 학습하겠습니다. HTTP는 너무 중요한 프로토콜이기 때문에 HTTP로 주고받는 메시지 구조를 자세히 분석해 보고, 이 과정에서 HTTP의 메소드와 상태 코드, 헤더란 무엇이며, 어떠한 종류가 있는지 이해해 보겠습니다.

또한 HTTP를 기반으로 하는 대표적인 기술인 쿠키, 캐시, 콘텐츠 협상을 비롯해, 안전하게 HTTP 메시지를 송수신할 수 있도록 하는 프로토콜인 HTTPS와 그 프로토콜의 원리가 되는 프로토콜인 TLS/SSL에 대해서도 알아볼 예정입니다.

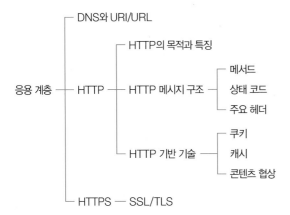

이렇게 네트워크 참조 모델을 살펴본 다음에는 한 발 더 나아갑니다. 여러 대의 서버로 다중화되어 있는 환경을 상정하고, 클라이언트와 서버 사이에 위치하는 중간 서버에 대해 알아볼 텐데요. 이와 관련하여 포워드 프록시와 리버스 프록시를 학습하고, 네트워크의 안정성은 어떻게 수식화할 수 있는지(가용성), 가용성을 높이기 위한 방법인 로드 밸런싱과 스케일링이 무엇인지도 알아보겠습니다.

여기까지가 이번 장을 통해 학습할 네트워크 지식의 지도입니다. 컴퓨터 네트워크 지식의 큰 그림을 그려 본 것입니다. 그럼, 물리 계층과 데이터링크 계층부터 차근차근 학습해 보도록 하겠습니다.

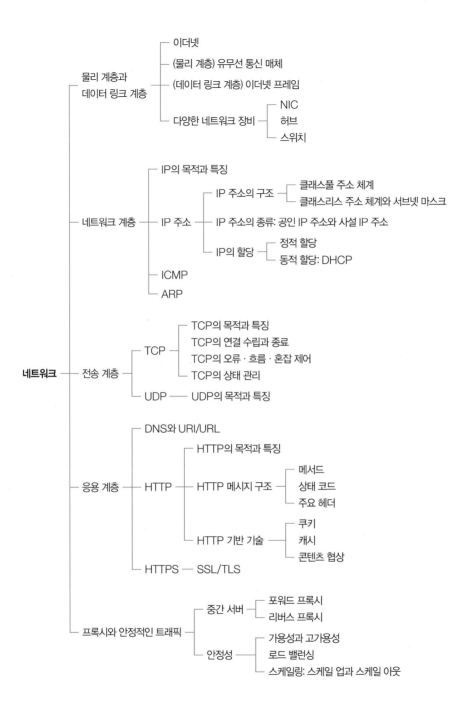

네트워크
- 물리 계층과 데이터 링크 계층
  - 이더넷
    - (물리 계층) 유무선 통신 매체
    - (데이터 링크 계층) 이더넷 프레임
  - 다양한 네트워크 장비
    - NIC
    - 허브
    - 스위치
- 네트워크 계층
  - IP의 목적과 특징
  - IP 주소
    - IP 주소의 구조
      - 클래스풀 주소 체계
      - 클래스리스 주소 체계와 서브넷 마스크
    - IP 주소의 종류: 공인 IP 주소와 사설 IP 주소
    - IP의 할당
      - 정적 할당
      - 동적 할당: DHCP
  - ICMP
  - ARP
- 전송 계층
  - TCP
    - TCP의 목적과 특징
    - TCP의 연결 수립과 종료
    - TCP의 오류 · 흐름 · 혼잡 제어
    - TCP의 상태 관리
  - UDP
    - UDP의 목적과 특징
- 응용 계층
  - DNS와 URI/URL
  - HTTP
    - HTTP의 목적과 특징
    - HTTP 메시지 구조
      - 메서드
      - 상태 코드
      - 주요 헤더
    - HTTP 기반 기술
      - 쿠키
      - 캐시
      - 콘텐츠 협상
  - HTTPS
    - SSL/TLS
- 프록시와 안정적인 트래픽
  - 중간 서버
    - 포워드 프록시
    - 리버스 프록시
  - 안정성
    - 가용성과 고가용성
    - 로드 밸런싱
    - 스케일링: 스케일 업과 스케일 아웃

 # 물리 계층과 데이터 링크 계층

가장 먼저 살펴볼 네트워크 참조 모델은 통신이 이루어지는 가장 근원적인 지점인 물리 계층과 데이터 링크 계층입니다. 관련하여 크게 4가지로 나눠 이더넷과 이더넷 프레임, 통신 매체, 네트워크 장비에 대해 알아보겠습니다.

이더넷

물리 계층과 데이터 링크 계층에는 LAN 내의 호스트들이 올바르게 정보를 주고받을 수 있게 해주는 다양한 기술들이 포함되어 있습니다. 그 기술의 대표적인 예시가 바로 이더넷입니다. **이더넷**Ethernet은 통신 매체를 통해 신호를 송수신하는 방법, 데이터 링크 계층에서 주고받는 데이터(프레임) 형식 등이 정의된 기술을 말합니다. 현대 대부분의 (유선)LAN은 이더넷을 기반으로 구현되어 있습니다.

이더넷 표준

이더넷은 IEEE 802.3이라는 이름으로 국제 표준화된 기술입니다. 서로 다른 제조사의 네트워크 장비라 하더라도 LAN 내의 모든 컴퓨터가 해당 네트워크 장비와 문제없이 호환되는 이유는 네트워크 장비들이 관련 표준을 준수하여 제작되었기 때문입니다. 참고로, 이더넷 관련 표준이 정의되어 있는 IEEE 802.3은 엄밀히 말해 '이더넷과 관련된 다양한 표준들의 모음'에 가깝습니다. 오늘날 지속적으로 만들어지고 있는 새로운 이더넷 표준들은 다음과 같이 'IEEE 802.3u', 'IEEE 802.3ab'처럼 숫자 '802.3' 뒤에 붙은 알파벳으로 버전을 나타냅니다. 물론 모든 이더넷 표준들을 암기할 필요는 없습니다.

이더넷 표준	알려진 이름	속도
IEEE 802.3	이더넷	10Mbps
IEEE 802.3u	고속 이더넷	100Mbps
IEEE 802.3z 또는 302.3ab	기가비트 이더넷	1000Mbps
IEEE 802.3ae	10기가비트 이더넷	10Gbps
IEEE 802.3ba	100기가비트 이더넷	100Gbps

일반적으로 개발자 입장에서 특정 이더넷 표준을 자세히 들여다 봐야 하는 상황은 많지 않습니다. 다만, 다음의 2가지 사항은 기억해 두는 것이 좋습니다.

❶ 오늘날의 (유선)LAN 대부분이 이더넷 표준을 따르기 때문에 대다수의 LAN 장비들이 특정 이더넷 표준을 따른다.

❷ 이더넷 표준이 달라지면 통신 매체의 종류를 비롯한 신호 송수신 방법, 나아가 최대 지원 속도도 달라질 수 있다.

이번 절에서는 케이블, 허브, 스위치, NIC 등 다양한 네트워크 장비를 학습할 예정인데요. 여기서 다룰 네트워크 장비들 모두 특정 이더넷 표준을 이해하고 따른다고 봐도 무방합니다. 실제로 이번 장에서 다룰 다양한 네트워크 장비들을 검색해 보면 '특정 이더넷 표준을 지원한다', '특정 이더넷 표준과 호환된다'는 안내 문구를 어렵지 않게 찾아볼 수 있습니다. 이더넷 표준이 다르면 최대 지원 속도도 달라질 수 있다고 설명했는데요. 최신 이더넷 표준을 준수하는 네트워크 장비는 일반적으로 최대 지원 속도가 빠른 경우가 많습니다.

- 8 x 2.5G RJ-45 ports
- Compatible with existing Cat5e or better cabling
- Backwards compatible with 1000Mbps devices
- Fanless design eliminates noise
- Wall mountable for installation flexibility
- 40Gbps switching capacity
- IEEE 802.3bz (2.5G) compliant
- NDAA / TAA compliant (U.S. and Canada only)

이더넷 프레임

이더넷 프레임 Ethernet frame은 이더넷 기반의 네트워크에서 주고받는 프레임을 말합니다. 오늘날 주로 사용되는 이더넷 프레임은 Ethernet II 프레임이라고도 부릅니다. 오늘날 (유선)LAN은 대부분 이더넷을 기반으로 구현되고 있기 때문에 사실상 '프레임'이 이더넷 프레임을 지칭한다고 보아도 무방합니다. 프레임은 다음과 같이 프리앰블, 수신지 MAC 주소 등의 정보를 포함하고 있습니다. 그럼 프레임을 구성하는 5가지 정보에 대해 좀 더 알아보겠습니다.

헤더				페이로드	트레일러
프리앰블	수신지 MAC 주소	송신지 MAC 주소	타입/길이	데이터	FCS
8바이트	6바이트	6바이트	2바이트	46~1500바이트	4바이트

❶ 프리앰블

프리앰블preamble은 송수신지 동기화를 위해 사용되는 8바이트(64비트) 크기의 정보로, 프리앰블의 첫 7바이트는 10101010이라는 값을 가지고, 마지막 바이트는 10101011이라는 값을 가집니다. 수신지 입장에서는 이 프리앰블 비트를 통해 현재의 이더넷 프레임이 수신되고 있다는 사실을 알아차리게 됩니다.

❷ 송수신지 MAC 주소

MAC 주소mac address는 프레임에서 가장 중요한 정보라고 해도 과언이 아닙니다. 프레임에는 송신지와 수신지를 특정할 수 있는 6바이트(48비트) 길이의 MAC 주소가 명시되며, 다음과 같이 콜론(:)으로 구분된 12자리 16진수로 구성되어 있습니다.

ab:cd:ab:cd:00:01

물리적 주소라고도 불리는 MAC 주소는 네트워크 인터페이스마다 하나씩 부여되는 주소입니다. 여기서 네트워크 인터페이스란 네트워크를 향하는 통로, 연결 매체와의 연결 지점을 의미하며, 보통 NIC라는 장치가 네트워크 인터페이스를 담당합니다. 따라서 NIC가 여러 개인 상황처럼 네트워크 인터페이스가 여럿이라면 한 호스트가 여러 개의 MAC 주소를 가질 수 있습니다.

`NOTE` NIC와 네트워크 인터페이스는 00쪽에서 좀 더 알아보겠습니다.

❸ 타입/길이

MAC 주소의 **타입/길이**type/length 필드에 명시된 크기가 1500 이하(16진수 05DC)이면 이 필드는 프레임의 크기를 나타내고, 1536 이상(16진수 0600)이면 타입을 나타냅니다. 타입은 캡슐화된 상위 계층의 정보를 의미하기 때문에 타입을 통해 어떤 상위 계층 프로토콜이 캡슐화되었는지를 알 수 있죠. 예를 들어 IP(IPv4)가 캡슐화된 정보를 운반한다면 타입에는 16진수 0800이 명시되고, ARP 프로토콜이 캡슐화된 정보를 운반한다면 타입에는 16진수 0806이 명시됩니다.

❹ 데이터

데이터 필드에는 페이로드, 즉 상위 계층으로 전달하거나 전달받을 데이터가 명시됩니다. 중요한 점은 데이터 필드에 포함될 수 있는 데이터의 최대 크기가 정해져 있다는 점입니다. 최대 크기는 일반적으로 1500바이트 이하로 제한되어 있으며, 이보다 큰 데이터를 보낼 경우에는 여러 패킷으로 나뉘어 보내집니다. 참고로, 네트워크에서는 이 '1500바이트'라는 크기가 중요한 기준이 되므로 기억해 두는 것이 좋습니다. 흔히 '1500바이트'는 이더넷 프레임으로 전송 가능한 최대 데이터의 크기이자, 네트워크 계층 패킷(헤더 + 페이로드)의 최대 크기를 지칭하는 데 사용되기 때문입니다. 이 크기를 MTU라고 부릅니다. MTU에 대해서는 다음 절 00쪽에서 한 번 더 언급하겠습니다.

> **NOTE** 데이터 필드에 명시 가능한 최대 페이로드의 크기는 일반적으로 1500바이트지만, 더 큰 데이터를 포함할 수 있는 특별한 프레임도 있습니다. 이를 점보 프레임(jumbo frame)이라고 합니다.

❺ FCS

FCS^{Frame Check Sequence}는 트레일러입니다. 프레임의 오류가 있는지의 여부를 확인하기 위한 필드로, CRC^{Cyclic Redundancy Check}라는 오류 검출용 값이 명시됩니다. 송신지에서 전송할 데이터와 더불어 전송할 데이터에 대한 CRC 값을 계산하여 보내면 수신지에서는 전달받은 데이터에 대한 CRC 값을 계산해, 그 값을 전달받은 CRC 값과 대조합니다. 두 값이 같을 경우 프레임에 오류가 없다고 판단하는 것입니다.

그럼 실제 이더넷 프레임을 한번 살펴볼까요? 그림에서 박스 표기된 부분을 확인해 보세요. 수신지 MAC 주소(Destination)에는 'f2:00:00:02:02:02', 송신지 MAC 주소(Source)에는 'f2:00:00:01:01:01'이 명시되어 있음을 볼 수 있습니다. 타입에 명시되어 있는 '0800'은 Ipv4를 나타냅니다. 즉, 이 프레임은 MAC 주소가 'f2:00:00:02:02:02'인 호스트가 'f2:00:00:01:01:01'에게 보내는 'IPv4가 캡슐화된 프레임'이라는 것을 알 수 있습니다.

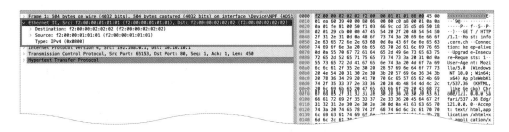

> **NOTE** 제시된 그림에는 프리앰블과 FCS는 포함되어 있지 않습니다.

유무선 통신 매체

이번에는 물리 계층과 데이터 링크 계층에 속한 다양한 네트워크 하드웨어(통신 매체와 네트워크 장비)에 대해 알아보겠습니다. 언뜻 케이블과 같은 통신 매체는 개발자 입장에서 크게 신경 쓸 필요가 없다고 생각할 수 있습니다. 하지만 통신 매체는 의외로 모든 성능의 기본이 되는 경우가 많습니다. 호스트가 1초에 100GB씩 송신할 수 있다고 하더라도 1초에 1GB씩 송수신 가능한 통신 매체만으로는 1초에 1GB 이상을 송수신할 수는 없듯이, 호스트가 아무리 빠르게 데이터를 처리할 수 있어도 그를 뒷받침하는 연결 매체의 성능이 뒷받침되지 않으면 호스트의 빠른 속도는 아무런 효용이 없기 때문입니다.

유선 매체 – 트위스티드 페어 케이블

가장 대표적인 유선 매체로는 트위스티드 페어 케이블이 있습니다. 컴퓨터를 사용하다 보면 한 번쯤 다음과 같은 커넥터를 가진 케이블을 본 적이 있을 것입니다. 이 **트위스티드 페어 케이블**twisted pair cable은 구리선을 통해 전기적으로 신호를 주고받는 통신 매체로, 두 가닥(pair)씩 꼬아져 있는(twisted) 구리선 때문에 이런 이름이 붙었습니다.

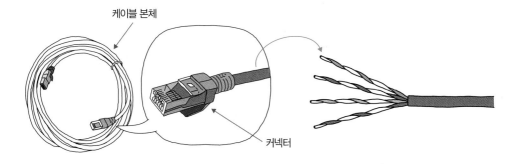

케이블 본체

커넥터

트위스티드 페어 케이블의 성능은 **카테고리**category를 통해 알 수 있습니다. 카테고리에 따라 대응되는 주요 이더넷 표준이 다르고, 표준에 따른 최대 지원 속도도 달라질 수 있습니다. 즉, 카테고리는 트위스티드 페어 케이블의 성능을 구분하는 일종의 등급 역할을 합니다. 오늘날 자주 사용되고 있는 카테고리의 종류는 다음과 같습니다. 특정 카테고리를 영문 표기인 'Category'의 앞글자를 따서 'Cat'이라고 표현한다는 점에 유의해 주세요. 가령 카테고리7은 Cat7(혹은 Cat.7)로, 카테고리8은 Cat8(혹은 Cat.8)로 표기합니다.

특징	Cat5	Cat5e	Cat6	Cat6a	Cat7	Cat8
전송 속도	100Mbps	1Gbps	1Gbps	10Gbps	10Gbps	40Gbps

트위스티드 페어 케이블은 구리선을 통해 전기적인 신호를 주고받기 때문에 전기 신호에 왜곡을 줄수 있는 주변 잡음에 취약합니다. 이러한 잡음을 **노이즈**noise라 부릅니다. 그래서 트위스티드 페어 케이블을 그물 모양의 철사나 **포일**foil로 감싸 노이즈를 방지하는 경우가 많습니다. 구리선 주변을 보호해 노이즈를 감소시키는 방식은 **차폐**shielding라고 하며, 차폐에 사용된 그물 모양의 철사와 포일은 각각 **브레이드 실드**braided shield와 **포일 실드**foil shield라고 합니다. 이 브레이드 실드로 노이즈를 감소시킨 케이블을 **STP**Shielded Twisted Pair 케이블이라고 하고, 포일 실드로 노이즈를 감소시킨 케이블을 **FTP**Foil Twisted Pair 케이블이라고 합니다. 반면, 아무것도 감싸지 않아 구리선만 있는 케이블은 **UTP**Unshielded Twisted Pair 케이블이라고 부르죠.

여기서 잠깐

실드의 상세한 표기

트위스티드 페어 케이블은 기본적으로 실드의 사용 여부 혹은 사용된 실드의 종류에 따라 STP, FTP, UTP로 나누지만, 최근에는 더 상세하게 다음과 같은 형식으로 실드를 표기합니다.

[   ]/[   ]TP

첫 번째와 두 번째 괄호 안에 U, S, F를 명시할 수 있습니다. 이때 U는 실드 없음, S는 브레이드 실드, F는 포일 실드를 의미합니다. 첫 번째 괄호에는 케이블의 외부를 감싸는 실드의 종류를 명시하고, 두 번째 괄호에는 꼬아 놓은 구리선을 감싸는 실드의 종류를 명시합니다. 예를 들어 보겠습니다.

- **S/FTP 케이블:** 브레이드 실드로 케이블 외부를 보호하고, 포일 실드로 꼬아 놓은 구리선을 감싼 케이블
- **F/FTP 케이블:** 케이블 외부와 꼬아 놓은 구리선을 모두 포일 실드로 감싼 케이블
- **SF/FTP 케이블:** 케이블 외부는 브레이드 실드와 포일 실드로 감싸고, 각각의 구리선은 포일 실드로 감싼 케이블
- **U/UTP 케이블:** 아무것도 감싸지 않은 케이블

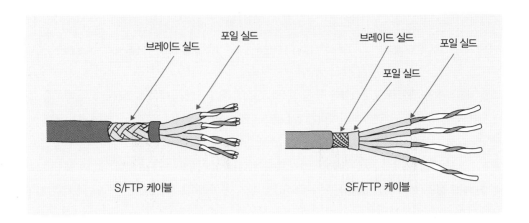

S/FTP 케이블

SF/FTP 케이블

무선 매체 – 전파와 WiFi

대표적인 유선 매체로 트위스티드 페어 케이블이 있다면, 대표적인 무선 매체로는 바로 전파가 있습니다. 전파는 약 3kHz부터 3THz 사이의 진동수를 갖는 전자기파를 의미합니다. 개발자 입장에서 진동수 자체를 암기하거나 전파 통신의 물리학적 원리를 이해해야 할 일은 많지 않습니다. 다만, 진동수 2.4GHz와 5GHz 정도는 알아 두는 것이 좋습니다. 두 진동수는 모두 3kHz부터 3THz 사이에 속한 진동수로, 다음과 같이 와이파이를 사용할 때 주로 활용됩니다. 그런데, 우리가 매일 사용하는 와이파이는 정확히 무엇을 의미하는 것일까요?

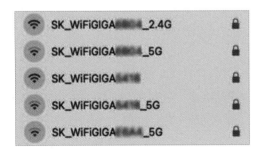

유선 LAN에서 가장 대중적으로 활용되는 기술이 이더넷이라면, 무선 LAN에서 가장 대중적으로 사용되는 기술은 **와이파이**Wi-Fi입니다. 와이파이는 'IEEE 802.11'이라는 표준을 따르는 무선 LAN 기술입니다. 이더넷 표준 규격과 유사하게 'IEEE 802.11ax', 'IEEE 802.11ac' 등 '802.11'이라는 숫자 뒤에 붙는 알파벳으로 각기 다른 표준 규격을 구분합니다. 이더넷처럼 표준 규격에 따라 지원되는 최대 속도나 주파수 대역 등이 달라질 수 있죠. 또 와이파이는 와이파이 4, 와이파이 5와 같이 와이파이 뒤에 붙는 숫자로 세대를 구분하고, 마찬가지로 세대에 따라 지원되는 표준 규격 등이 다릅니다. 와이파이 세대에 따라 지원 가능한 최대 속도나 주파수 역시 달라질 수 있습니다.

세대 이름	표준 규격
Wi-Fi 7	IEEE 802.11be
Wi-Fi 6	IEEE 802.11ax
Wi-Fi 5	IEEE 802.11ac
Wi-Fi 4	IEEE 802.11n

다음은 윈도우 운영체제의 와이파이 설정에서 볼 수 있는 화면의 일부입니다. [프로토콜]의 'Wi-Fi 4(802.11n)'에서 와이파이의 세대와 표준 규격을 확인할 수 있습니다.

앞서 와이파이에서 주로 사용되는 주파수 대역은 2.4GHz 혹은 5GHz라고 했는데요. 이때 같은 주파수 대역을 사용하는 여러 무선 네트워크가 존재할 수 있습니다. 같은 지역 내에 2.4GHz 대역을 사용하는 무선 네트워크가 여러 개 존재하거나 5GHz 대역을 사용하는 무선 네트워크가 여러 개 존재할 수 있다는 것입니다.

하지만 전파 통신을 주고받을 때 주파수 대역이 겹치면 신호의 간섭이 발생할 수 있습니다. 특정 지역에서 2개의 무전기가 같은 주파수를 사용할 경우, 다른 무전기 소리가 섞여 들릴 수 있는 것처럼 말이죠. 따라서 별개의 무선 네트워크는 같은 주파수 대역을 사용하더라도 서로의 신호에 간섭하지 않아야 합니다. 그래서 주파수 대역은 같은 대역을 사용하는 서로 다른 무선 네트워크를 구분하기 위해 **채널**channel이라는 하위 주파수 대역으로 세분화되고, 해당 채널 대역에서 무선 통신이 이루어집니다. 다음은 2.4GHz, 5GHz 대역의 일부 채널과 채널 번호를 표현한 그림입니다. 채널에는 번호가 할당되어 있습니다. 일반적으로 채널은 자동 설정되지만, 특정 채널을 사용하도록 수동으로 설정할 수도 있습니다.

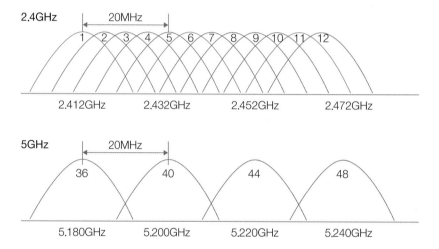

NOTE 앞에서 살펴봤던 윈도우 운영체제의 와이파이 설정 화면에서도 [네트워크 채널] 항목을 통해 채널 번호를 확인할 수 있습니다.

그림에서 2.4GHz 대역의 채널을 살펴보면 1, 6, 11번 채널의 주파수는 서로 중첩되지 않습니다. 따라서 1, 6, 11번 채널을 사용하는 무선 네트워크는 아무리 많은 통신이 이루어지더라도 신호 간섭으로 인한 성능 저하가 발생하지 않습니다. 반면, 1, 2, 3번 채널을 사용하는 무선 네트워크는 신호가 중첩될 여지가 많아 자주 발생하는 신호 간섭으로 인해 성능이 현저히 저하될 수 있습니다. 이렇듯 무선 네트워크의 성능 저하를 방지하려면 신호가 중첩되지 않는 채널을 사용하는 것이 중요합니다.

AP와 SSID

여러 무선 통신 기기를 연결해 무선 네트워크를 구성하는 장비로 **AP(Access Point)**가 있습니다. 일상에서 흔히 볼 수 있는 무선 공유기가 AP의 역할을 담당하는 대표적인 네트워크 장비라고 할 수 있죠. AP를 중심으로 구성된 무선 네트워크는 **서비스 셋(Service Set)**이라고 하고, 서비스 셋을 식별하는 정보는 '서비스 셋 식별자'를 줄여서 **SSID(Service Set Identifier)**라고 합니다. 흔히 와이파이 이름으로 사용되는 정보가 바로 SSID입니다. 따라서 와이파이에 접속했다면 네트워크 설정에서 SSID를 확인해 볼 수 있습니다.

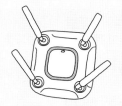

네트워크 인터페이스: NIC

네트워크 상에서 노드와 통신 매체가 연결되는 지점을 **네트워크 인터페이스**network interface라고 합니다. 네트워크 인터페이스는 노드와 네트워크 사이의 통로와도 같습니다. 노드가 네트워크를 통해 송수신하는 정보가 네트워크 인터페이스를 거치는 셈이죠. 네트워크 인터페이스마다 물리적 주소라고 불리는 MAC 주소가 부여되고, **NIC**Network Interface Controller라는 하드웨어가 네트워크 인터페이스의 역할을 담당하는 것이 일반적입니다. NIC는 네트워크 인터페이스 카드, 네트워크 어댑터, LAN 카드, 네트워크 카드, (이더넷 네트워크의 경우)이더넷 카드 등 다양한 명칭으로 불리는 하드웨어입니다. 통신 매체의 신호를 호스트가 이해하는 프레임으로 변환하거나 호스트가 이해하는 프레임을 통신 매체의 신호로 변환하는 역할을 수행하죠. 때로는 MAC 주소를 토대로 잘못 전송된 패킷이 없는지 확인하기도 합니다.

NIC는 본래 다음 그림처럼 확장 카드 형태의 장비였지만, 최근에는 USB 연결이나 메인 보드 내장 등 다양한 형태로 변화했습니다. 만약 여러분이 추가 장치를 연결하지 않고도 네트워크에 연결되는 컴퓨터를 사용하고 있다면 높은 가능성으로 마더 보드에 내장된 NIC를 사용 중일 것입니다.

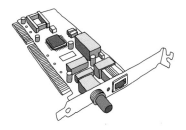

NIC가 앞서 학습한 여느 입출력장치와 다르지 않다는 점에 유의해야 합니다. 동작하는 방식도 여느 입출력 과정과 다르지 않죠. 패킷을 송신하는 동작을 '출력', 패킷을 수신하는 동작을 '입력'이라고 생각해 보세요. NIC의 동작은 2장 '컴퓨터 구조'와 3장 '운영체제'에서 설명한 입출력 방식과 동일합니다. NIC를 작동시키는 시스템 콜이 호출되면 (커널 모드로 전환된 뒤에)송수신이 수행되고, 입출력이 완료되면 인터럽트를 통해 CPU에게 작업이 완료되었음을 알리게 됩니다. 대부분 DMA도 지원합니다.

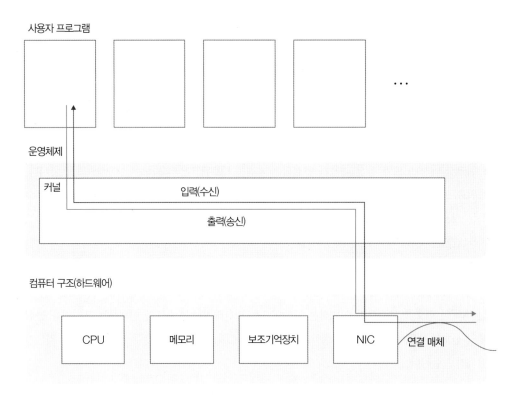

그리고 NIC는 여느 입출력장치와 마찬가지로 각각의 성능이 다릅니다. 즉, NIC의 지원 속도가 저마다 다르고, 이는 네트워크의 속도에 큰 영향을 끼칩니다. 그래서 고대역폭을 감당해야 하는 환경에서는 메인 보드에 내장된 NIC가 있더라도 고가의 고속 NIC를 추가로 구비하기도 합니다.

티밍과 본딩

고가의 NIC를 구비하는 방법 외에도 NIC 단계의 성능 향상을 위해 사용하는 방식이 있습니다. 여러 물리적인 NIC를 마치 하나의 고속 NIC처럼 구성하는 것입니다. 이를 **티밍(teaming)** 혹은 **본딩(bonding)**이라고 하는데, 티밍은 윈도우 운영체제에서 주로 사용하는 용어이고, 본딩은 리눅스 운영체제에서 주로 사용하는 용어입니다(사실 티밍과 본딩의 자세한 정의는 다르지만, 여러 물리적인 NIC를 하나의 고속 NIC처럼 구성하는 방식이라는 점에서는 같습니다).

저성능의 여러 물리적인 입출력장치를 고성능의 논리적 입출력장치 하나로 묶어 사용한다는 점에서 2장 '컴퓨터 구조'에서 학습했던 RAID와 유사합니다. 실제로 RAID를 통해 빠르고 안정적인 입출력이 가능한 것처럼 티밍과 본딩을 통해 송수신 성능을 향상시킬 수 있고, 하나의 NIC에 문제가 발생하더라도 다른 NIC를 통해 송수신되도록 하여 안정적으로 송수신할 수 있습니다.

허브와 스위치

허브와 스위치는 물리 계층과 데이터 링크 계층의 중간 노드입니다. 미리 언급하자면, 허브는 오늘날 네트워크에서 잘 사용하지 않습니다. 허브 대신 스위치를 사용하는 경우가 많죠. 그럼에도 불구하고 이 책을 비롯한 많은 전공 서적에서 허브에 대해 설명하는 이유는 허브가 전이중/반이중 통신, 브로드캐스트 통신의 특징을 잘 보여주는 네트워크 장비이기 때문입니다.

물리 계층의 허브

허브는 물리 계층의 대표적인 네트워크 장비로, 여러 대의 호스트를 연결하는 장치입니다. **리피터 허브**repeater hub라고 부르기도 하고, 특히 이더넷 네트워크의 허브는 **이더넷 허브**Ethernet hub라고 부르기도 합니다. 다음과 같이 허브에서 케이블의 커넥터가 꽂히는 부분, 통신 매체를 연결하는 지점은 **포트**port라고 합니다.

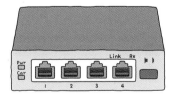

NOTE 포트(port)라는 용어는 다른 의미로도 사용됩니다. 이와 관련한 내용은 00쪽 '전송 계층 — TCP와 UDP'에서 참고해 보세요.

허브에는 2가지 중요한 특징이 있습니다. 하나는 전달받은 신호를 모든 포트로 내보낸다는 점이고, 또 다른 하나는 반이중 모드로 통신한다는 점입니다. 다음은 첫 번째 특징을 나타냅니다. 허브는 신호를 전달받으면 해당 신호에 대한 어떠한 조작이나 판단도 하지 않고, 모든 포트에 단순하게 신호를 내보냅니다.

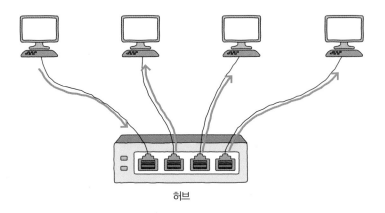

허브

허브의 두 번째 특징인 반이중 통신은 반이중 모드로 송수신하는 것을 말하는데, 여기서 **반이중**half duplex 모드란 송신 또는 수신을 번갈아 가면서 수행해야 하는 통신 방식을 의미합니다. 동시 송수신이 불가능한 상태를 말하죠. 마치 무전기와 같이 어느 한 쪽이 송신할 때 다른 쪽은 송신이 불가능합니다.

반이중 통신과 대비되는 통신으로 전이중 통신이 있습니다. 전이중 통신은 전이중 모드로 송수신하는 것을 말하는데, 여기서 **전이중**full duplex 모드란 동시 송수신이 가능한 상태를 의미합니다. 마치 전화기처럼 양방향 송수신이 가능한 상태죠. 참고로, 데이터 링크 계층의 네트워크 장비인 스위치는 이 전이중 모드를 지원합니다.

여기서 잠깐

충돌과 충돌 도메인

허브는 반이중 모드로 통신하기 때문에 어느 한 호스트가 허브를 향해 정보를 전달하면 다른 호스트는 정보를 전송할 수 없습니다. 만일 허브를 향해 동시에 메시지를 보내면 **충돌(collision)**이라는 문제가 발생하며, 충돌이 발생할 수 있는 영역을 **콜리전(충돌) 도메인(collision domain)**이라고 합니다. 앞서 허브는 전달받은 신호를 모든 포트로 내보내는 동시에 반이중 모드로 통신하므로 허브에서 충돌이 발생할 수 있는 영역(콜리전 도메인)은 다음과 같이 '허브에 연결된 모든 호스트'가 됩니다.

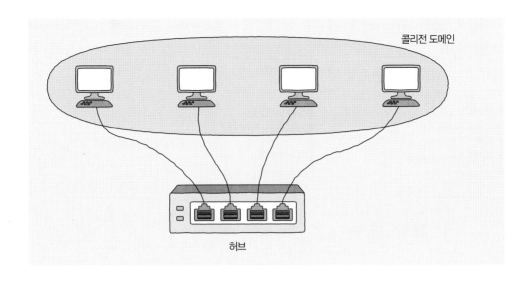

콜리전 도메인

허브

데이터 링크 계층의 스위치

스위치switch는 허브의 한계를 보완하기 위한 네트워크 장비입니다. 스위치는 허브와 달리 전달받은 신호를 목적지 호스트가 연결된 포트로만 내보내고, 전이중 모드를 지원하므로 허브와 비교해 콜리전 도메인이 좁습니다.

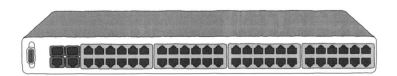

> NOTE 여기서 설명하는 스위치는 2계층(데이터 링크 계층)에서 사용한다는 점에서 L2 스위치라고도 부릅니다. 데이터 링크 계층의 상위 계층에서 사용되는 L3 스위치, L4 스위치 등도 있지만, 책에서는 혼동을 방지하기 위해 '스위치'라는 용어를 L2 스위치와 동일한 의미로 사용하겠습니다.

스위치가 전달받은 신호를 원하는 포트에만 내보낼 수 있는 이유는 스위치에 **MAC 주소 학습**MAC address learning 기능이 있기 때문입니다. 00쪽 데이터 링크 계층에서 주고받는 프레임의 형태를 살펴봤었죠. 프레임 헤더에는 주소(MAC 주소)가 명시됩니다. 스위치는 데이터 링크 계층에 속한 장비이므로 주소(MAC 주소)를 이해할 수 있습니다. 스위치는 프레임 속 MAC 주소를 토대로 현재 어떤 포트에 어떤 MAC 주소를 가진 호스트가 연결되어 있는지 파악하고, '포트, 연결된 호스트의 MAC 주소'

의 대응 관계를 테이블의 형태로 메모리에 저장합니다. 이 정보를 **MAC 주소 테이블**MAC address table이라고 합니다. 즉, 스위치가 전달받은 신호를 목적지 호스트가 연결된 포트로만 내보낼 수 있는 이유는 MAC 주소 테이블을 생성하고 참조할 수 있기 때문입니다.

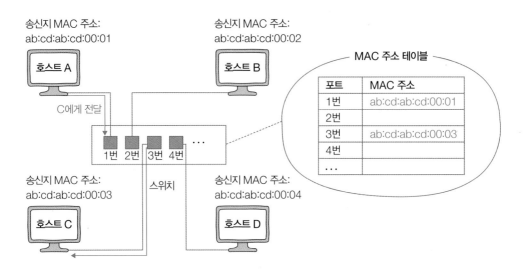

MAC 주소 학습 기능 외에 스위치의 또 다른 대표 기능은 VLAN입니다. **VLAN**Virtual LAN은 가상 (Virtual)의 LAN을 의미합니다. 이 기능은 대표적으로 같은 스위치에 연결된 모든 호스트를 하나의 네트워크로 간주하고 싶지 않을 때, 여러 논리적인 네트워크로 나누고 싶을 때 사용됩니다.

다음과 같이 스위치에 연결된 호스트 A~I를 2개의 논리적인 네트워크(VLAN)로 나누는 경우를 예로 들 수 있습니다. 호스트 A~D와 호스트 E~I는 서로 다른 VLAN에 속해 있으므로 서로 다른 네트워크로 간주되며, 브로드캐스트 도메인도 겹치지 않아 VLAN1의 브로드캐스트 메시지가 VLAN2에 도달하지 않습니다. 호스트 A~D와 호스트 E~I가 서로 통신을 주고받으려면 네트워크 계층 이상의 장비가 필요합니다.

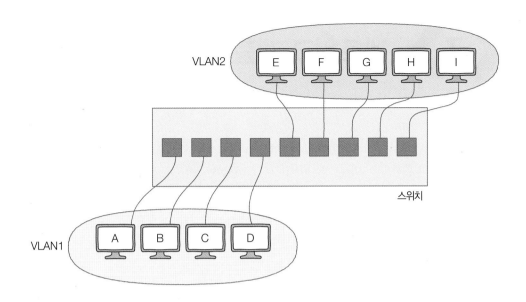

〈3〉 네트워크 계층 – IP

물리 계층과 데이터 링크 계층에 속한 기술은 대부분 LAN을 위한 기술입니다. 하지만 같은 LAN에 속한 호스트끼리만 통신을 주고받는 것은 아닙니다. LAN을 넘어서 다른 네트워크와 통신을 주고받으려면 네트워크 계층 이상의 기술이 필요합니다. 여기서 특히 중요하게 사용되는 기술이 네트워크 계층의 가장 핵심적인 프로토콜이라고 할 수 있는 IP^{Internet Protocol}입니다. 이번 절에서는 IP를 중심으로 네트워크 간의 통신이 이루어지는 방법을 알아보겠습니다.

IP의 목적과 특징

IP에 관해 가장 먼저 알아야 할 것은 IP의 목적과 특징입니다. IP의 본래 목적은 크게 **주소 지정**^{addressing}과 **단편화**^{fragmentation}, 2가지로 나뉩니다. 주소 지정은 네트워크 간의 통신 과정에서 호스트를 특정하는 것을 의미하고, 단편화는 데이터를 여러 IP 패킷으로 올바르게 쪼개어 보내는 것을 의미합니다. 또한 IP는 '신뢰할 수 없는 통신'과 '비연결형 통신'이라는 중요한 특징을 갖고 있습니다. IP의 목적과 특징은 뒤이어 학습할 IP 주소의 개념과 구조, 나아가 전송 계층의 목적 등을 이해하는 데 필요한 내용이므로 하나씩 살펴봅시다.

주소 지정과 단편화

우선 주소 지정에 대해 알아보겠습니다. 주소 지정은 **IP 주소**를 통해 이루어지며, 이는 IP 패킷 헤더를 통해 알 수 있습니다. 다음은 IP 패킷 헤더와 페이로드(일부)를 나타낸 그림입니다. 모든 항목을 하나하나 학습하기보다는 IP의 목적과 특징을 기준으로 중요한 필드를 살펴보겠습니다. 우선 IP의 주소 지정과 관련한 필드를 확인해 봅시다. **송신지 IP 주소**와 **수신지 IP 주소** 필드인데요. 두 필드에는 송수신지를 식별할 수 있는 IP 주소가 명시됩니다.

하나의 IP 주소는 총 4바이트(32비트)의 크기로 구성되고, 숫자당 8비트로 표현되므로 0~255 범위의 10진수 4개로 표기됩니다. 각각의 10진수는 점(.)으로 구분하는데, 여기서 점으로 구분된 하나의 10진수를 **옥텟**octet이라고 합니다. 가령 '192.168.0.1'이라는 IP 주소가 있다면 '192', '168', '0', '1' 각각이 8비트로 표현 가능한 옥텟인 셈입니다.

NOTE 참고로, 오늘날의 IP는 IP 버전 4(이하 IPv4)와 IP 버전 6(이하 IPv6), 2가지 종류가 있습니다. 둘 중 더 빈번히 사용되는 버전이 IPv4이므로 특별한 언급이 없는 한 이후에 등장하는 'IP'라는 용어는 'IPv4'를 지칭하는 것으로 설명하겠습니다.

MAC 주소는 택배 배송 과정의 수신인과 발신인, IP 주소는 수신 주소와 발신 주소에 빗댈 수 있습니다. 택배를 제대로 배송하기 위해 수신인과 발신인의 정보, 그리고 수신 주소와 발신 주소의 정보가 모두 필요하듯, 패킷을 올바르게 전송하기 위해서는 MAC 주소와 IP 주소가 모두 필요합니다. 또한 택배 배송 기사가 배송 과정에서 수신인과 발신인의 정보보다는 수신 주소와 발신 주소를 우선적으로 활용하듯, 패킷의 송수신 과정에서도 MAC 주소보다는 IP 주소가 우선적으로 활용됩니다.

서로 다른 네트워크에 속한 두 호스트가 네트워크 간 통신을 수행할 때, IP 주소를 바탕으로 목적지까지 IP 패킷을 전달하는 네트워크 장비로 **라우터**router가 있습니다. 라우터는 네트워크 계층에 속한 핵심 장비로, 전달받은 패킷을 목적지까지 전달하는 역할을 수행합니다. 이때 라우터는 IP 패킷을 전달할 최적의 경로를 결정하고 해당 경로로 패킷을 내보낼 수 있어야 하는데, 이 과정을 **라우팅**routing이라고 합니다. 즉, 라우터는 IP 주소를 기반으로 패킷의 최적 경로를 결정하여 목적지까지 전달(라우팅)하는 네트워크 장비입니다. 우리가 흔히 알고 있는 공유기도 라우팅을 수행할 수 있으므로 라우터의 일종이라고 볼 수 있습니다.

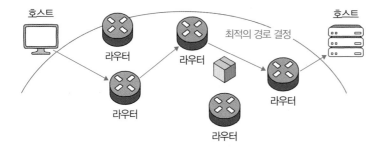

호스트   라우터   라우터   최적의 경로 결정   호스트

라우터   라우터

라우터

여기서 잠깐

IPv6

하나의 IP(IPv4) 주소는 총 32비트로 표현됩니다. 따라서 이론적으로 할당 가능한 IPv4 주소는 총 2^{32}개, 약 43억 개입니다. 이는 전 세계 인구가 IP 주소를 하나씩만 가지고 있어도 부족한 숫자이므로 IPv4 주소는 고갈될 여지가 있습니다. 그래서 등장한 프로토콜이 IPv6입니다. IPv6 기반의 주소 체계인 IPv6 주소는 16바이트(128비트)로 주소를 표현할 수 있기 때문에 이론적으로 할당 가능한 IPv6 주소는 사실상 무한에 가까운 수인 2^{128}개가 됩니다. IPv4 주소와 달리, 콜론(:)으로 구분된 8개 그룹의 16진수로 표기됩니다.

IPv4 주소   IPv6 주소

192.168.1.1   2001:0230:abcd:ffff:0000:0000:ffff:1111

다음은 IP의 단편화 관련 기능입니다. IP 단편화를 이해하려면 MTU라는 단위를 먼저 이해해야 합니다. **MTU**Maximum Transmission Unit는 말 그대로 최대 전송 단위를 의미하는데요. 전송하고자 하는 IP 패킷(IP 헤더와 페이로드)의 크기가 MTU라는 단위보다 클 경우에는 패킷을 MTU 이하의 여러 패킷으로 쪼개서 전송하고, 이렇게 쪼개서 전송된 패킷들은 수신지에서 재조합됩니다.

일반적인 MTU 크기는 1500바이트입니다. 앞서 프레임에 실릴 수 있는 최대 데이터의 크기가 일반적으로 1500바이트라고 언급했는데요. 따라서 MTU는 프레임을 통해 주고받을 수 있는 최대 페이로드의 크기라고 보아도 무방합니다.

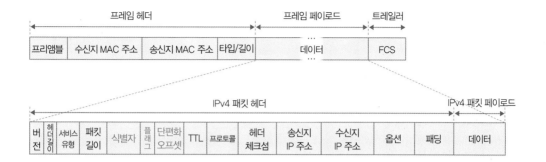

IP 패킷 헤더에서 단편화와 관련된 필드는 식별자, 플래그, 단편화 오프셋입니다. 복잡해 보이지만 하나씩 살펴보면 어렵지 않습니다. 다음과 같이 간단하게 정리해 보겠습니다.

❶ 식별자(identifier): 특정 패킷이 어떤 데이터에서 쪼개진 패킷인지를 식별하기 위해 사용되는 필드입니다. 같은 정보에서 쪼개진 패킷들은 같은 식별자를 공유하기 때문에 식별자를 통해 단편화되어 전송되는 패킷을 구분할 수 있습니다.

❷ 플래그(flag): 3비트로 구성된 필드로, 첫 번째 비트를 제외한 나머지 2개의 비트는 각각 DF와 MF라는 이름이 붙어 있습니다. 첫 번째 비트는 항상 0으로 설정되어 오늘날 사용되지 않고, DF는 'IP 단편화를 수행하지 말라(Don't Fragment)', MF는 '단편화된 패킷이 더 있다(More Fragment)'는 표시를 남기기 위한 비트입니다.

❸ 단편화 오프셋(fragment offset): 특정 패킷이 초기 데이터에서 얼마나 떨어져 있는지가 명시된 필드로, 단편화되어 전송되는 패킷을 목적지에서 재조합하기 위해 패킷의 올바른 순서를 나타내는 데 사용됩니다.

신뢰할 수 없는 통신과 비연결형 통신

IP는 신뢰할 수 없는 프로토콜이자, 비연결형 프로토콜이라고 이야기합니다. 이러한 IP의 특성은 전송 계층의 주요 프로토콜인 TCP와 UDP의 존재 목적과도 직결됩니다. **신뢰할 수 없는 프로토콜**unreliable protocol이란 패킷이 수신지까지 제대로 전송되었다고 보장하지 않는 프로토콜을 의미합니다. 패킷이 유실되거나 목적지에 순서대로 전송되지 않더라도 이에 대한 조치를 취하지 않는 것을 의미하죠. 신뢰할 수 없는 프로토콜의 송수신은 신뢰할 수 없는 통신, 신뢰성이 낮은 통신 혹은 **최선형 전달**best effort delivery이라고 부릅니다. 최선형 전달이라는 단어가 오히려 신뢰성이 높은 전송을 의미하는 것처럼 보일 수 있지만, 실은 어떠한 보장도 하지 않는 전송 특징임을 유의하기 바랍니다.

IP는 **비연결형 프로토콜**connectionless protocol이기도 합니다. 이는 패킷을 주고받기 전에 사전 연결 과정을 거치지 않는다는 것을 나타냅니다. 따라서 상대 호스트의 수신 가능 여부는 고려하지 않고, 수신지를 향해 그저 패킷을 전송할 뿐입니다. 반면, 패킷을 주고받기 전에 송수신지 간의 연결을 맺는 프로토콜이 있습니다. 다음 절에서 학습할 TCP가 대표적인데요. TCP는 송수신지 간의 연결 설정을 통해 패킷을 주고받을 호스트 간에 송수신 준비가 되었는지를 확인할 수 있죠.

이러한 IP의 목적과 특성에 해당하는 실제 IP 패킷을 관찰해 봅시다. 다음 그림의 Src(Source Address), Dst(Destination Address)를 통해 송신지 주소는 '10.0.0.1'이고, 수신지 주소는 '10.0.0.2'라는 것을 알 수 있습니다. 식별자(Identification)는 '0x2c2e', 단편화 오프셋(fragment offset)은 '0'이고, 플래그(Flags) 필드에는 'More Fragments' 비트가 활성화되어 있다는 것도 확인할 수 있습니다. 즉, 이 IP 패킷을 이어 또 다른 단편화된 패킷이 존재한다는 것입니다.

```
> Frame 1: 1514 bytes on wire (12112 bits), 1514 bytes captured (12112 bits) on interface eth0, id 0
> Ethernet II, Src: f2:00:00:01:01:01 (f2:00:00:01:01:01), Dst: f2:00:00:02:02:02 (f2:00:00:02:02:02)
v Internet Protocol Version 4, Src: 10.0.0.1, Dst: 10.0.0.2
    0100 .... = Version: 4
    .... 0101 = Header Length: 20 bytes (5)
  > Differentiated Services Field: 0x00 (DSCP: CS0, ECN: Not-ECT)
    Total Length: 1500
    Identification: 0x2c2e (11310)
    001. .... = Flags: 0x1, More fragments
    ...0 0000 0000 0000 = Fragment Offset: 0
    Time to Live: 255
    Protocol: ICMP (1)
    Header Checksum: 0x55f0 [validation disabled]
    [Header checksum status: Unverified]
    Source Address: 10.0.0.1
    Destination Address: 10.0.0.2
    [Reassembled IPv4 in frame: 7]
> Data (1480 bytes)
```

또 다른 IP 패킷도 살펴보겠습니다. Identification은 '0x2c2e'이고, fragment offset은 '1480'입니다. 즉, 이 패킷은 앞서 살펴본 패킷과 같은 데이터가 단편화된 것으로, '1480'만큼 떨어진 데이터가 단편화된 패킷입니다.

```
> Frame 2: 1514 bytes on wire (12112 bits), 1514 bytes captured (12112 bits) on interface eth0, id 0
> Ethernet II, Src: f2:00:00:01:01:01 (f2:00:00:01:01:01), Dst: f2:00:00:02:02:02 (f2:00:00:02:02:02)
∨ Internet Protocol Version 4, Src: 10.0.0.1, Dst: 10.0.0.2
     0100 .... = Version: 4
     .... 0101 = Header Length: 20 bytes (5)
   > Differentiated Services Field: 0x00 (DSCP: CS0, ECN: Not-ECT)
     Total Length: 1500
     Identification: 0x2c2e (11310)
   > 001. .... = Flags: 0x1, More fragments
     ...0 0000 1011 1001 = Fragment Offset: 1480
     Time to Live: 255
     Protocol: ICMP (1)
     Header Checksum: 0x5537 [validation disabled]
     [Header checksum status: Unverified]
     Source Address: 10.0.0.1
     Destination Address: 10.0.0.2
     [Reassembled IPv4 in frame: 7]
> Data (1480 bytes)
```

여기서 잠깐

IP 단편화 피하기 – 경로 MTU 발견

IP의 본래 목적은 주소 지정과 단편화지만, 사실 오늘날의 네트워크 환경에서는 IP 단편화가 잘 발생하지 않습니다. 단편화가 필요하지 않을 만큼 네트워크 성능이 발전하기도 했고, 무엇보다 IP 단편화가 되도록이면 발생하지 않는 것이 좋기 때문입니다. 잦은 IP 단편화는 네트워크에 여러 악영향을 미칠 수 있습니다. 단편화된 패킷들이 많아지면 전송해야 할 패킷의 헤더들이 많아지기 때문에 불필요한 트래픽 증가와 대역폭 낭비를 초래하고, 단편화된 패킷을 재조립하는 과정에서 발생하는 부하도 성능 저하로 이어질 수 있습니다.

IP 단편화를 피하려면 IP 패킷을 주고받는 경로에 존재하는 모든 호스트의 '처리 가능한 MTU 크기'를 고려해야 합니다. 'IP 단편화 없이 주고받을 수 있는 최대 크기'만큼 전송해야 하죠. 이 크기를 **경로 MTU(Path MTU)**라고 합니다. 다음 그림의 경로 MTU는 1000바이트인 셈입니다. 호스트가 1500바이트씩 주고받을 수 있더라도 단편화를 피하려면 1000바이트씩 주고받아야 하는 것이죠.

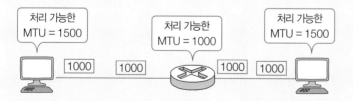

이렇게 주고받을 수 있는 경로 MTU를 구하고 해당 크기만큼만 송수신하여 IP 단편화를 회피하는 기술을 **경로 MTU 발견(Path MTU discovery)**이라고 합니다. 오늘날의 네트워크에서는 대부분 경로 MTU 발견을 지원하고, 처리 가능한 최대 MTU 크기도 균일하기 때문에 IP 단편화가 자주 발생하지 않습니다.

IP 주소의 구조

IP의 주요 목적인 주소 지정의 수단인 'IP 주소'는 중요한 개념이므로 좀 더 자세히 짚어 볼 필요가 있습니다. 네트워크 계층은 LAN 간의 통신을 가능하게 하고, 이는 IP 주소를 기반으로 이루어집니다. 하나의 IP 주소는 0~255 범위의 10진수 4개(32비트)로 표기되는 IP 주소는 크게 '네트워크 주소'와 '호스트 주소'로 이루어져 있습니다. 네트워크 주소는 네트워크 ID, 네트워크 식별자 등으로 불리며, 호스트가 속한 네트워크를 특정하기 위해 사용됩니다. 그리고 호스트 주소는 호스트 ID, **호스트 식별자**host identifier 등으로 불리며, 네트워크에 속한 호스트를 특정하기 위해 사용되죠.

네트워크 주소　호스트 주소
172.16.12.45
10101100.00010000.00001100.00101101

중요한 점은 하나의 IP 주소에서 네트워크 주소를 표현하는 크기와 호스트를 표현하는 크기가 유동적일 수 있다는 점입니다. 이를 테면 다음 그림의 (a)처럼 네트워크 주소의 공간을 작게, 호스트 주소의 공간을 크게 표현할 수도 있고, (c)처럼 네트워크 주소의 공간을 크게, 호스트 주소의 공간을 작게 표현할 수도 있습니다.

(a)의 경우는 호스트 주소에 24비트를 사용할 수 있기 때문에 상대적으로 네트워크당 많은 호스트에 IP 주소를 할당할 수 있는 반면, (c)의 경우는 호스트 주소에 8비트를 사용할 수 있기 때문에 상대적으로 네트워크당 적은 호스트에 IP 주소를 할당할 수 있습니다.

클래스풀 주소 체계

IP 주소에서 네트워크 주소와 호스트 주소를 구분하는 범위가 유동적일 수 있다면 네트워크 주소와 호스트 주소의 크기는 각각 어느 정도가 적당할까요? 답은 '상황에 따라 다르다'입니다. 호스트 주소의 공간을 너무 크게 할당하면 호스트가 할당되지 않은 다수의 IP 주소가 낭비될 수 있고, 호스트 주소의 공간을 너무 작게 할당하면 호스트가 사용할 IP 주소가 부족해질 수 있습니다. 이러한 고민을 해결하기 위해 생겨난 개념이 바로 IP 주소의 **클래스**class입니다.

클래스는 네트워크의 크기에 따라 유형별로 IP 주소를 분류하는 기준입니다. 어떤 클래스에 속한 IP 주소인지를 알면 IP 주소에서 네트워크 부분과 호스트 부분이 어느 정도의 크기인지 알 수 있죠. 클래스는 A, B, C, D, E, 총 5개 종류가 있습니다. 이 중 D와 E 클래스는 각각 멀티캐스트를 위한 클래스로, 특수한 목적을 위해 예약된 클래스이기 때문에 네트워크의 크기별로 IP 주소를 분류하는 데 실질적으로 사용되는 클래스는 A, B, C입니다. 이러한 클래스를 바탕으로 IP 주소를 관리하는 주소 체계를 **클래스풀 주소 체계**classful addressing라고 합니다.

그럼 네트워크의 크기를 나누는 A, B, C 클래스에 대해 좀 더 알아보겠습니다. 다음과 같이 A 클래스의 네트워크 주소는 비트 '0'으로 시작해 1옥텟으로 구성되며, 호스트 주소는 3옥텟으로 구성됩니다. 상대적으로 가장 많은 호스트를 할당할 수 있는 클래스죠. B 클래스의 네트워크 주소는 비트 '10'으로 시작해 2옥텟으로 구성되고, 호스트 주소도 2옥텟으로 구성됩니다. C 클래스의 네트워크 주소는 비트 '110'으로 시작해 3옥텟으로 구성되며, 호스트 주소는 1옥텟으로 구성됩니다.

클래스별 IP 주소 표현의 가능 범위는 다음과 같습니다.

- A 클래스: 0.0.0.0 ~ 127.255.255.255
- B 클래스: 128.0.0.0 ~ 191.255.255.255
- C 클래스: 192.0.0.0 ~ 223.255.255.255

클래스별 IP 주소 표현의 가능 범위를 보면 알 수 있듯, 첫 옥텟의 주소만 보고도 A, B, C 클래스 중 어떤 클래스에 속한 IP 주소인지를 알 수 있습니다.

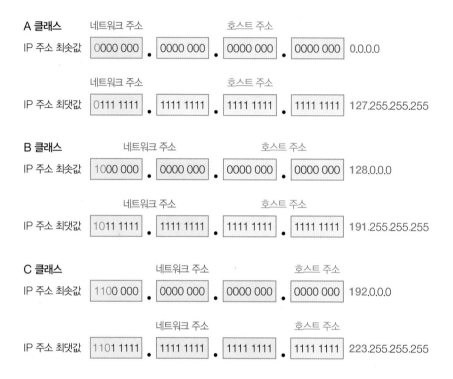

네트워크/브로드캐스트 주소와 예약 주소

호스트의 주소 공간을 모두 사용할 수 있는 것은 아닙니다. 호스트 주소가 전부 0인 IP 주소와 호스트 주소가 전부 1인 IP 주소는 특정 호스트를 지칭하는 데 사용될 수 없습니다. 전자는 **해당 네트워크 자체를 의미하는 주소**로 사용되고, 후자는 **브로드캐스트를 위한 주소**로 사용되기 때문입니다. 가령 다음과 같은 IP 주소를 가정해 보겠습니다.

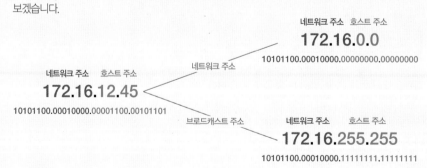

호스트 주소가 모두 0인 '172.16.0.0'은 네트워크 자체를 지칭하기 위한 주소, 호스트 주소가 모두 1인 '172.16.255.255'는 브로드캐스트를 위한 주소로 사용됩니다. 따라서 두 주소는 호스트 주소 할당에 사용할 수 없습니다. 또한 특수한 목적을 위해 **예약된 IP 주소**도 있습니다. 자주 접할 수 있는 대표적인 예약 주소의 종류는 다음과 같습니다.

예약 IP 주소의 범위	사용 목적
0.0.0.0 ~ 0.255.255.255	'이 네트워크의 이 호스트' 지칭에 사용
127.0.0.0 ~ 127.255.255.255	루프백 주소로 사용
10.0.0.0 ~ 10.255.255.255	사설 네트워크 주소로 사용
172.16.0.0 ~ 172.31.255.255	
192.168.0.0 ~ 192.168.255.255	

이 중 **루프백 주소(loopback address)**는 자기 자신을 가리키는 특별한 주소입니다. 가장 일반적으로 사용되는 루프백 주소는 '127.0.0.1'로, **로컬호스트(localhost)**라고도 부릅니다. 루프백 주소로 전송된 패킷은 자기 자신에게 되돌아오므로 자기 자신을 마치 다른 호스트인 양 간주하여 패킷을 전송할 수 있습니다.

인터넷 표준 공식 문서(RFC 6890)에 따르면 '예약 IP 주소의 범위 '0.0.0.0 ~ 0.255.255.255는 이 네트워크의 이 호스트(This host on this network)를 지칭하도록 예약되었다'고 명시되어 있는데요. 가장 일반적으로 사용되는 주소는 '0.0.0.0'입니다. 이주소는 주로 호스트가 IP 주소를 할당받기 전에 임시로 사용하거나 마땅히 자신을 지칭할 IP 주소가 없을 때 사용하는 경우가 많습니다.

사설 네트워크와 관련한 내용은 00쪽에서 좀 더 알아보겠습니다.

클래스리스 주소 체계와 서브넷 마스크

클래스풀 주소 체계 하에서는 클래스별 네트워크 크기가 고정되어 있었습니다. A, B, C 클래스의 크기가 각각 8비트, 16비트, 24비트였죠. 이렇게 클래스별 네트워크 크기가 고정되어 있을 때는 고정된 크기 이외에 다른 크기의 네트워크를 구성할 수 없어 IP 주소가 낭비될 수 있다는 한계가 있습니다.

예를 들어 A 클래스의 네트워크 하나당 할당 가능한 호스트 IP 주소는 1,600만 개 이상이고, B 클래스 네트워크 하나당 할당 가능한 호스트 IP 주소는 6만 개 이상입니다. 단일 조직에서 이 정도의 호스트가 필요한 경우는 많지 않습니다. 그런데 C 클래스 주소에는 호스트에게 할당할 수 있는 IP 주소가 약 200개 정도(254개)입니다. 만약 300명의 직원이 사용할 컴퓨터들을 동일한 네트워크로 구성하고 싶다면 클래스풀 주소 체계 하에서는 어쩔 수 없이 B 클래스 주소를 이용해야 합니다. 상당수의 IP 주소가 낭비될 우려가 있겠죠.

이러한 문제를 해결하기 위해서는 클래스풀 주소 체계보다 더 정교하고 유동적으로 네트워크 영역을 나눌 수단이 필요합니다. 그래서 등장한 개념이 **클래스리스 주소 체계**classless addressing입니다. 말 그대로 클래스를 이용하지 않고(classless) 네트워크와 호스트를 구분하는 방식입니다.

그렇다면 어떻게 클래스를 이용하지 않고 IP 주소 내 네트워크 주소와 호스트 주소를 구분할 수 있을까요? 클래스리스 주소 체계에서는 네트워크와 호스트를 구분하는 수단으로 서브넷 마스크를 이용합니다. **서브넷 마스크**subnet mask란 IP 주소상에서 네트워크 주소를 1로 표기하고, 호스트 주소를 0으로 표기한 비트열입니다. 그리고 **서브네트워크**subnetwork는 IP 주소에서 네트워크 주소로 구분할 수 있는 네트워크의 부분집합을 의미하며, **서브넷**subnet이라고도 줄여 부릅니다. 즉, **서브넷 마스크**는 곧 서브넷을 구분(마스크mask)하는 비트열인 셈입니다. 또 이러한 서브넷 마스크를 이용해 원하는 크기로 클래스를 더 잘게 쪼개어 사용하는 것은 **서브네팅**subnetting이라고 합니다.

클래스풀 주소 체계에서 A 클래스의 네트워크 주소는 8비트, B 클래스의 네트워크 주소는 16비트, C 클래스의 네트워크 주소는 24비트로 이루어져 있기 때문에 A, B, C 클래스의 기본 서브넷 마스크는 다음과 같이 표현할 수 있습니다.

- **A 클래스:** 255.0.0.0(11111111.00000000.00000000.00000000)
- **B 클래스:** 255.255.0.0(11111111.11111111.00000000.00000000)
- **C 클래스:** 255.255.255.0(11111111.11111111.11111111.00000000)

서브넷 마스크와 IP 주소 간에 비트 AND 연산을 수행하면 IP 주소 내의 네트워크 주소를 알아낼 수 있습니다. '192.168.200.102'라는 IP 주소와 '255.255.255.0'이라는 서브넷 마스크를 예로 들어 볼까요? 이 둘에 대한 비트 AND 연산을 수행한 결과인 '192.168.200.0'가 바로 네트워크 주소인 셈입니다.

IP 주소	11000000.10101000.11001000.01100110
서브넷 마스크	11111111.11111111.11111111.00000000
비트 AND 연산 (네트워크 주소)	11000000.10101000.11001000.00000000 = 192.168.200.0

CIDR 표기 – 서브넷 마스크 표기법

서브넷 마스크를 '255.255.255.0', '255.255.255.252'와 같이 10진수로 직접 표기하는 방법도 있지만, **'IP 주소/서브넷 마스크상의 1의 개수'**의 형식으로 표기하는 방법도 있습니다. 후자의 방식을 **CIDR 표기법**(Classless Inter–Domain Routing notation)이라고 부르며, IP 주소와 서브넷 마스크를 함께 표현할 수 있는 간단한 표기로 많이 활용합니다.

예를 들어 보겠습니다. '192.168.20.3/30'이라고 표기한 서브넷 마스크가 있다고 가정해 봅시다. '/30'은 서브넷 마스크 상에서 1이 총 30개가 있다는 것을 의미하므로 서브넷 마스크는 '11111111.11111111.1111 1111.11111100'이 됩니다. 즉, '/30'은 '255.255.255.252'와 같은 표기입니다.

공인 IP 주소와 사설 IP 주소

호스트의 IP 주소는 네트워크 설정이나 명령어를 통해 확인할 수도 있고, 간단한 온라인 검색을 통해 확인할 수도 있습니다. 전자의 경우, 윈도우에서 'ipconfig/all'을 입력하거나 맥OS, 리눅스에서 'ifconfig' 명령어를 입력하면 IP 주소를 확인할 수 있죠.

윈도우: ipconfig/all

```
무선 LAN 어댑터 Wi-Fi:

    연결별 DNS 접미사. . . . :
    설명. . . . . . . . . . . : Intel(R) Wi-Fi 6 AX201 160MHz
    물리적 주소 . . . . . . . : AB-AB-AB-12-12-12
    DHCP 사용 . . . . . . . . : 예
    자동 구성 사용. . . . . . : 예
    링크-로컬 IPv6 주소 . . . . : abcd::abcd:abcd:abcd:abcd%15(기본 설정)
    IPv4 주소 . . . . . . . . . : 192.168.0.19(기본 설정)
    서브넷 마스크 . . . . . . . : 255.255.255.0
    임대 시작 날짜. . . . . . . : 2023년 3월 28일 화요일 오후 4:20:46
    임대 만료 날짜. . . . . . . : 2023년 3월 28일 화요일 오후 6:20:46
    기본 게이트웨이 . . . . . . : 192.168.0.1
    DHCP 서버 . . . . . . . . : 192.168.0.1
    DHCPv6 IAID . . . . . . . . : 103574977
    DHCPv6 클라이언트 DUID. . . : 00-00-00-00-00-00-00-00-00-00-00-00-00-00
    DNS 서버. . . . . . . . . : 168.126.63.1
                                168.126.63.2
    Tcpip를 통한 NetBIOS. . . . : 사용
```

맥OS, 리눅스: $ ifconfig

```
en0: flags=8863<UP,BROADCAST,SMART,RUNNING,SIMPLEX,MULTICAST> mtu 1500
        options=6460<TSO4,TSO6,CHANNEL_IO,PARTIAL_CSUM,ZEROINVERT_CSUM>
        ether ab:ab:12:12:ab:12
        inet6 abcd::abcd:abcd:abcd:abcd%en0 prefixlen 64 secured scopeid 0xe
        inet 10.16.191.72 netmask 0xffffc000 broadcast abcd
        nd6 options=201<PERFORMNUD,DAD>
        media: autoselect
status: active
```

후자의 경우, 다음과 같이 구글이나 네이버 등의 검색 사이트에서 검색해 IP 주소를 확인할 수도 있습니다.

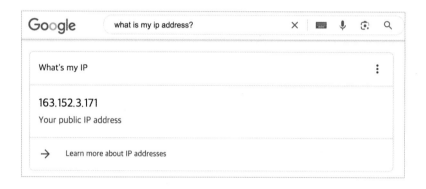

그런데 이 두 방식으로 확인한 IP 주소가 다른 독자가 많을 것입니다. 조금 이상합니다. 호스트에 할당된 IP 주소가 유일하고 고유하지 않았던 걸까요? 지금까지의 IP 주소에 대한 설명에 따르면 'IP 주소는 유일하고 고유한 주소'라고 생각할 수 있습니다. 'IP 주소는 고갈될 수 있다', 'IP 주소는 낭비될 수 있다'고 표현했기 때문입니다. 그러나 이 생각은 사실 반만 맞는 말입니다. 고유한 IP 주소도 있고, 고유하지 않은 IP 주소도 있습니다. 그리고 이 두 종류의 IP 주소는 함께 사용되는 경우가 많습니다. 고유한 IP 주소는 공인 IP 주소라고 하고, 고유하지 않은 IP 주소는 사설 IP 주소라고 합니다.

공인 IP 주소public IP address는 전 세계에서 고유한 IP 주소입니다. 인터넷을 비롯한 네트워크 간 통신에서 사용되는 IP 주소가 바로 공인 IP 주소입니다. 앞서 우리가 검색 사이트를 통해 확인했던 IP 주소가 바로 공인 IP 주소입니다. 구글이나 네이버 등의 검색 사이트의 서버와 패킷을 주고받으려면 호스트가 속한 네트워크 밖에서 사용할 공인 IP 주소를 사용해야 하기 때문입니다. 공인 IP 주소는 ISP나 공인 IP 주소 할당 기관을 통해 할당받을 수 있습니다.

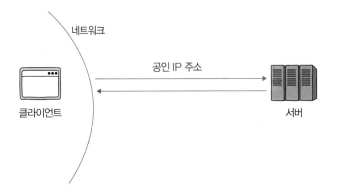

사설 IP 주소private IP address는 사설 네트워크에서 사용하기 위한 IP 주소를 말합니다. 사설 네트워크란 외부 네트워크에 공개되지 않은 네트워크를 의미합니다. 사설 IP 주소는 일반적으로 라우터(공유기)를 통해 할당되기 때문에 공유기(라우터)를 중심으로 구성된 LAN 대부분은 사설 네트워크에 해당합니다.

IP 주소 공간 중에서 사설 IP 주소로 사용하도록 특별히 예약된 IP 주소 공간이 있습니다. 다음의 예약 IP 주소 범위에 속하는 IP 주소는 사설 IP 주소로 간주하기로 약속된 주소입니다.

- 10.0.0.0/8 (10.0.0.0 ~ 10.255.255.255)
- 172.16.0.0/12 (172.16.0.0 ~ 172.31.255.255)
- 192.168.0.0/16 (192.168.0.0 ~ 192.168.255.255)

NOTE 사설 IP 주소는 해당 호스트가 속한 사설 네트워크상에서만 유효한 주소이므로 얼마든지 다른 네트워크상의 사설 IP 주소와 중복될 수 있다는 점에 유의하세요.

IP 주소의 할당

이번에는 호스트에 IP 주소를 할당하는 방법을 알아봅시다. 여기에는 크게 2가지 방법이 있습니다. 하나는 정적 할당이고, 또 하나는 동적 할당입니다. 전자는 수작업을 통해 이루어지고, 후자는 일반적으로 DHCP라는 프로토콜을 통해 이루어집니다.

정적 할당

정적 할당은 직접 수작업으로 IP 주소를 부여하는 방식으로, 정적 할당을 통해 할당된 IP 주소를 **정적 IP 주소**static IP address라고 합니다. 운영체제의 종류를 막론하고 IP 주소를 수동으로 설정하는 설정 혹은 명령어가 있습니다.

맥OS에서의 정적 IP 주소 설정

윈도우에서의 정적 IP 주소 설정

주목해야 할 점은 정적 IP 주소를 부여하기 위해 입력해야 하는 값입니다. 다시 말해, 정적 IP 주소를 부여하기 위해 어떤 값이 필요한지에 유의해야 합니다. 일반적으로는 정적 IP 주소를 부여하고자 하는 IP 주소와 서브넷 마스크, 게이트웨이(라우터) 주소, DNS 주소 등이 필요한데, 이 값은 운영체제에 관계없이 대체적으로 유사합니다.

여기서 **게이트웨이**gateway는 일반적으로 서로 다른 네트워크를 연결하는 하드웨어적/소프트웨어적 수단을 의미합니다. 그 중에서도 **기본 게이트웨이**default gateway는 호스트가 속한 네트워크의 외부로 나가기 위한 첫 기본 경로를 의미합니다. 따라서 기본 게이트웨이는 네트워크 외부와 연결된 라우터(공유기)의 주소를 의미하는 경우가 많습니다. IP 할당의 맥락에서 사용되는 '게이트웨이'라는 용어는 기본 게이트웨이를 의미하므로 게이트웨이(라우터) 주소에는 기본 게이트웨이의 역할을 하는 라우터(공유기)의 주소를 적어 주면 됩니다.

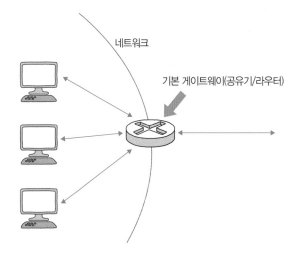

네트워크

기본 게이트웨이(공유기/라우터)

DNS 주소는 호스트가 도메인 네임을 토대로 IP 주소를 알아내기 위해 질의하는 서버의 주소를 의미합니다. 기본적으로 호스트끼리 패킷을 주고받기 위해서는 IP 주소가 사용되지만, 통신을 주고받는 모든 호스트의 IP 주소를 기억하기는 어렵죠. 따라서 IP 주소에 대응되는 기억할 수 있는 문자열로 호스트를 식별할 수 있으며, 이를 도메인 네임이라고 합니다. 'google.com, hanbit.co.kr, minchul.net' 등이 도메인 네임의 예시입니다. 호스트가 도메인 네임을 토대로, 이에 대응되는 IP 주소를 알아내려면 〈도메인 네임, IP 주소〉 쌍을 저장하는 서버에 질의해야 합니다. 이 서버를 네임 서버, DNS 서버라고 부릅니다. DNS 서버에 대해서는 00쪽 '도메인 네임과 DNS'에서 다시 한번 다루겠습니다.

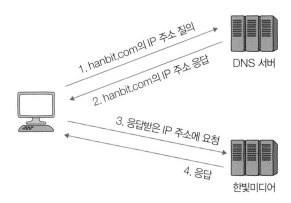

1. hanbit.com의 IP 주소 질의

2. hanbit.com의 IP 주소 응답

DNS 서버

3. 응답받은 IP 주소에 요청

4. 응답

한빛미디어

NOTE DNS 주소에 어떤 값을 입력할지 결정하기가 어렵다면 누구나 사용할 수 있도록 공개된 대표적인 네임 서버 주소인 '8.8.8.8', '1.1.1.1' 등을 입력하면 됩니다.

동적 할당: DHCP

동적 할당은 프로토콜을 통해 자동으로 IP 주소를 부여하는 방식으로, 동적 할당을 통해 할당된 IP 주소를 **동적 IP 주소**dynamic IP address라고 합니다. 이 과정에서 가장 흔히 사용되는 프로토콜이 **DHCP**Dynamic Host Configuration Protocol인데요. 여러분이 호스트에 수동으로 직접 IP 주소를 할당하지 않고도 호스트에 IP 주소가 부여되어 있다면 IP 주소가 동적으로 할당되었기 때문입니다.

일상적으로 동적 IP 주소가 많이 사용되는 만큼, DHCP 또한 빈번히 사용됩니다. IP 주소를 동적으로 할당받고자 하는 호스트는 **DHCP 서버**와 메시지를 주고받으며 동적 IP 주소를 할당받을 수 있습니다. DHCP 서버는 호스트에 할당 가능한 IP 주소 목록을 관리하다가, IP 주소 할당 요청을 받았을 때 IP 주소를 할당해 주는 호스트입니다. 일반적으로 라우터(공유기)가 DHCP 서버 역할을 수행하죠. 동적 할당과 이를 통해 부여되는 동적 IP 주소와 관련해 기억해야 할 점은 다음과 같이 2가지가 있습니다.

- 동적 IP 주소에는 사용 가능한 기간(임대 기간)이 정해져 있다.
- 동적 IP 주소는 할당받을 때마다 다른 주소를 받을 수 있다.

DHCP로 할당받은 IP 주소는 사용할 기간(일반적으로 수 시간에서 수 일)이 정해져 있고, 사용되지 않을 경우 회수됩니다. 사용 기간이 끝난 IP 주소는 DHCP 서버로 반납되고, 새롭게 IP 주소를 할당받는 경우 다른 IP 주소를 할당받을 수 있습니다. DHCP를 통한 IP 주소의 동적 할당은 이런 점에서 'IP 주소의 임대'라고 표현하기도 합니다. 참고로, IP 주소의 임대 기간이 끝나기 전에 임대 기간을 연장할 수도 있습니다. 이를 **임대 갱신**lease renewal이라고 하며, 기본적으로 임대 갱신은 자동으로 두 차례가 수행되고, 두 번의 임대 갱신이 모두 실패하면 그때 IP 주소는 DHCP 서버로 반납됩니다.

IP 전송 특징의 보완: ICMP

IP는 신뢰할 수 없는 프로토콜이자, 비연결형 프로토콜이라는 특징이 있다고 설명했습니다. 이러한 전송 특징을 보완하기 위한 프로토콜, ICMP에 대해 알아보기 전에 우선 짚고 가야 할 것이 있습니다. 신뢰할 수 없는 전송과 연결을 수립하지 않는 전송이 반드시 나쁜 것일까요? 그렇지 않습니다. IP가 신뢰성 높은 연결형 프로토콜이 아니라 신뢰할 수 없는 비연결형 프로토콜인 주된 이유는 성능에 있습니다.

신뢰성 높은 송수신을 하려면 유실된 패킷, 순서가 어긋난 패킷 등이 있는지를 점검해야 합니다. 패킷에 대한 오류 제어를 수행해야 하죠. 마찬가지로 연결형 송수신을 하려면 패킷을 주고받는 호스트 간 연결을 수립하고, 연결을 관리해야 합니다. 오류 제어와 연결 수립 및 관리는 일반적으로 패킷의 '빠른' 송수신과는 배치되는 작업입니다. 더 많은 시간과 대역폭, 부하가 필요하기 때문에, 이는 곧 성능상 불리하게 작용할 수 있죠. 따라서 IP의 신뢰할 수 없는 비연결형 전송이라는 특징은 반드시 극복해야 할 단점이 아닙니다.

하지만 그럼에도 불구하고 IP의 신뢰할 수 없는 비연결형 통신이라는 특징을 보완해야 할 때가 있습니다. 이를 위한 방법에는 크게 2가지가 있습니다. 첫 번째는 신뢰할 수 있는 연결형 통신을 지원하는 상위 계층의 프로토콜을 이용하는 것입니다. 다음 절에서 학습할 TCP가 대표적이죠. 신뢰할 수 있는 연결형 프로토콜인 TCP를 통해 패킷을 송수신하면 신뢰성과 연결형 통신을 보장할 수 있습니다.

두 번째는 네트워크 계층의 프로토콜로 ICMP를 이용하는 방법입니다. **ICMP**Internet Control Message Protocol 는 IP 패킷의 전송 과정에 대한 피드백 메시지(이하 ICMP 메시지)를 얻기 위해 사용하는 프로토콜로, ICMP 메시지를 통해 패킷이 상대방에게 어떻게 전송되었는지를 알려줄 수 있어 IP 전송의 결과를 엿볼 수 있습니다.

IP 패킷(IP)

피드백 메시지(ICMP)

NOTE 유의할 점은 ICMP가 IP의 신뢰성을 완전히 보장하지는 않는다는 점입니다. ICMP 메시지 자체가 신뢰성을 완전히 보장하기 위해서는 전송 계층의 프로토콜이 필요합니다.

ICMP 메시지는 크게 ❶ 전송 과정에서 발생한 오류 보고와 ❷ 네트워크에 대한 진단 정보(네트워크상의 정보 제공)로 유형을 나눌 수 있습니다. ICMP 메시지의 종류는 매우 다양하지만, 다음 표에 제시된 메시지는 흔히 볼 수 있는 ICMP 메시지이므로 기억해 두는 것이 좋습니다.

유형	메시지
❶ 오류 보고	네트워크 도달 불가(Destination network unreachable)
	호스트 도달 불가(Destination host unreachable)
	프로토콜 도달 불가, 수신지에서 특정 프로토콜을 사용할 수 없음 (Destination protocol unreachable)
	포트 도달 불가(Destination port unreachable)
	단편화가 필요하지만 DF가 1로 설정되어 단편화할 수 없음 (Fragmentation required, and DF flag set)
	TTL 만료(TTL expired in transit)
❷ 네트워크 상의 정보 제공	Echo 요청(Echo request)
	Echo 응답(Echo reply)

예를 들어 네트워크 장비(가령 라우터)가 패킷을 전달받았는데, 해당 패킷을 어떤 네트워크로 전송해야 할지 알 수 없을 경우 [네트워크 도달 불가] ICMP 메시지를 되돌려 보냅니다. 또 처리하기에 너무 큰 패킷을 전달받았는데, DF 플래그가 설정되어 있어 단편화가 불가능할 경우 [단편화가 필요하지만 DF가 1로 설정되어 단편화할 수 없음]을 나타내는 ICMP 메시지를 되돌려 보내죠.

또 다른 ICMP 메시지의 예시를 살펴보겠습니다. IP 헤더에는 패킷의 수명을 의미하는 **TTL**Time To Live 필드가 있습니다. OO쪽 그림을 참고해 보세요. 패킷은 멀리 떨어진 호스트끼리 통신할 때 여러 라우터를 거쳐 이동할 수 있는데, 패킷이 하나의 라우터를 거칠 때마다 TTL이 1씩 감소합니다. 이때 TTL 필드가 0이 되면 해당 패킷은 폐기되고, 패킷을 송신한 호스트에게 [시간 초과Time Exceeded] ICMP 메시지가 전송됩니다.

참고로, 패킷이 호스트 또는 라우터에 한 번 전달되는 것은 **홉**hop이라고 합니다. 즉, TTL 필드의 값은 홉마다 1씩 감소합니다. TTL 필드의 존재 이유는 무의미한 패킷이 네트워크상에 지속적으로 남아있는 것을 방지하기 위함입니다.

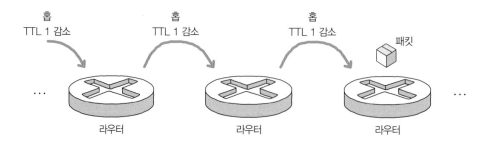

ICMP 메시지는 네트워크상의 간단한 문제를 진단하고 테스트하기 위해 사용되기도 합니다. 네트워크 상의 경로를 확인하는 명령어인 traceroute(윈도우 운영체제의 경우 tracert), 혹은 네트워크 상태를 점검하기 위해 패킷을 송신하는 명령어인 ping은 ICMP를 기반으로 구현된 대표적인 명령어입니다.

```
$ traceroute google.com
traceroute to google.com (142.250.66.110), 64 hops max, 52 byte packets
 1   192.168.219.1 (192.168.219.1)  7.140 ms  3.289 ms  4.244 ms
 2   14.5.161.1 (14.5.161.1)  5.781 ms  6.884 ms *
 3   10.21.121.161 (10.21.121.161)  17.071 ms  6.871 ms  6.636 ms
… (중략) …
     209.85.142.27 (209.85.142.27)  64.538 ms
     216.239.63.217 (216.239.63.217)  64.482 ms
17  hkg12s28-in-f14.1e100.net (142.250.66.110)  42.446 ms  61.722 ms
     108.170.241.65 (108.170.241.65)  41.313 ms
```

```
$ ping -c 5 www.google.com
PING www.google.com (142.250.206.196) 56(84) bytes of data.
64 bytes from 142.250.206.196: icmp_seq=1 ttl=103 time=34.0 ms
64 bytes from 142.250.206.196: icmp_seq=2 ttl=103 time=34.1 ms
64 bytes from 142.250.206.196: icmp_seq=3 ttl=103 time=34.1 ms
64 bytes from 142.250.206.196: icmp_seq=4 ttl=103 time=34.1 ms
64 bytes from 142.250.206.196: icmp_seq=5 ttl=103 time=34.1 ms

--- www.google.com ping statistics ---
5 packets transmitted, 5 received, 0% packet loss, time 4007ms
rtt min/avg/max/mdev = 34.031/34.088/34.131/0.039 ms
```

IP 주소와 MAC 주소의 대응: ARP

앞서 IP의 목적과 특징을 설명하며 MAC 주소는 택배 배송 과정의 수신인과 발신인, IP 주소는 수신 주수와 받신 주소에 빗댄 수 있다고 설명했습니다. 택배 배단 과정에서 수신인과 발신인, 수신/발신 주소를 모두 사용하되 주소를 우선적으로 활용하듯, 패킷의 송수신 과정에서도 IP 주소와 MAC 주소를 함께 사용하지만 MAC 주소보다 IP 주소를 우선적으로 활용한다고도 했습니다. 이때 상대 호스트의 IP 주소는 알고, MAC 주소는 모르는 상황이 있을 수 있는데요. 바로 이러한 상황에서 사용되는 프로토콜이 ARP입니다. **ARP**Address Resolution Protocol는 IP 주소와 MAC 주소를 함께 활용하는 통신 과정에서 동일 네트워크 내에 있는 송수신 대상의 IP 주소를 통해 MAC 주소를 알아내는 프로토콜입니다.

예를 들어 보죠. 다음과 같이 호스트 A와 B가 동일한 네트워크에 속한 상태를 가정해 보겠습니다. 패킷을 보내는 호스트 A가 호스트 B의 IP 주소는 알고, MAC 주소는 모르는 상황입니다. 통신 과정에서는 IP 주소와 MAC 주소가 함께 사용되기 때문에 호스트 A가 호스트 B의 MAC 주소를 알기 전에는 올바르게 패킷을 송신하기가 어렵습니다. 이럴 때 사용되는 프로토콜이 바로 ARP입니다.

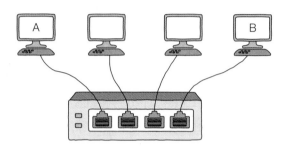

ARP 프로토콜은 동작 과정을 이해하는 것이 중요합니다. ARP의 동작 과정, 즉, IP 주소를 통해 모르는 MAC 주소를 알아내는 과정은 **ARP 요청 메시지**와 **ARP 응답 메시지**를 통해 이루어집니다. ARP 요청은 브로드캐스트 메시지입니다. 다시 말해, 네트워크 내에 있는 모든 호스트에게 보내는 메시지입니다. ARP 요청 메시지에는 알고 싶은 MAC 주소에 대응되는 IP 주소가 포함되어 있습니다. 그렇기 때문에 ARP 메시지를 브로드캐스트하는 것은 마치 '이 IP 주소를 가진 호스트와 통신하고 싶은데, 이 호스트의 MAC 주소가 무엇인가요?'라고 소리치는 것과 같습니다.

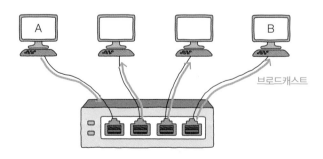

브로드캐스트

ARP 요청 메시지는 브로드캐스트 메시지이기 때문에 네트워크 내 모든 호스트가 이를 수신합니다. 이때 호스트들은 ARP 요청 메시지에 포함된 IP 주소를 확인해 자신과 관련이 없는 IP 주소일 경우에는 무시하고, 자신의 IP 주소일 경우에는 ARP 응답 메시지를 전송합니다. ARP 응답 메시지에는 응답 메시지를 보내는 호스트의 MAC 주소가 포함되어 있습니다. 따라서 ARP 요청 메시지를 보낸 호스트가 ARP 응답 메시지를 수신하면 IP 주소를 통해 MAC 주소를 알아낼 수 있는 것입니다.

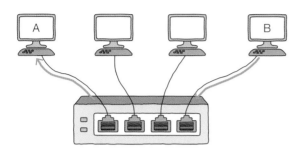

이때, 호스트 입장에서 ARP 요청 메시지와 ARP 응답 메시지를 주고받으며 알게 된 〈IP 주소, MAC 주소〉 쌍을 기억해 두는 것이 좋습니다. 그러지 않으면 나중에 같은 호스트에게 패킷을 보내야 할 때마다 브로드캐스트(ARP 요청) 메시지를 보내야 하니까요. 그래서 ARP를 활용하는 호스트는 **ARP 테이블**ARP Table이라는 정보를 유지합니다. ARP 테이블은 〈IP 주소, MAC 주소〉의 항목들로 구성된 표 형태의 정보입니다. ARP 요청 메시지와 ARP 응답 메시지를 통해 알게 된 〈IP 주소, MAC 주소〉 쌍은 ARP 테이블에 추가되죠. ARP 테이블 항목은 일정 시간이 지나면 삭제되고, 임의로 삭제할 수도 있습니다.

ARP 테이블은 간단한 명령어로 확인할 수 있습니다. 윈도우 명령 프롬프트(CMD)나 맥OS/리눅스 터미널에서 'arp -a'라고 입력해 보세요. IP 주소와 그에 대응된 MAC 주소를 볼 수 있습니다.

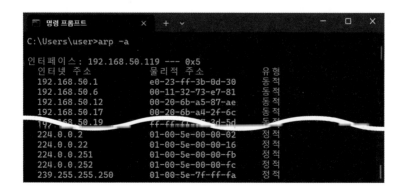

 전송 계층 – TCP와 UDP

이제 전송 계층에 대해 학습할 차례입니다. 네트워크 계층에서 가장 중요한 프로토콜이 IP라면, 전송 계층에서 가장 중요한 프로토콜은 TCP와 UDP입니다. TCP와 UDP는 매우 중요한 프로토콜이므로 각각 어떤 목적과 특징이 있는지 잘 기억해 두는 것이 좋습니다.

TCP와 UDP의 목적과 특징

TCP와 UDP의 패킷 구조와 동작 원리를 이해하면 전송 계층의 핵심을 이해할 수 있습니다. IP에 관련해 그 목적과 특징을 먼저 알아봤듯, TCP와 UDP가 어떤 기능과 차이점이 있는지 각각의 목적과 특징에 유의하며 학습해 보겠습니다.

포트를 통한 프로세스 식별

IP 주소와 MAC 주소는 패킷을 송수신하는 호스트를 특정할 수 있습니다. 그런데 사실 패킷의 최종 송수신 대상은 호스트가 아니라 **호스트가 실행하는 프로세스**입니다. 가령 하나의 호스트는 웹 브라우저, 게임, 채팅 프로그램 등 다양한 프로세스를 동시에 실행할 수 있고, 네트워크를 통해 주고받는 패킷은 최종적으로 이러한 프로세스에 전달되어야 합니다. 그렇다면 네트워크 상에서 호스트가 실행하는 프로세스는 어떻게 식별할 수 있을까요?

포트port 번호를 통해 식별할 수 있습니다. 네트워크 패킷을 주고받는 프로세스에는 포트 번호가 할당됩니다. 즉, IP 주소와 포트 번호의 조합을 통해 '특정 호스트가 실행하는 특정 프로세스'를 식별할 수 있습니다. 그래서 IP 주소와 포트 번호는 다음과 같이 '**IP 주소:포트 번호**'의 형식으로 함께 표기되는 경우가 많습니다.

192.168.0.15 : 8000

IP 주소: 호스트 식별   포트 번호: 애플리케이션 프로세스 식별 포트를 통한 프로세스 식별은 전송 계층(TCP, UDP)의 주된 목적입니다. 전송 계층의 핵심 프로토콜인 TCP와 UDP는 모두 포트를 통해 프로세스를 식별할 수 있습니다. 다음의 TCP와 UDP 헤더를 살펴보면 TCP와 UDP 모두 포트 번호 필드인 송신지 포트 번호와 수신지 포트 번호를 포함하고 있다는 것을 알 수 있습니다.

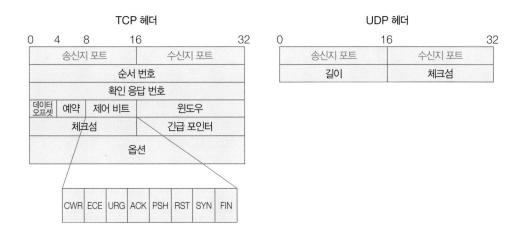

포트 번호는 개발자가 자주 다루는 정보 중 하나이므로 조금 더 자세히 알아 두는 것이 좋습니다. 16비트로 표현할 수 있는 포트 번호의 총 개수는 2^{16}, 즉 65536개입니다. 0번부터 할당되므로 0번부터 65535번까지의 포트 번호를 할당할 수 있죠. 그리고 65536개의 포트 번호는 번호의 범위에 따라 3가지 종류로 나뉩니다. 각각 '잘 알려진 포트', '등록된 포트', '동적 포트'입니다.

포트 종류	포트 번호 범위
잘 알려진 포트	0 ~ 1023
등록된 포트	1024 ~ 49151
동적 포트	49152 ~ 65535

0번부터 1023번까지는 **잘 알려진 포트**well known port의 번호입니다(영문 그대로 웰 노운 포트라고 부르는 경우가 많습니다). 잘 알려진 포트는 이름 그대로 가장 대중적으로 사용되는 애플리케이션을 위한 포트 번호입니다. 범용적으로 사용되는 프로토콜이 주로 사용하는 포트 번호 목록이라고 보아도 무방합니다.

잘 알려진 포트 번호	설명
20, 21	FTP
22	SSH
23	TELNET
53	DNS
67, 68	DHCP
80	HTTP
443	HTTPS

또 1024번부터 49151번까지는 **등록된 포트**registered port의 번호입니다. 등록된 포트는 잘 알려진 포트에 비해서는 덜 범용적이지만, 다음과 같이 흔하게 사용되는 애플리케이션 프로토콜에 할당하기 위한 포트 번호입니다.

등록된 포트 번호	설명
1194	OpenVPN
1433	Microsoft SQL Server 데이터베이스
3306	MySQL 데이터베이스
6379	Redis
8080	HTTP 대체

잘 알려진 포트와 등록된 포트는 서버로 동작하는 프로그램 환경에서 자주 볼 수 있습니다. 예를 들어 다음과 같이 MySQL 데이터베이스 서버를 연결할 때 등록된 포트의 3306번이 활용되는 것을 볼 수 있습니다.

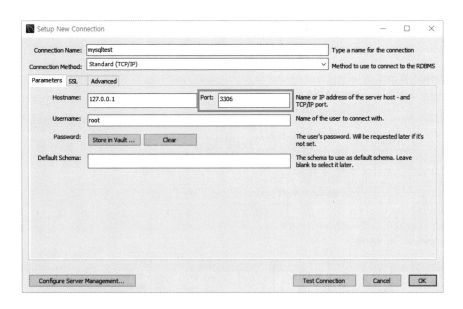

데이터베이스는 서버로서 동작할 수 있는 프로그램으로, 6장에서 학습할 예정입니다.

다음은 HTTP 서버 프로그램 중 하나인 아파치 HTTP 서버의 설정 파일 일부입니다. 'Listen 80' 은 '이 웹 서버는 80번 포트를 통해 패킷을 송수신한다'는 의미이고, 'Listen 443'은 '이 웹 서버는 (HTTPS 기반 기술인 SSL, TLS 관련 모듈이 있을 경우)443번 포트를 통해 패킷을 송수신한다'는 의미입니다. 포트 번호 80번과 443번은 잘 알려진 포트 번호로, 각각 HTTP와 HTTPS에 주로 할당되는 포트입니다. 실제로 이 웹 서버는 HTTP 프로토콜로 송수신할 경우 80번 포트를 이용하고, HTTPS 프로토콜로 송수신할 경우 443 포트를 이용합니다.

아파치 HTTP 서버의 설정 파일

```
...
Listen 80

<IfModule ssl_module>
        Listen 443
</IfModule>

<IfModule mod_gnutls,c>
        Listen 443
</IfModule>
```

남은 포트 번호 49152번부터 65535번까지는 **사설 포트**private port 또는 **임시 포트**ephemeral port라고도 불리는 **동적 포트**dynamic port로, 비교적 자유롭게 사용 가능한 포트 번호입니다. 서버로서 동작하는 프로그램의 경우 주로 잘 알려진 포트와 등록된 포트가 할당되는 경우가 많지만, 클라이언트로서 동작하는 프로그램의 경우에는 동적 포트 번호 중에서 임의의 번호가 할당되는 경우가 많습니다. 그 대표적인 예시가 웹 브라우저입니다. 웹 브라우저를 통해 특정 웹사이트에 접속하는 경우를 생각해 보죠. 이는 웹 브라우저 프로그램과 서버 프로그램이 서로 패킷을 주고받는 상황과 같습니다. 이 경우, 웹 브라우저 프로그램에는 동적 포트 내 임의의 포트 번호가 자동으로 할당됩니다.

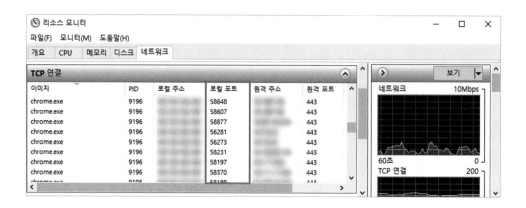

여기서 잠깐

NAT와 NAPT

포트와 관련해 한 가지 더 알아 둘 개념이 있습니다. 바로 공인 IP 주소와 사설 IP 주소 간 변환을 위해 사용하는 기술인 NAT인데요. 앞서 우리는 네트워크 외부에서 주로 사용되는 공인 IP 주소와 네트워크 내부에서 주로 사용되는 사설 IP 주소에 대해 학습했습니다. 네트워크 내부에서 사설 IP 주소를 사용하는 호스트가 네트워크 외부에 있는 호스트와 패킷을 주고받기 위해서는 공인 IP 주소와 사설 IP 주소 간 변환이 필요합니다. 이때 사용되는 기술이 바로 **NAT(Network Address Translation)**입니다.

대부분의 라우터와 (가정용)공유기는 NAT 기능을 내장하고 있기 때문에 사설 네트워크에서 만들어진 패킷이 네트워크 외부로 전송될 때는 다음 그림 속 ❶의 과정을 거치고(사설 IP 주소 → 공인 IP 주소 변환), 네트워크 외부의 패킷이 사설 네트워크 속 호스트에 이를 때는 ❷의 과정을 거칩니다(공인 IP 주소 → 사설 IP 주소 변환).

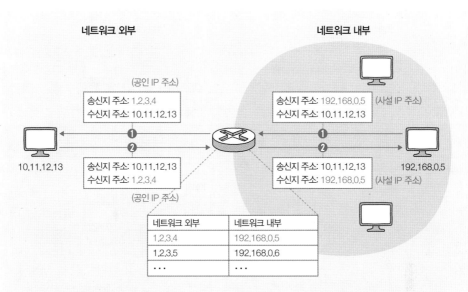

그림에서는 네트워크 내부에 있는 사설 IP 주소 하나는 공인 IP 주소 하나로 일대일 대응되어 변환됩니다. 그러나 이와 같이 사설 IP 주소와 공인 IP 주소를 일대일로 변환하면 사설 IP 주소 수만큼의 공인 IP 주소가 필요하므로 많은 공인 IP 주소가 필요할 수 있습니다. 그래서 오늘날 대중적으로 활용되고 있는 NAT는 변환하고자 하는 IP 주소를 일대일로 대응하지 않고, 다수의 사설 IP 주소를 그보다 적은 수의 공인 IP 주소로 변환합니다. 사설 IP 주소를 사용하는 여러 호스트가 적은 수의 공인 IP 주소를 공유하는 것입니다. 그렇다면 여러 개의 사설 IP 주소는 어떻게 고유한 주소인 공인 IP 주소 하나로 변환될 수 있을까요? 여기서 활용되는 것이 바로 포트입니다.

서로 다른 사설 IP 주소가 같은 공인 IP 주소로 변환되더라도 다른 포트 번호로 변환된다면 네트워크 내부의 호스트를 특정할 수 있습니다. 가령 '1.2.3.4'라는 동일한 공인 IP 주소로 변환되더라도 포트 번호 6200번으로 변환되는지, 6201번으로 변환되는지에 따라 내부 IP 주소를 구분할 수 있습니다. 이처럼 IP 주소 변환 과정에서 변환할 IP 주소의 쌍과 더불어, 포트 번호도 함께 고려하는 포트 기반의 NAT를 **NAPT**(Network Address Port Translation)라고 합니다.

요컨대, NAPT는 변환할 IP 주소 쌍과 더불어 포트 번호도 함께 기록하고 변환함으로써 하나의 공인 IP 주소를 여러 사설 IP 주소가 공유할 수 있도록 하는 NAT의 일종입니다. NAPT는 네트워크 내부에서 사용할 IP 주소와 네트워크 외부에서 사용할 IP 주소를 N:1로 관리할 수 있다는 점에서, 공인 IP 주소 수의 부족 문제를 개선하는 기술로도 간주되고 있습니다.

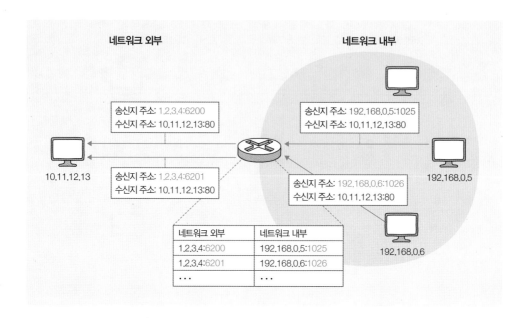

(비)신뢰성과 (비)연결형 보장

TCP를 통해 신뢰할 수 있는 연결형 송수신이 가능하고, UDP를 통해 신뢰할 수 없는 비연결형 송수신이 가능합니다. 다시 말해, TCP는 신뢰할 수 있는 프로토콜이자 연결형 프로토콜이고, UDP는 신뢰할 수 없는 프로토콜이자 비연결형 프로토콜입니다.

TCP는 패킷을 주고받기 전에 연결 수립 과정을 거치며, 연결 수립 이후 패킷을 주고받을 때 신뢰성 보장을 위해 상태 관리, 흐름 제어, 오류 제어, 혼잡 제어 등의 각종 기능을 제공합니다. 그리고 패킷의 송수신이 모두 끝나면 연결을 종료하죠. 반면, UDP는 연결의 수립이나 종료 단계를 거치지 않고, 신뢰성을 높이기 위한 기능들도 제공하지 않습니다.

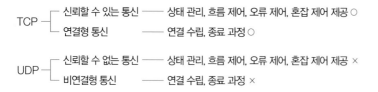

> **NOTE** 흐름 제어, 오류 제어, 혼잡 제어, 상태 관리 등 TCP가 제공하는 기능에 대해서는 OO쪽에서 학습할 예정입니다.

물론 신뢰할 수 있는 연결형 송수신에는 시간과 연산이 소요되기 때문에 일반적으로 TCP가 UDP에 비해 송수신 속도가 느립니다. 따라서 패킷의 유실 없는 송수신을 원한다면 UDP보다 TCP를 선택하는 것이 유리하고, 비교적 빠른 송수신을 원한다면 TCP보다 UDP를 선택하는 것이 유리합니다.

TCP와 UDP의 특징은 헤더를 살펴보면 이해할 수 있습니다. UDP 헤더부터 먼저 살펴보죠. UDP 헤더에는 다음과 같이 포트 번호가 명시되는 필드가 있습니다. **송신지 포트**Source Port에는 송신 프로세스가 할당된 포트 번호, **수신지 포트**Destination Port에는 수신 프로세스가 할당된 포트 번호가 명시됩니다. 나머지 **길이**length 필드에는 헤더를 포함한 UDP 패킷(UDP 데이터그램)의 바이트 크기가 명시되고, **체크섬**checksum 필드에는 송수신 과정에서의 데이터그램 훼손 여부를 알 수 있는 정보가 명시됩니다.

UDP 헤더

0	16	32
송신지 포트	수신지 포트	
길이	체크섬	

TCP 헤더 필드의 수는 UDP보다 훨씬 많습니다. TCP가 UDP와 달리 연결의 수립과 종료, 신뢰성 보장을 위한 여러 기능을 제공하기 때문입니다(사실상 UDP 헤더는 IP 헤더를 감싸는 일종의 껍데기와 같습니다). UDP 헤더에 있는 모든 필드가 TCP 헤더에 포함되어 있죠. 이 중 우리가 우선적으로 알아야 하는 필드는 3가지입니다. 순서 번호 필드와 확인 응답 번호 필드, 일부 제어 비트 (ACK 플래그, SYN 플래그, FIN 플래그)입니다.

TCP 헤더

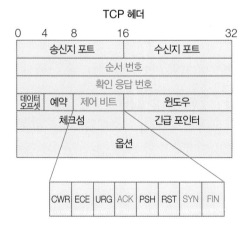

각각 순서 번호와 확인 응답 번호가 명시되는 순서 번호 필드와 확인 응답 번호 필드는 함께 사용되므로 한 쌍처럼 기억해 두는 것이 좋습니다. **순서 번호**sequence number란 TCP 패킷(TCP 세그먼트)의 올바른 송수신 순서를 보장하기 위해 세그먼트 첫 바이트에 매겨진 번호입니다. 순서 번호를 통해 현재 주고받는 TCP 세그먼트가 송수신하고자 하는 데이터의 몇 번째 바이트에 해당하는지 알 수 있는 셈입니다.

확인 응답 번호acknowledgment number는 상대 호스트가 보낸 세그먼트에 대한 응답으로, 다음으로 수신하길 기대하는 순서 번호입니다. 일반적으로 '올바르게 수신한 순서 번호에 1이 더해진 값'으로 설정되죠. 예를 들어 다음과 같이 상대 호스트인 A가 순서 번호 100인 세그먼트를 전송했고 호스트 B가 이를 잘 수신한 뒤, 그 다음으로 101번 세그먼트를 받고자 하는 경우를 가정해 보겠습니다. 그럼 호스트 B는 상대 호스트 A에게 '다음으로 101번 세그먼트를 받기를 희망함'을 알리기 위해 확인 응답 필드에 '101'을 명시합니다.

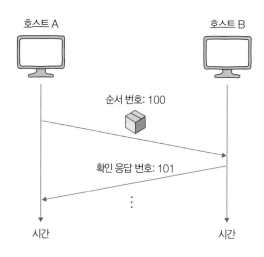

이때 호스트 B는 상대 호스트 A에게 '이 세그먼트는 확인 응답 번호를 포함하고 있음'을 알리기 위해 ACK 플래그를 1로 설정해야 합니다. ACK 플래그는 제어 비트에서 '승인'을 나타내는 비트입니다. 다시 말해, 확인 응답 번호 값을 보내기 위해서는 제어 비트의 ACK 플래그가 1로 설정되어 있어야 합니다. 앞선 예시에서 호스트 B는 ACK 플래그를 1로 설정한 뒤, 확인 응답 번호 필드에 '101'을 명시한 세그먼트를 전송하게 됩니다.

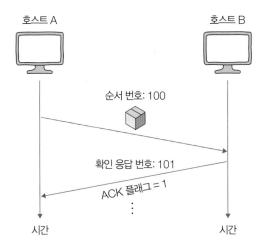

즉, 호스트 B는 확인 응답 번호를 통해 상대 호스트 A에 보낸 패킷에 상대 호스트가 어떻게 반응했는지, 상대 호스트가 다음으로 받고자 하는 패킷이 무엇인지를 알 수 있습니다. 이렇듯 TCP의 신뢰성 보장은 거의 대부분 확인 응답 번호를 통해 이루어진다고 해도 과언이 아닙니다.

이번에는 제어 비트를 살펴볼까요? **제어 비트**control bits는 현재 세그먼트에 대한 부가 정보를 나타내는 정보로, **플래그 비트**flag bits라고도 부릅니다. 제어 비트는 기본적으로 8비트로 구성되며, 각 자리의 비트가 각기 다른 의미를 가집니다. 이후 언급될 TCP의 기본 송수신을 이해하기 위해서는 기본적으로 다음 3가지 제어 비트에 대해 알고 있어야 합니다. 아직은 각각의 의미가 와닿지 않더라도 뒤에서 설명할 예정이므로 지금은 가볍게 읽어 보고 학습을 이어가기 바랍니다.

- **ACK**: 세그먼트의 승인을 나타내기 위한 비트
- **SYN**: 연결을 수립하기 위한 비트
- **FIN**: 연결을 종료하기 위한 비트

TCP의 연결부터 종료까지

TCP는 UDP와 달리 송수신 이전에 연결을 수립하고, 송수신 이후에는 연결을 종료합니다. 송수신 전후로 '상태'라는 값을 관리하기도 하죠. TCP의 연결부터 종료까지 일련의 송수신 과정을 차례로 톺아보면서 TCP의 동작을 이해해 보겠습니다.

TCP의 연결 수립

TCP의 연결 수립은 쓰리 웨이 핸드셰이크를 통해 이루어집니다. **쓰리 웨이 핸드셰이크**three-way handshake 는 쓰리 웨이라는 이름처럼 세 단계로 이루어진 TCP의 연결 수립 과정을 뜻합니다. 가령 호스트 A가 호스트 B에게 처음 연결 요청을 보낸다고 가정했을 때 각각의 단계는 다음과 같습니다.

❶ [송수신 방향 A → B] SYN 세그먼트 전송

호스트 A는 SYN 비트가 1로 설정된 세그먼트(이하 SYN 세그먼트)를 호스트 B에게 전송합니다. 이때 세그먼트의 순서 번호에는 호스트 A의 순서 번호가 포함되어 있습니다.

❷ [송수신 방향 B → A] SYN + ACK 세그먼트 전송

❶에 대한 호스트 B의 응답입니다. 호스트 B는 ACK 비트와 SYN 비트가 1로 설정된 세그먼트(이 하 SYN+ACK 세그먼트)를 호스트 A에게 전송합니다. 세그먼트의 순서 번호에는 호스트 B의 순 서 번호와 ❶에서 보낸 세그먼트에 대한 확인 응답 번호가 포함되어 있습니다.

❸ [송수신 방향 A → B] ACK 세그먼트 전송

호스트 A는 ACK 비트가 1로 설정된 세그먼트(이하 ACK 세그먼트)를 호스트 B에게 전송합니다. 세그먼트의 순서 번호에는 호스트 A의 순서 번호와 ❷에서 보낸 세그먼트에 대한 확인 응답 번호가 포함되어 있습니다.

SYN 비트는 연결을 수립하기 위한 비트입니다. TCP 연결 수립 과정에서 SYN 비트가 설정된 패킷 을 처음으로 보내는 호스트가 곧 처음으로 연결 요청을 보내는 호스트입니다. ❶에서 SYN 비트가 1 로 설정된 패킷을 처음으로 보내는 호스트 A가 연결 요청을 처음으로 보내는 호스트인 셈입니다. 호 스트 A처럼 처음 연결을 시작하는 과정은 **액티브 오픈**active open이라고 하고, 반대로 호스트 B처럼 연 결 요청을 수신한 뒤 그에 대한 연결을 수립하는 과정은 **패시브 오픈**passive open이라고 합니다. 서버 – 클라이언트 관계에서 액티브 오픈은 주로 클라이언트에 의해 수행되고, 패시브 오픈은 주로 서버에 의해 수행됩니다. 지금까지 설명한 TCP의 연결 수립 과정은 다음과 같은 그림으로 표현할 수 있습니 다.

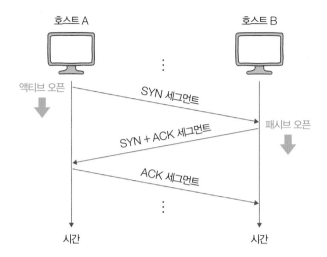

실제 패킷을 통해 쓰리 웨이 핸드셰이크를 관찰해 봅시다. SYN 세그먼트 전송과 SYN + ACK 세그먼트 전송, ACK 세그먼트 전송으로 이어지는 쓰리 웨이 핸드셰이크의 단계를 하나씩 살펴보겠습니다.

❶ SYN 세그먼트 전송

다음은 호스트 '192.168.0.1'이 호스트 '10.10.10.1'에게 첫 SYN 세그먼트를 보내는 예시 화면입니다. 송신지 포트 번호(Source Port)는 49859이고, 수신지 포트 번호(Destination Port)는 80인 것을 볼 수 있는데요. 포트 번호 49859는 동적 포트이고, 포트 번호 80은 잘 알려진 포트 번호로써 HTTP에 해당하는 포트 번호입니다. 즉, 해당 세그먼트는 송신 호스트 '192.168.0.1'의 클라이언트 프로세스가 임의의 동적 포트 번호 49859를 할당받아 HTTP 서버로서 동작하는 '10.10.10.1'에게 연결 요청을 보낸 상황이라고 추측할 수 있습니다.

```
> Frame 1: 74 bytes on wire (592 bits), 74 bytes captured (592 bits) on interface unknown, id 0
> Ethernet II, Src: f2:00:00:01:01:01 (f2:00:00:01:01:01), Dst: f2:00:00:02:02:02 (f2:00:00:02:02:02)
> Internet Protocol Version 4, Src: 192.168.0.1, Dst: 10.10.10.1
v Transmission Control Protocol, Src Port: 49859, Dst Port: 80, Seq: 0, Len: 0
    Source Port: 49859
    Destination Port: 80
    [Stream index: 0]
    [Conversation completeness: Incomplete, ESTABLISHED (7)]
    [TCP Segment Len: 0]
    Sequence Number: 0    (relative sequence number)
    Sequence Number (raw): 3588415412
    [Next Sequence Number: 1    (relative sequence number)]
    Acknowledgment Number: 0
    Acknowledgment number (raw): 0
    1010 .... = Header Length: 40 bytes (10)
  v Flags: 0x002 (SYN)
        000. .... .... = Reserved: Not set
        ...0 .... .... = Accurate ECN: Not set
        .... 0... .... = Congestion Window Reduced: Not set
        .... .0.. .... = ECN-Echo: Not set
        .... ..0. .... = Urgent: Not set
        .... ...0 .... = Acknowledgment: Not set
        .... .... 0... = Push: Not set
        .... .... .0.. = Reset: Not set
      > .... .... ..1. = Syn: Set
        .... .... ...0 = Fin: Not set
        [TCP Flags: ··········S·]
    Window: 8192
    [Calculated window size: 8192]
    Checksum: 0x303f [unverified]
    [Checksum Status: Unverified]
    Urgent Pointer: 0
  > Options: (20 bytes), Maximum segment size, No-Operation (NOP), Window scale, SACK permitted, Timestamps
  > [Timestamps]
```

순서 번호(Sequence Number)도 볼 수 있는데요. 제시된 화면 속 프로그램에서는 보기 편하도록 상대적인 순서 번호(relative sequence number)를 매기기는 했지만, 실제 순서 번호(raw)는 3588415412입니다. 또한 플래그 값(Flags)을 보면 쓰리 웨이 핸드셰이크를 시작하는 세그먼트인 SYN 비트가 1로 설정되어 있는 것을 볼 수 있습니다.

❷ SYN + ACK 세그먼트 전송

다음은 쓰리 웨이 핸드셰이크 과정의 두 번째 세그먼트로, 80번 포트에서 동작하는 호스트 '10.10.10.1'의 프로세스가 499859번 포트에서 동작하는 호스트 '192.168.0.1'의 프로세스에게 전송하는 세그먼트입니다. 명시된 순서 번호 697411256는 연결 요청을 받은 호스트 '10.10.10.1'의 순서 번호입니다. 확인 응답 번호(Acknowledgement Number)를 보면 다음으로 받길 기대하는 순서 번호가 3588415413임을 알 수 있습니다. 이는 ❶의 세그먼트를 통해 받은 순서 번호인 3588415412에 1이 더해진 숫자입니다. 또한 쓰리 웨이 핸드셰이크의 두 번째 과정에 맞게 플래그(Flags)의 SYN 비트와 ACK 비트가 1로 설정되어 있는 것도 확인할 수 있습니다.

```
>  Frame 2: 74 bytes on wire (592 bits), 74 bytes captured (592 bits) on interface unknown, id 0
>  Ethernet II, Src: f2:00:00:02:02:02 (f2:00:00:02:02:02), Dst: f2:00:00:01:01:01 (f2:00:00:01:01:01)
>  Internet Protocol Version 4, Src: 10.10.10.1, Dst: 192.168.0.1
v  Transmission Control Protocol, Src Port: 80, Dst Port: 49859, Seq: 0, Ack: 1, Len: 0
       Source Port: 80
       Destination Port: 49859
       [Stream index: 0]
       [Conversation completeness: Incomplete, ESTABLISHED (7)]
       [TCP Segment Len: 0]
       Sequence Number: 0    (relative sequence number)
       Sequence Number (raw): 697411256
       [Next Sequence Number: 1    (relative sequence number)]
       Acknowledgment Number: 1    (relative ack number)
       Acknowledgment number (raw): 3588415413
       1010 .... = Header Length: 40 bytes (10)
   v   Flags: 0x012 (SYN, ACK)
           000. .... .... = Reserved: Not set
           ...0 .... .... = Accurate ECN: Not set
           .... 0... .... = Congestion Window Reduced: Not set
           .... .0.. .... = ECN-Echo: Not set
           .... ..0. .... = Urgent: Not set
           .... ...1 .... = Acknowledgment: Set
           .... .... 0... = Push: Not set
           .... .... .0.. = Reset: Not set
       >   .... .... ..1. = Syn: Set
           .... .... ...0 = Fin: Not set
           [TCP Flags: ·······A··S·]
       Window: 5792
       [Calculated window size: 5792]
       Checksum: 0x64df [unverified]
       [Checksum Status: Unverified]
       Urgent Pointer: 0
>  Options: (20 bytes), Maximum segment size, No-Operation (NOP), No-Operation (NOP), Timestamps, No-Operation
>  [Timestamps]
>  [SEQ/ACK analysis]
```

❸ ACK 세그먼트 전송

다음은 쓰리 웨이 핸드셰이크의 마지막 과정으로, ❷의 두 번째 세그먼트에 대한 ACK 세그먼트입니다. 두 번째 세그먼트의 확인 응답 번호(다음으로 받길 기대하는 순서 번호)가 3588415413이었기 때문에 순서 번호가 3588415413이고, 두 번째 패킷의 순서 번호가 697411256이었기 때문에 확인 응답 번호가 697411257입니다. 플래그(Flags)의 ACK 비트가 1로 설정되어 있다는 것도 볼 수 있습니다. 이렇게 마지막 세그먼트까지 올바르게 수신되면 TCP 연결이 수립됩니다.

```
> Frame 3: 66 bytes on wire (528 bits), 66 bytes captured (528 bits) on interface unknown, id 0
> Ethernet II, Src: f2:00:00:01:01:01 (f2:00:00:01:01:01), Dst: f2:00:00:02:02:02 (f2:00:00:02:02:02)
> Internet Protocol Version 4, Src: 192.168.0.1, Dst: 10.10.10.1
v Transmission Control Protocol, Src Port: 49859, Dst Port: 80, Seq: 1, Ack: 1, Len: 0
      Source Port: 49859
      Destination Port: 80
      [Stream index: 0]
      [Conversation completeness: Incomplete, ESTABLISHED (7)]
      [TCP Segment Len: 0]
      Sequence Number: 1    (relative sequence number)
      Sequence Number (raw): 3588415413
      [Next Sequence Number: 1    (relative sequence number)]
      Acknowledgment Number: 1    (relative ack number)
      Acknowledgment number (raw): 697411257
      1000 .... = Header Length: 32 bytes (8)
    v Flags: 0x010 (ACK)
         000. .... .... = Reserved: Not set
         ...0 .... .... = Accurate ECN: Not set
         .... 0... .... = Congestion Window Reduced: Not set
         .... .0.. .... = ECN-Echo: Not set
         .... ..0. .... = Urgent: Not set
         .... ...1 .... = Acknowledgment: Set
         .... .... 0... = Push: Not set
         .... .... .0.. = Reset: Not set
         .... .... ..0. = Syn: Not set
         .... .... ...0 = Fin: Not set
         [TCP Flags: ·······A····]
      Window: 4284
      [Calculated window size: 17136]
      [Window size scaling factor: 4]
      Checksum: 0x965d [unverified]
      [Checksum Status: Unverified]
      Urgent Pointer: 0
> Options: (12 bytes), No-Operation (NOP), No-Operation (NOP), Timestamps
> [Timestamps]
> [SEQ/ACK analysis]
```

지금까지의 과정을 그림으로 표현하면 다음과 같습니다. 그림을 통해 어떻게 TCP 연결 수립이 이루어지는지, 순서 번호와 확인 응답 번호 필드에는 어떤 값들이 명시되는지 확인해 봅시다.

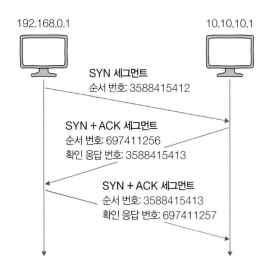

TCP의 오류·흐름·혼잡 제어

TCP는 송수신하는 패킷의 신뢰성을 보장하기 위해 크게 3가지 기능을 제공합니다. 각각 오류 제어와 흐름 제어, 혼잡 제어입니다. TCP는 재전송을 기반으로 다양한 오류를 제어하고, 송수신의 흐름을 제어해 처리할 수 있을 만큼의 데이터만을 주고받으며, 혼잡 제어를 통해 네트워크의 혼잡 정도에 따라 데이터의 전송량을 조절합니다. 각각의 기능에 대해 좀 더 자세히 알아보겠습니다.

❶ 재전송을 통한 오류 제어

TCP는 송수신 과정에서 잘못 전송된 세그먼트가 있을 경우, 이를 재전송하여 오류를 제어합니다. 그렇다면 TCP는 '언제 잘못 전송된 세그먼트가 있음'을 인지할까요? 여기에는 크게 2가지 상황이 있습니다. 하나는 중복된 ACK 세그먼트가 도착했을 때이고, 다른 하나는 타임아웃이 발생했을 때입니다.

TCP의 송수신은 기본적으로 (제시된 그림처럼)순서 번호를 담은 세그먼트를 보내고, 그에 대한 확인 응답이 담긴 세그먼트를 받고, 다음 순서 번호를 담은 세그먼트를 보내고, 다시 그에 대한 확인 응답이 담긴 세그먼트를 받고, 다시 보내고 받는 과정을 반복하며 이루어집니다. 이때 '중복된 ACK 세그먼트를 수신'하는 상황이란 다음 그림과 같이 송신한 세그먼트의 일부가 전송 중 유실되어 중복으로 ACK 세그먼트를 수신하게 되는 상황을 말합니다.

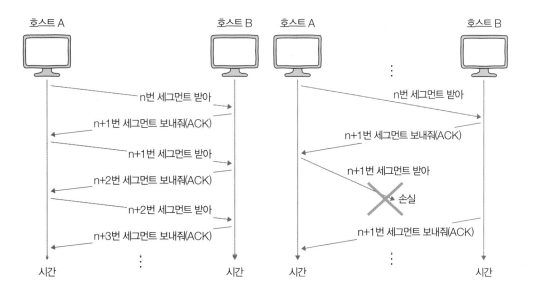

그렇다면 타임아웃이 발생한 상황이란 무엇일까요? TCP 세그먼트를 송신하는 호스트는 모두 **재전송 타이머**retransmission timer라는 특별한 값을 유지하는데, 호스트는 세그먼트를 전송할 때마다 이 재전송 타이머를 시작합니다. 이 타이머의 카운트다운이 끝난 상황을 **타임아웃**timeout이라고 하며, 타임아웃 발생 시점까지 ACK 세그먼트를 받지 못하면 세그먼트 전송 과정에 문제가 발생했다고 간주하여 세그먼트를 재전송합니다.

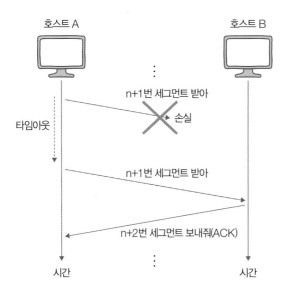

여기서 잠깐

파이프라이닝 전송

TCP의 송수신은 '기본적으로' 순서 번호를 담은 세그먼트를 보내고, 그에 대한 확인 응답을 담은 세그먼트를 받고, 다음 순서번호를 담은 세그먼트를 보내고, 그에 대한 확인 응답을 담은 세그먼트를 받고, 보내고 받는 일련의 과정을 반복하며 이루어진다고 설명했습니다. 이는 TCP의 기본적인 송수신 양상입니다. 다만, 이러한 방식에는 단점이 있습니다. 한 번에 여러 세그먼트를 보낼 수 있는 상황에서도 확인 응답을 받기 전까지는 보낼 수 없다는 점입니다. 다시 말해, 한 번에 하나의 세그먼트만 주고받아야 하는 비효율이 있습니다.

한 번에 여러 세그먼트를 보낼 수 있다면 한 번에 송신하고 한 번에 각 세그먼트에 대한 확인 응답을 받는 것이 더 효율적이겠죠. 그래서 오늘날의 TCP는 다음 그림과 같이 확인 응답을 받기 전이라도 여러 메시지를 보내는 방식으로 송신하며, 이를 **파이프라이닝(pipelining)** 전송이라고 부릅니다(2장에서 학습한 명령어 파이프라이닝과는 관련이 없습니다).

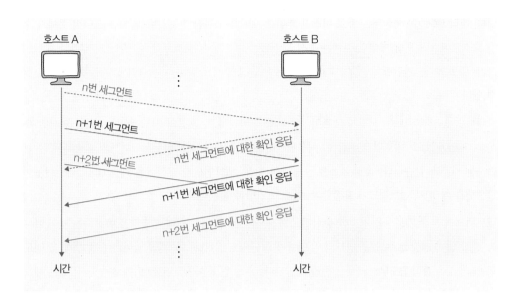

❷ 흐름 제어

수신 호스트가 한 번에 n개의 바이트를 받아서 처리할 수 있다면 송신 호스트는 (n 바이트 이상을 보낼 수 있어도)n개의 바이트를 넘지 않는 선에서 송신해야 합니다. TCP의 **흐름 제어**flow control는 이처럼 수신 호스트가 한 번에 받아 처리할 수 있을 만큼만 전송하는 것을 의미합니다. 즉, 흐름 제어는 송신 호스트가 수신 호스트의 처리 속도를 고려하며 송수신 속도를 균일하게 맞추는 기능입니다.

NOTE 수신 호스트가 한 번에 받을 수 있는 전송량은 TCP 수신 버퍼의 크기에 의해 결정됩니다. 수신 버퍼는 수신된 세그먼트가 애플리케이션 프로세스에 의해 읽히기 전에 임시 저장되는 공간으로, 커널에 정의되어 있습니다.

그렇다면 송신 호스트는 수신 호스트가 한 번에 처리할 수 있는 양을 어떻게 알고 보내줄 수 있을까요? 352쪽 TCP 헤더를 보면 윈도우(window)라는 필드를 볼 수 있습니다. 이 윈도우 필드에는 수신 호스트가 한 번에 처리할 수 있는 **수신 윈도우**receiver window 크기가 명시됩니다. 수신 호스트는 윈도우 필드를 통해 송신 호스트에게 한 번에 처리 가능한 양을 알려 주고, 송신 호스트는 전달받은 해당 값을 토대로 세그먼트를 전송합니다.

❸ 혼잡 제어

혼잡congestion이란 많은 트래픽으로 인해 패킷의 처리 속도가 느려지거나 유실될 수 있는 상황을 의미합니다. 사람이 많은 카페 등에서 네트워크 속도가 느려지는 혼잡 상황을 경험해 본 적이 있을 것입니다. **혼잡 제어**congestion control는 바로 이러한 혼잡을 제어하기 위한 기능입니다. 흐름 제어의 주체가 수신 호스트였다면 혼잡 제어의 주체는 송신 호스트입니다. 송신 호스트가 주체적으로 얼마나 네트워크가 혼잡한지를 판단할 수 있어야 하고, 판단된 혼잡의 정도에 따라 세그먼트의 전송량을 조절할 수 있어야 하죠.

그렇다면 송신 호스트는 어떻게 네트워크의 혼잡을 판단하고, 혼잡의 정도에 맞는 데이터만큼만 송신할 수 있을까요? 네트워크 혼잡 여부를 판단하는 기준은 앞서 설명한 세그먼트의 전송 오류를 판단하는 기준과 같습니다. 송신 호스트는 중복된 ACK 세그먼트가 도착했을 때, 그리고 타임아웃이 발생했을 때 '현재 네트워크가 혼잡할 수 있다'고 판단하게 됩니다.

네트워크의 혼잡 가능성을 검출한 송신 호스트는 전송할 수 있는 최대 전송량을 송신하는 것이 아니라 '혼잡 없이 전송할 수 있을 정도의 양'만큼만 송신하게 됩니다. 이 '혼잡 없이 전송할 수 있을 정도의 양'의 값을 **혼잡 윈도우**congestion window라고 합니다. 혼잡 윈도우가 크면 한 번에 전송할 수 있는 세그먼트의 수가 많음을 의미하고, 반대로 혼잡 윈도우가 작으면 네트워크가 혼잡한 상황이므로 한 번에 전송할 수 있는 세그먼트의 수가 적음을 의미합니다. TCP의 혼잡 제어를 수행하는 호스트는 각자 혼잡 윈도우 값을 고려하며, 혼잡 윈도우의 값을 넘지 않는 선에서 전송하게 됩니다.

참고로, 흐름 제어에서 사용되는 수신 윈도우와 혼잡 제어에서 사용되는 혼잡 윈도우는 모두 커널 내에 정의된 값입니다. 다음은 리눅스 커널의 소스 코드의 일부인데요. RWND(Receiver WiNDow, 수신 윈도우)와 CWND(Congestion WiNDow, 혼잡 윈도우)가 변수 형태로 정의되어 있는 것을 볼 수 있습니다.

```
316        u32    snd_cwnd;          /* Sending congestion window        */
317        u32    snd_cwnd_cnt;      /* Linear increase counter          */
318        u32    snd_cwnd_clamp;    /* Do not allow snd_cwnd to grow above this */
319        u32    snd_cwnd_used;
320        u32    snd_cwnd_stamp;
321        u32    prior_cwnd;        /* cwnd right before starting loss recovery */
322        u32    prr_delivered;     /* Number of newly delivered packets to
323                                   * receiver in Recovery. */
324        u32    prr_out;           /* Total number of pkts sent during Recovery. */
325        u32    delivered;         /* Total data packets delivered incl. rexmits */
326        u32    delivered_ce;      /* Like the above but only ECE marked packets */
327        u32    lost;              /* Total data packets lost incl. rexmits */
328        u32    app_limited;       /* limited until "delivered" reaches this val */
329        u64    first_tx_mstamp;   /* start of window send phase */
330        u64    delivered_mstamp;  /* time we reached "delivered" */
331        u32    rate_delivered;    /* saved rate sample: packets delivered */
332        u32    rate_interval_us;  /* saved rate sample: time elapsed */
333
334        u32    rcv_wnd;           /* Current receiver window          */
335        u32    write_seq;         /* Tail(+1) of data held in tcp send buffer */
336        u32    notsent_lowat;     /* TCP_NOTSENT_LOWAT */
337        u32    pushed_seq;        /* Last pushed seq, required to talk to windows */
338        u32    lost_out;          /* Lost packets                     */
339        u32    sacked_out;        /* SACK'd packets                   */
340
```

혼잡 윈도우

수신 윈도우

송신 호스트의 입장에서 생각해 봅시다. 수신 윈도우의 크기는 수신 호스트가 TCP 헤더로 알려 주기 때문에 송신 호스트는 수신 윈도우의 크기를 따로 고민할 필요가 없습니다. 하지만 혼잡 윈도우의 크기는 송신 호스트가 직접 계산하여 알아내야 합니다. 혼잡 윈도우의 크기는 어느 정도가 적당할까요? 혼잡 윈도우 크기를 연산하는 방법, 즉 혼잡 제어를 수행하는 일련의 과정을 **혼잡 제어 알고리즘**congestion control algorithm이라고 합니다.

혼잡 제어 알고리즘에는 다양한 방법들이 있지만, 가장 기본적인 혼잡 제어 알고리즘으로는 AIMD가 있습니다. **AIMD**Additive Increase/Multiplicative Decrease를 번역하면 '합으로 증가, 곱으로 감소'라는 의미인데요. AIMD는 세그먼트를 보내고, 그에 대한 응답이 오기까지 혼잡이 감지되지 않으면 혼잡 윈도우를 1씩 선형적으로 증가시키고, 혼잡이 감지되면 혼잡 윈도우를 절반으로 떨어뜨리는 동작을 반복하는 알고리즘을 말합니다. 그래서 AIMD의 혼잡 윈도우는 다음과 같은 톱니 모양으로 변화한다는 특징이 있습니다.

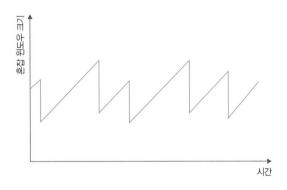

참고로, 패킷을 보내고 그에 대한 응답이 수신되기까지의 시간을 **RTT**Round Trip Time라고 합니다. 따라서 AIMD는 '혼잡이 감지되지 않으면 혼잡 윈도우를 **RTT마다** 1씩 선형적으로 증가시키고, 혼잡이 감지되면 혼잡 윈도우를 절반으로 떨어뜨리는 알고리즘'이라고 정의할 수도 있습니다. RTT는 TCP뿐만 아니라 네트워크 분야 전반에서 자주 언급되는 용어이므로 기억해 두는 것이 좋습니다.

NOTE 401쪽에서 ping 명령어의 결과를 예시로 보여준 적이 있었습니다. 이 명령어 하단에 명시된 'rtt min/avg/max/mdev'가 바로 RTT의 최솟값/평균값/최댓값/표준편차를 뜻합니다.

TCP의 종료

TCP의 연결 종료는 송수신 호스트가 각자 한 번씩 FIN과 ACK를 주고받으며 이루어집니다. 가령 호스트 A가 호스트 B에게 처음 연결 종료 요청을 보낸다고 가정했을 때 TCP의 연결은 다음과 같은 단계를 거쳐 종료됩니다.

❶ [송수신 방향 A → B] FIN 세그먼트

호스트 A는 FIN 비트가 1로 설정된 FIN 세그먼트를 호스트 B에게 전송합니다.

❷ [송수신 방향 B → A] ACK 세그먼트

❶에 대한 호스트 B의 응답입니다. 호스트 B는 ACK 세그먼트를 호스트 A에게 전송합니다.

❸ [송수신 방향 B → A] FIN 세그먼트

호스트 B는 FIN 세그먼트를 호스트 A에게 전송합니다.

❹ [송수신 방향 A → B] ACK 세그먼트

❸에 대한 호스트 A의 응답입니다. 호스트 A는 ACK 세그먼트를 호스트 B에게 전송합니다.

앞서 TCP 연결 수립 과정에서 먼저 연결 요청을 보낸 호스트의 동작을 액티브 오픈, 연결 요청을 받아들이는 호스트의 동작을 패시브 오픈이라고 배웠습니다. 이와 유사하게 TCP의 연결 종료 과정에는 액티브 클로즈와 패시브 클로즈가 있습니다. **액티브 클로즈**active close란 먼저 연결을 종료하려는 호스트에 의해 수행되는 동작을 의미합니다. 제시된 예시에서 먼저 연결 종료를 요청한 호스트는 A이므로 호스트 A에 의해 액티브 클로즈가 수행되었다고 할 수 있습니다. 반대로, **패시브 클로즈**passive close는 예시의 호스트 B와 같이 연결 종료 요청을 받아들이는 호스트에 의해 수행되는 동작을 말합니다.

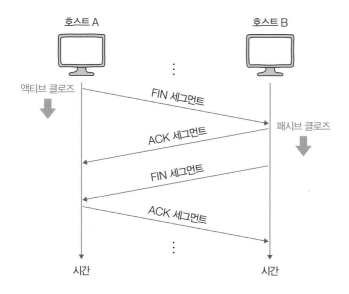

NOTE TCP의 연결 종료 과정은 4개의 단계를 거쳐 연결을 종료한다는 점에서 포 웨이 핸드셰이크(four-way handshake)라고도 부릅니다.

TCP의 상태 관리

TCP의 또 다른 중요한 특징은 상태를 유지한다는 점입니다. TCP는 상태를 유지하고 관리하는 프로토콜이라는 점에서 **스테이트풀 프로토콜**stateful protocol이라고도 부르는데요. 여기서 **상태**state란 현재 어떤 통신 과정에 있는지를 나타내는 정보를 말합니다. TCP의 상태는 각종 네트워크 명령어에서 심심 찮게 찾아볼 수 있습니다. TCP의 상태 정보를 토대로 현재 TCP 송수신 현황을 판단할 수 있고, 디버깅의 힌트로도 활용할 수 있습니다.

```
$ netstat -a -p tcp
Active Internet connections (including servers)
Proto  Recv-Q  Send-Q  Local Address          Foreign Address         (state)
tcp4   0       0       10.11.12.13.53625      123.123.123.123.https   ESTABLISHED
tcp4   0       0       10.11.12.13.53624      123.123.123.124.https   ESTABLISHED
tcp4   0       0       10.11.12.13.100.53623  123.123.123.125.https   ESTABLISHED
tcp4   0       0       10.11.12.13.53622      123.123.123.126.https   ESTABLISHED
tcp4   0       0       10.11.12.13.50102      123.123.123.127.https   TIME_WAIT
tcp4   0       0       10.11.12.13.50104      123.123.123.128.https   TIME_WAIT
```

```
tcp4    0    0    10.11.12.13.50105    123.123.123.129.https    TIME_WAIT
tcp4    0    0    10.11.12.13.57974    123.123.123.130.443      ESTABLISHED
tcp4    0    0    localhost.16107      *.*                      LISTEN
tcp4    0    0    *.55920              *.*                      LISTEN
tcp4    0    0    localhost.16105      *.*                      LISTEN
tcp4    0    0    localhost.31027      *.*                      LISTEN
tcp4    0    0    localhost.31026      *.*                      LISTEN
tcp4    0    0    10.11.12.13.64682    123.123.123.123.5222     ESTABLISHED
tcp4    0    0    10.11.12.13.64521    321.321.321.321.5223     ESTABLISHED
```

TCP에는 다양한 상태가 존재하고, 호스트는 TCP를 통한 송수신 과정에서 다음과 같이 다양한 상태를 오가게 됩니다.

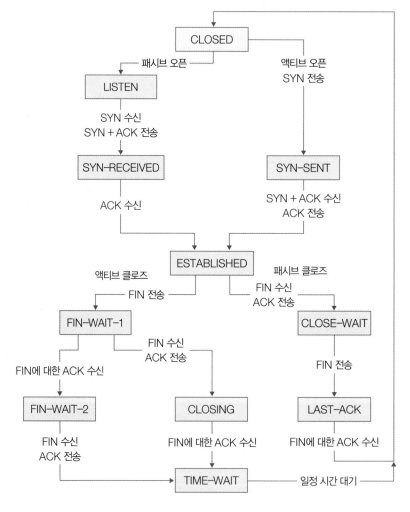

처음부터 TCP의 모든 상태를 기억하기는 어렵지만, 다음과 같은 항목화를 통해 한결 수월하게 정리할 수 있습니다.

❶ 연결이 수립되지 않았을 때 주로 활용되는 상태

❷ 연결 수립 과정에서 주로 활용되는 상태

❸ 연결 종료 과정에서 주로 활용되는 상태

❶ 연결이 수립되지 않았을 때는 주로 다음과 같은 CLOSED와 LISTEN 상태가 활용됩니다.

상태	설명
CLOSED	아무런 연결이 없는 상태
LISTEN	연결 대기 상태(쓰리 웨이 핸드셰이크의 첫 단계인 SYN 세그먼트를 대기하는 상태)

NOTE 서버로서 동작하는 패시브 오픈 호스트는 일반적으로 항상 LISTEN 상태로써 연결 요청을 기다립니다. LISTEN 상태인 호스트에 SYN 세그먼트를 보내면 쓰리 웨이 핸드셰이크가 시작됩니다.

❷ 연결 수립 과정에서는 주로 다음과 같은 SYN-SENT, SYN-RECEIVED, ESTABLISHED 상태가 활용됩니다. TCP의 연결 수립은 쓰리 웨이 핸드셰이크를 통해 이루어지므로 쓰리 웨이 핸드셰이크를 기준으로 각 호스트가 거치는 상태를 이해해 보기 바랍니다.

상태	설명
SYN-SENT	액티브 오픈 호스트가 SYN 세그먼트를 보낸 뒤, 그에 대한 응답인 SYN + ACK 세그먼트를 기다리는 상태(연결 요청 전송)
SYN-RECEIVED	패시브 오픈 호스트가 SYN + ACK 세그먼트를 보낸 뒤, 그에 대한 ACK 세그먼트를 기다리는 상태(연결 요청 수신)
ESTABLISHED	쓰리 웨이 핸드셰이크가 끝난 뒤 데이터를 송수신할 수 있는 상태(연결 수립)

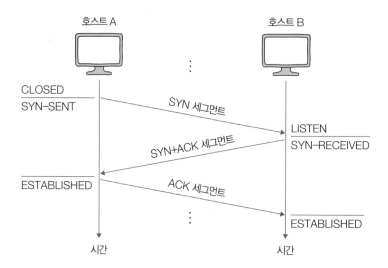

마지막으로 ❸ 연결 종료 과정에서는 주로 다음과 같은 FIN-WAIT-1, CLOSE-WAIT, FIN-WAIT-2, LAST-ACK, TIME-WAIT 상태가 활용됩니다.

상태	설명
FIN-WAIT-1	액티브 클로즈 호스트가 FIN 세그먼트로 연결 종료 요청을 보낸 상태(연결 종료 요청 전송)
CLOSE-WAIT	FIN 세그먼트를 받은 패시브 클로즈 호스트가 그에 대한 응답으로 ACK 세그먼트를 보낸 후 대기하는 상태(연결 종료 요청 승인)
FIN-WAIT-2	FIN-WAIT-1 상태에서 ACK 세그먼트를 받은 상태
LAST-ACK	CLOSE-WAIT 상태에서 FIN 세그먼트를 전송한 뒤 대기하는 상태
TIME-WAIT	액티브 클로즈 호스트가 마지막 ACK 세그먼트를 전송한 뒤 접어드는 상태

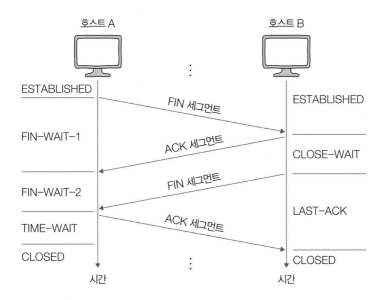

유의할 점은 패시브 클로즈 호스트가 마지막 ACK 세그먼트를 수신하면 CLOSED 상태가 되는 반면, TIME-WAIT 상태에 접어든 액티브 클로즈 호스트는 **일정 시간을 기다린 뒤** CLOSED 상태가 된다는 점입니다. 일정 시간을 대기하는 이유는 마지막 ACK 세그먼트가 올바르게 전송되지 않았을 수 있고, 이 경우 재전송이 필요하기 때문입니다.

여기서 잠깐

CLOSING 상태

CLOSING이라는 상태도 있습니다. CLOSING은 서로가 FIN 세그먼트를 보내고 받은 뒤 각자 그에 대한 ACK 세그먼트를 보냈지만, 아직 자신의 FIN 세그먼트에 대한 ACK 세그먼트를 받지 못했을 때 접어드는 상태입니다. 다음과 같이 양쪽이 동시에 연결 종료를 요청하고 서로의 종료 응답을 기다릴 경우에 발생하는 상태입니다.

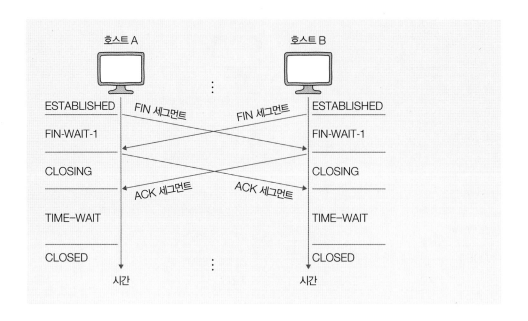

《5》 응용 계층 – HTTP의 기초

이제 네트워크 참조 모델의 최상단 계층인 응용 계층까지 왔습니다. 응용 계층의 핵심은 HTTP입니다. 개발자가 자주 접하고 다루게 될 중요한 프로토콜이므로 앞으로 5절과 6절에 걸쳐 HTTP의 기초와 응용으로 나누어 설명하겠습니다. 먼저 이번 절에서는 HTTP를 이해하기 위한 배경지식과 HTTP 전반에 대한 내용을 학습해 봅시다.

DNS와 URI/URL

HTTP를 이해하려면 도메인 네임과 그를 다루는 프로토콜인 DNS, 그리고 웹 상에서의 자원 개념과 이를 식별하기 위한 정보인 URI에 대해 이해해야 합니다. 좀 더 자세히 알아보겠습니다.

도메인 네임과 DNS

네트워크 상의 호스트를 식별하기 위해 기본적으로 사용되는 정보는 IP 주소입니다. 하지만 오로지 IP 주소만을 사용하기에는 다소 번거롭습니다. IP 주소로는 특정 호스트의 특징을 나타내기도 어렵고, 더욱이 호스트의 IP 주소는 언제든 바뀔 수 있기 때문입니다. 그래서 사용하는 것이 **도메인 네임** domain name입니다. 도메인 네임은 'www.example.com, developers.naver.com, git.kernel. org'와 같은 문자열 형태의 호스트 특정 정보로, 호스트의 IP 주소와 대응됩니다.

도메인 네임은 IP 주소에 비해 기억이 쉬울뿐더러, IP 주소가 바뀌더라도 바뀐 IP 주소에 도메인 네임을 다시 대응하면 되므로 IP 주소만으로 호스트를 특정하는 것보다 더 간편합니다. 도메인 네임과 그에 대응하는 IP 주소는 **네임 서버** name server라고 불리는 특별한 서버에서 관리됩니다. 도메인 네임을 관리하는 네임 서버는 **DNS 서버** DNS server라고도 부릅니다. 여러 개의 네임 서버가 존재하며, 전 세계 여러 군데에 위치해 있습니다. 호스트는 네임 서버에 '특정 도메인 네임을 가진 호스트의 IP 주소가 무엇인지' 질의함으로써 패킷을 주고받고자 하는 호스트의 IP 주소를 얻어낼 수 있습니다. 이렇게 IP 주소를 모르는 상태에서 도메인 네임에 대응되는 IP 주소를 알아내는 과정을 두고 흔히 '도메인 네임을 풀이(resolve)한다', '리졸빙(resolve+ing)한다'고도 표현합니다.

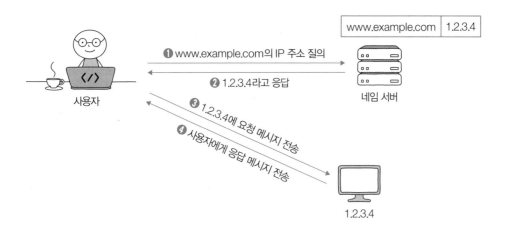

도메인 네임과 관련해 알아야 할 내용은 크게 2가지입니다. 하나는 도메인 네임의 계층적 구조이고, 다른 하나는 도메인 네임을 관리하는 네임 서버의 계층적 구조입니다. 하나의 도메인 네임은 점(.)을 기준으로 계층적으로 분류되어 있습니다. 최상단에 **루트 도메인**root domain이 있고, 그 다음 단계에는 **최상위 도메인(TLD)**Top-Level Domain이 있죠. 최상위 도메인으로는 대표적으로 'com, net, org, kr(대한민국), jp(일본), cn(중국), us(미국)' 등이 있습니다. 예를 들어 'www.example.com'의 최상위 도메인은 'com'인 것입니다. 참고로, 최상위 도메인은 이름과는 달리, 실제로 '도메인 네임의 마지막 부분'인 '최상위'가 아닙니다. 실은 도메인 네임의 마지막 부분에 점(.)으로 표현되는 루트 도메인도 도메인 네임의 일부이기 때문입니다. 다만, 일반적으로 도메인 네임을 표기할 때 루트 도메인(마지막 점)을 생략하기 때문에 대개 최상위 도메인을 도메인 네임의 마지막 부분으로 간주해 '최상위'라고 표현한 것입니다.

뒤이어 최상위 도메인의 하부 도메인은 **2단계 도메인(세컨드 레벨 도메인)**second-level domain이라 부르고, 2단계 도메인의 하부 도메인은 3단계 도메인이라 부릅니다. 도메인의 단계는 이보다 더 늘어날 수도 있지만, 일반적으로는 3~5단계 정도로 구성됩니다. 또한 'www.example.com.'처럼 도메인 네임을 모두 포함하는 도메인 네임은 **전체 주소 도메인 네임(FQDN)** Fully-Qualified Domain Name이라고 하며, 이 FQDN을 알면 호스트를 식별할 수 있습니다.

NOTE 참고로, 다른 도메인이 포함된 도메인은 서브 도메인(subdomain)이라고 부릅니다. 예를 들어 'mail.example.com, www.example.com, developer.example.com'은 모두 'example.com'의 서브 도메인입니다.

도메인 네임의 구조를 통해 도메인 네임이 계층적인 형태를 띤다는 것까지 확인했습니다. 이제 이러한 도메인 네임을 네임 서버들이 어떻게 관리하는지 알아볼 텐데요. 계층적 형태로 이뤄진 도메인 네임을 관리하는 네임 서버 또한 계층적 형태를 이룹니다. 네임 서버는 여러 개가 존재하며, 전 세계 여러 곳에 위치한다고 설명했습니다. 다시 말해, 네임 서버는 분산되어 관리됩니다. 이렇게 계층적으로 분산되어 있는 도메인 네임에 대한 관리 체계는 **도메인 네임 시스템(DNS)**Domain Name System이라고 부릅니다. DNS는 호스트가 이러한 DNS를 이용할 수 있도록 하는 애플리케이션 계층 프로토콜을 의미하기도 합니다.

그럼 도메인 네임이 이처럼 계층적으로 분산되어 있는 네임 서버를 바탕으로 어떻게 리졸빙되는지 알아봅시다. 가령 한 호스트가 'minchul.net'이라는 도메인 네임을 통해 IP 주소를 알아내고자 하는 경우를 가정해 봅시다. 호스트는 가장 먼저 로컬 네임 서버에게 도메인 네임을 질의하게 됩니다. **로컬 네임 서버**local name server는 클라이언트와 맞닿아 있는 네임 서버로, 클라이언트가 도메인 네임을 통해 IP 주소를 알아내고자 할 때 가장 먼저 찾게 되는 네임 서버입니다. 클라이언트가 로컬 네임 서버를 찾을 수 있으려면 로컬 네임 서버의 주소를 알고 있어야겠죠. 그래서 많은 경우 ISP가 로컬 네임 서버의 주소를 자동으로 할당해 줍니다. 다만, ISP에서 할당해 주는 로컬 네임 서버 주소가 아닌, **공개 DNS 서버**public DNS Server를 이용할 수도 있습니다. 공개 DNS 서버에는 대표적으로 구글의 '8.8.8.8, 8.8.4.4'와 클라우드플레어의 '1.1.1.1' 등을 예로 들 수 있습니다.

로컬 네임 서버가 FQDN에 대응하는 IP 주소를 알고 있다면 클라이언트에게 즉시 해당 IP 주소를 반환합니다. 하지만 만일 로컬 네임 서버가 IP 주소를 모른다면 로컬 네임 서버는 FQDN에 대응하는 IP 주소를 알아낼 때까지 도메인 네임의 루트 도메인을 관장하는 서버(**루트 네임 서버**root name server)에게 질의하고, 최상위 도메인을 관장하는 서버(**TLD 네임 서버**TLD name server), 그 하위 레벨의 도메인 네임을 관장하는 네임 서버, 등에 걸쳐 질의하게 됩니다. 그렇게 최종적으로 클라이언트가 원하는 IP 주소를 반환받으면 해당 주소를 클라이언트에게 전달하게 되죠. 요컨대, 도메인 네임이 계층적인 구조를 띄는 것처럼 도메인 네임의 각 구조를 관리하는 서버 또한 계층적인 구조로 관리되며,

클라이언트와 맞닿아 있는 로컬 네임 서버가 질의받은 도메인 네임에 대한 IP 주소를 모르는 경우, IP 주소를 알아낼 때까지 계층적인 도메인 네임 서버들에게 질의를 반복하게 됩니다.

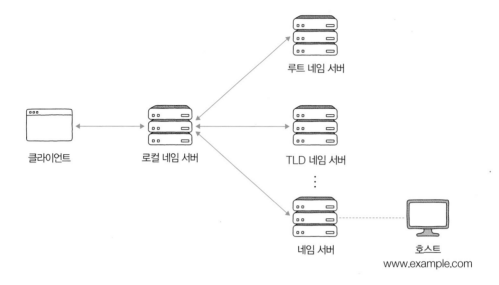

참고로, 이와 같은 질의 과정이 너무 많이 반복되면 네트워크 내 트래픽이 많아지고, 리졸빙에 지나치게 오랜 시간이 걸리기 때문에 실제로는 네임 서버들이 기존에 응답받은 결과를 임시로 저장했다가 추후 같은 질의에 활용하는 경우가 많습니다. 이를 **DNS 캐시**DNS cache라고 합니다. DNS 캐시를 저장하는 용도로만 활용되는 서버도 있죠. DNS 캐시를 활용하면 보다 적은 트래픽으로, 보다 짧은 시간 안에 원하는 IP 주소를 얻어낼 수 있기 때문에 클라이언트가 자주 접속하는 웹사이트와 같이 자주 질의되는 도메인 네임인 경우의 대부분이 로컬 네임 서버 선에서 캐시되어 있습니다.

NOTE DNS 서버에 캐시된 값은 저마다 TTL(Time To Live) 값이 정해져 있습니다. 여기서 TTL은 캐시될 수 있는 시간을 나타냅니다(IP 헤더 내의 TTL 필드와 용어는 같지만 무관한 내용입니다).

DNS 레코드 타입

여러분이 서버 프로그램을 배포하여 운영한다고 가정해 보겠습니다. 그 서버 컴퓨터에는 IP 주소가 있을 것이고, 클라이언트는 해당 IP 주소를 통해 여러분의 서버 프로그램과 상호작용할 수 있을 것입니다. 이때 클라이언트가 IP 주소가 아니라 도메인 네임을 통해 서버와 상호작용할 수 있도록 하려면 어떻게 해야 할까요? 가장 먼저 해야 할 일은 도메인 네임을 구입하는 것입니다. 도메인 네임은 각종 DNS 서비스 업체에서 구매할 수 있으며, 해당 업체들은 많은 경우 네임 서버를 운영합니다.

그런데 도메인 네임을 구입한다고 해도, 구입한 도메인 네임이 여러분의 서버 IP 주소에 대응된다는 사실을 네임 서버에 알리지 않으면 네임 서버는 당연히 그 사실을 알 수 없습니다. 따라서 IP 주소에 도메인 네임을 대응하기 위해서는 네임 서버에 도메인 네임 관련 설정 정보를 추가해야 합니다. 이때 추가하는 정보가 바로 **DNS 자원 레코드(DNS resource record)**입니다. 줄여서 DNS 레코드라고도 부르죠. 특정 IP 주소가 어떤 도메인 네임에 대응되는지를 비롯해, 도메인 네임과 관련한 각종 정보들이 DNS 자원 레코드의 형태로 네임 서버에 저장되어 있는 셈입니다. 다음은 네임 서버에 DNS 레코드를 추가하는 모습입니다.

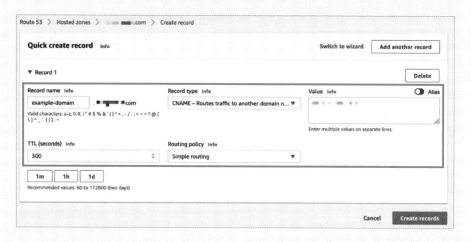

DNS 레코드를 추가하고 편집하는 세부적인 방법은 DNS 서비스 업체마다 조금씩 다를 수 있지만, 추가하고 편집할 DNS 레코드에 포함된 정보는 어떤 DNS 서비스 업체인지와 무관하게 거의 비슷합니다. 우선 모든 DNS 레코드에는 기본적으로 이름(Record name)과 그에 대응하는 값(Value)이 있으며, 그 〈이름, 값〉 쌍의 유형을 나타내는 레코드 타입(Record type)도 포함되어 있습니다. 레코드 타입이 달라지면 레코드의 이름과 값의 의미가 달라지기 때문에 써 넣어야 할 내용도 달라집니다. 다양한 레코드 유형 중 여러분이 자주 접하게 될 레코드 유형은 다음과 같습니다. 참고로, 이 레코드 유형뿐만 아니라 DNS 레코드가 캐시될 수 있는 시간인 TTL도 설정할 수 있습니다.

레코드 유형	설명
A	특정 호스트에 대한 도메인 네임과 IPv4 주소와의 대응 관계
AAAA	특정 호스트에 대한 도메인 네임과 Ipv6 주소와의 대응 관계
CNAME	호스트 네임에 대한 별칭 지정
NS	특정 호스트의 IP 주소를 찾을 수 있는 네임 서버
MX	해당 도메인과 연동되어 있는 메일 서버

예를 들어 다음 표의 첫 번째 레코드는 'example.com.이 1.2.3.4에 대응되어 있다'는 것을 보여줍니다. 즉, 첫 번째 레코드와 같은 레코드를 저장하는 네임 서버에 'example.com.'을 질의하면 '1.2.3.4'를 응답받을 수 있습니다. 여기에 두 번째 레코드가 추가되었다고 가정해 보죠. 추가된 레코드는 'example.com.'에 대한 별칭으로 'www.example.com.'을 사용하겠다는 의미이므로 'www.example.com.'을 질의하면 'example.com.'과 같은 IP 주소인 '1.2.3.4'를 응답받게 됩니다.

레코드 유형	이름	값	TTL
A	example.com.	1.2.3.4	300
CNAME	www.example.com.	example.com.	300

자원과 URI/URL

이번에는 웹 상에서의 자원과 이를 식별하기 위한 정보, URI에 대해 알아보겠습니다. 자원이라는 용어는 이미 3장 '운영체제'에서 학습한 적이 있습니다. 자원이란 프로그램 실행에 마땅히 필요한 요소라고 언급했죠. 네트워크의 맥락에서 사용되는 자원의 의미도 그와 유사합니다. **자원**resource이란 네트워크 상의 메시지를 통해 주고받는 최종 대상을 의미합니다. HTML 파일이 될 수도 있고, 이미지나 동영상 파일이 될 수도 있으며, 텍스트 파일이 될 수도 있습니다. 즉, 두 호스트가 네트워크를 통해 서로 정보를 주고받을 때 송수신하는 대상이 바로 자원인 셈입니다.

URIUniform Resource Identifier는 이러한 웹 상에서의 자원을 식별하기 위한 정보를 의미합니다. 자원(Resource)을 식별(Indentifier)하는 통일된 방식(Uniform)이 URI인 것이죠. URI로 자원을 식별할 때는 '이름'을 기반으로 식별하기도 하고, '위치'를 기반으로 식별하기도 합니다. 이때 이름으로 자원을 식별하는 방식을 **URN**Uniform Resource Name이라고 하고, 위치로 자원을 식별하는 방식을 **URL**Uniform Resource Locator이라고 합니다. URN과 URL 중 오늘날 인터넷 환경에서 자원 식별에 더 많이 사용되는 방법은 위치 기반의 식별자인 URL이므로 URL에 대해 좀 더 살펴보겠습니다.

URL은 구조를 이해하는 것이 중요합니다. 이는 어떠한 형식으로 위치에 따라 자원을 식별하는지에 대해 이해하는 것과 같습니다. 일반적인 URL의 구조는 다음과 같습니다. 각각의 요소가 HTTP(S)에서 어떻게 표기되고, 사용되는지를 기준으로 알아보겠습니다.

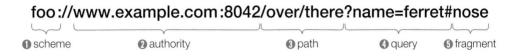

❶ scheme

scheme는 자원에 접근하는 방법을 나타냅니다. scheme에서 명시할 수 있는 값은 매우 다양하지만, 일반적으로는 사용할 프로토콜이 명시됩니다. 가령 scheme가 'http://'일 경우 HTTP를 사용하여 자원에 접근함을 나타내고, 'https://'일 경우 HTTPS를 사용하여 자원에 접근함을 나타냅니다.

❷ authority

authority에는 호스트를 특정할 수 있는 IP 주소나 도메인 네임이 명시됩니다. 콜론(:) 뒤에 포트 번호를 명시할 수도 있습니다.

❸ path

path에는 자원이 위치하고 있는 경로가 명시됩니다. 슬래시(/)를 기준으로 계층적으로 표현되며, 최상위 경로 또한 슬래시로 표현됩니다. 가령 'http 프로토콜로 접근 가능한 도메인 네임 example.com의 자원 중 /home/images/a.png에 위치한 자원'은 'http://example.com/home/images/a.png'로 표현할 수 있습니다.

❹ query

query는 URL에 대한 매개변수 역할을 하는 문자열입니다. **쿼리 문자열**query string, **쿼리 파라미터**query parameter 등으로도 불립니다. 이는 'scheme, authority, path만으로는 표현하기 어려운 추가 정보'와도 같습니다. scheme, authority, path만으로 웹 상의 정보를 식별 가능한 경우도 물론 많지만, 때로는 자원을 식별하기 위해 추가적인 정보가 필요할 때가 있습니다. 예를 들어 수많은 단어 목록 중에서 '특정 단어를 검색한 결과'에 해당하는 자원이나, 수많은 상품 목록 중에서 '특정 상품을 검색한 뒤 그 결과를 내림차순으로 정렬한 결과'에 해당하는 자원을 scheme, authority, path만으로 모두 표현하기란 어렵죠. 이럴 때 쿼리 문자열을 사용합니다. 쿼리 문자열은 물음표(?)로 시작되는 〈키=값〉 형태의 데이터로, 앰퍼샌드(&)를 사용하여 여러 쿼리 문자열을 연결할 수 있습니다. 다음 예시를 통해 쿼리 문자열로 보다 다양하게 서버와 상호작용할 수 있다는 점을 이해해 보세요.

지역: location
침실 수: rooms
면적: size
최소 가격: min_price

http://example.com/search?location=seoul&rooms=2&size=100&min_price=200000
지역은 서울, 침실 수는 2개, 면적은 100, 최소 가격은 200000

상품 카테고리: category
브랜드: brand
할인 여부: discounted
정렬 순서: sorted

http://example.com/search?category=books&brand=hanbit&discounted=true&sorted=price_desc
카테고리는 도서, 브랜드는 한빛, 할인은 진행 중인 상품, 정렬은 가격별 내림차순

❺ fragment

fragment는 자원의 일부분, 자원의 한 조각을 가리키기 위한 정보입니다. 일반적으로 HTML 파일 과 같은 자원에서 특정 부분을 가리키는 데 사용됩니다. 다음에 제시된 (a)와 (b), 2가지 URL 예 시를 비교하며 이해해 보겠습니다. 브라우저를 통해 해당 URL로 접속해 보면 URL (a)는 자원의 조각이 아닌 자원 그 자체(HTML 파일 자원 자체)를 가리키므로 HTML의 첫 부분이 나타나는 반면, URL (b)는 HTML 자원의 특정 부분을 가리키므로 HTML 파일의 특정 부분으로 이동하여 보이는 것을 확인할 수 있습니다.

(a) https://datatracker.ietf.org/doc/html/rfc3986
(b) https://datatracker.ietf.org/doc/html/rfc3986#section-1.1.2

URN

URL은 위치를 기반으로 자원을 식별하지만, 자원의 위치는 언제든 변할 수 있습니다. 자원의 위치가 변하면 URL은 유효하지 않죠. 반면, URN은 자원에 고유한 이름을 붙이는 이름 기반의 식별자이기 때문에 자원의 위치와 무관하게 자원을 식별할 수 있다는 장점이 있습니다.

다음은 ISBN이 '0451450523'인 도서를 나타내는 URN입니다. 위치나 프로토콜과 무관하게 자원을 식별할 수 있다는 것을 짐작할 수 있습니다. 다만, URN은 아직 URL만큼 널리 채택된 방식은 아니므로 자원을 식별할 URI로는 URN보다 URL이 많이 사용됩니다.

```
urn:isbn:0451450523
```

HTTP의 특징과 메시지 구조

HTTP의 목적은 애플리케이션의 다양한 자원을 네트워크를 통해 송수신하는 것입니다. 다소 일반적이고 범용적인 목적이지만, 그것이 바로 HTTP의 핵심입니다. 다시 말해, 데이터의 형식에 구애받지 않고 다양한 애플리케이션 데이터의 송수신을 가능하게 하는 것이 HTTP의 주된 목적입니다. 그럼 HTTP가 이러한 목적을 이루기 위해 어떤 특징을 유지하는지, 나아가 HTTP 메시지의 구조는 어떠한지 알아보겠습니다.

HTTP의 특징

HTTP에는 주요한 특징 4가지가 있으며, 이는 프로그래밍에 큰 영향을 끼치기 때문에 모든 특징을 기억해 두는 것이 좋습니다. ❶ HTTP는 요청과 응답을 기반으로 동작하고(요청 응답 기반 프로토콜), ❷ HTTP는 미디어 독립적이며(미디어 독립적 프로토콜), ❸ HTTP는 상태를 유지하지 않고(스테이트리스 프로토콜), ❹ HTTP는 지속 연결을 지원합니다(지속 연결 프로토콜). 하나씩 살펴보겠습니다.

❶ 요청 응답 기반 프로토콜

HTTP는 기본적으로 요청 메시지를 보내는 클라이언트와 이에 대한 응답 메시지를 보내는 서버가 서로 HTTP 요청 메시지와 HTTP 응답 메시지를 주고받는 구조로 작동합니다. 따라서 같은 HTTP 메시지라도 HTTP 요청 메시지와 HTTP 응답 메시지의 형태는 다릅니다.

❷ 미디어 독립적 프로토콜

애플리케이션의 다양한 데이터를 네트워크를 통해 송수신한다는 목적에 걸맞게 HTTP는 HTTP 메시지를 통해 HTML, JPEG, PNG, JSON, XML, PDF 등 다양한 종류의 자원을 주고받을 수 있습니다. HTTP는 주고받을 자원의 특성과 무관하게 자원을 주고받는 수단(인터페이스)의 역할만 수행할 뿐이죠. HTTP에서 메시지로 주고받는 자원의 종류는 **미디어 타입**media type이라고 부릅니다. 즉, HTTP는 주고받을 미디어 타입에 특별한 제한을 두지 않고, 독립적으로 작동이 가능한 **미디어 독립적인 프로토콜**이라고 할 수 있습니다.

NOTE 미디어 타입은 MIME 타입(Multipurpose Internet Mail Extensions Type)이라고도 부릅니다.

미디어 타입은 네트워크 세상의 확장자와 같습니다. 파일의 종류를 .html, .png, .json, .mp4와 같은 확장자로 나타내듯, HTTP를 통해 송수신하는 자원의 종류는 미디어 타입으로 나타낼 수 있습니다. 미디어 타입은 기본적으로 슬래시를 기준으로 하는 '타입/서브타입type/subtype'의 형식으로 구성됩니다. **타입**type은 데이터의 유형, **서브타입**subtype은 주어진 타입에 대한 세부 유형을 나타내며, 다음과 같은 다양한 미디어 타입이 있습니다.

타입	타입 설명	서브타입	서브타입 설명
text	일반 텍스트 형식의 데이터	text/plain	평문 텍스트 문서
		text/html	HTML 문서
		text/css	CSS 문서
		text/javascript	자바스크립트 문서
image	이미지 형식의 데이터	image/png	PNG 이미지
		image/jpeg	JPEG 이미지
		image/webp	WebP 이미지
		image/gif	GIF 이미지
video	비디오 형식의 데이터	video/mp4	MP4 비디오
		video/ogg	OGG 비디오
		video/webm	WebM 비디오

audio	오디오 형식의 데이터	audio/midi	MIDI 오디오
		audio/wav	WAV 오디오
application	바이너리 형식의 데이터	application/octet-stream	알 수 없는 바이너리 데이터를 포함한 일반적인 바이너리 데이터
		application/pdf	PDF 문서 형식 데이터
		application/xml	XML 형식 데이터
		application/json	JSON 형식 데이터
		application/x-www-form-urlencoded	HTML 입력 폼 데이터(키-값 형태의 입력값을 URL 인코딩한 데이터)
multipart	각기 다른 미디어 타입을 가질 수 있는 여러 요소로 구성된 데이터	multipart/form-data	HTML 입력 폼 데이터
		multipart/encrypted	암호화된 데이터

여기서 잠깐

미디어 타입의 추가 표기 방법

미디어 타입에 별표 문자(*)가 사용되는 경우도 있습니다. 별표는 여러 미디어 타입을 통칭하기 위해 사용되는 데요. 예를 들어 'text/*'는 text 타입의 모든 서브타입을 나타냅니다. 또 '*/*'는 모든 미디어 타입을 나타내죠. 또한 미디어 타입에는 부가 설명을 위해 선택적으로 매개변수를 포함할 수도 있습니다. 매개변수는 '타입/서브 타입;매개변수=값'의 형식으로 표현됩니다. 예를 들어 'type/html;charset=UTF-8'은 미디어 타입이 HTML 문서 타입이며, HTML 문서 내에서 사용된 문자가 UTF-8로 인코딩되었음을 의미합니다.

③ 스테이트리스 프로토콜

HTTP는 상태를 유지하지 않는 **스테이트리스**stateless **프로토콜**입니다. 즉, 서버는 HTTP 요청을 보낸 클라이언트 관련 상태를 기억하지 않습니다. 그렇기 때문에 클라이언트의 모든 HTTP 요청은 기본적으로 독립적인 요청으로 간주됩니다. HTTP가 스테이트리스 프로토콜이라는 점은 다음과 같이 HTTP를 정의한 인터넷 표준 공식 문서(RFC 9110)에서 가장 먼저 강조된 특성인 만큼, 꼭 기억해 두는 것이 좋습니다.

```
1.   Introduction

1.1.  Purpose

   The Hypertext Transfer Protocol (HTTP) is a family of stateless,
   application-level, request/response protocols that share a generic
```

그렇다면 HTTP가 상태를 유지하지 않는 이유는 무엇일까요? 일반적으로 HTTP 서버는 많은 클라이언트와 동시에 상호작용합니다. 동시에 처리해야 할 요청 메시지의 수는 수천 개가 될 수도 있고, 많게는 수백만 개가 될 수도 있죠. 이런 상황에서 모든 클라이언트의 상태 정보를 유지하는 것은 서버에 큰 부담이 됩니다. 또 서버는 여러 대로 구성될 수도 있는데, 여러 대로 구성된 서버 모두가 모든 클라이언트의 상태를 유지해야 한다면 어쩔 수 없이 모든 서버가 모든 클라이언트의 상태 정보를 공유해야 합니다. 하지만 이는 매우 번거롭고 복잡한 작업입니다.

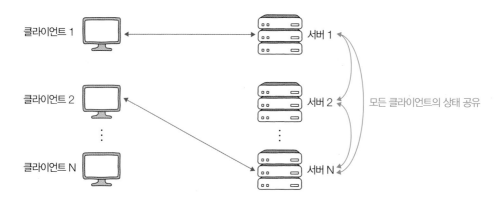

만일 모든 서버가 클라이언트의 상태 정보를 공유하지 못하면 클라이언트는 결국 자신의 상태를 기억하는 특정 서버하고만 상호작용하게 됩니다. 특정 클라이언트가 특정 서버에 종속되게 되는 것이죠. 그러다 어느 한 서버에 문제가 발생하면 해당 서버에 종속된 클라이언트는 직전까지의 HTTP 통신 내역을 잃어버리는 상황이 발생할 수도 있습니다.

HTTP 서버가 지켜야 할 중요한 설계 목표에는 **확장성**scalability과 **견고성**robustness이 있습니다. 서버가 상태를 유지하지 않고 모든 요청을 독립적인 요청으로 처리하면 특정 클라이언트가 특정 서버에 종속되지 않습니다. 따라서 서버의 추가나 대체가 쉬워집니다. 즉, 상태를 유지하지 않는 스테이트리스한 특성은 필요할 경우 언제든 쉽게 서버를 추가할 수 있어 확장성을 높이고, 서버 중 하나에 문제가 생기더라도 쉽게 다른 서버로 대체할 수 있어 견고성을 높일 수 있습니다.

❹ 지속 연결 프로토콜

HTTP에는 버전이 있습니다. 오늘날 많이 사용되는 버전 중 하나인 HTTP 1.1과 2.0은 TCP를 기반으로 동작합니다. TCP는 연결형 프로토콜이지만 HTTP는 비연결형 프로토콜이기 때문에 초기 HTTP 버전(HTTP 1.0 이하)에서는 쓰리 웨이 핸드셰이크를 통해 TCP 연결을 수립한 후, 요청에 대한 응답을 받으면 연결을 종료하는 방식으로 동작했습니다. 추가적인 요청-응답 메시지를 주고받으려면 매번 새롭게 연결을 수립하고 종료해야 했죠. 이러한 방식을 '비지속 연결'이라고 합니다. 하지만 최근 대중적으로 사용되고 있는 HTTP 버전(HTTP 1.1 이상)에서는 **지속 연결**persistent connection 이라는 기술을 제공합니다. 다른 표현으로는 **킵 얼라이브**keep-alive라고도 부르는데요. 이는 하나의 TCP 연결 상에서 여러 개의 요청-응답을 주고받을 수 있는 기술을 말합니다. 지속 연결을 통해 비지속 연결보다 빠른 속도로 여러 HTTP의 요청과 응답을 처리할 수 있습니다.

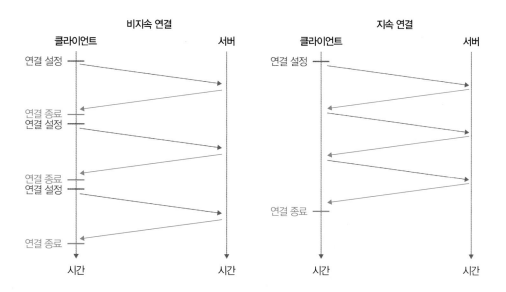

여기서 잠깐

HTTP 버전별 특징

바로 앞에서 HTTP의 버전이 있음을 언급했습니다. 오늘날 인터넷 환경에서 많이 사용되고 있는 HTTP 1.1 과 2.0, 3.0 버전별로 어떠한 특징이 있는지 간략하게 알아보겠습니다.

❶ HTTP 1.1

현재까지도 널리 사용되고 있는 버전입니다. HTTP 1.1부터 지속 연결 기능이 공식적으로 지원되었으며, HTTP 1.1 버전 이전에는 공식적으로 비지속 연결을 기반으로 동작했습니다. HTTP 1.1은 메시지를 평문으로 주고받는다는 특징이 있으며, 콘텐츠 협상 기능 등 오늘날 인터넷에서 자주 사용되는 다양한 편의 기능들이 추가되었습니다.

❷ HTTP 2.0

HTTP 1.1의 단점을 보완하고 개선하기 위한 버전으로, 다음과 같은 대표적인 특징 및 추가 기능들이 있습니다.

- **바이너리 데이터 기반 송수신:** 평문으로 메시지를 주고받는 HTTP 1.1과는 달리, 바이너리 데이터를 기반으로 메시지를 주고받습니다.

- **헤더 압축:** 헤더를 압축하여 송수신할 수 있어 네트워크 이용 효율을 높일 수 있습니다.

- **서버 푸시(server push):** 클라이언트가 요청하지 않았더라도 미래에 필요할 것으로 예상되는 자원을 미리 전송하는 기능입니다. 예를 들어 클라이언트가 'index.html'이라는 자원만을 요청했더라도 'styles. css, scripts.js' 파일이 'index.html'과 함께 사용될 것으로 예상되는 경우, 이를 미리 함께 응답합니다.

- **HTTP 멀티플렉싱(multiplexing) 기법:** 여러 개의 독립적인 스트림(stream)을 바탕으로 요청-응답 메시지를 병렬적으로 주고받는 기술입니다. 요청과 응답을 주고받는 단위는 하나의 스트림에서 이루어지고, 이러한 스트림 여러 개를 독립적으로 활용할 수 있는 기술입니다.

HTTP 2.0은 이와 같은 기능(특히 HTTP 멀티플렉싱)을 통해 HOL 블로킹(Head-Of-Line blocking)이라는 HTTP 1.1의 고질적인 문제를 완화한 버전으로도 알려져 있습니다. HOL 블로킹이란 '같은 큐에 대기하며 순차적으로 처리되는 여러 패킷이 있을 때, 첫 번째 패킷의 처리 지연으로 인해 나머지 패킷들의 처리도 모두 지연되는 문제 상황'을 의미합니다. 다음 그림과 같이 서버가 요청 B, C를 빠르게 처리할 수 있더라도 요청 A의 처리가 지연되면 요청 B, C의 처리 속도도 지연됩니다. 이러한 처리 지연 문제가 HOL 블로킹입니다.

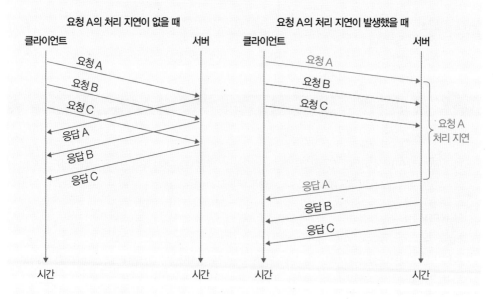

❸ HTTP 3.0

비교적 가장 최근에 등장하여 사용 비중이 점차 높아지고 있는 프로토콜입니다. HTTP 3.0의 가장 주요한 특징은 UDP를 기반으로 동작한다는 점입니다. 이전까지의 HTTP 버전들은 모두 TCP를 기반으로 동작했습니다. 하지만 HTTP 3.0부터는 UDP, 정확하게는 UDP를 기반으로 구현된 QUIC(Quick UDP Internet Connections)이라는 프로토콜을 기반으로 동작합니다. UDP는 TCP에 비해 상대적으로 송수신 속도가 빠르기 때문에 HTTP/3.0을 통해 속도 측면에서 큰 개선을 이루었습니다.

HTTP 메시지 구조

HTTP 메시지는 기본적으로 다음과 같이 시작 라인과 필드 라인, 그리고 메시지 본문으로 이루어져 있습니다. 필드 라인은 여러 개가 존재할 수 있고, 메시지 본문은 없을 수 있습니다. 메시지 본문에는 HTTP를 통해 주고받는 자원이 명시됩니다. 앞서 언급했듯 HTTP를 통해 다양한 자원을 주고받을 수 있으므로 HTTP (메시지)를 학습할 때는 시작 라인과 필드 라인에 중점을 두어야 합니다.

HTTP 메시지 =
```
시작 라인 (줄바꿈)
필드 라인* (줄바꿈)
(줄바꿈)
메시지 본문**
```
* 0개 이상
** 선택적

> **NOTE** 이해를 돕기 위해 평문으로 메시지를 주고받는 HTTP 1.1을 중심으로 학습해 보겠습니다.

HTTP는 요청 응답 기반의 프로토콜로, HTTP 요청 메시지와 HTTP 응답 메시지가 있습니다. 이때 **시작 라인**start-line으로 HTTP 메시지가 요청 메시지인지 응답 메시지인지를 구분할 수 있는데요. 시작 라인은 HTTP 메시지가 요청 메시지일 경우 **요청 라인**request-line이 되고, 응답 메시지일 경우 **상태 라인**status line이 됩니다.

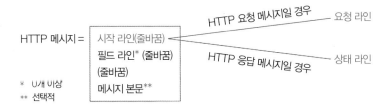

요청 라인과 상태 라인은 다음과 같은 형식으로 구성되어 있습니다. 요청 라인과 상태 라인을 구성하고 있는 필드의 이름이 각기 다른 것을 볼 수 있습니다.

요청 라인 = | 메서드 (공백) 요청 대상 (공백) HTTP 버전 (줄바꿈) |

상태 라인 = | HTTP 버전 (공백) 상태 코드 (공백) 이유 구문** (줄바꿈) |

** 선택적

각 필드의 의미를 아는 것이 중요하므로 하나씩 정리해 보겠습니다. 이 중 요청 라인의 **메서드**와 상태 라인의 **상태 코드** 및 **이유 구문**이 가장 중요한 정보입니다.

구분	필드 이름	설명
요청 라인	메서드(method)	클라이언트가 서버의 자원에 대해 수행할 작업의 종류를 나타냅니다.
	요청 대상(request-target)	요청을 보낼 서버의 자원을 명시합니다. 일반적으로 쿼리 문자열이 포함된 URL의 path가 명시됩니다. **(예1)** http://example.com/hello?q=network에 요청을 보낼 경우 /hello?q=network **(예2)** http://example.com/에 요청을 보낼 경우 /
	HTTP 버전(HTTP-version)	사용된 HTTP 버전입니다. 'HTTP/〈버전〉' 형식으로 표시됩니다. **(예)** HTTP/1.1
상태 라인	HTTP 버전(HTTP-version)	사용된 HTTP 버전입니다. 'HTTP/〈버전〉' 형식으로 표시됩니다.
	상태 코드(status code)	요청에 대한 결과를 나타내는 3자리 정수를 나타냅니다.
	이유 구문(reason phrase)	상태 코드에 대한 문자열 형태의 설명입니다.

이유 구문은 상태 코드에 대한 설명입니다. 예를 들어 상태 코드 200은 '요청이 성공적으로 받아들여지고 수행되었음'을 의미하며, 이유 구문까지 함께 표기한 상태 라인은 다음과 같습니다.

```
HTTP/1.1 200 OK
```

또한 상태 코드 404는 '요청한 자원이 존재하지 않음'을 의미하며, 이를 이유 구문까지 함께 표기한 상태 라인은 다음과 같습니다.

```
HTTP/1.1 404 Not Found
```

뒤에 이어질 다양한 상태 코드와 이유 구문에 대한 설명에서는 이해를 돕기 위해 가능한 한 200(OK),
404(Not Found)와 같이 상태 코드와 이유 구문을 함께 명시하겠습니다.

한편, HTTP 메시지의 **필드 라인**field-line에는 **HTTP 헤더**HTTP header가 명시됩니다. HTTP 헤더는 HTTP
메시지 전송과 관련한 부가 정보이자 제어 정보입니다. 일반적으로 하나의 HTTP 메시지에는 여러
헤더가 포함되어 있습니다. HTTP 헤더는 콜론(:)을 기준으로 **헤더 이름**header-name과 그에 대응하는
헤더 값header-value으로 구성됩니다.

```
HTTP/1.1 200 OK
Content-Type: text/html
Content-Length: 648          헤더

<!DOCTYPE html>
<html>
<head>
    <title>Example Page</title>
</head>
<body>
    <h1>Hello, World!</h1>
</body>
</html>
```

HTTP 메시지는 웹 브라우저를 통해 쉽게 조회할 수 있습니다. 가령 크롬 브라우저를 사용한다면
[개발자 도구]에서 [네트워크] 탭을 클릭한 뒤, HTTP를 사용하는 특정 웹사이트에 접속해 보세요.
책에서는 'http://example.com'에 접속한 후, 다음과 같이 응답받은 자원을 클릭해 자원을 응답
받기 위해 주고받은 요청 메시지와 응답 메시지를 확인했습니다.

Name	✕ Headers Preview Response Initiator Timing
📄 example.com

▼ General

Request URL:	https://example.com/
Request Method:	GET
Status Code:	● 304 Not Modified
Remote Address:	93.184.215.14:443
Referrer Policy:	strict-origin-when-cross-origin

▼ Response Headers

Accept-Ranges:	bytes
Age:	331684
Cache-Control:	max-age=604800
Date:	Fri, 21 Jun 2024 05:58:37 GMT
Etag:	"3147526947"
Expires:	Fri, 28 Jun 2024 05:58:37 GMT
Last-Modified:	Thu, 17 Oct 2019 07:18:26 GMT
Server:	ECAcc (sed/5902)
Vary:	Accept-Encoding
X-Cache:	HIT

▼ Request Headers

:authority:	example.com
:method:	GET
:path:	/
:scheme:	https
Accept:	text/html,application/xhtml+xml,application/xml;q=0.9,image/avif,image/webp,image/apng,*/*;q=0.8,application/signed-exchange;v=b3;q=0.7
Accept-Encoding:	gzip, deflate, br, zstd
Accept-Language:	ko-KR,ko;q=0.9,en-US;q=0.8,en;q=0.7
Cache-Control:	max-age=0
If-Modified-Since:	Thu, 17 Oct 2019 07:18:26 GMT
If-None-Match:	"3147526947"
Priority:	u=0, i
Sec-Ch-Ua:	"Google Chrome";v="125", "Chromium";v="125", "Not.A/Brand";v="24"
Sec-Ch-Ua-Mobile:	?0
Sec-Ch-Ua-Platform:	"Windows"
Sec-Fetch-Dest:	document
Sec-Fetch-Mode:	navigate
Sec-Fetch-Site:	none
Sec-Fetch-User:	?1
Upgrade-Insecure-Requests:	1
User-Agent:	Mozilla/5.0 (Windows NT 10.0; Win64; x64) AppleWebKit/537.36 (KHTML, like Gecko) Chrome/125.0.0.0 Safari/537.36

HTTP 메서드와 상태 코드

지금까지 정리한 HTTP 메시지 구조는 다음과 같은 그림으로 표현할 수 있습니다. HTTP 메시지에서 가장 중요한 부분은 요청 라인과 상태 라인이 명시되는 시작 라인, 그리고 헤더가 명시되는 필드 라인입니다. 요청 라인에서는 **메서드**, 상태 라인에서는 **상태 코드**(와 그를 설명하는 **이유 구문**)이 핵심입니다. 먼저 시작 라인에 명시될 메서드와 상태 코드에 대해 알아보고, 뒤이어 필드 라인에 명시되는 대표적인 HTTP 헤더에 대해 정리해 보겠습니다.

HTTP 메서드

HTTP 메서드부터 정리해 보겠습니다. HTTP 메서드에는 다음과 같은 종류가 있으며, 이 중 자주 사용되는 중요 메서드는 GET, HEAD, POST, PUT, PATCH, DELETE입니다. 간단한 예제를 통해 중요 메서드에 대해 좀 더 자세히 알아봅시다.

HTTP 메서드	설명
GET	자원을 습득하기 위한 메서드
HEAD	GET과 동일하나, 헤더만을 응답받는 메서드
POST	서버로 하여금 특정 작업을 처리하게끔 하는 메서드
PUT	자원을 대체하기 위한 메서드
PATCH	자원에 대한 부분적 수정을 위한 메서드
DELETE	자원을 삭제하기 위한 메서드
CONNECT	자원에 대한 양방향 연결을 시작하는 메서드
OPTIONS	사용 가능한 메서드 등 통신 옵션을 확인하는 메서드
TRACE	자원에 대한 루프백 테스트를 수행하는 메서드

❶ GET과 HEAD

GET은 가장 흔히 사용되는 메서드 중 하나로, 자원을 조회하는 용도의 메서드입니다. 웹 브라우저를 통해 여러 웹사이트의 자원을 조회하는 것은 모두 해당 웹사이트에 GET 요청을 보내는 것과 같습니다. 다시 말해, 웹 브라우저를 통한 웹 페이지 조회는 웹 브라우저의 GET 요청 메시지에 대한 응답을 의미합니다.

다음 예시는 간략화된 GET 요청 메시지와 그에 대한 응답 메시지입니다. 응답 메시지의 본문에서 요청한 자원인 HTML 문서가 포함되어 있음을 알 수 있습니다. 헤더에 명시된 내용은 뒤에서 학습할 예정이므로 시작 라인(요청 라인, 상태 라인)과 메시지 본문 위주로 살펴보기 바랍니다.

```
GET /example-page HTTP/1.1
Host: www.example.com
Accept: *
```

```
HTTP/1.1 200 OK
Content-Type: text/html
Content-Length: 648

<!DOCTYPE html>
<html>
<head>
    <title>Example Page</title>
</head>
<body>
    <h1>Hello, World!</h1>
</body>
</html>
```

NOTE Host 헤더는 어렵지 않으니 미리 알아 두고 갑시다. Host 헤더에는 '요청을 보낼 호스트'가 명시됩니다. Host 헤더와 요청 라인의 '요청 대상'을 조합하면 요청을 보내는 전체 URL을 알 수 있습니다. 가령 제시된 예시의 경우에는 'www.example.com/example-page'입니다.

HEAD 메서드는 응답 메시지에 메시지 본문이 포함되지 않는다는 점을 제외하면 사실상 GET 메서드와 동일합니다.

요청 메시지

```
HEAD /example-page HTTP/1.1
Host: www.example.com
Accept: *
```

응답 메시지

```
HTTP/1.1 200 OK
Content-Type: text/html
Content-Length: 648
```

❷ POST

POST는 서버로 하여금 특정 작업을 처리하도록 요청하는 용도로 사용되는 메서드입니다. 다양한 상황에서 활용될 수 있는 범용성 넓은 메서드지만, 많은 경우에 '클라이언트가 서버에 새로운 자원을 생성하고자 할 때' 사용됩니다. '특정 작업'이 '새로운 자원 생성'인 경우가 많다는 것이죠. 다음에 제시된 요청 메시지는 박스로 안에 있는 메시지 본문을 처리하도록 서버에 요청하는 메시지의 예시입니다. 이 또한 시작 라인(요청 라인, 상태 라인)과 메시지 본문을 위주로 살펴보기 바랍니다.

요청 메시지

```
POST /posting HTTP/1.1
Host: example.com
… (헤더 후략) …
{
    "Id": 1,
    "Title": "컴퓨터 네트워크",
    "Contents": "너무 중요한 과목이니 힘들어도 끝까지 화이팅해서 읽어 주세요!!!!!"
}
```

만약 이 요청 메시지가 '메시지 본문에 해당하는 자원을 새롭게 생성하도록' 요청하는 메시지였고, 성공적으로 자원이 생성되었다면 다음과 같은 형태의 응답 메시지를 보내게 됩니다. 일반적으로 Location 헤더를 통해 생성된 자원의 위치를 응답하고, 메시지 본문으로 생성된 자원을 응답합니다.

응답 메시지

```
HTTP/1.1 201 Created
Content-Type: application/json
Content-Length: 100
Date: Mon, 14 Oct 2024 16:35:00 PST
Location: /posting/1
{
    "Id": 1,
    "Title": "컴퓨터 네트워크",
    "Contents": "너무 중요한 과목이니 힘들어도 끝까지 화이팅해서 읽어 주세요!!!!!"
}
```

❸ PUT과 PATCH

PUT 메서드와 PATCH 메서드는 둘의 차이점에 유의하는 것이 좋습니다. PUT 메서드가 '덮어쓰기'를 요청하는 메서드인 반면, PATCH 메서드는 '부분적 수정'을 요청하는 메서드입니다. 가령 서버에 다음과 같은 형태의 자원이 있다고 가정해 보겠습니다.

```
{
    "Id": 1,
    "Title": "오늘도 즐거운 날입니다",
    "Contents": "재미있는 글 보고 가세요~"
}
```

이에 대해 PUT 요청을 전송할 경우, 자원은 요청 메시지 본문으로 완전히 대체됩니다. 소위 '덮어쓰기'가 되는 것입니다. 이를 테면 다음과 같은 PUT 요청 메시지를 전송했다고 가정해 보겠습니다.

```
PUT /posting HTTP/1.1
Host: example.com
… (헤더 후략) …
{
    "Id": 1,
    "Title": "수정된 제목입니다"
}
```

이 요청 메시지가 성공적으로 수행되었을 경우, 서버의 자원은 결과적으로 다음과 같은 형태가 됩니다.

```
{
    "Id": 1,
    "Title": "수정된 제목입니다"
}
```

반면, PATCH 요청을 전송할 경우 요청 메시지 본문에 해당하는 부분만 수정됩니다. 즉, '부분적 수정'이 수행됩니다. 다음은 PATCH 요청 메시지 예시와 요청 메시지가 성공적으로 수행되었을 경우 자원의 모습입니다.

```
PUT /posting HTTP/1.1
Host: example.com
··· (헤더 후략) ···
{
    "Id": 1,
    "Title": "수정된 제목입니다"
}
```

```
{
    "Id": 1,
    "Title": "수정된 제목입니다",
    "Contents": "재미있는 글 보고 가세요~"
}
```

❹ DELETE

DELETE 메서드는 특정 자원의 삭제를 요청할 때 사용되는 메서드입니다. 다음에 제시된 요청 메시지는 'example.com'이라는 호스트의 '/texts/a.txt'를 삭제하도록 요청하는 메시지의 예시입니다.

```
DELETE /texts/a.txt HTTP/1.1
Host: example.com
```

지금까지 다양한 HTTP 메서드를 살펴봤습니다. 참고로, 서버가 어떤 URI(URL)에 어떤 메서드로 요청을 받았을 때 서버가 어떻게 행동해야 하는지를 설계하는 것은 오로지 개발자의 몫입니다. 같은 URL에 대한 요청이라고 하더라도 여러 메서드에 대한 동작을 구현할 수도 있고, 어떤 메서드에 대한 동작은 구현하지 않을 수도 있습니다. 가령 '/list'라는 URL에 대해 GET 메서드로 요청 메시지를 받았을 때와 POST 메서드로 요청 메시지를 받았을 때를 다르게 동작하도록 개발할 수도 있고, PATCH 메서드에 대한 동작을 구현하지 않을 수도 있습니다.

HTTP 상태 코드

상태 코드는 요청의 결과를 나타내는 3자리의 정수입니다. 백의 자릿수를 기준으로 요청 결과의 유형을 나눌 수 있습니다. 다시 말해, 유사한 결과를 나타내는 상태 코드는 같은 백의 자릿수를 공유합니다. 다음 표를 참고해 보세요. 이들 중 200번대부터 500번대까지가 자주 사용되는 상태 코드에 해당합니다. 이 상태 코드들은 조금 더 자세히 알아보겠습니다.

상태 코드	설명
100번대(100~199)	정보성 상태 코드
200번대(200~299)	성공 상태 코드
300번대(300~399)	리다이렉션 상태 코드
400번대(400~499)	클라이언트 에러 상태 코드
500번대(500~599)	서버 에러 상태 코드

❶ 200번대: 성공 상태 코드

200번대 상태 코드는 '요청이 성공했음'을 의미합니다. 다음과 같은 상태 코드를 흔히 사용하는데요. 서버는 요청한 자원과 함께 상태 코드 200(OK)을 응답하고, 새로운 자원을 생성한 경우에는 상태 코드 201(Created)을 응답합니다. 또한 작업 시간이 긴 대용량 파일에 대한 업로드 작업이나 배치 작업과 같이 요청 결과를 곧바로 응답하기 어려운 경우에는 상태 코드 202(Accepted)로 응답할 수 있습니다.

상태 코드	이유 구문	설명
200	OK	요청이 성공했음
201	Created	요청이 성공했으며, 새로운 자원이 생성되었음
202	Accepted	요청을 잘 받았으나, 아직 요청한 작업을 끝내지 않았음
204	No Content	요청이 성공했지만, 메시지 본문으로 표시할 데이터가 없음

❷ 300번대: 리다이렉션 상태 코드

300번대 상태 코드는 리다이렉션과 관련된 상태 코드로, **리다이렉션**redirection이란 클라이언트가 요청한 자원이 다른 곳에 있을 때 다른 곳으로 요청을 이동시키는 것을 의미합니다. 클라이언트가 요청한 자원이 다른 URL에 있을 경우, 서버는 리다이렉션 관련 상태 코드와 함께 응답 메시지의

Location 헤더를 통해 요청한 자원이 위치한 URL을 안내해 줄 수 있습니다. 이를 수신한 클라이언트는 Location 헤더에 명시된 URL로 재요청을 보내 새로운 URL에 대한 응답을 받게 됩니다. 다음은 'http://example.com/old'로 GET 요청을 보낸 호스트가 'http://example.com/new'로 리다이렉트되어 상태 코드 200(OK)를 최종적으로 수신하는 예시입니다.

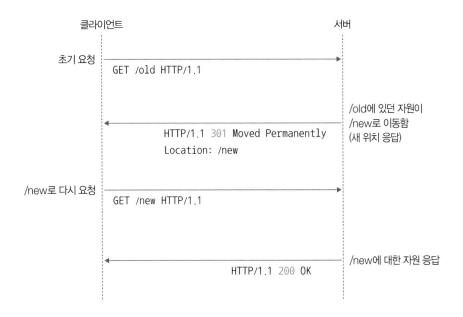

대표적인 리다이렉션 상태 코드는 다음과 같습니다. 리다이렉션 상태 코드의 유형을 살펴보면 각각 영구적 리다이렉션 관련 상태 코드, 일시적 리다이렉션 관련 상태 코드, 캐시 관련 상태 코드로 분류할 수 있습니다. 이 중 캐시와 관련된 상태 코드 304(Not Modified)는 467쪽 '캐시'에서 살펴보겠습니다.

상태 코드	이유 구문	설명
301	Moved Permanently	영구적 리다이렉션 – 재요청 메서드가 변경될 수 있음
308	Permanent Redirect	영구적 리다이렉션 – 재요청 메서드가 변경되지 않음
302	Found	일시적 리다이렉션 – 재요청 메서드가 변경될 수 있음
303	See Other	일시적 리다이렉션 – 재요청 메서드가 GET으로 변경됨
307	Temporary Redirect	일시적 리다이렉션 – 재요청 메서드가 변경되지 않음
304	Not Modified	캐시 – 자원이 변경되지 않음

영구적 리다이렉션permanent redirection은 자원이 완전히 새로운 곳으로 이동하여 경로가 영구적으로 재지정되는 것을 의미합니다. 자원의 위치가 영구적으로 변경되었음을 시사하므로, 기존 URL에 요청 메시지를 보내면 항상 새로운 URL로 리다이렉트됩니다. 만약 어떤 URL에 요청을 보낸 결과로 영구적인 리다이렉션 관련 상태 코드를 응답받았다면 요청을 보낸 기존의 URL은 기억할 필요가 없다고 봐도 무방합니다.

반면, **일시적 리다이렉션**temporary redirection은 자원의 위치가 임시로 변경되었거나 임시로 사용할 URL이 필요한 경우에 주로 사용됩니다. 만약 어떤 URL에 대해 일시적인 리다이렉션 관련 상태 코드를 응답받았다면 영구적인 리다이렉션과는 달리 여전히 요청을 보낸 기존의 URL을 기억해야 합니다.

301(Moved Permanently)과 308(Permanent Redirect), 그리고 302(Found)와 303(See Other), 307(Temporary Redirect)은 재요청 메서드가 어떻게 변경되는지에 따라 구분할 수 있습니다. 앞선 예시로 확인했듯이 클라이언트가 리다이렉션 상태 코드를 수신할 경우 Location 헤더에 명시된 URL로 즉시 재요청을 보내어 새로운 URL에 대한 응답을 받게 되는데요. 이때 처음으로 요청을 보낸 메서드가 POST 등 GET이 아닌 메서드일 경우를 생각해 보세요. 301(Moved Permanently)의 재요청 메서드는 GET으로 변경될 '가능성이 있지만', 308(Permanent Redirect)의 재요청 메서드는 첫 번째 요청 메서드에서 변경되지 않습니다. 즉, 301(Moved Permanently)의 애매모호함을 보완하기 위해 만들어진 상태 코드가 308(Permanent Redirect)이라고 할 수 있습니다.

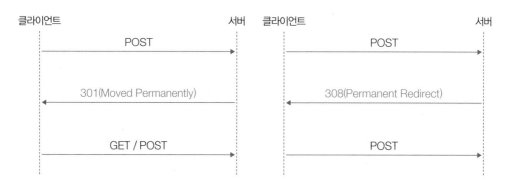

마찬가지로 302(Found)의 재요청 메서드는 GET으로 변경될 '가능성이 있고', 307(Temporary Redirect)의 재요청 메서드는 첫 번째 요청 메서드에서 변경되지 않습니다. 그리고 303(See Other)의 재요청 메서드는 반드시 GET으로 유지됩니다.

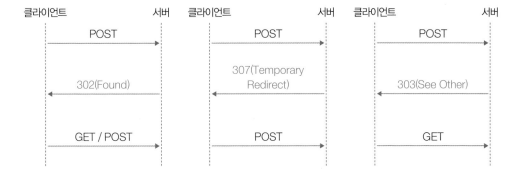

❸ 400번대: 클라이언트 에러 상태 코드

400번대 상태 코드는 '클라이언트에게 잘못이 있음'을 나타내는 상태 코드로, 다음에 제시된 상태 코드 400(Bad Request), 401(Unauthorized), 403(Forbidden), 404(Not Found), 405(Method Not Allowed) 등이 대표적입니다.

상태 코드	이유 구문	설명
400	Bad Request	요청 메시지의 내용이나 형식 자체에 문제가 있음
401	Unauthorized	요청한 자원에 대한 유효한 인증이 없음
403	Forbidden	요청이 서버에 의해 거부됨 **(예)** 자원에 대한 접근 권한이 충분하지 않음
404	Not Found	요청받은 자원을 찾을 수 없음
405	Method Not Allowed	요청한 메서드를 지원하지 않음

401(Unauthorized)과 403(Forbidden)을 혼동하지 않도록 주의해야 합니다. 401(Unauthorized)은 **인증**authentication을 요구하는 상태 코드이고, 403(Forbidden)은 **권한**authorization(**인가**라고도 합니다)을 요구하는 상태 코드입니다. 인증이란 '자신이 누구인지를 증명하는 작업'을 의미하고, 권한이란 '인증된 주체에게 허용된 작업'을 의미합니다. 로그인된 모든 유저는 인증된 유저라고 할 수 있지만, 로그인된 모든 유저가 관리자 페이지에 들어갈 수는 없겠죠. 다시 말해, 인증이 되었더라도 권한은 충분하지 않을 수 있습니다. 인증(Authentication)과 권한(Authorization)은 각종 개발 문서에서 매우 자주 언급되는 용어이므로 기억해 두기 바랍니다.

❹ 500번대 상태 코드

500번대 상태 코드는 '서버에게 잘못이 있음'을 나타내는 상태 코드로, 다음에 제시된 2가지 상태 코드가 대표적입니다.

상태 코드	이유 구문	설명
500	Internal Server Error	요청을 처리할 수 없음
502	Bad Gateway	중간 서버의 통신 오류

사실 500번대 상태 코드의 대부분은 '요청을 처리할 수 없음'을 나타내는 500(Internal Server Error)입니다. 서버에 어떤 문제가 발생했을 때, 익명의 다수 사용자에게 로그를 비롯한 문제의 발생 원인을 상세히 공개하는 것은 보안상 좋지 않기 때문에 보통 서버 문제를 가리키는 상태 코드는 500(Internal Server Error)으로 통칭하는 경우가 많습니다. 다만, 클라이언트와 서버 사이에 위치한 중간 서버에서 통신 오류가 있었음을 나타내는 상태 코드 502(Bad Gateway)도 종종 마주칠 수 있습니다. 서버와 클라이언트 사이에 위치한 중간 서버가 잘못된 응답을 받았을 경우 502(Bad Gateway)로 응답합니다.

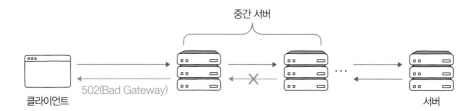

HTTP 주요 헤더

HTTP의 주요 헤더를 정리하면서 HTTP의 기초에 대한 이해를 마무리해 보겠습니다. HTTP 헤더의 종류는 책에서 모두 나열하기 어려울 정도로 다양합니다. 따라서 빈번히 사용되는 HTTP 헤더의 의미를 기억해 두고, 새로운 헤더가 나올 때마다 그때 그때 정리해도 무방합니다.

책에서는 독자의 이해를 돕기 위해 요청 메시지에서 주로 활용되는 HTTP 헤더와 응답 메시지에서 주로 활용되는 HTTP 헤더, 요청과 응답 메시지 모두에서 활용되는 HTTP 헤더로 나누어 설명하겠습니다. 참고로, 여기에서 소개하는 헤더들은 모두 '기본적인' 헤더에 해당한다는 것을 기억해 두길 바랍니다. 6절 'HTTP의 응용'에서 HTTP 헤더 기반의 주요 기술들과 쿠키 관련, 캐시 관련, 콘텐츠 협상 관련, 인증 관련 헤더에 대해서도 추가 학습할 예정입니다.

NOTE HTTP 헤더는 종류가 많기 때문에 처음부터 모두 암기하려고 노력할 필요가 없습니다. 부담 없이 각 HTTP 헤더의 의미와 용례를 파악하는 데 집중해 보세요.

요청 메시지에서 주로 활용되는 HTTP 헤더

HTTP 요청 메시지에서 주로 활용되는 대표적인 HTTP 헤더로는 Host, User-Agent, Referer 가 있습니다.

❶ Host

요청을 보낼 호스트가 명시되는 헤더입니다. 도메인 네임이나 IP 주소로 표현되며, 포트 번호가 포함될 수도 있습니다. Host 헤더와 요청 라인을 조합하면 요청을 보낸 URL을 짐작할 수 있는 경우가 많습니다. 가령 다음과 같은 HTTP 메시지는 'http://info.cern.ch/hypertext/WWW/TheProject.html'에 GET 요청 메시지를 보낼 때의 HTTP 요청 메시지입니다.

```
GET /hypertext/WWW/TheProject.html HTTP/1.1
Host: info.cern.ch
...
```

❷ User-Agent

개발에서 유용하게 사용되는 대표적인 HTTP 요청 헤더입니다. 본래 **유저 에이전트**user agent라는 용어는 HTTP 요청을 시작하는 클라이언트 측의 프로그램을 말하며, 이러한 프로그램에는 웹 브라우저가 대표적입니다. 유저 에이전트라는 용어의 의미처럼 User-Agent 헤더에는 요청 메시지를 보낸 클라이언트의 프로그램과 관련한 정보가 명시됩니다. 다음 User-Agent 헤더의 예시를 살펴보면 사용된 브라우저의 종류와 운영체제 및 아키텍처의 정보, 웹 브라우저에 시각적 요소를 구현하는 렌더링 엔진의 종류 등이 명시되어 있는 것을 볼 수 있습니다.

웹 브라우저의 Mozilla 호환 여부*   렌더링 엔진** 관련 정보

User-Agent: **Mozilla/5.0** (Windows NT 10.0; Win64; x64; rv:109.0) Gecko/20100101 Firefox/109.0

운영체제 및 아키텍처 정보   브라우저와 버전 정보

* 오늘날 웹 브라우저를 통한 요청 메시지에 대부분 포함된 정보
** 브라우저에 시각적 요소를 구현하는 구성 요소

User-Agent 헤더에 명시되는 값은 다른 헤더에 비해 다소 다양하고 복잡하기 때문에 처음부터 모든 항목과 값을 암기할 필요는 없지만, User-Agent 헤더를 통해 HTTP 요청 메시지를 보낸 클라이언트의 접속 수단(대표적으로 웹 브라우저)을 유추할 수 있다는 사실은 기억해 두기 바랍니다.

❸ Referer

Referer 헤더는 'Referrer'이라는 단어의 오타가 아니냐고 오해할 수 있지만, 오타가 아닙니다. 개발 초기 당시 오타로 표기됐던 'Referer'라는 단어가 오늘날까지 헤더의 이름으로 사용되고 있기 때문입니다. Referer는 User-Agent와 마찬가지로 개발에 유용하게 사용될 수 있는 헤더입니다. Referer 헤더에는 클라이언트가 요청을 보낼 때 머무르던 URL이 명시되며, 이를 통해 클라이언트의 유입 경로를 파악할 수 있습니다. 예를 들어 다음과 같은 Referer 헤더가 있다면, 이는 클라이언트가 'https://minchul.net'에 머무르다가 요청을 보냈음을 의미합니다.

```
Referer: https://minchul.net
```

응답 메시지에서 주로 활용되는 HTTP 헤더

이번에는 HTTP 응답 메시지에서 활용되는 대표적인 헤더를 학습해 봅시다. 관련해 Server, Allow, Location, 3가지 헤더를 알아볼 텐데, 어려운 개념이 아니므로 차근차근 읽어 봅시다.

❶ Server

HTTP 응답 메시지를 보내는 서버 호스트와 관련된 정보가 명시됩니다. 예를 들어 다음과 같은 Server 헤더를 통해 유닉스 운영체제에서 동작하는 아파치 HTTP 서버에서 응답 메시지를 보냈음을 알 수 있습니다.

```
Server: Apache/2.4.1 (Unix)
```

❷ Allow

Allow 헤더는 처리 가능한 HTTP 헤더 목록을 알리기 위해 사용됩니다. 상태 코드 405(Method Not Allowed)는 '수신한 요청 메시지의 메서드를 지원하지 않는다'는 상태 코드였는데요. Allow 헤더는 다음과 같이 상태 코드 405(Method Not Allowed)를 응답할 때 함께 사용할 수 있습니다.

```
HTTP/1.1 405 Method Not Allowed
Date: Thu, 19 Oct 2023 03:39:28 GMT
Server: WSGIServer/0.2 CPython/3.10.6
Content-Type: text/html; charset=utf-8
Vary: Accept, Cookie
Allow: POST, OPTIONS
```

❸ Location

Location 헤더는 클라이언트에게 자원의 위치를 알려 주기 위해 사용됩니다. 주로 리다이렉션이 발생했을 때나 새로운 자원이 생성되었을 때 사용됩니다. 451쪽에서 Location 헤더와 관련한 메시지 예시를 참고할 수 있습니다.

요청과 응답 메시지 모두에서 활용되는 HTTP 헤더

다음은 HTTP 요청 메시지와 응답 메시지 모두에서 자주 활용되는 HTTP 헤더인 Date, Content-Length, Content-Type, Content-Language, Content-Encoding, Connection에 대해 간략하게 정리해 보겠습니다.

❶ Date

Date 헤더는 이름에서 유추할 수 있듯, 다음과 같이 메시지가 생성된 날짜와 시각에 관련된 정보를 담은 헤더입니다.

```
Date: Tue, 15 Nov 1994 08:12:31 GMT
```

❷ Content-Length

Content-Length 헤더는 다음과 같이 메시지 본문의 바이트 단위 크기(길이)를 표현하기 위해 사용됩니다.

```
Content-Length: 123
```

❸ Content-Type, Content-Language, Content-Encoding

이 3개의 헤더는 메시지 본문이 어떻게 '표현'되었는지와 관련된 헤더라서 **표현 헤더**representation header라고 부르기도 합니다. 이 중 Content-Type은 메시지 본문에서 사용된 미디어 타입을 의미합니다. 미디어 타입에 대한 설명은 440쪽 'HTTP의 특징'에서 다뤘습니다.

```
Content-Type: text/html; charset=UTF-8
```

Content-Language 헤더는 메시지 본문에 어떤 자연어가 사용되었는지를 나타냅니다. 이는 언어 태그로 명시되며, 언어 태그는 다음과 같이 하이픈(-)으로 여러 서브 태그가 구분된 구조를 따릅니다.

⟨첫 번째 서브 태그⟩
⟨첫 번째 서브 태그⟩ – ⟨두 번째 서브 태그⟩
⟨첫 번째 서브 태그⟩ – ⟨두 번째 서브 태그⟩ – ⟨세 번째 서브 태그⟩
…

NOTE 일반적으로 첫 번째 서브 태그나 두 번째 서브 태그까지만 사용되는 경우가 많습니다.

Content-Language 헤더의 첫 번째 서브 태그에는 '특정 언어'를 나타내는 언어 코드가 명시되고, 두 번째 서브 태그에는 '특정 국가'를 나타내는 국가 코드가 명시됩니다. 즉, Content-Language 헤더를 이루는 언어 코드와 국가 코드의 조합을 통해 '어떤 국가에서 사용하는 어떤 언어'인지를 알 수 있습니다. 다음은 언어 코드와 국가 코드의 예시입니다. 일반적으로 언어 태그는 소문자로, 국가 코드는 대문자로 표기하는 경우가 많습니다. 예컨대, 'ko-KR'은 '한국에서 사용하는 한국어'를 의미하고, 'en-US'는 '미국에서 사용하는 영어', 'en-GB'는 '영국에서 사용하는 영어'를 의미합니다.

첫 번째 서브 태그		두 번째 서브 태그	
언어	언어 코드	국가	국가 코드
한국어	ko	한국	KR
영어	en	미국	US
중국어	zh	영국	GB
일본어	ja	중국	CN
독일어	de	타이완	TW
프랑스어	fr	일본	JP
		독일	DE
		프랑스	FR

Content-Encoding 헤더에는 메시지 본문을 압축하거나 변환한 방식이 명시됩니다. 효율적인 송신을 위해 메시지 본문이 압축/변환될 수 있는데요. 어떤 방식으로 메시지 본문이 압축/변환되었는지를 알아야 수신지 측에서 압축을 해제하고 재변환할 수 있을 것입니다. 이러한 경우에 Content-Encoding 헤더를 통해 메시지 본문의 압축 방식이나 변환 방식을 알 수 있습니다. Content-Encoding 헤더에 명시될 수 있는 값은 다음 예시와 같이 'gzip', 'compress', 'deflate', 'br' 등이 대표적입니다. 참고로, 메시지 본문은 여러 번 압축/변환될 수 있으며, 이 경우 세 번째 예시와 같이 압축/변환된 순서대로 명시됩니다.

```
Content-Encoding: gzip
Content-Encoding: br

// 여러 인코딩이 사용된 경우
Content-Encoding: deflate, gzip
```

❹ Connection

Connection 헤더는 HTTP 메시지를 송신하는 호스트가 어떠한 방식의 연결을 원하는지 명시하는 헤더입니다. 예를 들어 Connection 헤더의 값으로 다음과 같이 'keep-alive'를 명시하여 지속 연결을 희망함을 알릴 수도 있고, 'close'를 명시하여 연결 종료를 희망함을 알릴 수도 있습니다.

```
Connection: keep-alive
Connection: close
```

⟨6⟩ 응용 계층 – HTTP의 응용

앞선 절에서 HTTP의 기초와 메시지 구조에 대해 학습했으므로 이번에는 쿠키, 캐시, 콘텐츠 협상, 인증, 보안으로 대표되는 각종 HTTP 기반의 다양한 기술들을 알아보겠습니다.

쿠키

HTTP는 기본적으로 스테이트리스 프로토콜이기 때문에 모든 HTTP 요청 메시지는 독립된 메시지로 간주됩니다. 그런데 HTTP가 스테이트리스 프로토콜이라면 다음 '3일간 보지않기'와 같은 기능은 어떻게 구현되는 것일까요? 이런 기능은 분명 클라이언트의 상태를 알고 있어야 구현이 가능하므로 모든 클라이언트의 요청을 독립적인 메시지로 간주한다면 구현할 수 없을 것입니다.

☐ **3일간 보지않기**

HTTP 쿠키(이하 쿠키)를 활용하면 이와 같은 기능을 구현할 수 있습니다. **쿠키**cookie는 HTTP의 스테이트리스한 특성을 보완하기 위한 대표적 수단으로, 서버에서 생성되어 클라이언트 측에 저장되는 〈이름, 값〉 쌍 형태의 데이터입니다. 이름과 값 이외에도 때로는 쿠키의 만료 기간과 같은 추가적인 속성값도 가질 수 있죠. 클라이언트는 서버로부터 받은 쿠키를 주로 브라우저에 저장합니다. 그렇기 때문에 서버로부터 전달받은 쿠키는 브라우저를 통해 확인할 수 있습니다. 크롬 브라우저의 사용자라면 [개발자 도구]를 열고 [Application] - [Storage] - [Cookies] 항목을 확인해 보세요. 이곳의 행 하나 하나가 쿠키 데이터인 셈입니다. [Cookies]의 항목을 살펴보면 이름(Name)과 그에 대응되는 값(Value), 그리고 Domain, Path, Expires / Max-Age 등 쿠키에 대한 부가 정보인 속성도 확인할 수 있습니다.

Name	Value	Domain	Path	Expires / Max-Age	Size	HttpOnly	Secure
_ga_HXCF8G...		.hanbit.co.kr	/	2025-03-22T12:25:33.857Z	51		
PHPSESSID		www.hanbit.co.kr	/	Session	35		✓
_fbp		.hanbit.co.kr	/	2024-05-16T12:25:34.000Z	32		
ps_n		.facebook.com	/	2025-03-22T12:03:39.965Z	5	✓	✓
_ga		.hanbit.co.kr	/	2025-03-22T12:03:39.711Z	30		

서버는 쿠키를 생성하여 클라이언트에 전송하고, 클라이언트는 쿠키를 저장해 두었다가 추후 같은 서버에 요청을 보낼 때 요청 메시지에 쿠키를 포함하여 전송합니다. 서버가 클라이언트에게 쿠키를 전송할 때는 응답 메시지의 Set-Cookie 헤더가 활용되고, 클라이언트가 서버에게 쿠키를 건넬 때는 Cookie 헤더가 활용됩니다. 예시를 통해 좀 더 자세히 알아보겠습니다.

다음은 응답 메시지의 Set-Cookie 헤더 예시입니다. 쿠키의 이름과 값, 때로는 세미콜론(;)으로 구분한 쿠키의 속성이 명시될 수 있다는 것을 알 수 있습니다. 여러 쿠키를 전달할 때는 여러 개의 Set-Cookie 헤더가 사용되기도 합니다.

응답 메시지

```
Set-Cookie: 이름=값
Set-Cookie: 이름=값; 속성1
Set-Cookie: 이름=값; 속성1; 속성2
```

```
HTTP/1.1 200 OK
Content-Type: text/html
Set-Cookie: name=minchul
Set-Cookie: phone=100-100
Set-Cookie: message=Hello
… (헤더 후략) …

… (메시지 본문 생략) …
```

이와 같은 헤더를 전달받은 클라이언트는 Cookie 헤더로 전달받은 쿠키를 서버에 전송합니다. 다음은 Cookie 헤더의 예시입니다. 서버에 여러 쿠키를 전달할 때는 세미콜론(;)으로 여러 쿠키의 〈이름, 값〉 쌍을 구분할 수 있습니다. 여기서 유의할 점은 특정 서버로부터 쿠키를 전달받았다면 다음부터 해당 서버에 요청을 보낼 때 전달받은 쿠키를 자동으로 전송한다는 점입니다. 즉, 어떤 서버로부터 쿠키를 전달받으면 해당 서버에 보내는 요청 메시지에는 자동으로 전달받은 쿠키가 포함됩니다.

요청 메시지

```
Cookie: 이름=값; 이름=값;
```

```
GET /next_page HTTP/1.1
Host: example.com
Cookie: name=minchul; phone=100-100; message=Hello
… (헤더 후략) …
```

쿠키 데이터는 기본적으로 〈이름, 값〉의 쌍으로 구성되어 있지만, 앞선 예시에서 볼 수 있듯 대부분의 쿠키 데이터에는 속성값이 포함되어 있습니다. 도메인과 경로, 유효기간, 보안 등과 관련한 쿠키 데이터의 대표적인 속성들을 알아보겠습니다. 쿠키는 domain과 path 속성을 통해 쿠키를 전송할 도메인과 경로를 제한할 수 있습니다. 예를 들어 다음과 같은 응답 메시지에서는 헤더를 통해 쿠키를 사용할 도메인과 경로를 'minchul.net'과 '/lectures'로 제한하고 있습니다.

응답 메시지

```
Set-Cookie: name=minchul domain=minchul.net
Set-Cookie: name=minchul path=/lectures
```

또한 Expires로 명시된 시점이 지나거나 Max-Age로 명시된 유효기간이 지나면 해당 쿠키는 삭제되어 전달되지 않습니다. Expires는 [요일, DD-MM-YY HH:MM:SS GMT]의 형식으로 표기되는 쿠키 만료 시점을 의미하고, Max-Age는 초 단위 유효기간을 의미합니다.

응답 메시지

```
Set-Cookie: sessionID=abc123; Expires=Fri, 23 Aug 2024 09:00:00 GMT
Set-Cookie: sessionID=abc123; Max-Age=2592000
```

쿠키의 보안 속성으로 Secure과 HttpOnly라는 속성도 있습니다. Secure은 HTTP의 더 안전한 방식인 HTTPS를 통해서만 쿠키를 송수신하도록 하는 속성입니다(HTTPS에 관해서는 474쪽에서 설명하겠습니다). HttpOnly는 자바스크립트를 통한 쿠키의 접근을 제한하고, 오직 HTTP 송수신을 통해서만(HTTP 헤더를 주고받는 방식으로만) 쿠키에 접근하도록 하는 방식입니다.

응답 메시지

```
Set-Cookie: sessionID=abc123; Secure
Set-Cookie: sessionID=abc123; HttpOnly
```

여기서 잠깐

웹 스토리지: 로컬 스토리지와 세션 스토리지

쿠키 이외에도 클라이언트의 상태를 추측할 수 있는 〈키, 값〉 쌍 형태의 정보가 있습니다. 바로 **웹 스토리지(web storage)**입니다. 웹 스토리지는 웹 브라우저 내의 저장 공간으로, 일반적으로 쿠키보다 더 큰 데이터를 저장할 수 있습니다. 쿠키는 서버로 자동 전송되지만, 웹 스토리지의 정보는 서버로 자동 전송되지 않습니다.

웹 스토리지에는 크게 로컬 스토리지(local storage)와 세션 스토리지(session storage)가 있는데요, 로컬 스토리지는 별도로 삭제하지 않는 한 영구적으로 저장이 가능한 정보이고, 세션 스토리지는 세션이 유지되는 동안(쉽게 말해, 브라우저가 열려 있는 동안) 유지되는 정보입니다. [개발자 도구]를 열고 [Application] – [Storage]를 보면 로컬 스토리지와 세션 스토리지를 확인할 수 있습니다.

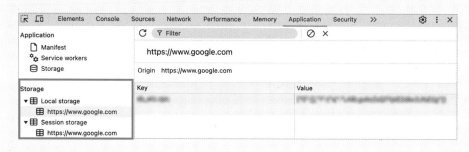

캐시

2장에서 학습했던 캐시 메모리를 기억하나요? 캐시 메모리는 메모리에 접근하는 시간을 줄이기 위해 자주 참조되는 내용을 저장하는 장치입니다. HTTP에서도 이와 유사한 개념인 HTTP 캐시(혹은 웹 캐시, 이하 캐시)가 있습니다. 캐시는 응답받은 자원의 사본을 임시 저장하여 불필요한 대역폭 낭비와 응답 지연을 방지하는 기술입니다. 가령 클라이언트가 서버로부터 10MB 크기의 이미지를 전달받았다고 가정해 보세요. 이 자원의 사본을 임시 저장하면 추후 동일한 요청 메시지를 보내야 할 때 임시 저장된 사본을 재활용할 수 있고, 결과적으로 더 빠르게 자원에 접근할 수 있습니다.

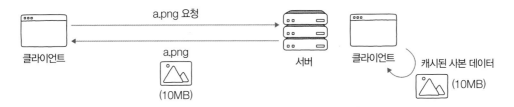

NOTE 캐시는 클라이언트(주로 웹 브라우저)에 저장되기도 하고, 클라이언트와 서버 사이에 위치한 중간 서버에 저장되기도 합니다. 전자를 개인 전용 캐시(private cache)라고 하고, 후자를 공용 캐시(public cache)라고 합니다.

대부분의 캐시된 데이터에는 유효기간이 설정되어 있습니다. 캐시할 데이터에 유효기간을 부여하기 위해 응답 메시지의 Expires 헤더(캐시한 데이터의 만료 날짜)와 Cache Control 헤더의 Max-Age 값(캐시하여 사용 가능한 초 단위 시간)을 사용할 수 있습니다. 클라이언트가 응답받은 자원을 임시 저장하여 이용하다가 유효기간이 만료되면 다시 서버에 자원을 요청해야 합니다.

응답 메시지

```
HTTP/1.1 200 OK
Date: Mon, 05 Feb 2024 12:00:00 GMT
Content-type: text/plain
Content-length: 100
Expires: Tue, 06 Feb 2024 12:00:00 GMT
… (본문 생략) …
```

```
HTTP/1.1 200 OK
Date: Mon, 05 Feb 2024 12:00:00 GMT
Content-type: text/plain
Content-length: 100
Cache-Control: max-age=1200
… (본문 생략) …
```

캐시에 유효기간이 부여되는 근본적인 이유는 클라이언트가 캐시를 참조하는 사이 서버의 원본 데이터가 변경되어 원본 데이터와 캐시된 사본 데이터 간의 일관성이 깨질 수 있기 때문입니다. 캐시된 사본 데이터가 서버의 원본 데이터와 얼마나 유사한지의 정도는 **캐시 신선도**cache freshness라고 표현합니다. 즉, 캐시의 유효기간을 설정하고 만료된 자원을 재요청함으로써 캐시 신선도를 검사할 수 있고, 원본 데이터가 변경되었을 때 해당 자원을 다시 응답받음으로써 캐시 신선도를 높게 유지할 수 있습니다.

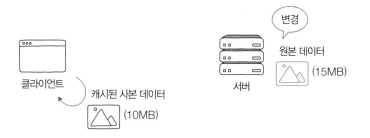

그런데 만약 캐시 데이터의 유효기간이 지났다고 하면 반드시 서버로부터 다시 자원을 응답받아야 할까요? 꼭 그럴 필요는 없습니다. 캐시의 유효기간이 만료되었더라도 서버의 원본 데이터가 변하지 않았을 수 있기 때문입니다. 이런 경우에는 굳이 서버로부터 같은 자원을 다시 전달받을 필요가 없겠죠. 다시 말해, 캐시의 유효기간이 만료되었더라도 캐시된 데이터가 여전히 최신 데이터라면 클라이언트는 굳이 서버로부터 같은 자원을 응답받을 필요가 없습니다. 그저 캐시의 유효기간을 연장하여 이용하면 되죠. 하지만 만일 서버의 원본 데이터가 변경되었다면 새로운 자원을 응답받아야 합니다.

그래서 클라이언트는 캐시된 자원의 유효기간이 만료되었을 때, 서버에게 **원본 자원이 변경된 적이 있는지**를 질의합니다. 이에 대한 서버의 응답에 따라 캐시된 자원의 유효기간을 연장하여 사용할지, 새로운 자원을 응답받아 사용할지를 결정하게 되죠. 클라이언트가 서버에게 원본 데이터의 변경 여부를 물어볼 때는 '날짜'를 기반으로 물을 수도 있고, '엔티티 태그'를 기반으로 물을 수도 있습니다. 하나씩 알아보겠습니다.

우선 클라이언트가 날짜를 기반으로 원본 자원의 변경 여부를 묻는 헤더로는 If-Modified-Since 헤더가 대표적입니다. If-Modified-Since 헤더의 값으로는 다음과 같은 특정 시점(날짜와 시각)이 명시되는데, 이 시점 이후로 원본 자원에 변경이 있었다면 그때만 변경된 자원을 메시지 본문으로 응답하도록 서버에게 요청하는 헤더입니다.

요청 메시지

```
GET /index.html HTTP/1.1
Host: www.example.com
If-Modified-Since: Fri, 23 Aug 2024 09:00:00 GMT
```

이번에는 서버 입장에서 생각해 볼까요? If-Modified-Since 헤더를 받은 서버의 자원은 크게 다음의 3가지 중 하나의 상황을 따르게 될 것입니다.

❶ 서버가 요청받은 자원이 변경된 경우

서버는 상태 코드 200(OK)과 함께 새로운 자원을 반환합니다.

❷ 서버가 요청받은 자원이 변경되지 않은 경우

서버는 메시지 본문 없이 상태 코드 304(Not Modified)를 통해 클라이언트에게 '자원이 변경되지 않았음'을 알립니다. 이 경우 클라이언트는 캐시된 자원을 사용할 수 있습니다. 이때 서버는 상태 코드 304(Not Modified)와 함께 Last-Modified 헤더로 자원의 '마지막 변경 시점'을 알릴 수 있습니다. '캐시된 자원을 참조하라'는 의미의 상태 코드 304(Not Modified)는 가장 흔히 볼 수 있는 상태 코드 중 하나이므로 꼭 기억해 두길 바랍니다.

▼ General	
Request URL:	https://example.com/
Request Method:	GET
Status Code:	● 304 Not Modified
Remote Address:	93.184.215.14:443
Referrer Policy:	strict-origin-when-cross-origin
▼ Response Headers	
Accept-Ranges:	bytes
Age:	42570
Cache-Control:	max-age=604800
Date:	Fri, 17 May 2024 06:31:08 GMT
Etag:	"3147526947+gzip"
Expires:	Fri, 24 May 2024 06:31:08 GMT
Last-Modified:	Thu, 17 Oct 2019 07:18:26 GMT

❸ 서버가 요청받은 자원이 삭제된 경우

서버는 상태 코드 404(Not Found)를 통해 요청한 '자원이 존재하지 않음'을 알립니다.

클라이언트가 서버에게 원본 자원의 변경 여부를 묻기 위해 날짜가 아닌 엔티티 태그를 기반으로 물어볼 수도 있습니다. 흔히 **Etag**라고도 줄여 부르는 **엔티티 태그**^{Entity Tag}는 '자원의 버전'을 식별하기 위한 정보를 말합니다. 자원이 변경될 때마다 자원의 버전을 식별하는 Etag 값이 변경되고, 반대로 자원이 변경되지 않았다면 Etag 값도 변경되지 않습니다.

따라서 서버에 특정 자원의 엔티티 값이 변경되었는지를 물음으로써 자원의 변경 여부도 알 수 있습니다. 이를 위한 대표적인 HTTP 요청 헤더로는 If-None-Match 헤더가 있는데요. If-None-Match 헤더에는 요청할 자원에 대한 Etag 값이 명시되며, 명시된 Etag 값과 일치하는 Etag가 없다면(자원이 변경되어 Etag 값도 변경되었다면) 그때만 변경된 자원으로 응답하도록 서버에게 요청하는 헤더입니다. 다음 요청 메시지는 요청을 보내는 자원의 Etag 값이 'abc'인지를 묻는 예시입니다.

요청 메시지

```
GET /index.html HTTP/1.1
Host: www.example.com
If-None-Match: "abc"
```

마찬가지로 서버의 입장에서 If-None-Match 헤더를 받은 서버의 자원은 크게 다음의 3가지 중 하나의 상황을 따르게 될 것입니다.

❶ 서버가 요청받은 자원이 변경된 경우

서버는 상태 코드 200(OK)과 함께 새로운 자원을 반환합니다.

❷ 서버가 요청받은 자원이 변경되지 않은 경우

서버는 메시지 본문 없이 상태 코드 304(Not Modified)를 통해 클라이언트에게 '자원이 변경되지 않았음'을 알립니다. 이 경우 클라이언트는 캐시된 자원을 사용할 수 있습니다.

❸ 서버가 요청받은 자원이 삭제된 경우

서버는 상태 코드 404(Not Found)를 통해 요청한 '자원이 존재하지 않음'을 알립니다.

콘텐츠 협상

지금까지는 서버와 클라이언트가 HTTP 메시지를 통해 주고받는 것을 '자원'이라고 설명했는데요. 사실 이 용어는 조금 더 엄밀하게 정의될 수 있습니다. 조금 더 구체적으로 말하면 서버와 클라이언트가 HTTP 메시지를 통해 주고받는 것은 '자원의 표현'입니다. **표현**^{representation}이란 '송수신 가능한 자원의 형태'를 의미합니다.

같은 자원에 대해서도 여러 가지 표현이 있을 수 있습니다. 다음 예시를 봅시다. 앞서 자원은 URI(URL)로 식별이 가능하다고 했는데요. 다음 그림과 같이 'computer science를 검색한 결과'라는 동일한 자원을 요청했더라도 한국어로 표현된 자원이 응답될 때가 있고, 영어로 표현된 자원이 응답될 때가 있습니다. 즉, 같은 URI(URL)에 대해서도 다른 자원의 표현이 있을 수 있다는 것입니다.

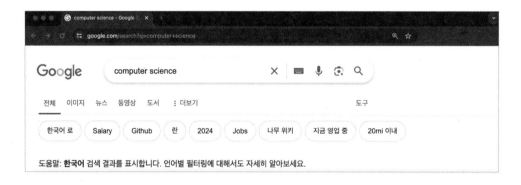

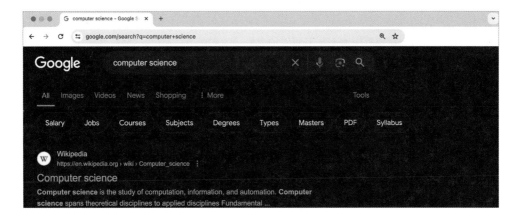

NOTE 이와 같은 이유로 GET 메서드의 정확한 목적은 '자원 조회'보다는 '자원의 특정 표현 조회'에 가깝습니다.

이때 같은 자원에 대해 할 수 있는 여러 표현 중 클라이언트가 가장 적합한 자원의 표현을 제공하는 기술을 **콘텐츠 협상**content negotiation이라고 합니다. 자원에 대한 다양한 표현 중 클라이언트가 선호하는 자원의 표현을 콘텐츠 협상 헤더를 통해 서버에게 전송하면 서버는 클라이언트가 요청한 자원의 표현을 응답합니다. 다음은 대표적인 콘텐츠 협상 헤더입니다.

- **Accept**: 선호하는 미디어 타입을 나타내는 헤더
- **Accept-Language**: 선호하는 언어를 나타내는 헤더
- **Accept-Encoding**: 선호하는 인코딩 방식을 나타내는 헤더

요청 메시지

```
GET /index.html HTTP/1.1
Host: example.com
Accept-Language: ko
Accept: text/html
```

참고로, 클라이언트가 우선순위를 반영하여 여러 표현에 대한 선호도를 서버에 알릴 수도 있습니다. 예를 들어 클라이언트가 '언어는 한국어를 가장 선호하지만, 영어도 받을 용의가 있다', 혹은 '미디어 타입은 HTML 문서를 가장 선호하지만, XML을 그 다음으로 선호하고, 일반 텍스트를 그 다음으로 선호한다'는 식의 여러 선호도를 담은 요청 메시지를 보낼 수도 있습니다. 이러한 우선순위는 콘텐츠 협상 관련 헤더의 **q**값으로 표현됩니다. q는 Quality Value의 약자로, 특정 표현을 얼마나 선호하는지를 나타내는 값입니다. 0부터 1까지의 표현 범위 중 생략되었을 때는 1이 되고, 값이 클수록

우선순위가 높아집니다. 다음은 선호하는 언어 또는 인코딩 방식에 대한 요청 헤더의 예시입니다. 한국어(ko-KR, ko), 영어(en-US, en)의 순으로 선호하며, HTML과 XML, 일반 텍스트의 순으로 선호한다는 것을 알 수 있습니다.

```
GET /index.html HTTP/1.1
Host: example.com
Accept-Language: ko-KR,ko;q=0.9,en-US;q=0.8,en;q=0.7
Accept: text/html,application/xml;q=0.9,text/plain;q=0.6,*/*;q=0.5
```

보안: SSL/TLS와 HTTPS

오늘날 많은 웹 서비스는 HTTP에 안전성을 더한 프로토콜인 **HTTPS**HTTP over TLS, HTTP Secure 로 동작합니다. 정확히 말하자면, HTTPS는 HTTP에 SSL 혹은 TLS라는 프로토콜의 동작이 추가된 프로토콜입니다. 웹 브라우저를 사용하여 웹 서핑을 하다 보면 다음과 같이 도메인 네임 좌측의 자물쇠 모양 아이콘(🔒)을 쉽게 볼 수 있습니다. 이는 해당 사이트가 HTTPS를 사용한다는 의미로, 해당 웹 사이트와 여러분의 브라우저 간에 SSL/TLS 기반 암호화 통신이 이루어진다는 점을 시사합니다.

HTTPS는 HTTP에 SSL/TLS가 더해진 프로토콜이므로 SSL/TLS를 이해하면 HTTPS를 이해할 수 있습니다. **SSL**Secure Sockets Layer과 **TLS**Transport Layer Security는 모두 인증과 암호화를 수행하는 프로토콜로, TLS는 SSL을 계승한 프로토콜입니다. 따라서 SSL과 TLS의 작동 과정은 세부적인 차이가 있을 수는 있지만 큰 틀에서 보면 유사합니다.

HTTP에 1.1, 2.0과 같은 버전이 있는 것처럼 TLS에도 버전이 있습니다. 초기 SSL 2.0과 SSL 3.0을 거쳐 TLS 1.0, TLS 1.1, TLS 1.2, TLS 1.3이 순차적으로 출시되었는데요(SSL 1.0은 출시되지 않았습니다). 이 중 오늘날 주로 사용되는 버전은 TLS 1.2와 1.3이고, 상대적으로 최근에 출시된 TLS 1.3의 비중이 커지고 있습니다. 따라서 TLS 1.3의 동작을 통해 HTTPS의 동작 과정을 이해해 보겠습니다. TLS 1.3 기반 HTTPS 메시지는 크게 다음과 같은 단계를 거쳐 송수신됩니다.

❶ TCP 쓰리 웨이 핸드셰이크

❷ TLS 핸드셰이크

❸ 메시지 송수신

HTTPS 메시지 송수신은 일반적인 HTTP 메시지 송수신에 ❷가 더해진 것에 불과합니다. ❷의 과 정을 거쳐 (서로에 대한 인증과 더불어)메시지 암호화가 이루어지므로 ❷를 거쳐 ❸에서 주고받는 메시지는 암호화된 메시지입니다. ❶에 대한 내용은 414쪽에서 정리했으므로 여기서는 넘어가겠습니다.

❷의 TLS 핸드셰이크는 다음과 같은 메시지를 주고받는 과정을 의미합니다. 다음은 TLS 1.3 핸드셰이크 과정에서 주고받는 주요 메시지로, 그림 속 메시지를 주고받으며 인증과 암호화가 이루어진다고 이해하면 됩니다. 여기에서는 녹색으로 표시한 주요 메시지, ClientHello와 ServerHello, Certificate, Certificateverify, Finished 메시지 위주로 학습해 보겠습니다.

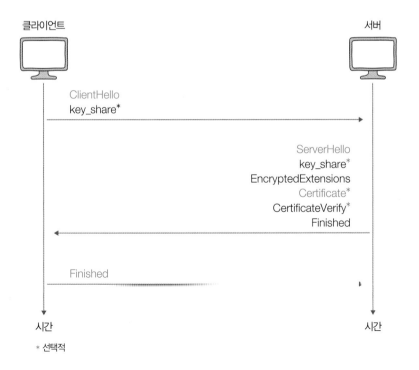

CHAPTER 05 · 네트워크　**475**

그림만 보면 너무 복잡하다고 느낄 수 있습니다. 제시된 메시지 하나 하나를 이해하거나 SSL/TLS를 자세히 분석하는 것은 암호학에 대한 기반 지식이 필요하기 때문에 어렵다고 느끼는 것이 당연합니다. 컴퓨터 네트워크의 범위를 다소 벗어난 주제이기는 합니다.

NOTE 당연하게도 (암호학에 대한 기반 지식을 요구하는 회사가 아닌 이상)일반적인 네트워크 지식을 묻는 기술 면접에서는 암호학과 관련된 내용이 출제될 가능성이 낮습니다. 책에서는 HTTPS를 이해하기 위한 정도의 SSL/TLS 관련 내용만 설명할 예정입니다.

우리가 알아 두어야 하는 TLS 핸드셰이크의 핵심 내용은 크게 2가지입니다. 하나는 TLS 핸드셰이크를 통해 암호화 통신을 위한 키를 생성/교환할 수 있다는 점이고, 또 하나는 인증서 송수신과 검증이 이루어질 수 있다는 점입니다.

'암호화 통신을 위한 키'란 무엇일까요? 암호화를 수행하는 알고리즘은 암호화 알고리즘이라고 합니다. 그리고 TLS에서 활용되는 암호화 알고리즘을 통해 평문을 암호화하거나 반대로 암호문을 복호화하려면 **키**key라는 정보가 필요합니다. 키는 암호화 통신을 수행하는 두 호스트만 알고 있어야 하는 정보로, TLS 핸드셰이크 과정에서 ClientHello 메시지, ServerHello 메시지를 주고받으며 생성/교환됩니다.

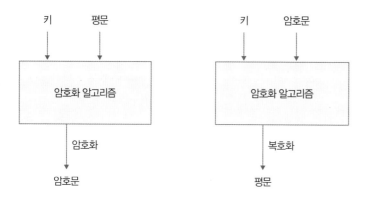

앞쪽에서 다룬 TLS 핸드셰이크 그림을 다시 확인해 보세요. 처음으로 클라이언트는 ClientHello 메시지를 보냅니다. 이 메시지는 암호화된 통신을 위해 서로 맞춰 봐야 할 정보들을 제시하는 메시지입니다. 지원되는 TLS 버전, 사용 가능한 암호화 알고리즘과 해시 함수, 키를 만들기 위해 사용할 클라이언트의 난수 등이 포함되어 있습니다. 이때 클라이언트는 '사용 가능한 암호화 알고리즘과 해시 함수'를 서버에 알리기 위해 ClientHello 메시지에 다음과 같은 형태의 정보를 포함하여 전송합니다. 이를 **암호 스위트**cipher suite라고 합니다. 한 줄 한 줄이 암호화 알고리즘과 해시 함수의 종류를 나타냅니다.

암호화 알고리즘   해시 함수

TLS_AES_128_GCM_SHA256

TLS_AES_256_GCM_SHA384

TLS_CHACHA20_POLY1305_SHA256

TLS_AES_128_CCM_SHA256

TLS_AES_128_CCM_8_SHA256

서버는 ClientHello 메시지에 대한 응답으로 ServerHello 메시지를 전송합니다. ClientHello 메시지가 암호화 이전에 맞춰 봐야 할 정보들을 제시하는 메시지라면, ServerHello 메시지는 제시된 정보들을 선택하는 메시지입니다. 따라서 이 메시지에는 선택된 TLS 버전, 암호 스위트 등의 정보, 키를 만들기 위해 사용할 서버의 난수 등이 포함되어 있습니다. ClientHello 메시지와 ServerHello 메시지를 주고받으면 암호화된 통신을 위해 사전 협의해야 할 정보들이 결정되고, 결정된 정보를 토대로 서버와 클라이언트가 암호화에 사용할 키를 만들어 암호화에 사용할 수 있습니다.

TLS 핸드셰이크에서는 암호화 통신을 위한 키의 교환도 이루어지지만, 인증서의 송수신과 검증도 이루어질 수 있다고 언급했습니다. 이를 이해하기 위해서는 우선 인증서가 무엇인지부터 이해해야 합니다. 가령 크롬 웹 브라우저를 통해 HTTPS를 사용하는 사이트에 접속한 뒤, 다음과 같이 [이 연결은 안전합니다] – [인증서가 유효함]을 클릭해 보세요.

NOTE 여기서 설명하는 인증서의 정확한 용어는 공개 키 인증서(public key certificate)입니다. 다만, 책에서는 편의를 위해 '인증서'라고 지칭하겠습니다.

[인증서가 유효함]을 클릭하면 다음과 같은 [인증서 뷰어] 창이 열립니다. 이것이 바로 인증서입니다. **인증서**certificate는 '당신이 통신을 주고받는 상대방은 틀림없이 당신이 의도한 대상이 맞다'라는 사실을 입증하기 위한 정보입니다. 가령 인증서는 'www.hanbit.co.kr'이라는 호스트와 메시지를 주고 받을 때, 여러분이 송수신하는 대상은 틀림없이 'www.hanbit.co.kr'이라고 보장하기 위한 정보인 셈입니다.

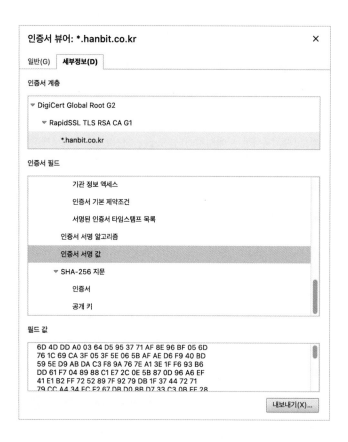

그런데 송수신하는 당사자가 '여러분이 메시지를 주고받는 대상은 틀림없이 내가 맞다'는 사실을 보장하면 아무런 의미가 없겠죠. 제3의 기관이 보장해야 합니다. 그래서 인증서를 발급하고 검증하는 제3의 **인증 기관(CA)**Certification Authority이 있습니다. 이 인증 기관은 CA라고 줄여서 부르는데요. CA는 인증서의 발급과 검증, 저장 등의 역할을 수행하는 공인 기관입니다.

다시 TLS 이야기로 돌아와, 인증서 및 인증서 검증과 관련한 메시지로는 Certificate 메시지와 CertificateVerify 메시지가 있습니다. Certificate 메시지에는 인증서 서명 값 등 앞서 제시한 그림과 같은 인증서 내용들이 포함되어 있으며, CertificateVerify 메시지는 인증서의 내용이 올바른지 검증하기 위한 메시지입니다.

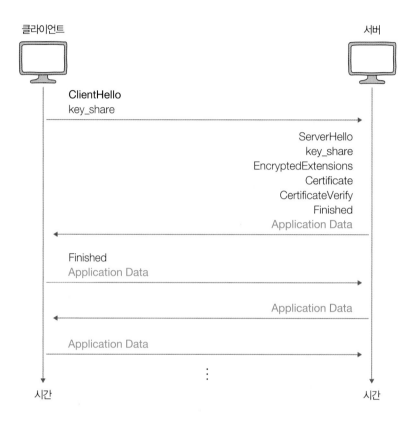

이렇게 서버와 클라이언트는 암호화에 사용할 키를 획득하고, 서로가 틀림없다는 사실까지 인증했습니다. 서버와 클라이언트는 마지막으로 TLS 핸드셰이크의 마지막을 의미하는 Finished 메시지를 주고받고, 이후부터는 TLS 핸드셰이크를 통해 얻어낸 키를 기반으로 암호화된 데이터를 주고받게 됩니다.

NOTE 참고로, TLS 1.3에서는 제시된 그림과 같이 Finished 메시지와 함께 암호화된 메시지(Application Data)를 전송할 수 있습니다.

⟨7⟩ 프록시와 안정적인 트래픽

일반 사용자는 서버와 클라이언트 중 클라이언트를 다루는 일이 더 많지만, 개발자는 클라이언트보다 서버를 만들고 다루는 일이 더 많습니다. 일반적으로 클라이언트를 다루는 일반 사용자는 한 번에 한 서버와 메시지를 주고받지만, 서버를 다루는 개발자는 한 번에 수많은 클라이언트와 메시지를 주고받아야 합니다. 따라서 서버와 트래픽 관리에 대한 이야기를 좀 더 다뤄 보겠습니다.

오리진 서버와 중간 서버: 포워드 프록시와 리버스 프록시

처음 네트워크를 학습할 때는 이해를 돕기 위해 클라이언트와 단일 서버가 마치 한 네트워크 내에서 나란히 붙어 있는 것처럼 설명하는 경우가 많습니다. 하지만 실제로는 클라이언트와 단일한 서버가 한 네트워크 내에 존재하거나 나란히 위치하는 경우는 거의 없죠. 클라이언트와 서버 사이에는 수많은 네트워크 장비들이 있을 수 있고, 서버를 보완하는 수많은 중간 서버들도 있을 수 있습니다. 게다가 어느 한 서버에 문제가 생기더라도 문제없이 동작할 수 있도록 서버를 다중화하여 운영하는 경우도 많습니다.

이때 수많은 네트워크 장비와 중간 서버들 사이에서 클라이언트가 최종적으로 메시지를 주고받는 대상, 즉 앞선 설명에서 단순히 '서버'라고 지칭했던 대상은 조금 더 정확히 표현하면 '자원을 생성하고 클라이언트에게 권한이 있는 응답을 보낼 수 있는 HTTP 서버'를 의미하는데요. 이를 **오리진 서버**origin server라고 합니다. 즉, 클라이언트와 오리진 서버 사이에는 많은 중간 서버가 있을 수 있습니다. 클라이언트와 중간 서버, 그리고 다중화된 오리진 서버는 다음 그림과 같이 표현할 수 있습니다.

클라이언트   ···   중간 서버   ···   중간 서버   ···   오리진 서버   오리진 서버   오리진 서버

여기서 잠깐

가용성과 고가용성

서버, 네트워크, 특정 하드웨어 부품을 비롯한 특정 컴퓨터 시스템이 주어진 기능을 실제로 수행할 수 있는 시간의 비율을 **가용성(availability)**이라고 합니다. 주어진 기능을 문제없이 수행하는 시간의 비율이 높으면 '가용성이 높다. **고가용성(HA, High Availability)**이다'라고 표현합니다. 즉, 앞선 그림과 같은 서버의 다중화는 가용성을 높이기 위한(고가용성을 위한) 설계라고 볼 수 있습니다. 고가용성에 대해서는 482쪽에서 좀 더 자세히 설명하겠습니다.

클라이언트와 오리진 서버 사이에 있는 중간 서버에 대해 좀 더 이야기해 볼까요? 대표적인 HTTP 중간 서버의 유형에는 프록시와 게이트웨이가 있습니다. 프록시는 포워드 프록시, 게이트웨이는 리버스 프록시라고도 부릅니다. **프록시**proxy란 클라이언트가 선택한 메시지 전달의 대리자로, 주로 캐시 저장, 클라이언트 암호화 및 접근 제한 등의 기능을 제공합니다. 클라이언트가 어떤 프록시를 언제, 어떻게 사용할지 선택하기 때문에 프록시는 일반적으로 오리진 서버보다 클라이언트와 더 가까이 위치해 있습니다. 프록시는 '클라이언트의 심부름꾼 또는 대리인이다' 정도로 생각하면 쉽습니다.

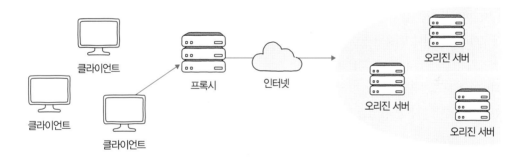

반면, **게이트웨이**gateway는 오리진 서버(들)을 향하는 요청 메시지를 먼저 받아서 오리진 서버(들)에게 전달하는 문지기, 경비 역할을 수행합니다. 게이트웨이는 요청 메시지를 보내는 네트워크 외부의 클라이언트 시각에서 보면 마치 오리진 서버처럼 보입니다. 게이트웨이가 클라이언트의 요청을 받고, 클라이언트에게 응답을 보내니까요. 그래서 게이트웨이는 일반적으로 클라이언트보다 오리진 서버(들)에 더 가까이 위치해 있습니다. 게이트웨이에는 캐시를 저장할 수도 있고, 부하를 분산하는 로드 밸런서로도 동작할 수 있습니다.

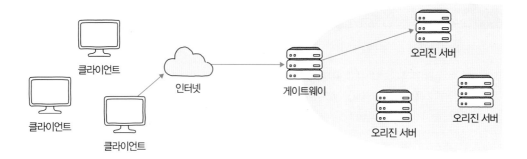

고가용성: 로드 밸런싱과 스케일링

가용성과 부하 분산은 서버를 설계할 때 안정성과 관련한 중요 고려 대상이므로 추가적인 설명이 필요한 개념입니다. 안정적이라고 평가받는 시스템을 어떻게 수식화할 수 있는지, 안정성을 높이기 위한 방법에는 어떤 것이 있는지 좀 더 알아봅시다.

가용성

앞서 [여기서 잠깐]을 통해 언급했듯, 주어진 특정 기능을 실제로 수행할 수 있는 시간의 비율을 가용성이라고 합니다. 가용성은 다음과 같은 간단한 수식으로 표현할 수 있는데요. **업타임**uptime은 정상적인 사용 시간을 의미하고, **다운타임**downtime은 모종의 이유로 인해 정상적인 사용이 불가능한 시간을 의미합니다. 고가용성은 바로 이 수식의 값이 높은 성질을 말합니다. 즉, 고가용성이란 전체 사용시간 중 대부분을 사용할 수 있는 특성을 말합니다.

$$가용성 = \frac{업타임}{업타임 + 다운타임}$$

흔히 특정 시스템의 안정성을 평가하기 위해 제시된 가용성 수식의 백분율 값을 사용하곤 합니다. 일반적으로 '안정적'이라고 평가받는 시스템의 가용성에 대한 백분율 값은 99.999% 이상을 목표로 합니다. 99.999%라는 수치는 '9가 다섯 개'라는 의미에서 '파이브 나인스'라고도 표현하죠. 만약 어떤 시스템이 이 수치를 달성했다면 시스템이 정상적으로 운영되지 않는 다운타임이 대략 1년에 5.26분, 1개월에 26.3초밖에 되지 않는다는 것을 의미합니다.

가용성	연간 다운타임	월간 다운타임	주간 다운타임
90%(원 나인)	36.53일	73.05시간	16.8시간
99%(투 나인스)	3.65일	7.31시간	1.68시간
99.5%	1.83일	3.65시간	50.4분
99.9%(쓰리 나인스)	8.77시간	43.83분	10.08분
99.95%	4.38시간	21.92분	5.04분
99.99%(포 나인스)	52.56분	4.38분	1.01분
99.999%(파이브 나인스)	5.26분	26.3초	6.05초
99.9999%(식스 나인스)	31.56초	2.63초	0.604초
99.99999%(세븐 나인스)	3.16초	0.262초	0.0604초

그렇다면 다운타임은 왜 발생할까요? 다운타임의 발생 원인은 나열하기 어려울 정도로 다양합니다. 과도한 트래픽으로 인한 서비스 다운, 예기치 못한 소프트웨어 상의 오류 또는 하드웨어 장애가 원인일 수도 있고, 때로는 보안 공격이나 자연재해로 인해 발생할 수도 있습니다. 따라서 다운타임의 발생 원인을 모두 찾아 원천 차단하기는 현실적으로 어려운 일입니다. 고가용성을 유지하는 것의 핵심은 '애초에 문제가 발생하지 않도록 하는 것'이라기보다 '문제가 발생하더라도 계속 기능할 수 있도록 설계하는 것'에 가깝습니다. 문제가 발생하더라도 기능할 수 있는 능력을 **결함 감내**fault tolerance라고 합니다. 즉, 다운타임을 낮추고 가용성을 높이기 위해서는 서비스나 인프라가 결함을 감내할 수 있도록 설계하는 것이 중요합니다. 이를 위한 대표적인 기술이 바로 다중화입니다. 서버를 다중화하면 특정 서버에 문제가 발생하더라도 다른 예비 서버가 이를 대신해 동작할 수 있기 때문입니다.

NOTE 이처럼 동작하는 시스템에 문제가 생겼을 때 예비된 시스템으로 자동 전환되는 기능은 페일오버(failover)라고 합니다.

여기서 잠깐

헬스 체크와 하트비트

다중화된 서버 중 하나 이상의 서버에 문제가 생겼다고 가정해 보겠습니다. 다른 서버는 이를 어떻게 감지할 수 있을까요? 다중화된 서버 환경에서는 현재 문제가 있는 서버가 있는지, 현재 요청에 대해 올바른 응답을 할 수 있는 상태인지를 수시석으로 검사하는 경우가 많습니다. 이러한 검사를 **헬스 체크(health check)**라고 합니다. 헬스 체크는 주로 (바로 뒤 484쪽에서 설명할) 로드 밸런서에 의해 이루어지는 경우가 많으며, HTTP나 ICMP 등 다양한 프로토콜을 활용할 수 있습니다.

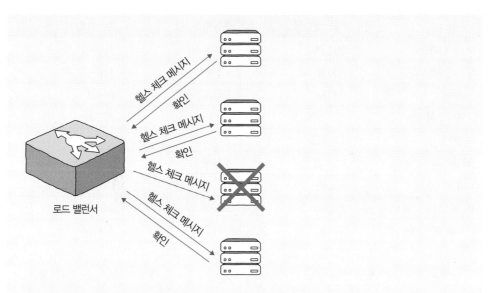

혹은 **하트비트(heartbeat)**라는 방법도 있습니다. 하트비트는 서버 간에 주기적으로 하트비트 메시지를 주고 받다가 주고받는 메시지가 끊겼을 때 문제의 발생을 감지하는 방법입니다.

로드 밸런싱

고가용성이 필요한 호스트는 클라이언트보다는 서버이기 때문에 서버 입장에서의 가용성에 대해 이야기해 봐야 합니다. 서버를 다중화했다고 가정해 봅시다. 그럼 반드시 고가용성이 보장될까요? 그렇지 않습니다. 서버의 가용성에 가장 큰 영향을 끼치는 대표적인 요소는 감당하기 어려울 정도의 트래픽입니다. 한 서버에 과도한 트래픽이 몰릴 경우 2장과 3장에서 언급했던 발열 문제와 레이스 컨디션, 메모리 부족 등을 포함한 다양한 문제가 발생할 수 있기 때문입니다. 즉, 과도한 트래픽은 서버의 가용성을 떨어뜨립니다. 여기서 중요한 점은 서버를 다중화해도 이러한 문제가 발생하는 것은 마찬가지라는 점입니다. 서버를 다중화하더라도 특정 서버에만 트래픽이 몰린다면, 즉 트래픽이 고르게 분산되지 않는다면 가용성은 떨어질 수 있습니다.

따라서 하나 이상의 서버가 트래픽을 어떻게 고르게 분산하여 수신할지를 고려해야 합니다. 트래픽의 고른 분배를 위해 사용되는 기술이 바로 **로드 밸런싱**load balancing입니다. 로드 밸런싱은 **로드 밸런서**load balancer에 의해 수행되는데, 로드 밸런서는 다중화된 서버와 클라이언트 사이에 위치하며 클라이언트의 요청(들)을 각 서버에 균등하게 분배하는 역할을 합니다. 로드 밸런서는 'L4 스위치', 'L7 스위치'라 불리는 네트워크 장비로도 수행할 수 있지만, 로드 밸런싱 기능을 제공하는 소프트웨어를 설치하면 일반 호스트도 로드 밸런서로 사용할 수 있습니다. 대표적인 로드 밸런싱 소프트웨어로는 HAProxy, Envoy 등이 있으며, 대표적인 웹 서버 소프트웨어인 Nginx에도 로드 밸런싱 기능이 내장되어 있습니다.

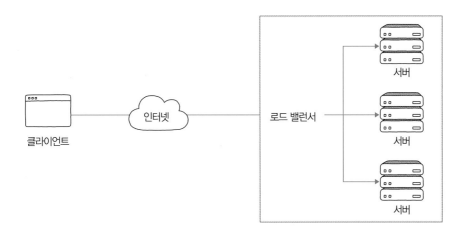

로드 밸런서가 요청을 전달할 수 있는 서버가 여러 개일 경우에는 어떤 서버에 요청을 전달해야 할까요? 이것을 결정하는 알고리즘, 즉 부하가 균등하게 분산되도록 요청을 전달할 서버를 선택하는 방법을 **로드 밸런싱 알고리즘**이라고 합니다. 로드 밸런싱 알고리즘의 종류는 다양하지만, 대표적인 로드 밸런싱 알고리즘에는 단순히 서버를 돌아가며 부하를 전달하는 **라운드 로빈 알고리즘**round robin algorithm과 연결이 적은 서버부터 우선적으로 부하를 전달하는 **최소 연결 알고리즘**least connection algorithm이 있습니다.

NOTE 이밖에도 해시를 이용하거나 단순히 무작위로 부하를 전달하는 로드 밸런싱 알고리즘, 응답 시간이 가장 짧은 로드 밸런싱 알고리즘도 있습니다. 때로는 로드 밸런싱 알고리즘을 직접 정의할 수도 있습니다.

로드 밸런싱에 있어 중요하게 고려해야 할 점이 하나 있습니다. 단순히 '다중화된 모든 서버에 균일한 부하를 부여하는' 전략은 모든 서버의 성능이 동일하다는 전제가 있을 때만 유효하다는 것입니다. 예를 들어 4대의 서버로 다중화된 환경을 가정해 보겠습니다. 그리고 한 서버는 한 번에 3의 트래픽을 처리할 수 있고, 총 12의 트래픽이 주어졌다고 생각해 보겠습니다. 모든 서버의 성능이 동일하다면 각 서버당 3씩 트래픽을 분배하면 될 것입니다. 하지만 4대의 서버 중 2대의 서버가 다른 2대의 서버보다 2배 더 좋은 성능으로 2배의 트래픽을 더 처리할 수 있다면 모든 서버에 동일한 트래픽을 분배하는 것이 합리적이지 않습니다. 다음과 같이 성능이 더 좋은 서버에 더 많은 트래픽을 분배하는 것이 합리적이겠죠.

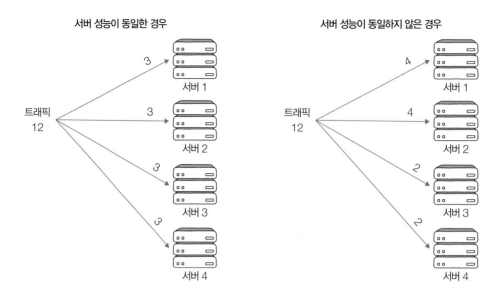

로드 밸런싱 알고리즘에는 이를 반영해 **가중치**가 부여될 수 있습니다. 즉, 각각의 알고리즘을 바탕으로 동작하되, 가중치가 높은 서버가 더 많이 선택되어 더 많은 부하를 받도록 할 수 있습니다. 가령 서버 1과 서버 2의 성능이 서버 3과 서버 4보다 2배 더 좋을 경우에는 서버 1과 서버 2에 2배 더 높은 가중치를 부여하면 됩니다. 그럼 서버 3과 서버 4에 비해 2배 높은 부하를 받게 됩니다. 거의 대부분의 로드 밸런서는 이러한 가중치 알고리즘을 지원합니다.

스케일링: 스케일 업 스케일 아웃 오토스케일링

지금까지의 설명을 듣자니 "그냥 비싸고 좋은 장비로 교체하면 되는 일 아니야?"라는 생각이 들 수도 있습니다. 좋은 지적입니다. 실제로 성능이 뛰어난 장비를 사용하면 그렇지 못한 장비를 사용할 때와 비교해 가용성이 높아지는 것이 사실입니다. 웹 서버나 네트워크 장비만 하더라도 성능이 좋은 경우 가용성이 더 높습니다. 다만, 꼭 비싼 장비를 구비하는 것만이 정답은 아닙니다.

이와 관련해 스케일 업, 스케일 아웃이라는 용어가 있습니다. 여러분의 서버 컴퓨터 혹은 그 서버 컴퓨터를 구성하는 부품, 네트워크 장비와 같은 인프라를 확장하거나 업그레이드하는 방법에는 크게 2가지가 있습니다. 하나는 기존 부품을 더 나은 사양으로 교체하는 방법이고, 또 하나는 기존 부품을 여러 개로 두는 방법입니다. 전자를 **스케일 업**scale-up이라고 하고, 후자를 **스케일 아웃**scale-out이라고 합니다. 스케일 업을 **수직적 확장**vertical scaling, 스케일 아웃을 **수평적 확장**horizontal scaling이라고도 부릅니다.

스케일 업

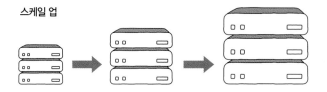

스케일 아웃

각각의 방식이 가지고 있는 장단점은 명확합니다. 스케일 업의 가장 큰 장점은 설치와 구성의 단순함입니다. 쉽게 말해, 더 좋은 장비로 갈아 끼우면 그만이라는 것입니다. 대신 스케일 업은 스케일 아웃에 비해 유연하지는 않습니다. 하나의 스케일 업 장비의 성능에 한계가 있을 경우, 스케일 아웃을 하지 않는 이상 계속해서 더 비싸고 성능 좋은 장비를 구비하는 수밖에 없기 때문입니다. 반면, 스케일 아웃의 중요한 장점은 유연한 확장 및 축소가 가능하다는 점입니다. 스케일 업에 비해 설치와 구성이 단순하지는 않을 수 있지만, 설치 및 구성 방법만 알면 장비의 확장과 축소가 매우 쉬워질 것입니다. 필요하다면 증설하고, 필요하지 않다면 빼면 그만이니까요.

무엇보다 스케일 아웃으로 확장할 경우, 스케일 업으로 확장했을 때보다 결함을 감내하기가 더 용이합니다. 스케일 업으로 확장했더라도 해당 장비가 하나밖에 존재하지 않는다면 해당 장비에 부하가 집중되거나 병목이 생길 우려가 있습니다. 해당 장비가 하드웨어적 문제로 고장이라도 난다면 큰일이 생길 수 있죠. 반면, 스케일 아웃으로 확장하면 부하가 분산되도록 설계하기가 용이하기 때문에 병목이 생길 우려가 적어지므로 더욱 안정적인 운용이 가능합니다. 즉, 장비 중 하나가 고장나더라도 다른 장비가 고장난 장비의 역할을 대신할 수 있습니다.

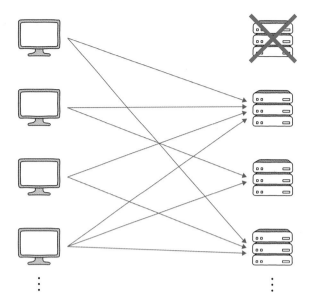

이러한 이유로, 사용 중인 장비의 가격과 스케일 업을 위해 구비할 장비의 가격 차가 너무 심하다면 때로는 스케일 아웃이 더 경제적인 방식이 되기도 합니다.

Nginx로 알아보는 로드 밸런싱

Nginx는 대표적인 웹 서버 프로그램입니다. Nginx는 앞서 학습한 포워드 프록시나 리버스 프록시로서의 기능도 제공하는데요. Nginx 설치 후 간단한 설정만 하면 해당 호스트는 콘텐츠 캐싱, 보안을 위한 접근 제한, 로드 밸런싱 등이 가능합니다. 여기에서는 Nginx를 활용한 로드 밸런싱 기능에 대해 알아보겠습니다.

모든 내용을 암기하거나 따라 할 필요는 없습니다. 학습한 내용을 보다 잘 이해할 수 있도록 실제 로드 밸런싱이 어떻게 구현되는지를 살펴보기 위한 설명이므로 부담없이 읽어 보길 바랍니다. 설명이 다소 어렵게 느껴진다면 일단 건너뛰고 나중에 다시 학습해도 무방합니다.

그럼 다음 그림과 같이 Nginx가 설치된 (리눅스)호스트 '10.10.10.1'과 같은 네트워크에 호스트 '10.10.10.2', '10.10.10.3', '10.10.10.4'가 있는 상황을 가정해 보겠습니다.

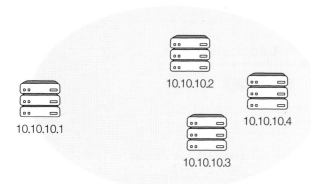

NOTE 책에서 설명하는 Nginx의 설치 방법이 궁금하다면 다음 링크를 참고하기 바랍니다.

• https://github.com/kangtegong/cs

Nginx를 설치하면 Nginx 설정 파일과 디렉터리들이 생성됩니다. 이 설정 파일과 디렉터리들은 Nginx가 어떤 상황에서 어떻게 동작할지를 정의합니다. 이들을 적절히 수정하면 Nginx가 설치된 호스트로 하여금 포워드 프록시 및 리버스 프록시의 역할을 수행하도록 할 수 있는 셈입니다. 설정 파일과 디렉터리가 위치한 경로는 Nginx 버전이나 설치 환경에 따라 다를 수 있으나, 대부분 '/etc/nginx/'에 존재합니다. 앞으로는 이 경로를 ${nginx}이라고 지칭하겠습니다. 해당 경로를 확인하면 다양한 파일과 디렉터리를 볼 수 있을 것입니다. 여기서 중요한 것은 다음 3가지입니다.

• 가장 기본적인 설정 파일이자 모든 설정들의 시작점이 되는 ${nginx}/nginx.conf 파일
• Nginx 관련 로그가 저장되는 ${nginx}/log/nginx/디렉터리
• 각종 설정 파일들이 포함되는 ${nginx}/conf.d/디렉터리

먼저 ${nginx}/nginx.conf 파일 속 내용을 살펴봅시다. 다양한 설정이 명시되어 있지만 주요 내용은 다음과 같습니다.

❶ **http**: 웹 서버 관련 설정
❷ **access log**: 웹 서버가 수신한 개별 요청 관련 로그는 '/var/log/nginx/access.log'에 남김
❸ **error log**: 웹 서버와 관련한 오류 발생 시 오류 관련 로그는 '/var/log/nginx/error.log'에 남김
❹ **conf.d**: '/etc/nginx/conf.d/' 경로에 놓인 〈파일명〉.conf의 내용은 모두 웹 서버 관련 설정으로 간주함

```
...

http {  ❶
...

        access_log /var/log/nginx/access.log;  ❷
        error_log /var/log/nginx/error.log;  ❸

...

        include /etc/nginx/conf.d/*.conf;  ❹
        include /etc/nginx/sites-enabled/*;
}
```

즉, ${nginx}/conf.d/의 〈파일명〉.conf에 담긴 내용은 모두 웹 서버 관련 설정이 됩니다. 따라서
'10.10.10.1' 호스트의 경로 ${nginx}/conf.d/에 로드 밸런싱을 수행하도록 설정하는 설정 파일을
만들어 보겠습니다. 기존 설정 파일을 재활용하거나 파일 이름을 임의로 지어도 무방하지만, 확장자
는 'conf'로 설정해 주세요. 다음과 같은 내용을 채워 넣어 보겠습니다. 복잡해 보일 수 있지만, 한
줄 한 줄 읽어 보면 이미 학습한 내용이므로 어렵지 않을 것입니다.

```
upstream backend {
        server 10.10.10.2:80 weight=1;
        server 10.10.10.3:80 weight=2;
        server 10.10.10.4:80 backup;
}

server {
     listen 80;                          ❶
     server_name localhost;          ❷
     location / {
             proxy_pass http://backend;
         }
}
```

❶ 웹 서버 관련 설정(server)으로, 서버 이름(server_name)을 localhost로 삼고, 80번 포트를
   LISTEN 상태로 대기(listen)하고 있다는 의미입니다.

❷ 특정 경로(URL)에 대한 설정으로, '경로 /(location /)'에 대한 설정을 의미합니다. 바로 다음 행에 있는 'proxy_pass http://backend;'는 '경로 /'에 대한 HTTP 요청을 'backend'라는 서버 그룹으로 넘기겠다는 의미입니다. 즉, 'proxy_pass'는 요청을 넘기라는 의미이고, 이 요청을 넘기는 대상이 'backend'인 셈입니다.

요청을 보낼 'backend'라는 서버 그룹은 파일 위에 정의되어 있습니다. '10.10.10.2:80'과 '10.10.10.3:80', 그리고 '10.10.10.4:80'이 명시되어 있죠. 여기서 weight는 가중치를 의미하며, backup은 두 서버에 문제가 발생하여 연결이 불가능할 경우 사용할 서버를 의미합니다.

NOTE 가중치(weight)의 기본값은 1이며, 생략 가능합니다.

즉, 이 설정대로 작동할 경우 '10.10.10.1:80'의 '/' 경로로 전달받는 트래픽은 'backend' 서버 그룹(10.10.10.2, 10.10.10.3, 10.10.10.4)으로 전달되며, '10.10.10.3'은 '10.10.10.2'에 비해 두 배 많은 트래픽을 전달받고, 두 서버에 문제가 발생할 경우 '10.10.10.4'가 동작합니다. 전부 앞서 학습했던 내용입니다.

참고로, 앞선 예시처럼 아무런 로드 밸런싱 알고리즘을 명시하지 않을 경우에는 기본적으로 라운드 로빈으로 동작합니다. 하지만 다음과 같이 로드 밸런싱 알고리즘을 지정할 수도 있습니다. 연결 수가 가장 적은 서버로 요청을 전달하는 리스트 커넥션(least_conn), 단순히 임의로 선택하는 랜덤(random), IP 주소 기반의 해시를 활용하는 IP 해시(ip_hash) 등이 사용될 수 있습니다.

```
upstream backend {
        least_conn;  # 로드 밸런싱 알고리즘
        server 10.10.10.2:80 weight=1;
        server 10.10.10.3:80 weight=2;
        server 10.10.10.4:80 backup;
}
```

업스트림/다운스트림과 인바운드/아웃바운드

설정 파일 속 업스트림이라는 용어가 궁금할 수 있습니다. 오리진 서버를 최상위에 위치한 서버라고 간주했을 때, **업스트림**(upstream)이란 상위 서버로 데이터를 보내는 방향을 의미합니다. 업스트림 트래픽은 클라이언트에서 오리진 서버로 향하는 트래픽인 셈입니다. 반대로, **다운스트림**(downstream)은 상위 서버에서 클라이언트로 데이터를 보내는 방향을 의미합니다. 오리진 서버가 응답 메시지를 생성해 클라이언트로 보낼 경우, 메시지가 향하는 방향이 다운스트림인 셈입니다. '업'로드와 '다운'로드라는 용어를 생각해 보면 쉽게 기억할 수 있을 것입니다.

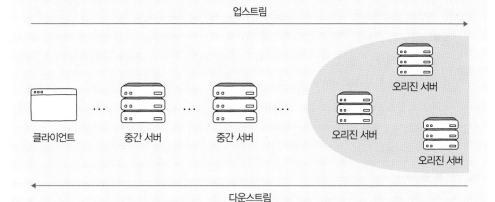

업스트림/다운스트림과 유사하지만 헷갈리지 말아야 할 용어로 인바운드/아웃바운드가 있습니다. **인바운드**(inbound) 트래픽은 단순히 네트워크 외부에서 내부로 들어오는 트래픽을 의미합니다. 주로 외부 사용자가 내부 네트워크의 서버나 서비스에 접근하려는 요청을 가리키는데요, 예를 들어 외부 인터넷 사용자들이 회사 웹사이트에 접속하는 트래픽은 회사 입장에서 인바운드 트래픽에 해당합니다. 반대로, **아웃바운드**(outbound) 트래픽은 내부 네트워크에서 외부로 나가는 트래픽을 의미합니다. 내부 시스템이나 사용자들이 외부 서버나 서비스에 요청을 보내는 경우를 가리킵니다. 예를 들어 회사 직원이 외부 웹사이트를 방문할 때 생성되는 트래픽은 회사 입장에서 아웃바운드 트래픽에 해당합니다.

여기서 소개한 Nginx의 HTTP 트래픽 분산 기능은 맛보기에 가깝습니다. Nginx는 다양한 로드 밸런싱 기능을 제공하므로 관심이 있는 독자는 추가로 검색해 보기 바랍니다. 또한 Nginx 이외에도 로드 밸런서를 구축하기 위한 소프트웨어의 종류는 다양합니다. 프로그램의 종류를 막론하고 사용 방법은 크게 다르지 않으므로 추가 학습을 원한다면 haproxy 등 실무에서 자주 사용되는 다른 프로그램들을 살펴보길 바랍니다.

웹 서버와 웹 애플리케이션 서버

'웹 서버'라는 용어는 서버의 역할을 수행하는 하드웨어만 의미하는 것이 아니라 서버 역할의 소프트웨어를 의미하기도 합니다. 소프트웨어라는 맥락에서 대표적으로 사용되는 웹 서버에는 Nginx, 아파치 HTTP 서버, 마이크로소프트 IIS 등이 있습니다. 여기에서 설명한 웹 서버의 개념은 웹 애플리케이션 서버와 혼동하기가 쉽습니다. 각각의 역할에 따라 웹 서버와 웹 애플리케이션 서버의 차이점을 구분해 보겠습니다.

웹 서버는 기본적으로 정적인 정보를 응답합니다. 정적인 정보란 송수신 과정에서 수정과 처리가 필요하지 않은 정보를 말합니다. 쉽게 말해서 언제, 어디서, 누가 봐도 변하지 않을 정보를 의미한다고 보면 됩니다. 가령 HTML 파일, 이미지 파일, 동영상 파일 등을 생각해 보면 이러한 파일은 언제, 어디서, 누가 보아도 변하지 않습니다. 따라서 모두 정적인 정보라고 볼 수 있죠. 그래서 다음과 같이 정적인 정보를 포함하고 있는 간단한 웹사이트의 경우에는 웹 서버만으로도 충분히 서비스할 수 있습니다.

하지만 여러분도 알다시피 웹 서비스가 정적인 정보만을 응답하지는 않습니다. 데이터베이스에 저장된 값을 다양하게 조회하거나 데이터를 다양하게 전처리해야 하는 동적인 정보도 응답하죠. 즉, 동적인 정보는 정적인 정보와는 반대로 송수신 과정에서 수정과 처리가 필요한 정보와 언제, 어디서, 누가 보는지에 따라 변할 수 있는 정보를 말합니다. 가령 다음과 같은 정보는 모두 동적이라고 볼 수 있습니다.

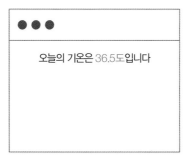

안녕하세요, 민철님

오늘의 기온은 36.5도입니다

이러한 동적인 정보의 생성 응답을 위해 활용되는 것이 **웹 애플리케이션 서버**(WAS, Web Application Server)입니다. 웹 애플리케이션 서버에는 대표적으로 아파치 톰캣, JBOSS, WebSphere 등이 있습니다.

웹 서비스에는 웹 서버와 웹 애플리케이션 서버가 함께 사용되는 경우가 많습니다. 다음 그림처럼 웹 서비스가 수신하는 요청 중 정적인 정보는 웹 서버가 응답하고, 동적인 정보는 웹 애플리케이션 서버가 응답하도록 설계하면 과도한 부하를 분산할 수도 있고, 여러 웹 애플리케이션을 연동하여 확장하는 데에도 유리합니다.

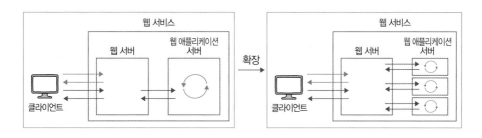

웹 애플리케이션 서버는 미들웨어의 일종으로도 불리는데요. **미들웨어**(middleware)란 운영체제와 응용 프로그램 사이를 조정하고 중개하는 중간 다리 역할의 소프트웨어를 말합니다. 이때 서버 개발의 맥락에서 '응용 프로그램'의 대표적인 예시로는 각종 웹 프레임워크로 만든 프로그램을 꼽을 수 있습니다. 단적인 예시로, 자바 기반의 대표적인 웹 프레임워크 중 하나인 스프링 부트(Spring Boot)를 실행한 뒤 로그를 관찰해 보세요. 스프링 부트의 올바른 실행을 위해 다음과 같이 웹 애플리케이션 서버(Tomcat)도 덩달아 실행되는 것을 확인할 수 있습니다.

소켓 프로그래밍

이번 장에서는 '네트워크를 통한 데이터 송수신이 택배(소포) 송수신과 유사하다'는 비유를 자주 들었습니다. 이 표현을 다시 생각해 봅시다. **네트워크 소켓(이하 소켓)**socket은 택배를 보관할 수 있는 우체통과도 같습니다. 보내고자 하는 택배가 있다면 해당 택배를 우체통에 넣으면 되고, 우체통을 확인했을 때 택배가 있다면 해당 택배를 수신할 수 있습니다. 소켓을 통한 네트워크 송수신도 이와 유사합니다.

두 프로세스는 소켓을 열고, 송신지 프로세스는 메시지를 소켓에 쓰고, 수신지 프로세스는 메시지를 소켓에서 읽습니다. 즉, 소켓은 프로세스가 주고받는 데이터의 종착점과도 같습니다. 종착점을 영어로는 **엔드포인트**endpoint라고 하죠. 그래서 소켓을 **프로세스 간 네트워크 통신의 엔드포인트**라고 정의하기도 합니다.

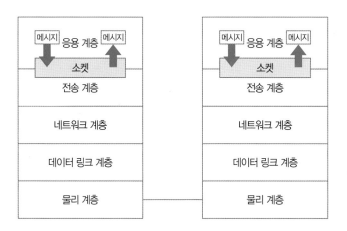

방금 두 프로세스가 소켓을 '열고', 송신지 프로세스가 메시지를 소켓에 '쓰고', 수신지 프로세스가 메시지를 소켓에서 '읽는다'고 언급했습니다. '프로세스가 열고, 읽고, 쓸 수 있는 대상'이라고 하면 무엇이 떠오르나요? 파일이 떠오를 것입니다. 프로세스는 파일을 열고, 읽고, 쓸 수 있기 때문입니다. 실제로 소켓은 많은 운영체제에서 '파일'처럼 간주됩니다. 보내고자 하는 메시지를 쓰면 네트워크를 통해 송신되고, 때로는 수신한 메시지를 읽어 들일 수 있는 특별한 파일로 간주되죠. 소켓을 향한 출력은 네트워크를 통한 송신, 소켓으로부터의 입력은 네트워크를 통한 수신과도 같습니다.

93쪽 3장 '운영체제'에서 파일 디스크립터로 파일을 식별하고, 이를 통해 파일 입출력이 가능하다고 설명했습니다. 이와 유사하게 많은 운영체제의 소켓도 (파일 디스크립터와 본질적으로 동일한)소켓 디스크립터로 소켓을 식별하고, 이를 통해 소켓 입출력이 가능합니다. 또 파일이 IPC의 수단으로 간주되듯, 소켓 또한 IPC의 수단으로 간주됩니다.

소켓 입출력과 관련해 다양한 시스템 콜이 존재합니다. 당연하게도 소켓을 이용하여 네트워크 송수신을 수행하는 프로세스들은 이러한 시스템 콜을 활용해 동작합니다. 가령 대표적인 웹 서버 프로그램인 Nginx가 요청 메시지에 대한 응답 메시지를 보냈다고 가정해 보겠습니다. 이 과정에서 발생한 시스템 콜 목록을 추적 관찰하면 소켓 입출력 관련 시스템 콜을 볼 수 있습니다. 다음은 Nginx 프로그램(PID: 148856)에 5개의 GET 요청 메시지를 보냈을 때, Nginx 프로그램 내부에서 호출된 소켓 입출력과 관련한 시스템 콜의 일부입니다. 스프링, 장고, 루비 온 레일스 등의 웹 프레임워크를 활용해 만들어진 웹 서비스도 마찬가지입니다. 내부적으로 저수준에서는 다수의 소켓 입출력 시스템 콜이 호출되며 실행됩니다.

```
$ sudo strace -c -p 148856 -f
% time     seconds  usecs/call     calls    errors  syscall
------   ----------  -----------   ------   -------  ------------
...
  1.33   0.000095            9       10             setsockopt
  1.23   0.000088           17        5             write
  0.84   0.000060           12        5             accept4
  0.81   0.000058           11        5             writev
  0.72   0.000051            4       11             recvfrom
  0.69   0.000049            9        5             sendfile
  0.46   0.000033           11        3             sendmsg
  0.17   0.000012            1        8             read
  0.08   0.000006            3        2         1   recvmsg
  0.07   0.000005            5        1             sendto
  0.00   0.000000            0        1             socket
  0.00   0.000000            0        1             connect
...
------   ----------  -----------   ------   -------  ------------
100.00   0.007128           17      409        34   total
```

대부분의 프로그래밍 언어가 소켓 입출력 기능을 제공합니다. 간단한 소켓 프로그래밍 관련 예제를 살펴볼까요? 다음 소스 코드는 (파이썬)소켓 프로그래밍을 기반으로 하는 15줄 남짓의 매우 간단한 HTTP 서버입니다. 하나의 HTTP 요청 메시지 수신 후, 'This is CS!'를 응답하는 서버입니다.

이해를 돕기 위해 최대한 자세히 주석을 추가해 두었으므로 함수 하나 하나, 코드 한 줄 한 줄을 모두 암기할 필요는 없습니다. 굵은 글씨로 표기된 소켓 관련 함수가 무엇을 의미하는지, 각 함수를 실행하기 위해 어떤 정보가 필요한지 가볍게 읽어 보는데 중점을 두기 바랍니다. 모두 이번 장에서 배운 내용입니다.

net/socket_server.py

```python
import socket

# 서버 주소, 포트 번호 정의
SERVER_HOST = '127.0.0.1'    # 주소(로컬 호스트)
SERVER_PORT = 8000           # 사용할 포트 번호

# 소켓 생성(소켓 열기)
#   - socket.AF_INET: IPv4 주소 체계 사용
#   - socket.SOCK_STREAM: TCP 사용 (참고: socket.SOCK_DGRAM은 UDP)
server_socket = socket.socket(socket.AF_INET, socket.SOCK_STREAM)

# 소켓 옵션 설정
#   - socket.SOL_SOCKET     : 소켓 수준의 옵션 설정
#   - socket.SO_REUSEADDR   : 이전 소켓이 사용한 주소가 TIME_WAIT 상태일 경우
#                             해당 주소를 재사용 가능하도록 설정
server_socket.setsockopt(socket.SOL_SOCKET, socket.SO_REUSEADDR, 1)

# 소켓 바인딩(소켓을 'IP 주소:포트'에 연결한다는 의미)
server_socket.bind((SERVER_HOST, SERVER_PORT))

# LISTEN 상태로 연결 대기 (인자1: 대기할 수 있는 최대 연결 수, 즉 한 연결만 대기)
server_socket.listen(1)
print('Listening on port %s ...' % SERVER_PORT)
```

```
# 연결 수립 시 소켓 객체(client_connection)와 클라이언트 주소(client_address) 반환
client_connection, client_address = server_socket.accept()

# 클라이언트로부터 HTTP 요청 메시지 수신
# 최대 1024바이트 수신 후 디코딩
request = client_connection.recv(1024).decode()
print(request)    # 수신한 요청 메시지 출력

# 인코딩된 응답 메시지 클라이언트에 전송
response = 'HTTP/1.0 200 OK\n\nThis is CS!'
client_connection.sendall(response.encode())

# 클라이언트와의 연결 종료, 소켓 닫기
client_connection.close()
server_socket.close()
```

취업 멘토가 알려 주는 기술 면접 질문 25

난이도 ★☆☆   [참고] 본문 페이지 351, 402쪽

Q1. 브로드캐스트가 무엇이며, 언제 사용하는지 설명해 보세요.

A1. 브로드캐스트란 네트워크 내 모든 호스트에게 패킷을 전송하는 전송 방식을 말합니다. 브로드 캐스트가 사용되는 대표적인 상황에는 ARP request를 보내는 상황이 있습니다.

난이도 ★★☆   [참고] 본문 페이지 358쪽

Q2. 캡슐화가 무엇인지 설명해 보세요.

A2. 네트워크 송신 과정에서 네트워크 참조 모델의 상위 계층 패킷은 하위 계층의 트레일러가 되어 헤더가 덧붙는 과정이 반복됩니다. 네트워크를 통한 송신 과정에서 여러 프로토콜 헤더가 덧 붙는 이 과정을 캡슐화라고 합니다. 이때 덧붙은 헤더는 수신지에서 역캡슐화를 거쳐 제거됩 니다.

난이도 ★★☆   [참고] 본문 페이지 383쪽

Q3. MAC 주소와 IP 주소가 각각 무엇인지, 왜 두 주소를 함께 사용하는지 설명해 보세요.

A3. MAC 주소는 네트워크 인터페이스에 할당되는 물리적 주소로, 로컬 네트워크 내에서 장치를 식별하는 데 사용합니다. 그리고 IP 주소는 네트워크 간 통신에서 호스트를 식별하는 논리적 주소입니다. 한 호스트가 모든 네트워크, 모든 호스트의 MAC 주소를 기억하기 어렵고, MAC 주소만으로는 네트워크 간의 이동 경로 파악, 즉 라우팅이 불가능하기 때문에 IP 주소도 함께 사용하는 것입니다.

난이도 ★★☆ [참고] 본문 페이지 392쪽

Q4. 서브네팅을 하는 이유를 설명해 보세요.

A4. 서브네팅은 IP 주소를 토대로 네트워크를 더 작은 서브네트워크로 나누기 위해 사용합니다. 서브네팅을 통해 IP 주소와 네트워크를 효율적으로 구획하고 관리할 수 있습니다.

난이도 ★★☆ [참고] 본문 페이지 408쪽

Q5. NAT에 대해 설명해 보세요.

A5. NAT는 IP 주소를 변환하는 기술로, 네트워크 내부에서 사용하는 사설 IP 주소와 네트워크 외부에서 사용하는 공인 IP 주소를 변환하는 데 주로 사용됩니다. 오늘날 대중적으로 활용되고 있는 NAT는 변환할 IP 주소 쌍과 포트 번호를 함께 기록하고 변환함으로써 하나의 공인 IP 주소를 여러 사설 IP 주소가 공유할 수 있도록 합니다.

난이도 ★☆☆ [참고] 본문 페이지 404쪽

Q6. TCP와 UDP의 차이점이 무엇인지, 두 방식을 사용하는 경우가 어떻게 다른지 설명해 보세요.

A6. TCP와 UDP의 차이점은 신뢰성과 연결 방식에 있습니다. TCP는 신뢰할 수 있는 연결형 프로토콜로, 데이터를 전송하기 전에 연결을 수립하고 상태 관리, 흐름 제어, 오류 제어, 혼잡 제어 등의 기능을 통해 데이터의 신뢰성과 순서를 보장합니다. 반면, UDP는 신뢰할 수 없는 비연결형 프로토콜로, 연결 수립 과정 없이 빠르게 데이터를 전송할 수 있지만, 데이터의 신뢰성과 순서를 보장하지는 않습니다. 따라서 데이터 유실 없이 안정적인 통신이 필요하다면 TCP를 사용하고, 빠른 속도가 필요하지만 약간의 데이터 손실이 허용되는 경우에는 UDP를 사용하는 것이 적합합니다.

난이도 ★★☆   [참고] 본문 페이지 414쪽

Q7. TCP의 연결 수립 과정을 설명해 보세요.

A7. TCP는 쓰리 웨이 핸드셰이크로 연결 수립 과정이 이루어집니다. 먼저, 클라이언트가 서버에 SYN 패킷을 보내 연결을 요청하면, 서버는 SYN 패킷을 받고 SYN-ACK 패킷으로 응답하여 연결 요청을 승인합니다. 다시 서버의 응답을 받은 클라이언트가 ACK 패킷을 성공적으로 전송하면 클라이언트와 서버 간 연결이 수립됩니다.

난이도 ★☆☆   [참고] 본문 페이지 404쪽

Q8. 포트 번호란 무엇이며, 왜 포트 번호가 존재해야 하는지 설명해 보세요.

A8. 포트 번호는 컴퓨터 네트워크에서 특정 프로세스를 식별하기 위해 사용하는 숫자입니다. IP 주소가 네트워크 상의 특정 장치를 식별하는 역할이라면, 포트 번호는 그 장치 내에서 실행 중인 특정 프로세스를 식별하는 역할을 합니다. 포트 번호 없이 IP 주소만으로는 패킷을 최종적으로 주고받을 프로세스를 식별할 수 없기 때문에 포트 번호를 사용합니다.

난이도 ★★☆   [참고] 본문 페이지 441쪽

Q9. HTTP가 스테이트풀한지, 스테이트리스한지에 대해 그 이유와 함께 설명해 보세요.

A9. HTTP는 스테이트리스 프로토콜입니다. 즉, 서버가 클라이언트의 상태를 기억하지 않기 때문에 클라이언트의 모든 HTTP 요청이 독립적으로 처리되며, 각 요청은 이전 요청과 무관하게 다뤄집니다. HTTP가 스테이트리스한 이유는 서버가 클라이언트 다수의 상태를 유지하는 부담을 덜기 위함입니다. 클라이언트의 상태를 유지하려면 서버 간의 상태 정보를 공유해야 하므로 복잡하고 번거롭습니다. 또한 스테이트리스한 특성은 서버를 쉽게 추가하거나 대체할 수 있어 확장성과 견고함을 높일 수도 있습니다.

난이도 ★★★   [참고] 본문 페이지 397, 414, 449쪽

Q10. 웹 브라우저 상에 'https://www.google.com'을 입력해 웹사이트가 뜨기까지의 과정을
설명해 보세요.

A10. 가장 먼저 로컬 DNS 서버에 'www.google.com'에 해당하는 IP 주소가 캐시되어 있는지를
확인합니다. 만약 로컬 DNS 서버가 해당 IP 주소를 저장하고 있다면 해당 IP 주소를 응답하
고, 저장하고 있지 않다면 루트 DNS 서버부터 'com' 최상위 도메인(TLD) 서버, google 도
메인 서버 등 도메인 네임을 순차적으로 질의하여 IP 주소를 얻어 냅니다.

그리고 클라이언트가 IP 주소를 알게 되면 해당 IP 주소로 TCP 연결을 설정합니다. 이 과정
에서 TCP의 쓰리 웨이 핸드셰이크가 수행됩니다. 클라이언트가 서버에 SYN 패킷을 보내고,
서버가 SYN-ACK 패킷으로 응답하면 다시 클라이언트가 ACK 패킷을 보내 연결을 확립합니
다.

TCP 연결이 설정되면 HTTP 요청을 보냅니다. HTTPS의 경우 SSL/TLS 핸드셰이크가 추가
로 수행되어 보안 연결을 설정합니다. 이후 클라이언트는 GET 요청을 통해 'www.google.
com'의 리소스를 요청하고, 요청을 받은 서버는 필요한 데이터를 준비하여 HTTP 응답으로
보냅니다. 이 HTTP 응답에는 요청한 웹 페이지의 HTML 문서가 포함되어 있습니다.

난이도 ★★☆   [참고] 본문 페이지 435쪽

Q11. 배포된 웹사이트의 주소가 '1.2.3.4'이고, 'example.com'라는 도메인 네임을 구입했다고
가정해 보겠습니다. 이때 구입한 도메인 네임 'www.example.com'을 웹사이트에 연동
하는 과정을 설명해 보세요.

A11. 도메인 네임을 제공하는 DNS 서비스 업체의 네임 서버에 접속하여 DNS 자원 레코드를 추
가하거나 편집해야 합니다. 레코드 타입 A로 도메인 네임 'www.example.com'을 서버의
IP 주소 '1.2.3.4'에 대응시키면 도메인 네임 'www.example.com'을 '1, 2, 3, 4'로 변환할
수 있습니다.

난이도 ★★☆   [참고] 본문 페이지 464쪽

Q12. HTTP가 스테이트리스하다면 [오늘 하루 그만보기]와 같은 기능은 어떻게 구현할 수 있을까요?

A12. [오늘 하루 그만보기] 기능은 쿠키를 사용해 구현할 수 있습니다. 쿠키는 클라이언트의 상태를 유지하지 않는 스테이트리스 프로토콜의 한계를 보완하는 수단입니다.

난이도 ★★☆   [참고] 본문 페이지 443쪽

Q13. HTTP의 킵 얼라이브란 무엇인가요?

A13. HTTP의 킵 얼라이브는 지속 연결, 즉 클라이언트와 서버 간의 연결을 지속적으로 유지하여 같은 연결을 통해 여러 요청과 응답을 처리하는 기능입니다. 킵 얼라이브를 사용하면 하나의 연결을 통해 여러 요청–응답을 처리할 수 있습니다.

난이도 ★★★   [참고] 본문 페이지 443쪽

Q14. HTTP 1.1과 HTTP 2.0의 차이점을 설명해 보세요.

A14. HTTP 2.0은 HTTP 1.1의 데이터 송수신 방식과 성능을 개선한 버전입니다. 지속 연결을 처음 공식적으로 지원한 HTTP 1.1은 평문으로 메시지를 주고받는 반면, HTTP 2.0은 바이너리 데이터를 기반으로 송수신하고, 헤더 압축과 서버 푸시 기능을 제공하여 성능을 향상시켰습니다. 또한 HTTP 2.0은 HTTP 멀티플렉싱을 통해 여러 요청을 병렬로 처리하여 HOL 블로킹 문제를 완화했습니다.

난이도 ★☆☆　　　　　　　　　　　　　　　　　　　　　[참고] 본문 페이지 449, 451쪽

Q15. HTTP 메서드인 GET과 POST의 차이를 예시와 함께 설명해 보세요.

A15. 서버에서 자원의 표현을 조회하는 데 사용하는 GET 메서드는 웹 페이지를 요청할 때 주로 사용합니다. 요청한 자원의 URL을 통해 필요한 정보를 명시하고, 서버가 해당 자원의 내용을 응답으로 반환합니다. 반면, POST 메서드는 서버에 특정 작업을 처리하도록 요청하는 메서드입니다. POST 요청의 경우 메시지 본문이 사용되는 경우가 많지만, GET 요청의 경우에는 메시지 본문이 잘 사용되지 않습니다.

난이도 ★☆☆　　　　　　　　　　　　　　　　　　　　　[참고] 본문 페이지 449, 452쪽

Q16. HTTP 메서드인 PUT과 PATCH의 차이를 예시와 함께 설명해 보세요.

A16. 서버의 자원을 완전히 대체하는 데 사용하는 PUT 메서드는 클라이언트가 보낸 데이터를 기반으로 서버의 기존 자원을 전체적으로 교체하는 메서드입니다. 즉, PUT 요청은 자원의 내용을 덮어쓰기하는 메서드인 반면, PATCH 메서드는 서버 자원의 일부만 수정하는 데 사용하는 메서드로, 자원을 부분적으로 수정합니다.

난이도 ★☆☆　　　　　　　　　　　　　　　　　　　　　　　[참고] 본문 페이지 454쪽

Q17. 리다이렉션의 정확한 의미를 설명해 보세요.

A17. 리다이렉션은 웹 서버가 클라이언트에게 요청한 자원이 다른 위치로 이동했음을 알리고, 해당 위치로 클라이언트를 자동으로 이동시키는 동작을 의미합니다. 웹 페이지나 리소스의 URL이 변경되었을 경우, 리다이렉션을 통해 클라이언트가 올바른 경로로 요청을 보낼 수 있습니다.

난이도 ★★☆   [참고] 본문 페이지 460쪽

Q18. HTTP 요청 메시지를 보낸 클라이언트들이 이전에 접속한 URL을 알고 싶을 때는 어떻게 해야 할까요?

A18. Referer 헤더를 확인하면 됩니다. Referer 헤더에는 클라이언트가 HTTP 요청 메시지를 보낼 때 머물렀던 URL이 명시되어 있어 이전에 접속한 URL을 확인할 수 있습니다.

난이도 ★★☆   [참고] 본문 페이지 459쪽

Q19. HTTP 요청 메시지를 보낸 클라이언트들의 접속 정보를 알고 싶을 때는 어떻게 해야 할까요?

A19. User-Agent 헤더를 확인하면 됩니다. User-Agent 헤더에는 클라이언트가 사용한 브라우저의 종류와 운영체제, 아키텍처 정보, 렌더링 엔진의 종류 등 프로그램 관련 정보가 명시되어 있습니다.

난이도 ★★☆   [참고] 본문 페이지 472쪽

Q20. 같은 URL에 접속해도 어떤 환경에서는 영어 페이지가, 어떤 환경에서는 한국어 페이지가 응답되는 이유는 무엇인가요?

A20. 콘텐츠 협상이라는 기능 때문입니다. 콘텐츠 협상이란 같은 자원에 대한 다양한 표현 중 클라이언트가 가장 선호하는 자원의 표현을 제공하는 기능입니다. 클라이언트는 요청 메시지의 헤더를 통해 선호하는 언어를 서버에 알릴 수 있고, 서버는 이를 보고 클라이언트가 선호하는 언어로 응답할 수 있습니다.

난이도 ★★☆　　　　　　　　　　　　　　　　　　　　　　　　[참고] 본문 페이지 469쪽

Q21. **HTTP 캐시가 오래될 경우 원본 데이터와의 차이가 발생할 수 있습니다. 이 문제를 해결하는 방법을 설명해 보세요.**

A21. 캐시된 데이터와 원본 데이터가 불일치할 경우, 클라이언트는 If-Modified-Since 헤더나 If-None-Match 헤더를 사용해 서버에 원본 데이터의 변경 여부를 확인할 수 있습니다. 이때 If-Modified-Since 헤더는 특정 날짜 이후의 변경 여부를 확인하고, If-None-Match 헤더는 자원의 버전 식별자인 Etag 값을 사용해 변경 여부를 확인합니다. 서버는 버전 변경이 없으면 304 상태 코드로 알리고, 변경이 있으면 새로운 자원을 반환합니다.

난이도 ★★☆　　　　　　　　　　　　　　　　　　　　　　　　[참고] 본문 페이지 474쪽

Q22. **HTTPS의 동작에 대해 HTTP와 비교하여 설명해 보세요.**

A22. HTTP와 HTTPS의 차이는 HTTPS가 TLS를 통해 보안을 추가한 프로토콜이라는 점에 있습니다. 그렇기 때문에 HTTPS의 연결 수립 과정에는 TCP 핸드셰이크 이후 TLS 핸드셰이크 과정이 포함되어 있습니다. 이 과정에서 암호화 통신을 위한 키 교환과 인증서 검증 등이 이루어지고, HTTPS는 암호화 통신을 수행하게 됩니다.

난이도 ★★☆　　　　　　　　　　　　　　　　　　　　　　　　[참고] 본문 페이지 481쪽

Q23. **포워드 프록시와 리버스 프록시의 차이를 설명해 보세요.**

A23. 포워드 프록시는 클라이언트와 가까운 위치에 있으며, 클라이언트의 요청을 받아 서버로 전달하는 역할을 합니다. 주로 캐시 저장, 클라이언트 암호화, 접근 제한 등을 통해 클라이언트를 대리합니다. 반면, 리버스 프록시는 오리진 서버와 가까운 위치에 있으며, 클라이언트의 요청을 받아 오리진 서버의 응답을 클라이언트에 전달하는 역할을 합니다. 주로 캐시 저장과 로드 밸런싱을 수행합니다.

난이도 ★☆☆   [참고] 본문 페이지 486쪽

Q24. 스케일 업과 스케일 아웃의 차이를 설명해 보세요.

A24. 스케일 업은 더 높은 사양의 하드웨어를 추가하는 등 더 뛰어난 성능의 자원으로 대체하여 성능을 높이는 방법이고, 스케일 아웃은 여러 시스템을 추가하여 처리 능력을 확장하는 방법입니다.

난이도 ★★☆   [참고] 본문 페이지 494쪽

Q25. 웹 서버와 웹 애플리케이션의 차이점이 무엇인지, 이 둘을 함께 사용하는 이유가 무엇인지 설명해 보세요.

A25. 웹 서버는 정적인 콘텐츠를 응답하고, 웹 애플리케이션 서버는 정적인 콘텐츠와 더불어 동적인 컨텐츠도 응답할 수 있습니다. 웹 서버와 웹 애플리케이션을 함께 사용할 경우 정적인 정보는 웹 서버가 응답하고, 동적인 정보는 웹 애플리케이션 서버가 응답함으로써 부하를 분산할 수 있고, 여러 웹 서버 및 웹 애플리케이션을 확장하는 데에 유리합니다.

데이터베이스

오늘날 대중적인 웹 서비스라면 아무것도 저장하지 않고 운영되는 경우를 거의 찾기 어렵습니다. 쇼핑몰 사이트는 상품과 회원 정보를 저장해야 하고, 학교 사이트는 학과와 학생, 교수 정보 등을 저장해야 하죠. 정보를 올바르게 관리하지 못하면 서비스에 큰 타격을 받을 수 있습니다. 6장에서는 이처럼 중요한 정보를 안전하고 안정적으로 관리하는 데이터베이스에 대해 학습해 보겠습니다.

〈 1 〉 데이터베이스의 큰 그림

본격적인 데이터베이스 학습에 앞서 알아 둬야 할 다양한 배경지식들이 있습니다. 데이터베이스와 데이터베이스 관리 체계인 DBMS가 무엇인지, 왜 파일에 저장하지 않고 DBMS를 이용하는지, 데이터베이스를 이해하기 위해 필요한 기본 용어에는 어떤 것들이 있는지 정리하면서 데이터베이스에 대한 큰 그림을 그려 보겠습니다.

데이터베이스와 DBMS

데이터베이스database의 사전적 정의는 '여러 사람이 공유하여 사용할 목적으로 체계화해 통합, 관리하는 데이터의 집합'입니다. 하지만 이 사전적 정의가 다소 모호하게 느껴질 수 있습니다. 사전적 정의가 와닿지 않는다면 머릿속에 아무 웹사이트나 한번 떠올려 보세요. 그리고 그 웹사이트에 어떤 데이터가 저장될 수 있는지 생각해 보세요. 학교 관련 웹사이트를 떠올렸다면 학생 데이터, 학과 데이터 등이 저장될 수 있을 것이고, 쇼핑몰 관련 웹사이트를 떠올렸다면 결제 데이터, 품목 데이터 등이 저장될 수 있을 것입니다. 이러한 데이터의 집합이 바로 데이터베이스입니다. 즉, 데이터베이스란 **원하는 기능을 동작시키기 위해 마땅히 저장해야 하는 정보의 집합**을 말합니다.

데이터베이스는 사용자에게 제공되는 프로그램, 특히 웹 서비스에 있어 심장과도 같습니다. 어떤 데이터가 저장되는지에 따라 웹 서비스의 정체성이 달라질 수 있고, 데이터가 저장되는 방식에 따라 웹 서비스의 성능이 달라질 수 있기 때문입니다. 데이터베이스가 이토록 중요하다면 이를 제대로 관리하기 위한 수단이 필요하겠죠. 이 수단이 바로 **데이터베이스 관리 시스템(이하 DBMS)**Database Management System입니다. 즉, 데이터베이스를 관리하기 위한 프로그램이라고 생각하면 되는데요. DBMS에는 아주 다양한 종류가 있습니다.

DBMS의 종류

MySQL, MariaDB, PostgreSQL 등 다양한 종류의 DBMS는 크게 두 유형으로 구분할 수 있습니다. **관계형 데이터베이스 관리 시스템(이하 RDBMS 혹은 관계형 데이터베이스)**Relational DataBase Management System 과 **NoSQL 데이터베이스 관리 시스템(이하 NoSQL DBMS, 혹은 NoSQL 데이터베이스)**입니다. 대표적인 RDBMS로는 MySQL, Oracle, PostgreSQL, SQLite, MariaDB, Microsoft SQL Server 등이 있으며, NoSQL DBMS에는 MongoDB, Redis 등이 있습니다.

이 중 여러분이 보다 집중해서 알아 둬야 할 DBMS는 무엇일까요? 다음의 DBMS 점유율을 살펴봅시다. 2023년 약 6만 명의 전문 개발자를 대상으로 진행한 설문조사의 결과입니다. 수많은 개발자들이 주로 사용하고 있는 데이터베이스로 RDBMS를 답변한 것을 볼 수 있습니다. 따라서 이번 장에서는 RDBMS를 위주로 학습하겠습니다.

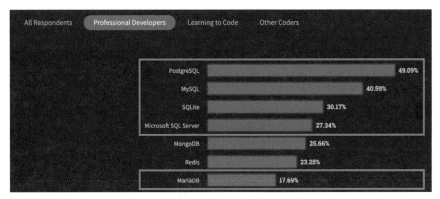

[출처] https://survey.stackoverflow.co/2023/#most-popular-technologies-platform

답변 결과를 살펴보면 PostgreSQL의 점유율(49.09%)이 가장 높은 것으로 보이지만, 7위로 꼽힌 MariaDB(17.69%)는 2위인 MySQL(40.59%)의 오픈소스 버전에 해당하므로 점유율이 가장 높은 RDBMS는 사실상 MySQL입니다. 따라서 이번 장에서는 RDBMS 중 개발자들의 답변 점유율이 높은 MySQL(버전 8.0)을 위주로 학습할 예정인데요. 따라서 앞으로 4절 '효율적 쿼리'까지 데이터베이스 혹은 DBMS라고 언급되는 용어는 기본적으로 RDBMS를 지칭한다는 점을 참고하기 바랍니다.

NOTE 이번 장에서 설명하는 내용은 특정 RDBMS 버전에 국한되는 설명을 최소화하였으므로 '다른 DBMS도 별도로 학습해야 할까'라는 부담감은 덜어 둬도 됩니다.

데이터베이스 학습과 RDBMS 학습을 동일시하는 시절이 있었습니다. 하지만 최근에는 RDBMS보다 유연한 형태로 대규모 데이터를 다루기에 용이하고 확장성이 좋은 NoSQL 또한 상승세를 이어가고 있습니다. MongoDB와 Redis로 대표되는 NoSQL DBMS에 대해서는 마지막 6절에서 학습할 예정입니다.

서버로서의 DBMS

DBMS는 여느 응용 프로그램과 다를 바 없는 응용 프로그램입니다. 다만, DBMS는 사용자와 직접적으로 상호작용하기보다는 사용자(개발자)가 만든 프로그램과 상호작용하며 실행됩니다. 따라서 다음과 같은 그림으로 DBMS를 표현할 수 있습니다.

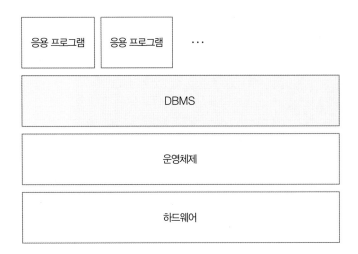

NOTE 다른 컴퓨터의 응용 프로그램에서도 DBMS에 접속이 가능하다는 점에 유의해 주세요.

응용 프로그램(들)의 입장에서 바라본 DBMS는 마치 서버와 같습니다. 응용 프로그램이 DBMS 를 이용하는 과정은 5장 '네트워크'에서 학습한 클라이언트–서버 간의 동작과 유사합니다. 주로 쓰리 웨이 핸드셰이크를 통한 TCP 연결을 맺으며, 때로는 데이터베이스에 접속하기 위한 인증이 필요하기도 합니다. 네트워크에서 클라이언트가 서버에 요청을 보내듯, DBMS 클라이언트는 DBMS 에 **쿼리**^{query}를 보냅니다. 이를 위해 DBMS는 데이터베이스를 다루기 위한 언어(데이터베이스 언어) 를 제공합니다. 사용자/응용 프로그램은 DBMS의 데이터베이스 언어를 통해 데이터베이스를 다룰 수 있게 되는 셈입니다. 대표적인 데이터베이스 언어인 **SQL**^{Structured Query Language}은 RDBMS에서 데이터를 조작하고 관리하기 위한 언어로, 이름 그대로 데이터베이스에 질의(Query)하기 위한 구조화된(Structured) 언어(Language)를 말합니다. 다음과 같이 생긴 프로그래밍 언어죠.

<table>
<tr><td style="text-align:center">'employees'라는 새로운 테이블을
생성하는 SQL 코드</td><td style="text-align:center">'employees' 테이블에서 'HR' 부서인
직원들의 이름을 조회하는 SQL 코드</td></tr>
</table>

```
CREATE TABLE employees (
    employee_id INT PRIMARY KEY,
    first_name VARCHAR(50),
    last_name VARCHAR(50),
    department VARCHAR(50)
);
```

```
SELECT first_name, last_name
FROM employees
WHERE department = 'HR';
```

SQL은 크게 네 종류로 분류됩니다. 데이터 정의를 위한 DDL^{Data Definition Language}과 데이터 조작을 위한 DML^{Data Manipulation Language}, 데이터 제어를 위한 DCL^{Data Control Language}, 트랜잭션을 제어하기 위한 TCL^{Transaction Control Language}입니다. 각각을 대표하는 명령어는 다음과 같습니다. 이후 자세히 알아볼 예정이므로 지금은 눈에만 익혀 두고 넘어 가겠습니다.

종류	명령	설명
DDL	CREATE	데이터베이스 혹은 테이블, 뷰, 인덱스 등의 데이터베이스 객체 생성
	ALTER	데이터베이스 객체 갱신
	DROP	데이터베이스 객체 삭제
	TRUNCATE	테이블 구조를 유지한 채 모든 레코드 삭제
DML	SELECT	테이블의 레코드 조회
	INSERT	테이블에 레코드 삽입
	UPDATE	테이블의 레코드 갱신
	DELETE	테이블의 레코드 삭제

DCL	COMMIT	데이터베이스에 작업 반영
	ROLLBACK	작업 이전의 상태로 되돌림
	SAVEPOINT	롤백의 기준점 설정
TCL	GRANT	사용자에게 권한 부여
	REVOKE	사용자로부터 권한 회수

NOTE TCL을 제외하고 DDL, DML, DCL 세 종류로 구분하는 경우도 있습니다.

 여기서 잠깐

기술 면접에서의 SQL

웹 개발 직군 채용을 위한 기술 면접(혹은 코딩 테스트)에서도 SQL에 대해 질문할 수 있습니다. 그러나 SQL
의 복잡하고 지엽적인 문법을 묻기보다는 다음과 같이 DML의 사용법 정도의 난이도로 간단히 출제되는 경
우가 많습니다. 관련 질문은 630쪽 [기술 면접 TIP]에서 참고할 수 있습니다.

Q. 온라인 쇼핑몰에서 판매되고 있는 상품 정보를 담은 'PRODUCTS' 테이블의 구조는 다음과 같습니다.

Column name	Type	Description
PRODUCT_ID	INTEGER	상품 ID
CATEGORY	VARCHAR(N)	상품 카테고리(전자기기, 가구, 의류 등)
MANUFACTURER_ID	INTEGER	제조사 ID
PRICE	INTEGER	판매 가격(원)
RELEASE_DATE	DATE	출시일

**'PRODUCTS' 테이블에서 2022년에 출시된 '전자기기' 카테고리에 속하는 상품의 리스트를 찾아, 상품
ID(PRODUCT_ID)와 출시일(RELEASE_DATE)을 선별해 출시일을 기준으로 내림차순하여 조회하는
SQL문을 작성해 보세요.**

파일 대신 데이터베이스를 이용하는 이유

앞서 3장 '운영체제'에서 우리는 파일 시스템에 대해 배웠습니다. 운영체제의 파일 시스템을 활용하
면 데이터를 파일과 디렉터리의 형태로 관리할 수 있다고 했습니다. 그렇다면 DBMS를 학습하기에

앞서, 근본적인 질문을 던져 보겠습니다. 왜 파일 시스템 대신 데이터베이스를 이용하는 것일까요?

가령 학과와 학생에 대한 데이터를 다음과 같은 '학과.txt'와 '학생.txt' 파일에 저장해서 관리하면 안 될까요? 이 질문에 대한 답은 DBMS가 제공하는 주요 기능과 직결됩니다.

학과.txt

```
학과 이름=컴퓨터과학, 학과 코드=123, 학생=강민철, 박성훈, …,
학과 이름=경영학, 학과 코드=234, 학생=김철수, …,
학과 이름=경제학, 학과 코드=345, 학생=이영희, …,
…
```

학생.txt

```
이름=강민철, 나이=27, 사는 곳=서울, 학과=컴퓨터과학, 학번=1234
이름=김철수, 나이=23, 사는 곳=대전, 학과=경영학, 학번=2345
이름=이영희, 나이=-1, 사는 곳=대구, 학과=경제학, 학번=3456
이름=박정훈, 나이=22, 사는 곳=광양, 학과=컴퓨터과학, 학번=4567
…
```

데이터를 단순 나열하여 파일에 저장할 경우의 단점, 곧 한계점이 이 질문에 대한 답변이 될 것입니다. 여러 가지 이유를 찾을 수 있겠지만, 책에서는 대표적으로 다음 5가지 이유를 추려 보았습니다. 암기가 필요한 내용은 아니므로 천천히 읽으면서 이해해 보세요.

❶ 데이터 일관성 및 무결성 제공이 어렵습니다.

앞서 DBMS는 서버와 같다고 언급했죠. 한 웹 서버에 요청을 보내는 클라이언트가 하나만 있는 경우가 거의 없듯, 데이터베이스를 한 명의 사용자 혹은 하나의 프로그램만 이용하는 경우는 거의 없습니다. 보통 여러 명의 사용자, 프로그램이 동시다발적으로 데이터베이스를 이용합니다. 앞서 우리는 이런 경우에 발생할 수 있는 문제 상황을 정리했었습니다. **레이스 컨디션** 문제가 발생할 여지가 있고, 이로 인해 데이터의 일관성이 훼손되기가 쉽습니다. 물론 동기화 도구를 이용하면 되지만, 저장된 파일에 대한 모든 접근에 일일이 동기화 도구를 사용하는 것은 번거로운 일입니다. 또 개발자가 파일에 명시된 데이터에 결함이 없음을(무결함을) 일일이 검사하기도 번거롭습니다. 다시 말해, 데이터의 부결성을 보상하기가 어렵습니다. 가령 다시 한번 '학생.txt' 파일 내용을 살펴보겠습니다. '이영희'라는 학생의 나이가 잘못된 값 '−1'로 저장되어 있지만, 모든 데이터를 파일을 기반으로 저장할 경우 이러한 잘못된 값을 검출하기가 어렵습니다.

❷ 불필요한 중복 저장이 많아집니다.

다량의 데이터 관리에 있어 불필요한 중복 저장은 자칫 스노우볼이 되어 큰 저장 공간 낭비로 이어 질 수 있습니다. 파일로 다량의 데이터를 관리할 경우, 불필요한 중복 저장이 발생하기가 쉽습니다. 가령 '학과.txt'와 '학생.txt' 파일에서 '학과 이름='과 '학과 코드=', 학생=, 이름=, 사는 곳=, 학과=, 학번='은 모두 굳이 중복하여 저장할 필요가 없는 정보입니다. 또 '학과.txt'의 '학생='은 '학생.txt'의 '학생=' 데이터와 중복된 저장이죠.

❸ 데이터 변경 시 연관 데이터 변경이 어렵습니다.

가령 '학과.txt'의 '학과 이름'이 '컴퓨터과학'에서 '컴퓨터학과'로 변경되었다고 가정해 보세요. '학생.txt' 파일에서 학과가 '컴퓨터과학'인 모든 학생의 학과 이름을 일일이 변경해야 할 것입니다. 또 만약 '강민철'이라는 학생이 컴퓨터과학과에서 경제학과로 전과한 경우를 가정해 보면 다음과 같이 '학 과.txt'의 두 곳, '학생.txt'의 한 곳을 하나 하나 변경해야 합니다.

학과.txt

```
학과 이름=컴퓨터과학, 학과 코드=123, 학생=강민철, 박성훈, …,
학과 이름=경제학, 학과 코드=345, 학생=강민철, 이영희, …,
…
```

학생.txt

```
이름=강민철, 나이=27, 사는 곳=서울, 학과=경제학과, 학번=1234
…
```

❹ 정교한 검색이 어렵습니다.

파일에서도 데이터 검색은 가능하지만, 많은 경우 파일 내 문자열 검색에 국한되는 경우가 많습니다. 가령 '나이가 25살 이상인 컴퓨터과학과인 서울 거주자'라는 식의 정교한 검색의 경우 파일만으로는 어렵습니다.

❺ 백업 및 복구가 어렵습니다.

앞서 언급했듯 데이터베이스는 보통 여러 명의 사용자 및 프로그램이 동시다발적으로 이용하기 때 문에 많은 데이터베이스에서 백업과 복구 기능을 제공합니다. 하지만 단순 파일 입출력에서는 이러한 기능을 애초에 제공하지 않거나 데이터베이스에 비해 부족한 수준으로 지원합니다. 이와 같은 이유로 다량의 데이터를 바탕으로 많은 사용자 및 프로그램에 제공해야 하는 경우, 단순 파일 입출력보다 데이터베이스가 효율적일 수 있습니다.

데이터베이스의 저장 단위와 트랜잭션

데이터베이스 학습을 시작하려면 데이터베이스에 무엇이 어떻게 저장되는지, 데이터베이스의 연산에는 어떤 성질이 있는지 이해해야 합니다. 이와 관련해 데이터베이스의 저장 단위인 엔티티와 스키마, 트랜잭션에 대해 알아보겠습니다. 다양한 용어들이 등장할 예정이므로 처음부터 모두 외우려 하기보다는 편안한 마음으로 의미를 이해하는 데 초점을 두고 읽어 보길 바랍니다.

데이터베이스의 저장 단위

데이터베이스에는 다양한 속성을 가진 독립적 객체들이 저장될 수 있습니다. 이때 '독립적으로 존재할 수 있는 객체'를 **엔티티**entity라고 하는데요. 용어가 다소 어렵게 느껴질 수 있지만, '어떠한 특성을 가진 대상'이라고 할 수 있다면 모두 엔티티라고 볼 수 있습니다. 예를 들어 다음과 같은 그림 속 하나 하나의 대상이 모두 데이터베이스에 저장 가능한 엔티티인 셈입니다.

❸ 제품 번호는 123, 제품 이름은 '혼공 노트북'

❶ 구매자 ID가 kimhanbit123인 남자 '김한빛'

❹ 제품 번호는 321, 제품 이름은 '이것이 키보드'

❷ 구매자 ID가 bithan321인 여자 '김빛한'

속성attribute은 엔티티의 특성을 의미합니다. 제시된 그림에서 구매자 ID, 구매자의 이름과 성별, 제품 번호와 이름이 바로 각 엔티티의 속성입니다. 각각의 엔티티는 속성을 강조하여 다음과 같이 표기할 수 있습니다.

❶ **구매자 ID** 속성 = 123, **구매자 이름** 속성 = '김한빛', **구매자 성별** 속성 = 남자

❷ **구매자 ID** 속성 = 321, **구매자 이름** 속성 = '김빛한', **구매자 성별** 속성 = 여자

❸ **제품 번호** 속성 = abc123, **제품 이름** 속성 = '혼공 노트북'

❹ **제품 번호** 속성 = def321, **제품 이름** 속성 = '이것이 키보드'

이때 같은 속성을 공유하는 개별 엔티티는 같은 **엔티티 집합**에 속한다고 할 수 있습니다. 예컨대 ❶과 ❷는 엔티티 '구매자'라는 엔티티 집합으로 표현할 수 있고, ❸과 ❹는 '제품'이라는 엔티티 집합으로 표현할 수 있습니다. 즉, 데이터베이스 내에 엔티티 집합이 정의될 수 있고, 엔티티 집합에 속한 다양한 개별 엔티티들이 저장될 수 있습니다.

구매자
• 구매자 ID • 구매자 이름 • 구매자 성별

제품
• 제품 번호 • 제품 이름

NOTE 엔티티의 속성이 가질 수 있는 값의 집합은 도메인(domain)이라고 합니다. 가령 '구매자 성별' 속성이 가질 수 있는 도메인은 {남자, 여자}입니다.

그렇다면 DBMS는 엔티티와 엔티티 집합을 어떻게 각각 표현하고 저장할까요? DBMS마다 다양하게 엔티티 집합을 표현할 수 있는데요. 가령 RDBMS는 엔티티 집합을 테이블(표)의 형태로 표현합니다. RDBMS에서 표현되는 이차원 테이블 형태의 엔티티 집합은 **릴레이션**relation이라고도 부릅니다. 또 NoSQL DBMS의 일종인 MongoDB에서는 엔티티 집합을 **컬렉션**collection이라는 단위로 표현합니다. 다양한 엔티티들이 RDBMS에서는 테이블 안에, MongoDB에서는 컬렉션 안에 저장되는 것입니다.

엔티티를 데이터베이스에 '저장 가능한 대상'이라고 한다면, 레코드는 데이터베이스에 '저장된 대상'이라고 할 수 있습니다. 레코드(record)는 우리말로 '기록'을 의미하죠. 데이터베이스에 '기록'된 각각의 엔티티를 **레코드**record라고 부르는 셈입니다. 데이터베이스에 저장된 엔티티 속성은 **필드**field라고 합니다. 즉, 다양한 속성을 지닌 엔티티들이 다양한 필드를 지닌 레코드로써 데이터베이스에 저장될 수 있습니다.

RDBMS에서는 개별 레코드를 테이블의 행으로 표현하고, 필드를 테이블의 열로 표현합니다. 또한 NoSQL DBMS인 MongoDB에서는 개별 레코드를 Json 형태의 데이터인 **도큐먼트**document라는 단위로 표현하고, 필드를 Json 키의 형태로 표현합니다. 그림으로 이해해 보겠습니다.

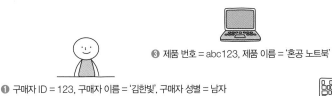

❸ 제품 번호 = abc123, 제품 이름 = '혼공 노트북'

❶ 구매자 ID = 123, 구매자 이름 = '김한빛', 구매자 성별 = 남자

❹ 제품 번호 = def321, 제품 이름 = '이것이 키보드'

❷ 구매자 ID = 321, 구매자 이름 = '김빛한', 구매자 성별 = 여자

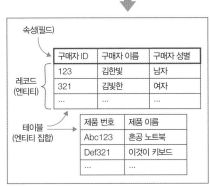

RDBMS

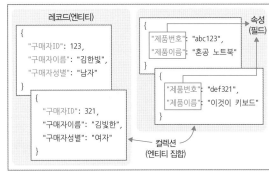

NoSQL(MongoDB)

NOTE 필드의 수는 **차수(degree)**라고도 부릅니다. 그리고 한 필드에 대한 고유 값의 수는 **카디널리티(cardinality)**라고 부릅니다. 즉, 카디널리티가 낮을수록 중복된 속성이 많음을 시사합니다.

스키마

RDBMS와 NoSQL을 구분하는 주요 기준 중 하나로 스키마의 유무를 꼽을 수 있습니다. **스키마**schema는 데이터베이스에 저장되는 레코드의 구조와 제약 조건을 정의한 것으로, 레코드가 지켜야 할 틀이자 청사진이라고 볼 수 있습니다.

데이터베이스에 저장되는 개별 레코드를 달고나라고 생각하고, 스키마를 달고나의 틀이라고 생각해 보세요. 스키마가 명확히 정의되어 있다면, 즉 달고나 틀이 있다면 틀(스키마)에 맞는 반듯한 모양의 달고나(정형화된 데이터)를 저장하고 관리하기가 용이할 것입니다. 반면, 명확히 따라야 할 스키마가 없다면, 즉 달고나 틀이 없다면 자유롭게 다양한 형태의 달고나를 만들 수 있듯 유연한 형태의 데이터를 저장하고 관리하기가 용이합니다.

앞서 RDBMS에서는 레코드를 테이블 내 행으로 저장하고, NoSQL의 일종인 MongoDB에서는 컬렉션 내 도큐먼트로 저장한다고 했습니다. 따라서 RDBMS에서는 명확한 스키마가 정의되며, 레코드들은 이 스키마로 정해진 테이블의 구조, 필드의 데이터 타입 및 제약 조건을 따라야 합니다. 가령 다음과 같은 '학생' 테이블이 있다고 가정해 보세요. 이 테이블의 구조와 각 필드의 데이터 타입, 제약 조건 등이 정의된 틀이 바로 스키마입니다.

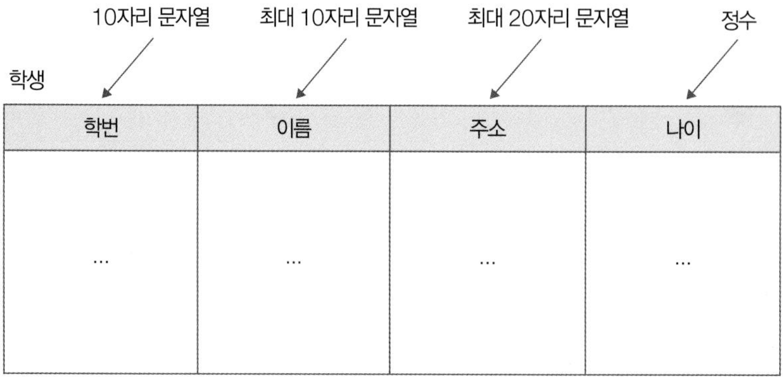

반면, NoSQL에서는 명확한 스키마가 정의되지 않기 때문에 NoSQL 데이터베이스를 **스키마리스**schema-less **데이터베이스**라고도 부릅니다. 레코드들이 지켜야 할 구조와 제약 조건에 제한이 없어 RDBMS보다 자유로운 형태의 레코드를 저장할 수 있습니다. 가령 MongoDB에 '학생'이라는 컬렉션이 있다고 가정해 보겠습니다. 이 컬렉션에는 다음과 같은 2개의 도큐먼트가 저장될 수 있습니다.

첫 번째 도큐먼트

```
{
    "name": "hanbit",
    "age": 30,
    "email": "hanbit@example.com"
}
```

두 번째 도큐먼트

```
{
    "name": "media",
    "age": 25,
```

```
    "email": "media@example.com",
    "address": {
        "street": "123 Main St",
        "city": "Somewhere",
        "zipcode": "12345"
    }
}
```

정형화된 데이터만 저장 가능한 RDBMS와는 다르게, 고정된 스키마를 따르지 않아 더욱 유연한 형태로 레코드를 관리할 수 있겠죠. MongoDB에 대해서는 6절에서 자세히 학습할 예정이므로 지금은 'MongoDB에서는 스키마를 명시적으로 정의할 필요가 없어 유연한 형태로 데이터를 저장할 수 있다'는 정도만 기억해도 무방합니다.

트랜잭션과 ACID

이제까지 데이터베이스가 무엇을, 어떻게 저장하는지 알아봤다면 이번에는 데이터베이스가 데이터를 어떻게 논리적으로 처리하는지에 대해 알아볼 차례입니다. **트랜잭션**transaction은 데이터베이스와의 논리적 상호작용의 단위를 의미합니다. 데이터베이스가 처리하는 작업의 단위를 나타내므로 **초당 트랜잭션**TPS, Transactions Per Second이라는 지표로 데이터베이스의 작업 성능을 나타내기도 합니다. 유의할 점은 트랜잭션이 하나의 쿼리만 포함하는 것은 아니라는 점입니다. 예를 들어 '한빛'이가 '빛한'이에게 5,000원을 이체하는 트랜잭션에서는 다음과 같은 2개 이상의 쿼리가 포함될 수 있습니다.

- 한빛이의 계좌 잔액을 5,000원 감소시키기
- 빛한이의 계좌 잔액을 5,000원 증가시키기

여기서 잠깐

트랜잭션이라는 범용적 용어

트랜잭션이라는 용어나 TPS라는 지표는 주로 데이터베이스에서 언급되는 용어이기는 하나, 데이터베이스에서만 사용되는 용어는 아닙니다. 다음과 같이 다른 하드웨어 부품(메모리)에서 사용되거나 전자상거래의 거래 단위로 사용되기도 합니다.

강조했듯, 데이터베이스는 한 명의 사용자나 하나의 프로그램만 데이터베이스를 사용하는 경우가 거의 없습니다. 여러 사용자/프로그램이 동시다발적으로 사용하는 것이 일반적이죠. 따라서 여러 작업을 내포하는 트랜잭션이 동시다발적으로 실행될 때는 안전한 트랜잭션을 보장하기 위해 지켜야 하는 성질이 있습니다. 트랜잭션이 지켜야 하는 성질에는 크게 4가지가 있습니다. 이를 각 단어의 앞 글자만 따서 ACID라고 하는데요. 원자성, 일관성, 격리성, 지속성의 줄임말인 **ACID**는 데이터베이스, 특히 관계형 데이터베이스 트랜잭션의 상징과도 같은 단어입니다. 중요한 성질이므로 자세히 알아보겠습니다.

❶ 원자성

원자성Atomicity이란 하나의 트랜잭션 결과가 모두 성공하거나 모두 실패하는 성질을 의미합니다. 가령 앞선 예시에서 빛한이의 계좌 잔액을 5,000원 증가시키는 작업이 실행되는 도중 DBMS가 다운되었다면 한빛이의 계좌 잔액을 5,000원 감소시켰던 작업도 취소되어야 합니다. 이렇게 트랜잭션이 하나의 단위로 처리되는 것을 원자성이라고 합니다.

- 한빛이의 계좌 잔액을 5,000원 감소시키기
- ~~빛한이의 계좌 잔액을 5,000원 증가시키기~~

원자성을 상징하는 말로 **All or Nothing**을 들기도 합니다. 말 그대로, 주어진 작업을 모두 성공하거나 모두 실패할 뿐, 일부 성공이나 일부 실패는 허용하지 않는다는 의미입니다.

커밋과 롤백

원자성을 트랜잭션이 반드시 커밋되거나 롤백되는 성질이라고도 표현합니다. 데이터베이스에서 **커밋
(commit)**이란 트랜잭션을 성공적으로 수행하여 트랜잭션을 종료하는 것을 의미하며, 트랜잭션으로 인한 변
경 사항을 확정한다는 의미로도 사용됩니다. **롤백(rollback)**은 이전 트랜잭션을 취소하는 작업을 의미하는데
요, 데이터베이스를 롤백하면 트랜잭션이 이루어지기 전으로 되돌릴 수 있습니다.

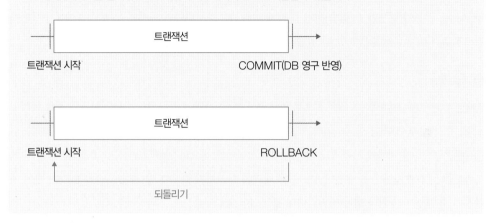

❷ 일관성

트랜잭션 전후로 데이터베이스가 일관된 상태를 유지하는 성질을 **일관성**Consistency이라고 합니다. 여
기서 '일관된 상태'란 데이터베이스가 지켜야 하는 일련의 규칙들을 지키는 상태를 의미합니다. 이러
한 규칙(일관성)을 깨뜨리지 않는 데이터를 유지하는 성질이 바로 데이터베이스의 일관성입니다.

유의할 점은 데이터베이스가 트랜잭션 이후 다음과 같이 새로운 일관된 상태로 전이될 수 있다는 것
입니다. 다만, 이 경우에도 저장된 데이터들은 모두 일관된 상태를 유지해야 합니다.

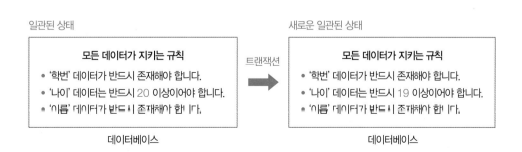

❸ 격리성

격리성Isolation이란 동시에 수행되는 여러 트랜잭션이 서로 간섭하지 않도록 보장하는 성질을 의미합니다. 레이스 컨디션을 방지하기 위한 성질이죠. 즉, 한 트랜잭션이 어떤 데이터에 접근하여 조작 중일 때는 다른 트랜잭션이 접근할 수 없습니다. 예를 들어 현재고가 하나뿐인 상품을 두 명의 사용자가 동시에 구매하려고 시도하는 상황을 가정해 봅시다. 격리성이 보장되지 않을 경우, 두 트랜잭션이 동시에 재고를 확인하고, 각자 재고가 있다고 판단하여 결제를 시도하게 되므로 결국 최종적으로는 재고 부족 문제가 발생할 수 있습니다. 하지만 격리성이 보장된다면 동시에 두 트랜잭션이 수행되지 않으므로 이러한 문제를 방지할 수 있습니다.

❹ 지속성

지속성Durability이란 트랜잭션이 성공적으로 완료된 후에 그 결과가 영구적으로 반영되는 성질을 의미합니다. 즉, 시스템 장애가 발생하더라도 완료된 트랜잭션의 결과는 손실되지 않아야 합니다. 예를 들어 은행에서 특정 계좌에 돈을 입금하는 트랜잭션이 성공적으로 완료되었다면, 그 결과가 디스크에 기록되어 시스템 장애가 발생하더라도 입금 내역이 사라지지 않아야 합니다. 오늘날 DBMS에는 대부분 이를 보장하기 위한 회복 메커니즘이 구현되어 있습니다.

데이터베이스 지도 그리기

여기까지 데이터베이스를 이해하기 위한 배경지식을 학습했습니다. 앞서 언급했던 것처럼 오늘날 가장 많이 사용되고 있는 DBMS가 RDBMS이므로 2절부터 5절까지는 RDBMS에 대해 집중적으로 학습할 예정입니다. RDBMS에서는 데이터가 테이블의 형태로 저장되고 관리됩니다. 때로는 각기 다른 테이블 내의 데이터를 서로 연관시킬 수도 있습니다. 2절에서는 이러한 테이블의 구성과 테이블 간의 관계, 그리고 저장되는 데이터가 지켜야 할 제약 조건인 무결성 제약 조건에 대해 알아보겠습니다. 테이블의 구성을 살펴보는 과정에서 RDBMS의 핵심 개념인 필드 타입과 키를 학습하게 될 것입니다.

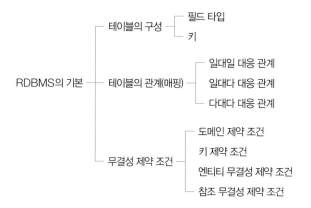

또 RDBMS를 온전히 이해하려면 RDBMS를 다루기 위한 언어인 SQL을 반드시 알아야 합니다. 1절과 2절에서 다루는 주요 RDBMS 관련 지식이 SQL에 담겨 있기도 하고, 4절에서 다룰 효율적 쿼리를 위한 서브 쿼리, 조인, 뷰, 인덱스 등의 개념 또한 SQL에 대한 이해가 선행되어야 하기 때문입니다. 따라서 3절에서는 다음과 같은 SQL의 종류별 대표 명령들을 통해 RDBMS의 주요 개념들이 어떻게 SQL로 구현되는지 알아보고, 4절에서는 데이터베이스를 효율적으로 쿼리하는 방법을 다룹니다. 여러 테이블에 쿼리하는 방법과 관련해 서브 쿼리와 조인을 먼저 알아보고, 가상의 테이블인 뷰를 통해 쿼리를 단순화하는 방법까지 학습하겠습니다. 또 쿼리의 성능을 높이기 위한 방법인 인덱스에 대해서도 알아보겠습니다.

일반적으로 데이터베이스에는 매우 다양한 종류의 데이터가 다량으로 저장되므로 때로는 데이터 간 복잡한 관계가 존재할 수 있습니다. 그렇기 때문에 마구잡이로 테이블을 만들거나 데이터를 저장해서는 안 되죠. 그래서 필요한 것이 바로 데이터베이스 설계입니다. 5절에서는 ER 다이어그램과 정규화를 통해 데이터베이스 설계 전략에 대해 알아보겠습니다.

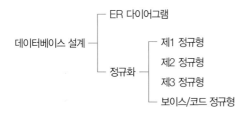

마지막으로 6절에서는 RDBMS와 NoSQL의 대비되는 특징을 이해해 보고, NoSQL의 다양한 저장 형태인 키-값, 도큐먼트, 그래프, 칼럼 패밀리 데이터베이스에 대해 알아보겠습니다. 더불어, 오늘날 대표적으로 사용되는 NoSQL 데이터베이스인 MongoDB와 Redis까지 가볍게 살펴보겠습니다.

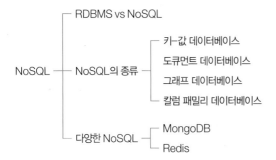

이렇게 우리는 RDBMS와 NoSQL, 데이터베이스의 설계와 관리 전반에 대해 정리할 수 있습니다. 앞으로 학습하게 될 데이터베이스 지도를 살펴보면서 미리 학습의 흐름을 정리해 보기 바랍니다.

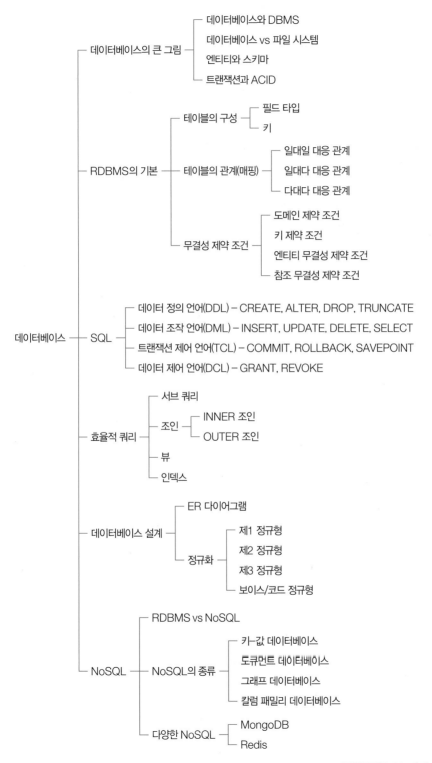

데이터베이스 ─┬─ 데이터베이스의 큰 그림 ─┬─ 데이터베이스와 DBMS
             │   ├─ 데이터베이스 vs 파일 시스템
             │   ├─ 엔티티와 스키마
             │   └─ 트랜잭션과 ACID
             │
             ├─ RDBMS의 기본 ─┬─ 테이블의 구성 ─┬─ 필드 타입
             │   │   └─ 키
             │   ├─ 테이블의 관계(매핑) ─┬─ 일대일 대응 관계
             │   │   ├─ 일대다 대응 관계
             │   │   └─ 다대다 대응 관계
             │   └─ 무결성 제약 조건 ─┬─ 도메인 제약 조건
             │   ├─ 키 제약 조건
             │   ├─ 엔티티 무결성 제약 조건
             │   └─ 참조 무결성 제약 조건
             │
             ├─ SQL ─┬─ 데이터 정의 언어(DDL) – CREATE, ALTER, DROP, TRUNCATE
             │   ├─ 데이터 조작 언어(DML) – INSERT, UPDATE, DELETE, SELECT
             │   ├─ 트랜잭션 제어 언어(TCL) – COMMIT, ROLLBACK, SAVEPOINT
             │   └─ 데이터 제어 언어(DCL) – GRANT, REVOKE
             │
             ├─ 효율적 쿼리 ─┬─ 서브 쿼리
             │   ├─ 조인 ─┬─ INNER 조인
             │   │   └─ OUTER 조인
             │   ├─ 뷰
             │   └─ 인덱스
             │
             ├─ 데이터베이스 설계 ─┬─ ER 다이어그램
             │   └─ 정규화 ─┬─ 제1 정규형
             │   ├─ 제2 정규형
             │   ├─ 제3 정규형
             │   └─ 보이스/코드 정규형
             │
             └─ NoSQL ─┬─ RDBMS vs NoSQL
                       ├─ NoSQL의 종류 ─┬─ 카-값 데이터베이스
                       │   ├─ 도큐먼트 데이터베이스
                       │   ├─ 그래프 데이터베이스
                       │   └─ 칼럼 패밀리 데이터베이스
                       └─ 다양한 NoSQL ─┬─ MongoDB
                                       └─ Redis

《2》 RDBMS의 기본

관계형 데이터베이스의 핵심은 테이블의 구성과 관계에 있습니다. 2가지 개념에 유의하며 이번 절을 살펴봅시다.

테이블의 구성: 필드와 레코드

RDBMS 내의 레코드들은 다음과 같이 테이블의 형태를 이룹니다. 이때 각 필드로 사용 가능한 데이터 유형이 정해져 있는데요. 이를 **필드 타입**이라고 합니다. 그리고 테이블 내의 특정 레코드를 식별할 수 있는 필드의 집합은 **키**라고 합니다. 키는 레코드의 식별뿐만 아니라 테이블 간의 참조에도 사용됩니다. 즉, 필드 타입과 키를 이해하면 레코드를 구성하는 데이터의 유형을 이해할 수 있고, 테이블 내 특정 레코드를 식별할 수 있습니다. 필드 타입과 키에 대해 조금 더 자세히 알아봅시다.

교수 이름	과목 이름	학생 수
Kim	자료구조	20
Lee	운영체제	30
Park	컴퓨터구조	20
Kim	데이터베이스	30
Park	데이터베이스	30

글 ID	글 제목	작성 글	작성자	작성 날짜
1	오늘 일기	오늘은 밥을 먹었다. 어디를 놀러 갔는데...	Kim	2024-01-12
2	독후감	오늘은 C++ 책을 리뷰해 볼게요...	Lee	2024-01-15
3	영화 후기	오늘은 어벤져스 영화를 리뷰해 보겠습니다...	Park	2024-01-20

필드 타입

RDBMS의 테이블 필드에는 다양한 데이터 형식(타입), 즉 필드 타입이 저장될 수 있습니다. 구체적인 필드 타입의 종류는 DBMS마다 조금씩 차이가 있지만, 큰 틀에서 보면 크게 다르지 않습니다. 다음은 MySQL을 기준으로 정리한 대표적인 필드 타입입니다. 테이블 내 레코드는 다음과 같은 데이터 유형으로 구성될 수 있다고 이해하면 됩니다. 각각 숫자형, 문자형, 날짜/시간형, 기타 데이터 타입으로 항목화했습니다.

유형	타입	설명
숫자형	TINYINT	1바이트의 정수(-128 ~ 127)
	SMALLINT	2바이트의 정수(-32768 ~ 32767)
	MEDIUMINT	3바이트의 정수(-8388608 ~ 8388607)
	INT	4바이트의 정수(-2147483648 ~ 2147483647)
	BIGINT	8바이트의 정수(-9223372036854775808 ~ 9223372036854775807)
	FLOAT	4바이트 부동 소수점 실수
	DOUBLE	8바이트 부동 소수점 실수
	DECIMAL	DECIMAL(전체 자릿수, 소수점 자릿수) 형식의 고정 소수점 실수 (예: DECIMAL(3,2)는 소수점 이하 2자리인 총 3자릿수의 소수)
문자형	CHAR	고정 길이 문자열
	VARCHAR	가변 길이의 문자열
	BLOB	이미지, 파일과 같은 대량 바이너리 데이터
	TEXT	대량 가변 길이 문자열
날짜/시간형	DATE	YYYY-MM-DD 형식의 날짜
	TIME	HH:MM:SS 형식의 시간
	DATETIME	8바이트 YYYY-MM-DD HH:MM:SS 형식의 날짜와 시간
	TIMESTAMP	4바이트 YYYY-MM-DD HH:MM:SS 형식의 날짜와 시간
기타	ENUM	정해진 값 중 하나(예: 남, 여)
	GEOMETRY	지리 정보(예: 좌표 데이터)
	XML	XML 데이터
	JSON	JSON 데이터

키

앞서 예로 들었던 테이블을 다시 한번 살펴보겠습니다. 각 레코드는 어떤 필드(들)로 식별할 수 있을지 생각해 봅시다. 첫 번째 테이블에서는 '교수 이름'과 '과목 이름'의 조합으로 각 레코드를 식별할 수 있고, 두 번째 테이블에서는 '글 ID'로 식별하거나 '글 제목'과 '작성 날짜'의 조합으로 식별할 수도 있을 것입니다.

교수 이름	과목 이름	학생 수
Kim	자료구조	20
Lee	운영체제	30
Park	컴퓨터구조	20
Kim	데이터베이스	30
Park	데이터베이스	30

글 ID	글 제목	작성 글	작성자	작성 날짜
1	오늘 일기	오늘은 밥을 먹었다. 어디를 놀러 갔는데...	Kim	2021-01-12
2	독후감	오늘은 C++ 책을 리뷰해 볼게요...	Lee	2021-01-15
3	영화 후기	오늘은 어벤져스 영화를 리뷰해 보겠습니다...	Park	2021-01-20

이렇게 테이블의 레코드를 식별할 수 있는 하나 이상의 필드를 **키**^{key}라고 합니다. 키는 테이블의 각 레코드를 식별하는 용도로 사용되기도 하지만, 테이블 간의 참조를 위해 사용되기도 하고 테이블의 접근 속도를 높이기 위해 사용되기도 합니다. 그 사용처가 다양한 만큼, 키에는 다양한 종류가 있습니다. 많은 전공 서적에서 다음과 같이 다양한 키의 종류를 설명하지만, 실무에서 키의 모든 종류를 동등한 빈도로 사용하지는 않기 때문에 모든 종류를 암기하지는 않아도 됩니다.

- **후보 키**
- 복합 키
- 슈퍼 키
- **기본 키**
- 대체 키
- **외래 키**

핵심은 굵은 글씨로 표기한 후보 키와 기본 키, 외래 키이므로 주요 키를 위주로 살펴보고, 나머지는 해당 키들을 설명할 때 마저 다루겠습니다. **후보 키**^{candidate key}는 테이블의 한 레코드를 식별하기 위한 필드의 최소 집합을 의미합니다. 특정 레코드를 유일하게 식별한다는 점에서 '유일성을 갖추었다'고 표현합니다. 후보 키는 하나 이상의 필드로 구성될 수 있으며, 후보 키에 포함된 필드 중 하나라도 생략하면 레코드를 고유하게 식별할 수 없게 됩니다. 이때 불필요한 필드가 키에 포함되어 있지 않고, 최소한의 정보로 레코드를 식별한다는 점에서 '최소성을 갖추었다'고도 표현합니다. 즉, **후보 키는 유일성과 최소성을 모두 만족하는 키**입니다.

후보 키는 테이블 내에 하나 이상 존재할 수 있습니다. 예를 들어 다음과 같은 필드로 구성된 '학생' 테이블이 있다고 가정해 보세요. '학번, 이메일, 전화번호'가 고유한 값이라면 '학번', '이메일', '전화번호' 각각이 후보 키로 간주될 수 있습니다.

학번	이름	이메일	전화번호
2021001	Kim	kim@example.com	010-1234-5678
2021002	Lee	lee@example.com	010-2345-3456
2021003	Park	park@example.com	010-4567-5678
2021004	Kang	kang@example.com	010-5678-6789
2021005	Choi	choi@example.com	010-4231-5432

이번에는 {학번, 과목 코드, 학년, 수강 연도, 점수}라는 필드로 구성된 '성적'이라는 테이블이 있다고 가정해 보세요. 여기서 후보 키는 {학번, 과목 코드}가 됩니다. 최소 이 2개의 필드로 레코드를 식별할 수 있기 때문입니다. 참고로, 이처럼 두 필드 이상으로 구성된 후보 키를 **복합 키**^{composite key}라고 부릅니다.

학번	과목 코드	학년	수강 연도	점수
2021001	CS101	1	2021	85
2021002	CS101	1	2021	90
2021003	CS102	1	2021	75
2021004	CS103	1	2021	80
2021001	CS102	1	2021	95

NOTE 레코드를 식별하기 위한 '필드의 최소 집합'이 아닌, 레코드를 식별하기 위한 '필드의 집합'은 **슈퍼 키**(super key)라고 합니다. 즉, 슈퍼 키는 유일성만 만족하고 최소성은 만족하지 않습니다. 따라서 슈퍼 키에는 레코드 식별에 꼭 필요하지 않은 필드도 포함될 수 있습니다.

영문 그대로 프라이머리 키(PK)라고도 불리는 **기본 키**^{primary key}는 한 레코드를 식별하도록 선정되어 테이블당 하나만 존재할 수 있는 키를 말합니다. 여러 후보 키 중에서 테이블의 레코드를 대표하도록 선택된 키입니다. 후보 키의 일부이기 때문에 유일성과 최소성을 모두 만족하며, 여러 필드로 구성된 기본 키도 존재할 수 있습니다. 기본 키는 중복된 값이 없어야 하고 반드시 값이 존재해야 하며, 레코드를 구분하기 위한 최소한의 정보만으로 이루어져 있어야 합니다. 이때 '값이 존재하지 않음'은 NULL이라는 값으로 표기합니다. 즉, 기본 키는 NULL 값을 가질 수 없습니다. 앞선 예시로 들었던 '학생' 테이블에서는 후보 키들 중 '학번' 필드를 기본 키로 삼을 수 있습니다.

학번	이름	이메일	전화번호
2021001	Kim	kim@example.com	010-1234-5678
2021002	Lee	lee@example.com	010-2345-3456
2021003	Park	park@example.com	010-4567-5678
2021004	Kang	kang@example.com	010-5678-6789
2021005	Choi	choi@example.com	010-4231-5432

NOTE 기본 키가 아닌 후보 키는 **대체 키(alternate key)**라고 합니다. 기본 키 선정 이후에 남은 후보 키가 곧 대체 키라고 보아도 좋습니다.

또한 **외래 키**^{foreign key}는 다른 테이블의 기본 키를 참조하는 필드로, 테이블 간의 참조 관계를 형성할 때 사용하는 키입니다. 영문 그대로 읽거나 앞글자를 따서 FK라고 부르는 경우도 많습니다. 가령 다음과 같은 '학생' 테이블과 '과목' 테이블에서 '학생' 테이블의 '수강 과목' 필드는 '과목' 테이블의 '개설 과목'을 참조하는 외래 키로 활용할 수 있습니다.

학번	학과	나이	수강 과목
201311112	컴퓨터공학과	29	운영체제
201454321	수학과	26	컴퓨터구조
201512345	경영학과	23	데이터베이스

학생 테이블

개설 과목	학기	담당 교수	…
운영체제	1	김xx	…
데이터베이스	2	이xx	…
컴퓨터구조	1	박xx	…

과목 테이블

또 다음과 같은 '구매자' 테이블과 '상품 목록' 테이블에서 '구매자' 테이블의 '장바구니' 필드는 '상품 목록' 테이블의 '상품 ID'를 참조할 수 있습니다. 즉, 외래 키를 통해 다른 테이블에 연결(참조)이 가능하고, 테이블 간의 관계도 표현할 수 있게 되는 셈입니다.

ID	이름	가입 날짜	장바구니
yunakim	김연아	20230101	마우스
messikim	김메시	20221013	모니터
naldolee	이날두	20201213	키보드

구매자 테이블

상품 ID	상품명	가격	…
1	마우스	10000	…
2	키보드	20000	…
3	모니터	130000	…

상품 목록 테이블

테이블의 관계

외래 키를 통해 테이블 간 참조가 가능하다고 했습니다. 이때 외래 키를 매개로 하는 테이블 간 연관 관계에도 여러 종류가 있는데요. 대표적으로 일대일 대응 관계, 일대다 대응 관계, 다대다 대응 관계로 나눌 수 있습니다. 각 관계가 무엇을 의미하는지 사례를 통해 하나씩 알아보겠습니다.

일대일 대응 관계

RDBMS에서 테이블 간의 일대일 대응 관계는 하나의 레코드가 다른 테이블의 레코드 하나에만 대응되는 경우를 의미합니다. 가령 다음과 같은 '여권' 테이블과 '승객' 테이블을 가정해 봅시다. '여권' 테이블은 '고객 번호'를 외래 키 삼아 '승객' 테이블을 참조하고 있습니다.

여권 번호	고객 번호	발급 날짜
A1234567	1	2004-12-31
B9876543	2	2014-07-12
C8765432	3	2012-02-01

여권 테이블

고객 번호	이름	생년월일
1	김가나	1990-01-01
2	이다라	1985-05-15
3	박마바	1996-04-21

승객 테이블

이때 두 테이블은 일대일 대응 관계라고 할 수 있습니다. 한 사람당 오직 하나의 여권만 가질 수 있기 때문입니다. 다시 말해, '여권' 테이블에 속한 엔티티 하나는 '승객' 테이블에 속한 엔티티 하나에 대응될 수 있습니다. 다음 그림 하나 하나가 테이블의 한 레코드라고 생각해 보세요.

일대다 대응 관계

테이블 간의 일대다 대응 관계는 하나의 레코드가 다른 테이블의 여러 레코드와 대응될 수 있는 경우를 의미합니다. 다음과 같이 연관된 2개의 테이블, '주문' 테이블과 '고객' 테이블이 있다고 가정해 봅시다. 두 테이블은 일대다 대응 관계라고 볼 수 있습니다. 한 고객은 여러 건의 주문을 할 수 있지만, 각 주문은 한 명의 고객에게만 속하기 때문입니다.

주문 ID	고객 ID	주문 날짜	가격
1001	1	2024-05-20	25000
1002	1	2024-05-21	150000

주문 테이블

고객 ID	이름	메일 주소
1	김가나	kim@example.com
2	이다라	Lee@example.com

고객 테이블

즉, '고객' 테이블에 속한 엔티티 하나는 '주문' 테이블에 속한 여러 개의 엔티티에 대응될 수 있습니다.

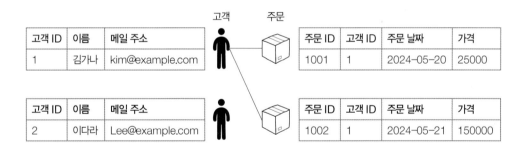

다대다 대응 관계

마지막으로 테이블 간의 다대다 대응 관계는 한 테이블의 여러 레코드가 다른 테이블의 여러 레코드와 대응되는 경우를 의미합니다. 예를 들어 하나의 사용자 계정이 여러 그룹에 가입할 수 있는 SNS를 생각해 보세요. 다음과 같이 '사용자' 테이블은 '그룹' 테이블에 다대다의 관계로 대응될 수 있습니다. 각 사용자는 여러 그룹에 가입할 수 있고, 각 그룹에는 여러 사용자가 속할 수 있기 때문입니다.

이때 테이블 간 다대다 대응 관계는 일반적으로 중간 테이블을 수반한다는 점에 유의해야 합니다. 예시에서도 '사용자' 테이블과 '그룹' 테이블의 다대다 대응 관계를 표현하기 위해 '사용자그룹' 테이블을 사용했습니다. 중간 테이블을 통한 다대다 대응 관계는 중간 테이블에 대한 일대다 대응이 두 번 이뤄진 것과 같습니다. '사용자' 테이블과 '사용자그룹' 테이블이 '사용자 ID'를 매개로 일대다 관계를 형성하고, '그룹' 테이블과 '사용자그룹' 테이블이 '그룹 ID'를 매개로 일대다 관계를 형성하기 때문에, 결과적으로 '사용자' 테이블과 '그룹' 테이블 간의 다대다 대응 관계가 형성되는 것입니다.

사용자 ID	사용자 이름	메일 주소
1	김가나	kim@example.com
2	이다라	lee@example.com
3	박마바	park@example.com

사용자 테이블

사용자그룹 ID	사용자 ID	그룹 ID
1	1	1
2	1	2
3	2	2
4	2	3
5	3	1
6	3	3

사용자그룹 테이블

그룹 ID	그룹 이름	그룹 설명
1	코딩 그룹	개발자를 위한 그룹입니다
2	독서 그룹	독서 그룹입니다
3	러닝 그룹	달리기 그룹입니다

그룹 테이블

사용자 ID	사용자 이름	메일 주소
1	김가나	kim@example.com

사용자 ID	사용자 이름	메일 주소
2	이다라	Lee@example.com

사용자 ID	사용자 이름	메일 주소
3	박마바	Park@example.com

사용자그룹 ID	사용자 ID	그룹 ID
1	1	1
2	1	2
3	2	2
4	2	3
5	3	1
6	3	3

그룹 ID	그룹 이름	그룹 설명
1	코딩 그룹	개발자를 위한 그룹입니다

그룹 ID	그룹 이름	그룹 설명
2	독서 그룹	독서 그룹입니다

그룹 ID	그룹 이름	그룹 설명
3	러닝 그룹	달리기 그룹입니다

무결성 제약 조건

무결성이란 일관되며 유효한 데이터의 상태를 말합니다. 즉, **무결성 제약 조건**이란 데이터베이스에 저장된 데이터의 일관성과 유효성을 유지하기 위해 마땅히 지켜야 하는 조건을 의미합니다. 무결성 제약 조건을 지키지 않을 경우 다음과 같은 오류 메시지를 보게 됩니다.

무결성 제약 조건에는 대표적인 종류 4가지가 있습니다. 각 제약 조건의 상황을 이해하는 데 집중해 읽어 보면 무결성 제약 조건이라는 것이 어느 정도 상식적이라는 것을 알 수 있을 것입니다.

❶ 도메인 제약 조건

도메인 제약 조건domain constraint은 테이블이 가질 수 있는 필드 타입과 범위에 대한 규칙입니다. 각각의 필드 데이터는 원자 값을 가져야 하고, 지정된 필드 타입을 준수해야 하며, 값의 범위나 기본값이 지정되었을 경우 그를 따라야 합니다. 또한 NULL이 허용되지 않았다면 NULL이 저장되어서는 안 됩니다. 이러한 조건이 명시된 테이블에서 다음 그림과 같이 제약 조건을 위배하는 데이터가 삽입/수정될 경우 '도메인 제약 조건에 위배'된 것으로 간주합니다.

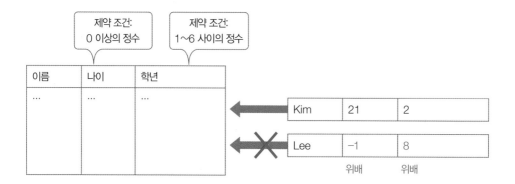

여기서 잠깐

원자 값

원자 값(atomic value)이란 더 이상 쪼갤 수 없는 단일한 값을 말합니다. 즉, 테이블의 각 필드 데이터는 더 이상 쪼갤 수 없는 단일한 값이어야 합니다. 가령 다음 테이블의 필드 데이터인 '이름, 나이, 성별'은 각각 더 이상 쪼갤 수 없는 단일한 값이므로 원자 값이라고 할 수 있습니다.

이름	나이	성별
Kim	25	남
Lee	32	여
Park	43	남

반면, 다음과 같은 테이블의 필드 데이터는 더 많은 유형으로 쪼개질 여지가 있기 때문에 원자 값이라고 보기 어렵습니다. 한눈에 보아도 데이터의 유지보수, 검색이 어려워 보이죠. 따라서 DBMS는 도메인 제약 조건을 지키기 위해 필드 데이터가 원자 값을 유지하도록 합니다.

이름과 나이와 성별
Kim, 25, 남
Lee, 여, 32
Park, 43, 남

❷ 키 제약 조건

키 제약 조건key constraint은 레코드를 고유하게 식별할 수 있는 키로 지정된 필드에 중복된 값이 존재해서는 안 된다는 제약 조건입니다.

❸ 엔티티 무결성 제약 조건

엔티티 무결성 제약 조건entity integrity constraint이란 기본 키로 지정한 필드는 고유한 값이어야 하며, NULL이 되어서는 안 된다는 규칙입니다. 기본 키와 관련한 제약 조건이므로 **기본 키 제약 조건**이라고도 부릅니다. 이는 기본 키의 개념을 소개하며 이미 학습한 개념입니다. 즉, 레코드를 식별할 수 있는 기본 키가 갖추어야 할 조건을 나타냅니다.

❹ 참조 무결성 제약 조건

참조 무결성 제약 조건referential integrity constraint은 외래 키를 통해 다른 테이블을 참조할 때 데이터의 일관성을 지키기 위한 제약 조건으로, 외래 키는 참조하는 테이블의 기본 키와 같은 값을 갖거나 NULL 값을 가져야 한다는 규칙입니다. 외래 키와 관련한 제약 조건이므로 **외래 키 제약 조건**이라고도 부릅니다.

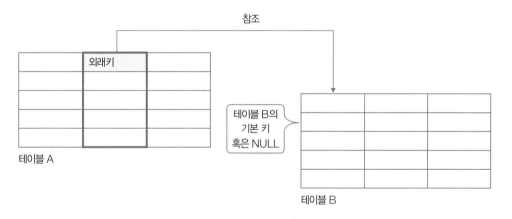

참조하는 테이블이 삭제/수정되는 경우

다음과 같이 '학생' 테이블의 '과목' 필드가 '과목' 테이블의 '개설 과목' 필드를 참조한다고 가정해 보겠습니다. 이때 참조하는 개설 과목이 폐강되어 참조하는 레코드가 삭제되거나('과목' 테이블의 '컴퓨터구조' 레코드가 삭제되거나) 개설 과목의 이름이 바뀌어 참조하는 레코드가 수정되는 경우('과목' 테이블의 '컴퓨터구조' 레코드가 '컴퓨터구조론및설계실습'으로 변경되는 경우), 이를 참조하는 '학생' 테이블의 '수강 과목' 레코드는 어떻게 될까요? 다시 말해, 외래 키로 참조하는 테이블의 레코드가 변경되거나 삭제되었을 경우 참조하는 레코드는 어떻게 될까요?

개설 과목이 삭제되는 경우

학번	학과	나이	수강 과목
201311112	컴퓨터공학과	29	컴퓨터구조
201454321	수학과	26	데이터베이스
201512345	경영학과	23	운영체제

학생 테이블

개설 과목	학기	담당 교수	⋯
운영체제	1	김xx	⋯
데이터베이스	2	이xx	⋯
컴퓨터구조	1	박xx	⋯

과목 테이블

개설 과목이 변경되는 경우

학번	학과	나이	수강 과목
201311112	컴퓨터공학과	29	컴퓨터구조
201454321	수학과	26	데이터베이스
201512345	경영학과	23	운영체제

학생 테이블

개설 과목	학기	담당 교수	⋯
운영체제	1	김xx	⋯
데이터베이스	2	이xx	⋯
컴퓨터구조론및설계실습	1	박xx	⋯

과목 테이블

이 경우 RDBMS는 크게 다음과 같은 4가지의 동작을 취할 수 있습니다.

❶ **연산 제한(restrict):** 주어진 수정 및 삭제 연산 자체를 거부합니다. 예를 들어 '학생' 테이블에서 '컴퓨터구조' 과목을 참조하는 레코드가 존재할 경우, '과목' 테이블의 '컴퓨터구조' 과목을 삭제하거나 이름을 변경하려는 연산이 허용되지 않습니다.

❷ **기본값 설정(set default):** 참조하는 레코드를 미리 지정한 기본값으로 설정합니다. 예를 들어 '과목' 테이블의 '컴퓨터구조' 과목이 삭제되면 '학생' 테이블의 해당 수강 과목이 기본값으로 변경됩니다.

❸ **NULL 값 설정(set null):** 참조하는 레코드를 NULL로 설정합니다. 예를 들어 '과목' 테이블의 '컴퓨터구조' 과목이 삭제되면 '학생' 테이블의 해당 수강 과목이 NULL로 변경됩니다.

❹ **연쇄 변경(cascade):** 참조하는 레코드도 함께 수정되거나 삭제합니다. 예를 들어 '과목' 테이블의 '컴퓨터구조' 과목이 삭제되면 '학생' 테이블의 해당 '수강 과목' 레코드도 함께 삭제되고, '과목' 테이블의 '컴퓨터구조' 과목 이름이 '컴퓨터구조론및설계실습'으로 변경되면 '학생' 테이블의 해당 과목 이름도 '컴퓨터구조론및설계실습'으로 변경됩니다.

여기까지 RDBMS와 관련한 배경지식을 알아보았습니다. 이제부터는 RDBMS를 다루기 위한 언어인 SQL에 대해 간략하게 알아보겠습니다. 다음 3절의 내용을 실습과 함께 학습하고자 하는 독자는 다음 링크에서 실습 환경 구축 방법을 안내하고 있으니 참고하기 바랍니다.

- https://github.com/kangtegong/cs

 **SQL**

많은 RDBMS에서는 SQL 명령을 크게 데이터 정의 언어(DDL)와 데이터 조작 언어(DML), 데이터 제어 언어(DCL), 트랜잭션 제어 언어(TCL)로 나누고 있습니다. 이 중 자주 언급되는 DDL, DML, TCL에 속한 명령 위주로 SQL에 대해 알아보고, DCL은 이번 절 말미에 가볍게 정리해 보겠습니다.

데이터 정의 언어(DDL)

데이터 정의를 위한 SQL인 **DDL**Data Definition Language에는 다음과 같은 명령이 대표적입니다. 하나씩 알아보겠습니다.

종류	설명
CREATE	데이터베이스 혹은 데이터베이스 객체 생성
ALTER	데이터베이스 객체 갱신 (예: 테이블에 필드 및 제약 조건을 추가/삭제)
DROP	데이터베이스 객체 삭제 (예: 테이블이나 데이터베이스를 삭제)
TRUNCATE	테이블 구조를 유지한 채 모든 레코드 삭제

NOTE 데이터베이스 객체란 데이터베이스에서 정의될 수 있는 대상을 통칭하는 용어입니다. 데이터베이스 객체로는 테이블, 그리고 다음 절에서 학습할 인덱스, 뷰 등이 대표적입니다.

CREATE

CREATE 명령은 데이터베이스(CREATE DATABASE), 테이블(CREATE TABLE), 혹은 다음 절에서 배울 뷰(CREATE VIEW)나 인덱스(CREATE INDEX), 그 외 사용자(CREATE USER)까지 데이터베이스에서 관리될 수 있는 다양한 대상을 정의합니다. 여기서는 CREATE를 통해 데이터베이스와 테이블을 만드는 실습으로 확인해 보겠습니다. 테이블(들)을 만들려면 테이블이 저장될 데이터베이스가 먼저 만들어져야 합니다. 데이터베이스를 생성하는 명령은 다음과 같습니다. 참고로, 예시를 통해 알 수 있듯 SQL문에서는 끝을 표기하기 위해 세미콜론 기호(;)를 사용합니다. SQL문의 끝마다 세미콜론을 표기해야 한다는 점에 유의하세요.

```
CREATE DATABASE 데이터베이스_이름;
```

가령 다음과 같은 명령으로 'mydb'라는 이름의 새로운 데이터베이스를 생성할 수 있습니다.

데이터베이스 생성

```
CREATE DATABASE mydb;
```

여기서 잠깐

데이터베이스의 조회 및 사용

실습을 진행하다 보면 데이터베이스를 조회할 일이 많을 것입니다. 이럴 때는 다음과 같은 명령으로 현재 데이터베이스를 조회할 수 있습니다. 데이터베이스를 성공적으로 조회했다면 다음과 같은 터미널 결과를 확인할 수 있습니다. 앞에서 만든 'mydb' 데이터베이스가 조회된다면 성공입니다.

```
SHOW DATABASES;
```

```
mysql> SHOW DATABASES;
+--------------------+
| Database           |
+--------------------+
| information_schema |
| mydb               |
| mysql              |
| performance_schema |
| sys                |
+--------------------+
5 rows in set (0.00 sec)

mysql> USE mydb;
Database changed
```

또한 이미 존재하거나 만들어진 특정 데이터베이스를 사용할 때는 다음과 같은 명령을 사용합니다.

```
USE 데이터베이스_이름;
```

가령 다음 명령은 앞에서 만든 'mydb'를 사용하겠다는 의미로, 이를 통해 'mydb'라는 데이터베이스에서 작업을 이어갈 수 있습니다.

데이터베이스 사용

```
USE mydb;
```

기본적으로 CREATE TABLE문을 통한 테이블 생성은 다음과 같은 형식으로 작성합니다. 소괄호 안의 한 줄, 한 줄(필드_이름 필드_타입)이 테이블의 열인 필드라고 볼 수 있습니다. '필드_타입'에는 앞서 학습한 필드 타입을 명시합니다. VARCHAR(50)과 같이 괄호를 사용해 필드 타입의 최대 길이를 명시할 수도 있습니다.

```
CREATE TABLE 테이블_이름 (
    필드_이름1 필드_타입,
    필드_이름2 필드_타입,
    필드_이름3 필드_타입,
    …
);
```

유의할 점은 '필드_타입'의 우측 혹은 CREATE TABLE문 하단에 다음과 같은 키워드를 명시함으로써 **특정 필드가 지켜야 할 제약 조건을 명시할 수 있다**는 점입니다.

키워드	제약 조건
PRIMARY KEY	특정 필드를 기본 키로 지정
UNIQUE	특정 필드가 고유한 값을 갖도록 설정
FOREIGN KEY	특정 필드를 외래 키로 지정
DEFAULT 기본값	기본값 지정
NULL/NOT NULL	특정 필드에 NULL 값을 허용/허용하지 않음

UNIQUE 제약 조건이 명시된 필드를 고유 키(UNIQUE KEY)라고도 부릅니다. 고유 키는 기본 키와 유사하게 중복되는 값을 가질 수 없지만 기본 키와 달리 테이블 내에 여러 개 존재할 수 있고, NULL값을 가질 수도 있습니다.

예제를 통해 이해해 봅시다. 다음은 'users'라는 테이블을 생성하는 예제입니다. 필드 타입 우측에 PRIMARY KEY, NOT NULL, UNIQUE, DEFAULT와 같은 제약 조건이 명시되어 있습니다. 참고로, 코드의 AUTO_INTCREMENT는 레코드가 추가될 때마다 자동으로 1씩 증가되는 값을 의미하고, CURRENT_TIMESTAMP는 현재 시간을 나타냅니다.

db/create_users.sql

```
CREATE TABLE users (
    user_id INT PRIMARY KEY AUTO_INCREMENT,
    username VARCHAR(50) NOT NULL,
    email VARCHAR(100) UNIQUE,
    birthdate DATE,
    registration_date TIMESTAMP DEFAULT CURRENT_TIMESTAMP
);
```

코드를 하나씩 살펴봅시다. 기본 키(PRIMARY KEY)인 'user_id' 값은 레코드가 추가될 때마다 1씩 자동 증가됩니다(AUTO_INCREMENT). 'username'은 최대 길이가 50인 가변 길이 문자열로, NULL 값을 허용하지 않으며(NOT NULL), 'email'은 최대 길이 100인 고유한 값(UNIQUE)의 문자열입니다. 또 'birthdate'는 날짜 형식의 레코드이고, 'registration_date'는 현재 타임스탬프를 기본값으로 갖습니다(DEFAULT CURRENT_TIMESTAMP).

'posts'라는 테이블을 하나 더 만들어 봅시다. 다음은 앞에서 만든 'users' 테이블의 'user_id'를 참조하는 외래 키 필드가 포함된 테이블을 만드는 SQL문입니다. 여기서 핵심은 CREATE TABLE문 하단에 박스로 표기된 FOREIGN KEY 제약 조건입니다. 이는 필드 'user_id'가 외래 키(FOREIGN KEY)로써 'users' 테이블의 'user_id'를 참조한다(REFERENCES)는 의미입니다.

db/create_posts.sql

```
CREATE TABLE posts (
    post_id INT PRIMARY KEY AUTO_INCREMENT,
    user_id INT,
    title VARCHAR(50) NOT NULL,
    content VARCHAR(50),
```

```
    created_at TIMESTAMP DEFAULT CURRENT_TIMESTAMP,
    FOREIGN KEY (user_id) REFERENCES users(user_id)
);
```

'users' 테이블과 'posts' 테이블은 다음과 같은 그림으로 표현할 수 있습니다.

INT PRIMARY KEY AUTO_INCREMENT	VARCHAR(50) NOT NULL	VARCHAR(100) UNIQUE	DATE	TIMESTAMP CURRENT_TIMESTAMP
user_id	username	email	birthdate	registration_date
...	...	...	...	...

users 테이블

INT PRIMARY KEY AUTO_INCREMENT	INT FOREIGN KEY REFERENCES users(user_id)	VARCHAR(50) NOT NULL	VARCHAR(50)	TIMESTAMP CURRENT_TIMESTAMP
post_id	user_id	title	content	created_at
...	...	...	...	...

posts 테이블

PRIMARY KEY, UNIQUE, FOREIGN KEY 제약 조건은 다음과 같이 CREATE TABLE문 하단에 추가될 수도 있고, 선택적으로 제약 조건에 이름을 붙일 수도 있습니다.

```
CREATE TABLE 테이블_이름 (
    필드_이름1 필드_타입,
    필드_이름2 필드_타입,
    필드_이름3 필드_타입,
    ...
    [CONSTRAINT 제약_조건_이름] PRIMARY KEY (필드_이름),
    [CONSTRAINT 제약_조건_이름] FOREIGN KEY (필드_이름) REFERENCES 테이블_이름2 (필드_이름),
    [CONSTRAINT 제약_조건_이름] UNIQUE (필드_이름),
);
```

다음 예제의 박스로 표기된 부분에 주목해 보세요. 'post_id'를 기본 키로 추가하고, 'users' 테이블의 'user_id'를 참조하는 'FK_user_id'라는 이름의 외래 키 제약 조건을 추가했습니다. 또 'title' 필드가 고유한 값을 갖도록 하는 'UQ_title'이라는 이름의 고유 키 제약 조건도 추가했습니다.

db/create_tests.sql

```sql
CREATE TABLE tests (
    post_id INT AUTO_INCREMENT,
    user_id INT,
    title VARCHAR(50) NOT NULL,
    content VARCHAR(50),
    created_at TIMESTAMP DEFAULT CURRENT_TIMESTAMP,
    PRIMARY KEY (post_id),
    CONSTRAINT FK_user_id FOREIGN KEY (user_id) REFERENCES users(user_id),
    CONSTRAINT UQ_title UNIQUE (title)
);
```

여기서 잠깐

테이블의 조회

테이블의 구조를 확인하고자 할 때는 다음과 같은 명령을 사용합니다.

```sql
DESCRIBE 테이블_이름;
DESC 테이블_이름;
```

테이블 구조 조회

```sql
DESCRIBE users;
```

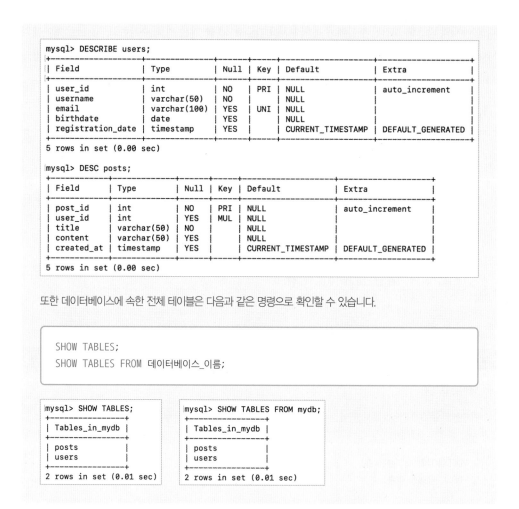

```
mysql> DESCRIBE users;
+-------------------+--------------+------+-----+-------------------+-------------------+
| Field             | Type         | Null | Key | Default           | Extra             |
+-------------------+--------------+------+-----+-------------------+-------------------+
| user_id           | int          | NO   | PRI | NULL              | auto_increment    |
| username          | varchar(50)  | NO   |     | NULL              |                   |
| email             | varchar(100) | YES  | UNI | NULL              |                   |
| birthdate         | date         | YES  |     | NULL              |                   |
| registration_date | timestamp    | YES  |     | CURRENT_TIMESTAMP | DEFAULT_GENERATED |
+-------------------+--------------+------+-----+-------------------+-------------------+
5 rows in set (0.00 sec)

mysql> DESC posts;
+------------+-------------+------+-----+-------------------+-------------------+
| Field      | Type        | Null | Key | Default           | Extra             |
+------------+-------------+------+-----+-------------------+-------------------+
| post_id    | int         | NO   | PRI | NULL              | auto_increment    |
| user_id    | int         | YES  | MUL | NULL              |                   |
| title      | varchar(50) | NO   |     | NULL              |                   |
| content    | varchar(50) | YES  |     | NULL              |                   |
| created_at | timestamp   | YES  |     | CURRENT_TIMESTAMP | DEFAULT_GENERATED |
+------------+-------------+------+-----+-------------------+-------------------+
5 rows in set (0.00 sec)
```

또한 데이터베이스에 속한 전체 테이블은 다음과 같은 명령으로 확인할 수 있습니다.

```
SHOW TABLES;
SHOW TABLES FROM 데이터베이스_이름;
```

```
mysql> SHOW TABLES;
+----------------+
| Tables_in_mydb |
+----------------+
| posts          |
| users          |
+----------------+
2 rows in set (0.01 sec)
```

```
mysql> SHOW TABLES FROM mydb;
+----------------+
| Tables_in_mydb |
+----------------+
| posts          |
| users          |
+----------------+
2 rows in set (0.01 sec)
```

ALTER

ALTER 명령은 CREATE TABLE문을 통해 생성된 테이블에 새로운 필드를 추가하거나 기존의 필드를 수정/삭제할 수 있고, 제약 조건 또한 새롭게 추가하거나 수정/삭제할 수 있습니다. 어려운 내용이 아니므로 예제를 통해 바로 살펴보겠습니다. 다음은 ALTER TABLE문을 활용하여 기존 테이블에 필드를 추가/수정/삭제하고, 새로운 외래 키/UNIQUE/NOT NULL/기본 키 제약 조건을 추가하는 예제입니다.

db/alter_tables.sql

```sql
-- 새로운 필드 추가
-- ALTER TABLE 테이블_이름 ADD COLUMN 필드_이름 필드_타입 [제약 조건]
ALTER TABLE posts ADD COLUMN new_field VARCHAR(50) NOT NULL;


-- 기존 필드 수정
-- ALTER TABLE 테이블_이름 CHANGE COLUMN 기존_필드_이름 새_필드_이름 필드_타입 [제약 조건]
ALTER TABLE posts CHANGE COLUMN new_field old_field VARCHAR(30) NOT NULL;


-- 기존 필드 삭제
-- ALTER TABLE 테이블_이름 DROP COLUMN 필드_이름
ALTER TABLE posts DROP COLUMN old_field;


-- 외래 키 제약 조건 추가
-- ALTER TABLE 테이블_이름 [ADD CONSTRAINT 제약_조건_이름]
    -- ADD FOREIGN KEY (필드_이름) REFERENCES 참조_테이블_이름(참조_필드)
ALTER TABLE posts ADD FOREIGN KEY (user_id) REFERENCES users(user_id);


-- UNIQUE 제약 조건 추가
-- ALTER TABLE 테이블_이름 [ADD CONSTRAINT 제약_조건_이름] UNIQUE (필드_이름)
ALTER TABLE posts ADD UNIQUE (title);


-- NOT NULL 제약 조건 추가
-- ALTER TABLE 테이블_이름 MODIFY 필드_이름 필드_타입 NOT NULL
ALTER TABLE users MODIFY email VARCHAR(100) NOT NULL;


-- 기본 키 설정(PRIMARY KEY로 사용 중인 필드가 없을 경우
-- ALTER TABLE 테이블_이름 ADD PRIMARY KEY (필드_이름)
ALTER TABLE posts ADD PRIMARY KEY (post_id);
```

NOTE 예제의 ALTER문은 ATLER TALBE로써 테이블을 대상으로만 적용되었지만, ALTER문은 테이블뿐만 아니라 뷰, 인덱스 등에도 적용 가능합니다.

DROP

테이블이나 데이터베이스를 삭제할 수 있는 DROP 명령은 다음과 같이 작성할 수 있습니다.

```
DROP DATABASE 데이터베이스_이름;
DROP TABLE 테이블_이름;
```

다음 예제는 'mydb'라는 데이터베이스를 삭제하는 모습입니다. DROP 명령을 사용하기 전에는 조회되었던 'mydb' 데이터베이스가 DROP 명령 이후 조회되지 않는 것을 볼 수 있습니다.

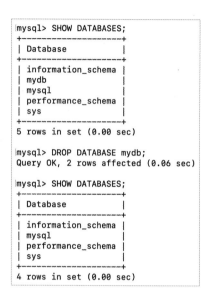

```
mysql> SHOW DATABASES;
+--------------------+
| Database           |
+--------------------+
| information_schema |
| mydb               |
| mysql              |
| performance_schema |
| sys                |
+--------------------+
5 rows in set (0.00 sec)

mysql> DROP DATABASE mydb;
Query OK, 2 rows affected (0.06 sec)

mysql> SHOW DATABASES;
+--------------------+
| Database           |
+--------------------+
| information_schema |
| mysql              |
| performance_schema |
| sys                |
+--------------------+
4 rows in set (0.00 sec)
```

NOTE DROP문의 경우도 테이블뿐만 아니라 뷰, 인덱스 등에 적용 가능합니다.

TRUNCATE

TRUNCATE 명령은 테이블의 구조를 유지한 채로 테이블의 모든 레코드를 삭제합니다. 다시 말해, 다음과 같이 테이블의 레코드는 모두 삭제하되, 테이블 자체를 삭제하지는 않습니다. 다음 예제에서 'users' 테이블을 TRUNCATE해도 여전히 DESC 명령으로 'users' 테이블을 볼 수 있는 것은 TRUNCATE문이 테이블의 구조를 완전히 삭제하지 않기 때문입니다.

```
TRUNCATE TABLE 테이블_이름;
```

```
mysql> DESC users;
+-----------------+--------------+------+-----+-------------------+-------------------+
| Field           | Type         | Null | Key | Default           | Extra             |
+-----------------+--------------+------+-----+-------------------+-------------------+
| user_id         | int          | NO   | PRI | NULL              | auto_increment    |
| username        | varchar(50)  | NO   |     | NULL              |                   |
| email           | varchar(100) | YES  | UNI | NULL              |                   |
| birthdate       | date         | YES  |     | NULL              |                   |
| registration_date | timestamp  | YES  |     | CURRENT_TIMESTAMP | DEFAULT_GENERATED |
+-----------------+--------------+------+-----+-------------------+-------------------+
5 rows in set (0.01 sec)

mysql> TRUNCATE TABLE users;
Query OK, 0 rows affected (0.04 sec)

mysql> DESC users;
+-----------------+--------------+------+-----+-------------------+-------------------+
| Field           | Type         | Null | Key | Default           | Extra             |
+-----------------+--------------+------+-----+-------------------+-------------------+
| user_id         | int          | NO   | PRI | NULL              | auto_increment    |
| username        | varchar(50)  | NO   |     | NULL              |                   |
| email           | varchar(100) | YES  | UNI | NULL              |                   |
| birthdate       | date         | YES  |     | NULL              |                   |
| registration_date | timestamp  | YES  |     | CURRENT_TIMESTAMP | DEFAULT_GENERATED |
+-----------------+--------------+------+-----+-------------------+-------------------+
5 rows in set (0.01 sec)
```

데이터 조작 언어(DML)

SQL의 DDL, DML, DCL 중 기술 면접과 실무에서 가장 자주 언급되는 것은 단연 DML입니다. 대표적인 DML 명령에는 SELECT, INSERT, UPDATE, DELETE가 있습니다. 각 명령에 대해 좀 더 알아보겠습니다.

종류	설명
SELECT	테이블의 레코드 조회
INSERT	테이블에 레코드 삽입
UPDATE	테이블의 레코드 수정
DELETE	테이블의 레코드 삭제

INSERT

지금까지 우리는 데이터베이스와 테이블을 생성하고 조회하고, 변경, 삭제하는 방법을 정리했습니다. 다만, 아직 테이블에 레코드를 삽입하는 방법은 다루지 않았는데요. DML에서 우리가 처음으로 다룰 명령은 테이블에 레코드를 삽입하는 INSERT문입니다.

INSERT 명령은 테이블에 새로운 레코드(들)를 삽입하기 위해 다음과 같은 형식으로 사용됩니다. '테이블_이름'이라는 테이블에 '필드'에 맞는 '값'들을 삽입하는 명령입니다. 삽입할 값이 지정되지 않은 필드의 경우, 기본값이 있다면 기본값으로 채워지고 기본값이 없다면 NULL로 채워집니다.

```
INSERT INTO 테이블_이름(필드1, 필드2) VALUES (값1, 값2);
```

만일 여러 레코드를 한 번에 삽입하고 싶을 경우에는 다음과 같이 작성하면 됩니다. 소괄호 () 하나가 레코드 하나라고 생각하면 이해하기 어렵지 않을 것입니다.

```
INSERT INTO 테이블_이름(필드1, 필드2, 필드3) VALUES
    (값1, 값2, 값3),
    (값1, 값2, 값3),
    (값1, 값2, 값3);
    ...
    ;
```

그럼 547쪽에서 만들었던 'users' 테이블과 'posts' 테이블에 레코드를 삽입해 보겠습니다. 각각 하나의 레코드를 삽입하는 예제와 여러 레코드를 한 번에 삽입하는 예제입니다.

db/insert_users.sql

```
INSERT INTO users (username, email, birthdate) VALUES
    ('kim', 'kim@example.com', '1996-05-15');
```

db/insert_users.sql

```
INSERT INTO users (username, email, birthdate) VALUES
    ('lee', 'lee@example.com', '1994-03-22'),
    ('park', 'park@example.com', '1988-07-11'),
    ('choi', 'choi@example.com', '2000-01-30'),
    ('jung', 'jung@example.com', '1992-12-05');
```

NOTE 'user_id'와 'registration_date' 필드는 삽입할 데이터를 지정하지 않아도 기본값으로 각각 '1부터 증가하는 정수'와 '현재 시간'이 삽입됩니다.

레코드 삽입이 올바르게 이루어졌는지는 다음과 같이 'SELECT * FROM users;'라고 입력하면 확인할 수 있습니다. 이는 테이블의 레코드를 조회하는 SQL문인 SELECT문입니다. 'users' 테이블(FROM users)의 모든 레코드(*)를 조회하겠다(SELECT)는 의미죠. SELECT문에 대한 내용은 559쪽에서 자세히 다루겠습니다.

```
mysql> SELECT * FROM users;
+---------+----------+------------------+------------+---------------------+
| user_id | username | email            | birthdate  | registration_date   |
+---------+----------+------------------+------------+---------------------+
|       1 | kim      | kim@example.com  | 1996-05-15 | 2024-07-04 13:51:32 |
|       2 | lee      | lee@example.com  | 1994-03-22 | 2024-07-04 13:51:40 |
|       3 | park     | park@example.com | 1988-07-11 | 2024-07-04 13:51:40 |
|       4 | choi     | choi@example.com | 2000-01-30 | 2024-07-04 13:51:40 |
|       5 | jung     | jung@example.com | 1992-12-05 | 2024-07-04 13:51:40 |
+---------+----------+------------------+------------+---------------------+
5 rows in set (0.00 sec)
```

이번에는 'posts' 테이블에 레코드를 삽입하여 외래 키 참조 상황에서의 INSERT문을 확인해 보겠습니다. 'posts' 테이블의 'user_id'는 'users' 테이블의 'user_id'를 참조하는 외래 키입니다. 따라서 'posts' 테이블에 삽입할 레코드의 'user_id'가 'users' 테이블의 'user_id' 열에 존재해야 합니다. 다음은 'user_id'가 1인 레코드를 삽입하는 명령입니다. 즉, 'users' 테이블에서 'user_id'가 1인 열을 참조하는 레코드를 삽입하는 명령인 것입니다.

db/insert_posts.sql

```
INSERT INTO posts (user_id, title, content) VALUES (1, 'Hi', 'Hello');
```

참고로, 이 명령의 결과는 다음과 같이 'posts' 테이블(FROM posts)의 모든 레코드(*)를 조회하는(SELECT) SQL 명령인 'SELECT * FROM posts;'로 확인할 수 있습니다.

```
mysql> INSERT INTO posts (user_id, title, content) VALUES (1, 'Hi', 'Hello');
Query OK, 1 row affected (0.01 sec)

mysql> SELECT * FROM posts;
+---------+---------+-------+---------+---------------------+
| post_id | user_id | title | content | created_at          |
+---------+---------+-------+---------+---------------------+
|       1 |       1 | Hi    | Hello   | 2024-07-04 13:53:44 |
+---------+---------+-------+---------+---------------------+
1 row in set (0.00 sec)
```

레코드 삽입 시 유의할 점은 무결성 제약 조건을 지켜야 한다는 점입니다. CREATE TABLE을 통해 테이블을 생성할 때 필드마다 지켜야 하는 제약 조건을 명시할 수 있었는데요. INSERT문으로 삽입되는 모든 레코드는 해당 제약 조건을 지켜야만 올바르게 실행됩니다. 가령 다음과 같이 NOT NULL 제약이 걸린 필드에 NULL을 저장하거나 UNIQUE 제약 조건이 명시된 고유 키에 중복값을 저장하는 경우, 존재하지 않는 레코드를 참조하는 경우에는 무결성 제약 조건에 위배되어 INSERT 문의 실행이 거부됩니다.

무결성 제약 조건에 위배된 레코드 삽입

```
-- NOT NULL 제약 조건 위배: username은 NULL이 될 수 없기 때문에 실행되지 않음
INSERT INTO users (username, email) VALUES (NULL, 'no_name@example.com');

-- UNIQUE 제약 조건 위배: kim@example.com이 이미 존재할 경우 실행되지 않음
INSERT INTO users (username, email) VALUES ('kim', 'kim@example.com');

-- 외래 키 제약 조건 위배: users 테이블에 user_id가 10인 레코드가 존재하지 않을 경우 실행되지 않음
INSERT INTO posts (user_id, title, content) VALUES (10, 'Hi', 'Hello');
```

UPDATE와 DELETE

UPDATE와 DELETE는 각각 레코드를 수정하고 삭제하는 SQL 명령입니다. 먼저 UPDATE문의 기본적인 사용 방법부터 알아보겠습니다.

```
UPDATE 테이블_이름
    SET 필드1 = 값1, 필드2 = 값2, …
    WHERE 조건식;
```

'테이블_이름'은 갱신하고자 하는 테이블의 이름을 나타내고, '필드1 = 값1, 필드2 = 값2, …'는 각 필드에 대한 대입 연산입니다. 'WHERE 조건식'은 생략이 가능하지만, 일반적으로 대부분의 UPDATE문에서 사용됩니다. 이는 특정 조건에 부합하는(조건식이 참이 되는) 레코드만 선별하기 위한 일종의 필터입니다. 갱신하고자 하는 레코드를 식별하기 위해 사용되죠. 만약 WHERE절이 생략될 경우에는 모든 레코드가 갱신됩니다. 조건식에 명시될 수 있는 값은 다음과 같이 다양한데요. SET에서 명시되는 '='는 대입 연산자이지만, WHERE절에 명시되는 '='는 비교 연산자라는 점에 유의해 주세요.

연산자	설명
=	같을 경우 참
〉	클 경우 참
〈	작을 경우 참
〉=	크거나 같을 경우 참
〈=	작거나 같을 경우 참
〈〉	다를 경우 참
조건식1 AND 조건식2	조건식1과 조건식2가 모두 만족할 경우 참
조건식1 OR 조건식2	조건식1과 조건식2 둘 중 하나만 만족할 경우 참
NOT 조건식	조건식이 아닐 경우 참
IN	IN 뒤에 명시되는 값과 하나 이상이 일치할 경우 참

역시 예제로 살펴보겠습니다. 'users' 테이블에서 'username'이 'kim'인 사용자의 이메일 주소를 'kim_new@example.com'으로 수정하는 예제입니다.

db/update_users.sql

```
UPDATE users
    SET email = 'kim_new@example.com'
    WHERE username = 'kim';
```

WHERE절을 활용하면 하나의 UPDATE문으로 조건에 부합하는 여러 레코드를 수정할 수 있습니다. 다음은 'posts' 테이블에서 'post_id'가 '5'보다 큰 모든 게시글의 'title'을 'Updated Title'로 수정하는 예제입니다.

db/update_posts.sql

```
UPDATE posts
    SET title = 'Updated Title'
    WHERE post_id > 5;
```

DELETE문도 UPDATE문과 유사합니다. 기본적인 명령 구조는 다음과 같습니다. UPDATE문과 마찬가지로, WHERE절을 통해 삭제하고자 하는 레코드를 식별할 수 있습니다. WHERE절을 명시하지 않을 경우 테이블의 모든 데이터를 삭제하는 명령이 됩니다.

```
DELETE 테이블_이름
    WHERE 조건식;
```

다음은 'posts' 테이블에서 'title'이 'Hi'인 게시글을 삭제하라는 명령입니다.

db/delete_posts.sql

```
DELETE FROM posts
    WHERE title = 'Hi';
```

▰▰ 여기서 잠깐

외래 키 제약 조건 – ON UPDATE, ON DELETE

UPDATE와 DELETE문의 핵심은 **외래 키 참조 상황**에서의 레코드 수정 및 삭제입니다. 다음과 같이 한 테이블이 다른 테이블을 외래 키로 참조하는 상황에서 참조되는 레코드가 수정되거나 삭제될 경우, 참조하는 레코드는 어떻게 동작해야 할까요?

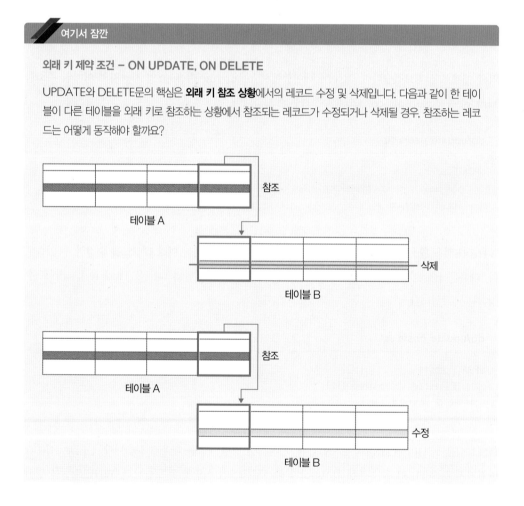

참조된 레코드가 수정/삭제될 경우, 참조하는 레코드는 다음과 같이 동작할 수 있습니다.

제약 조건	설명
CASCADE	참조하는 데이터도 함께 수정/삭제함
SET NULL	참조하는 데이터를 NULL로 변경함
SET DEFAULT	참조하는 데이터를 기본값(default)으로 변경함
RESTRICT	수정/삭제를 허용하지 않음
NO ACTION	(MySQL의 경우)사실상 RESTRICT와 동일하게 동작함

이들은 CREATE TABLE문이나 ALTER TABLE문에서 제약 조건으로써 정의될 수 있습니다. 참조된 레코드가 수정될 경우의 제약 조건은 ON UPDATE 뒤에 명시되고, 참조된 레코드가 삭제될 경우의 제약 조건은 ON DELETE 뒤에 명시됩니다.

다음은 CREATE TABLE문에서 외래 키 제약 조건을 정의하는 예제입니다. 'posts' 테이블의 'user_id'는 'users' 테이블의 'user_id'를 외래 키로 참조합니다. ON UPDATE CASCADE와 ON DELETE SET NULL은 각각 'users' 테이블의 'user_id'가 수정되면(ON UPDTAE) 이를 참조하는 'posts' 테이블의 'user_id'도 함께 수정하겠다(CASCADE)는 의미이고, 'users' 테이블의 'user_id'가 삭제되면(ON DELETE) 이를 참조하는 'posts' 테이블의 'user_id'를 NULL로 변경하겠다(SET NULL)는 의미입니다.

외래 키 제약 조건

```
CREATE TABLE posts (
    post_id INT PRIMARY KEY AUTO_INCREMENT,
    user_id INT,
    title VARCHAR(50) NOT NULL,
    content VARCHAR(50),
    created_at TIMESTAMP DEFAULT CURRENT_TIMESTAMP,
    FOREIGN KEY (user_id) REFERENCES users(user_id)
    ON UPDATE CASCADE
    ON DELETE SET NULL
);
```

SELECT

누군가 가장 중요한 SQL문 하나만 고르라고 한다면 필자는 단연 SELECT를 꼽을 것입니다. 가장 자주 사용되는 SQL 명령 중 하나이기 때문이죠. SELECT는 삽입된 레코드를 조회하는 명령으로,

테이블 내 레코드를 다양하게 정렬하거나 필터링하여 조회하는 것도 가능합니다. SELECT문의 기본 구조는 다음과 같습니다.

```
SELECT 필드1, 필드2, …
    FROM 테이블_이름
    WHERE 조건식
    GROUP BY 그룹화할_필드
    HAVING 필터_조건
    ORDER BY 정렬할_필드
    LIMIT 레코드_제한
```

NOTE 필드에 '*'이 사용되는 경우, 이는 모든 필드를 의미합니다.

SELECT 뒤에는 하나 이상의 필드 이름이 명시될 수 있으며, FROM절에는 조회하고자 하는 테이블의 이름을 명시합니다. WHERE절에 명시되는 조건식은 앞서 UPDATE문과 DELETE문에서 사용된 조건식과 같습니다. 간단한 예제를 통해 알아보기 위해 다음과 같은 구조의 'students' 테이블을 만들고, 5개의 레코드를 삽입해 보겠습니다.

db/create_insert_students.sql

```
CREATE TABLE students (
    id INT AUTO_INCREMENT PRIMARY KEY,
    first_name VARCHAR(50),
    last_name VARCHAR(50),
    age INT,
    major VARCHAR(50),
    gpa DECIMAL(3, 2),
    enrollment_date DATE
);

INSERT INTO students (first_name, last_name, age, major, gpa, enrollment_date) VALUES
    ('Alice', 'Johnson', 20, 'Computer Science', 3.8, '2022-09-01'),
    ('Bob', 'Smith', 22, 'Mathematics', 3.5, '2020-09-01'),
    ('Charlie', 'Brown', 21, 'Physics', 3.9, '2021-09-01'),
    ('David', 'Williams', 23, 'Chemistry', 3.2, '2019-09-01'),
    ('Eve', 'Davis', 19, 'Biology', 3.6, '2023-09-01');
```

'SELECT * FROM students;'를 입력하면 'students' 테이블에서(FROM students) 모든 필드 (*)의 모든 레코드를 조회(SELECT)할 수 있습니다.

```
+----+------------+-----------+------+------------------+------+-----------------+
| id | first_name | last_name | age  | major            | gpa  | enrollment_date |
+----+------------+-----------+------+------------------+------+-----------------+
|  1 | Alice      | Johnson   |   20 | Computer Science | 3.80 | 2022-09-01      |
|  2 | Bob        | Smith     |   22 | Mathematics      | 3.50 | 2020-09-01      |
|  3 | Charlie    | Brown     |   21 | Physics          | 3.90 | 2021-09-01      |
|  4 | David      | Williams  |   23 | Chemistry        | 3.20 | 2019-09-01      |
|  5 | Eve        | Davis     |   19 | Biology          | 3.60 | 2023-09-01      |
+----+------------+-----------+------+------------------+------+-----------------+
5 rows in set (0.01 sec)
```

WHERE절을 이용해 조회할 레코드를 제한해 봅시다. 다음은 'students' 테이블에서 특정 전공 ('major'가 'Computer Science')인 학생들의 이름과 전공을 조회하는 예제입니다.

db/select_students.sql

```sql
SELECT first_name, last_name, major
    FROM students
    WHERE major = 'Computer Science';
```

```
+------------+-----------+------------------+
| first_name | last_name | major            |
+------------+-----------+------------------+
| Alice      | Johnson   | Computer Science |
+------------+-----------+------------------+
```

혹은 다음과 같이 나이(age)가 21 이상인 학생들만 조회할 수도 있습니다.

db/select_students.sql

```sql
SELECT first_name, last_name, age
    FROM students
    WHERE age >= 21;
```

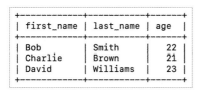

```
+------------+-----------+------+
| first_name | last_name | age  |
+------------+-----------+------+
| Bob        | Smith     |   22 |
| Charlie    | Brown     |   21 |
| David      | Williams  |   23 |
+------------+-----------+------+
```

패턴 검색과 연산/집계 함수

SELECT 문은 패턴 검색이나 연산/집계 함수와 함께 사용되는 경우가 많습니다. 우선 패턴 검색이란, 문자열 데이터에서 특정 패턴을 찾는 기능을 의미합니다. LIKE 연산자와 와일드카드 문자인 '%, _'를 사용해 패턴 검색을 수행할 수 있습니다. 여기서 '%'는 0개 이상의 임의의 문자와 일치한다는 의미이고, '_'는 정확히 1개인 임의의 문자와 일치한다는 의미입니다. 이는 말보다 예제로 이해하는 것이 더 쉽습니다. 앞에서 다뤘던 WHERE절이 사용된 예제는 'students' 테이블에서 'major'가 'Computer Science'와 **정확히 일치**하는 레코드만을 선택하라는 명령과 같습니다.

db/select_students.sql

```sql
SELECT first_name, last_name, major
    FROM students
    WHERE major = 'Computer Science';
```

이때 'students' 테이블의 'major'에 'Science'라는 단어가 포함된 모든 학생과 전공명을 찾고자 할 경우에는 다음과 같이 LIKE 연산자를 사용할 수 있습니다.

db/select_students.sql

```sql
SELECT first_name, last_name, major
    FROM students
    WHERE major LIKE '%Science%';
```

다음은 'major'의 두 번째 문자가 'a'인 모든 학생을 반환하는 예제입니다. 가령 두 번째 문자가 'a'인 'Mathematics'는 이 조건에 부합하므로 결과에 포함되게 됩니다.

db/select_students.sql

```sql
SELECT first_name, last_name, major
    FROM students
    WHERE major LIKE '_a%';
```

연산/집계 함수는 이름 그대로 조회된 레코드에 대한 특정 연산을 수행하거나 집계하는 함수로, 다음과 같은 함수들이 대표적입니다.

함수	설명
COUNT	조회된 레코드 개수를 반환함
SUM	조회된 레코드의 총합을 반환함
AVG	조회된 레코드의 평균을 반환함
MAX	조회된 레코드의 최댓값을 반환함
MIN	조회된 레코드의 최솟값을 반환함

다음은 'students' 테이블의 레코드 수(학생 수)와 평균 학점, 최고 학점, 최저 학점을 조회하는 명령입니다.

db/select_students.sql

```
SELECT COUNT(*), AVG(gpa), MAX(gpa), MIN(gpa)  FROM students;
```

```
+----------+----------+----------+----------+
| COUNT(*) | AVG(gpa) | MAX(gpa) | MIN(gpa) |
+----------+----------+----------+----------+
|        5 | 3.600000 |     3.90 |     3.20 |
+----------+----------+----------+----------+
```

이제 SELECT문의 나머지 절인 GROUP BY와 HAVING, ORDER BY, LIMIT에 대해서도 알아봅시다. 각 절은 SELECT문에서 어떠한 기준으로 레코드를 조회하고 정렬할지를 나타내는 조건이라고 할 수 있습니다. 중요한 개념이므로 간단한 예제를 통해 좀 더 알아보겠습니다.

GROUP BY

GROUP BY는 이름처럼 특정 필드를 기준으로 필드를 그룹화하기 위해 사용되며, 앞에서 언급한 연산/집계 함수와 함께 사용되는 경우가 많습니다. 예를 들어 'students' 테이블에서 **전공별 학생 수**를 조회하고 싶다면 다음과 같이 'major' 필드를 기준으로 레코드를 그룹화해 그룹별 학생 수를 조회해야 할 것입니다.

db/select_students.sql

```
SELECT major, COUNT(*) AS student_count
    FROM students
    GROUP BY major;
```

```
+------------------+---------------+
| major            | student_count |
+------------------+---------------+
| Computer Science |             1 |
| Mathematics      |             1 |
| Physics          |             1 |
| Chemistry        |             1 |
| Biology          |             1 |
+------------------+---------------+
```

NOTE 예제에서 언급된 'AS'라는 키워드는 AS의 앞부분을 AS의 뒷부분으로 지칭하겠다는 의미인데요. 즉, 'COUNT(*) AS student_count'는 COUNT(*)의 결과를 'student_count'로 부르겠다는 것입니다.

다른 예제를 살펴봅시다. 이번에는 **나이별 학생 수**를 조회해 볼 텐데요. 이를 위해서는 앞선 예제와 유사하게 'age' 필드를 기준으로 각 레코드를 그룹화해야 할 것입니다. 이처럼 특정 필드를 기준으로 레코드를 그룹화하고자 할 때 사용되는 절이 바로 GROUP BY입니다.

db/select_students.sql

```sql
SELECT age, COUNT(*) AS student_count
    FROM students
    GROUP BY age;
```

```
+------+---------------+
| age  | student_count |
+------+---------------+
|   20 |             1 |
|   22 |             1 |
|   21 |             1 |
|   23 |             1 |
|   19 |             1 |
+------+---------------+
```

HAVING

HAVING절은 GROUP BY절로 그룹화된 결과에 조건을 적용하기 위해 사용됩니다. WHERE절과 유사하지만, WHERE절에 명시되는 조건식이 '그룹화되기 전 개별 레코드'에 대한 조건식이라면, HAVING절에 명시되는 조건식은 '그룹화된 레코드'에 대한 조건식이라는 점이 다릅니다. 예를 들어 'students' 테이블에서 **평균 GPA가 3.6 이상인 전공**을 조회하고 싶다고 가정해 보겠습니다. 그럼 전공별 평균 GPA를 구해야 하므로 우선 'major' 필드를 기준으로 그룹화한 'gpa' 필드의 평균을 구해야 할 것입니다.

db/select_students.sql

```sql
SELECT major, AVG(gpa)
    FROM students
    GROUP BY major;
```

```
+------------------+----------+
| major            | AVG(gpa) |
+------------------+----------+
| Computer Science | 3.800000 |
| Mathematics      | 3.500000 |
| Physics          | 3.900000 |
| Chemistry        | 3.200000 |
| Biology          | 3.600000 |
+------------------+----------+
```

이 결과에서 평균 GPA가 3.6 이상인 레코드를 조회하면 '평균 GPA가 3.6 이상인 전공'이 될 것입니다. 따라서 앞에서 작성한 명령에 다음과 같이 HAVING절을 추가하면 '평균 GPA가 3.6 이상인 전공' 레코드를 조회할 수 있습니다.

db/select_students.sql

```sql
SELECT major, AVG(gpa)
    FROM students
    GROUP BY major
    HAVING AVG(gpa) >= 3.6;
```

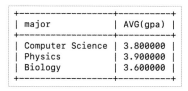

```
+------------------+----------+
| major            | AVG(gpa) |
+------------------+----------+
| Computer Science | 3.800000 |
| Physics          | 3.900000 |
| Biology          | 3.600000 |
+------------------+----------+
```

이번에는 'students' 테이블에서 **평균 나이가 21세 이상인 전공**을 조회해 보겠습니다. 이를 위해서는 우선 전공별 평균 나이를 조회해야 합니다. 즉, 'major' 필드를 기준으로 그룹화한 'age' 필드의 평균을 구하면 됩니다.

db/select_students.sql

```sql
SELECT major, AVG(age)
    FROM students
    GROUP BY major;
```

```
+---------------------+----------+
| major               | AVG(age) |
+---------------------+----------+
| Computer Science    | 20.0000  |
| Mathematics         | 22.0000  |
| Physics             | 21.0000  |
| Chemistry           | 23.0000  |
| Biology             | 19.0000  |
+---------------------+----------+
```

이 결과에서 평균 나이가 21 이상인 레코드만 조회하면 '평균 나이가 21세 이상인 전공'이 될 것입니다. 따라서 이 명령에 다음과 같은 HAVING 절을 추가하면 됩니다.

db/select_students.sql

```sql
SELECT major, AVG(age)
    FROM students
    GROUP BY major
    HAVING AVG(age) >= 21;
```

```
+-------------+----------+
| major       | AVG(age) |
+-------------+----------+
| Mathematics | 22.0000  |
| Physics     | 21.0000  |
| Chemistry   | 23.0000  |
+-------------+----------+
```

ORDERY BY

ORDERY BY는 특정 필드를 기준으로 데이터를 정렬하는 데 사용됩니다. 오름차순(ASC)으로 정렬되는 것이 기본이지만, DESC 키워드를 사용하여 내림차순으로 정렬할 수도 있습니다. 어렵지 않은 개념이므로 예제로 확인해 보겠습니다.

db/select_students.sql

```sql
SELECT first_name, last_name, gpa
    FROM students
    ORDER BY gpa DESC;

SELECT first_name, last_name, major
    FROM students
    ORDER BY last_name ASC;
```

```
SELECT first_name, last_name, enrollment_date
    FROM students
    ORDER BY enrollment_date ASC;
```

LIMIT

마지막으로 알아볼 LIMIT는 조회할 레코드 수를 제한하기 위해 사용됩니다. 가령 'users'라는 테이블에 100,000개의 레코드가 있더라도 다음과 같이 'SELECT * FROM students LIMIT 3;'이라는 명령으로 조회하면 상위 3개의 레코드만 조회됩니다.

```
+----+------------+-----------+-----+------------------+------+-----------------+
| id | first_name | last_name | age | major            | gpa  | enrollment_date |
+----+------------+-----------+-----+------------------+------+-----------------+
|  1 | Alice      | Johnson   |  20 | Computer Science | 3.80 | 2022-09-01      |
|  2 | Bob        | Smith     |  22 | Mathematics      | 3.50 | 2020-09-01      |
|  3 | Charlie    | Brown     |  21 | Physics          | 3.90 | 2021-09-01      |
+----+------------+-----------+-----+------------------+------+-----------------+
```

LIMIT를 통해 조회할 레코드의 시작점을 설정할 수도 있습니다. 예를 들어 'LIMIT 2, 2'는 두 번째로 떨어진 레코드부터 2개의 레코드를 조회하라는 의미입니다.

```
+----+------------+-----------+-----+-----------+------+-----------------+
| id | first_name | last_name | age | major     | gpa  | enrollment_date |
+----+------------+-----------+-----+-----------+------+-----------------+
|  3 | Charlie    | Brown     |  21 | Physics   | 3.90 | 2021-09-01      |
|  4 | David      | Williams  |  23 | Chemistry | 3.20 | 2019-09-01      |
+----+------------+-----------+-----+-----------+------+-----------------+
```

이렇게 SELECT문을 정리해 보았습니다. 마지막으로 유의할 점은 SELECT문이 문법의 순서(작성 순서)와 실제 실행 순서에 차이가 있다는 점입니다. SELECT문은 순차적으로 실행되지 않고 다음과 같은 순서로 실행됩니다.

- FROM → WHERE → GROUP BY → HAVING → SELECT → ORDER BY → LIMIT

SELECT문의 실제 실행 순서에 유의하지 않으면 다수의 레코드를 조회할 때 간혹 예기치 못한 성능 저하가 발생하거나 의도하지 않은 결과를 얻게 될 수 있습니다. 앞에서 언급했던 것처럼 SELECT문은 DML의 중요 명령문이므로 평소에 충분히 연습해 보는 것이 좋습니다. 본문에서 제시한 예제보다 복잡한 SELECT문은 632쪽 [기술 면접 TIP]에서 좀 더 알아보겠습니다.

트랜잭션 제어 언어(TCL)

TCL^{Transaction Control Language}에는 트랜잭션을 제어하는 데 사용되는 SQL 명령들이 포함되어 있습니다. 대표적으로 COMMIT, ROLLBACK, SAVEPOINT가 있습니다.

종류	설명
COMMIT	데이터베이스에 작업 반영
ROLLBACK	작업 이전의 상태로 되돌림
SAVEPOINT	롤백의 기준점 설정

앞서 설명한 것처럼 한 트랜잭션에는 여러 쿼리가 포함될 수 있습니다. 가령 다음과 같이 만들어진 'accounts' 테이블에 2개의 레코드가 삽입되어 있다고 가정해 봅시다.

db/create_insert_accounts.sql

```
CREATE TABLE accounts (
    account_id INT PRIMARY KEY,
    account_name VARCHAR(50),
    balance INT
);

INSERT INTO accounts (account_id, account_name, balance) VALUES (1, 'Kim', 1000);
INSERT INTO accounts (account_id, account_name, balance) VALUES (2, 'Lee', 500);
```

여기서 다음 2개의 UPDATE문이 반드시 함께 실행되어야 하는 경우, 두 UPDATE문을 하나의 트랜잭션으로 구성될 수 있습니다.

여러 작업을 포함하는 트랜잭션(1)

```
UPDATE accounts SET balance = balance - 100 WHERE account_id = 1;
UPDATE accounts SET balance = balance + 100 WHERE account_id = 2;
```

여러 작업을 포함하는 트랜잭션을 나타낼 때는 START TRANSACTION 혹은 BEGIN 명령을 사용하며, 이는 DBMS에게 '이제부터 트랜잭션이 시작됨'을 알리는 명령이라고 볼 수 있습니다.

여러 작업을 포함하는 트랜잭션(2)

```
START TRANSACTION;

UPDATE accounts SET balance = balance - 100 WHERE account_id = 1;
UPDATE accounts SET balance = balance + 100 WHERE account_id = 2;
```

트랜잭션의 결과는 둘 중 하나입니다. 변경된 내용을 적용한 뒤 종료하는 COMMIT과 변경된 내용을 적용하지 않고 종료하는 ROLLBACK입니다. COMMIT은 트랜잭션이 성공적으로 완료되어 트랜잭션에서 수행된 모든 변경 사항을 데이터베이스에 영구적으로 반영한다는 의미입니다. 그리고 ROLLBACK은 트랜잭션에서 수행된 변경 사항을 취소하고, 데이터베이스를 트랜잭션 시작 이전의 상태로 되돌리겠다는 의미입니다.

트랜잭션이 실행되는 도중에 모종의 이유로 롤백되는 상황을 먼저 살펴보겠습니다. START TRANSACTION 이후에 ❶ UPDATE문을 한 번 실행했고, ❷ 커밋하지 않고 ROLLBACK을 했습니다. 그렇다면 시점 ❸의 'accounts' 테이블은 시점 ❶과 ❷ 중 어디와 같을까요? UPDATE문이 실행되기 전 시점인 시점 ❶과 같아집니다.

db/rollback_accounts.sql

```
START TRANSACTION;

-- 시점 ❶: 2개의 레코드 확인
SELECT * FROM accounts;
UPDATE accounts SET balance = balance - 100 WHERE account_id = 1;

-- 시점 ❷: account_id가 1인 레코드의 balance가 100 감소되었음을 확인
SELECT * FROM accounts;
ROLLBACK;

-- 시점 ❸
SELECT * FROM accounts;
```

다음은 트랜잭션이 실행되는 도중에 COMMIT이 이루어지는 예제입니다. 마찬가지로 START TRANSACTION 이후 ❶ 2개의 UPDATE문이 모두 실행되고, ❷ COMMIT을 통해 이들의 작업이 데이터베이스에 영구적으로 반영되었습니다. 따라서 시점 ❸의 'accounts' 테이블은 시점 ❷와 같아집니다.

db/commit_accounts.sql

```sql
START TRANSACTION;

-- 시점 ❶: 2개의 레코드 확인
SELECT * FROM accounts;
UPDATE accounts SET balance = balance - 100 WHERE account_id = 1;
UPDATE accounts SET balance = balance + 100 WHERE account_id = 2;

-- 시점 ❷: 두 UPDATE문이 실행되었음을 확인
SELECT * FROM accounts;
COMMIT;

-- 시점 ❸
SELECT * FROM accounts;
```

여기서 잠깐

자동 커밋

MySQL의 공식 문서에 따르면 DDL문은 자동으로 커밋됩니다.

> **DDL**
>
> Data definition language, a set of *SQL* statements for manipulating the database itself rather than individual table rows. Includes all forms of the CREATE, ALTER, and DROP statements. Also includes the TRUNCATE statement, because it works differently than a DELETE FROM *table_name* statement, even though the ultimate effect is similar.
>
> DDL statements automatically **commit** the current **transaction**; they cannot be **rolled back**.

NOTE 이와 관련해 더 자세한 내용을 알고 싶은 독자는 'Implicit Commit'을 검색해 보세요.

또한 MySQL에서는(DDL 이외의 SQL문에서도) 실행하는 매 SQL문이 자동으로 커밋되도록 하는 기능인 **자동 커밋(auto commit)이 기본으로 켜져 있습니다.** 다만, START TRANSACTION을 실행하거나 BEGIN을 실행하면 자동 커밋이 꺼진 상태로 실행됩니다. 즉, START TRANSACTION 혹은 BEGIN 직후에 명시된 작업들은 COMMIT이나 ROLLBACK을 만나기 전까지는 커밋되지 않습니다. 자동 커밋 기능은 다음과 같이 명시적으로 끌 수도 있습니다(반대로, 자동 커밋 기능을 켜는 명령은 'SET autocommit=1'입니다).

자동 커밋

```sql
SET autocommit=0;
```

마지막으로 SAVEPOINT문을 알아봅시다. SAVEPOINT문은 ROLLBACK으로 되돌아갈 시점을 지정하는 기능을 수행합니다. 'SAVEPOINT 세이브포인트_이름'은 '세이브포인트_이름'이라는 되돌아갈 시점을 지정하는 명령이고, 'ROLLBACK TO SAVEPOINT 세이브포인트_이름'은 '세이브포인트_이름'으로 되돌아가는 명령입니다.

```
SAVEPONT 세이프포인트_이름
```

```
ROLLBACK TO SAVEPOINT 세이프포인트_이름
```

다음은 세이브포인트를 생성하고 중간 저장 지점으로 되돌아가는 예제입니다. 'sp1, sp2, sp3'라는 되돌아갈 시점을 생성하고, 'sp2, sp1'로 되돌아가는 과정에 해당합니다.

db/savepoint_accounts.sql

```
START TRANSACTION;

-- 세이브포인트 생성 ❶
SAVEPOINT sp1;

UPDATE accounts SET balance = balance - 100 WHERE account_id = 1;
UPDATE accounts SET balance = balance + 100 WHERE account_id = 2;

-- 세이브포인트 생성 ❷
SAVEPOINT sp2;

UPDATE accounts SET account_name = 'new_Kim' WHERE account_id = 1;
UPDATE accounts SET account_name = 'new_Lee' WHERE account_id = 2;

-- 세이브포인트 생성 ❸
SAVEPOINT sp3;

SELECT * FROM accounts;

-- 특정 세이브포인트로 롤백
ROLLBACK TO SAVEPOINT sp2;
ROLLBACK TO SAVEPOINT sp1;
```

추가적으로 데이터 제어 언어인 **DCL**Data Control Language도 가볍게 다뤄 보겠습니다. 대표적인 DCL 명령에는 GRANT와 REVOKE가 있습니다. 이는 사용자 권한과 관련된 명령인데요. 앞서 언급했던 것처럼 DBMS는 서버와 같은 형태로 실행됩니다. 웹 서버를 비롯한 일반적인 서버 프로그램들이 계정 생성/인증, 권한 관리 기능을 제공하는 것처럼 RDBMS에서도 접속 가능한 사용자 계정을 생성(CREATE USER)하거나 삭제(DROP USER)할 수 있고, 사용자마다 사용 가능한 SQL 명령을 제한하는 등의 권한을 관리할 수 있습니다. 이때 GRANT와 REVOKE는 각각 사용자에 권한을 부여하고 회수하는 명령입니다.

종류	설명
GRANT	사용자에게 권한 부여
REVOKE	사용자로부터 권한 회수

《4》 효율적 쿼리

이번에는 앞서 정리한 SQL 지식을 바탕으로 보다 효율적으로 데이터베이스에 질의할 수 있는 다양한 방법을 알아보겠습니다. 크게 4개의 개념을 학습할 텐데요. 각각 서브 쿼리와 조인, 뷰와 인덱스입니다. 각각의 개념이 데이터베이스를 다룰 때 어떠한 이점을 제공하는지에 유의하며 읽어 봅시다.

서브 쿼리와 조인

서브 쿼리^{subquery}는 다른 SQL문이 포함된 SQL문을 의미하며, **조인**^{join}은 2개의 테이블을 하나로 합치는 것을 의미합니다. 이들은 여러 테이블에 질의하는 등 데이터베이스에 복잡한 요청을 해야 할 때 유용하게 사용될 수 있습니다. 서브 쿼리와 조인은 엄연히 별개의 개념이지만, 때로는 같은 문제 상황을 해결하기 때문에 두 개념을 비교해 학습하면 좋습니다. 그럼 서브 쿼리와 조인의 개념, 그리고 이 두 개념이 어떤 상황에서 유용하게 사용될 수 있는지 알아보겠습니다.

여러 테이블에 질의하기

실제 데이터베이스를 다룰 때는 여러 테이블을 대상으로 작업하는 것이 일반적입니다. 특히 여러 테이블을 대상으로 SELECT문을 사용하는 경우가 많죠. 하나의 SELECT문으로 여러 테이블의 레코드를 조회할 수 있습니다. 가령 다음과 같이 만들어진 'users', 'posts' 테이블에 레코드가 삽입된 예제를 떠올려 봅시다. 앞 절에서 SELECT문을 이해했다면 어렵지 않게 이해할 수 있을 것입니다.

db/create_insert_users_posts.sql

```
CREATE TABLE users (
    user_id INT PRIMARY KEY AUTO_INCREMENT,
    username VARCHAR(50) NOT NULL,
    email VARCHAR(100) UNIQUE,
    birthdate DATE,
    registration_date TIMESTAMP DEFAULT CURRENT_TIMESTAMP
);
```

```
CREATE TABLE posts (
    post_id INT PRIMARY KEY AUTO_INCREMENT,
    user_id INT,
    title VARCHAR(50) NOT NULL,
    content VARCHAR(50),
    created_at TIMESTAMP DEFAULT CURRENT_TIMESTAMP,
    FOREIGN KEY (user_id) REFERENCES users(user_id)
);

INSERT INTO users (username, email, birthdate) VALUES
    ('kim', 'kim@example.com', '1990-01-01'),
    ('lee', 'lee@example.com', '1985-05-15'),
    ('park', 'park@example.com', '1992-08-22');

INSERT INTO posts (user_id, title, content) VALUES
    (1, 'One', 'This is the content of the first post.'),
    (1, 'Two', 'This is the content of the second post.'),
    (2, 'Three', 'This is a post by lee.'),
    (3, 'Four', 'This is a post by park.');
```

하나의 SELECT문으로 여러 테이블 레코드를 조회하는 명령은 간단합니다. SELECT문의 FROM 에 여러 테이블의 이름을 명시하면 됩니다. 이때 조회하고자 하는 테이블의 필드는 '테이블_이름.필드'와 같이 특정 테이블 이름과 함께 명시합니다. 예를 들어 테이블1의 필드1과 필드2, 테이블2의 필드3을 조회하는 SQL문은 다음과 같이 작성합니다. 그리고 여러 테이블의 레코드를 조회하는 조건을 WHERE절에 명시하면 됩니다. 다음과 같은 WHERE절을 통해 테이블1의 필드1 값과 테이블2의 필드2 값이 같은 레코드들을 테이블1, 테이블2에서 조회할 수 있습니다.

```
SELECT 테이블1.필드1, 테이블1.필드2, 테이블2.필드3
    FROM 테이블1, 테이블2
    WHERE 테이블1.필드1 = 테이블2.필드2;
```

예를 들어 'users' 테이블의 'user_id'와 'posts' 테이블의 'user_id'가 같은 레코드 중에서 'user' 테이블의 'username', 'email'과 'posts' 테이블의 'title'을 하나의 SELECT문으로 조회하고 싶다면 다음과 같은 SELECT문을 사용하면 됩니다.

db/select_users_posts.sql

```sql
SELECT users.username, users.email, posts.title
    FROM users, posts
    WHERE users.user_id = posts.user_id;
```

```
+----------+-------------------+-------+
| username | email             | title |
+----------+-------------------+-------+
| kim      | kim@example.com   | One   |
| kim      | kim@example.com   | Two   |
| lee      | lee@example.com   | Three |
| park     | park@example.com  | Four  |
+----------+-------------------+-------+
```

서브 쿼리

다양한 테이블을 세밀하게 다루는 SQL문을 작성하기 위해서는 서브 쿼리를 이용할 수 있습니다. **서브 쿼리**subquery의 일반적인 의미는 '내부에 다른 SQL문이 포함되어 있는 SQL문'입니다. 서브 쿼리 는 또 다른 서브 쿼리를 포함할 수도 있죠. 다만, MySQL 공식 문서에서는 서브 쿼리를 '다른 SQL 문 안에 있는 SELECT문'으로 정의하고, 서브 쿼리를 소괄호로 감싸 외부 쿼리와 구분합니다. 즉, SELECT문은 소괄호로 감싸진 서브 쿼리의 형태로, 다른 SELECT, INSERT, UPDATE, DELETE 문 안에 포함될 수 있습니다. 서브 쿼리에는 다양한 유형이 있지만, 책에서는 다음의 대표적인 2가 지 유형을 정리해 보겠습니다.

- SELECT문 안에 SELECT문이 포함된 서브 쿼리
- DELETE문 안에 SELECT문이 포함된 서브 쿼리

다음 예제를 보면 SELECT문 안에 SELECT문이 포함된 서브 쿼리를 볼 수 있습니다. 어렵게 생각 할 것 없이, 외부 쿼리와 서브 쿼리를 별개의 SQL문이라고 보고, 서브 쿼리가 있는 위치에 서브 쿼 리의 결과가 명시된다고 생각해 보세요.

db/select_select_subquery.sql

외부 쿼리는 'users' 테이블에서 'username'과 서브 쿼리의 결과를 조회합니다. 그리고 서브 쿼리의 결과를 'post_count'라고 간주합니다(AS post_count). 서브 쿼리는 'posts' 테이블의 'user_id'와 'users' 테이블의 'user_id'가 같은 'posts' 테이블의 레코드 수를 조회합니다. 즉, 이 예제는 **사용자별로 작성한 글의 개수**를 조회하는 SQL문입니다.

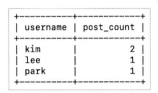

이번에는 DELETE문 안에 SELECT문이 포함된 서브 쿼리를 살펴보겠습니다. 앞서 살펴본 서브 쿼리 해석 방법과 동일합니다. 외부 쿼리와 서브 쿼리를 구분해 따로 생각해 보겠습니다. 다음 쿼리의 실행 결과를 미리 예측해 보고, 이후 내용을 확인하보기 바랍니다.

db/delete_select_subquery.sql

```
DELETE FROM posts                              외부 쿼리
WHERE user_id = (
        SELECT user_id
        FROM users                             서브 쿼리
        WHERE email = 'kim@example.com'
);
```

외부 쿼리는 'posts' 테이블에서 'user_id'가 서브 쿼리의 결과와 같은 레코드를 삭제합니다. 그리고 서브 쿼리는 'users' 테이블에서 'email'이 'kim@exmple.com'인 레코드를 조회합니다. 즉, **'email'이 'kim@example.com'인 사용자의 글을 삭제하는 SQL문**입니다.

조인

서브 쿼리를 통해 복잡한 상황을 다루는 세밀한 SQL문을 작성할 수 있다고는 하지만, 자칫 SQL문이 너무 복잡해질 수 있습니다. 여러 테이블을 기반으로 SQL문을 작성할 때 적용할 수 있는 또 다른 방법이 있습니다. 바로 조인입니다. **조인**ᴶᵒⁱⁿ이란 여러 테이블을 하나로 합치는 것을 의미합니다. 테이블을 하나로 합치는 방법은 매우 다양합니다. 그만큼 조인에도 다양한 종류가 있습니다. 다만,

가장 자주 언급되는 대표적인 조인은 크게 INNER 조인과 OUTER 조인으로 나눌 수 있습니다. OUTER 조인은 다시 LEFT OUTER 조인과 RIGHT OUTER 조인, FULL OUTER 조인으로 구분됩니다. 먼저 각 의미를 테이블 A와 테이블 B를 조인하는 경우에 적용한 그림과 설명을 읽고, 예제와 함께 이해해 보겠습니다.

종류		설명
INNER 조인		테이블 A와 B의 레코드 중 조인 조건을 모두 만족하는 레코드를 결과로 반환함
OUTER 조인	LEFT OUTER 조인	테이블 A의 모든 레코드를 포함하고, 조인 조건을 만족하는 테이블 B의 레코드를 결과로 반환함. 조건을 만족하지 않는 B 테이블의 필드는 NULL로 채워짐
	RIGHT OUTER 조인	테이블 B의 모든 레코드를 포함하고, 조인 조건을 만족하는 테이블 A의 레코드를 결과로 반환함. 조건을 만족하지 않는 A 테이블의 필드는 NULL로 채워짐
	FULL OUTER 조인	테이블 A와 B의 모든 레코드를 포함하고, 조인 조건을 만족하지 않는 경우에 상대 테이블의 필드를 NULL로 채워 결과로 반환함

NOTE INNER, OUTER, FULL OUTER 조인은 각각 한글로 내부 조인, 외부 조인, 완전 외부 조인이라고 말합니다. 하지만 한글보다는 영문 그대로 사용되는 경우가 많아 영문 표기를 차용했습니다.

다음 SQL문으로 조인을 실습할 테이블과 레코드를 만들고, 이렇게 만든 2개의 테이블에 다양한 조인 연산을 적용해 하나로 합쳐 보겠습니다.

db/create_insert_customers_orders.sql

```sql
CREATE TABLE customers (
    id INT PRIMARY KEY AUTO_INCREMENT,
    name VARCHAR(50),
    age INT,
    email VARCHAR(100) UNIQUE
);
```

```sql
INSERT INTO customers (name, age, email) VALUES
    ('kim', 30, 'kim@example.com'),
    ('lee', 25, 'lee@example.com'),
    ('park', 40, 'park@example.com'),
    ('kang', 20, 'kang@example.com'),
    ('kwon', 18, 'kwon@example.com'),
    ('gwak', 21, 'gwak@example.com'),
    ('na', 45, 'na@example.com'),
    ('jo', 22, 'jo@example.com'),
    ('yang', 50, 'yang@example.com');

CREATE TABLE orders (
    id INT PRIMARY KEY AUTO_INCREMENT,
    customer_id INT,
    product_id INT,
    quantity INT,
    amount INT
);

INSERT INTO orders (customer_id, product_id, quantity, amount) VALUES
    (1, 1, 10, 1000),
    (2, 2, 20, 2000),
    (2, 3, 30, 3000),
    (3, 4, 40, 4000),
    (3, 5, 50, 5000),
    (4, 6, 60, 6000),
    (4, 7, 70, 7000),
    (5, 8, 80, 8000),
    (5, 9, 90, 9000),
    (10, 9, 90, 9000);
```

```
mysql> SELECT * FROM customers;
+----+------+-----+-------------------+
| id | name | age | email             |
+----+------+-----+-------------------+
|  1 | kim  |  30 | kim@example.com   |
|  2 | lee  |  25 | lee@example.com   |
|  3 | park |  40 | park@example.com  |
|  4 | kang |  20 | kang@example.com  |
|  5 | kwon |  18 | kwon@example.com  |
|  6 | gwak |  21 | gwak@example.com  |
|  7 | na   |  45 | na@example.com    |
|  8 | jo   |  22 | jo@example.com    |
|  9 | yang |  50 | yang@example.com  |
+----+------+-----+-------------------+
```

```
mysql> SELECT * FROM orders;
+----+-------------+------------+----------+--------+
| id | customer_id | product_id | quantity | amount |
+----+-------------+------------+----------+--------+
|  1 |           1 |          1 |       10 |   1000 |
|  2 |           2 |          2 |       20 |   2000 |
|  3 |           2 |          3 |       30 |   3000 |
|  4 |           3 |          4 |       40 |   4000 |
|  5 |           3 |          5 |       50 |   5000 |
|  6 |           4 |          6 |       60 |   6000 |
|  7 |           4 |          7 |       70 |   7000 |
|  8 |           5 |          8 |       80 |   8000 |
|  9 |           5 |          9 |       90 |   9000 |
| 10 |          10 |          9 |       90 |   9000 |
+----+-------------+------------+----------+--------+
```

INNER 조인부터 살펴볼까요? INNER 조인은 가장 일반적인 조인으로, 보통 '조인'이라 하면 INNER 조인을 의미하는 경우가 많습니다. INNER 조인의 기본적인 형태는 다음과 같습니다. 테이블1과 테이블2의 레코드 중에서 조인 조건을 모두 만족하는 데이터만을 선택해 결합하는, 일종의 교집합 연산과 같다고 볼 수 있습니다.

```
SELECT 필드
FROM 테이블1
    INNER JOIN 테이블2 ON 조인 조건;
```

예를 들어 'orders.customer_id'와 'customers.id'를 기준으로 INNER 조인하고자 하는 경우, 다음과 같은 SQL문을 작성할 수 있습니다. 'customers'의 'id'와 'orders'의 'customer_id'가 같은 레코드만을 선택하고 결합하여 조회하는 SELECT문입니다.

db/inner_join.sql

```
SELECT customers.name, customers.age, customers.email, orders.id, orders.product_id,
orders.quantity, orders.amount
FROM customers
    INNER JOIN orders ON customers.id = orders.customer_id;
```

NOTE INNER JOIN에서 INNER는 생략 가능합니다.

이 SQL문의 결과는 다음과 같습니다. 'custmers' 테이블의 'name', 'age', 'email' 필드와 'orders' 테이블의 'id', 'product_id', 'quantity', 'amount'가 필드로 구성된 하나의 테이블 형태로 조회됩니다.

```
+------+-----+------------------+----+------------+----------+--------+
| name | age | email            | id | product_id | quantity | amount |
+------+-----+------------------+----+------------+----------+--------+
| kim  | 30  | kim@example.com  | 1  |          1 |       10 |   1000 |
| lee  | 25  | lee@example.com  | 2  |          2 |       20 |   2000 |
| lee  | 25  | lee@example.com  | 3  |          3 |       30 |   3000 |
| park | 40  | park@example.com | 4  |          4 |       40 |   4000 |
| park | 40  | park@example.com | 5  |          5 |       50 |   5000 |
| kang | 20  | kang@example.com | 6  |          6 |       60 |   6000 |
| kang | 20  | kang@example.com | 7  |          7 |       70 |   7000 |
| kwon | 18  | kwon@example.com | 8  |          8 |       80 |   8000 |
| kwon | 18  | kwon@example.com | 9  |          9 |       90 |   9000 |
+------+-----+------------------+----+------------+----------+--------+
```

조인 결과에 대해 다음과 같은 WHERE절을 추가하면 조건에 따라 레코드를 필터링하여 조회할 수도 있습니다.

db/inner_join.sql

```sql
SELECT customers.name, customers.age, customers.email, orders.id, orders.product_id,
orders.quantity, orders.amount
FROM customers
    INNER JOIN orders ON customers.id = orders.customer_id
    WHERE orders.amount >= 5000;
```

```
+-------+-----+------------------+----+------------+----------+--------+
| name  | age | email            | id | product_id | quantity | amount |
+-------+-----+------------------+----+------------+----------+--------+
| park  |  40 | park@example.com |  5 |          5 |       50 |   5000 |
| kang  |  20 | kang@example.com |  6 |          6 |       60 |   6000 |
| kang  |  20 | kang@example.com |  7 |          7 |       70 |   7000 |
| kwon  |  18 | kwon@example.com |  8 |          8 |       80 |   8000 |
| kwon  |  18 | kwon@example.com |  9 |          9 |       90 |   9000 |
+-------+-----+------------------+----+------------+----------+--------+
```

이제 OUTER 조인을 알아볼 차례입니다. 앞서 언급했듯 OUTER 조인에는 크게 LEFT OUTER 조인, RIGHT OUTER 조인, FULL OUTER 조인이 있습니다. 테이블1에 대해 테이블2를 LEFT RIGHT OUTER 조인하는 SQL문은 다음과 같습니다. LEFT OUTER 조인은 테이블1의 모든 레코드를 기준으로 테이블2의 레코드를 합치되, 테이블2에 대응되는 레코드가 없다면 해당 값을 NULL로 간주하는 조인 방식입니다.

```sql
SELECT 필드
FROM 테이블1
    LEFT OUTER JOIN 테이블2 ON 조인 조건;
```

예제로 이해해 보는 것이 빠릅니다. 다음은 'customers' 테이블과 'orders' 테이블의 LEFT OUTER 조인 결과입니다. 'customers' 테이블의 모든 항목을 선택하고, 이를 기준으로 'orders' 테이블의 레코드를 합치되, 'customers' 테이블의 레코드 중 'orders' 테이블의 레코드에 대응되는 레코드가 없는 경우(gwak, na, jo, yang)에는 NULL이 채워집니다.

db/left_outer_join.sql

```sql
SELECT customers.name, orders.id AS order_id, orders.product_id, orders.quantity,
orders.amount
FROM customers
    LEFT OUTER JOIN orders ON customers.id = orders.customer_id;
```

```
+-------+----------+------------+----------+--------+
| name  | order_id | product_id | quantity | amount |
+-------+----------+------------+----------+--------+
| kim   |        1 |          1 |       10 |   1000 |
| lee   |        3 |          3 |       30 |   3000 |
| lee   |        2 |          2 |       20 |   2000 |
| park  |        5 |          5 |       50 |   5000 |
| park  |        4 |          4 |       40 |   4000 |
| kang  |        7 |          7 |       70 |   7000 |
| kang  |        6 |          6 |       60 |   6000 |
| kwon  |        9 |          9 |       90 |   9000 |
| kwon  |        8 |          8 |       80 |   8000 |
| gwak  |     NULL |       NULL |     NULL |   NULL |
| na    |     NULL |       NULL |     NULL |   NULL |
| jo    |     NULL |       NULL |     NULL |   NULL |
| yang  |     NULL |       NULL |     NULL |   NULL |
+-------+----------+------------+----------+--------+
```

RIGHT OUTER 조인은 이와 정확하게 반대입니다. 테이블2의 레코드를 모두 선택하고, 이를 기준으로 테이블1를 합치되 대응되는 레코드가 없다면 NULL이 되는 조인 방식입니다.

```
SELECT 필드
FROM 테이블1
    RIGHT OUTER JOIN 테이블2 ON 조인 조건;
```

다음은 'customers' 테이블과 'orders' 테이블의 RIGHT OUTER 조인 결과입니다. 'orders' 테이블의 모든 항목을 선택하고, 이를 기준으로 'customers' 테이블의 레코드를 합치되, 'orders' 테이블 레코드 중 'customers' 테이블의 레코드에 대응되는 레코드가 없는 경우 NULL이 채워집니다. LEFT OUTER 조인과의 차이점에 유의하며 읽어 보기 바랍니다.

db/right_outer_join.sql

```sql
SELECT customers.name, orders.id AS order_id, orders.product_id, orders.quantity,
orders.amount
FROM customers
    RIGHT OUTER JOIN orders ON customers.id = orders.customer_id;
```

```
+------+----------+------------+----------+--------+
| name | order_id | product_id | quantity | amount |
+------+----------+------------+----------+--------+
| kim  |        1 |          1 |       10 |   1000 |
| lee  |        2 |          2 |       20 |   2000 |
| lee  |        3 |          3 |       30 |   3000 |
| park |        4 |          4 |       40 |   4000 |
| park |        5 |          5 |       50 |   5000 |
| kang |        6 |          6 |       60 |   6000 |
| kang |        7 |          7 |       70 |   7000 |
| kwon |        8 |          8 |       80 |   8000 |
| kwon |        9 |          9 |       90 |   9000 |
| NULL |       10 |          9 |       90 |   9000 |
+------+----------+------------+----------+--------+
```

마지막으로 FULL OUTER 조인은 기본적으로 두 테이블의 모든 레코드를 선택하되, 대응되지 않는 모든 레코드를 NULL로 표기하는 조인 방식입니다. 참고로, MySQL을 포함한 많은 RDBMS에서는 FULL OUTER 조인 문법을 따로 지원하지 않습니다. 그러나 FULL OUTER 조인 문법을 명시적으로 지원하지 않더라도 LEFT OUTER 조인과 RIGHT OUTER 조인의 결과를 하나로 합치면 FULL OUTER 조인을 구현할 수 있습니다. 이 과정에서 여러 SQL문을 결합하는 키워드인 **UNION**이 사용될 수도 있는데, 이는 SQL문 실행 결과의 합집합을 구하는 키워드입니다.

```
SELECT 필드
FROM 테이블1
    LEFT JOIN 테이블2  ON 조인 조건
    UNION
SELECT 필드
FROM 테이블1
    RIGHT JOIN 테이블2  ON 조인 조건;
```

실제 코드에서 살펴보겠습니다. 다음은 FULL OUTER 조인을 구현한 예제입니다. 'customers' 테이블과 'orders' 테이블을 각각 LEFT OUTER 조인, RIGHT OUTER 조인한 뒤, 그 결과를 하나로 합친 형태로 구현되었습니다.

db/full_outer_join.sql

```sql
SELECT customers.name, orders.id AS order_id, orders.product_id, orders.quantity,
orders.amount
FROM customers
    LEFT OUTER JOIN orders ON customers.id = orders.customer_id
    UNION
SELECT customers.name, orders.id AS order_id, orders.product_id, orders.quantity,
orders.amount
FROM customers
    RIGHT OUTER JOIN orders ON customers.id = orders.customer_id;
```

조인의 결과를 잘 살펴보세요. 'products' 테이블에 없는 'customers' 테이블의 레코드가 NULL로 채워지고, 'customers' 테이블에 없는 'products' 테이블의 레코드가 NULL로 채워집니다.

```
+-------+----------+------------+----------+--------+
| name  | order_id | product_id | quantity | amount |
+-------+----------+------------+----------+--------+
| kim   |        1 |          1 |       10 |   1000 |
| lee   |        3 |          3 |       30 |   3000 |
| lee   |        2 |          2 |       20 |   2000 |
| park  |        5 |          5 |       50 |   5000 |
| park  |        4 |          4 |       40 |   4000 |
| kang  |        7 |          7 |       70 |   7000 |
| kang  |        6 |          6 |       60 |   6000 |
| kwon  |        9 |          9 |       90 |   9000 |
| kwon  |        8 |          8 |       80 |   8000 |
| gwak  |     NULL |       NULL |     NULL |   NULL |
| na    |     NULL |       NULL |     NULL |   NULL |
| jo    |     NULL |       NULL |     NULL |   NULL |
| yang  |     NULL |       NULL |     NULL |   NULL |
| NULL  |       10 |          9 |       90 |   9000 |
+-------+----------+------------+----------+--------+
```

일부 서브 쿼리 연산은 조인으로 대체 가능하기도 합니다. 예를 들어 앞서 575쪽에서 예로 들었던 사용자별로 작성한 글의 개수를 조회하는 SQL문은 다음과 같은 조인으로 대체할 수 있습니다.

db/subquery_to_join.sql

```sql
SELECT users.username, COUNT(posts.post_id) AS post_count
FROM users
    LEFT JOIN posts ON users.user_id = posts.user_id
    GROUP BY users.username;
```

```
+----------+------------+
| username | post_count |
+----------+------------+
| kim      |          2 |
| lee      |          1 |
| park     |          1 |
+----------+------------+
```

뷰

앞서 다양한 SELECT문을 학습했습니다. SELECT문의 실행 결과를 떠올려 보면 테이블과 같은 형태를 띠고 있음을 알 수 있습니다. 가령 다음 SELECT문의 결과를 보세요. 4개의 레코드가 삽입되어 있는 열 3개 크기의 테이블과 같은 형태입니다. 이러한 SELECT문의 결과를 가상의 테이블로 간주하고 다양한 SQL문을 사용할 수는 없을까요?

여러 테이블의 레코드를 조회하는 SELECT문

```
SELECT users.username, users.email, posts.title
    FROM users, posts
    WHERE users.user_id = posts.user_id;
```

```
+----------+------------------+-------+
| username | email            | title |
+----------+------------------+-------+
| kim      | kim@example.com  | One   |
| kim      | kim@example.com  | Two   |
| lee      | lee@example.com  | Three |
| park     | park@example.com | Four  |
+----------+------------------+-------+
```

서브 쿼리를 이용하면 됩니다. 다음과 같이 SELECT문을 FROM문에 포함된 서브 쿼리로 간주하면 SELECT문을 테이블처럼 다룰 수 있습니다. 하지만 만약 SELECT문의 결과를 토대로 SQL문을 자주 실행해야 할 경우, 매번 서브 쿼리를 작성하기에는 중복되는 쿼리가 많아 번거롭습니다.

다양한 SQL문을 사용하는 서브 쿼리

```
SELECT result.username, result.email, result.title
FROM
    (SELECT users.username, users.email, posts.title
     FROM users, posts
     WHERE users.user_id = posts.user_id) AS result
WHERE result.username = 'kim';
```

이럴 때 사용 가능한 더 효율적인 방법이 있습니다. 바로 뷰입니다. **뷰**view는 SELECT문의 결과로 만들어진 가상의 테이블입니다. SELECT문의 결과를 뷰로 생성한 뒤, 해당 뷰에 다양한 SQL문을 실행해 볼 수 있습니다. 주로 테이블에 대한 SQL문을 단순화하기 위해 사용되죠. 뷰를 생성하는 방법은 다음과 같습니다.

```
CREATE VIEW 뷰_이름 AS SELECT문;
```

NOTE 뷰를 삭제하는 명령은 DROP VIEW입니다. 테이블 삭제와 거의 동일합니다.

이 명령을 토대로 'myview'라는 뷰를 만들어 확인해 보겠습니다.

db/create_select_view.sql

```
CREATE VIEW myview AS
    SELECT users.username, users.email, posts.title
    FROM users, posts
    WHERE users.user_id = posts.user_id;
```

'myview' 뷰는 마치 하나의 논리적인 테이블처럼 활용할 수 있습니다. 실제로 'SHOW TABLES;'를 통해 여느 테이블과 같이 'myview'를 조회할 수도 있습니다.

```
mysql> SHOW TABLES;
+----------------+
| Tables_in_mydb |
+----------------+
| myview         |
| posts          |
| users          |
+----------------+
```

앞서 언급한 서브 쿼리 예제는 다음과 같이 표현할 수 있습니다. 훨씬 간단해진 것을 확인할 수 있습니다. 이처럼 뷰는 쿼리의 단순화, 재사용성을 높이기 위해 많이 사용됩니다. 여러 테이블을 조인하거나 복잡한 조건식을 사용한 SQL문을 하나의 뷰로 만들어 두면, 이후 복잡한 SQL문을 반복적으로 작성하는 대신에 보다 단순하게 동일한 결과를 얻을 수 있습니다.

db/create_select_view.sql

```sql
SELECT username, email, title
    FROM myview
    WHERE username = 'kim';
```

또한 뷰는 SQL문을 단순화하기 위해 사용하기도 하고, 특정 사용자에게 테이블의 특정 데이터만을 보여주고자 할 때도 사용할 수 있습니다. 테이블 상의 모든 데이터를 모든 데이터베이스 사용자에게 노출하고 싶지 않을 때, 테이블 상의 노출 가능한 데이터만을 포함하는 뷰를 만들어 특정 사용자에 게만 해당 뷰에 대한 접근 권한을 부여하면 됩니다.

> **NOTE** 특정 사용자에게 특정 테이블(뷰)에 대한 권한을 부여하는 명령은 GRANT입니다.

뷰를 사용할 때 유의할 점은 VIEW에 대한 조회(SELECT)에는 제한이 없지만, 삽입(INSERT) 과 수정(UPDATE), 삭제(DELETE) 등이 불가능할 수도 있다는 점입니다. 특히 여러 테이블을 SELECT한 결과로 만들어진 뷰의 경우, 삽입/수정/삭제 연산이 제약 조건을 어기기 쉽기 때문입니다. 따라서 뷰는 조회를 목적으로 사용되는 경우가 많습니다.

```
mysql> INSERT INTO myview (username, email, title) VALUES ('new_user', 'new_user@example.com', 'New Post
ERROR 1393 (HY000): Can not modify more than one base table through a join view 'mydb.myview'
mysql> DELETE FROM myview WHERE username = 'some_user';
ERROR 1395 (HY000): Can not delete from join view 'mydb.myview'
```

인덱스

인덱스는 RDBMS의 성능을 향상시키는 가장 대중적인 방법입니다. 인덱스는 수많은 레코드를 조회하는 작업이 빈번한 RDBMS에서 대부분 활용됩니다. 인덱스를 이해하고 적재적소에 활용하면 성능상의 이점을 얻을 수 있지만, 반대로 인덱스를 남용하면 오히려 성능에 악영향을 끼치기도 합니다. 따라서 인덱스의 정의와 올바른 사용법을 이해하는 것이 중요합니다.

인덱스index는 검색 속도 향상을 목적으로 만드는 하나 이상의 테이블 필드에 대한 자료구조입니다. 책의 '찾아보기(인덱스)'와 유사한 개념입니다. '찾아보기'에는 보통 특정 용어와 해당 페이지가 대응되어 있죠. '찾아보기'를 통해 찾고자 하는 용어에 대한 내용을 빠르게 조회할 수 있는 것처럼, 특정 필드에 대한 인덱스를 생성하면 인덱스를 기준으로 원하는 레코드에 더 빠르게 접근할 수 있습니다. 즉, '찾아보기'의 페이지는 찾고자 하는 레코드에 빗댈 수 있고, '찾아보기'의 용어는 데이터베이스의 필드에 빗댈 수 있습니다. 그렇기 때문에 특정 필드에 인덱스를 생성한다는 것은 해당 필드를 기준으로 레코드를 조회하겠다는 것과 같습니다. '찾아보기'가 없다면 원하는 용어를 찾기 위해 책 전체를 살펴봐야 할 수도 있듯이, 인덱스가 없는 데이터베이스에서는 최악의 경우 원하는 레코드를 조회하기 위해 모든 레코드를 찾아봐야 할 수 있습니다.

NOTE 인덱스는 책의 '찾아보기'와는 달리, 한 테이블에 2개의 인덱스가 있을 수 있습니다. 그리고 테이블(필드)에 종속된 개념이기 때문에 테이블이 삭제되면 테이블과 관련된 인덱스는 모두 삭제됩니다.

인덱스는 필드에 대한 자료구조라고 설명했습니다. 가령 다음과 같은 '학생' 테이블이 있다고 가정해 보겠습니다. '학번' 필드에 인덱스를 생성할 경우, 데이터베이스 내부에 '학번' 필드를 기준으로 정렬된 인덱스 자료구조가 생성됩니다. 이를 통해 '학번' 필드를 기준으로 빠른 레코드 조회가 가능합니다.

인덱스	
학번 Index	레코드 위치(포인터)
1000	
1002	
1003	
1005	
1200	
1201	
1205	

학생 테이블			
학번	이름	나이	학과
1003	kim	20	컴퓨터과학
1200	park	21	경영
1005	lee	21	경제
1000	kang	23	영어영문
1201	choi	20	컴퓨터과학
1002	jo	21	철학
1205	jung	25	심리

NOTE 여기서는 인덱스를 테이블의 형태로 표현했지만, 실제 인덱스는 일반적으로 B 트리(혹은 B 트리의 변형) 형태를 띱니다.

MySQL에서는 인덱스의 종류를 크게 클러스터형 인덱스와 세컨더리 인덱스로 구분합니다. **클러스터형 인덱스**clustered index란 테이블당 하나씩 만들 수 있는 인덱스로, 우리가 이미 접해 본 적이 있는 유형의 인덱스입니다. 바로 기본 키입니다. 테이블 내에 기본 키(PRIMARY KEY)로 지정된 필드는 기본적으로 클러스터형 인덱스로 간주됩니다. 만약 기본 키로 지정된 필드가 없는 경우에는 NOT NULL 제약 조건과 UNIQUE 제약 조건이 있는 필드(NULL값이 될 수 없는 고유한 값을 갖는 필드)를 클러스터형 인덱스로 간주합니다.

또 클러스터형 인덱스가 아닌 인덱스를 **세컨더리 인덱스**secondary index라고 하는데요. 그래서 **논클러스터형 인덱스**non-clustered index라고도 부릅니다. 세컨더리 인덱스는 클러스터형 인덱스와는 달리, 테이블당 여러 개가 존재할 수 있지만 클러스터형 인덱스를 활용한 검색보다 일반적으로 느립니다. MySQL에서는 다음과 같은 명령으로 세컨더리 인덱스를 생성하고 조회, 삭제할 수 있습니다.

```
-- '테이블_이름'의 '필드'에 세컨더리 인덱스인 '인덱스_이름'을 생성
CREATE INDEX 인덱스_이름 ON 테이블_이름 (필드);

-- 인덱스 조회
SHOW INDEX FROM 테이블_이름;

-- 인덱스 삭제
DROP INDEX 인덱스_이름 FROM 테이블_이름;
```

인덱스로 사용되는 자료구조

인덱스로 사용되는 대표적인 자료구조는 해시 테이블과 B 트리입니다. 특히 MySQL을 비롯한 많은 DBMS 에서는 B 트리(혹은 B+ 트리와 같은 B 트리의 변형)를 사용하죠. 예를 들어 다음과 같은 '제품' 테이블에 있는 '제품 번호'를 기본 키로 간주하여 클러스터형 인덱스를 생성했다고 가정해 보겠습니다.

제품 테이블

제품 번호	제품 이름	제조사
1	키보드	엘디
2	모니터	샘숭
3	혼공컴운	한빛미디어
4	혼공네트	한빛미디어
5	이것이컴퓨터과학	한빛미디어
6	스마트폰	애뿔
7	귤	제주도

그럼 데이터베이스 내에는 대략 다음과 같은 B 트리(혹은 B+ 트리)가 생성됩니다. 간략하게 그린 그림이므로 세부 구현과는 차이가 있을 수 있다는 점에 유의해 주세요. B 트리(B+ 트리)에 대해서는 앞서 4장 '자료구조' 에서 학습한 적이 있습니다. 각 노드에는 키로써 인덱스 값이 포함되어 있고, 인덱스 값을 탐색하면 실제 데이 터(레코드)가 저장된 위치를 알 수 있습니다. B 트리(혹은 B+ 트리)의 특성상 다량의 노드에 대한 빠른 검색 이 가능하기 때문에 인덱스를 바탕으로 레코드가 저장된 위치를 빠르게 알 수 있는 것입니다.

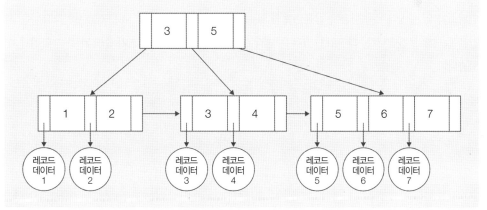

그렇다면 인덱스를 통해 성능을 얼마나 향상시킬 수 있을까요? (세컨더리)인덱스 예제를 통해 알아보겠습니다. 다음과 같이 70만 개의 레코드가 삽입된 테이블을 가정했고, 현재 생성된 인덱스는 없습니다.

```
mysql> SELECT COUNT(*) FROM users;
+----------+
| COUNT(*) |
+----------+
|   700000 |
+----------+
1 row in set (0.06 sec)

mysql> SHOW INDEX FROM users;
Empty set (0.01 sec)
```

테이블에 삽입되어 있는 레코드는 다음과 같은 형태입니다.

```
mysql> SELECT * FROM users LIMIT 10;
+----+--------------+-----+--------------+--------+
| id | password     | age | nickname     | gender |
+----+--------------+-----+--------------+--------+
|  1 | password5265 | 28  | User112642D  | female |
|  2 | password5105 | 28  | User283312I  | male   |
|  3 | password4602 | 36  | User551960Y  | female |
|  4 | password4955 | 64  | User473997L  | male   |
|  5 | password7065 | 63  | User272082J  | female |
|  6 | password2161 | 60  | User330356R  | male   |
|  7 | password9214 | 43  | User273433L  | female |
|  8 | password5384 | 50  | User528500L  | male   |
|  9 | password587  | 44  | User227181I  | female |
| 10 | password5432 | 49  | User114497F  | male   |
+----+--------------+-----+--------------+--------+
```

인덱스가 없는 상태에서 다음과 같은 3개의 SELECT문을 실행하고, 각 SELECT문에 소요되는 시간을 측정해 보겠습니다. 각 SELECT문은 대략 0.21초, 0.22 초, 0.19초가 소요된 것을 확인할 수 있습니다.

```
mysql> SELECT * FROM users WHERE nickname='User290526U';
+--------+--------------+-----+-------------+--------+
| id     | password     | age | nickname    | gender |
+--------+--------------+-----+-------------+--------+
| 699833 | password8074 |  51 | User290526U | female |
+--------+--------------+-----+-------------+--------+
1 row in set (0.21 sec)

mysql> SELECT COUNT(*) FROM users WHERE age>50;
+----------+
| COUNT(*) |
+----------+
|   333005 |
+----------+
1 row in set (0.22 sec)

mysql> SELECT COUNT(*) FROM users WHERE gender='male';
+----------+
| COUNT(*) |
+----------+
|   350000 |
+----------+
1 row in set (0.19 sec)
```

이번에는 인덱스를 만들어 어느 정도의 시간이 소요되었는지 확인해 봅시다. 다음과 같은 명령으로 'nickname'에 인덱스를 만든 뒤, 다시 한번 같은 SELECT문을 실행해 보겠습니다.

인덱스 생성

```
CREATE INDEX idx_user ON users(nickname);
```

각 SELECT문의 소요 시간에 주목해 보세요. 'nickname'에 인덱스를 생성했기 때문에 'nickname'에 대한 조회 성능이 눈에 띄게 빨라졌습니다. 거의 SQL문의 실행과 동시에 조회가 끝이 나는 것을 볼 수 있습니다.

```
mysql> SELECT * FROM users WHERE nickname='User290526U';
+--------+-------------+-----+-------------+--------+
| id     | password    | age | nickname    | gender |
+--------+-------------+-----+-------------+--------+
| 699833 | password8074 | 51 | User290526U | female |
+--------+-------------+-----+-------------+--------+
1 row in set (0.00 sec)

mysql> SELECT COUNT(*) FROM users WHERE age>50;
+----------+
| COUNT(*) |
+----------+
|   333005 |
+----------+
1 row in set (0.20 sec)

mysql> SELECT COUNT(*) FROM users WHERE gender='male';
+----------+
| COUNT(*) |
+----------+
|   350000 |
+----------+
1 row in set (0.19 sec)
```

인덱스가 이렇게나 성능이 좋다면, 모든 필드에 대해 인덱스를 생성하지 않는 이유가 뭘까요? 한 테이블 내에 마구 인덱스를 만들어도 괜찮을까요? 그렇지 않습니다. 인덱스 생성과 관리에는 부작용이 따르기 때문입니다. 다시 말해, 인덱스의 생성 이전에 고려해야 할 기회비용이 있습니다. 우선 인덱스의 저장 공간과 생성 시간을 고려해야 합니다. 인덱스도 엄연히 여러 데이터를 포함하는 자료구조이므로 인덱스가 차지하는 공간이나 생성 시간이 점점 커질 수 있기 때문입니다. 또한 인덱스는 조회(SELECT) 성능은 향상시킬 수 있지만, 그 외의 작업(INSERT, UPDATE, DELETE)에 대해서는 성능 향상을 가져오지 않습니다. 오히려 성능을 떨어뜨리는 원인이 되기도 합니다. 새로운 데이터를 삽입하거나 기존 데이터를 수정/삭제할 때 인덱스에 대한 작업도 동시에 이루어져야 하므로 인덱스를 유지하고 갱신하는 추가적인 자원과 연산이 필요하기 때문입니다.

그렇다면 인덱스는 언제, 어떻게 활용해야 할까요? 데이터가 충분히 많지 않은 상황에서는 굳이 인덱스를 사용할 필요가 없습니다. 또한 인덱스가 성능을 높일 수 있는 조회(SELECT) 연산이 적은 경우나 삽입(INSERT)/수정(UPDATE)/삭제(DELETE) 연산이 많은 경우에는 굳이 인덱스가 필요하지 않습니다. 즉, 인덱스는 데이터가 충분히 많은 테이블, 조회가 빈번히 이루어지는 테이블 필드에 만들어 활용하는 것이 좋습니다.

NOTE SELECT문 중에서도 자주 조인되거나 WHERE, ORDER BY에서 자주 언급되는 필드가 인덱스로 활용하기 좋습니다.

테이블당 인덱스의 개수가 지나치게 많은 것도 지양해야 합니다. 일반적으로는 테이블당 3개 이하의 인덱스를 권고합니다. 또한 중복되는 데이터가 많은 필드에 대해 인덱스를 생성하는 것은 그렇지 않은 필드에 대해 인덱스를 생성하는 것에 비해 인덱스의 효능을 떨어뜨립니다. 중복되는 데이터가 많으면 인덱스를 사용하든, 사용하지 않든 테이블의 수많은 레코드를 탐색해 보아야 한다는 점은 크게 달라지지 않기 때문입니다.

⟨5⟩ 데이터베이스 설계

이번에는 효율적으로 테이블을 설계하고 관리하는 방법에 대해 살펴보겠습니다. 데이터베이스 내 테이블과 테이블 간의 관계를 어떻게 설계하고 표현할 수 있는지, 한 테이블 내 필드는 어떻게 설계해야 하는지에 유의하며 학습해 봅시다.

ER 다이어그램

6장 서두에서 우리는 데이터베이스의 저장 단위로, 데이터베이스에 저장 가능하며 다양한 속성을 가진 객체인 **엔티티**에 대해 학습했습니다. 지금까지 우리는 RDBMS를 학습하며 엔티티 집합과 엔티티 간의 관계를 테이블과 테이블의 관계로 표현하는 방법을 배운 셈입니다. 이러한 데이터베이스를 구성하는 요소들의 관계를 나타내는 그림이 있습니다. 바로 **엔티티 관계**ER, Entity Relationship를 표현하는 **ER 다이어그램(이하 ERD)**ER diagram입니다.

ERD는 데이터베이스에 저장되는 엔티티의 구조를 모델링하는 것을 목적으로 합니다. 쉽게 말해, 엔티티 구조의 모델링은 데이터베이스로 표현할 대상을 시각적으로 설계하는 것을 의미합니다. 데이터베이스 설계 초기 단계에서 이러한 시각적 표현인 모델링은 매우 중요한 역할을 하는데요. ERD를 활용해 데이터베이스의 구조를 명확하게 정의해 두면 추후에 데이터베이스를 확장하거나 수정할 때 어떤 부분이 영향을 받는지 쉽게 파악할 수 있어, 유지보수가 용이하고 개발자 간 원활한 소통이 가능하기 때문입니다.

반대로, 모델링 없이 마구잡이로 데이터베이스와 테이블을 만들면 여러 문제가 발생할 수 있습니다. 잘못된 테이블 구조로 개발을 시작하는 것은 소위 '첫 단추를 잘못 꿰는 것'과 같아서 점점 유지보수가 어려워지고, 언젠가는 많은 시간과 노력을 들여 데이터베이스의 구조를 수정해야 할 수 있습니다. 이미 테이블에 충분히 많은 레코드가 쌓여 있다면 작업은 더 번거로워질 테니까요. 나아가 비효율적인 데이터베이스 설계는 데이터의 중복과 불일치가 발생할 가능성을 높여 데이터베이스에 대한 질의의 성능도 저하시킬 수 있습니다. 따라서 ERD를 활용한 데이터베이스 모델링은 데이터베이스의 효율적인 데이터 관리에 있어 매우 중요한 과정입니다.

그렇다면 ERD가 어떻게 생겼는지부터 살펴봅시다. ERD는 그 종류와 표기법이 매우 다양합니다. 많은 전공 서적에서 설명하는 전통적인 형태의 ERD는 다음과 같습니다. 도식이나 표기 방법 자체를 암기할 필요는 없고, 엔티티가 어떻게 표현되는지 정도만 대략적으로 이해해 보기 바랍니다.

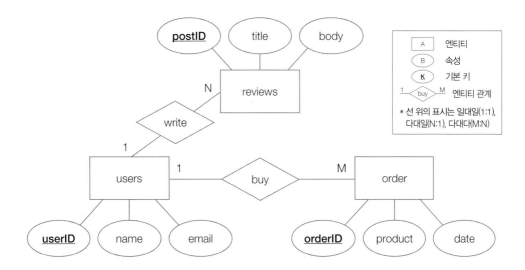

이와 같은 ERD 표기 방식을 **피터 첸 표기법**Peter Chen diagram이라고 합니다. 이는 엔티티를 개념적으로 모델링하는 데는 유용하지만, 엔티티가 많아질 경우 그림이 다소 복잡해지고 RDBMS 상에서 어떻게 테이블의 형태로 표현되는지 한 눈에 파악하기 어려울 수 있습니다. 그래서 오늘날에는 RDBMS 모델링을 위해 다음과 같은 형태의 ERD를 사용합니다.

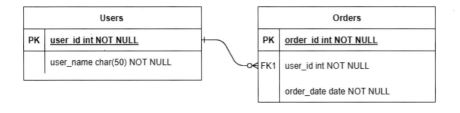

짐작할 수 있듯 제시된 그림의 사각형 하나가 테이블 하나를 나타냅니다. 테이블의 형태를 띠고 있어 훨씬 직관적이죠? 세부적인 표기법은 ERD마다 다를 수 있지만, 기본적으로 상단 사각형에 테이블 이름을 쓰고 사각형 내부에는 속성(필드) 이름을 씁니다. 필드 타입을 함께 명시하기도 하고, 기본 키를 특별히 밑줄 또는 PK라고 표기하기도 합니다. 외래 키는 따로 FK라고 표기하는 경우도 있죠.

이러한 ERD 표기 방식은 **IE 표기법**Information Engineering notation, **새 발 표기법** 혹은 **까마귀 발 표기법**crow feet notation이라고 합니다. '새 발', 또는 '까마귀 발' 이라는 이름은 테이블 간의 관계를 나타내는 표기가 마치 새의 발과 닮아 붙여졌습니다. 이 테이블 간의 관계를 나타내는 표기는 ERD에서 중요한 개념이므로 기억해 두는 것이 좋습니다. 앞서 예시로 살펴본 ERD의 경우, 'users' 엔티티 하나에 'orders' 엔티티 0개, 혹은 하나 이상이 연관되는 관계라는 점을 알 수 있습니다. 즉, 한 명의 고객('users' 엔티티)이 0개 이상의 주문('orders' 엔티티)을 할 수 있다는 의미입니다.

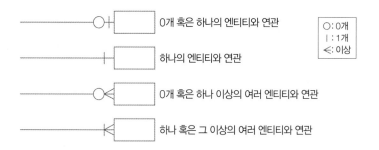

여기서 잠깐

식별/비식별 관계

때로는 ERD에서 엔티티 간의 연결선을 실선과 점선으로 구분하여 표현하기도 합니다. 실선은 식별 관계를 의미하고, 점선은 비식별 관계를 의미합니다.

식별 관계(identifying replationship)는 참조되는 엔티티가 존재해야만 참조하는 엔티티가 존재할 수 있는 관계를 말합니다. 참조되는 테이블의 기본 키를 참조하는 테이블의 외래 키이자 기본 키로 활용하는 경우, 이는 식별 관계로 볼 수 있습니다. 반면, **비식별 관계(non-identifying replationship)**는 참조되는 엔티티가 존재하지 않아도 참조하는 엔티티가 존재할 수 있는 관계를 말합니다. 참조되는 테이블의 기본 키를 참조하는 테이블의 기본 키가 아닌 일반적인 외래 키로 이용할 경우, 이는 비식별 관계입니다.

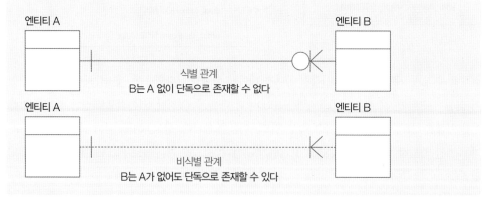

ERD를 그리기 위한 도구는 다양합니다. 다음과 같은 draw.io를 비롯해 ERWin, ERDCloud 등이 대표적이므로 관심이 있는 독자들은 사용해 보기 바랍니다.

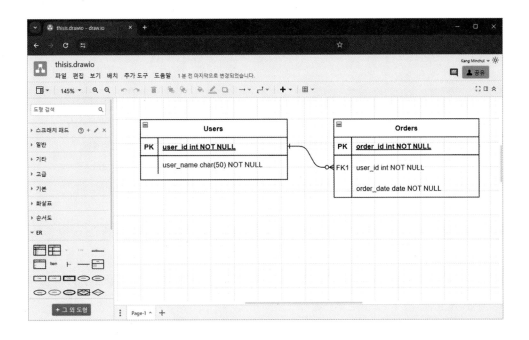

정규화

다음과 같이 충분히 많은 레코드가 쌓여 있고, '학번'이 기본 키인 테이블을 살펴보겠습니다. 이 테이블은 올바르게 설계되었을까요? 그렇지 않습니다. '수강 과목' 필드의 값이 단일한 값을 가지고 있지 않기 때문입니다. 이렇게 데이터를 관리하면 '수강 과목'의 데이터 중 일부를 검색하거나 일부 과목의 이름을 수정해야 할 때 매우 번거롭고, 검색의 성능이 저하될 수 있습니다.

학번	이름	수강 과목	담당 교수
1	김철수	운영체제, 데이터베이스	강교수
2	이영희	컴퓨터구조, 운영체제	이교수
3	박민수	교양의이해, 자료구조	박교수
...	...	...	...

또 다른 테이블을 살펴보죠. 다음 테이블은 올바르게 설계되었을까요? 그렇지 않습니다. 가령 '데이터베이스' 과목의 담당 교수가 '김교수'로 변경된다면 과목 코드 'CS101'과 관련된 모든 행을 수정해야 합니다. 담당 교수나 과목의 이름이 변경될 때마다 관련된 모든 행을 수정하지 않으면 데이터에 불일치가 발생할 수 있습니다. 또 만약 과목 코드 'CS101'의 과목 이름이 '고급데이터베이스'로 변경된다면 역시 관련된 모든 행을 일일이 수정해야 하는 비효율을 야기합니다.

학생 ID	과목 코드	학생 이름	담당 교수	과목 이름
1	CS101	김철수	이교수	데이터베이스
2	CS102	이영희	박교수	운영체제
1	CS102	김철수	박교수	운영체제
3	CS101	박민수	이교수	데이터베이스

이처럼 어떤 테이블이 어떤 필드로 구성되어 있는지에 따라 잠재적인 문제가 존재할 수도 있고, 존재하지 않을 수도 있습니다. 그렇다면 하나의 테이블은 어떤 필드로 구성해야 할까요? 이를 결정하기 위한 작업이 바로 **정규화**^{Normal Form}입니다. 정규화된 테이블의 형태를 정규형이라 부르고, 영문 그대로 Normal Form, NF라고도 부르죠.

정규화란 잠재적인 문제가 발생하지 않도록 테이블의 필드를 구성하고, 필요할 경우 테이블을 나누는 작업입니다. 그리고 정규형의 종류에는 제1 정규형, 제2 정규형, 제3 정규형, 보이스/코드 정규형, 제4 정규형, 제5정규형이 있습니다. 다만, 대부분의 경우 제3 정규형, 혹은 보이스/코드 정규형까지만 수행되므로 책에서는 보이스/코드 정규형까지만 다뤄 보겠습니다. 제1 정규형, 제2 정규형 등 각각의 정규형을 만드는 정규화는 일종의 '규칙'입니다. 잠재적인 문제가 발생하지 않도록 잘 조직된 테이블이 되기 위해 지켜야 하는 규칙이라고 볼 수 있죠. 따라서 어떤 규칙을 만족해야 제1, 제2, 제3, 보이스/코드 정규형이 될 수 있는지에 유의하며 읽어 보기 바랍니다.

정규화와 관련한 용어들이 다소 난해할 수 있습니다. 많은 데이터베이스 입문자들이 정규화 학습에 어려움을 겪는 이유이기도 합니다. 하지만 정규화는 각종 기술 면접의 고난도 질문으로 자주 출제되고, 테이블을 엄밀하게 설계해야 하는 실무에서 활용되는 개념이기 때문에 잘 이해해 두는 것이 좋습니다. 설령 실무에서 정규화를 수행하지 않더라도, 면접에서 '특정 상황에서 왜 정규화를 하지 않는지'에 대해 묻는 경우도 있습니다. 그럼 제1 정규형부터 차근차근 학습해 봅시다.

제1 정규형

제1 정규형을 만족하는 필요충분조건은 **모든 속성이 원자 값을 가진다는 것**입니다. 다시 말해, 제1 정 규형은 필드 데이터가 더 이상 쪼개질 수 없는 값을 가져야 한다는 조건을 의미합니다. 앞서 살펴봤 던 예제를 다시 가져와 보겠습니다. 다음 테이블은 제1 정규형을 만족할까요? 그렇지 않습니다. '수 강 과목' 필드의 데이터가 단일한 값이 아니라 더 많은 데이터로 쪼개질 수 있기 때문입니다.

학번	이름	수강 과목	담당 교수
1	김철수	운영체제, 데이터베이스	강교수
2	이영희	컴퓨터구조, 운영체제	이교수
3	박민수	교양의이해, 자료구조	박교수
…	…	…	…

이 테이블이 제1 정규형을 만족하도록 만드는 가장 간단한 방법은 다음의 [제1 정규형 – A]와 같이 중복되는 레코드를 감수하고 하나의 테이블로 설계하는 방법이고, 또 다른 방법은 [제1 정규형 – B] 와 같이 테이블을 2개로 쪼개는 것입니다.

[제1 정규형 – A]

학번	이름	수강 과목	담당 교수
1	김철수	운영체제	강교수
1	김철수	데이터베이스	강교수
2	이영희	컴퓨터구조	이교수
2	이영희	운영체제	이교수
3	박민수	교양의이해	박교수
3	박민수	자료구조	박교수
…	…	…	…

[제1 정규형 – B]

학번	이름
1	김철수
2	이영희
3	박민수
…	…

학번	수강 과목	담당 교수
1	운영체제	강교수
1	데이터베이스	강교수
2	컴퓨터구조	이교수
2	운영체제	이교수
3	교양의이해	박교수
3	자료구조	박교수
…	…	…

다만, 이 방법들이 완벽한 것은 아닙니다. 제1 정규화를 거쳤다 하더라도 여전히 문제의 여지가 있을 경우 추가적인 정규화가 필요합니다. 어떤 문제가 있을 수 있는지 계속해서 제2 정규형에 대해 알아봅시다.

제2 정규형

제2 정규형이란 **제1 정규형을 만족함과 동시에, 기본 키가 아닌 모든 필드들이 모든 기본 키에 완전히 종속될 것**이라는 필요충분조건을 만족하는 상태를 의미합니다. 보통 기본 키가 2개 이상의 필드로 구성될 때 고려되죠. 기본 키의 일부에만 종속되는 필드가 있다면, 이를 제거하여 기본 키 전체에 종속되도록 필드를 구성해야 한다는 것이 제2 정규형의 요지입니다. 즉, 테이블의 모든 필드가 기본 키에 완전히 종속되어야 하고, (기본 키가 여러 필드로 구성될 경우)일부 기본 키에만 종속되어서도 안 된다는 조건이 제2 정규형입니다.

NOTE 특정 필드(속성) X의 값을 통해 특정 필드(속성) Y의 유일한 값이 결정될 경우 'Y가 X에 종속적'이라고 표현합니다. 이때 X를 결정자, Y를 종속자라고 합니다.

이때 기본 키가 아닌 필드가 기본 키의 일부에 종속되어 있는 경우 **부분 함수 종속성**partial functional dependency 이 있다고 표현하고, 기본 키 전체에 완전하게 종속되어 있는 경우 **완전 함수 종속성**full functional dependency 이 있다고 표현합니다. 즉, 제2 정규형은 **부분 함수 종속성이 없는 상태**, 후보 키에 속하지 않는 모든 필드가 기본 키에 **완전 함수 종속인 상태**라고 할 수 있습니다. 예제를 통해 알아봅시다. 다음과 같은 테이블에서 하나의 레코드를 식별하기 위해 필요한 정보를 '회원 ID'와 '구매 항목'이라고 보고, {회원 ID, 구매 항목}을 기본 키로 가정해 보겠습니다.

회원 ID	이름	구매 항목	가격	결제 수단
1	Kim	한빛 티셔츠	49000	현금
2	Park	미디어 슬리퍼	21000	카드
2	Lee	한빛 소주	13000	카드
3	Jang	한빛 맥주	32000	현금
3	Choi	미디어 키보드	12000	카드
4	Kang	한빛 책	28000	현금

제2 정규형을 만족하는지 확인해 봅시다. 기본 키 이외의 필드들을 살펴보세요. 기본 키 모두에 완전하게 종속되어 있나요? 혹시 기본 키 일부에만 종속된 필드는 없나요? 있습니다. 가령 '가격'은 '구매 항목'과의 종속 관계가 있을 뿐, '회원 ID'와는 아무런 관계가 없습니다. 일부 기본 키에만 종속되어 있고, 기본 키 일부에만 종속된 필드가 존재하므로 제2 정규형을 만족하지 않습니다.

예제 하나를 더 살펴봅시다. 다음 테이블에서 하나의 레코드를 고유하게 식별하기 위해 필요한 정보는 '학번'과 '과목'입니다. 이를 참고하여 제2 정규형을 만족하는지 살펴봅시다.

학번	이름	과목	성적
1001	김철수	국어	90
1001	김철수	수학	80
1002	이영희	국어	75
1002	이영희	영어	85

이 테이블은 제2 정규형을 만족할까요? 그렇지 않습니다. 가령 '이름'은 '학번'과의 종속 관계는 있을 수 있지만, '과목'과는 관계가 없으므로 제2 정규형을 만족하지 않습니다. 제2 정규형을 만족하려면 기본 키에 완전히 종속되는 필드로만 테이블을 구성해야 하므로 다음과 같이 테이블을 분할해야 합니다. 분할된 테이블 각각은 제2 정규형을 만족하는 상태가 됩니다.

학번	이름
1001	김철수
1002	이영희

학번	과목	성적
1001	국어	90
1001	수학	80
1002	국어	75
1002	영어	85

제3 정규형

제3 정규형은 **제2 정규형을 만족하면서, 기본 키가 아닌 모든 필드가 기본 키에 이행적 종속성이 없는 상태**를 의미합니다. '이행적 종속성'이라는 다소 어려운 용어가 등장했습니다. 제3 정규형의 핵심은 이행적 종속 관계가 무엇인지를 이해하는 것입니다.

> 기본 키가 아닌 모든 필드는 기본 키에 대해
> ∟ **부분 함수 종속성**이 없고, **완전 함수 종속성**이 있어야 한다 = 제2 정규형
> ∟ **이행 함수 종속성**이 없어야 한다 = 제3 정규형

만일 어떤 테이블에 A, B, C라는 필드가 있을 때 A가 B를 결정하고(A → B) B가 C를 결정한다면 (B → C) A도 C를 결정하게 되어(A → C) 종속 관계를 형성합니다. 이때 필드 A와 C 사이에는 **이행적 종속 관계**^{transitive dependency}, 이행 함수 종속성이 있다고 표현합니다. 가령 다음과 같은 테이블을 생각해 봅시다. '학과'와 '학과 사무실 위치'에 대한 정보가 '학번'과 함께 저장되어 있는 테이블입니다. 기본 키는 '학번'이라고 가정하겠습니다. 만일 한 학생당 하나의 학과에 속해 있고 학과당 학과 사무실 위치가 하나뿐이라면 '학번'이 '학과'를 결정하고(학번 → 학과), '학과'가 '학과 사무실 위치'를 결정하므로(학과 → 학과 사무실 위치), '학번'이 곧 '학과 사무실 위치'를 결정하게 됩니다(학번 → 학과 사무실 위치). 따라서 '학번'과 '학과 사무실 위치'는 이행적 종속 관계입니다.

학번	학과	학과 사무실 위치
1000	컴퓨터과학	미디어동100호
1001	경영학	한빛동200호

즉, 제3 정규형은 '기본 키가 아닌 나머지 모든 필드들이 간접적으로라도 종속되어서는 안 된다, 기본 키가 아닌 나머지 모든 필드는 서로를 유추하거나 결정할 수 없어야 한다'는 조건이라고 볼 수 있습니다. 제3 정규형을 만족시키려면 이행적 종속 관계를 없애야 하고, 이를 위해서는 테이블을 쪼갤 수 있습니다. 가령 '학번'과 '학과'로 구성된 테이블, '학과'와 '학과 사무실 위치'로 구성된 테이블로 쪼갤 경우 제3 정규형을 만족하게 됩니다.

학번	학과
1000	컴퓨터과학
1001	경영학

학과	학과 사무실 위치
컴퓨터과학	미디어동100호
경영학	한빛동200호

보이스/코드 정규형

보이스/코드 정규형(이하 BCNF)^{Boyce-Codd Normal Form}은 제3 정규형을 만족하는 동시에 모든 결정자가 후보 키여야 한다는 조건입니다. 여기서 결정자란 특정 필드를 식별할 수 있는 필드를 의미합니다. 가령 필드 A가 필드 B를 결정할 경우(B가 A에 종속적일 경우) A는 B의 결정자라고 할 수 있습니다. 다음과 같은 테이블을 기반으로, 한 교수가 한 과목을 담당한다고 가정해 보겠습니다. 이하 테이블의 레코드는 '학번', '과목 코드' 필드의 조합으로 고유하게 식별할 수 있겠죠.

학번	과목 코드	담당 교수
1	CS123	김교수
1	CS321	이교수
2	CS123	김교수
2	CS234	박교수
2	CS321	이교수
3	CS321	이교수

이 테이블은 이행적 종속 관계에 있는 필드가 없기 때문에 제3 정규형을 만족합니다. 그렇다면 BCNF도 만족할까요? 그렇지 않습니다. '담당 교수' 필드는 키가 아니지만, '과목 코드'의 결정자 역할을 하기 때문입니다. 따라서 이 경우에는 '학번'과 '과목 코드' 필드를 하나의 테이블로, '과목 코드'와 '담당 교수' 필드를 다른 하나의 테이블로 분리해야 합니다.

지금까지 알아본 제1 정규형부터 BCNF까지 테이블이 정규화되는 과정을 그림으로 표현하면 다음과 같습니다.

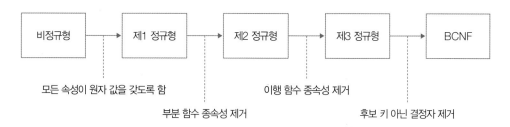

역정규화: 정규화가 무조건적인 미덕일까

정규화가 항상 최선인 것은 아닙니다. 정규화를 거듭하다 보면 테이블이 쪼개지는 경향이 있습니다. 이렇게 테이블이 많아지면 자연스럽게 조인 연산이 빈번해지고, 다른 테이블을 참조하기 위한 성능상의 비용이 늘어날 수 있습니다. 요컨대, 정규화 단계를 거듭할수록 데이터는 깔끔하게 정돈되고, 데이터베이스 작업 시 이상 현상이 줄어드는 것은 맞지만, 그것이 오히려 성능을 저해할 수 있다는 것입니다.

그래서 성능상의 이점을 최대한 활용하고자 할 때는 어느 정도의 데이터 중복과 삽입/수정/삭제 연산에서의 번거로움을 감수하고서라도 가급적 하나의 테이블로 데이터를 관리하기도 합니다. 이러한 이유에서 NoSQL에서는 기본적으로 정규화를 하지 않습니다. 검색의 속도를 높이기 위해 분할되어 있는 테이블을 하나로 합치는 작업을 가리켜 **역정규화**denormalization라고 하는데요. 때에 따라 정규화를 하지 않거나 정규화된 테이블을 역정규화하기도 합니다.

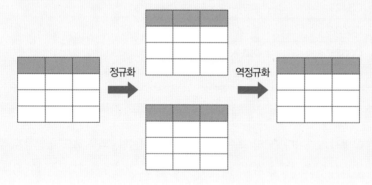

NoSQL

지금까지는 데이터베이스에서 가장 대중적으로 사용되고 있는 RDBMS를 중심으로 학습했습니다. 여기에서 나아가, 대규모 데이터를 다루기에 용이하고 확장성이 좋아 최근 부상하고 있는 NoSQL도 알아볼 필요가 있습니다. NoSQL은 RDBMS(관계형 데이터베이스)와 상반되는 특징을 가졌다고 하여 비관계형 데이터베이스라고 부르기도 하는데요. 이번 절에서는 RDBMS와의 차이점을 중심으로 NoSQL의 주요 특징에 대해 알아보고, 다양한 NoSQL 유형의 데이터베이스가 데이터를 조회하고, 삽입/수정/삭제하는 예제를 통해 NoSQL을 개관해 보겠습니다.

RDBMS vs NoSQL: NoSQL의 특징

NoSQL은 Not Only SQL의 약자입니다. 테이블의 형태로 레코드를 저장하고 SQL로 다루는 RDBMS와는 달리 레코드를 (테이블 형태 이외의)다양한 형태로 저장할 수 있고, SQL 이외의 방법으로 저장된 데이터도 다룰 수 있습니다. 대표적인 NoSQL 데이터베이스의 유형으로는 키-값 데이터베이스, 도큐먼트 데이터베이스, 그래프 데이터베이스, 칼럼 패밀리 데이터베이스 4가지를 꼽을 수 있습니다.

키-값 데이터베이스

키-값 데이터베이스key-value database는 이름 그대로 데이터베이스에 레코드를 키(필드)와 값의 쌍으로 저장하는 데이터베이스입니다. 가장 간단한 형태의 NoSQL 데이터베이스 유형이라고 할 수 있습니다.

Redis, Memcached 등이 대표적입니다. 레코드 구조가 단순한 키-값 데이터베이스의 특성상, 키-값 데이터베이스 중에서는 레코드를 보조기억장치가 아닌 메모리에 저장해 빠른 데이터베이스 접근 속도를 제공하는 경우도 있습니다. 앞서 언급한 Redis와 Memcached는 모두 기본적으로 레코드를 보조기억장치가 아닌 메모리에 저장합니다. 이렇게 메모리에 저장되는 데이터베이스를 **인메모리 데이터베이스**in-memory databse라고 합니다. 이러한 키-값 데이터베이스는 캐시나 세션 등 비교적 가벼운 정보를 저장하는 경우가 많습니다. 이 경우 키-값 데이터베이스를 단독으로 사용하는 경우도 있지만, 다른 주요 데이터베이스의 보조 데이터베이스로써 사용되는 경우도 많습니다.

도큐먼트 데이터베이스

도큐먼트 데이터베이스(혹은 문서지향 데이터베이스document-oriented database**)**document database는 레코드를 도큐먼트라는 단위로 저장하고 관리하는 데이터베이스를 말합니다. **도큐먼트**document란 '정형화되어 있지 않은 NoSQL 레코드의 단위'를 통칭하기 위해 사용하는 용어로, 많은 데이터베이스에서 JSON이나 XML과 같은 형식을 도큐먼트로 활용합니다. 도큐먼트 데이터베이스로 MongoDB가 대표적입니다. NoSQL의 대표 주자라고 할 수 있으므로 다음 절에서 좀 더 자세히 다뤄 보겠습니다.

MongoDB에서는 하나의 레코드를 다음과 같은 JSON 형태의 데이터로 만들어 관리합니다. JSON의 키가 필드, JSON 데이터 하나 하나가 RDBMS의 행인 셈입니다. 차이가 있다면 MongoDB에서는 RDBMS와는 달리 고정된 스키마가 없기 때문에 각 도큐먼트가 다음 그림과 같이 유연한 스키마를 가질 수 있다는 점입니다.

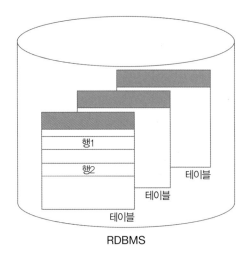

RDBMS

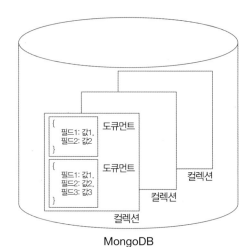

MongoDB

RDBMS에서는 레코드가 모여 테이블을 이루었죠? MongoDB에서는 도큐먼트가 모여 **컬렉션**collection을 이룹니다. RDBMS에서 테이블이 모여 데이터베이스를 이루듯, MongoDB에서는 컬렉션이 모여 데이터베이스를 이룹니다.

Databases and Collections

Overview

MongoDB stores data records as documents (specifically BSON documents) which are gathered together in collections. A database stores one or more collections of documents.

NOTE MongoDB에서 도큐먼트로 활용되는 'JSON 형태의 데이터'를 정확히 말하면 BSON(Binary JSON)이라고 합니다. 형태는 JSON과 같습니다.

그래프 데이터베이스

그래프 데이터베이스graph database는 이름 그대로 데이터베이스에 저장하고자 하는 데이터를 그래프의 노드 형태로 저장하는 데이터베이스를 말합니다. 대표적으로 neo4j 등이 있습니다. 4장 '자료구조'에서 정리했던 그래프의 유형 중 '방향 그래프'를 기억할 것입니다. 기본적으로 그래프 데이터베이스는 이러한 방향 그래프를 표현하기 위해 활용되며, 노드 간의 연결 관계와 방향을 표현할 수 있기 때문에 SNS의 친구 관계나 교통망과 같이 데이터 간의 관계성이 중요한 레코드를 저장하기 위해 주로 사용됩니다.

칼럼 패밀리 데이터베이스

칼럼 패밀리 데이터베이스의 대표적인 종류로는 Cassandra, HBase 등이 있습니다. **칼럼 패밀리 데이터베이스**column family database에는 RDBMS와 같이 행row과 열column이라는 개념이 있고, RDBMS에서 키를 통해 특정 행을 식별하듯 로우 키row key를 통해 특정 행을 식별합니다. 다만, RDBMS와는 다르게 정규화나 조인을 사용하지 않고, 스키마가 고정되어 있지 않아 자유롭게 열을 추가할 수 있습니다. 따라서 칼럼 패밀리 데이터베이스에서는 행과 열의 집합이 반드시 엄격한 테이블의 형태를 이루지는 않습니다. 동석으로 변할 수 있는 열들이 있고, 거기에 행 데이터들이 대응되어 있는 것에 가깝습니다.

열1	열2	열3	열4	열5	열6	열7
값1	값2	값3	값4	값5	값6	값7
값1	값2		값4	값5	값6	
값1		값3	값4		값6	
값1	값2	값3	값4		값6	

로우 키 ➡

⋮

참고로, 관련 있는 열들이 모여 **칼럼 패밀리**column family라는 단위를 형성하고, 이 칼럼 패밀리는 **키스페이스**keyspace라는 단위를 형성합니다. 키스페이스는 여러 칼럼 패밀리들을 포괄하는 칼럼 패밀리 데이터베이스의 최상위 단위입니다. 일반적으로는 애플리케이션마다 키스페이스가 하나씩 사용됩니다. 즉, 칼럼 패밀리 데이터베이스의 키스페이스는 여러 칼럼 패밀리를 포함할 수 있고, 칼럼 패밀리는 다시 여러 열을 포함할 수 있습니다. 이 열들은 자유롭게 가감될 수 있기 때문에 RDBMS의 테이블 보다 더 자유로운 형태로 레코드를 다룰 수 있습니다.

이렇게 다양한 NoSQL에 대해 알아봤습니다. NoSQL은 **높은 부하를 감당하거나 대용량 데이터를 다루는 분산 환경**에서 빛을 발합니다. 왜냐하면 NoSQL의 주요 이점이 확장성과 유연성, 가용성, 그리고 성능이기 때문입니다. 486쪽에서 학습했던 스케일 아웃(수평적 확장)의 개념을 기억할 것입니다. 대부분의 NoSQL 데이터베이스가 지향하는 주된 목적 중 하나가 바로 '용이한 스케일 아웃'이기 때문에 스케일 아웃에 특화된 설계를 따르는 경우가 많고, RDBMS에 비해 스케일 아웃이 굉장히 용이합니다. 따라서 확장성과 가용성이 높고, 데이터가 정형화되어 있지 않아(스키마가 고정되어 있지 않기 때문에) 유연성이 뛰어나죠.

1절과 5절에서 학습했던 ACID와 정규화를 기억할 것입니다. 이 두 개념은 데이터베이스의 빠른 입출력, 즉 성능과는 다소 배치되는 개념입니다. NoSQL은 성능 향상을 위해 ACID와 정규화를 엄격히 준수하지는 않습니다. 때문에 RDBMS에 비해 데이터 무결성과 일관성이 다소 저하될 수 있는 대신, RDBMS에 비해 큰 성능 향상을 얻을 수 있습니다.

NOTE NoSQL 데이터베이스가 ACID 트랜잭션을 아예 지원하지 않는 것은 아닙니다. 경우에 따라 옵션으로 지원하는 경우도 있습니다.

그렇다면 NoSQL이 RDBMS를 완전히 대체할 수 있을까요? 그렇지는 않습니다. ACID에 대한 엄격한 준수나 데이터의 무결성, 일관성 유지가 중요한 환경에서는 RDBMS가 더 적합합니다. 또한 저장해야 하는 데이터가 비교적 정형화되어 있거나(스키마가 비교적 고정되어 있거나) 확장성을 크게 염두하고 있지 않다면 굳이 가용성에 중점을 두고 비정형화된 형태를 다루는 NoSQL을 사용할 이유가 없습니다. 따라서 RDBMS와 NoSQL은 주어진 상황과 필요한 장단점에 따라 선택하는 것이 좋습니다.

다양한 NoSQL: MongoDB와 Redis 맛보기

이제 다양한 NoSQL이 사용되는 모습을 살펴보겠습니다. 앞서 정리한 NoSQL 유형 중 사용 빈도가 높은 유형은 키-값 데이터베이스, 도큐먼트 데이터베이스입니다. 각각을 대표하는 Redis와 MongoDB의 데이터 삽입과 수정/삭제/조회에 대해 알아보겠습니다. 지면상 상세한 설명을 다루지는 않지만, 지금까지 학습한 RDBMS와의 차이, NoSQL의 작동 양상을 파악하기에는 무리가 없을 것입니다. 실습환경 구축 방법이 궁금하다면 다음 링크의 [mongodb], [redis] 디렉터리를 참고하세요.

- https://github.com/kangtegong/cs

MongoDB

MongoDB에서 레코드는 도큐먼트 단위로 저장됩니다. 레코드가 모여 컬렉션이 되고, 컬렉션이 모여 데이터베이스가 되죠. 그럼 가장 먼저 데이터베이스와 컬렉션을 생성해야 할 것입니다. 다음과 같은 명령으로 데이터베이스와 컬렉션 생성이 가능합니다.

```
use  데이터베이스_이름              # 데이터베이스 생성/사용
db.createCollection("컬렉션_이름")   # 컬렉션 생성
```

예제로 확인해 보기 위해 'mydb'라는 데이터베이스와 'mycollection'이라는 컬렉션을 생성해 보겠습니다.

```
test> use mydb
switched to db mydb
mydb> db.createCollection("mycollection")
{ ok: 1 }
mydb>
```

생성된 데이터베이스와 컬렉션은 다음과 같은 명령으로 조회할 수 있습니다.

```
show dbs
show collections
```

```
mydb> show dbs
admin    40.00 KiB
config   12.00 KiB
local    72.00 KiB
mydb      8.00 KiB
mydb> show collections
mycollection
```

NOTE 현재 사용 중인 데이터베이스와 컬렉션을 삭제하는 명령은 각각 'db.dropDatabase()'와 'db.컬렉션_이름.drop()'입니다.

이제 MongoDB에 데이터를 삽입해 봅시다. 크게 단일 레코드를 삽입하는 방법과 여러 레코드를 한 번에 삽입하는 방법, 2가지가 있으므로 하나씩 알아보겠습니다.

❶ 단일 레코드를 삽입하는 방법

단일 레코드를 삽입하는 명령은 'db.컬렉션_이름.insertOne()'입니다. 소괄호 안에 삽입하고자 하는 도큐먼트(레코드)를 JSON 형태로 명시하면 됩니다. 예시를 참고해 보세요.

```
mydb> db.mycollection.insertOne( { name: "Kim", age: 30 } )
{
  acknowledged: true,
  insertedId: ObjectId('66892c529e1f8a9c9d8db60c')
}
```

앞선 실행 결과에 나오는 'ObjectId'는 도큐먼트마다 부여되는 고유한 값으로, 특정 도큐먼트를 식별할 수 있는 정보입니다. 'ObjectId'는 다음과 같이 타임스탬프, 랜덤 값, 증가하는 값인 카운터의 조합으로 이루어집니다.

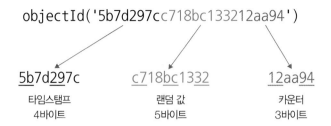

objectId('5b7d297cc718bc133212aa94')

5b7d297c · c718bc1332 · 12aa94

타임스탬프 · 랜덤 값 · 카운터
4바이트 · 5바이트 · 3바이트

참고로, JSON 형태의 도큐먼트는 변수 형태로도 사용 가능합니다. 가령 다음 예제에서는 도큐먼트를 'mydoc'에 저장하여 활용했습니다.

```
[mydb> var mydoc = { name: "Lee", age: 15, gender: "male" }

[mydb> db.mycollection.insertOne(mydoc)
{
  acknowledged: true,
  insertedId: ObjectId('66892ca89e1f8a9c9d8db60d')
}
```

특정 컬렉션의 도큐먼트를 확인하는 명령은 'db.컬렉션_이름.find()'입니다. 삽입한 도큐먼트들이 잘 조회되는지 확인해 보세요.

```
[mydb> db.mycollection.find()
[
  { _id: ObjectId('66892c529e1f8a9c9d8db60c'), name: 'Kim', age: 30 },
  {
    _id: ObjectId('66892ca89e1f8a9c9d8db60d'),
    name: 'Lee',
    age: 15,
    gender: 'male'
  }
]
```

'db.컬렉션_이름.find()'의 인자로 도큐먼트의 필드(JSON의 키)의 값을 하나 이상 명시하면 원하는 도큐먼트만 필터링하여 조회할 수 있습니다. 예를 들어 'name'이 'Kim'인 도큐먼트를 찾고자 한다면 다음과 같이 검색할 수 있습니다.

```
[mydb> db.mycollection.find({ name: "Kim" })
[ { _id: ObjectId('66892c529e1f8a9c9d8db60c'), name: 'Kim', age: 30 } ]
[mydb> db.mycollection.find({ name: "Kim", age: 30 })
[ { _id: ObjectId('66892c529e1f8a9c9d8db60c'), name: 'Kim', age: 30 } ]
```

MongoDB의 연산자

MongoDB에서는 다양한 도큐먼트를 효율적으로 다루기 위해 다양한 연산자를 제공합니다. 레코드 조회 시 자주 사용되는 대표적인 연산자는 다음과 같습니다.

연산자	설명	코드
$eq	지정한 값과 같은 값을 가진 도큐먼트 찾기	{ "field": { "$eq": value } }
$ne	지정한 값과 같지 않은 값을 가진 도큐먼트 찾기	{ "field": { "$ne": value } }
$gt	지정한 값보다 큰 값을 가진 도큐먼트 찾기	{ "field": { "$gt": value } }
$gte	지정한 값보다 크거나 같은 값을 가진 도큐먼트 찾기	{ "field": { "$gte": value } }
$lt	지정한 값보다 작은 값을 가진 도큐먼트 찾기	{ "field": { "$lt": value } }
$lte	지정한 값보다 작거나 같은 값을 가진 도큐먼트 찾기	{ "field": { "$lte": value } }
$and	모든 조건이 참인 도큐먼트 찾기	{ "$and": [{ "field1": condition1 }, { "field2": condition2 }] }
$or	하나 이상의 조건이 참인 도큐먼트 찾기	{ "$or": [{ "field1": condition1 }, { "field2": condition2 }] }
$not	조건이 거짓인 도큐먼트 찾기	{ "field": { "$not": condition } }
$nor	모든 조건이 거짓인 도큐먼트 찾기	{ "$nor": [{ "field1": condition1 }, { "field2": condition2 }] }
$exists	필드의 존재 여부 확인하기	{ "field": { "$exists": true } }
$type	필드의 데이터 유형 확인하기	{ "field": { "$type": "type" } }
$sum	합계 계산하기	{ "$sum": "$field" }
$avg	평균 계산하기	{ "$avg": "$field" }
$min	최솟값 계산하기	{ "$min": "$field" }
$max	최댓값 계산하기	{ "$max": "$field" }

가령 앞에서 살펴본 예시에서 'age'가 '20'보다 큰 도큐먼트와 'name'이 'Lee'이고, 'age'가 '12'인 도큐먼트는 다음과 같이 찾을 수 있습니다.

도큐먼트 조회

```
db.mycollection.find({ age: { $gt: 20 } }); '
db.mycollection.find({ $and: [ { name: "Lee" }, { age: 12 } ] });
```

❷ 여러 레코드를 삽입하는 방법

여러 레코드를 삽입하는 명령은 'db.컬렉션_이름.insertMany()'입니다. 소괄호 안에 삽입할 여러 도큐먼트를 리스트 형태로 명시하면 됩니다. 이때 리스트는 대괄호로 표기합니다. 예시를 참고해 볼까요? RDBMS와는 달리, 삽입되는 레코드의 스키마가 일정할 필요가 없다는 점을 강조하기 위해 의도적으로 스키마가 다른 레코드들을 삽입했습니다.

```
mydb> db.mycollection.insertMany([
...      { name: "Park", age: 30 },
...      { name: "Kang", age: 25, address: "Seoul" },
...      { name: "Jang", hobbies: ["reading", "traveling"], age: 28 },
...      { name: "Choi", gender: "male" }
[... ])
{
  acknowledged: true,
  insertedIds: {
    '0': ObjectId('66892e459e1f8a9c9d8db60e'),
    '1': ObjectId('66892e459e1f8a9c9d8db60f'),
    '2': ObjectId('66892e459e1f8a9c9d8db610'),
    '3': ObjectId('66892e459e1f8a9c9d8db611')
  }
}
```

이번에는 도큐먼트를 갱신하는 방법을 알아보겠습니다. 여기에도 2가지 방법이 있습니다. 단일 도큐먼트를 갱신하는 방법과 여러 도큐먼트를 갱신하는 방법입니다.

❶ 단일 도큐먼트를 갱신하는 방법

단일 도큐먼트를 갱신하는 명령은 'db.컬렉션_이름.updateOne()'입니다. updateOne의 첫 번째 인자는 갱신할 도큐먼트를 식별하는 필터이고, 두 번째 인자는 갱신할 내용을 의미합니다. 갱신할 내용을 명시할 때는 MongoDB의 연산자가 명시되는데, 주로 다음과 같이 $set 연산자가 사용됩니다.

```
$set: { 변경할_필드: 변경할_내용, ... }
```

예시를 참고해 보세요. 다음은 'name'이 'Kang'과 일치하는 도큐먼트를 찾아 해당 도큐먼트의 'age' 를 '30'으로 변경하는 예시입니다.

```
[mydb> db.mycollection.updateOne({ name: "Kang" }, { $set: { age: 30 } })
{
  acknowledged: true,
  insertedId: null,
  matchedCount: 1,
  modifiedCount: 1,
  upsertedCount: 0
}
```

❷ 여러 도큐먼트를 갱신하는 방법

여러 도큐먼트를 갱신하는 명령은 'db.컬렉션_이름.updateMany()'입니다. 방법은 앞에서 설명한 updateOne과 유사합니다. 다음은 'age'가 '20' 이상인 모든 도큐먼트(age: { $gte: 20 })의 'status' 필드를 'active'로 설정하도록 갱신하는 명령입니다.

```
[mydb> db.mycollection.updateMany( { age: { $gte: 20 } }, { $set: { status: "active" } } )
{
  acknowledged: true,
  insertedId: null,
  matchedCount: 4,
  modifiedCount: 4,
  upsertedCount: 0
}
```

갱신 결과를 조회해 보겠습니다. 만약 도큐먼트에 'status'라는 필드가 없었다면 새로 생성하게 됩니다. 모든 레코드의 'status' 필드가 'active'라는 값을 갖게 된 것을 볼 수 있습니다.

```
[mydb> db.mycollection.find()
[
  {
    _id: ObjectId('66892c529e1f8a9c9d8db60c'),
    name: 'Kim',
    age: 30,
    status: 'active'
  },
  {
    _id: ObjectId('66892ca89e1f8a9c9d8db60d'),
    name: 'Lee',
    age: 15,
    gender: 'male'
  },
  {
    _id: ObjectId('66892e459e1f8a9c9d8db60e'),
    name: 'Park',
    age: 30,
    status: 'active'
  },
  {
    _id: ObjectId('66892e459e1f8a9c9d8db60f'),
    name: 'Kang',
    age: 30,
    address: 'Seoul',
    status: 'active'
  },
  {
    _id: ObjectId('66892e459e1f8a9c9d8db610'),
    name: 'Jang',
    hobbies: [ 'reading', 'traveling' ],
    age: 28,
    status: 'active'
  },
  {
    _id: ObjectId('66892e459e1f8a9c9d8db611'),
    name: 'Choi',
    gender: 'male'
  }
]
```

반대로, 특정 필드를 없앨 때는 $unset 연산자가 사용됩니다. 다음은 'age'가 '10' 이상인 모든 도큐 먼트의 'status' 필드를 없애는 명령입니다.

```
[mydb> db.mycollection.updateMany( { age: { $gte: 20 } }, { $unset: { status: "active" } } )
{
  acknowledged: true,
  insertedId: null,
  matchedCount: 4,
  modifiedCount: 4,
  upsertedCount: 0
}
```

마지막으로 도큐먼트를 삭제하는 방법을 알아봅시다. 크게 단일 도큐먼트를 삭제하는 방법과 여러 도큐먼트를 삭제하는 방법이 있습니다. 이들은 각각 'db.컬렉션_이름.deleteOne()'과 'db.컬렉션_이름.deleteMany()' 명령으로 이루어집니다. 지금까지 배운 명령들의 용례와 유사하게 첫 번째 인자를 통해 삭제하고자 하는 도큐먼트의 필드를 필터로 지정할 수 있고, 연산자를 사용할 수 있다는 점에서 유사합니다. 다음은 각각 'name' 필드가 'Lee'인 도큐먼트를 삭제하는 예시와 'age' 필드가 '20' 이상인 도큐먼트를 삭제하는 예시입니다.

```
[mydb> db.mycollection.deleteOne({ name: "Lee" })
{ acknowledged: true, deletedCount: 1 }
[mydb> db.mycollection.deleteMany( { age: { $gte: 20 } } )
{ acknowledged: true, deletedCount: 4 }
```

Redis

이제 키-값 데이터베이스이자, 인 메모리 데이터베이스의 일종인 Redis에 대해 알아볼 차례입니다. 기본적인 사용 방법은 어렵지 않습니다. 키-값 기반의 레코드가 어떻게 저장되는지에 유의하며 읽어 봅시다.

Redis는 저장되는 레코드를 키-값의 대응 쌍으로 관리합니다. 여기서 '값'으로 활용될 수 있는 자료 구조의 종류가 다양한데요. 대표적으로 문자열과 리스트, 해시 테이블, 집합 등이 있습니다. 이 중 활용도가 높은 문자열과 리스트를 중심으로 살펴보겠습니다.

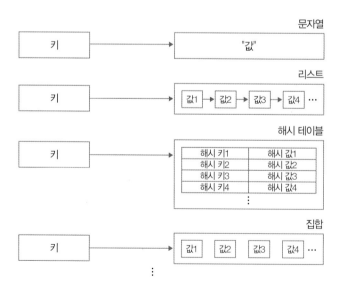

다음은 Redis에서 문자열 타입의 값을 다룰 때 사용 가능한 대표적인 명령입니다. 이들의 의미와 동작을 이해하면 Redis에서 문자열 값을 어떻게 다루는지 알 수 있습니다.

종류	설명
SET	문자열 값 저장
SETNX	키가 존재하지 않는 경우에만 문자열 값 저장
GET	문자열 값 조회(키를 통해 대응되는 값 조회)
MGET	여러 문자열 값 조회
DEL	키 삭제

먼저 SET 명령부터 알아보겠습니다. Redis 설치 환경에서 다음과 같이 입력하면 'k1'이라는 키에 'Thank You'라는 문자열 값이 대응되어 저장됩니다. 올바르게 입력했다면 'OK'가 출력될 것입니다.

```
127.0.0.1:6379> SET k1 "Thank You"
OK
```

SETNX 명령은 'SET if Not eXists'의 약자로, 키가 존재하지 않는 경우에만 값을 저장하라는 뜻입니다. 가령 다음의 첫 번째 명령은 'k1'이 존재하기 때문에 실패하며, 두 번째 명령은 성공합니다. 키가 존재하지 않는 경우 '1'이 반환되고 값이 저장되지만, 키가 이미 존재하는 경우에는 '0'이 반환되고 값이 저장되지 않습니다.

```
127.0.0.1:6379> SETNX k1 "For Reading This Book"
(integer) 0
127.0.0.1:6379> SETNX k2 "For Reading This Book"
(integer) 1
```

현재까지 대응된 키-값의 관계를 확인해 보면 'k1'에는 문자열 'Thank You', 'k2'에는 'For Reading This Book'이 대응되어 있습니다. 이때 GET 명령 뒤에 키 이름을 명시하면 해당 키에 대응된 값을 조회할 수 있으며, 마찬가지로 MGET 명령 뒤에 여러 키 이름을 나열하면 해당 키들에 대응된 값들을 볼 수 있습니다.

```
|127.0.0.1:6379> GET k1
"Thank You"
|127.0.0.1:6379> GET k2
"For Reading This Book"
|127.0.0.1:6379> MGET k1 k2
1) "Thank You"
2) "For Reading This Book"
```

마지막으로 DEL 명령 뒤에 키 이름을 명시하면 해당 키-값의 대응 관계가 삭제됩니다. 다음 예시에서는 키 'k2'를 삭제한 뒤, 다시 'k2'의 값을 조회해 보았습니다. 'k2'와 대응되는 값이 삭제되었기 때문에 'GET k2' 명령의 결과로 아무 것도 조회되지 않습니다(nil).

```
|127.0.0.1:6379> DEL k2
(integer) 1
|127.0.0.1:6379> GET k2
(nil)
```

이번에는 리스트와 관련된 명령을 알아보겠습니다. 앞선 예시들을 잘 이해했다면 리스트 명령도 어렵지 않게 이해할 수 있을 것입니다. 리스트 타입의 값을 다룰 때의 기본 명령은 다음과 같습니다.

종류	설명
LPUSH	리스트의 왼쪽(앞)에 새로운 요소 추가
RPUSH	리스트의 오른쪽(뒤)에 새로운 요소 추가
LPOP	리스트의 왼쪽(앞)에서 요소를 제거 후 반환
RPOP	리스트의 오른쪽(뒤)에서 요소를 제거 후 반환
LRANGE	지정된 범위의 요소들을 반환
LLEN	리스트 길이 반환

첫 번째 명령은 LPUSH입니다. 다음은 'lk'라는 키에 대응되는 리스트 왼쪽(앞)에 'Computer'라는 문자열 요소를 추가하는 명령입니다. LPUSH는 리스트가 비어 있을 경우 새 리스트를 생성하고 리스트의 왼쪽에 첫 번째 요소를 추가합니다. 따라서 'lk'가 아직 존재하지 않으면 이 명령으로 새로운 리스트가 생성되고, 첫 번째 요소로 'Computer'가 추가됩니다.

```
|127.0.0.1:6379> LPUSH lk "Computer"
(integer) 1
```

앞선 명령의 성공적인 실행 이후에는 결과적으로 'lk'라는 키에 대응되는 리스트는 ["Computer"]가 됩니다. 이 리스트의 왼쪽과 오른쪽에 새로운 요소를 추가해 봅시다. 각각 LPUSH, RPUSH로 가능한데요. 다음 명령이 성공적으로 실행되면 'lk'라는 키에 대응되는 리스트는 ["This was", "Computer", "Science"]가 됩니다.

```
127.0.0.1:6379> LPUSH lk "This was"
(integer) 2
127.0.0.1:6379> RPUSH lk "Science"
(integer) 3
```

키 'lk'에 대응되는 리스트 ["This was", "Computer", "Science"]는 다음과 같은 그림으로 표현할 수 있습니다.

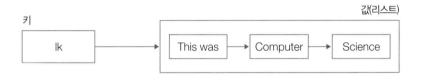

이번에는 LRANGE 명령을 통해 리스트 'lk'의 모든 요소를 조회해 봅시다. LRANGE 명령은 지정된 범위의 요소들을 반환하는데요. '0'은 리스트의 첫 번째 요소, '-1'은 리스트의 마지막 요소를 의미합니다. 따라서 '0 -1'은 리스트의 처음부터 끝까지 모든 요소를 반환하라는 의미입니다.

```
127.0.0.1:6379> LRANGE lk 0 -1
1) "This was"
2) "Computer"
3) "Science"
```

리스트의 길이를 확인하는 명령은 LLEN입니다. 다음 명령은 'lk' 리스트의 길이, 즉 요소의 개수를 반환합니다. 현재 'lk'는 3개의 요소 'This was'와 'Computer', 'Science'를 가지고 있으므로 명령을 실행하면 '3'이라는 결과가 반환됩니다.

```
127.0.0.1:6379> LLEN lk
(integer) 3
```

마지막으로 리스트 요소를 제거하고 반환하는 명령도 살펴보겠습니다. 리스트의 왼쪽(앞)에서 요소를 제거하고 반환하는 명령은 LPOP입니다. 다음 명령을 실행하면 'lk' 리스트의 첫 번째 요소인 'This was'가 제거되고, 제거된 요소가 반환됩니다. LPOP 실행 후 'lk'의 상태는 ["Computer", "Science"]가 되겠죠.

```
127.0.0.1:6379> LPOP lk
"This was"
127.0.0.1:6379> LRANGE lk 0 -1
1) "Computer"
2) "Science"
```

리스트의 오른쪽(뒤)에서 요소를 제거하고 반환하는 명령은 RPOP입니다. 이 명령을 실행하면 'lk' 리스트의 마지막 요소인 'Science'가 제거되고, 제거된 요소가 반환됩니다. RPOP 실행 후 'lk'의 상태는 ["Computer"]가 됩니다.

```
127.0.0.1:6379> RPOP lk
"Science"
127.0.0.1:6379> LRANGE lk 0 -1
1) "Computer"
```

여기까지 MongoDB와 Redis 기반 NoSQL에 대해 살펴봤습니다. NoSQL과 RDBMS와의 차이, 그리고 NoSQL의 종류별 특징을 이해했다면 성공입니다. 이외에도 NoSQL은 매우 다양한 종류와 특성을 지니고 있습니다. 관련해 관심이 있는 독자라면 학습한 내용을 토대로 특정 NoSQL로 학습을 확장하는 것도 의미 있는 심화 학습이 될 것입니다.

데이터베이스 분할과 샤딩

이번 장에서 강조한 것처럼 일반적으로 데이터베이스에는 수많은 레코드들이 저장되며, DBMS는 모든 레코드들을 손실 없이 안전하게 저장해야 합니다. 설령 테이블을 올바르게 설계했더라도 삽입되는 레코드가 점점 많아지고 테이블의 규모가 커지면 어쩔 수 없이 테이블을 로드하거나 질의하는 성능이 저해될 수 있습니다. 레코드가 많은 특정 테이블에 부하가 몰려 병목이 생길 수도 있죠. 이에 안정적이고 확장성 높은 데이터베이스 레코드 관리를 위해 테이블을 물리적으로 분할하여 레코드를 저장하는 기술이 등장했습니다. 이를 **데이터베이스 분할**database partitioning, 혹은 영문 그대로 **데이터베이스 파티셔닝**이라고 부릅니다. 분할되어 저장되는 단위는 파티션이라고 부르죠. 테이블 내에 수많은 레코드가 효율적으로 저장되어야 하는 경우, 혹은 데이터베이스에 대한 부하의 분산을 고려해야 하는 경우에 유용하게 사용할 수 있는 기술입니다.

테이블은 수직적으로 분할될 수도 있고 수평적으로 분할될 수도 있습니다. **수평적 분할**horizontal partitioning은 테이블의 행을 기준으로 테이블을 나누어 저장하는 방식이고, **수직적 분할**vertical partitioning은 테이블의 열을 기준으로 테이블을 나누어 저장하는 방식입니다. 다음과 같은 그림으로 이해해 볼 수 있습니다.

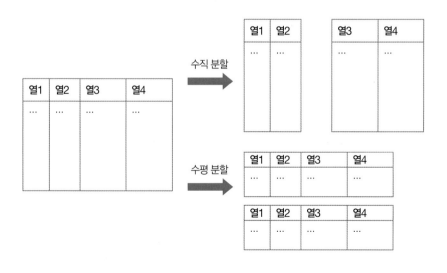

때로는 (정규화된 테이블이라 할지라도) 물리적으로 테이블의 열을 분리하여 저장하는 것이 효율적일 때가 있습니다. 테이블에 발생하는 트랜잭션 수에 비해 테이블 내에 열이 과도하게 많거나, 특정 열에 속하는 레코드의 데이터 크기가 다른 열의 레코드에 비해 과도하게 큰 경우, 또 보안 상의 이유로 특정 열을 별개의 테이블로 나누어 저장해야 하는 경우가 수직적 분할이 필요한 사례에 해당합니다. 예를 들어 다음과 같은 '제품' 테이블을 가정해 보겠습니다. 레코드 수가 충분히 많이 포함되어 있고, '제품 설명' 열의 데이터가 다른 열에 비해 포함된 정보의 크기가 크다고 생각해 보죠. '제품' 테이블에 대한 모든 조회마다 '제품 설명' 정보가 필요한 경우가 아닌 이상, '제품 설명' 열을 별도의 테이블로 분리한 뒤 필요할 때에만 조회하는 것이 성능상 유리합니다.

제품 id	제품 이름	제조사	제품 설명
…	…	…	…
…	…	…	…

한편, 수평적 분할의 동기는 단순합니다. 테이블에 수많은 레코드가 존재하고, 테이블의 레코드를 참조할 때마다 모든 레코드를 한 번에 불러들일 필요가 없는 경우 테이블을 수평적으로 분할합니다. 예를 들어 SELECT를 할 때마다 앞서 살펴본 '제품' 테이블의 모든 레코드(모든 제품의 관련 정보)를 불러들이는 것보다 별개의 테이블로 나누어 조회하는 것이 성능상 유리할 수 있습니다.

보통 '데이터베이스/테이블 분할', '데이터베이스/테이블 파티셔닝'이라는 용어는 수평적 분할을 의미하는 경우가 많고, 수평적 분할이 대중적으로 활용되므로 수평적 분할은 조금 더 자세히 알아보겠습니다. 테이블을 수평적으로 분할하는 방법에는 여러 방법이 있습니다. 대표적인 수평적 분할 방법 4가지에 대해 좀 더 알아봅시다.

❶ 범위 분할

범위 분할 Range Partitioning 방식에서는 레코드 데이터가 가질 수 있는 범위를 정의하고, 해당 범위를 기준으로 테이블을 나눕니다. 예를 들어 다음과 같이 가입 회원들의 데이터를 관리하는 경우를 가정해 볼 수 있습니다. 회원들의 가입 연도를 범위로 정의하고, 그 범위에 따라 테이블을 분할합니다. 가령 2000년 이전에 가입한 회원들은 'p0' 파티션에 저장하고, 2000년부터 2009년 사이에 가입한 회원들은 'p1' 파티션, 2010년부터 2019년 사이에 가입한 회원들은 'p2' 파티션, 2020년 이후에 가

입한 회원들은 'p3' 파티션에 저장하는 예제입니다.

```sql
CREATE TABLE members (
    username VARCHAR(16) NOT NULL,
    registered_date DATE NOT NULL
)
PARTITION BY RANGE( YEAR(registered_date) ) (
    PARTITION p0 VALUES LESS THAN (2000),
    PARTITION p1 VALUES LESS THAN (2010),
    PARTITION p2 VALUES LESS THAN (2020),
    PARTITION p3 VALUES LESS THAN MAXVALUE
);
```

❷ 목록 분할

목록 분할 List Partitioning 방식에서는 레코드 데이터가 특정 목록(리스트)에 포함된 값을 가질 경우 해당 레코드를 별도의 테이블로 분할합니다. 예를 들어 다음과 같이 고객의 주소 데이터를 관리하는 경우를 가정해 볼 수 있습니다. 'customers'라는 테이블의 주소(address) 열을 기준으로 분할했으며, 'address'의 값이 특정 목록에 포함된 경우 해당 레코드는 정의된 파티션(p0, p1, p2, p3)으로 분할됩니다. 가령 주소가 'Seoul'인 고객 레코드는 'p0' 파티션에 저장하고, 주소가 'Incheon'인 고객 레코드는 'p1' 파티션에 저장하는 예제입니다.

```sql
CREATE TABLE customers (
    name VARCHAR(25),
    address VARCHAR(15),
)
PARTITION BY LIST COLUMNS(address) (
    PARTITION p0 VALUES IN('Seoul', 'Busan', 'Daegu'),
    PARTITION p1 VALUES IN('Incheon', 'Gwangju', 'Daejeon'),
    PARTITION p2 VALUES IN('Ulsan', 'Sejong', 'Gyeonggi-do'),
    PARTITION p3 VALUES IN('Gangwon-do', 'Chungcheongbuk-do', 'Chungcheongnam-do')
);
```

❸ 해시 분할

해시 분할 Hash Partitioning 방식에서는 특정 열 데이터에 대한 해시 값을 기준으로 별도의 테이블로 분할합니다. 즉, 파티션별 레코드가 해시 값을 기준으로 균등하게 분배됩니다. 예를 들어 학생들의 전공 과목 데이터를 관리하는 다음 예제를 봅시다. 'students'라는 테이블을 'major_id' 열을 기준으로 분할했으며, 레코드는 'major_id' 값에 해시 함수를 적용하여 생성된 해시 값에 따라 4개의 파티션으로 나뉘어 저장됩니다(PARTITIONS 4).

```
CREATE TABLE students (
    id INT NOT NULL,
    name VARCHAR(30),
    major_id INT
)
PARTITION BY HASH(major_id)
PARTITIONS 4;
```

❸ 키 분할

키 분할 Key Partitioning 방식에서는 키를 기준으로 별도의 테이블로 분할합니다. 즉, 파티션별 레코드가 키를 기준으로 균등하게 분배됩니다. 예를 들어 학생 데이터를 관리하는 경우를 가정해 볼 수 있습니다. 'students'라는 테이블의 기본 키 'id'를 기준으로 파티셔닝되는 예제로, 레코드가 'id' 값에 따라 2개의 파티션으로 나뉘게 됩니다(PARTITIONS 2).

```
CREATE TABLE students (
    id INT NOT NULL PRIMARY KEY,
    name VARCHAR(20)
)
PARTITION BY KEY()
PARTITIONS 2;
```

NOTE 분할된 테이블을 조회할 때, 특정 레코드가 속한 파티션의 식별은 파티셔닝 키(partitioning key)라는 키를 통해 이루어집니다. 파티셔닝 키는 여느 키와 유사하게 테이블의 열을 기준으로 만들어집니다.

이렇게 수평적 분할을 통해 만들어진 파티션들은 기본적으로 동일한 데이터베이스 서버 내에 위치합니다. 그런데 분할된 테이블이 모두 같은 데이터베이스 서버에 위치할 경우, 해당 서버에 요청이 몰리는 상황에서 부하 분산을 기대하기 어렵습니다. 이를 해결하기 위한 특별한 수평적 분할 기술로 샤딩이 있습니다. **샤딩**sharding은 분할된 테이블을 별개의 데이터베이스 서버에 분산하여 저장하는 기술로, 분할되어 저장된 단위를 **샤드**shard라고 합니다. 즉, 샤딩은 샤드를 여러 서버에 분산하여 저장하는 수평적 분할 기법을 말합니다. 분할된 샤드들은 여러 서버에 분산되어 저장되기 때문에 부하 분산 효과를 얻을 수도 있습니다.

취업 멘토가 알려 주는 기술 면접 질문 20

난이도 ★★☆　　　　　　　　　　　　　　　　　　　　　　[참고] 본문 페이지 517쪽

Q1. 데이터 저장과 관리가 목적이라면 단순히 파일 시스템을 사용해도 될 것입니다. 그럼 데이터 베이스를 사용하는 이유는 무엇일까요?

A1. 파일 시스템은 데이터베이스에 비해 데이터의 높은 일관성 및 무결성을 제공하기 어렵기 때문입니다. 파일 시스템에서는 여러 사용자나 프로그램이 동시에 데이터를 사용하는 경우, 레이스 컨디션 등의 문제로 인해 데이터 일관성이 깨지기 쉽습니다. 그리고 데이터 중복 저장으로 인한 저장 공간의 낭비가 발생하거나 데이터를 변경할 때, 연관된 모든 데이터를 수동으로 변경해야 하는 번거로움도 있습니다. 또한 정교한 검색이나 백업 및 복구 기능도 데이터베이스에 비하면 미흡합니다. 따라서 대량의 데이터를 관리하며 여러 사용자에게 제공해야 한다면 파일 시스템 보다 데이터베이스를 사용하는 것이 더 효율적입니다.

난이도 ★★☆　　　　　　　　　　　　　　　　　　　　　　[참고] 본문 페이지 523쪽

Q2. 트랜잭션과 ACID가 무엇인지 설명해 보세요.

A2. 트랜잭션은 커밋이 발생하는 논리적 단위이며, ACID는 안전한 트랜잭션이 지켜야 할 4가지 특성인 원자성, 일관성, 격리성, 지속성을 의미합니다. 원자성은 트랜잭션의 모든 작업이 성공하거나 실패함을 보장하는 성질을 말하며, 일관성은 트랜잭션 전후에 데이터베이스의 일관된 상태를 유지하는 성질, 격리성은 동시에 수행되는 트랜잭션 간의 간섭이 불가능하도록 보장하는 성질, 지속성은 완료된 트랜잭션의 결과가 영구적으로 반영되는 성질을 말합니다.

난이도 ★☆☆   [참고] 본문 페이지 534쪽

Q3. **기본 키가 무엇이며, 어떤 조건을 만족해야 하는지 설명해 보세요.**

A3. 기본 키는 데이터베이스 테이블에서 각 행을 고유하게 식별하기 위해 선정된 키를 말합니다. 기본 키는 유일성을 갖추어 중복되지 않아야 하고, 반드시 값이 존재해야 하므로 NULL 값을 가질 수 없습니다. 또한 행을 식별하기 위한 최소한의 정보로 구성되어야 합니다.

난이도 ★★★   [참고] 본문 페이지 598쪽

Q4. **다음에 제시된 테이블이 가지고 있는 문제가 어떤 것인지 설명하고, 그 해결 방법을 제시해 보세요.**

학생 ID	과목 코드	학생 이름	교수 이름	과목 이름
1	CS101	김철수	이교수	데이터베이스
2	CS102	이영희	박교수	운영체제
1	CS102	김철수	박교수	운영체제
3	CS101	박민수	이교수	데이터베이스

A4. 동일한 과목과 교수 정보가 여러 행에 걸쳐 중복 저장되어 있는 것으로 미루어 보아, 이 테이블은 정규화되어 있지 않습니다. 이 문제를 해결하기 위해서는 과목에 대한 정보와 학생에 대한 정보를 분리하여 정규화해야 합니다. 제시된 테이블을 과목 테이블과 학생 테이블로 분리할 수 있는데요. 예를 들어 과목 테이블에는 과목 코드와 과목 이름, 교수 이름을 저장하고, 학생 테이블에는 학생 ID와 과목 코드를 저장하면 됩니다.

난이도 ★★☆ [참고] 본문 페이지 604쪽

Q5. 데이터 관리에 있어 때로는 정규화가 필요하지 않을 때도 있습니다. 정규화가 필요하지 않은 상황은 어떤 상황일까요?

A5. 정규화가 항상 최선은 아닙니다. 정규화는 데이터 일관성과 무결성을 높이지만, 테이블을 많이 쪼개다 보면 빈번해진 조인 연산으로 인해 검색의 성능이 저하될 수 있기 때문입니다. 따라서 검색의 성능이 중요한 경우에는 데이터 중복과 연산의 번거로움을 감수하더라도 하나의 테이블로 관리하는 역정규화를 고려할 수 있습니다. 예를 들어 NoSQL 데이터베이스에서는 성능 최적화를 위해 기본적으로 데이터를 정규화하지 않습니다.

난이도 ★★☆ [참고] 본문 페이지 587쪽

Q6. 인덱스란 무엇이며, 인덱스를 통해 어떻게 성능을 향상시킬 수 있는지 설명해 보세요.

A6. 인덱스는 특정 테이블 열에 대한 자료구조로, 검색 속도를 향상시키기 위해 사용합니다. 책의 찾아보기와 유사한 개념으로, 인덱스를 통해 원하는 데이터를 빠르게 조회할 수 있습니다. 인덱스를 생성하면 해당 테이블의 열 값들이 정렬된 형태로 저장되므로 테이블 전체를 탐색하지 않고도 빠르게 데이터를 찾을 수 있어 검색 성능이 향상됩니다.

난이도 ★★☆ [참고] 본문 페이지 592쪽

Q7. 인덱스가 오히려 성능을 악화시키는 사례도 있습니다. 이러한 성능 악화는 어떤 상황에서 발생하는지, 그래서 인덱스를 언제, 어떻게 사용해야 하는지에 대해 설명해 보세요.

A7. 인덱스를 사용하면 SELECT 연산의 성능은 향상시킬 수 있지만, INSERT나 UPDATE, DELETE 연산에서는 성능을 저하시킬 수 있습니다. 새로운 데이터를 삽입하거나 기존 데이터를 수정/삭제하는 경우에는 인덱스도 함께 갱신해야 하기 때문입니다. 따라서 인덱스는 데이터가 많고 조회가 빈번한 테이블에 사용하며, 중복 데이터가 많지 않은 열이나 JOIN, WHERE, ORDER BY에서 자주 참조되는 열에 생성하는 것이 효율적입니다.

난이도 ★★☆　　　　　　　　　　　　　　　　　　　　　　　　　[참고] 본문 페이지 589쪽

Q8. 인덱스에는 B 트리, 혹은 B 트리의 변형인 자료구조가 사용됩니다. 그 이유를 설명해 보세요.

A8. B 트리 혹은 B+ 트리와 같은 B 트리의 변형은 대용량 데이터에 대한 빠른 탐색에 특화된 자료 구조이기 때문입니다. B 트리는 균형 잡힌 트리 구조로써 데이터가 정렬된 상태로 저장되고, 각 각의 노드가 여러 개의 자식을 가질 수 있어 탐색을 위한 연산 횟수가 일반적인 트리에 비해 적 습니다. 이렇게 원하는 레코드를 빠르게 탐색할 수 있기 때문에 인덱스에서 주로 사용됩니다.

난이도 ★★☆　　　　　　　　　　　　　　　　　　　　　　　　　[참고] 본문 페이지 541쪽

Q9. 참조 무결성 제약 조건에 대해 설명해 보세요.

A9. 참조 무결성 제약 조건이란 외래 키를 통해 테이블 간의 참조 관계에서 데이터의 일관성을 유지하기 위한 조건을 말합니다. 외래 키는 참조하는 테이블의 기본 키와 같은 값을 갖거나 NULL 값을 가져야 합니다.

난이도 ★★☆　　　　　　　　　　　　　　　　　　　　　　　　　[참고] 본문 페이지 577쪽

Q10. INNER 조인과 OUTER 조인의 차이점을 설명해 보세요.

A10. INNER 조인은 조인 조건을 만족하는 행들만 결과에 포함되며, 공통된 데이터가 있는 경우 에만 데이터를 추출합니다. OUTER 조인은 공통된 값이 없는 행도 포함하여 반환합니다. 가령 OUTER 조인의 일종인 LEFT OUTER 조인은 왼쪽 테이블의 모든 행과 오른쪽 테이 블의 일치하는 값을 반환하고, 일치하지 않는 경우 NULL을 반환합니다. 또 다른 OUTER 조인의 일종인 RIGHT OUTER 조인은 오른쪽 테이블의 모든 행과 왼쪽 테이블의 일치하는 값을 반환하고, 일치하지 않는 경우 NULL을 반환합니다. FULL OUTER 조인은 양쪽 테이 블의 모든 행을 반환하고, 어느 한 쪽에서 일치하는 값이 없는 경우 NULL을 반환합니다.

>>> **Q11~Q15는 다음 테이블을 토대로 답변하는 질문입니다.**

다음은 어떤 기업의 사업부서 및 직원에 대한 정보를 나타내는 테이블입니다. Employees 테이블에는 직원의 ID(EmployeeID)와 이름(FirstName), 성(LastName), 사업부서 ID (DepartmentID), 연봉(Salary)이 저장되어 있고, Departments 테이블에는 사업부서의 ID (DepartmentID)와 부서명(DepartmentName)이 저장되어 있습니다. 두 테이블을 기반으로 관련 질문에 답변해 보세요.

Employees 테이블

EmployeeID	FirstName	LastName	DepartmentID	Salary
1	John	Doe	1	50000
2	Jane	Smith	2	60000
3	Bob	Brown	1	45000
4	Alice	Davis	3	70000
5	Charlie	Miller	2	55000

Departments 테이블

DepartmentID	DepartmentName
1	HR
2	Finance
3	Engineering

난이도 ★★☆   [참고] 본문 페이지 559쪽

Q11. 모든 직원의 이름을 조회하는 SQL문을 작성해 보세요.

A11. 다음과 같은 SQL문을 작성할 수 있습니다.

```
SELECT FirstName, LastName
    FROM Employees;
```

난이도 ★★☆   [참고] 본문 페이지 556쪽

Q12. 전 직원의 급여를 10% 인상하는 SQL문을 작성해 보세요.

A12. 다음과 같은 SQL문을 작성할 수 있습니다.

```
UPDATE Employees
    SET Salary = Salary * 1.10;
```

난이도 ★★☆   [참고] 본문 페이지 550쪽

Q13. Employees 테이블의 DepartmentID가 Departments 테이블의 DepartmentID를 참조하는 외래 키를 추가해 보세요. 참조하는 테이블의 레코드가 삭제될 경우에는 참조한 테이블의 레코드가 함께 삭제되어야 하며, 참조하는 테이블의 레코드가 수정될 경우에는 참조한 테이블의 레코드를 NULL로 설정해야 합니다.

A13. 다음과 같은 SQL문을 작성할 수 있습니다.

```
ALTER TABLE Employees
    ADD FOREIGN KEY (DepartmentID)
    REFERENCES Departments(DepartmentID)
    ON DELETE CASCADE
    ON UPDATE SET NULL;
```

난이도 ★★★ [참고] 본문 페이지 579쪽

Q14. Employees 테이블과 Departments 테이블을 (INNER)조인하여 모든 직원의 이름과 부서 이름을 조회하는 SQL문을 작성해 보세요.

A14. 다음과 같은 SQL문을 작성할 수 있습니다.

```
SELECT Employees.FirstName, Employees.LastName, Departments.DepartmentName
    FROM Employees
    INNER JOIN Departments ON Employees.DepartmentID = Departments.
        DepartmentID;
```

난이도 ★★★ [참고] 본문 페이지 579쪽

Q15. Employees 테이블과 Departments 테이블을 (INNER)조인하여 Finance 부서의 직원 이름과 급여를 조회하는 SQL문을 작성해 보세요.

A15. 다음과 같은 SQL문을 작성할 수 있습니다.

```
SELECT Employees.FirstName, Employees.LastName, Employees.Salary
    FROM Employees
    INNER JOIN Departments ON Employees.DepartmentID = Departments.
        DepartmentID
    WHERE Departments.DepartmentName = 'Finance';
```

Q16. SQL에서 뷰를 사용하는 목적을 설명해 보세요.

A16. 뷰는 SQL 쿼리의 단순화 및 재사용성을 위해 사용합니다. 복잡한 쿼리를 자주 실행해야 하는 경우, 뷰를 생성하여 동일한 결과를 간단하게 얻을 수 있습니다. 뷰는 여러 테이블을 조인하거나 복잡한 조건을 포함한 쿼리를 하나의 뷰로 만들어 반복적인 쿼리 작성을 줄이고자 할 때, 또 특정 사용자에게 테이블의 특정 데이터만을 보여주고자 할 때도 사용할 수 있습니다.

Q17. NoSQL 데이터베이스란 무엇이며, 관계형 데이터베이스와 어떤 차이점이 있는지 설명해 보세요.

A17. 관계형 데이터베이스는 테이블 기반의 구조로서 스키마가 고정되어 있는 반면, 비관계형 데이터베이스인 NoSQL 데이터베이스는 데이터의 저장 및 관리를 위해 고정된 스키마가 없고, 수평 확장이 용이한 구조를 가지고 있습니다. NoSQL 데이터베이스는 키-값, 도큐먼트, 칼럼 패밀리, 그래프 등의 다양한 형태로 저장할 수 있습니다.

Q18. 관계형 데이터베이스와 비교해 NoSQL 데이터베이스는 어떤 상황에서 유리한가요? 또 어떤 상황에서 불리한가요?

A18. NoSQL 데이터베이스는 대규모의 비정형 데이터를 처리할 때, 높은 확장성과 빠른 읽기/쓰기 성능이 필요할 때 유리합니다. 그러나 엄격한 트랜잭션 관리나 데이터 일관성 보장, 관계형 데이터 모델링이 필요한 애플리케이션에서는 관계형 데이터베이스가 더 적합하므로 NoSQL 데이터베이스는 불리할 수 있습니다.

난이도 ★★☆　　　　　　　　　　　　　　　　　　　　　　　[참고] 본문 페이지 616쪽

Q19. **Redis가 캐시 서버로써 동작하는 부차적인 데이터베이스로 유용하게 사용되는 이유는 Redis의 어떤 특성 때문인지 설명해 보세요.**

A19. 우선 Redis는 인 메모리 데이터베이스이기 때문에 디스크 접근 시간을 단축할 수 있습니다. 또한 Redis는 여러 자료구조를 지원하는 키–값 데이터베이스로써, RDBMS보다 정형화되어 있지 않은 데이터에 대한 빠른 입출력이 가능합니다. 따라서 RDBMS 등을 주요 데이터베이스로 삼고, Redis를 캐시 역할을 수행하는 부차적인 데이터베이스로 삼으면 주요 데이터베이스의 입출력 성능을 상당 부분 보강할 수 있습니다.

난이도 ★★☆　　　　　　　　　　　　　　　　　　　　　　　[참고] 본문 페이지 625쪽

Q20. **데이터베이스 샤딩이 무엇인지 설명해 보세요.**

A20. 데이터베이스 샤딩은 샤드라는 단위로 여러 데이터베이스 서버에 걸쳐 테이블을 분할하여 저장하는 기술을 의미합니다. 여러 서버에 분산되어 저장되는 특성 덕분에 데이터베이스에 대한 부하 분산 효과를 얻을 수 있습니다.

찾아보기

찾아보기